4月26日，教育部部长袁贵仁、铁道部部长盛光祖、北京市市长郭金龙分别代表教育部、铁道部、北京市签署共建北京交通大学协议

4月5日至7日，中国共产党北京交通大学第十次代表大会胜利召开

1 月 21 日，教育部部长袁贵仁会见校党委书记曹国永、校长宁滨一行

3 月 21 日，铁道部部长盛光祖会见校党委书记曹国永、校长宁滨一行

10 月 24 日，教育部副部长鲁昕一行来校调研指导工作

3 月 11 日，教育部副部长李卫红，北京市委常委、市人大常委会副主任梁伟为北京交通大学北京社会建设研究院揭牌

11 月 8 日，国家发改委副主任徐宪平一行来校视察指导工作

7 月 20 日，市委常委、教工委书记赵凤桐为城市轨道交通北京实验室授牌

3 月 23 日，校党委书记曹国永受教育部委托宣布副校长任免决定：刘军、余祖俊同志任副校长，学校党委委员、常委。因工作调动，免去李学伟、王永生同志上述职务

8 月 23 日，由北京交通大学、西南交通大学、中南大学三所中国高水平轨道交通行业特色高校与行业院所和骨干企业共同筹建的“轨道交通安全协同创新中心”成立

12 月 6 日，学校举行法学院成立大会，国家保密局副局长梁建生和校党委书记曹国永共同为法学院揭牌

10月16日，学校顺利通过北京市普通高等学校党建和思想政治工作基本标准入校检查

7月10—11日，校党委书记曹国永主持召开党建工作研讨会

12月11日，学校启动党的十八大精神宣讲活动

9 月 20 日，学校举行创先争优总结表彰大会

8 月 31 日，学校围绕“全面提高教育质量”主题召开暑期工作会议

12 月 20 日，学校举行第六届教职工代表大会第五次全体会议，会议审议了校长报告，明确了海淀、平谷两个校区的功能定位

2 月 14 日，在 2011 年度国家科学技术奖励大会上，学校高自友教授主持完成的“基于行为的城市交通流时空分布规律与数值计算”项目获得国家自然科学奖二等奖

10 月 15 日，“北京交通大学-英特尔公司国家级工程实践教育中心”揭牌

7 月 4 日，学校顺利通过第二轮武器装备科研生产单位保密资格认证现场审查

8 月 28 日，315 名新生通过“绿色通道”办理快速入学手续

4 月 28 日，北京军区·北京交通大学开展依托培养工作十周年庆祝大会举行

2 月 29 日，西交利物浦大学执行校长、西安交通大学副校长席酉民做客“2012 交大大讲堂”，作“人才培养与国际经验借鉴——XJTLU 的探索”主题报告

12月9日，学校举行北京校友会成立一周年暨学生辅导员校友联谊会成立大会，完成首批25名校友辅导员聘任

3月15日，学校“雷锋在我身边”学生党支部红色“1+3”活动暨“空巢老教工帮扶计划”启动

5月20日，北京交通大学学生社团联合会成立

8月9日，北京交通大学与西藏自治区教育厅签署战略合作协议

6月16日，北京交通大学校友会金融分会成立

9月22日，学校举行78级、88级、98级毕业30、20、10年校友值年返校庆祝活动

5 月 21 日，北京交通大学与美国德克萨斯南方大学合办孔子学院获批

11 月 20 日，北京交通大学与高雄应用科技大学签署合作框架协议和学生交流协议

9 月 19 日，北京交通大学与澳大利亚南澳大学签署学生交流协议

3月15日，学校学生活动服务中心综合素质教育平台启用，校党委书记曹国永、校长宁滨共同为学生事务一站式服务大厅揭幕

8月30日，学校财务综合服务大厅投入使用

6月1日，北京交通大学幼儿园庆“六一”暨新园揭牌仪式在新园区举行

2月6日，学校学生艺术团民乐团赴美国参加孔子学院大春晚巡演，参加在旧金山市政厅广场举行的元宵点灯仪式

10月13—14日，学校举行专场演出，纪念交大版《长征组歌》排演10周年

2月11日，学校学生艺术团交响乐团参赛作品《柴可夫斯基第四交响曲第四乐章》获全国第三届大学生艺术展演器乐组一等奖

8月5日，学校法学2008级本科生、国家羽毛球队运动员田卿（左侧）与赵芸蕾搭档，获得30届奥运会羽毛球女子双打冠军

4月14—22日，学校羽毛球队获得2012年首都教育系统教职工运动会羽毛球比赛混合团体冠军

12月2日，学校承办首都高校第四届体育舞蹈大赛，获交谊舞队列舞一等奖、标准舞队列舞一等奖，并获多个单项第一

北京交通大学年鉴

2012

《北京交通大学年鉴》编委会　编

北京交通大学出版社

· 北京 ·

内 容 简 介

《北京交通大学年鉴·2012》是由北京交通大学年鉴编委会主持编纂的一部综合性工具书和史料文献。全书由学校概况，特载与专文，组织机构，党群与思想政治工作，人才培养，学科、科研与社会服务，教职工队伍建设与管理，发展规划与战略研究，国际交流合作及港澳台工作，国有资产管理，办学条件保障，学院工作和学校大事记等13个部分组成，客观翔实地记载了北京交通大学2012年的改革与发展情况。

年鉴的编辑和出版得到了学校领导的关心、指导及各单位的支持与协助，在此谨表衷心感谢。书中难免存在疏漏之处，恳请读者批评指正。

图书在版编目（CIP）数据

北京交通大学年鉴. 2012 /《北京交通大学年鉴》编委会编. —北京：北京交通大学出版社，2013. 12

ISBN 978 -7 -5121 -1743 -3

Ⅰ. ① 北…　Ⅱ. ① 北…　Ⅲ. ① 北京交通大学－2012－年鉴　Ⅳ. ① G649. 281 -54

中国版本图书馆 CIP 数据核字（2013）第 303671 号

责任编辑：赵彩云　　特邀编辑：张奉格

出版发行：北京交通大学出版社　　电话：010 -51686414　　http：//www. bjtup. com. cn

北京市海淀区高梁桥斜街44号　　邮编：100044

印 刷 者：北京艺堂印刷有限公司

经　　销：全国新华书店

开　　本：185 ×260　　印张：30. 25　　字数：787 千字　　彩插：16

版　　次：2013 年 12 月第 1 版　　2013 年 12 月第 1 次印刷

书　　号：ISBN 978 -7 -5121 -1743 -3/G · 211

印　　数：1 ～ 500 册

定　　价：150. 00 元

《北京交通大学年鉴》编委会

《北京交通大学年鉴·2012》

主要撰稿人名单

（以姓氏笔画为序）

于　洁　王　芳　王　康　王　璐　王铁江　王雪庄　邓小凤
宁望和　刘　拓　刘　洵　刘　蓉　回晓文　孙小薇　曲立忠
闫　立　张　丹　张延平　张辰红　张方译　李　刚　李　敏
李世珍　李建英　李京涛　李志军　仲晓凯　陈　尘　陈　婷
陈　磊　沙　迪　范　磊　郑　超　武慧姣　胡　滢　贺　锦
赵　樱　赵　新　赵世瑛　贾长忠　晏　曦　徐　梁　黄　微
黄维科　彭　杉　谢兴伟　董丽敏　董金凤　楚丽萍

目　　录

学校概况

特载与专文

组织机构

党群与思想政治工作

人才培养

学科、科研与社会服务

教职工队伍建设与管理

发展规划与战略研究

国际交流合作及港澳台工作

国有资产管理

办学条件保障

学院工作

学校大事记

2012

学校概况

学校概况

北京交通大学是教育部直属，教育部、铁道部、北京市人民政府共建的全国重点大学，是国家“211 工程”、“985 工程优势学科创新平台”项目建设高校和具有研究生院的全国首批博士、硕士学位授予高校。

学校位于首都北京“学府胜地”海淀区，毗邻中国“硅谷”中关村，有东西两个校区，总面积 1 000 余亩，建筑面积 84 万平方米，教学、科研设施完善，校园环境优美。经教育部批准，学校正在北京市平谷区规划建设新校区。

北京交通大学作为交通大学的三个源头之一，历史渊源追溯到 1896 年，前身是清政府创办的北京铁路管理传习所，是中国第一所专门培养管理人才的高等学校，是中国近代铁路管理、电信教育的发祥地。1917 年改组为北京铁路管理学校和北京邮电学校，1921 年与上海工业专门学校、唐山工业专门学校合并组建交通大学。1923 年交通大学改组后，北京分校更名为北京交通大学。1950 年学校定名北方交通大学，由著名桥梁专家茅以升任校长。1952 年，北方交通大学撤销，京唐两院独立，学校改称北京铁道学院。1970 年恢复“北方交通大学”校名。2000 年与北京电力高等专科学校合并，由铁道部划转教育部直属管理。2003 年恢复使用“北京交通大学”校名。学校曾培养出中国第一个无线电台创建人刘瀚、中国第一台大马力蒸汽机设计者应尚才，以及中国现代作家、文学评论家、文学史家郑振铎，中国第一本铁路运输专著作者金士宣，我国铁路运输经济学科的开创者许靖，我国最早的四大会计师之一杨汝梅等一大批蜚声中外的杰出人才；“东京审判”担任首席检察官的向哲浚、我国著名的经济学家人口学家马寅初等都曾在我校任教。

一个多世纪以来，经过数代交大人励精图治、艰苦奋斗，北京交通大学已成为推动国家经济社会发展，特别是交通行业和首都区域科技创新和高层次人才培养的重要基地。近年来，学校紧紧抓住国家深入推进工业化、城镇化、信息化，建设综合运输体系特别是加快发展轨道交通，以及北京建设中国特色世界城市的重要机遇，为服务国家交通、物流、信息、新能源等行业以及北京经济社会发展作出了积极贡献。目前，学校确定了到 21 世纪中叶初步建设成为特色鲜明世界一流大学的发展目标和“三步走”战略。

学校设有电子信息工程学院、计算机与信息技术学院、经济管理学院、交通运输学院、土木建筑工程学院、机械与电子控制工程学院、电气工程学院、理学院、语言与传播学院、软件学院、人文社会科学学院（马克思主义学院）、法学院、国家保密学院、建筑与艺术学院 14 个学院，设有研究生院以及远程与继续教育学院，与企业合作在河北省黄骅市创办独立学院——北京交通大学海滨学院。有交通运输工程、信息与通信工程 2 个一级学科国家重点学科，产业经济学、桥梁与隧道工程 2 个二级学科国家重点学科，包括一级学科所涵盖的二级学科国家重点学科总数达到 8 个。建有 15 个博士后科研流动站，有 20 个一级学科博士点，34 个一级学科硕士点，有 MBA、工程硕士、会计硕士、法律硕士等 10 类专业学位。

学校把建设高素质的教师队伍作为提高办学实力的关键，大力实施人才强校战略。全校教职工 2 847 人，其中专任教师 1 741 人（具有正高级专业技术职务的 379 人，副高级专业技术职务的 698 人，具有博士学位的占 65.4%，具有硕士以上学位的占 90.4%）。中国科学院院士 4 名，中国工程院院士 8 名，国家级教学名师 5 人，国务院学位委员会学科评议组成员 5 人，“973” 首席科学家 3 人，国家“千人计划”入选者 5 人，在聘“长江学者”特聘教授和讲座教授 7 人，国家百千万人才工程 5 人，新世纪百千万人才工程国家级人选 5 人，国家杰出青年基金获得者 7 人，新世纪优秀人才支持计划 62 人，享受政府特殊津贴专家 166 人。

学校始终把人才培养作为办学的根本任务，素质教育成绩斐然。在一百多年的办学历史中，已向国家输送了 10 余万人才。学校 1997 年、2006 年被评为全国本科教学工作优秀学校，2005 年被确定为教育部大学英语教学改革示范点项目学校之一。截至 2012 年年底有在校本科生 14 035 人，博士研究生 2 363 人，硕士研究生 6 635 人，在职专业学位研究生 5 280 人，成人学生 8 116 人，外国留学生 2012 年在校 719 人、累计总数突破千人。近年来获国家级教学成果特等奖 1 项、一等奖 3 项、二等奖 18 项，有国家精品课程 32 门，国家级教学团队 8 个；建有国家级教师教学发展示范中心，国家大学生文化素质教育基地，电工电子和物理 2 个国家工科基础课程教学基地；6 个实验中心被教育部评为国家级实验教学示范中心；7 个校外实习基地被评为国家级工程实践教育中心，其中 3 个获评国家大学生校外实践基地；有通信工程等 13 个国家级特色专业建设点，7 个“专业综合改革”试点专业。学校的生源质量和培养水平逐年提高，近 5 年本科就业率 97% 以上，研究生就业率 98% 以上；2012 年本科生深造率超过 50%。设立了思源班、轨道交通试点班、本硕（博）连读班、詹天佑班、茅以升班、国际班等特色班，加强拔尖创新人才的培养。学生艺术团在全国和首都历次高校比赛中取得优异成绩，获全国第一、二、三届大学生艺术展演器乐组一等奖，并多次赴欧洲、非洲以及美国和台湾等地演出，排演的《长征组歌》应邀在人民大会堂和国安剧院演出，在社会上引起强烈反响。高水平运动队在国家级及以上各类比赛中获得冠军 90 项（次），其中羽毛球队在世界大学生羽毛球比赛等国内外重大赛事中获得冠军 62 项。

学校把加强科技创新作为发展的战略重点，不断提升社会服务能力。拥有教学、科研仪器设备资产 8.45 亿元；图书馆纸本藏书、电子图书、网络资源等总量 706.77 万余册，建有交通运输特色数据库。拥有省部级及以上科研平台 39 个，包括 1 个国家重点实验室、2 个国家工程实验室、1 个国家工程研究中心、4 个国家认可实验室、5 个教育部重点实验室、4 个教育部工程研究中心、1 个北京实验室、6 个北京市重点实验室、1 个北京市工程技术研究中心、7 个北京市人文社科研究基地等。同时学校还建有北京交通大学中国综合交通研究中心、中国产业安全研究中心和综合交通运输发展研究中心。联合国教科文组织在我校设立了“高等工科教育与产业合作教席”。近 5 年，学校承担了包括“973”计划、“863”计划等国家科技计划项目，国家自然科学基金、国家社会科学基金，以及教育部、铁道部等项目在内的各类科研课题近 9 000 项，科研经费 33 亿元；发表 SCIE 检索论文 1 995 篇、EI 检索论文 3 557 篇；申请专利 1 880 项，获授权专利 1 128 项。2 项主持项目获国家“973”计划立项，1 项主持项目获国家社科基金重大项目立项。获得国家级奖励 15 项，省部级科技奖励 116 项，2009 年主持完成的“复杂与高速条件下车载信号安全控制系统关键技术及应用”获国家科技进步奖二等奖；2011 年主持完成的“基于行为的城市交通流时空分布规律与数值计算”获国家自然科学奖二等奖；2012 年主持完成的“复杂工况下磁性液体密封关键技术与应用”和“基于通信的城轨列车运行控制系统关键技术及其应用”分别获国家技术发明奖二等奖和国家科技进步奖二等奖。

学校把加强合作交流作为提高办学水平的重要途径，国内外影响力不断提升。与美、英、德、法等10多个国家的60多所大学及著名跨国企业建立了合作关系。在比利时鲁汶和美国休斯敦办有孔子学院，积极传播中国文化。主办或承办国际无线通信、信号处理、铁道工程、低碳物流等领域的多个大型国际学术会议，每两年举办一次“国际文化节”，促进中外学术文化交流。充分发挥校友会、基金会、董事会的作用，深化“政产学研用”协同创新，在海内外成立地方校友会23个，吸纳董事单位75家，与交通、物流、信息、能源等行业企业及地方政府等单位签订战略合作协议96份，在人才培养、科研合作等领域开展长期、广泛的合作。

“饮水思源，爱国荣校”，如今，有着116年辉煌历史的北京交通大学，肩负着新的历史使命，秉承“知行”校训，以更加谦虚谨慎、开拓进取的精神，努力实现交通大学百年华诞时江泽民同志题词“继往开来，勇攀高峰，把交通大学建设成世界一流大学”的要求，向着特色鲜明世界一流大学的目标迈进。

2012

特载与专文

曹国永书记在学校2012年度工作会议上的讲话

（2012年2月15日）

老师们、同学们、同志们：

今天，我们召开全校年度工作会议，主要任务是部署2012年学校重点工作。根据会议议程，我代表党委先谈几点意见。

一、2011年工作回顾

刚刚过去的一年，学校大事多、好事多、难事多。在党中央、国务院和教育部、北京市的正确领导下，学校党委团结带领全校师生员工，认真贯彻落实教育规划纲要，围绕提高质量、改革创新、学风建设三大任务，从总体上看，较好地完成了学校年初确定的各项重点工作。

1. 研究制定并颁布实施“十二五”规划。明确了学校“十二五”时期改革发展的目标任务和主要举措，规划将成为指导我校今后5年改革发展的纲领性文件。

2. 人才培养质量进一步提高。德育和思想政治工作进一步加强。在本科方面，明确了人才培养的主要任务，创新教学管理体制机制，加强理学平台和文化素质教育平台建设。合理调整研究生生源结构，深化培养机制改革。在学生中广泛开展科学道德和学风建设活动。通过加强生源基地建设、完善就业服务体系，不断提高生源质量和就业质量。

3. 学科、科技水平和服务社会能力进一步提升。坚持九次党代会提出的学科发展思路，突出特色优势学科，注重交叉新兴学科及其平台建设。推进“211工程”三期建设，学科建设得到进一步加强。对接国家和行业重大需求，加强学术研究，推进协同创新，科研项目特别是由我校主持的高层次科研项目继续增加。推进平台、团队、引智基地、军工资质等建设。大力推进哲学社会科学发展。

4. 培养引进相结合加强师资队伍建设。研究制定人才队伍建设规划。完善教师职务晋升评价机制和评聘程序。出台岗位聘期考核办法，完善教职工岗位履职评价机制。加大高端人才引进力度，成团队引进优秀人才。出台相关政策鼓励教师出国研修。

5. 拓展国际交流渠道。逐步建立起多层次、多形式的国际合作与交流体系，与美国南加州大学等签署49份合作协议。轨道交通控制与安全创新引智基地获“111引智计划”立项。在美国和巴西开办孔子学院工作进展顺利。

6. 加强内部管理。进一步理顺校内机构设置，成立马克思主义学院、国家保密学院、国际教育交流中心。制定精简规范会议活动提高机关工作质量效率的意见，以及二级单位年度考核办法等文件制度。积极稳妥地推进党务公开、校务公开。

7. 创新体制机制，突破学校发展瓶颈。推进产学联合培养、国际化人才培养、用人机制改革等 3 个国家教育体制改革试点，取得初步成效。入选全国 17 所试点学院改革高校，制订并实施经管学院综合改革方案。以公开选拔副校长及处级干部换届调整为契机，推进干部人事制度改革。启动新一轮后勤改革，全面提高后勤工作质量。节约型校园建设取得新成效。

8. 多方筹措办学资源。一是平谷新区建设项目正式获教育部批复，并签署了土地供应协议。同时积极推进与教育部、铁道部和北京市"两部一市"共建工作。二是积极开展合作交流，签约加入北京高科大学联盟，与 11 家单位签署了战略合作协议，董事会成员、地方校友会进一步发展。海滨学院建设进一步向前推进。三是多渠道筹措资金，完善和创新筹资激励及资金运作机制，全年综合收入超过 15 亿，捐赠收入超过 6 000 万。

9. 师生学习工作生活条件进一步改善。学生活动服务中心竣工启用。困难学生资助和教育体系进一步完善。学生食堂饭菜价格和质量基本保持稳定。幼儿园迁建工程竣工。科技创业大厦开工建设。住宅改造项目积极推进。校园无线网二期竣工开通。交大附小迁建取得新进展。

10. 进一步提高教职工待遇。年初规范退休人员津贴补贴，人均月增资 864 元；调整离休人员补贴标准，人均月增资 550 元。在职教职工方面，2011 年每月发放 200 元生活补贴，岗位绩效工资提高 5%。最近又研究制订 2012 年增资方案，第一步每人月增资 1 000 元，第二步将继续提高绩效工资标准，加大对青年教师、优秀人才及教学一线人员的补贴力度。

11. 提高理论学习和思想政治教育的实效性。加强校院两级中心组学习，推进学习型领导班子和学习型党组织建设。围绕学习贯彻两会精神和教育规划纲要等主题，邀请专家学者来校作辅导报告。制订并实施教职工年度政治理论学习计划，开展经典名家名篇诵读会、体验京沪高铁等，强化师生思想政治工作的针对性和实效性。

12. 推进创先争优活动深入开展。开展"提高办学质量促发展、服务人民群众树形象"主题活动，引导基层党组织和党员立足本职岗位创造优秀业绩，培养优秀人才。

13. 完成二级党组织换届和处级干部换届调整，新一届处级干部结构进一步优化。此外，圆满完成我校海淀区人大代表选举工作。

14. 加强学校文化建设和精神文明建设。制定学校"十二五"文化建设规划。规范报告会、研讨会、讲座、论坛等管理。大力宣传学校改革发展取得的成果。学校获评首都精神文明单位标兵。

15. 扎实推进反腐倡廉工作。做好统战工作和离退休工作，充分发挥群团组织作用，凝聚学校发展合力。通过全国总工会模范职工之家验收。

16. 加强维稳工作体系与责任落实，妥善应对敏感时期影响安全稳定的因素和事件，加大安全隐患排查与整改力度，加强学生安全教育。

17. 筹备学校第十次党代会。完成代表选举和"两委"委员及党委和纪委领导班子成员的酝酿提名工作，两委报告完成调研起草工作，即将广泛征求意见。同时，把全面贯彻落实普通高校基层组织工作条例与党代会的筹备工作相结合，实施党代表任期制和提案制。

二、关于 2012 年的工作

2012 年是党和国家以及学校发展历史上具有重要意义的一年。党的十七届六中全会、中央经济工作会议、第 20 次全国高校党建工作会议、2012 年全国教育工作会议、教育系统党风廉政建设工作会议、全国铁路工作会议等，都对做好今年高校工作提出了明确要求，我们要结合学校实际认真学习和贯彻落实。

（一）当前面临的新形势、新任务

1. 国家层面

迎接学习宣传贯彻十八大是今年全党全国的一项重要政治任务。今年下半年我们党将召开十八大，这是全党全国各族人民政治生活中的一件大事。为党的十八大胜利召开创造和谐稳定的良好氛围，是教育战线今年的首要政治任务。中央、教育部和北京市要求高校要进一步增强政治意识、大局意识和责任意识，把思想和行动统一到中央精神上来，统一到中央对国际、国内形势的判断上来，统一到中央对今年工作的总体要求和决策部署上来。

十七届六中全会及作出的《决定》，要求高等学校进一步加强文化传承创新，在推动社会主义文化发展繁荣方面走在前列。

中央经济工作会议提出了全年工作“稳中求进”的总基调，对教育工作尤其具有现实意义。会议指出，去年我国经济增速稳步回落到合理区间，但经济下行、物价上行的压力有可能转化为影响就业和社会稳定的压力。经济发展、民生问题会深刻影响到高校师生的思想感受和切身利益，要求高校把握和处理好复杂局面，保持和谐稳定。同时提出要把大学生就业放在就业工作的首位。

第二十次全国高校党的建设工作会议全面部署了高校推进社会主义核心价值体系建设的各项任务。强调加强党对高校的领导，把教书育人、人才培养放在高校党建工作的首位。提出要进一步加强青年教师队伍建设，进一步提高党员发展质量。同时特别要求高校要切实做好安全稳定工作，建设和谐校园。

今年是全面落实国家“十二五”规划承上启下的重要一年，也是本届政府贯彻实施教育规划纲要取得阶段性成果的关键一年。今年要实现国家财政性教育经费支出占国内生产总值4%的目标。落实教育规划纲要提出的十大项目和十大改革试点将取得的阶段性成果。近期，教育部将召开全国高等学校提高质量工作会议，颁布《关于全面提高高等教育质量的若干意见》和《高等学校创新能力提升计划》（“2011 计划”），我们要结合实际认真贯彻落实。

2. 行业层面

全国铁路工作会议指出要加快转变铁路发展方式，开创铁路科学发展的新局面。首要任务是实现安全发展，根本任务是让人民满意，中心任务是提高效益，重要保障是体制机制创新。提出了6个方面的重点工作，其中：在推进铁路科技创新方面，要以高铁建设、技术装备现代化为重点，加大技术创新力度，深化对引进技术的消化吸收，进一步掌握关键技术并进行再创新。要统筹产学研用等科技资源，强化基础研究，不断提高技术创新能力。要加强铁路行业国家级研究实验平台建设。加强铁路对外技术交流合作，提升我国铁路“走出去”水平。在人才队伍建设方面，实施“十二五”铁路人才发展规划，强化人才培训和实践锻炼，重点在经营管理、高铁运营、铁路建设领域，抓好领导干部、管理人员和专业技术人员的学习培训。这为我们服务行业的发展提供了重要契机。

3. 学校层面

2012 年是推动学校沿着科学发展的轨道取得新发展、新突破具有奠基意义的一年。学校十次党代会的召开将进一步统一思想，明确学校中长远发展目标和今后5年的主要任务。今年也是全面贯彻落实学校“十二五”规划的关键一年，是申报“2011计划”、推进协同创新的关键一年，是“两部一市”共建工作能否顺利实施的关键一年，是深入推进3项国家教育体制改革试点和试点学院综合改革的关键一年，是推进平谷新区建设的关键一年。今年是加强学风建设的第3个年头，也是我们加强学风建设的关键一年。

（二）2012年的主要工作任务

全年学校工作的总体要求是：全面贯彻落实党的十七大和十七届三中、四中、五中、六中全会精神，深入贯彻落实科学发展观，深入贯彻教育规划纲要和胡锦涛总书记在清华百年校庆大会上的重要讲话精神，进一步解放思想，着力深化改革，全面提高质量，深入推进学风建设，维护校园和谐稳定，不断开创有特色、高水平研究型大学建设的新局面，以优异成绩迎接党的十八大和学校第十次党代会的召开。今年学校工作要点日前已经常委会和全委会研究并审议通过，共四个部分、28条，已印发给大家。概括起来，主要包括以下内容。

1. 深入学习宣传贯彻党的十八大精神。做好迎接党的十八大有关工作，制定学习宣传贯彻十八大精神的指导意见，以校院两级中心组、思想理论课、形势教育课、党课等为载体，组织多层次专题培训和主题教育活动，坚持用中国特色社会主义理论体系武装头脑，指导实践。

2. 筹备召开学校第十次党代会，加强党建和思想政治工作。总结和宣传九次党代会以来学校改革发展和党的建设成绩与经验。做好十次党代会精神的贯彻落实，切实把全校师生员工的思想和行动统一到党代会确定的奋斗目标上来。以深入开展创先争优活动为抓手，全面加强基层党组织建设、干部队伍建设和党风廉政建设。深入推进社会主义核心价值体系建设，深化育人为本在教育实践中的推进与落实，增强大学生思想政治教育的针对性、实效性。迎接党建工作《基本标准》达标验收和教育部对我校的巡视工作。

3. 切实提高人才培养质量。在本科生方面，加强高素质人才培养和拔尖创新人才培养，完善专业评估和认证体系，修订培养方案，完善各类试点班运行机制，校内优质资源继续向学生倾斜。强化实践教学环节，提高学生的动手能力和创新精神。在研究生方面，完善质量保障体系，加强导师队伍建设，提高研究生生源质量和培养质量，力争全国优秀博士论文有新的突破。扎实做好就业、创业教育指导和服务，稳定就业率，提高就业质量。建立学风建设长效机制。

4. 建设高素质教师队伍。要下大力气引进学术大师和高水平学科带头人，加大对中青年学术领军人物的支持力度，实施好“红果园人才培育计划”。完成教职工首个聘期考核和岗位聘任工作。统筹建设好三支队伍，促进岗位总量和结构协调发展。

5. 加强学科、实验室、平台和科技工作，大力推进协同创新。要加大国家重点学科建设力度，组织一级学科整体水平评估，力争学科建设和排名取得新突破。要加强谋划，积极承担高水平科研项目，做好国家级奖励的培育和申报工作，努力实现高水平科技成果奖的突破。要紧紧抓住国家启动实施“2011计划”的契机，整合轨道交通安全领域优势资源，凝练协同创新方向，做好有关申报和建设工作。要积极争取国家部委支持，推动两个国家级轨道交通中心建设。积极申报建设国家实验室等协同创新高水平平台。确保国家重点实验室、国家工程研究中心顺利通过评估验收。

6. 提升对外合作交流水平。搭建和扩大国际交流平台，成立学校国际咨询委员会，组建固定联盟。挂牌成立新的孔子学院。充分发挥校友会、董事会、基金会在联系社会各界、争取办学资源方面的重要作用。加大筹资力度，积极稳妥做好资金运作。

7. 全面落实学校“十二五”规划，继续推进国家教育体制改革试点和试点学院综合改革。做好学校总体规划和专项规划任务的分解及落实工作，研究制订和推进落实重大改革、计划与工程的实施方案。在3个改革试点项目中，继续探索“3+1+2”产学联合人才培养模式改革，形成本硕一体化、校内外一体化的人才体系。建好国际化人才培养试点班，形成一批优质教学资源和品牌国际合作项目。积极探索以考核评价机制为核心的用人机制改革。积极推进试点学院综合改革，在经管等学院全面开展校院两级管理体制改革试点，创新人才培养模式。

8. 全面推进管理创新，制定我校《章程》等规章制度。要加强管理工作制度化、规范化建设，推进依法行政。以制定大学章程、贯彻落实党委领导下的校长负责制实施意见和高等学校教职工代表大会有关规定为抓手，进一步完善学校治理结构，完善民主管理与监督机制，探索建立现代大学制度。加强督查、督办，全面提升执行力和落实力。探索基层学术组织及院系结构调整。深化后勤社会化改革，加强后勤队伍建设。加强机关作风建设，提高管理和服务质量。

9. 全面推进平谷新区建设，完成“两部一市”共建。完成平谷新区的功能定位、校址地界划定、部分地上物拆迁、初步规划设计工作，积极筹措建设资金。研究东校区定位及相关方案。争取在上半年签订教育部、铁道部、北京市共建交大协议。

10. 着力解决事关师生员工切身利益的问题。一是统筹安排好学生活动服务中心配套工程、教职工住宅改造、科技创业大厦等重大基建工程项目，改造天佑会堂、操场等，进一步改善办学条件。二是推进校园信息化、办公自动化等公共服务体系建设，推进绿色校园建设。三是完善教职工增资机制，提高教职工待遇。四是推进学生医疗保险工作。做好特困教职工的帮扶工作。

三、认真做好学校第十次党代会筹备工作

1. 做好党委报告、纪委报告的征求意见和修改工作。会后将部署在全校一定范围内征求意见工作。希望各二级党组织和有关同志，以对党和学校事业高度负责的态度，对两委报告认真提出意见和建议，使征求意见的过程成为进一步解放思想、形成共识、凝聚力量的过程。

2. 配合北京市委、教育部党组做好有关人选考察和审批工作。主要是对党委书记、副书记和纪委书记候选人的考察。

3. 各工作组要全面进入工作状态，做好大会各项筹备工作。为做好大会的筹备工作，去年专门印发了文件，多次召开专题会议，就相关工作进行了部署，提出了明确要求。成立了领导小组，下设四个工作小组，其中组织组由颜吾佴任组长，宣传秘书组由颜吾佴、高福廷任组长，会务组由陈峰任组长，提案组由颜吾佴、陈峰任组长，各组副组长和成员分别由相关部门负责同志组成。各工作小组、各有关部门要按照工作计划和要求，从现在起全面进入工作状态，工作中遇到问题要主动协调提出建设性意见，扎实做好各项筹备工作，保证大会的顺利召开。

4. 关于建设特色鲜明世界一流大学问题。2005 年九次党代会确定了交大到 2020 年的发展目标，这个目标经过广泛深入的讨论，是合理的、实事求是的。学校“十二五”规划是在这个框架下研究制定的，“十三五”规划总体上还要在这个框架下进行谋划。那么 2020 年以后的目标如何确定，需要大家共同思考、共同研究。经过广泛深入的调查研究，经常委会多次讨论，准备在学校第十次党代会报告中正式提出这个问题。

江泽民同志 1995 年 12 月为四所交大百年校庆题词：“继往开来，勇攀高峰，把交通大学建设成世界一流大学”，为交大的长远发展指明了方向。

大学的发展，归根结底取决于一个国家经济的发展；反过来，大学的发展将对经济繁荣做出重大贡献。世界一流大学、世界著名大学都是伴随着国家的现代化和民族的崛起而产生的。从意大利、德国、英国、美国、日本等国家的世界一流大学的发展看都是如此。中国目前已成为全球第二大经济体，到 2020 年全面建成小康社会，预测 2025 年有可能经济总量超过美国成为第一大经济体。到 2050 年人均 GDP 达到中等发达国家水平，基本实现现代化。到 21 世纪中叶，中国将出现若干所各方面都公认的世界一流大学。这完全符合高等教育和世界一流大学的发展规律。

我们认为，中国建设世界一流大学至少有三种类型和模式。一是综合性的，以北大、清华、复旦和上海交大为代表。他们在世纪之交完成了综合型的布局，都发展医科，清华、上海交大同时大力发展文科。二是多科性的，以中国农大、北航、北理工、电子科大、石油大学、地质大学等行业特色高校为代表，他们都已先后提出了在优势学科领域创建世界一流大学的目标。三是专科性的，以中央美院、中央音乐学院、中央戏曲学院等艺术类高校为代表，也包括特色型高校像景德镇陶瓷学院。

在时间段上，上述有关高校大体上都提出到 2020 年前后基本建成世界一流大学。考虑到我校作为一所行业特色高校，优势特色学科基础较好，但总体底子较薄。其次，要达到世界一流，需要在人才培养、科学研究、社会服务、文化传承创新方面全面达到世界一流，包括投入、分配、管理、后勤等方面也应是世界一流的。要做到这些必须坚持长期不懈的努力。因此，我们研究能否提出到本世纪中叶（2050 年前后）初步建设成为多科性的特色鲜明世界一流大学。达到这个目标，要实施“三步走”战略。

第一步：到 2020 年，信息、管理等优势特色学科融合创新，达到国内领先、国际先进水平，理工文交叉渗透，基本形成适应建设多科性的特色鲜明世界一流大学要求的学科布局，构筑若干个国家高水平创新平台，建设一支具有国际水准的高水平师资队伍，产生若干有影响的标志性成果，建成多学科协调发展的国内一流、国际知名的研究型大学，为建设特色鲜明世界一流大学奠定坚实基础。

第二步：到 2030 年，部分优势特色学科率先跻身世界一流行列，理工文协调发展，领军专家汇聚，产生具有重大影响力的标志性成果，形成建设多科性的特色鲜明世界一流大学的基本格局，进入特色鲜明世界一流大学建设新阶段。

第三步：到本世纪中叶，综合办学实力进一步提升，初步建设成为特色鲜明世界一流大学。

在未来的 40 年里，我们只要志存高远，战略得当，抓住机遇，“三步走”的战略目标是有可能实现的。综合看我们面临着五大机遇：

一是中华民族的伟大复兴和中国的崛起为我校建设特色鲜明世界一流大学提供了重大机

遇。改革开放以来特别是党的十六大以来，我国社会生产力、综合国力和人民生活水平不断迈上新台阶，经济总量跃居世界第二，显示了强大的生机和活力，我国的发展正站在新的历史起点上，发展的有利条件、内在优势和长期向好的趋势没有改变，仍然处于可以大有作为的重要战略机遇期。

二是战略性新兴产业特别是轨道交通的快速发展为我校建设特色鲜明世界一流大学提供了重大机遇。随着工业化、信息化、城镇化、市场化、国际化的深入发展，当前我国战略性新兴产业特别是轨道交通事业正处于快速发展时期。中国铁路高速客运从无到有，从试验运行到近 1 万公里国产化的高速客运网络，高铁运营里程已经接近全世界的一半。按照规划，到 2020 年全国铁路营业里程将达到 12 万公里，其中高速铁路 1.6 万公里，城市轨道交通总里程超过 6 000 公里。虽然铁路和城市轨道交通在技术和管理上还存在这样那样的问题，还有这样那样的看法和争论，但总的看发展的势头不会改变，因为这是支撑我国国民经济和社会发展，构建综合运输体系国家战略的重要组成部分。

三是区域经济社会发展特别是北京“世界城市”建设为我校建设特色鲜明世界一流大学提供了重大机遇。北京市将围绕建设中国特色世界城市的目标，加快实施“人文北京、科技北京、绿色北京”战略，培育和弘扬“北京精神”。围绕这样一个目标，北京将加快转变经济发展方式，全力推进科技创新和文化创新“双轮驱动”，优化科技成果转化机制，解决项目落地的关键难点，促进政产学研协同创新，推动一批重大科技成果产业化。

四是建设高等教育强国战略为我校建设特色鲜明世界一流大学提供了重大机遇。建设高等教育强国是全面建设小康社会和实现国家现代化的必然要求，是落实我国人才强国战略的必然要求，是建设创新型国家的必然要求，是推动社会主义文化发展繁荣的必然要求，建设高等教育强国必将为高等教育改革发展提供重大机遇和广阔舞台。

五是平谷新区的建设为我校建设特色鲜明世界一流大学提供了重大机遇。推进平谷新区建设是争取和拓展办学资源的重要途径，也将从根本上缓解学校发展空间严重不足的问题，为学校第二个百年的发展奠定重要基础。

同时，我们还要看到北京交大建设特色鲜明世界一流大学，是服务国家经济社会发展的要求，是服务行业特别是轨道交通发展的要求，也是服务区域经济和首都发展的要求。同时，对促进学校自身发展也将产生巨大的推动作用，有利于凝聚人心、激发活力，有利于赢得信任、争取支持，有利于加快改革和扩大开放，促进学校又好又快发展。

四、对做好今年工作的几点要求

2012 年学校改革发展稳定任务十分繁重，对全校同志，特别是校院两级领导干部的思维方式、领导能力和工作作风都提出了新的、更高的要求。在此我想重点强调以下几点。

1. 统一思想，凝聚共识，以奋发有为的精神状态做好各项工作。今年的重点工作已经确定，落实好这些重点工作，关键在人。首先，各级领导干部要有良好的精神状态，努力推进今年各项重点工作的落实。其次，要把个人、部门、学院的发展与学校发展紧密结合起来，摒弃“等”、“靠”、“要”的思想，摒弃悲观畏难情绪，迎难而上，敢于担当，努力为学校的发展贡献力量。

2. 解放思想，因地制宜，创造性地开展工作。做好今年的各项工作，面对新的机遇、新的挑战，我们必须要有新思路、新举措。学校工作要点总的看都很有原则，只是明确了方向和目标，所以要特别强调敢于突破传统思维、习惯做法和条条框框，进一步解放思想、实事求是，因地制宜地开展工作，要结合本单位的实际，创造性地开展工作，这样才能确保今年确定的各项重点工作的顺利完成。

3. 深入基层，真抓实干，全面推进各项工作。各级领导干部要进一步转变工作作风，深入基层，深入群众，深入一线，加强调查研究，及时了解师生所思、所想、所盼，帮助他们解决实际困难。及时发现和解决工作中存在的突出矛盾和主要问题。要下决心从文山会海中解脱出来，把更多的精力投入到解决实际问题中去。要避免简单地用会议落实会议，用文件落实文件的现象。去年学校出台了《关于进一步精简规范会议活动 提高机关工作质量和效率的意见》等文件，有关工作有了一定进展，今年要把文件进一步落实好。今年还要进一步加强督查、督办工作，重点督办工作要点，常委会、校长办公会议定事项，以及领导交办、批示重要工作的贯彻落实，全面提升执行力和落实力。

4. 完善机制，落实责任，确保校园安全稳定。以优异成绩迎接十八大和学校党代会的召开，首要任务是确保校园安全稳定，正确处理好改革发展与稳定的关系。我们要牢固树立安全稳定是第一责任的意识，加强维稳责任体系建设，妥善应对突发事件，确保教学科研工作正常进行，确保办公场所正常工作秩序，确保重要会议活动顺利进行，确保校园安全稳定。一是要加强对基本面的控制，提高应急处置突发事件的能力。要加强对影响校园稳定因素的分析和把握，尤其是要加强对网络信息与舆情的研判和预警，同时主动应对舆论热点，坚持正确导向。二是要及时发现问题，理顺情绪、化解矛盾。要加强对食堂、教室、实验室、会场和重要办公场所等重点部位的安全防范工作，积极应对可能出现的问题。三是要加强校园安全综合治理及后勤保障工作。完善工作体系和预案，切实加强防火、防盗、反恐工作。要加强学生宿舍安全工作，推进文明宿舍建设。要进一步加强食堂工作，稳定饭菜质量和价格，确保饮食安全。要特别关注少数民族学生的学习和生活，包括办好清真餐厅，及时帮助他们解决实际困难。四是要严格规范办学行为，进一步做好各类合作办学情况的清理排查工作，去年我们已经把安全稳定，包括保密工作列入单位年度考核内容，今年要加大考核力度，对于重大事故采取一票否决。今天在这里强调一下安全稳定工作，希望引起全校同志的高度重视，切实把这项工作抓实抓好。

同志们，2012 年改革发展稳定的任务非常繁重，全校同志特别是党员领导干部要进一步增强责任感、使命感和紧迫感，开拓进取，扎实工作，努力开创学校科学发展的新局面，以优异的成绩迎接党的十八大和学校第十次党代会的召开！

谢谢大家！

宁滨校长在学校2012年度工作会议上的讲话

（2012年2月15日）

老师们、同志们、同学们：

刚才，国永同志从学校事业发展全局和战略的高度，作了一个全面的报告，科学地分析了当前国家、行业和高等教育发展的新形势、新任务，明确提出了今年学校工作的总体要求，分10个方面对今年工作的4个部分28条重点作了介绍，对于全面做好各项工作、开创学校事业发展新局面，具有重要指导意义。同志们要认真思考领会，抓紧传达，结合本单位工作贯彻落实。下面，我提几点要求：

一是要以高度的责任感和使命感，迎接党的十八大和学校第十次党代会的召开。召开学校第十次党代会，以优异成绩迎接党的十八大，是当前学校的一项重大政治任务。党的十八大是我们党在全面建设小康社会的关键时期和深化改革开放、加快转变经济发展方式的攻坚时期召开的一次十分重要的会议，是全党全国各族人民政治生活中的一件大事。全校各级党组织和党员干部要从思想上高度重视起来，前期做好本职工作和学校安全稳定工作迎接十八大的召开，后期则要贯彻落实好十八大精神。

同时，我们将很快迎来学校第十次代表大会的召开。这是学校发展史上的一件大事，是一次承前启后、继往开来的大会。学校将全面总结第九次党代会以来建设国内一流、国际知名研究型大学取得的成就和经验，在明确全面完成学校业已确定的2020年发展目标基础上，提出学校到本世纪中叶的发展愿景，即2050年的发展目标。经过几年的实践与探索，我们进一步深化了对世界一流大学基本特征和建设规律的认识，明确了国家经济社会发展对学校的要求以及我校在国民经济社会发展中的责任与使命，进一步确定了学校建设的核心任务和阻碍我们更好更快发展的关键问题所在。学校党委首次提出把我校的发展定位为到2050年前后初步建成特色鲜明世界一流多科性大学以及新的“三步走”战略。按照学校当前在全国高校综合指标的排名，回顾过去的发展奋斗历程，参考美国等发达国家多科性大学的发展案例，我们是有实力实现这一目标的。当然，实现这一目标的任务也是十分艰巨的，全校上下必须团结一致、奋力拼搏。请同志们认真思考和研究，希望全校师生员工共同深入讨论，不断丰富这一目标的内涵，更加明确学校发展定位，在取得更广泛共识的基础上，共同为这一目标的实现而努力。

我们这次党代会的首要任务，就是确定新的发展目标与定位。因此，开好这次大会对学校未来的发展具有十分重要的意义。全校上下务必以高度的责任感和使命感，加强筹划，精心组织，切实把第十次党代会开成一次统一全校思想、集中全校智慧、凝聚全校力量的大会。

二是要坚定内涵式发展的思路，全面提高办学质量。今年，教育部工作要点中明确提出转变教育发展方式，着力推进以促进公平和提高质量为重点的内涵式发展。这与我校多年来坚持的发展思路是一致的。近年来，学校深刻把握党和国家发展对高等教育提出的新要求，深刻认识社会各界对高等教育的新期待，始终坚定内涵式发展的思路，自觉把提高质量作为改革发展最核心、最紧迫的任务。在“十二五”规划的落实过程中，在未来的发展道路上，无论是实现2020年奋斗目标，还是实现2050年愿景目标，我们都将始终坚定这一思路，将提高质量作为工作的永恒主题，落实到工作的每个环节中，提升办学水平，提高学校声誉。

今年，围绕提高办学质量，我们进行了非常全面的部署：在本科生培养方面，按照教育部质量工程要求，通过专业和实验室建设等提高学生的动手能力，培养创新精神。在研究生培养方面，强化教育质量控制和导师队伍建设，完善高水平论文发表的支持和奖励办法，加大拔尖创新人才培养力度。师资队伍建设工作要继续坚持引进与培育相结合，在引进学术大师和高水平学科带头人的同时，实施好“红果园人才培育计划”，建设一支结构合理、厚积薄发的教学科研队伍。在科研工作中，做好一级学科评估，不断加强谋划，争取承担更多高水平科研项目，做好国家级奖励的培育和申报工作，大力推进协同创新。在提高国际化水平方面，要创新管理手段，提升合作层次，扩大交流规模，充分利用好国际优质资源，切实发挥国际交流在人才培养与师资队伍建设方面的重要作用。

三是要坚持特色发展的思路，推动重点工作和重大项目取得新进展。特色发展是建设高水平大学的必由之路。在高等教育竞争日趋激烈的态势下，我们要在竞争中赢得主动权，靠的不应该是简单的规模和学位层次，而应该是办学特色和教育质量。去年，刘延东同志来校视察，充分肯定了学校改革发展的成绩以及为经济社会特别是行业发展做出的贡献，提出了优势特色学科创建世界一流的目标。这是对我们特色办学的肯定，也为学校今后如何走好特色办学之路提出了新的目标和要求。我们在“十二五”规划中明确提出了建设世界一流学科的目标任务，并在今年的重点工作中着力推进“两部一市”共建、平谷新区建设、协同创新高水平平台建设等几项重点工作。

完成“两部一市”共建、推进平谷新区建设是我们坚持特色办学，积极融入行业、服务区域经济社会发展的重要举措。与教育部、铁道部、北京市实行共建是学校面向行业发展与首都区域发展，进一步提升人才培养水平和科技创新能力，促进一流人才培养、一流科技成果产生，促使特色学科具有竞争力的需要。推进平谷新区建设，有利于我们结合首都与区域经济社会发展和行业发展需求，设置一批国家与行业急需、发展前景良好的专业，形成新的专业特色。目前，这些工作已经有了一定的基础和进展。今年，我们要站在学校战略发展的高度，继续坚定不移地推进相关工作。

大力推进协同创新，瞄准国家重大需求，积极申报建设协同创新高水平平台，是我们做强做大优势特色学科的重要举措。建设协同创新高水平平台，有利于我们推进优势特色学科持续发展，形成比较优势，提高学校地位和影响。我们要抓住教育部今年实施“2011 计划”这一难得的发展机遇，整合资源，争取率先进入该计划，不断提升学校创新能力。

四是要始终践行以人为本的理念，不断改善办学条件，切实保障师生员工利益。今年，我们将统筹安排几个重大基建工程项目，进一步改善办学条件，加强基础保障设施和校园文化建设，做好安全稳定工作，着力解决关系师生员工切身利益的问题。在完成好这些重大项目、解决相关问题的过程中，我们要始终坚持以人为本的理念，从广大师生的根本利益出发推进各项工作。

在重大基建工程的推进方面，我们要全力以赴，不动摇，确保办学条件不断得到改善。在教职工管理服务方面，要从关心教职工自身发展的角度出发，深化人事管理制度改革，要确保广大教职员工生活水平的不断提高，尽可能地为大家提供优越的生活工作条件以及优质的后勤与医疗服务，切实提高教职工待遇。在学生管理服务方面，要全方位关心、爱护学生，一切管理工作都从学生发展的角度出发，加强“交大精神”的凝练，形成良好的校园文化氛围，全面提高学生的身体素质、心理素质、思想道德素质和科学文化素质，还要紧紧围绕学生就业，确保就业数量和质量继续维持在较高水平。

总体来看，2012 年，我们依然面临着十分艰巨的改革发展任务。学校党委会已经审议通过《2012 年工作要点》，全校上下要全面贯彻落实，确保各项任务的完成。在落实各项工作任务的过程中，要努力做到三个“加强”：

一是要加强统筹领导与协调。今年除了有迎接党的十八大、召开第十次党代会这样全校范围内的大事，还有很多需要我们努力攻坚的难事，这都需要领导干部敢于负责，勇挑重担，靠前指挥，充分发挥领导职能，做好宏观指导和协调工作。重大专项工作要成立专门领导小组和工作班子，加强指导。凡是大事难事都涉及多个部门，都有一个较长的完成过程，在组织领导过程中，要切实做到统筹协调，善于抓住主要工作、主要矛盾。在脚踏实地完成当前各项工作目标的同时，从全局性、系统性、整体性上做好统筹安排。各部门之间要相互协调，立足实际，明确责任，有计划分步骤落实各项工作，确保提出的目标任务和政策举措取得实效。

二是要加强监督落实。抓好落实是我们下一步工作的重点。目标确定了，关键在于抓落实。如果全校上下一起抓落实、抓监督，重点工作就能得到有效推进，学校整体工作必将取得重大进步。今年的各项重点工作是在分解“十二五”规划目标任务的基础上确定的。因此，目标明确了，必须全力以赴抓好落实，不论困难多少、阻力大小，都要紧抓不放。我们要确保每个环节、每个步骤都落到实处，还要学会创造性地落实工作，将学校总体工作具体化为各单位目标，将总体发展思路细化为具体的政策措施，不墨守成规，善于利用新视角、捕捉新机遇、开辟新思路。我们要以工作落实情况为根本落脚点，将“折子工程”的完成情况作为各单位考核的主要依据。除了“折子工程”，各单位还应根据实际，开展专项检查、定期检查、随机检查等，坚决杜绝工作没有实质进展、问题久拖不决等现象。

三是要加强调查研究。当前，我校与建设世界一流大学的奋斗目标依然有较大差距。在实现这一目标的过程中，我们面临的形势是复杂多变的，世情、国情和校情都处在不断变化之中。去年学校进行了中层干部换届调整，许多年轻同志走上了管理岗位，这些都需要我们不断开展调查研究。做好调查研究，我们的工作就更有针对性和实效性。比如，2050 年的愿景目标如何确定、学风建设如何常抓不懈、我校的文化建设如何有效推进，学校在这些方面已经取得了一些共识和有益的经验，如何在下一步工作中有效借鉴其他兄弟院校的经验做法，更好地结合自身情况不断推进，都有待进一步的调查研究。去年，在制定“十二五”规划过程中，学校在校内外开展过一次较大规模的调研活动。在落实“十二五”规划的过程中，我们应着力把调查研究的问题解决好，同时积极开展新的调查研究，通过深入细致地思考新问题、新情况，切实把规划落实好，并为今后更长远的工作打下坚实基础。

老师们，同志们，同学们，今年是农历龙年，也是充满希望与激情的一年。虽然我们面临的任务依然十分艰巨，但我们要以更加昂扬的斗志、更加饱满的信心，不断解放思想、开拓进取，巩固和发展“十二五”开局的良好势头，确保 2012 年工作任务圆满完成，不断把学校各项工作推向前进，创造学校发展的新局面！

谢谢大家！

曹国永书记在2012年学校暑期工作会议上的讲话

（2012年8月31日）

同志们：

今年的暑期工作会议主题突出、内容丰富。宁滨同志作了主报告，结合建设特色鲜明世界一流大学的奋斗目标和当前实际，深入分析了学校教学、科研、学科、平台、管理、服务等方面存在的突出问题，并就深化改革，促进发展谈了重要意见。高艳、星臣、守光、祖俊同志分别围绕提高大学生思想政治教育质量，提高本科教育质量，提高科技工作水平，提高研究生培养质量作了专题报告。刚才10位同志进行了大会发言，大家讲得都很好。下面我再补充讲几点意见。

一、把握形势，进一步增强责任感和使命感

从经济形势看，受2008年以来金融危机的影响，世界主要经济体增长明显放缓甚至面临衰退，我国经济发展形势总体向好，但稳增长的难度较大，任务繁重。宏观经济运行情况对行业、人才、科技、就业等工作，都有直接或间接的影响，对高校的影响也非常深刻。1997年的亚洲金融危机促进了我国高等教育的扩招。2008年的世界金融危机对高等教育提高质量提出了新的迫切的要求。

从首都发展看，北京市第11次党代会提出了建设中国特色世界城市的战略目标，提出要发挥首都高校在自主创新中的基础性作用，加大教育投入，支持有条件的高校创建世界一流大学。提出大力发展公共交通特别是轨道交通，大幅提高公交出行率，缓解交通拥堵状况。这些为我校发展提供了重要机遇。

从教育自身看，国家中长期教育改革和发展规划纲要颁布实施两年来，教育事业发展显现出生机勃勃的崭新局面，特别是在国外教育经费受世界金融危机影响不断下降的情况下，2012年我国财政性教育经费逆势增长，将实现占GDP 4%的目标，为包括高等教育在内的整个教育事业的发展添加了新的动力。

近期，习近平、贺国强等中央领导同志多次就发展高等教育发表重要讲话。习近平同志在高校调研党建工作并主持召开座谈会发表重要讲话，强调加强和改进高校党的建设，要继续坚持和贯彻正确的指导原则。贺国强同志在高校党风廉政建设座谈会上强调，要认真总结经验，推进创新，狠抓落实，坚定不移把惩治和预防腐败体系建设推向前进。刘延东同志在教育部第22次咨询会上的讲话中，全面总结了十七大以来我国高等教育改革发展取得的成就和基本经验，提出高校要走以提高质量为核心的内涵式发展道路，坚持协调发展、内涵发展、特色发展、创新发展、开放发展和可持续发展。这些重要讲话为学校科学发展进一步指明了方向。

从学校工作看，第十次党代会确立了学校发展的远景目标，“十二五”规划明确了五年发展任务，国家教育体制改革试点工作有序开展，平谷新区建设稳步推进，“两部一市”共建取得突破，“2011 计划”取得积极成效，“十二五”学校各方面工作开局良好，为下一步发展奠定了重要基础。

二、认真抓好落实，推进各方面工作取得实效

十次党代会和“十二五”规划以及年度重点工作明确了今后一个时期的发展战略和目标任务，学校改革发展的大政方针已经确定。今后工作的着力点是狠抓落实。在狠抓落实方面，要长短结合，当前要重点抓好以下几项工作。

1. 以各方面工作的优异成绩迎接十八大胜利召开。为党的十八大胜利召开创造和谐稳定的良好氛围，是教育战线的首要政治任务。我们要增强政治意识、大局意识和责任意识，把思想和行动统一到中央精神和一系列决策部署上来。恪尽职守，立足岗位，认真贯彻落实本次会议的工作部署，做好教学、科研、管理服务等各方面工作，以人才培养、科学研究、社会服务和文化传承创新的新成绩迎接党的十八大胜利召开。

2. 服务中心工作，进一步加强学校党建工作。上学期学校党建工作研讨会上，各单位结合实际提出了“做什么”、“怎么做”等问题，下一步一要明确“谁来做”，做到责任明确，措施明确。二是做好迎接党建基标检查验收各项准备工作。各级党组织要高度重视，认真组织，确保迎查验收工作圆满完成。三是做好创先争优活动的总结工作，重点是立足于务实管用、行之有效，将师生欢迎、能常态运行的做法制度化、长效化，不断完善已有的制度规范。

3. 大力推进平谷新区建设。北京市已将平谷新区纳入中关村“一区多园”规划建设中，对平谷新区建设具有重大意义。做好这项工作，需要全校上下统一思想，坚定不移向前推进。一是要抓紧研究平谷新区的功能定位、总体规划、一期规划和拟建单体建筑规划，争取明年上半年单体建筑开工建设。二是按照联合开发、盘活资源的工作思路，尽快启动东校区有关工作。三是要做好做足“两部一市”共建工作，从政策和资金等方面尽可能多的争取资源。

4. 全面推进改革创新。改革工作是当前和“十二五”期间学校一项重点工作。要认真做好 3 项国家教育体制改革试点项目和试点学院改革工作。边设计、边实施、边完善，敢于突破已有的条条框框，为学校整体改革和全国相关改革创造有益经验。同时要结合“十二五”规划，推动全校范围的综合改革工作，通过改革解决学校发展中存在的问题和困难。但涉及敏感问题的，近期主要开展研究讨论，十八大之后再正式实施。

5. 加强管理，推进依法治校。一流的大学需要有一流的管理。一是研究制定我校《大学章程》，及时修订相关规章制度，进一步完善学校治理结构，完善民主管理与监督机制，加强管理工作制度化规范化建设，推进现代大学制度建设。二是进一步提高机关工作质量和效率。学校办公室要抓紧组建督查办公室，要加强对重点工作落实情况的督查、督办。三是加强管理队伍建设。从选拔、培养、使用、考核、监督等方面加强对干部的管理，努力建设一支高素质的管理队伍。目前干部会议多、出差出访多的情况比较普遍。必要的对外交流是不可或缺的，但当前改革发展稳定的任务很重，工作的主战场在校内，出差出访也要围绕中心工作、重点工作来安排，确保干部把主要精力放在管理工作上。请学校办做好对领导干部

出差出访请假情况的统计分析，并在一定范围内进行通报。

6. 切实维护校园和谐稳定。安全稳定是学校和谐发展的重要前提。日前，教育部召开全国维护高校稳定工作会议，袁贵仁部长在会上作重要讲话时强调，一要切实维护和谐稳定。必须坚决落实中央决策部署，把维护高校和谐稳定作为当前首要政治任务和重大政治责任，为十八大胜利召开创造和谐稳定的环境。二要从源头上、根本上、基础上着手，做好和谐稳定工作。要正确处理改革发展稳定关系，以科学发展奠基和谐稳定。要关注民意发扬民主，以民生改善维护和谐稳定。要坚持为民务实清廉，以优良作风保证和谐稳定。要加强学习调研宣传，以正确舆论促进和谐稳定。要做好识人、选人、用人工作，以队伍建设支撑和谐稳定。要加强决策执行监督，以工作实效落实和谐稳定。三是抓部署、抓督查、抓落实，使各项工作切实落到实处。

开学伊始，有几项工作再强调一下。一是安排好开学工作，包括新生入学教育，做好家庭经济困难学生资助、学生食堂及后勤服务保障等工作，使学生迅速进入正常的学习状态。对学生提出的诉求，特别是对后勤（食堂）和教学工作的诉求要高度重视，凡是能解决的要迅速落实。二是加强意识形态工作，重点是进一步规范对课堂、报告会、研讨会、讲座、论坛和境外资助、合作研究的管理，不给错误言论提供传播机会。三是认真开展安全稳定工作大检查，要采取一切必要的手段排除校内治安、交通、消防、实验室、饮食卫生等各方面的风险隐患，加强学校周边环境整治。四是抓紧筹备召开全校安全稳定工作会议，传达中央、教育部、北京市有关精神，进一步分析研判工作中存在的突出问题，完善工作预案，部署开学后到十八大的安全稳定工作，确保校园安全稳定，确保一方平安。

希望全校各级党组织、全体师生要进一步解放思想，统一认识，开拓进取，以良好的精神状态，勇于担当的责任意识，真抓实干，狠抓落实，创造性地开展工作，落实好本次会议的各项工作部署，以改革发展稳定工作的新成绩迎接党的十八大胜利召开！

谢谢大家！

宁滨校长在2012年学校暑期工作会议上的讲话

（2012年8月31日）

同志们：

全面提高高等教育质量是党中央、国务院作出的重大决策，是教育规划纲要提出的明确要求。今年3月22日—3月23日，教育部召开了“全面提高高等教育质量工作会议”，并发布了两个重要文件——《教育部关于全面提高高等教育质量的若干意见》（简称“高教30条”）、《教育部财政部关于实施高等学校创新能力提升计划的意见》（简称“2011计划”）。文件的发布实施标志着我国的高等教育进入以提升质量为核心的内涵式发展重要阶段。全面贯彻落实“高教30条”是今后相当一段时间我校工作的重点。今天我主要讲三方面内容：一是谈谈学习“高教30条”的一些体会和认识；二是我校对照“高教30条”要求，存在的问题与差距；三是关于学校提高质量，实现科学发展的思考。

一、认真学习，准确理解“高教30条”的精神内涵

“高教30条”是党和国家对高等院校提出的新要求。我们一定要强化质量立校意识，推动高等教育从规模扩张为特征的外延式发展向质量提升为核心的内涵式发展转变，从关注硬指标的显性增长向致力于软实力的内在提升转变，走出一条中国特色、世界水平的现代高等教育发展道路。

（一）“高教30条”产生的背景

近年来，党和国家对于全面提高高等教育质量的要求越来越明确。2009年，温家宝总理在《百年大计，教育为本》中就提出“要提高高等教育质量，把提高高等教育质量摆到更加突出的位置”。2010年颁布的《国家中长期教育改革和发展规划纲要（2010—2020年）》，全文本“质量”一词出现了50余次，并明确提出“提高质量是高等教育发展的核心任务，是建设高等教育强国的基本要求”。2011年，胡锦涛总书记在清华大学百年校庆重要讲话中明确指出，不断提高质量，是高等教育的生命线，我国高等学校要把提高质量作为教育改革发展最核心、最紧迫的任务。

“高教30条”在这种背景条件下产生的，反映了国家深入实施科教兴国战略和人才强国战略，加快从教育大国向教育强国迈进的决心。

1. 全面提高高等教育质量是顺应世界新科技革命和知识经济发展、解决我国经济社会发展深层次矛盾的迫切要求

当今世界正处于新科技革命的时代，新产业革命初现端倪，一些重要科技领域开始显现出革命性突破的先兆。科技竞争在综合国力竞争中的地位更加突出，科学技术日益成为经济

社会发展的主要驱动力。世界主要国家纷纷加大科技投入，抢占科技制高点，争取发展主动权。我国只有在这场竞争中努力实现跨越式发展，才能缩小与发达国家在经济和科技方面的差距。

从国内来看，我国仍处于发展的重要战略机遇期。国家制定了“十二五”规划纲要，强调要以科学发展为主题、以加快转变经济发展方式为主线、以调整需求结构和扩大内需为导向，确立了经济平稳较快发展、经济结构战略性调整取得重大进展、城乡居民收入普遍较快增长、社会建设明显加强、改革开放不断深化等重大目标。党的十七届五中全会强调，要推动我国经济发展更多依靠科技创新驱动，全面落实国家中长期科技、教育、人才规划纲要，大力提高科技创新能力。

而在国际金融危机后，各大国对高等教育引领创新发展的期盼更加紧迫，更加注重人才培养与时代变化的全方位适应，注重高等教育与经济社会的深度融合。

应对国内外的形势，“高教 30 条”的实施将使我国的高等教育更好地承担其历史责任与使命。

2. 全面提高高等教育质量是解决高等教育自身问题的迫切要求

“高教 30 条”要求“普通高校本科招生规模相对稳定”，要求高校的发展要“适应国家和区域经济社会发展需要”，这意味着高校通过规模扩张推进高等教育大众化的使命已经基本完成。创新高等教育大众化背景下人才培养模式，全面提高人才培养质量，进入以提高质量为核心的内涵式发展阶段，是建设高等教育强国的重要一步，也是高等教育自身发展的重要使命与迫切需要。

在过去一个时期内，我国高等教育处于快速发展阶段，很多学校注重盖新大楼、买新设备，扩大规模、争取项目等外延式发展上。这些是提高高等教育质量的必要条件，是高等教育发展的阶段性特征。如今，当外部条件基本具备，内涵发展这一永恒主题就凸显出来了。

质量问题不像抓外延那样主要依靠投入，见效很快。提高质量涉及国家层面的政策与投入，也涉及学校内部教育教学和管理的各个方面，需要全面部署、系统设计、长期坚持，才能够产生良好效果，达到预期目的。

高等教育的内涵式发展，将完成中国高等教育由传统向现代的转型，真正实现由大变强，培养造就各行各业领军人物和全面提高国民素质。

（二）“高教 30 条”的核心内容

“高教 30 条”指出，各高校要把内涵式发展作为提高质量的核心要求，牢固确立人才培养的中心地位，树立科学的高等教育发展观，坚持稳定规模、优化结构、强化特色、注重创新，走以质量提升为核心的内涵式发展道路；把人才培养作为提高质量的首要工作，把体制机制改革作为提高质量的根本出路，把教师队伍作为提高质量的根本保障，把监测评估作为提高质量的必要手段，把创新引领作为提高质量的动力源泉，把对外开放作为提高质量的重要途径，把条件和经费保障作为提高质量的前提，并落实到人才培养、科学研究、社会服务、文化传承创新等各个方面。

1. 坚持并强化人才培养在学校工作中的中心地位

高校作为科技第一生产力和人才第一资源的重要结合点，具有高端引领作用。人才培养质量决定着人才的创新创造能力，决定着国家产业在全球价值链中的地位，决定着国家在世界上的位置。坚持育人为本、德育为先、能力为重、全面发展，促进学生健康成长应成为学校一切工作的出发点和落脚点。

在创新型国家的建设过程中，在服务行业和区域经济社会发展的过程中，我们要注重人才培养与时代变化的全方位适应，与经济社会的深度融合，深化教育教学改革，构建创新人才培养体系，提高人才培养水平。只有转变教育观念，创新人才培养模式，以研究型教学、探究式学习、国际化交流构建创新人才培养体系，才能促使高素质、高层次、创新型人才脱颖而出。

2. 坚持并加强学科建设，带动科学研究能力提升

大学是高水平人才集中的地方，是科技创新的高地。把我们的科学研究瞄准世界科技前沿，面向国家战略和区域发展需求，有助于解决国家急需的战略性问题、科学技术领域的前瞻性问题、涉及国计民生的重大公益性问题以及区域经济社会发展的关键性问题。

在学校发展过程中，立足自身实际，优化学科布局，发挥优势特色，能够增强原始创新能力，全面提升学术研究水平。学科的交叉融合、平台的开放共享、创新的学术氛围，能够不断提高学校科研创新能力，孕育和催生重大标志性成果，促进拔尖创新人才培养，为创新型国家建设提供有力支撑。

3. 坚持理论联系实际，大力服务经济社会发展

当今世界，大学与社会联系日益密切，通过对学生进行知识和技能、理论与实践的培养，为国家输送各类高水平人才，通过产学结合、科技创新为经济增长和社会进步作出重要贡献。把社会实践作为“第二课堂”纳入教学计划，大力开展课外学术活动、科技活动和创新创业，坚持科研与教学互动、跨学科跨专业培养人才、校企联合培养人才，可以有效地拓展社会服务，使学生在社会服务实践中起作用、长才干、做奉献。

加强理论联系实际，鼓励教师走出校门，到工程实践和社会第一线，针对社会企业要求解决难题，推动经济社会发展，同时向社会和企业开放平台，加大科技成果的转化。与企业合作共建研发平台，与地区政府合作开展区域发展战略研究，围绕行业发展问题开展战略研究及咨询，积极参与国际和国别研究中心组建并开展研究工作。

4. 坚持并围绕社会主义核心价值体系，推进文化传承创新

文化是民族的血脉、人民的精神家园，对于民族凝聚力、创造力的形成和综合国力的提升具有重要作用。大学作为优秀文化传承的重要载体和思想文化创新的重要源泉，在推动文化建设中肩负着重要的使命。

深入领会社会主义核心价值体系的内涵，深入开展理想信念教育、形势政策教育、国情教育等，激励学生胸怀祖国、热爱人民、锐意进取、奋发有为，增强对中国特色社会主义的思想认同和情感认同，能够使学生成长为中国特色社会主义的合格建设者和可靠接班人。

（三）贯彻落实“高教 30 条”的三个主要方面

“高教 30 条”提出的各项要求，一方面将促进我们提高学校的教育质量与办学水平，另一方面也为学校的改革与发展指明了方向。从学校的角度来讲，我们要做好以下几方面工作：

1. 发挥优势，积极践行“高教 30 条”

作为一所全国重点大学、高校中的“国家队”，“高教 30 条”颁布实施后，我们必须要

积极行动起来，深入学习领会、全面贯彻落实，在全校上下掀起新一轮提高教育质量的潮流，成为质量提升的先行者、示范者。这样才能够抓住机遇、乘势而上，实现学校各项事业的新发展、新跨越。

“高教30条”提出要“探索建立高校分类体系，制定分类管理办法，克服同质化倾向”。长期以来，学校依据自身的文化积淀、学术传统、学科特色以及行业特色，依据自身的办学条件和行业发展对我们提出的要求，凝练出了独具特色的办学理念，并且以特色和贡献赢得了各方的支持，形成了学校发展的优势。“高教30条”对我们这样特色鲜明的高等学校提出了新的更高要求，我们必须在人才培养、科学研究、社会服务、文化传承创新方面达到一流，同时在管理、后勤等方面也达到一流，才能真正办成一所特色鲜明世界一流大学。

2. 对照“高教30条”认真查找不足，提出对策

“高教30条”分六个部分，分别对提高教育质量的总体要求、政策措施，增强科研能力、服务社会、推进文化传承创新、深化体制机制改革的措施、建设高素质教师队伍、经费保障提出了明确的指导意见。

近年来，学校人才培养质量不断提高，师资队伍和学科建设进展明显，科研创新能力持续增强，国际合作规模和水平明显提高，服务社会能力快速提升，基础设施建设力度逐步加大，学校综合实力和核心竞争力大幅提升，内在凝聚力和外在影响力显著增强。

在已经取得成绩的基础上，我们应该认真对照“高教30条”，查找学校在人才培养、内涵发展、体制机制改革、教师队伍建设、监测评估、创新引领、对外开放等方面存在的问题与不足。对于已经开展的工作，我们要继续丰富和完善，使其中的一些理念和成果更加具体化、具有可操作性，有利于下一步的推广实施；对于正在开展但尚不完善的工作，我们要认真研究，及时发现面临的问题，积极探索新思路，加大推进力度；对于我们认识到却尚未开展的工作，必须尽快组织力量进行深入细致的调查研究，加快启动。

3. 抓住实施“高教30条”带来的契机，加快改革步伐

“高教30条”中较大篇幅有关“改革”、“创新”的内容，使我们将以更大的勇气与决心推进体制机制改革，甚至敢于闯盲区、闯难区，坚定地迈出攻坚克难的新步伐，稳健扎实地转变发展方式，推动学校真正走上以质量提升为核心的内涵式发展道路提供了依据与政策支持。

“高教30条”要求建立完善不同类型高校人才培养质量标准体系，健全质量评估制度。“高教30条”中提到，去年“985工程”建设高校发布年度本科教学质量报告的基础上，今年要扩大到“211工程”建设高校，要求各高校完善质量报告的内容和发布方式，主动、自觉地让社会了解和监督，为我们提出了要求。有关部门要加快调查研究，打破多年形成的思维习惯，尽快研究制定出符合学校发展实际的质量标准体系。

“高教30条”要求通过试点学院“探索以创新人才培养体制为核心、以学院为基本实施单位的综合性改革”。作为首批17所开展试点学院工作的高校之一，我们必须抓住这一机遇，完善自我发展、自我管理、自我约束的体制机制，探索建立符合自身特点的管理制度和配套政策，积累学校内部管理体制改革的经验，并适时扩大和推广。

这样的例子还有很多，包括轨道交通安全协同创新中心建设、3项国家教育体制改革试点项目实施、人才培养一体化建设等，都存在着机遇与挑战。我们只有抓住机遇，把学校真

正办出特色、办出水平，才能以高质量的教育服务国家、行业、区域经济社会发展，为实现我国从高等教育大国向高等教育强国转变做出一份应有的贡献。

二、结合校情，深入思考，查找问题

“高教 30 条”是一段时期全面提高高等教育质量的指导性文件，为高等教育的发展绘出了清晰的路线图，也为我校今后一段时期的改革发展指明了方向。站在新的发展起点，我们清醒地看到，与新形势下国家对高等教育提高质量、内涵发展的迫切要求相比，从学校第十次党代会提出的到本世纪中叶要把学校建成特色鲜明世界一流大学的奋斗目标来看，当前学校还存在诸多突出的问题和困难以及需要进一步加强和改进的工作，我们的人才培养水平、科研学术水平、学科平台建设等核心竞争力，距离实现学校三步走战略中的第一步，即到 2020 年建设成为国内一流、国际知名研究型大学的任务目标相比还有较大差距。主要表现在：

（一）人才培养质量特别是拔尖创新人才培养有待进一步提高

我们在本科生培养方面有着优良的传统，基础还比较扎实，并且经过连续几年的不懈努力，教育教学质量不断提高，国家级优秀教学成果奖、学科竞赛等方面取得显著成绩，毕业生就业率和深造率位居同类院校前列。但还存在着一些需要改进的地方，如教育教学理念和培养模式适应性不强、拔尖创新人才培养有待进一步深化、学生的综合素质和创新实践能力有待进一步提高。

（二）研究生教育质量亟待提高

近年来，学校稳步发展研究生教育，逐步优化研究生教育结构，深化培养机制体制改革，研究生创新能力不断提升。但总体来看，研究生生源质量和教育质量仍亟须提高，研究生培养与科学研究和学科建设的结合不够紧密，研究生参与知识创新、科技创新不够。

（三）科研和学术水平有待进一步提升

在科研方面，存在的主要问题有：科研水平和社会服务质量需要进一步提升，国家重大科研项目、处于前沿水平和具有重大影响的科研成果较少，积极面向国家需求、服务主战场和面向学科前沿的意识还不够不强，解决重大科学问题和重大经济社会问题的能力有待增强。

（四）学科和平台建设有待进一步加强

学科发展缺乏核心竞争力。目前，学科建设的顶层设计和方向凝练还不够，基层学术组织设置与学科发展的需要适应性不强。重点学科建设亟待加强，优势学科的水平需要进一步提高，特色学科的基础性研究有待进一步加强，新兴交叉学科的建设需要进一步推进。

师资队伍整体水平还不能适应研究型大学的发展要求。一是师资队伍规模不足，结构有待进一步优化。二是高水平学科带头人匮乏。三是青年学科带头人培养和储备不足。四是部分教师潜心研究与教学的意识不强，精力投入不够。

科研平台的管理体制与运行机制尚未建立健全。一方面，目前平台建设缺乏系统的顶层设计，体制机制建设还不完善。另一方面，我校国家级科研平台起步较晚，与同领域高水平的平台建设相比还有一定的差距。

高水平科研平台利用率低，开放程度不高。学校科研平台和实验室的开放和设备共享的有关制度、措施已经出台，但目前科技资源的共建共享尚未形成有效运行机制，平台、设备及其管理体制对学科建设和开展高水平科学研究的支撑作用有待加强，开放、共享与效率需要提高。

（五）管理工作效率和水平亟待提高

管理出水平，管理出效率。一流的大学需要一流的管理。我们的管理工作与建设一流研究型大学的目标相比，还存在着诸如管理队伍建设的体制机制不完善，管理人员的水平有待提高、责任心需要加强，管理工作创新性不够、执行力不强等不相适应的地方。

综上所述，五大主要问题影响和制约着我校提高质量、提升水平。我们必须保持清醒的头脑，认真对待，研究出对策，在学校的工作中不断推进。

三、把握规律，狠抓落实，推动学校科学发展

当前，我们学校的发展正站在一个新的起点上。面对创新型国家建设的需要、面对经济社会发展的新形势、新任务，我们必须进一步提高认识、统一思想，坚定不移地深化改革，推动学校内涵式发展，在建设特色鲜明世界一流大学进程中迈出更加坚实的步伐。

（一）统一思想，以质量为核心，走内涵发展之路

按照“高教 30 条”的要求，我们要加强调查研究、推进改革创新、做好统筹协调、完善体制机制，真正把“抓质量、上水平”作为学校发展的永恒主题，在实际工作中贯彻落实到位。

1. 加强调查研究，把握发展规律

当前，世情国情处在不断变化之中，学校的发展面临复杂多变的形势，我们对各项工作尤其是一些改革创新性的举措，一定要认真调查研究，不断总结新经验、新做法，努力探索其中的规律，把握规律，以便科学发展。

一是把握人才培养的规律。在人才教育培养过程中，学生的德识才学得到教师的指导、点化，可以使学生在继承与创造过程中少走弯路，达到事半功倍的效果。注意发现学生的天赋素质和潜能，给那些具有发展潜质的特别人才以对应的支持，鼓励他们在最具创造性的年龄产生创新成果，能更好地满足国家培养拔尖创新人才的要求。注重培养学生的团队精神与合作意识，将使人才成批出现，并且具有持续发展的潜力。

二是把握科学研究的规律。科学研究有其客观性，必须理论与实践相结合，才能充分发挥其推动社会发展的作用。科学研究还是一个循序渐进的过程，是一个不断地发现问题、解决问题的过程。我们在科研过程中要怀有“十年磨一剑”的决心，耐得住寂寞、守得住孤独，坚持把本领域的科学研究推向深入，着力打造高端平台与团队，保证创新可持续，才能在产生高水平成果的同时，提高科学研究能力与水平。

三是把握大学的发展规律。大学的发展要有数量的增长、结构的优化、效益的提高，更要有质量的提高和全面协调可持续的发展。其中质量是最核心的要素，没有教育质量，就失

去了大学的根本。大学具有传播和探索科学文化并以此影响和推动社会文明进步的属性，因而我们必须自觉运用科学发展观指导学校的改革、发展和建设，按大学的发展规律办学。

2. 加强改革创新，勇于知难而上

我们学校通过承担国家教育体制改革试点项目和试点学院工作，对自身人才的模式和人事制度进行了改革，并在形成满足拔尖创新人才培养需要的管理体制和培养机制等方面作出了积极的尝试。改革需要勇气，更需要智慧和毅力。下一步学校除了要做好几项改革试点工作，新校区的筹建、协同创新中心的建设等，也将面临新的甚至不可预知的挑战，各单位、各部门要积极参与并做好应对困难的准备，坚定信心，把学校的改革推向深入，把学校的发展推向前进。

3. 加强统筹协调，形成发展合力

在当前学校的发展过程中，有很多全校范围的大事，也有很多需要我们努力攻坚的难事。在工作中，同志们要敢于负责、勇挑重担、靠前指挥，一方面在完成本职工作的基础上，从全局性、系统性、整体性上统筹思考，处理好当前与长远的关系、局部与整体的关系、继承与创新的关系，另一方面加强各部门之间的沟通与协调，明确责任，有计划分步骤落实各项工作，产生推动目标任务实施和政策举措落实的合力。

4. 狠抓贯彻落实，讲求工作实效

"十二五"规划目标已经明确，建设特色鲜明世界一流大学的远景目标已经确立，我们必须全力以赴抓好落实，不论困难多少、阻力大小，都要紧抓不放。只有抓好落实工作，才能保障"十二五"规划的顺利推进和学校的整体发展。我们要学会创造性地落实工作，将学校总体工作具体化为各单位目标，将总体发展思路细化为具体的政策措施，不墨守成规，要善于利用新视角、捕捉新机遇、开辟新思路。各单位还应根据实际，开展专项检查、定期检查、随机检查等，确保所有工作落到实处，有实效，坚决杜绝工作没有实质进展、问题久拖不决等现象。

（二）聚焦重点，以问题为抓手，做好针对性落实

只有把学校的质量和水平提升到一个新的高度，才能实现自身的跨越式发展。针对前面提到的目前学校在人才培养、科学研究、平台建设等方面存在的问题，我们应该从实际出发，有针对性地提出解决办法，抓好落实。

1. 构建个性化人才培养模式，促进人人成才

针对我校本科人才培养适应性不强，拔尖人才培养需要强化、总结、提高，学生综合素质有待提高和研究生生源质量不高、培养环节待加强、选题与科技结合不紧密等问题，希望全校各有关部门树立因材施教、全员育人的人才培养理念，推进人才培养模式综合改革，形成有利于多样化创新人才成长的培养体系。

一是创新人才培养模式。本科生培养要结合国家教育体制改革试点项目，深化 4 个国家级专业改革试点项目和 7 个"卓越工程师"试点专业改革，探索 4 个专业的国际班培养模式改革，办好思源班、茅以升班、詹天佑班、珠峰班等拔尖人才试点班，优化专业结构、加强专业国际认证工作。研究生培养要通过建立拔尖人才培养特区等方式，加强实践，分层培养，着力培养拔尖创新人才。

二是改革教学方式方法。以课程建设为核心，以落实 2012 培养方案为契机，大力推进

启发式、探究式、讨论式、参与式教学，加强师生互动，为学生自主构建知识体系搭建平台创造条件，促进学生研究性学习和自主学习。

三是强化社会实践环节。充分发挥6个国家级实验教学示范中心、7个国家级工程实践中心、3个国家级大学生校外实践基地、4个北京市校外人才培养基地的作用，将国家重点实验室等高水平科研平台转化为拔尖学生的实践平台，结合教育部“大学生创新创业训练计划”项目，营造创新人才实践能力培养的育人环境，把创新思维培养、实践教学与动手能力培养紧密结合起来，激发学生对创造的热情。

四是完善管理体制机制。通过北京市和国家级教学成果评选推荐活动，以评促建，提升质量；健全教学管理规章制度，落实新修订的学籍管理办法，加强过程管理；完善基层教学组织，建立校院两级教学评价与评估机制，建立教学质量监控体系，通过开展课堂检查、过程性考核等方式，营造良好教风学风。

五是改善基本教学条件。今年暑期，学校对包括思源楼、东教一楼、五教、七教、运动场在内的30多处场所进行了集中维修改造，改善了学校的教育教学环境。另外，学生活动服务中心的投入使用，科技大厦的建设，新校区的筹建等，都将使我校的基本教学条件得以进一步改善，为提高教学质量奠定良好的物质基础。

2. *以特色构筑核心实力，提升学术水平*

我校面临科研基础性、原创性成果少，与国家和行业重大需求对接不够、贡献不显著，有含金量的专利成果不多，平台开放程度不高、利用率低等问题。针对问题，我们要立足校情，充分发挥自身优势特色，明确战略思路，选择适合自身特点的发展重点，提升科研水平与实力。

一是坚持特色，发挥优势。北京交通大学因铁路而生，因铁路和管理而强。经过116年的发展，学校在信息、管理和交通等领域形成了鲜明的学科科研优势和人才培养特色。在下一步的发展中，我们要抓住轨道交通发展的黄金机遇期，发现共性关键技术、探索基础理论问题，发挥轨道交通领域科研的聚集优势，把学校建设成为支撑行业发展的技术与人才基地。同时要处理好优势特色学科与其他学科的发展关系，实现优势学科发展壮大，特色学科与时俱进，新兴交叉学科异峰突起，基础学科重点突破，人文社会科学学科蓬勃发展。

二是强化服务，以服务求发展。作为知识创新的骨干和技术创新的生力军，我们要面向国家与行业重大需求，服务区域经济社会发展，力争在一些重大理论和现实问题的解决上取得重大突破，产生原始创新成果，提升学校以科学研究服务社会的能力。

三是锐意创新，提升水平。凝练学科方向，瞄准国家重大需求和人类社会发展、科学发展趋势及前沿，开展基础性、前瞻性、战略性研究工作，注重创新，同时，善于协同创新。我们与西南交通大学、中南大学三所高校共同组建的“轨道交通安全协同创新中心”已经正式揭牌，为学校开展协同创新、培养创新型人才、提升科研能力创造了新的条件。我们要在创新过程中，依托学校与行业和区域经济社会发展结合紧密的优势，与大中型骨干企业、科研院所联合开展政产学研用协同创新，共享各类创新资源，培育新的学科增长点，壮大学科实力，提升学术水平。

四是搭建平台，促进转化。高水平的科研平台是学校承担重大项目的物质基础。在平台建设中，对内我们要整合资源，鼓励建设跨学科、跨学院的科研平台，鼓励科研人员横向交流，加强拔尖创新人才培养和创新团队建设，为承担重大项目提供有力支撑；对外我们要发挥自身的人才与科技优势，共享资源，推进技术创新，加快成果转化和产业化，扩大社会影响力。

3. 加强人才队伍建设，不断提高师资水平

德国著名教育家雅斯贝尔斯说过，“教育意味着一棵树摇动另一棵树，一朵云推动另一朵云，一颗灵魂唤醒另一颗灵魂，教师跟学生的交往是实际上是两个生命体之间的交往，教学活动学习实际上是教师和学生的生命体验”。可以说，教师在学生的学习和生活中扮演着非常重要的角色，是学生健康成长的指导者和引路人。在下一步的工作中，我们要从以下几个方面着手，提高师资队伍的水平。

一是加强师德师风建设。通过落实《高等学校教师职业道德规范》加强师德教育，特别是职业理想和职业道德教育。强化师德师风教育，营造教书育人的浓厚氛围，增强广大教师教书育人的责任感和使命感，以严谨的工作态度、科学的研究方法、执著的创新精神和创新意识对学生产生“润物细无声”的正面影响。

二是提高教师业务水平。加强教师教学水平与教学能力的建设，使其具备良好的业务水平、广阔的知识视野、广泛的兴趣爱好、深厚的专业功底和独特的教学艺术，唤起学生探求真理、探索新知并直达知识源头的热情，培养学生的研究性思维、掌握学术规范。

三是完善人事管理制度。管理部门要尊重、激励和服务人才，为教师心无旁骛地安守教学岗位提供制度保障、创造物质条件。我们要深化教师聘任制度改革，完善教师培训制度，创新教师休假制度，分类管理，激发教师队伍的生机和活力。政策向教学一线教师倾斜，对优秀教师进行表彰奖励，让他们得到更多的鼓励与支持，有更好的发展与进步，进而引导更多的教师重视教学、潜心教学。

四是引进高水平人才。引进和补充优秀人才是提高师资队伍水平的有效方式之一。各学院要认真做好需求计划，院长书记亲自抓，同时要发挥学科教授的作用，主动出击。人事部门要密切配合，加强协调，规范程序，严把入口关，注重改善师资队伍的学缘结构。

4. 坚定不移推进改革，建立保障机制

改革从来都不是一帆风顺的，我们要有面对困难的决心和勇气。在下一阶段的工作中，我们要坚定不移地推进体制机制改革，创新发展模式，为特色鲜明世界一流大学建设提供坚强保证。

一是提高学校党建科学化水平。认真贯彻党委领导下的校长负责制，学校党委把方向、抓大事、促改革，坚持党要管党、从严治党，以改革创新精神着力加强学校党的思想、组织、制度、作风和反腐倡廉建设。不断增强党组织和党员的先进性，使党员干部成为学校发展与建设中的带头人、排头兵。

二是完善大学制度。今年 1 月由教育部颁布的《高等学校章程制定暂行办法》，为我们依法自主办学、实施管理和履行公共职能提供了基本准则。我们要加快学校的章程建设，为依法治校、民主管理提供制度保障。

三是做好改革试点工作。我们学校承担的探索有特色高水平大学国际化人才培养模式、探索行业高校产学联合培养人才的模式和机制、高校用人机制改革和试点学院综合改革 4 项试点，都在稳步进行，并取得了阶段性的成果。下一步我们要以此为示范，推进学校内部的改革。

（三）科学谋划，抓住发展契机，加快学校建设步伐

凡事预则立，不预则废。学校在十次党代会、“十二五”规划中明确了学校的发展目标与方向，并且争取到了教育部、铁道部、北京市的支持，在接下来的工作中，做好前瞻性的谋划对于推动学校改革事业发展至关重要。

1. 立足长远，努力实现学校各时期发展目标

江泽民同志 1995 年 12 月关于“把交通大学建设成世界一流大学”的重要题词，为我们的长远发展指明了方向。今年 1 月发布实施的学校“十二五”规划和 4 月召开的第十次党代会分别提出了近期规划和远景目标。

一是“十二五”期间实现“3・4・5 目标”。“十二五”期间，学校确立了确保在国家高水平创新平台、国家级创新团队、国家级高水平科技成果奖等三方面实现突破；在师资队伍水平、办学条件、国际化水平和职工工作条件与生活待遇四个方面实现明显提升；人才培养、科学研究、社会服务、文化传承创新以及党建和思想政治工作五个方面主要指标位于全国同类高校前列的“3・4・5 目标”。

二是本世纪中叶实现建设特色鲜明世界一流大学远景目标。我校第十次党代会在全面总结成绩和经验的基础上，认真分析存在的问题和机遇，通过科学论证、充分讨论，提出“到本世纪中叶，把北京交通大学初步建设成为特色鲜明世界一流大学”的远景目标，并提出了扎实推进的“三步走”战略。第一步是到 2020 年，建成以信息、管理等学科为优势，以交通科学与技术为特色，多学科协调发展的国内一流、国际知名研究型大学，为建设特色鲜明世界一流大学奠定坚实基础。第二步是到 2030 年，形成建设多科性的特色鲜明世界一流大学的基本格局，进入特色鲜明世界一流大学建设新阶段。第三步是到本世纪中叶，初步建设成为特色鲜明世界一流大学。

2. 抢抓机遇，为学校发展创造条件

经济全球化深入发展，科技进步日新月异，人才竞争日趋激烈，深度开发人力资源，实现创新驱动，已成为时代潮流和许多国家的战略选择。我国战略性新兴产业，如高端制造业、信息产业和轨道交通事业的快速发展和北京建设中国特色“世界城市”战略的实施，为我校改革发展提供了难得的重大机遇。

一是充分发挥两部一市共建协议的作用。4 月 26 日，教育部、铁道部、北京市人民政府共建北京交通大学协议签署，为学校的发展提供了新的契机。下一步我们要紧密围绕国家经济社会发展，特别是交通事业发展、首都经济社会的发展，全面提高人才培养质量；支撑铁路行业进一步增强自主创新能力，突破关键技术、关键材料、关键装备等一系列“瓶颈”，特别是为高速铁路的建设安全和运营安全做出积极贡献；支持和服务北京市骨干企业提高自主创新能力，在首都创新体系建设、经济发展方式转变，特别是中关村国家自主创新示范区建设中作出应有贡献。

二是建好平谷创新基地暨新校区。去年年底我们与平谷区人民政府签署了“北京交通大学现代轨道交通创新基地暨新校区项目教育用地土地供应协议”，为学校拓展办学空间奠定了基础。目前新校区建设项目正在积极稳步推进。我们初步在新校区规划了“两个中心”和协同创新中心的建设，下一步还将在平谷新区建设中充分体现我校 116 年的历史积淀、文化精神，保持信息、管理、交通运输传统优势与特色，切实做好这项北京交通大学第二个百

年发展的奠基工程。

（四）加强学风和校园文化建设，奠定质量提升文化基础

优良的学风和较高的文化素质，是教育教学质量提升的文化基础与保障。一直以来，我们对学风建设、校园文化建设等工作都非常重视，也取得了一定的成效。下一步我们要继续做好以下几个方面的工作。

1. 以社会主义核心价值体系为指导

我们要坚持把社会主义核心价值体系融入办学治校的全过程，不断提高思想政治理论课建设和思想政治教育科学化水平，推动中国特色社会主义理论体系进教材、进课堂、进头脑，提高学生服务国家人民的社会责任感和使命感。

2. 加强校园文化建设

要充分发挥文化育人的作用，就要加强校园文化建设，探索文化育人模式，丰富文化育人的载体和手段，加强对育人环境与氛围的培育。

一是积极开展各种主题活动。借助校庆等主题活动，加强校史研究和宣传，引导师生秉承“饮水思源，爱国荣校”的优良传统、“知行”校训、在交大精神的激励下教书育人，奉献学校，奋发成才，报效祖国。

二是充分发挥校园网的宣教作用。使校园网成为大学生文化生活和思想教育的平台。通过充分利用这一社会先进文化传播的新空间，形成对教师有凝聚作用、对学生有陶冶作用、对社会有示范作用的校园文化氛围。

三是大力发展与繁荣哲学社会科学。激励师生投身到文化创新创造，在文化创造中提升人文素养和精神品格。增加优秀传统文化课程内容，同时组织好“大师面对面”、“交大大讲堂”等高水平学术交流活动，丰富校园文化生活，提升师生文化素质。

3. 切实加强学术诚信和学风建设

我校从 2010 年启动学风建设工作以来，考试风气等有较大改变，但是仍存在学术浮躁、学术功利及学术不端等现象。我们要教育学生克服学风浮躁甚至学术腐败，加强学术诚信建设，严格规范学术行为，对科研不端行为零容忍，净化学术环境，提高学生道德品质。

同志们，新的要求已经提出、新的机遇摆在面前，让我们积极行动起来、各司其职、各负其责，对自己的工作做到心中有数，认真履行自己的岗位职责，高标准要求自己，求真务实，奋发有为，全面提高办学质量，向着建设特色鲜明世界一流大学的目标奋力前进！

谢谢大家！

北京交通大学2012年工作要点

2012年是学校深入贯彻教育规划纲要的重要一年和全面落实“十二五”规划的关键一年。学校工作的总体要求是：全面贯彻落实党的十七大和十七届三中、四中、五中、六中全会精神，以邓小平理论和“三个代表”重要思想为指导，深入贯彻落实科学发展观，深入贯彻教育规划纲要和胡锦涛总书记在清华百年校庆大会上的重要讲话精神，进一步解放思想，着力深化改革，全面提高质量，深入推进学风建设，维护校园和谐稳定，不断开创有特色、高水平研究型大学建设的新局面，以优异成绩迎接党的十八大和学校第十次党代会的召开。

一、切实提高党建和思想政治工作科学化水平，推进学校事业发展

1. 深入学习宣传贯彻党的十八大精神。做好迎接党的十八大有关工作，制定学习贯彻十八大精神的指导意见，以校院两级中心组学习、思想理论课、形势教育课、党课等为载体，组织多层次专题培训和主题教育活动，坚持用中国特色社会主义理论体系武装头脑，指导实践。

2. 筹备召开学校第十次党代会。认真总结和深入宣传九次党代会以来学校改革发展和党的建设成绩与经验，为十次党代会的胜利召开营造良好氛围。认真做好各项筹备工作，确保大会各项任务圆满完成。做好十次党代会精神的贯彻落实，切实把全校师生的思想和行动统一到党代会确定的奋斗目标上来。实行党代会提案制、代表任期制和党务公开制度，切实推进党内民主建设。

3. 着力加强基层党组织建设。深入开展“提高办学质量促发展、服务人民群众树形象”创先争优活动，健全创先争优长效机制。贯彻落实《中国共产党普通高等学校基层组织工作条例》，出台相关文件，完善院（系）级单位党政联席会议制度，以优异成绩通过《北京普通高等学校党建和思想政治工作基本标准》达标检查验收工作。加强干部队伍建设和干部培训工作，提高科学民主决策水平和服务水平。提高党员发展质量，确保党员队伍的先进性和纯洁性。配合教育部做好对我校的巡视工作。

4. 努力增强大学生思想政治教育的针对性、实效性。推进社会主义核心价值体系建设，深化育人为本在教育实践中的推进与落实。完善学生综合素质教育体系和学生健康成长服务体系。积极探索研究生思想政治教育与业务培养有机结合的有效方法与途径。广泛深入开展学雷锋活动。继续做好面向家庭经济困难学生的资助工作，形成学生心理危机全方位预防的有效网络。加强共青团工作，切实使共青团组织成为引领和帮助青年大学生成长成才的有效平台。提高辅导员队伍、班主任队伍科学化、专业化水平。以学生活动服务中心为载体，拓展服务功能，提高服务水平。

5. 深入推进党风廉政建设和反腐败工作。认真落实党风廉政建设责任制，完善惩治和预防腐败体系。加强制度建设，继续推进廉政风险防控管理，加强对重点部位和关键环节的

监管。深入开展党性、党风、党纪教育，加大廉政文化建设力度，切实推动廉洁教育进校园、进课堂。

6. 全面落实学校“十二五”事业发展规划。认真组织规划的学习与宣传，做好学校总体规划和专项规划任务的分解及落实等工作，研究制定重大计划与工程的实施方案。推进行业特色研究型大学发展战略研究中心建设，加强政策咨询与战略研究工作。

二、抓好四项重要基础性工作，全面提升办学质量

（一）切实提高人才培养质量

7. 深化人才培养模式改革。完善本科专业评估、认证体系，鼓励各专业参与国内国际认证。推行专业建设和课程建设责任人制度，通过专业建设推动课程建设，形成一批优质课程和教学资源。加强实验教学示范中心和专业实验室平台建设，推进大学生创新创业训练计划项目和学科竞赛工作，提高学生的动手能力和创新精神。修订 2012 本科人才培养方案和学籍管理条例，完善各类试点班运行机制，出台本硕博一体化培养方案，完善并实施科研、师资等各类优质资源向学生倾斜的管理办法，探索实施导师制。完善教学奖励制度，强化优质教学队伍建设。做好第七届教学成果奖的推荐申报工作。

8. 完善研究生教育质量保障体系。加强招生宣传及过程管理，强化研究生教育质量控制，加强导师队伍建设，进一步提高研究生生源质量和培养质量。完善研究生发表高水平论文支持和奖励办法，加大拔尖创新人才培养力度，力争全国优秀博士论文有新的突破。

9. 深入推进学风建设。贯彻落实《教育部关于切实加强和改进高等学校学风建设的实施意见》，出台加强师德建设的政策措施。注重对学生的学业辅导，研究制定增强学生学习动力与积极性的措施，充分发挥学生在学习中的主体作用。总结部署下一阶段学风建设新任务，建立学风建设长效机制。

10. 扎实做好招生和就业工作。不断提高生源质量，加大生源基地建设，力争达到 300 个。加强就业队伍建设，强化就业、创业指导和服务，拓展就业市场，推进创新创业教育和学生自主创业工作体系建设，稳定就业率，提高就业质量。

（二）建设高素质教师队伍

11. 加大优秀人才引进和培养力度。做好师资队伍补充工作，把好入口关。下大力气引进学术大师和高水平学科带头人，继续加大对中青年学术领军人物的支持力度。增加引进外籍教师和本校英语授课教师比例。实施好“红果园人才培育计划”，加大培养力度。规范高层次引进人才和重点培育人才的考核机制。

12. 进一步深化人事管理制度改革。平稳完成教职工首个聘期考核和新一轮岗位聘任工作，为师资队伍建设奠定好基础。核定二级单位教师、其他专技、管理三支队伍岗位总量和结构，制定并实施二级单位岗位资源配置方案。进一步完善教师晋升评级评价机制，制定各类专业技术人员考核办法，出台鼓励青年教师到重点企业和重大工程现场挂职的倾斜政策。全面加强实验技术队伍和专职科研队伍建设。加强管理队伍建设，探索新入职管理人员轮岗培训制度。

（三）加强学科、实验室、平台和科技工作

13. 推进重点学科和创新平台建设。积极探索适应新兴和交叉学科发展的基层学术组织建设及院系结构的调整。加大国家重点学科建设力度，推进学科建设责任教授制。认真组织一级学科整体水平评估，争取学科建设和排名取得新突破。努力争取新的高水平科技创新平台，建设好已有平台，出台政策，树立典型，引导教师积极投身平台建设。确保国家重点实验室、国家工程研究中心顺利通过验收和评估。制定哲学社会科学繁荣推进计划，申报建设教育部人文社科重点研究基地。建设国际合作联合实验室。

14. 不断提高科研水平。调整科研结构，加强谋划，积极争取和承担高水平科研项目，力争新增“973”计划主持项目1项，自然基金重大、重点项目实现新的增长。做好国家级奖励的培育和申报工作，实现高水平科技成果奖的突破。科研经费实现稳定增长，全年科研经费力争达到8亿元，进一步规范科研经费的管理和使用，用好基本科研业务费。出台知识产权与成果转化促进办法。完善校内学术交流机制。

（四）提升对外合作与交流水平

15. 深入开展国际合作与交流。搭建和扩大国际交流平台，重点支持教师、研究生开展国际交流活动，全面实施“学生海外学习计划”，在校各类学生出国达到700名。来校留学生争取突破900名。成立学校国际咨询委员会，组建固定联盟。力争实现1～2所新孔子学院揭牌成立。开拓与非洲、中东合作新格局。完善国际教育交流中心机构设置和管理运转机制。

16. 加强校友会、基金会、董事会工作。加大筹资力度，积极争取港澳台、海外华人等社会各界捐赠，各类筹资和配比额力争超过1亿。积极稳妥做好资金运作，探索教育基金持续增值机制。完善校院两级筹资体系，建立院系基金。改善董事会成员结构，探索校友工作新机制。做好校庆工作。办好长三角、深圳研究院等驻外机构。

17. 推进海滨学院建设。做好学位评估等验收工作，以评促建，加强教师队伍建设，提高教学质量，做好首批毕业生就业工作。

三、抢抓重大发展机遇，努力实现重点工作和重大专项的突破，提升学校核心竞争力

18. 完成“两部一市”共建。落实教育部、铁道部、北京市共建北京交通大学，提高办学水平和人才培养质量，在服务行业、北京市和平谷区发展方面取得新进展。

19. 全面推进平谷新区建设。明确平谷新区的功能定位，完成校址地界划定、部分地上物拆迁、初步规划和设计工作。积极筹措平谷新区建设资金，研究东校区的定位及相关方案。制定项目建设管理模式，完善相关机构设置。

20. 研究制订《北京交通大学章程》等规章制度。完善学校治理结构，积极探索现代大学制度建设，贯彻落实《高等学校章程制定暂行办法》及党委领导下的校长负责制实施意见。加强督查督办，全面提升执行力和落实力。加强制度化规范化建设，出台公文处理、信访工作实施细则等规范性文件，推进依法行政。进一步加强机关作风建设，提高管理质量和服务水平。

21. 积极申报建设协同创新高水平平台。紧紧抓住国家实施高等学校创新能力提升计划的契机，整合轨道交通安全领域优势资源，凝练协同创新方向，做好“2011 计划”的申报和建设工作。积极争取国家部委支持，推动轨道交通两个中心建设。积极申报国家实验室等有关国家级平台。

22. 统筹安排好重大基建工程项目。完成学生活动服务中心配套工程。开工建设教职工住宅改造项目，做好住宅配售和各项拆迁安置。科技创业大厦主体工程结构封顶。幼儿园完成搬迁并投入使用。积极筹划建设海淀校区新体育馆。

23. 深入推进国家教育体制改革试点项目和学院试点综合改革工作。继续探索“3 +1 +2”产学联合的人才培养模式改革，建设国家工程实践教育中心，形成本硕一体化、校内外一体化的人才体系。建设一批优质教学资源和品牌国际合作项目，加强国际化人才培养的内涵建设。积极探索以考核评价机制为核心的用人机制改革。在经管等学院全面开展校院两级管理体制、人事制度改革试点，改革学生招录与选拔机制，创新人才培养模式。

四、着力解决事关师生员工切身利益的问题，切实维护校园和谐稳定

24. 进一步深化后勤社会化改革。整合资源，强化考核，提高后勤服务质量和保障能力。加强后勤队伍建设，建立积极有效的用人机制，提高后勤队伍稳定性。做好学生食堂工作，确保质量价格稳定。推进绿色校园建设，积极开展节能改造。

25. 加强公共服务体系建设。完善校园信息化系统数据共享和交换体系，构建网络和信息系统安全体系，全面启动办公自动化系统。加强数字图书馆系统平台建设，完成满铁资料全文数据库一期建设。推动公费医疗向全民医保平稳过渡，建立校医院岗位绩效评价体系。

26. 着力改善师生员工学习生活条件。完善教职工增资机制，提高教职工待遇。梳理优化财务服务和管理流程，进一步提高财务工作服务水平和工作效率。完成天佑会堂、操场等改造项目，更换部分教学楼课桌椅、学生宿舍家具，完善学生卫生清洁服务。推动学生医疗保险工作开展，推广家庭医生式服务，提高师生健康服务保障水平。做好特困离退休老同志的帮扶工作。加强校园交通管理，规范校内停车和行车秩序。

27. 确保校园安全稳定。强化维稳责任体系及应急处置突发事件能力建设，加强对影响校园稳定因素的分析和把握，完善安全防控体系和应急管理体系。加强保密教育与培训，确保第二轮武器装备科研生产单位二级保密资质验收顺利通过。成立校园网络舆情中心，加强网络信息与舆情的研判、分析与预警。做好各类合作办学情况的清理排查工作，规范办学行为。全面开展“平安校园”创建工作，推进文明宿舍建设，加强对学生宿舍的安全检查，加大安全教育培训的广度和深度，推进安全教育常态化、制度化。

28. 加强文化建设，促进校园和谐。出台大学文化建设规划，启动“交大精神”的研究与凝练工作，加快推进第二轮修志工作。加强校园学术活动统筹管理。加强统战、工会、离退休工作，发挥统战人士、离退休老同志在学校改革、发展和稳定中的作用。贯彻落实《学校教职工代表大会规定》，发挥工会、教代会在民主管理和民主监督中的作用。加强离退休基层党组织建设，做好关工委、老教授协会、老年大学工作，落实离退休有关待遇。

北京交通大学2012年度工作总结

刚刚过去的2012年，是不同寻常、令人振奋的一年。学校全年工作主要围绕三条主线展开。第一是迎接十八大和学习贯彻十八大精神，第二是筹备召开学校第十次党代会并贯彻落实会议精神，第三是在此基础上，着力推进学校科学发展。总的看，一年来学校各方面工作取得了新成绩，办学水平和社会影响力得到进一步提升，为“十二五”规划的顺利实施奠定了重要基础。

一、认真学习贯彻党的十八大精神，把思想统一到中央决策部署上来

党的十八大是在我国进入全面建成小康社会决定性阶段召开的一次重要会议，科学回答了举什么旗、走什么路，以什么样的精神状态，朝着什么样的目标继续前进等重大问题，实现了中央领导集体新老交替。十八大对教育工作作出了战略部署，强调把立德树人作为根本任务，坚持走内涵式发展道路，明显提升创新人才培养水平，大力实施创新驱动发展战略。一中全会和中央政治局会议对认真学习贯彻十八大精神作出了全面部署。学校把迎接十八大和学习贯彻十八大精神作为全年工作的一条重要主线。

（一）以优异的工作成绩、和谐稳定的校园环境迎接十八大胜利召开

社会和谐稳定是召开十八大的重要前提，高校的稳定直接关系社会和大局的稳定。中央和教育部、北京市明确要求大事不出、小事也不出。因此，做好2012年的安全稳定工作是学校首要的政治任务。学校成立了迎接十八大工作领导小组和工作小组，定期会商工作。召开安全稳定工作会议，全面部署学校安保、维稳、宣传、管理等工作，组织动员全校力量，排查解决问题隐患，落实各项防控措施。积极推进平安校园建设，加强校园交通及周边环境治理。严格保密管理和技术防护，并顺利通过国家及北京市安全保密检查。成立网络舆情中心，加强舆情分析和网络安全管理。提升信访工作法制化水平，及时有效化解矛盾。加强宣传，营造良好的舆论氛围，把全校党员干部和师生员工的思想和行动引导到谋发展、保稳定、促和谐上来，立足本职岗位，做好教学、科研、管理、服务等工作，以优异成绩迎接党的十八大胜利召开。

（二）周密部署，形成学习贯彻十八大精神的热潮

按照中央及教育部、北京市的统一部署，结合学校实际，认真组织好学习贯彻活动。全校党员干部和师生员工通过收看十八大开幕式、研读十八大报告、校院两级中心组学习和报告会、座谈会、研讨会等方式认真学习贯彻十八大精神。

全面部署学习贯彻活动。制定深入学习贯彻十八大精神的意见，各级党组织周密部署、精心组织，分层次、多形式、有重点地开展了学习活动，深刻领会十八大精神实质和科学内涵。

开展形式多样的宣讲活动。成立了十八大精神宣讲团，学校领导和专家学者走进师生、走进院系、走进课堂，面向全校师生开展十八大精神宣讲，通过报告会、研讨班、形势与政策课等集中宣讲，基本做到了宣讲活动全覆盖。

坚持理论联系实际，学以致用、用以促学，把贯彻落实十八大精神与推进学校各项工作结合起来，与立德树人、全面提高人才培养质量这一根本任务结合起来，与加强学校党的建设和思想政治工作结合起来，与解决师生员工关心的热点、难点问题结合起来，为学校改革发展凝聚智慧和力量。

二、筹备召开学校第十次党代会，进一步明确办学定位和发展战略

认真筹备召开学校第十次党代会并贯彻落实好会议精神，是全年党委工作的另一条重要主线。在党代会筹备召开和贯彻落实过程中，重点抓了以下几项工作：

（一）统一思想，凝聚力量，确定学校发展目标

以党委工作报告起草为主要抓手，认真总结我校第九次党代会以来的成绩、经验和存在的问题，深入分析国内外形势、行业和区域发展的现实条件和重大机遇，把握高等教育发展趋势，提出了到本世纪中叶把北京交通大学初步建设成为特色鲜明世界一流大学的远景目标和“三步走”战略，确定了今后五年学校党委的工作目标和主要任务。在报告起草过程中，广泛听取各方面意见，全校干部、师生、党外人士、离退休代表约 1 000 人次参加了讨论。报告起草历时 7 个多月，先后修改 10 余稿，常委会专题讨论 6 次。报告起草的过程成为解放思想，统一认识，凝聚力量的过程。大会期间，全体代表认真讨论并审议通过了党委报告、纪委报告及其决议。

（二）酝酿产生党代表和新一届领导集体，为学校发展提供组织保证

校党委贯彻落实基层组织选举工作条例，组织全校 21 个二级党组织经过“三上三下”程序，召开党代表大会或党员大会，严格按标准选举产生了 269 名学校第十次党代会代表和第十届党委委员、纪委委员候选人预备人选。

第十次党代会上，代表们认真履行职责，顺利选举产生了党委委员 25 名、纪委委员 9 名。十届党委、纪委一次全会分别选举产生 11 名党委常委和党委书记、副书记以及纪委书记、副书记。

（三）推进党内民主，落实党代表任期制和提案制

依据党章和上级有关规定，结合学校实际，制定了党代表任期制实施办法和代表提案制实施办法，成立提案工作组和大会提案工作委员会，征集提案 51 件，对符合提案范围的进行并案处理，最终立案 17 件，主要涉及基层党组织建设、思想政治工作、人才培养、队伍建设、管理服务和改善条件等方面，有关工作正按程序积极推进。

三、着力推进学校科学发展

认真学习贯彻党的十八大精神和学校十次党代会精神既是当前一项紧迫的工作，又是一项长期任务，结合 2012 年的工作，在推进学校科学发展方面我们主要抓了以下工作。

（一）抓重点，力争在事关学校长远发展的重大问题上实现新的突破

1. 实现“两部一市”共建

为支持我校的改革发展，4 月，教育部、铁道部、北京市决定共建北京交通大学，袁贵仁、盛光祖、郭金龙同志到校签署了共建协议。根据协议，两部一市将在学科建设、人才培养、师资队伍建设、科技创新及成果转化、基础建设，特别是在现代轨道交通创新基地建设方面加大经费投入和政策扶持。2012 年北京市用于平谷新区建设的共建资金 1 亿已经到位，教育部原则同意 1∶1 配套。

2. 平谷新区建设迈出重要步伐

在与平谷区签署土地供应协议的基础上，6 月，北京市正式批复了平谷新区选址及规模。同时明确了以我校平谷新区项目为基础，在平谷区规划建设 5 平方公里的“北京现代交通科教园”，并纳入中关村“一区多园”体系规划建设，目前国务院已正式批复。教代会高票通过了平谷新区和海淀校区功能定位，以及东校区联合开发方案，为多渠道筹措平谷新区建设资金提供了新路径。

3. “2011 计划”申报取得重要进展

紧紧抓住国家启动实施“2011 计划”的契机，整合优势资源，以解决重大经济社会问题为导向，发挥学科优势，由我校牵头并联合西南交大、中南大学以及铁科院、北车、中铁建，共同组建“轨道交通安全协同创新中心”，目前该中心的评审立项工作正在积极进行中。

（二）抓改革，力争使学校的办学质量得到新的提升

1. 推进国家教育体制改革试点

在产学联合培养模式改革方面，制订了“卓越工程师教育培养计划”，共同发起成立北京高校联盟，推动各高校实践基地共享等实质性合作。设立专项经费，探索以项目管理方式推进产学联合培养人才。“3+1+2”产学联合培养试点参与企业扩大到 41 家，3 个校外实习基地进入国家级大学生校外实践基地建设项目。

在国际化人才培养方面，完善了国际化试点班选拔机制、培养方案和管理办法，加强了英文教材、课程和师资的建设，82 名试点班学生参加各类国际交流项目。完善国际交流项目政策机制，建立灵活规范的教学运行和学籍管理办法，174 名学生参加各类国际联合培养和实习实践交流活动。

在用人制度改革方面，以推行岗位聘任制度改革为重点，加强顶层设计，构建人才选聘、考核、分配、流转退出相互协调的用人制度体系。对长期为学校做出贡献和业绩突出的人员聘为长期教职，实行聘期免考核。

在试点学院综合改革方面，制定和实施了体制机制改革方案、本科生自主招生实施办法及培养方案、新书院及环境建设方案、人事聘用设置方案及考核标准和薪酬与管理办法、院中院改革方案。

2. 创新人才培养模式

在本科人才培养方面，修订培养方案，加强学业过程管理。实施基础学科拔尖人才试点计划，加强拔尖创新人才培养平台和理学基础平台建设。完善各类试点班运行机制，探索学

科复合型人才培养模式。深化大学英语课程教学改革，加强品牌专业建设。构建立体交叉网状心理健康教育服务体系。加强生源基地建设，建立就业与招生、培养联动机制。7 个专业进入“十二五”国家级专业综合改革试点行列，3 个专业入选教育部首批“专业综合改革”试点。“教师教学发展中心”获批为“十二五”国家级教师教学发展示范中心。新增 2 个国家级实验教学示范中心，7 个校外实习基地进入首批国家级工程实践中心。新增国家级大学生创新性实验项目 60 项，获全国学科竞赛特等奖 3 项、一等奖 15 项。北京市教学成果评选获历年最好成绩。新建生源基地中学 60 所，生源基地总数达到 254 个。加强招生宣传工作，生源质量不断提高。本科和研究生就业率分别达 98.88% 和 98.41% ，本科生深造率首次超过 50% 。艺术育人功能进一步显现，学生艺术团交响乐团获第三届全国大学生艺术展演器乐类一等奖。高水平运动队参加国际国内比赛获奖 12 项，获伦敦奥运会羽毛球女子双打冠军。

在研究生培养方面，调整生源结构，加强过程管理，完善研究生教育质量保障体系。完善博士生奖助学金设置和研究生发表高水平论文奖励办法，扩大学位论文匿名评阅范围。实施研究生教育创新工程和综合素质教育工程，“拔尖创新人才培养特区”硕博连读取得预期成效。加大对培养和指导优秀博士学位论文导师的经费和政策支持。2012 年新增全国百篇优秀博士学位论文 1 篇，获提名 1 篇。通过公派出国、联合培养等措施，进一步提高研究生国际交流能力。

在学风建设方面，制定本科生学风建设实施方案以及研究生科学道德和学风建设宣讲教育工作实施方案。通过开展学术诚信、科学道德宣讲教育，规范教学秩序，开展基础课和专业课辅导，举办学习交流和基础课论坛，开展网络教育等多种形式，建立学风建设长效机制。

3. 加强科技创新能力

在学科建设方面，积极探索适应新兴和交叉学科发展的基层学术组织建设，加大国家重点学科建设力度，对现有学科设置进行规范与调整，进一步凝练学科方向。“211 工程”三期和“985 工程”“优势学科创新平台”顺利通过国家验收。马克思主义理论一级学科获批博士后流动站。

在科技创新和平台建设方面，对接国家和行业重大需求，通过改革科研管理体制机制和运行模式，努力产出高水平科研成果。全年共承担各类科研项目 2 300 多项，科研合同经费突破 8 亿元。新增国家自然科学基金、“863”、国家科技支撑计划、国家科技重大专项主持项目 269 项，新增“双主持”国家“973”重大项目 1 项，国家自然科学基金委国际合作重大项目 2 项。新增城市轨道交通北京实验室、高等学校创新引智基地和北京市社会科学与自然科学协同创新研究基地。“中国轨道交通安全评估研究中心”和“轨道交通运营培训及认证中心”项目获中央领导同志及有关部委的肯定和支持。

国家级和省部级奖励取得新的突破。2 项主持项目分获国家科技进步奖二等奖和国家科技发明奖二等奖，2 项参加项目获国家科技进步奖二等奖。专利授权同比增长 31% ，首次获得 2 项外国实用新型专利，学校被认定为首批北京市专利信息服务体系高校分站。

制定和实施哲学社会科学繁荣发展推进计划。与北京市委社工委共建“北京社会建设研究院”，文化部“民族民间文艺发展中心数字文化研究基地”在我校揭牌成立。4 项人文社会科学成果进入教育部高等学校科学研究优秀成果奖公示，3 项成果获北京市第十二届哲学社会科学优秀成果奖，获奖数量创历史新高。

4. 拓展国内外合作交流渠道

加快推进国际化步伐。在美国休斯顿设立孔子学院，与伊利诺伊大学香槟分校共同组建“中美铁路技术研究与工程教育中心”。与美国加州大学洛杉矶分校等世界名校的实质性合作进一步深化。成立国际咨询委员会。实施“学生海外学习计划”，出国留学和访学学生超过600人。来校留学生突破1 000人，博士、硕士比例达35%。学生艺术团赴美国、希腊和台湾等地演出。

拓展校外资源。探索校企校地合作新模式，设立联合培养基地，发挥董事会、校友及社会资源在学校发展特别是产学联合人才培养和协同创新的重要作用。开展在校友中聘请学生校外辅导员等活动，加强学校与校友的联系。与12家单位新签署战略合作协议。建立多元化筹资模式，基金会全年筹集资金超过1亿。

5. 深化干部人事制度改革

通过完善制度，进一步深化干部人事制度改革。修改完善竞争上岗工作制度，开展了2批共12个处级职位的竞争上岗。全年任免干部30人次，其中提任14人、平级调整3人。扩大干部任用民主测评和考察范围，加大干部教育培训和管理监督力度。本着竞争、开放的原则研究制定晋升处级辅导员实施办法。协助北京市做好公开选拔干部的考察工作，4名80后干部选拔到北京市相关单位担任副处级职务。

加大优秀人才的引进和培育力度。下大力气引进学术大师和高水平学科带头人，全职引进韩国科学与工程院Jin Ho Kwak院士并组建核心科研团队，引进“外专千人计划”专家1人，入选“长江计划”特聘教授1人。加大对中青年学术人才的支持力度，规范高层次引进人才和重点培育人才的考核机制。全年补充全职师资100人，其中从海外引进39人。具有博士学位的教师比例达63.9%。核定教师、专技和管理三支队伍岗位总量和结构。完善教师评价机制和专业技术人员考核办法，加强实验技术队伍、专职科研队伍和管理队伍建设，探索建立新入职管理人员轮岗培训制度。完善职务晋升晋级机制及程序，共有356人成功晋升晋级。通过积极争取国家资助、外方资助和学校配套等措施，大力提升师资队伍国际化水平。113人参加了半年以上的公派出国项目。具有海外学历或一年以上国外进修经历的教师比例达21.8%。

（三）抓民生，力争使师生员工学习工作生活条件得到新的改善

完善困难师生资助体系。推动资助工作信息化建设，对家庭经济困难学生资助面达100%，全年各类资助总计1 936万元。学生思源助学金、教职工爱心帮困基金全年收到捐款超过18万元，为解决师生特殊困难发挥了积极作用。

提高教职工待遇。在2012年增资的基础上，按照“统筹在职和离退休，整体提高收入水平，适当向高层次人才倾斜”的原则，制定新的增资方案。同时，实行优秀聘用制人员同工同酬。积极争取进京户口指标，解决新入校职工后顾之忧。

拓宽资金来源渠道。在保运转、保重点、保安全的基础上，加强预算管理，优化支出结构，提升资金使用效率和工作水平，全年综合收入超过20亿元。

加强基本建设和房地产管理。学生活动服务中心配套工程全面完成，集学生事务一站式服务、艺术教育、科技创新教育为一体的学生综合素质教育平台启动。科技创业大厦主体结

构封顶。家属区住宅建设招标启动，幼儿园完成搬迁。多方努力完成了外电源改造并增容9 000千伏安，解决了主校区多年来的用电瓶颈。进一步优化房产资源配置，规范公用房屋和人防设施的管理。

后勤服务为学校改革发展稳定提供重要保障。克服食品原材料和人工成本上涨的压力，保持食堂饭菜质量和价格基本稳定。投入8 000余万元修缮改造基础设施。成功应对7·21等自然灾害天气。推进节能监管平台应用，节能项目实施和节约型校园建设成效显著。

（四）抓党建，力争使科学化水平得到新的提高

1. 建立创先争优长效机制

以“提高办学质量促发展、服务人民群众树形象”为主题，深入推进创先争优第三阶段活动。全面总结创先争优活动，按照务实管用、行之有效的原则，全校建立创先争优长效机制680余项。

2. 推动基层党建工作规范化

做好北京普通高等学校《党建和思想政治工作基本标准》自查自评及整改工作，顺利通过入校检查并获充分肯定。深入开展基层组织建设年活动，制定党支部工作考核测评办法。加强基层党组织和党员队伍建设。学生党员发展工作进一步规范，党员及党员骨干教育的系统性、全程化、针对性更加完善。制定加强党内激励、关怀、帮扶机制建设的意见，建立困难党员帮扶专项基金。

3. 提高思想政治工作实效性

围绕学习贯彻十八大精神等主题邀请专家学者来校作辅导报告，着力提升校院两级班子理论水平。出台加强和改进青年教师思想政治工作意见，注重载体设计，增强思想政治教育的针对性，并推进教职工思想教育常态化。深化社会主义核心价值体系教育，通过开展“学雷锋”主题教育活动、重大节庆纪念活动、“综合素质教育计划”、把关心学生和解决学生的实际困难与思想教育相结合等方式，增强学生思想政治教育的实效性。获“2011高校辅导员年度人物”提名奖1人，北京市十佳辅导员1人。

6月，在习近平同志主持召开的高校党建工作座谈会上，学校汇报了辅导员队伍建设情况，受到习近平等中央领导同志和与会人员的充分肯定。学校召开全校党建工作研讨会，认真学习贯彻习近平在高校党建座谈会上的讲话精神，进一步明确了今后一个时期加强和改进学校党建和思想政治工作的主要任务。

4. 落实党风廉政建设责任制

以廉政风险防控管理为准绳，围绕学校干部选拔任用、工程建设项目、大宗物资采购、招生考试、资金使用等工作，加大对权力运行的监督和制约。以迎接教育部巡视、“三重一大”专项检查、招生工作检查为契机，进一步推进党风廉政建设。

（五）抓好基础性工作，为服务学校中心任务提供更加强有力的支撑

调整成立建筑与艺术学院、法学院、人文社会科学学院（马克思主义学院）。成立基础与交叉科学研究院。成立在职专业学位研究生教育发展中心。

修订学校党政领导班子贯彻落实“三重一大”决策制度实施办法及其配套文件。制定并落实党务公开实施细则。制定报告会、研讨会、讲座、论坛管理办法。制定知识产权管理

办法、科技成果转化促进办法、工程建设项目招标管理办法。出台加强离退休工作的意见。

制定学校文化建设规划，凝练“交大精神”。加强重大主题宣传组织策划，《人民日报》《中国教育报》《科技日报》以及新华社内参等对我校在人才培养、自主创新等方面取得的成绩进行较大篇幅的重点报道，提升了学校影响力。

积极为统战人士参政议政创造条件。发挥教代会和工会民主管理、民主监督作用。发挥共青团在组织、影响、服务青年工作方面的优势。落实老同志政治与生活待遇，支持关工委、老教授协会、老年大学开展工作。

实验室建设与管理水平不断提高，仪器设备招标采购进一步规范。图书馆在服务师生和馆藏特色文献资源建设方面，档案工作在强化基础、推进数字化和拓展公共服务功能方面，出版社在图书出版、销售和质量方面均取得新成绩。进一步推进企业规范化建设，产业经营管理取得新业绩。医疗卫生质量和服务水平进一步提高，健康管理工作取得成效。社区工作积极推进。海滨学院学生规模超过万人，办学水平进一步提升。

在过去的一年里，学校各方面工作都取得了可喜的成绩。这是党中央、国务院和教育部、北京市正确领导的结果，是社会各界大力支持的结果，是全校师生员工辛勤努力的结果。

在看到成绩的同时我们也清醒地认识到，在人才培养模式、科技创新能力、人才队伍建设、大学文化建设、思想政治教育、学习工作生活条件等方面还存在不少问题和困难，要求领导班子进一步加强理论学习，加强调查研究，提高统揽全局、协调各方的能力以及科学决策民主决策水平。

2013 年是全面贯彻落实党的十八大精神和学校第十次党代会的重要一年，也是落实“十二五”规划承前启后的关键一年。我们要充分认识到学校发展面临的机遇和挑战，更加紧密地团结起来，以高度的责任感、使命感，开创学校科学发展的新局面!

中国共产党北京交通大学第十次代表大会

【综述】

经北京市委批准，学校党委于2012年4月5日至7日召开中国共产党北京交通大学第十次代表大会。会议为期三天，4月5日举行预备会议、各代表团讨论；4月6日举行大会开幕式、各代表团讨论；4月7日各代表团讨论、举行大会选举及闭幕式。本次代表大会代表共269名，分为13个代表团。每个代表团团长、副团长由各代表团按照大会要求推选产生。在大会期间，各项工作在大会主席团领导下进行。主席团设大会秘书处，下设组织组、秘书组、宣传组、会务组四个工作组，负责大会具体工作。

4月6日，中国共产党北京交通大学第十次代表大会开幕。北京市委教育工委常务副书记刘建，教育部人事司副司长魏士强，铁道部政治部副主任、人事司司长宋刚，大会主席团全体成员在主席台就座。教育部人事司三处调研员张总明、北京市委教育工委组织处处长陈江华、北京市委教育工委高校联络员孙祖国也应邀出席大会。校党委书记曹国永作党委工作报告，校长宁滨致开幕词，校党委副书记颜吾佴作纪委工作报告，校党委副书记高福廷主持大会。除13人因故请假外，256名代表出席大会。40余名大会列席人员和邀请人员一并出席开幕式。

魏士强在会上宣读了教育部党组向大会发来的贺信。刘建代表北京市委教育工委、市教委发表讲话。曹国永代表中国共产党北京交通大学第九届委员会作题为《抢抓机遇，科学发展，为建设特色鲜明世界一流大学而努力奋斗》的报告，全面回顾了第九次党代会以来的主要工作，系统总结了七年实践积累的宝贵经验，科学分析了当前学校发展面临的形势和存在的主要问题，提出了到本世纪中叶把北京交通大学初步建设成为特色鲜明世界一流大学的远景目标和“三步走”战略，以及今后五年学校事业发展的主要任务和加强学校党的建设的总体要求。颜吾佴代表纪委作题为《围绕中心，服务大局，不断提高学校反腐倡廉建设科学化水平》的报告，对学校第九次党代会以来纪律检查工作进行了全面回顾，对工作中形成的体会和存在的问题进行了总结，从七个方面对今后五年学校反腐倡廉建设提出了建议。大会还书面提交了关于党费收缴、使用和管理情况的报告，提请大会审议。

4月7日，中国共产党北京交通大学第十次代表大会选举大会举行。大会依次表决通过了《中共北京交通大学第十次代表大会选举办法》，中共北京交通大学第十届委员会委员候选人名单、中共北京交通大学纪律检查委员会候选人名单，监票人、总监票人名单。宣布了计票人名单。大会应到代表269名，因病、因事请假6人，实到代表263人，符合法定人数。与会代表认真填写选票，投出了自己神圣的一票。

宁滨主持闭幕式。总监票人报告了选举大会计票结果，263名到会代表以无记名投票方式选举产生了中共北京交通大学第十届委员会委员25人、中共北京交通大学第十届纪律检查委员会委员9人。大会表决通过了关于第九届党委工作报告的决议和关于纪委工作报告的决议。陈峰代表提案工作委员会通报大会提案工作情况。本次党代会首次进行代表提案征集工作，共收到各类提案51件，经审查并案处理后立案的共计17件。

【附件1】

中国共产党北京交通大学第十次代表大会党委工作报告及决议

中国共产党北京交通大学第十次代表大会关于第九届委员会工作报告的决议

2012年4月7日通过

中国共产党北京交通大学第十次代表大会经过认真审议，批准曹国永同志代表第九届委员会所作的工作报告。

报告全面回顾了学校第九次党代会以来的主要工作，系统总结了七年实践积累的宝贵经验，科学分析了当前学校改革发展面临的形势和存在的主要问题，提出了到本世纪中叶把北京交通大学初步建设成为特色鲜明世界一流大学的远景目标，确定了“三步走”的战略，明确了今后五年学校事业发展的主要任务和进一步加强学校党的建设的总体要求。

大会充分肯定了第九届委员会的工作。七年来，在上级党组织的正确领导下，学校党委团结带领全校共产党员和师生员工，紧紧围绕建设一流研究型大学的战略目标，解放思想，抢抓机遇，开拓创新，在学校改革发展中发挥了领导核心作用，学校党建和思想政治工作、教育事业发展和校内管理体制改革等各方面都取得了显著成绩。

大会认为，报告对七年实践经验的总结实事求是，对当前学校发展面临的形势分析全面深刻，提出的奋斗目标鼓舞人心、催人奋进。

大会强调，实现大会确定的远景目标，必须全面贯彻党的教育方针，大力实施素质教育，走以质量取胜、特色取胜的内涵式发展道路。坚持以人才培养为根本，以学科建设为龙头，以队伍建设为关键，以科技创新平台建设为基础，以体制机制创新为动力，以党建和思想政治工作为保障，全面提升学校综合实力和办学水平。今后五年，是贯彻国家中长期教育改革和发展规划纲要以及实施学校“十二五”规划的重要时期，是建设国内一流、国际知名研究型大学的关键时期，也是建设特色鲜明世界一流大学的起步阶段，必须紧紧围绕提高质量、改革创新和学风建设，重点抓好八项任务：创新培养模式，提高人才培养质量；改革用人机制，建设高水平人才队伍；加强顶层设计，提高学科竞争力；对接重大需求，提升科学研究与社会服务能力；建立长效机制，推进文化传承创新与学风建设；坚持开放办学，提升国际交流与合作水平；深化管理改革，推进现代大学制度建设；高度关注民生，改善办学条件和师生员工学习工作生活条件。

大会强调，全面推进党的建设新的伟大工程，是学校事业发展的根本保证。我们要坚持党要管党，从严治党，以改革创新精神加强学校党的建设，在新形势下充分发挥学校党委的领导核心作用，各级党组织的战斗堡垒作用和共产党员的先锋模范作用。

大会号召，学校各级党组织和全体共产党员，高举中国特色社会主义伟大旗帜，以邓小平理论和“三个代表”重要思想为指导，深入贯彻落实科学发展观，在学校党委的坚强领导下，紧紧围绕大会确定的各项目标任务，团结凝聚各方面力量，解放思想，实事求是，真抓实干，为把北京交通大学建设成为特色鲜明世界一流大学而努力奋斗！

抢抓机遇　科学发展
为建设特色鲜明世界一流大学而努力奋斗

——在中国共产党北京交通大学第十次代表大会上的报告

2012 年 4 月 6 日

曹国永

各位代表，同志们：

现在，我受中共北京交通大学第九届委员会委托，向大会作工作报告。

中国共产党北京交通大学第十次代表大会，是在我校改革发展的关键时期召开的一次重要会议。大会的主题是：高举中国特色社会主义伟大旗帜，以邓小平理论和“三个代表”重要思想为指导，深入贯彻落实科学发展观，团结带领全校师生员工，不断提升办学质量，大力推进改革创新，着力加强学风建设，努力实现学校发展新跨越，为建设特色鲜明世界一流大学奠定坚实基础。

一、第九次党代会以来的主要工作

2005 年 3 月，我校召开了第九次党代会。七年来，学校党委团结带领全校师生员工，紧紧围绕“如何建设一流研究型大学”，解放思想，抢抓机遇，开拓创新，在学校改革发展中发挥了领导核心作用，学校各方面工作都取得了显著成绩，总体上完成了第九次党代会提出的主要目标任务。

1. 党建和思想政治工作取得新成绩，为学校科学发展提供坚强保证

党委始终把加强学校领导班子建设放在首位，以思想政治建设为重点，坚持抓方向、谋发展，抓思想、聚人心，抓大事、求实效，领导班子驾驭全局和推进科学发展的能力不断提升。坚持党委中心组理论学习，紧密结合学校改革发展实践，加强战略思考和科学谋划。认真落实“三重一大”制度，规范会议决策程序，领导班子科学民主决策水平进一步提高。

以开展保持共产党员先进性教育、学习实践科学发展观和创先争优活动为抓手，积极推进党建和思想政治工作创新。加强干部队伍建设，深化干部人事制度改革，加大干部公开选拔力度，实施差额考察和任免票决制，定期组织干部培训，研发使用干部考核网络测评系统，完善基层党建工作制度，党建科学化水平进一步提升。积极在大学生和青年骨干教师中发展党员，共计发展新党员 8 772 人。坚持典型引路，涌现出一批以王移芝为代表的优秀共产党员和以机电学院党委为代表的先进基层党组织。党风廉政建设和反腐败工作不断加强，

初步建立了适应学校发展需要的惩治与预防腐败制度体系。

全面贯彻落实中央有关文件精神，加强和改进大学生思想政治教育，学生资助、就业指导、心理教育、后勤保障等服务体系不断完善，就业率、就业质量保持较高水平，辅导员队伍建设深入推进，6 项工作成果分别获党中央、国务院和国家有关部门表彰，获首都大学生思想政治教育工作实效奖一等奖 2 项，涌现了一批以孙慧环为代表的优秀学生思想政治工作者和以高富浪为代表的优秀学生。

支持工会和共青团组织结合自身特点开展工作，加强统一战线工作，发挥离退休同志的作用，调动一切积极因素为学校改革发展贡献力量。在北京奥运会、国庆 60 周年等重大活动中展现了交大师生风采。

大力加强文化建设，形成一批高质量的文化产品，校史馆成为饮水思源、爱国荣校教育的重要基地。和谐校园建设不断推进，保持了学校安全稳定。

学校以优秀成绩通过北京普通高校党建和思想政治工作基本标准检查验收，通过全国总工会“全国模范职工之家”验收，获“北京市党建和思想政治工作优秀成果一等奖”、“北京市党的建设和思想政治工作单项奖”，3 次获评“首都精神文明单位标兵”。

2. 教育事业发展取得新突破，学校核心竞争力明显提升

坚持把人才培养作为学校的根本任务。大力实施素质教育，稳定本科生规模，加快发展研究生教育，创新培养模式和机制，努力提高人才培养质量，学生社会责任感和创新精神、实践能力进一步增强。学校以优秀成绩通过本科教学工作水平评估。国家级教学成果奖实现突破，获特等奖 1 项、一等奖 2 项。全国优秀博士论文实现零的突破，先后有 4 篇入选。国家级质量工程项目由 8 项增加到 86 项，成绩显著。学生学科竞赛、艺术教育和体育工作成果丰硕。

坚持把学科建设作为学校发展的龙头。贯彻“优势学科发展壮大，特色学科与时俱进，新兴交叉学科异峰突起，基础学科重点突破”的建设思路，推进“211 工程”和“985 工程优势学科创新平台”建设，进一步梳理学科体系，加强重点学科和优势特色学科建设，促进多学科综合优势的发挥，学科核心竞争力稳步提升，一批学科在解决科学问题和应用领域重要问题中发挥了重要作用。国家级重点学科由 5 个增加到 8 个，一级学科博士点、硕士点分别由 4 个、17 个增加到 20 个、35 个，哲学社会科学一级学科博士点实现新的突破。

坚持把加强科技创新，提升社会服务能力作为学校发展的战略重点。面向学科前沿，对接国家、行业和首都重大需求，加强基础研究和应用研究，促进科技成果转化。实现国家重点实验室、国家工程实验室、国家工程研究中心和国家大学科技园的突破，新增省部级以上科研平台 29 个。科研经费、三大检索论文、专利授权数分别较 2005 年增长了 2.2 倍、3.2 倍、5.5 倍。“973 计划”、国家“跃升计划”、国家自然科学基金重点项目、国家自然科学基金重大国际合作项目和国家社科基金重大主持项目取得突破性进展。新增一批重要科技成果和国家级科技奖励，双主持的两个项目成果分别获国家科技进步二等奖和国家自然科学二等奖，“基于通信的列车运行控制系统（CBTC 系统）”成为“政产学研用”紧密结合的成功范例，初步形成了轨道交通信号控制行业企业集群。

坚持把加强合作交流作为促进学校发展的重要途径。推进与国内外著名大学、科研院所、行业企业和地方政府的实质性合作。与 90 余所海外知名大学和一批国际知名公司签署合作协议 200 余项，赴海外学习交流师生人数分别提高了 3.1 倍和 6.5 倍，建设多个国际研究中心，大力推进孔子学院建设。来校留学生数提高了5.6倍，学历生比例提高到63.8%。合作单位和海内外校友会进一步发展，基金会资金累计超过3亿元。成立长三角研究院。海滨学院各项事业快速发展。

3. 校内管理体制改革取得新进展，学校办学实力稳步提高

坚持把建设高素质的教师队伍作为提高办学实力的关键。通过深化改革，教师队伍总体水平显著提升，师德师风建设得到进一步加强，队伍结构进一步优化，具有博士学位的教师比例由36.2%提高到60.8%，有半年以上海外研修经历的教师比例提高到29.9%。“红果园创新人才培育计划”实施成效初步显现。“千人计划”、“长江学者”、国家杰出青年基金获得者等高水平人才申报评选和教育部创新团队建设取得显著成绩。

坚持把提升管理科学化水平作为提高办学实力的重要基础。进一步推进院系设置和机构改革。深化校院两级管理体制改革，完善决策机制。改革教师职务晋升评价机制和岗位聘期考核，完善绩效津贴分配制度。积极推进用人机制等国家教育体制改革试点项目以及试点学院综合改革。

坚持把改善办学条件作为提高办学实力的重要保障。创新经费筹集机制，多渠道筹措资金加快校园基本建设。累计投入12.5亿元，先后完成交大学苑公寓、学生活动服务中心等大型建设项目，新增建筑面积近27万平方米。投入近2.2亿元，完成56个修购项目。加大经费投入，教职工收入水平得到进一步提升。平谷现代轨道交通创新基地暨新校区项目正式立项并签订土地供应协议。教育部、铁道部和北京市“两部一市”共建取得积极进展。节约型校园建设取得新成绩，建立了适应校情的后勤运行机制，后勤服务质量不断提高。推行公用房屋使用机制改革并取得积极成效。医疗卫生、图书、出版、产业经营以及校园信息化建设等工作取得新的成绩。

在充分肯定成绩的同时，我们也清醒地看到，当前学校还存在不少突出的困难和问题以及需要进一步加强和改进的工作，主要包括：党建和思想政治工作的针对性和实效性需要进一步增强；学科领军人物依然比较匮乏，师资队伍的总体水平需要进一步提高；人才培养质量特别是拔尖创新人才的培养需要进一步加强；高水平原创性成果不多，解决重大科学问题和重大经济社会问题的能力需要进一步提升；学术浮躁等问题不同程度地存在，学风建设需要进一步深化；思想观念、体制机制和管理创新还不适应新形势新任务，干部的执行力和抓落实的能力需要进一步加强；办学条件和教职工待遇需要进一步改善。上述问题必须通过改革创新、科学发展逐步予以解决。

各位代表、同志们，过去的七年，是学校实现又好又快发展的七年，是学校综合实力和核心竞争力大幅提升的七年，是学校内在凝聚力和外在影响力显著提高的七年。这些成绩的取得，是党中央、国务院和教育部、北京市正确领导的结果，是全校共产党员和师生员工共同奋斗的结果，是各有关方面、社会各界和海内外校友大力支持的结果。在此，我代表学校党委向各级领导、各有关方面和社会各界，向全校师生员工、各民主党派和无党派人士，向离退休老同志，向海内外校友，表示衷心的感谢！

回顾七年实践，我们积累了十分宝贵的经验。

第一，必须坚持党的领导，加强党的建设。只有坚持党对高校的领导，才能坚持社会主义办学方向，才能保证党的路线、方针、政策全面贯彻落实。我们必须坚持党对高校的领导，进一步加强党的思想建设、组织建设、作风建设、制度建设和反腐倡廉建设，全面贯彻

党的教育方针，始终把培养社会主义合格建设者和可靠接班人作为学校的根本任务。

第二，必须坚持解放思想，不断改革创新。只有坚持解放思想、改革创新，才能促进学校科学发展，破解学校发展中面临的难题。我们必须进一步解放思想，勇于改革创新，坚决破除一切阻碍学校科学发展的思想观念和体制机制弊端，实现学校发展的新跨越。

第三，必须坚持抢抓机遇，促进科学发展。发展是硬道理。学校近年来事业发展取得的重大进展和突破，都是通过抢抓机遇，采取超常规的举措强力推进而实现的。我们必须紧紧抓住建设高等教育强国、行业和区域经济快速发展、建设平谷新区等重大机遇，坚持质量、结构、规模、效益的统一，不断促进科学发展。

第四，必须坚持突出特色，提高办学质量。质量是学校的生命线，特色是学校的竞争力。作为一所学科特色鲜明的大学，我们必须坚持走以质量取胜、特色取胜的内涵式发展道路，把提高质量贯穿于人才培养、科学研究、社会服务、文化传承创新各项工作中，以质量、特色和贡献赢得各方支持，取得学校发展的新优势。

第五，必须坚持文化育人，弘扬优良学风。文化是大学的灵魂，为学校改革发展提供强大的精神动力。我们必须加强文化建设，发挥文化育人功能，坚持把社会主义核心价值体系融入教育教学全过程，传承和发扬交大精神，弘扬严谨求实、勇于创新、追求卓越的优良学风，努力建设和谐校园。

第六，必须坚持以人为本，凝聚发展合力。广大师生员工是学校各项事业发展的坚实基础和力量源泉。我们要始终坚持以人为本，全心全意依靠广大教职工办学兴校，切实解决好事关师生员工切身利益的问题，加大办实事、做好事、解难事的力度，努力把学校建设成为广大师生员工的幸福家园。

这些经验既是第九次党代会以来的实践总结，也是今后推动学校又好又快发展必须始终坚持的指导方针。

二、建设特色鲜明世界一流大学的奋斗目标与战略部署

当前，世情、国情、校情与第九次党代会召开时相比，发生了深刻变化。从国际形势看，世界多极化、经济全球化深入发展，科技进步日新月异，人才竞争日趋激烈。深度开发人力资源，实现创新驱动，已成为时代潮流和许多国家的战略选择。

从国内形势看，我国仍处于可以大有作为的重要战略机遇期。实现中华民族伟大复兴，科技是关键，人才是核心，教育是基础。高等教育作为人才第一资源和科技第一生产力的重要结合点，在国家现代化建设中具有十分重要的地位和作用。《国家中长期教育改革和发展规划纲要》明确提出“加快创建世界一流大学和高水平大学的步伐”。全面建设小康社会、加快实现现代化对建设高等教育强国提出了更加迫切的要求，也将为我国建设若干世界一流大学提供重大机遇。

从行业和区域形势看，我国战略性新兴产业特别是轨道交通事业的快速发展和北京建设“世界城市”战略的实施，对科技和人才提出了新的迫切要求，为我校改革发展提供了难得的重大机遇。作为一所地处北京、具有鲜明学科特色的全国重点大学，我们必须勇于担当，从服务行业和区域发展的战略高度提升学校办学实力，以更高的标准和目标引领发展，努力成为国家、行业和区域发展的脊梁。

从学校发展看，建设一流大学是改革开放以来全校师生矢志不渝的奋斗目标。江泽民同

志 1995 年 12 月关于把交通大学建设成世界一流大学的重要题词，为我校的长远发展指明了方向。经过数代北京交大人的不懈努力，学校综合实力不断增强，特别是优势特色学科得到长足发展，目前已具备了向更高目标迈进的办学实力。平谷现代轨道交通创新基地暨新校区建设取得实质性进展，将为学校突破发展瓶颈，向更高层次腾飞提供更加坚实的基础。

站在这样的历史方位，我们必须敏锐地抢抓机遇，增强发展的紧迫感、使命感和责任感，从党和国家建设世界一流大学的要求出发，顺应时代潮流，准确把握高等教育发展趋势，科学谋划学校未来发展，提出学校新的远景目标，即到本世纪中叶，把北京交通大学初步建设成为特色鲜明世界一流大学。

为实现这一新的远景目标，必须坚持以邓小平理论和“三个代表”重要思想为指导，深入贯彻落实科学发展观，全面贯彻党的教育方针，大力实施素质教育，走以质量取胜、特色取胜的内涵式发展道路。坚持以人才培养为根本，以学科建设为龙头，以队伍建设为关键，以科技创新平台建设为基础，以体制机制创新为动力，以党建和思想政治工作为保障，全面提升学校综合实力和办学水平。

要实现这一新的远景目标，需要付出更长时间、更大努力，扎实推进“三步走”战略。

第一步：到 2020 年，优势特色学科融合创新，理工文交叉渗透，基本形成适应建设特色鲜明世界一流大学要求的学科布局，构筑若干个国家高水平创新平台，建设一支高水平师资队伍，产生若干有影响的标志性成果，建成以信息、管理等学科为优势，以交通科学与技术为特色，多学科协调发展的国内一流、国际知名研究型大学，为建设特色鲜明世界一流大学奠定坚实基础。

第二步：到 2030 年，部分优势特色学科率先跻身世界一流行列，理工文协调发展，领军专家汇聚，产生具有重大影响力的标志性成果，形成建设多科性的特色鲜明世界一流大学的基本格局，进入特色鲜明世界一流大学建设新阶段。

第三步：到本世纪中叶，优势特色学科达到世界一流水平，拥有一批享誉国际的名家大师，形成一批国际领先的标志性成果，综合办学实力进一步提升，初步建设成为特色鲜明世界一流大学。

三、今后五年学校事业发展的主要任务

今后五年，是贯彻国家中长期教育改革和发展规划纲要以及实施学校“十二五”规划的重要时期，也是建设特色鲜明世界一流大学的起步阶段。我们必须着眼长远，立足当前，坚定信心，埋头苦干，加快建设国内一流、国际知名研究型大学，为建设特色鲜明世界一流大学开好头、起好步。今后五年的奋斗目标是：重点学科优势更加突出，各学科发展更加协调，部分优势特色学科冲击世界一流水平；国家级平台建设成效更加显著，国家实验室建设力争实现突破；创新能力和社会服务能力大幅提升，协同创新和原创性科技成果获国家级高水平奖实现突破；汇聚一批有影响的高端人才，形成一批创新团队，培养院士级领军人物实现突破；人才培养质量保持全国高校优秀水平，拔尖创新人才培养模式改革实现突破；国际化格局基本形成，合作研究与留学规模实现突破；办学条件和师生员工工作生活条件明显改善，平谷新区建设实现突破。

各位代表、同志们，为实现上述奋斗目标，必须进一步加强党的领导，坚持社会主义办学方向，全面贯彻党的教育方针，以特色鲜明世界一流大学的远景目标为努力方向，转变思

想观念，统一行动步调，紧紧围绕提高质量、改革创新和学风建设，重点抓好以下八项任务：

1. 创新培养模式，提高人才培养质量

人才培养是学校的根本任务，提高质量首要任务是提高人才培养质量。我们必须坚持育人为本，树立先进的育人理念，把促进学生健康成长作为学校一切工作的出发点和落脚点，进一步强化北京交大的人才培养特色，努力培养德智体美全面发展的高素质专门人才和具有领军潜质的拔尖创新人才。

要以提高人才培养质量为核心，深化教育教学改革，创新人才培养体制机制。以改革教育教学管理体制机制为切入点，创新教育教学方法，推进研究性教学，探索多种培养模式，完善教育质量评价与人才评价制度，尊重个性，因材施教，激发学生自觉学习、善于学习、创新学习、探究知识的兴趣，营造传承创新文化、探索学术的浓厚氛围，全面提升研究生、本科生以及其他各类人才的培养质量。

以更新人才培养观念为先导，牢固树立重视人才培养和全员育人的办学思想。要苦练内功，打好基础，加强学科专业建设，深化课程改革，加强实验室、基地等教学条件建设并加大向学生开放力度，拓宽创新、竞赛、实践等活动渠道，继续巩固提高生源质量，进一步提升就业质量与服务水平。

2. 改革用人机制，建设高水平人才队伍

广大教师和教育工作者是推动学校事业科学发展的主力军。我们必须全面贯彻党管人才原则，把人才队伍建设放在更加突出的战略位置，坚定不移地实施人才强校战略，不断创新用人机制，以超常规的举措建设高水平人才队伍，使学校在激烈的人才竞争中赢得主动。

坚持引进高端、稳定关键、用好现有、培养后备的工作思路，大力加强教师队伍建设。以实施“高端人才引育工程”和“师资国际化水平提升工程”为抓手，加大海内外知名学者和科技领军人物的引进力度，并积极为其发挥作用创造条件。继续实施“红果园创新人才培育计划”，加大高水平学科带头人、青年学术骨干和创新团队培育力度。更加重视青年教师队伍建设，努力为其发展搭建平台，创造条件。

坚持培养与使用相结合，切实加强专职研究、实验工程技术及管理服务队伍建设。面向社会公开招聘选拔优秀人才充实队伍。完善相关机制，拓宽人才职业发展渠道，加大培训力度，调动各支队伍的积极性和主动性，着力培养一批敬业奉献、素质高、能力强的技术和管理骨干。

进一步解放思想，突破制度瓶颈，推进用人机制创新。完善岗位聘任、考核评价、职务晋升和分配激励机制，出台有利于优秀人才脱颖而出的相关配套政策，全面激发各类人才队伍的活力。

3. 加强顶层设计，提高学科竞争力

建设结构合理、特色鲜明、优势突出的学科体系是提升学校办学水平的战略任务。要着眼全局，瞄准前沿，加强顶层设计，大力实施“学科建设引领工程”，推动优势学科发展壮大，特色学科与时俱进，新兴交叉学科异峰突起，基础学科重点突破，哲学社会科学学科蓬勃发展，着力形成适应建设一流大学要求的学科布局，不断提高学校学科核心竞争力。

进一步巩固提升优势特色学科，构建高水平特色学科体系。以团队建设、平台建设以及国家重大科研项目为纽带，以国家重点学科建设项目为牵引，重点建设信息科学与技术、交通运输和经济管理学科群，建成一批处于国内同类学科前列、在国际上有一定影响力的学科，部分优势特色学科冲击世界一流水平。

积极集成交叉学科，扶持新兴学科。紧密结合当前发展迅速、社会需求强烈的新兴产业，在学校既有新兴交叉学科中科学遴选研究方向，集成多学科，面向前沿科学问题和关键技术融合发展，培育若干能达到国内领先水平、引领新兴产业发展的交叉学科方向。

大力发展基础学科。切实加强理科的基础性地位和作用，提高理学学科建设水平，实现重点突破，形成具有理工特色的高水平理学学科体系。

繁荣发展哲学社会科学。加强以重点学科为依托，相关学科综合协调发展的哲学社会科学学科体系建设，遵循哲学社会科学学科发展规律，全面提升学校哲学社会科学创新能力和社会服务水平。

4. 对接重大需求，提升科学研究与社会服务能力

高等学校是基础研究的重要基地和高技术领域创新成果的重要源泉。我们必须瞄准学科前沿，紧密对接国家、行业和区域特别是首都发展重大需求，不断深化服务内涵，着力提高承担重大科研任务与服务经济社会发展的能力。

积极构筑科技协同创新体制机制，推动“政产学研用”协同创新。力争首批加入国家“2011 计划”，加强与政府、企业、大学、科研院所紧密合作，围绕轨道交通安全等国家经济社会重大现实问题，积极开展协同创新，破解重大难题。

着力建设高水平科技创新平台，加强既有平台建设，做好国家实验室、国家重大科技基础设施、国际合作联合实验室等国家和省部级平台申报与建设。主动承担更多国家重大科技专项、“973 计划”、“863 计划”、科技支撑计划、国家自然科学基金、国家社会科学基金和国防军工等重大、重点项目，培育更多的标志性成果，提升科技竞争力。充分发挥大学科技园、既有轨道交通信号控制行业企业集群等基地和平台的作用，突出服务特色，加强科技成果转化。

强化与地方政府、企业的联系，开展互利共赢的校地、校企合作，充分发挥校友在推动学校改革发展中的积极作用，建设充满活力的对外联络体系。重视并认真做好筹资工作，力争基金规模实现新突破。进一步加大海滨学院、长三角研究院、深圳研究院建设力度，服务地方经济社会发展和产业结构转型升级。大力加强继续教育与职业教育，着力打造教育品牌，提高社会服务能力。

5. 建立长效机制，推进文化传承创新与学风建设

引领文化发展、促进文化传承创新是大学责无旁贷的重要使命，学风是大学精神的重要体现。要通过不断推进文化传承创新与学风建设，着力提升学校核心竞争力和文化软实力。

把社会主义核心价值体系融入文化建设全过程，积极推进文化传承创新，培养师生文化自觉和文化自信。发挥学科专业优势，着力培育一批哲学社会科学精品力作，积极参与公共文化服务体系建设，弘扬“北京精神”，促进社会主义文化发展繁荣。进一步深化国际文化交流，着力提高中华文化的国际影响力。全面实施“大学文化建设工程”，创新大学文化建设机制，凝练学校历史文化内涵，弘扬交大精神，秉承“知行”校训，增强师生员工对学校的归属感和荣誉感。统筹整合资源，形成一批体现交大特色、具有一定影响力的文化产品和活动品牌，提升学校文化传播力、影响力。

要以师德建设为重点，以制度建设为抓手，建立学风建设长效机制。优化学术环境，加

强学术道德建设，努力营造潜心研究、勇于创新、宽容失败、民主宽松的良好氛围。制定加强师德建设的政策措施，树立先进典型，强化师德导向。加强学生教育管理，抓好新形势下班集体建设，不断增强学生勤奋学习的动力，形成良好的学习风气。

6. 坚持开放办学，提升国际交流与合作水平

坚持开放办学，是建设特色鲜明世界一流大学的必然选择。要坚持以我为主、优势互补、互惠互利和可持续发展的方针，着力开展全方位、多层次、宽领域的国际交流与合作，全面推进国际化进程。

大力促进双向留学，提高人才培养国际化水平。积极参与“留学中国计划”，进一步扩大来校留学生规模，努力吸引优质生源。积极拓展渠道，增加我校学生海外学习及实习经历，推进研究生的合作培养。

积极参与双边、多边科技合作，推进与世界一流大学、科研机构和跨国企业的交流合作，支持鼓励教师之间开展合作研究，提高学科建设和科学研究国际化水平。

加强国际化师资队伍建设，多渠道、多形式选派教师赴世界一流大学、科研机构进修学习，拓宽国际化视野，强化国际化意识。加大聘请高水平国际专家来校工作的力度。加强学校与港澳台地区的教育交流与合作。继续推进孔子学院建设。

7. 深化管理改革，推进现代大学制度建设

国家教育体制改革试点项目和试点学院综合改革的实施，为学校改革发展提供了新的重大机遇。我们要抓住机遇，继续深化管理体制改革，着力推进现代大学制度建设，并以此带动和深化各方面的改革，使改革创新成为提高质量和促进发展的重要动力。

以试点学院综合改革为契机，深化校院两级管理体制和运行机制改革，转变机关部处职能，激发学院办学活力，建立责权利统一的校院两级管理体制。

制定《北京交通大学章程》，完善学校治理结构。建立健全党委领导、校长负责、教授治学、民主管理的工作格局。认真贯彻落实党委领导下的校长负责制，健全和规范议事规则与决策程序，充分发挥专家教授在学术事务决策中的作用，进一步落实师生员工在学校管理、决策中的知情权、参与权和监督权，为构建现代大学制度奠定坚实基础。

8. 高度关注民生，改善办学条件和师生员工学习工作生活条件

不断改善办学条件，是学校发展的重要基础。要下大力气建设好平谷轨道交通创新基地暨新校区，完成规划及征地工作，进行现代轨道交通产学研创新基地、战略性新兴产业科教基地和新校区的一期建设。要统筹海淀校区和平谷校区建设，加大海淀校区基础设施及公共服务体系建设力度，新建科技大厦和综合体育馆等项目。要尽快建成海淀校区教职工住宅，在平谷校区配套一批教职工住宅。建立教职工收入与学校发展同步增长的长效机制，继续加大在绩效工资和公积金等方面的投入。进一步优化房产资源配置，提高使用效率，改善教师工作环境。

进一步深化后勤社会化改革，建立公益性投入与市场化运营相结合的后勤运行机制。按照专业化发展方向，创新管理模式，加强队伍建设，提升后勤服务保障能力。完善校园管理信息系统，加强数字图书馆建设，构建交大功能社区社会服务和健康管理体系。加强节能管理，全面推进绿色校园建设。开展全民健身运动，优化医疗健康服务，不断提升师生员工身心健康水平。

四、以改革创新精神加强学校党的建设

建设特色鲜明世界一流大学，关键在党。全面推进党的建设新的伟大工程，是学校事业发展的根本保证。我们要认真贯彻落实《中国共产党普通高等学校基层组织工作条例》，坚持党要管党，从严治党，以改革创新精神加强学校党的建设，在新形势下充分发挥学校党委的领导核心作用、各级党组织的战斗堡垒作用和共产党员的先锋模范作用。

1. 加强思想理论建设，用中国特色社会主义理论体系武装头脑

始终把用中国特色社会主义理论体系武装全体党员特别是党员领导干部作为首要任务，全面加强学校党的思想理论建设。以校院两级中心组理论学习为抓手，结合重大现实问题，采取专题学习、集中研讨、专家辅导、实践考察等多种方式，不断推动理论学习向深度和广度发展，进一步提高各级领导班子成员的马克思主义理论水平和政策水平，在用马克思主义中国化的最新成果武装头脑、指导实践、推动工作上不断取得新进展。创新和改进党员学习培训，办好党校，举办系列辅导报告，加强网络教育平台建设，不断提高学习效果，进一步增强广大党员的党性修养和政治敏锐性，始终与党中央保持一致。

2. 加强思想政治工作，牢牢把握党对意识形态工作的主导权

以社会主义核心价值体系为引领，大力加强师生员工思想政治工作。坚持以马克思主义为指导，用中国特色社会主义共同理想凝聚力量，用以爱国主义为核心的民族精神和以改革创新为核心的时代精神鼓舞斗志，用社会主义荣辱观引领校园风尚。大力发展哲学社会科学，不断提高思想政治理论课质量，深入推动中国特色社会主义理论体系进教材、进课堂、进头脑。坚持育人为本，德育为先，能力为重，全面发展，注重思想教育与解决实际问题相结合，增强学生思想政治工作的针对性、实效性。以加强青年教师思想政治建设为重点，创新教职工思想教育的新方法、新途径，增强工作吸引力、感染力。加强对课堂和校内报告、论坛、报刊、网络等阵地管理。准确把握师生员工思想动态，做好舆情和舆论引导工作。

3. 加强领导班子和干部队伍建设，提高办学治校能力

加强民主集中制建设，认真贯彻落实党委领导下的校长负责制，提升领导班子科学决策、民主决策、依法决策的水平。按照有关规定建立健全院（系）党政联席会议制度和决策机制。进一步深化干部人事制度改革，坚持按照公开、民主、竞争、择优的改革方针和德才兼备、以德为先的标准，完善干部选拔任用机制，提高选人、用人公信度和满意度。加大干部轮岗交流力度，注重向外输送，加强后备干部队伍建设。创新干部培训形式，加强党性教育，增强政治意识、大局意识、责任意识和忧患意识，强化真抓实干、求真务实的工作作风，提高干部教育培训质量，增强执行和落实能力。完善领导班子和干部考核评价体系，积极推动民主评议等相关制度建设。加强干部监督管理，切实从严管理干部。

4. 加强基层党组织和党员队伍建设，增强党组织凝聚力战斗力

坚持抓基层、打基础不放松，着力创新基层党建工作，不断提高基层党建科学化水平。要把培养中国特色社会主义事业合格建设者和可靠接班人贯穿学校党组织活动始终。继续实施党支部建设工程，优化基层党组织设置。推进基层组织工作创新，建立创先争优长效机制，充分发挥基层党组织的战斗堡垒作用和党员的先锋模范作用。进一步提高党员发展质量，积极在大学生和青年教师中发展党员。加强党务工作队伍建设，选好配强基层党组织负责人。积极推进党内民主建设，落实党代表任期制、提案制及党务公开制度，探索建立党代

表列席学校党委重要会议等制度。健全党员教育、管理、服务的长效机制，完善党员帮扶机制，做好关心老党员、生活困难党员的工作，进一步增强党组织的凝聚力。

5. 加强党风廉政建设，提高反腐倡廉工作的科学化水平

坚持党委统一领导、党政齐抓共管、纪委组织协调、部门各负其责、依靠群众支持和参与的领导体制和工作机制，将反腐倡廉工作与学校的业务工作同部署、同落实、同检查、同考核，全面落实党风廉政建设责任制，健全责任追究机制。加强反腐倡廉宣传教育，完善“大宣教”格局，实施分类教育，提高教育的针对性有效性。扎实推进廉政文化建设，努力营造风清气正的育人环境。着力加强反腐倡廉制度体系建设，提高制度的执行力，努力形成内容科学、程序严密、配套完备、有效管用的反腐倡廉制度体系。深化廉政风险防控管理，规范权力结构和权力运行，探索科技控权的新途径、新方法。完善反腐倡廉监督体系，强化监督制约机制。认真受理信访举报，严肃查处违纪、违法案件，发挥查办案件的治本功能。加强纪检监察干部队伍建设，积极开展反腐倡廉理论研究，提升纪检监察工作水平，不断取得反腐倡廉建设的新成绩。

6. 加强和谐校园建设，凝聚学校发展强大合力

全心全意依靠广大师生员工办学，进一步增强师生员工的凝聚力、向心力，不断强化主人翁意识，促进和谐校园建设。加强工会、教代会工作，充分发挥工会的桥梁纽带作用以及教代会民主管理、民主监督作用。坚持以党建带团建，充分发挥共青团助手和后备军作用。加强统战工作，支持民主党派和无党派人士围绕中心任务积极开展工作。重视离退休工作，认真落实离退休同志政治和生活待遇，支持关工委、老教授协会和老年大学工作，充分发挥离退休同志在学校建设中的积极作用。关心青年教职工工作生活，积极帮助解决实际困难，努力为他们的发展创造条件。

高度重视安全稳定工作，加强保卫保密、安全教育及安全防范工作，及时排查化解各类矛盾，继续落实校园多维防控体系，深入推动平安校园建设，切实维护校园安全稳定。

各位代表，同志们，国运兴衰，系于教育。作为一所有百余年悠久历史的高等学府，北京交通大学一定能在新时期为中华民族的伟大复兴作出我们应有的贡献。全校共产党员要率先垂范，锐意进取，勇挑重担，成为推动学校各项事业改革发展的先锋。让我们高举中国特色社会主义伟大旗帜，以邓小平理论和“三个代表”重要思想为指导，深入贯彻落实科学发展观，在学校党委的坚强领导下，紧紧围绕本次会议确定的各项目标任务，团结带领全校师生员工，解放思想，实事求是，真抓实干，为把北京交通大学建设成为特色鲜明世界一流大学而努力奋斗！

【附件2】

中国共产党北京交通大学第十次代表大会纪律检查委员会工作报告及决议

中国共产党北京交通大学第十次代表大会关于纪律检查委员会工作报告的决议

2012年4月7日通过

中国共产党北京交通大学第十次代表大会经过认真审查，批准颜吾佴同志代表纪律检查委员会所作的工作报告。大会充分肯定了纪律检查委员会的工作。

大会认为，学校第九次党代会以来，在上级纪委和学校党委领导下，经过全校师生员工的共同努力，学校党风廉政建设和反腐败工作取得了明显成效。

大会要求，各级党组织要高举中国特色社会主义伟大旗帜，以邓小平理论和“三个代表”重要思想为指导，深入贯彻落实科学发展观，切实担负起领导党风廉政建设和反腐败工作的政治责任，维护党的纪律，自觉同党中央保持高度一致，保证学校决策部署的贯彻落实。学校党委要继续加强对纪律检查工作的领导，把反腐倡廉建设放在更加突出的位置，严格执行党风廉政建设责任制，全面落实《中共中央纪委教育部监察部关于加强高等学校反腐倡廉建设的意见》，加强惩防体系建设。纪律检查委员会要进一步加强自身建设，全面履行党章赋予的职责，坚持标本兼治、综合治理、惩防并举、注重预防的方针，不断改进反腐倡廉工作方法，为实现大会提出的目标和任务提供有力保证。

围绕中心　服务大局
不断提高学校反腐倡廉建设科学化水平

——中国共产党北京交通大学纪律检查委员会向校党的第十次代表大会的工作报告

2012年4月6日

颜吾佴

各位代表，同志们：

中共北京交通大学纪律检查委员会向校党的第十次代表大会报告工作，请予审查。

一、我校第九次党代会以来纪律检查工作的回顾

校第九次党代会以来，在上级纪委和学校党委的领导下，学校纪委坚持以邓小平理论和“三个代表”重要思想为指导，深入贯彻落实科学发展观，认真贯彻党的十六大、十七大和中纪委历次全会精神，贯彻教育部、北京市党风廉政建设和反腐败工作会议精神，全面履行党章赋予的职责，围绕学校中心工作，依靠学校各级党组织和广大党员，扎实推进反腐倡廉建设，为学校的改革、发展和稳定提供了坚强的政治保障。

党风廉政建设责任制整体建立。学校党委高度重视党风廉政建设责任制，始终坚持党委统一领导、党政齐抓共管、纪委组织协调、部门各负其责，依靠群众支持和参与的党风廉政建设和反腐败工作的领导体制和工作机制，把反腐倡廉建设作为一项重大政治任务，列入党委重要议事日程，纳入学校发展总体规划，融入学校各项中心任务，每年年初召开党风廉政建设工作会议作出总体部署，每年两次听取纪委的专题工作汇报。党委书记和校长对学校党风廉政建设做到重点工作亲自部署、重大问题亲自过问、重点环节亲自协调、重要信件亲自批阅、重要案件亲自督办，坚持与新任处级单位党政主要负责人签订《党风廉政建设责任书》。全体处级以上领导干部签订《廉政承诺书》各级领导干部按照“一岗双责”的要求，在抓好业务工作的同时，认真完成反腐倡廉的各项工作。纪委充分发挥组织协调作用，协助党委抓好党风廉政建设责任制的贯彻落实，年初制定党风廉政建设和反腐败工作任务分工，明确责任单位和责任人，对落实情况年中督促、年底检查，并将检查结果纳入对单位和个人的考核。

反腐倡廉宣传教育持续开展。学校党委、纪委把宣传教育作为反腐倡廉的一项基础性工作常抓不懈，将反腐倡廉宣传教育纳入学校党委宣传教育的总体部署。坚持因材施教、注重实效，以党性党风党纪教育和落实《中国共产党党员领导干部廉洁从政若干准则》、教育部“十不准”为重点，加强领导干部的廉洁从政教育；以重点部门和关键岗位工作人员为重点，开展岗位廉洁教育；以学术带头人、科研项目负责人、评审专家为重点，开展师德师风教育；以诚信教育和毕业生就业教育为重点，开展大学生廉洁教育。坚持开展党风廉政宣传教育月活动，每年确定一个主题，如贯彻落实《建立健全教育、制度、监督并重的惩治和预防腐败体系实施纲要》、治理商业贿赂和教育乱收费、预防职务犯罪、“讲党性、重品行、作表率”、科学发展观、廉政教育“五个一”活动等，充分利用校园新闻网、校报、闭路电视、宣传橱窗、纪检监察网站等多种载体，注重发挥二级党组织的积极作用。对新任处级干部进行廉政谈话和廉政专题培训，举办廉洁从政专题报告和党课，组织党员干部参观反腐倡廉警示教育基地。纪委共举办各类反腐倡廉学习或培训 30 余场次，编辑和印发《教育系统职务犯罪案例选编》等宣传资料 10 余种，组织党员领导干部和重点岗位人员参观《北京市反腐倡廉警示教育展》等专题展览 800 余人次。通过多种形式的宣传教育，广大党员干部增强了党性意识、廉洁自律意识和遵纪守法意识。

反腐倡廉制度体系初步建立。认真落实中共中央《建立健全惩治和预防腐败体系 2008—2012 年工作规划》《中共中央纪委教育部监察部关于加强高等学校反腐倡廉建设的意见》和北京市纪委等四委局《关于加强普通高等学校惩治和预防腐败体系基本制度建设的意见》的精神，制定《中共北京交通大学委员会关于加强反腐倡廉建设的意见》等 8 项反腐倡廉制度，加强规范化管理制度建设，清理和规范学校管理制度 109 项，形成了

按制度管人管事的工作机制，初步建立了适应学校建设和发展需要的惩治与预防腐败制度体系。

廉政风险防范管理工作扎实推进。2009 年以来，根据北京市委、市政府和市委教育工委的精神，按照围绕重点、分步实施、分批推进的总体要求，在全校范围内开展了廉政风险防范管理工作。首先在招生、基建、财务、采购、科研经费、校办企业和后勤等 12 个重点部门进行试点，然后向其他有业务处置权领域铺开。特别是做好“两个延伸”，一是向校级领导班子和领导干部层面延伸，主要是围绕全局性、高风险和创新性问题，开展风险排查评估，确定风险防范的重点项目并制定防范措施。二是向校机关有业务处置权的岗位和二级学院延伸，机关部处根据岗位设置或业务处置进行风险排查；学院重点查找领导班子及其成员的廉政风险，查找民主决策机制、“三重一大”决策机制、科研项目经费使用等方面存在的风险。加强业务的过程管理，规范业务流程，完善防控措施和制度建设。

权力运行监控机制逐步建立。纪委、监察处与有关部门密切配合，认真履行监督职责。将自查自纠与专项治理相结合，重点围绕领导干部廉洁从政、干部选拔任用、财务管理、教育收费、招生、基建、物资采购招投标等方面进行监督检查。在落实对领导班子和领导干部的监督检查方面，认真执行民主生活会、“三谈两述”、领导干部重大事项申报、收入申报等制度，初步建立北京交通大学党员领导干部兼职情况信息库。在干部选拔任用方面，对资格审查、群众测评、民主推荐、考察谈话等关键环节进行监督，参与相应的干部考察并向校党委提出书面意见，对拟调出的干部出具廉政鉴定。在财务管理和教育收费方面，参与教育收费检查和对“小金库”的专项治理工作，不断巩固“小金库”治理成果。在招生工作方面，协助实施“阳光工程”，对招生计划执行情况和考试、专业测试、录取、复查等关键环节进行监督，重点加强对自主招生、体育、文艺等特殊类招生的监督。在基建（修缮）工作方面，重点监督基建项目的论证、招投标、重大项目变更和验收等关键环节，对体育馆奥运工程实施全过程监督。在物资设备采购方面，协助规范大宗物资设备采购程序，对物资设备采购中选取评审专家、开标、评标等关键环节进行监督，重点加强对邀请招标、竞争性谈判、询价采购和单一来源采购的监督，防止规避招标和暗箱操作等违规现象发生。纪检监察人员参加各类招标活动 611 人次。根据上级部署，校党委、纪委高度重视治理商业贿赂、工程建设领域突出问题、领导干部出国、大型庆典、研讨会和论坛举办情况的专项工作，成立专门领导小组，明确责任，加强制度建设，堵塞管理漏洞，建立专项治理的长效机制。

纪检监察队伍素质不断提高。纪检监察部门不断改进工作作风，提高服务意识，以“做党的忠诚卫士、当群众的贴心人”为目标要求。工作中，注重理论与实践结合，提升理论水平，增强业务能力，积极参加教育部、北京市组织的纪检监察工作业务培训以及兄弟院校之间的业务交流，每年均在 10 人次以上。积极开展理论课题研究，主持和参与 3 项省部级课题。

学校接受教育部、北京市《关于加强高等学校反腐倡廉建设的意见》落实情况量化考核、党风廉政建设责任制检查和案件审理工作检查等，均得到肯定。

回顾总结校第九次党代会以来反腐倡廉建设工作，主要有以下三点体会：

第一，必须坚持以科学发展观为指导，服务学校改革发展的大局。学校纪委坚持把科学发展观融入反腐倡廉工作的各个方面，始终坚持围绕“建设国内一流、国际知名的研究型大学”这一中心工作，从维护学校改革、发展、稳定的大局出发，把推动学校发展、促进校园和谐、服务师生员工作为一切工作的出发点和落脚点，重点解决党风政风、校风学风等方面存在的突出问题，努力做好各类监督检查工作，为学校事业科学、全面、健康发展提供坚强的政治保障。

第二，必须坚持行之有效的体制机制，保证反腐倡廉工作落到实处。必须坚持“党委统一领导，党政齐抓共管，纪委组织协调，部门各负其责，依靠群众的支持与参与”的领导体制和工作机制。校党委和行政在谋划和领导学校各项事业发展的同时，重视落实党风廉政建设工作责任和任务，旗帜鲜明地支持纪检监察工作；各二级单位和职能部处切实做到将反腐倡廉工作与教学、科研和管理工作有机结合；广大党员干部和师生员工积极参与监督。

第三，必须坚持惩防并举，将查办案件和源头治理有机结合。惩治与预防，是反腐倡廉相辅相成、相互促进的两个方面。坚持把改革的推动力、教育的说服力、制度的约束力、监督的制衡力、惩治的威慑力相结合，在严肃查处违纪违法案件的同时，通过案件剖析，研究案件的特点和规律，分析发案的深层次原因，找出滋生腐败的体制机制问题、制度和管理的漏洞，不断规范和完善工作。

学校反腐倡廉建设所取得的成绩，是上级纪委和学校党委正确领导的结果，是学校各基层党组织和领导班子、全校党员、干部、群众大力支持的结果，凝聚着专兼职纪检干部的不懈努力。我代表校纪委向关心、支持纪委工作的各级领导和广大师生员工表示衷心的感谢和崇高的敬意！

在看到学校反腐倡廉建设取得成绩的同时，我们也深刻地认识到学校党风廉政建设存在一些问题和薄弱环节，如有的领导干部对党风廉政建设和反腐败工作认识不够，未能较好地履行“一岗双责”；有的领导干部在廉洁自律方面自我约束不够、要求不严，影响了党员干部的形象；个别部门和个人在制度执行上不够严格，甚至发生违纪、违法问题。对此，我们要有清醒的认识和足够的警觉，必须不断增强大局意识、责任意识和忧患意识，以更加坚决的态度、更加有力的措施和更加扎实的工作，积极推动学校反腐倡廉建设工作不断深入。

二、今后五年学校反腐倡廉建设的建议

各位代表，校第十次党代会的召开为学校今后的改革和发展指明了方向。今后五年是贯彻落实《国家中长期教育改革和发展规划纲要（2010—2020）》和学校“十二五”规划的重要时期，也是我校建设特色鲜明世界一流大学的起步阶段。进一步推进反腐倡廉建设，构建和谐稳定的校园环境，确保第十次党代会精神得到全面贯彻落实，是学校纪委肩负的重要使命。未来五年，学校反腐倡廉建设工作的主要任务是：高举中国特色社会主义伟大旗帜，深入贯彻落实科学发展观，紧密围绕学校中心工作，坚持“标本兼治、综合治理、惩防并举、注重预防”的方针，全面落实《中共中央纪委教育部监察部关于加强高等学校反腐倡廉建设的意见》，不断改进反腐倡廉工作方法，创新工作模式，在廉政教育、制度建设、风险防控、监督制约等方面取得新成绩，为学校各项事业健康稳定快速发展提供坚强的政治保障。重点抓好以下七个方面工作。

（一）落实党风廉政建设责任制，健全责任追究机制

党风廉政建设责任制是反腐倡廉建设的重要制度。学校各级领导机关都要认真贯彻落实

中共中央、国务院新修订印发的《关于实行党风廉政建设责任制的规定》，完善反腐倡廉领导体制和工作机制，切实履行“一岗双责”。领导班子和领导干部、有业务处置权的重点部门的关键岗位，要层层签订党风廉政建设责任书和廉政承诺书，形成一级抓一级、层层抓落实的党风廉政建设责任体系。

修订《中共北京交通大学党风廉政建设责任制实施细则》，完善责任内容、责任范围、责任考核和责任追究。加大对责任制完成情况的检查力度，建立科学的责任制考评和责任追究机制，使责任制真正落到实处。

（二）坚持反腐倡廉宣传教育，增强教育的针对性和有效性

思想教育是反腐倡廉建设的重要基础。要进一步完善“大宣教”工作格局，建立健全党风廉政建设宣传教育机制，坚持分层分类教育，增强教育的针对性和有效性。坚持全面教育和重点教育相结合、日常教育和集中教育相结合、示范教育和警示教育相结合，不断创新教育形式，丰富教育载体。加强党员领导干部的党性党风党纪教育，尤其是政治纪律教育，使领导干部树立正确的权力观、地位观、利益观；加强教师队伍的师德师风教育，把廉政教育和职业道德教育相结合，弘扬优良的师德师风；加强对大学生廉洁教育，利用思想政治理论课、党课和学生入校、考试、毕业实习、就业择业等重要节点，充分发挥思想政治理论课教师队伍的主导作用、学生辅导员队伍的引导作用和学生骨干队伍的示范作用，引导大学生增强自觉抵御腐败的意识和明辨是非的能力。

（三）着力反腐倡廉制度体系建设，提高制度的执行力

制度建设是反腐倡廉工作的重要保障。制度建设要以建立健全惩治与预防腐败体系为重点，以制约和监督权力为核心，以提高制度执行力为抓手，加强整体规划，实现重点突破，形成内容科学、程序严密、配套完备、有效管用的反腐倡廉制度。继续贯彻落实三委部《关于加强高等学校反腐倡廉建设的意见》，继续推进科学民主决策、招生录取、基建（修缮）工程、物资设备采购、财务管理、科研经费管理、学术规范管理、校办企业管理等重点领域的制度建设，以点带面，通过废、留、改、定等程序，完善学校反腐倡廉建设制度体系。

提高制度的执行力，是反腐倡廉制度建设的关键。要建立健全保障制度执行的工作机制，完善制度执行的程序化规定和违反制度执行的惩戒性规定，为制度执行提供有力保障。加大制度的宣传和检查力度，督促学校各级领导机关提高制度的规范化水平；强化责任追究机制，把制度执行情况纳入党风廉政建设责任制检查考核内容，对不按制度执行或者违反制度规定的行为，进行责任追究，保证制度的严肃性和权威性，形成一套用制度管权、按制度办事、靠制度管人的有效机制。

（四）深化廉政风险防控管理，规范权力结构和权力运行

廉政风险防控管理工作是反腐倡廉工作的重要抓手。要认真贯彻落实北京市委、市政府《关于进一步加强廉政风险防控管理的意见》，坚持党委统一领导、党政强力推进、纪委组织督促、单位创新驱动、全员积极参与的领导体制和工作机制，坚持风险防控与业务工作相结合，在权力运行的过程中查找廉政风险，不断优化业务流程，针对风险建立防控措施，增

强防控的可操作性和有效性。积极探索科技控权，逐步建立健全权力结构科学化配置体系、权力运行规范化监督体系和廉政风险信息化防控体系，推动廉政风险防控管理取得新的明显成效。

（五）完善反腐倡廉监督体系，强化监督制约机制

监督是落实反腐倡廉工作的重要环节。纪委要发挥组织协调和监督检查职能，把党内监督和行政监督有机结合起来，进一步健全监督程序，强化监督措施，拓展监督渠道，整合监督力量，完善监督体系。充分发挥纪委委员的作用，充分发挥二级党组织纪检委员的作用，充分发挥党风监督员的作用。加强对校院两级领导班子落实科学民主决策及“三重一大”制度的监督检查，保证决策过程的程序化、规范化和科学化；加强对干部人事管理、财务管理、收费、工程建设与修缮、后勤服务、物资设备采购、招生、科研经费使用、学术道德规范等重点领域的监督检查，有重点地开展专项治理工作，巩固专项治理成果；加强对领导干部执行《廉政准则》、教育部“十不准”和学校相关规定的监督检查；加强对《北京交通大学校务公开实施办法》和党务公开相关规定执行情况的监督检查，严格公开内容，丰富公开形式，保障师生员工的知情权、参与权、表达权和监督权。建立针对性强、措施得力、易于操作的问责制度，对监督中发现的决策和执行过程中的重大失误以及行政不作为等进行问责。通过责任追究，不断增强领导干部的岗位意识和责任意识，提高管理效能和管理水平。

（六）认真受理信访举报，发挥查办案件的治本功能

查信办案是整治腐败、加强监督最直接、最有力的手段。要继续将信访工作和违纪违法案件处理工作摆在突出位置，做到“有访必回，有案必查，有腐必惩”。拓宽、畅通信访举报渠道，通过网络在线举报、监督信箱、来电、来信等多种形式，认真受理并调查核实各种举报投诉，发挥信访在查办案件中提供案源的主渠道作用，要特别重视涉及师生员工切身利益的信访，切实把问题解决在萌芽状态。坚决查处违法违纪行为，坚持惩前毖后、治病救人的方针，正确把握政策界限，重点查处以权谋私、贪污受贿、私分国有资产、设立“小金库”、违反组织人事纪律等违纪案件，把查办案件与教育干部、维护学校和群众利益相联系，与警示教育、完善制度、强化监督、推进改革和健全法纪相联系，做到“查处一件、规范一面、教育一片”，充分发挥查办案件的治本功能。

（七）加强纪检监察干部队伍建设，提升纪检监察工作水平

建设高素质的纪检监察干部队伍，是适应新形势、新要求，完成学校反腐倡廉各项工作任务的重要因素。面对繁重艰巨的工作任务，必须按照中央提出的“政治坚强、公正清廉、纪律严明、业务精通、作风优良”的要求，进一步加强纪检监察队伍的自身建设。

纪检监察干部要加强政治理论学习，坚持用科学发展观武装头脑，坚定理想信念，增强党性修养，提高拒腐防变和反腐败的能力；要努力学习经济、法律、管理等方面的知识，加强理论研究和工作调研，努力探索新时期高校党风廉政建设和反腐败工作的特点规律，提高政策水平和业务能力；要坚持原则、敢于碰硬、依法秉公办事；要保持谦虚谨慎的作风，树立可亲、可信、可敬的形象；要与时俱进，不断创新，始终保持一种锐意改革的精神状态；要牢记使命，勤奋工作，乐于奉献，在党委的统一领导下，努力履行职责，

不辱使命。

各位代表，同志们，校第十次党代会的召开，对学校党风廉政建设和反腐败工作提出了新的要求。纪律检查工作要在上级纪委和学校党委的领导下，紧紧依靠学校各级党组织、广大党员干部和全体师生员工，求真务实，开拓进取，不断取得反腐倡廉建设的新成果！

《北京普通高等学校党建和思想政治工作基本标准》入校集中检查工作

【综述】

10 月 16 日，北京普通高等学校党建和思想政治工作基本标准第四入校检查组来校开展了党建和思想政治工作落实《基本标准》情况的检查。检查组由北京市委教育工委副书记唐立军带队，通过听取汇报、审阅材料、召开座谈会、实地走访等方式检查了相关工作，对学校五年来党建和思想政治工作取得的成绩和特色经验给予充分肯定，并对今后工作提出了希望和建设性意见。

唐立军主持《基本标准》入校检查汇报会，会上听取了校党委书记曹国永所作的题为《全面加强党建和思想政治工作 大力推进学校各项事业科学发展》的工作汇报。汇报会后，检查组分为三个小组查阅了学校十项重点检查工作相关材料，并召开了六个干部、教师、学生代表座谈会。

检查组分组考察了经管学院教工之家等教师思想文化活动场所和心理素质教育中心及学业指导中心等大学生思想政治教育工作场所，实地察看了学生公寓、学校技术防范系统、应急指挥体系和安全服务管理中心建设情况，并先后走访电信学院、经管学院、运输学院、土建学院、机电学院、理学院，听取了二级党组织相关工作情况的汇报。

检查工作结束后，检查组向学校反馈了检查意见。唐立军代表检查组对我校落实党建和思想政治工作《基本标准》的情况以及学校近年来事业发展取得的成绩给予了充分肯定，特别是对学校在坚持和完善民主集中制和党委领导下的校长负责制、提高校院两级决策水平、加强辅导员队伍建设、加强学生活动场所建设等方面的有益探索和积极成效给予高度评价，同时对下一步工作提出了建议和希望。

【附件3】

全面加强党建和思想政治工作 大力推进学校各项事业科学发展

——北京交通大学落实北京普通高等学校党建基本标准检查综合汇报

2012年10月16日

曹国永

各位领导、各位专家，同志们：

今天，我们非常高兴地迎来北京市委教育工委检查组对我校落实《北京普通高等学校党建和思想政治工作基本标准》情况的入校检查，我首先代表北京交通大学对各位领导和专家到校检查指导工作表示热烈的欢迎和衷心的感谢！

我先简要介绍一下学校的基本情况，北京交通大学是一所拥有116年办学历史的全国重点大学，作为交通大学的三个源头之一，历史渊源追溯到1896年，学校前身是清政府创办的北京铁路管理传习所，是中国第一所专门培养管理人才的高等学校，也是中国近代铁路管理、电信教育的发祥地。2000年与北京电力高等专科学校合并，并由铁道部划归教育部管理，是国家“211工程”、“985工程优势学科创新平台”项目建设高校，2004年设立研究生院，是全国首批博士、硕士学位授予高校，是教育部、铁道部、北京市人民政府共建的高校。学校现有教职工2 758人，其中专任教师1 700余人，教授354人，副教授674人，两院院士12人（双跨院士8人），具有博士学位的教师占63%，非本校毕业81%，半年以上海外研修经历的教师达30%。全日制在校生约24 000人，其中本科生14 000人，全日制研究生9 000人（其中博士研究生2 200人），留学生800人。学校现有21个二级党组织，414个党支部，其中教工党支部137个，学生党支部277个；党员总数为8 549名，教职工党员比例为63.7%，本科生党员比例为14.8%，研究生党员比例42.2%，离退休党员836人。

北京交通大学具有重视党建和思想政治工作的优良传统，2007年以优秀成绩通过《北京普通高等学校党建和思想政治工作基本标准》达标检查验收，并获评“北京市党的建设和思想政治工作单项奖”。2007年以来获党建和思想政治工作市级以上奖励200余项（不含个人奖项）。

近年来，学校党委坚持以邓小平理论和“三个代表”重要思想为指导，全面贯彻党的教育方针，深入贯彻落实科学发展观，坚持社会主义办学方向，坚持把培养社会主义建设者和接班人作为根本任务，全面加强学校党建和思想政治工作，大力推进一流研究型大学和特色鲜明世界一流大学建设，在学校改革发展中发挥了坚强的领导核心作用，学校的人才培养、科学研究、社会服务、文化传承创新水平不断提高，取得了一系列体现学校核心竞争力的标志性成果，社会影响和国际声誉不断提升。

办学定位和发展思路进一步明确。2012 年 4 月召开的学校第十次党代会，明确提出了到本世纪中叶把北京交通大学初步建设成为特色鲜明世界一流大学的远景目标，确定了“三步走”的发展战略，即到 2020 年，建成以信息、管理等学科为优势，以交通科学与技术为特色，多学科协调发展的国内一流、国际知名研究型大学，为建设特色鲜明世界一流大学奠定坚实基础；到 2030 年，部分优势特色学科率先跻身世界一流行列，理工文协调发展，领军专家汇聚，产生具有重大影响力的标志性成果，形成建设多科性的特色鲜明世界一流大学的基本格局，进入特色鲜明世界一流大学建设新阶段；到本世纪中叶，优势特色学科达到世界一流水平，拥有一批享誉国际的名家大师，形成一批国际领先的标志性成果，综合办学实力进一步提升，初步建设成为特色鲜明世界一流大学。人才培养质量不断提高。学校以优秀成绩通过本科教学工作评估；新增国家级教学成果一等奖 2 项、二等奖 4 项；获全国优秀博士学位论文 4 篇、提名论文 10 篇；国家级质量工程项目由 8 项增加到 86 项；新建产学研联合培养基地 63 个；学生学科竞赛、艺术教育和体育工作成果丰硕，学生艺术团、体育运动队多次完成国家出访任务，并取得好成绩；毕业生就业率和深造率位居同类院校前列。师资队伍和学科建设进展明显。新增“千人计划”5 人，“长江学者”6 人，国家杰出青年基金获得者 5 人，“新世纪百千万人才工程”4 人，“新世纪优秀人才支持计划”36 人，教育部创新团队 4 个。国家级重点学科增加到 8 个，一级学科博士、硕士学位授权点分别由 4 个和 17 个增加到 20 个和 35 个，哲学社会科学一级学科博士点实现零的突破。科研创新能力持续增强。实现国家重点实验室、国家工程实验室、国家工程中心等重要平台的突破，新增省部级以上科研平台 29 个。科研经费、三大检索论文、专利授权数均有大幅增长。“973”计划、国家“跃升计划”、国家自然科学基金重点项目、国家自然科学基金重大国际合作项目和国家社科基金重大主持项目取得突破性进展。主持的两个项目分别获国家科技进步二等奖和国家自然科学奖二等奖，“基于通信的列车运行控制系统（CBTC 系统）”成为政产学研用紧密结合的成功范例。国际合作规模和水平明显提高。留学生人数增加 3 倍以上，学历生提高到 64%；与国外高校、企业之间开展了广泛深入的合作，与国外 50 多所大学开展了学术交流与合作；在比利时开办的孔子学院被评为全球 20 个优秀孔子学院之一；4 人入选“引进海外高层次文教专家重点支持计划”。服务社会能力快速提升。建成国家大学科技园，签约加入北京高科大学联盟，成立长三角研究院。面向轨道交通安全这一重大经济社会问题，与西南交通大学、中南大学等单位共同组建轨道交通安全协同创新中心。董事会成员增加到 70 多家。海滨学院成功开办，规模稳步扩大。办学空间和办学资源进一步拓展。新增建筑面积约 27 万平方米，校园基础设施得到较大改善。推动学校平谷现代轨道交通创新基地暨新校区项目顺利立项并签订土地供应协议，积极促成教育部、铁道部和北京市“两部一市”共建北京交大，实现了拓展新的办学空间和资源的重大突破，为学校第二个百年的发展打下坚实基础。

各位领导、各位专家，同志们。以上我简要汇报了学校的历史沿革和近年来取得的标志性成果，学校事业发展的每一步都离不开上级领导和部门的关心与支持，离不开兄弟院校的帮助，在此我代表全校师生表示衷心感谢！下面按照要求从七个方面汇报学校推进十项重点检查专项工作的情况。

一、完善校院两级决策机制，着力提升科学决策、民主决策、依法决策水平

一是坚持和完善民主集中制和党委领导下的校长负责制，完善议事和决策机制。党委认真贯彻民主集中制，坚持和完善党委领导下的校长负责制。坚持常委会向全委会报告工作制度，每年至少召开2次全委会，就学校改革发展重大问题进行讨论和决策。2010年以来实行了向全委会汇报干部工作，并实施了干部选拔任用工作“一报告两评议”制度，2011年以来对干部任免工作实行党委常委会票决制。

不断完善党委常委会、校长办公会的决策程序和议事规则，凡属“三重一大”事项，都由常委会按照“集体领导、民主集中、个别酝酿、会议决定”的原则集体讨论决定。实行学校党委常委会、校长办公会重要议题计划。制定重要会议重大事项决策程序等有关规定，出台精简规范会议活动的措施，制定了《中共北京交通大学委员会常务委员会会议制度实施办法（试行）》《北京交通大学关于党政领导班子落实“三重一大”决策制度的实施办法》等规范性文件制度。

不断加大党政沟通协调，做到“一年两务虚，每周一议事”，即每年寒暑假各召开一次班子务虚会，围绕全年重点工作和重点专题进行研讨。每周一上午召开班子碰头会，决定一周学校工作安排。党政专题会议就重要问题充分酝酿研究，为常委会和校长办公会决策做好准备。在日常工作中特别是重要事项决策过程中，班子成员牢固树立常委意识，大事多沟通、工作多商量，党政团结协调，形成了全校工作“一盘棋”。讨论和决定重大问题时，通过召开专家和师生座谈会、书面征求意见、设立意见箱、开通专题网站、设立书记校长校务信箱等形式，广泛听取广大师生员工以及党代会代表、教代会代表、学术委员会委员、学位委员会委员、离退休老同志及民主党派等方面的意见，促进决策的科学化和民主化。

在2009年学习实践科学发展观活动中，群众对学校领导班子满意度达99%。

二是建立和执行学院党政联席会议制度。2009年底党委明确党政联席会议是学院党政共同负责制的主要决策形式和基本会议制度。学院工作中人才培养、科学研究、学科建设、社会服务、行政管理、思想政治工作以及在贯彻执行上级组织决定涉及的重要事项，都通过党政联席会来决策。各二级党组织制定了具体的实施办法，保证党政联席会在本单位的贯彻落实。

二、深化干部人事制度改革，加强干部教育培训，建设高素质干部队伍

学校党委深入贯彻落实党的十七大和十七届四中全会精神，不断推进干部人事制度改革，为学校事业科学发展提供坚强的组织保证和人才支持。坚持德才兼备、以德为先的用人标准，将民主、公开、竞争、择优方针贯穿干部选拔任用全过程，通过加强制度建设，完善干部选拔、培养、管理、考核与监督机制。加大竞争性选拔干部的力度，2007年以来，学校提任的处级干部85%以上是通过竞争上岗方式选拔，还首次面向全国普通高校公开选拔了2名副校长。实行差额考察、干部选拔任用工作记实、试用期制度、干部工作信息公开制度，完善任前公示办法，选人用人满意度和公信度不断提高。创新考核方式，自主开发了处级领导干部考核网上民主测评系统，实现了处级干部述职述廉报告网上公开公示，群众网上测评；认真贯彻落实干部选拔任用“四项监督制度”，实现干部选拔、日常管理、离任检查的全方位监督。

党委将教育培训作为提高干部能力素质的重要途径，不断完善培训机制，创新培训方式，丰富培训内容，严格培训管理，不断提高干部培训针对性和实效性。做到干部培训工作长期有规划、有总结，年度有计划、有考核。加大经费投入和学习保障，建立了组织调训与自主选学相结合、脱产培训和在职学习相结合、境内轮训和境外培训相结合、集中学习与在线学习相结合等多形式、多渠道的培训体系。严格培训管理和考核，制定了《北京交通大学干部教育培训管理办法》。较好地完成了中央提出的干部每年参加教育培训时间不少于110学时、5年内累计培训时间达550学时以上的要求。

一是通过校院两级理论中心组学习，加强干部思想政治建设。中心组学习每年不少于10次，内容涵盖政治、经济、文化以及高教管理和改革等。校院两级领导干部每年提交1篇理论学习体会文章。二是结合学校发展和实际定期举办专题研讨班，由主要领导做大会主报告，分管校领导作专题报告，分组研讨并进行大会交流。三是针对不同群体，开展分类培训，如干部换届培训、新任处职干部培训、二级党组织负责人培训、党务干部培训等，提高了培训的针对性。四是利用暑期，组织干部到井冈山、遵义、西柏坡等革命老区参加实践培训，增强党性修养，坚定理想信念。五是开展境外培训，2007年以来共选拔73名干部先后到美国、英国、澳大利亚、加拿大等国培训，选送37人次干部参加上级主管部门组织的干部境外培训，现职处级干部60%以上具有境外学习培训经历，拓宽了干部国际化视野。六是开通了干部在线学习平台，丰富学习途径和资源。七是依托“交大大讲堂”、“院士校园行”、“大师面对面”等高水平讲座学习平台，引导和鼓励干部自主选学。八是加大干部教师挂职锻炼力度，每年选拔一批青年骨干教师到学校管理岗位挂职锻炼，已组织实施了8期共116名教师的挂职锻炼工作。同时选派干部、教师到上级机关、地方政府、西部地区、企业单位等挂职锻炼，不断提高干部实践能力。

三、加强基层党支部建设和党员发展工作，努力夯实基层党建工作基础

党委高度重视抓基层、打基础工作，近年来以开展学习实践科学发展观活动和创先争优活动为契机，按照市委教育工委的统一部署，大力实施支部建设工程，加大教师党支部建设力度，加大党支部书记培训力度，严把党员发展质量关，不断发挥党支部的战斗堡垒作用和党员的先锋模范作用。

一是抓制度促规范，进一步提高基层党建工作科学化水平。党委不断完善党支部建设和党员发展的各项工作制度，不断推进基层党建工作规范化，先后制定了《关于加强和改进在大学生中发展党员工作和学生党支部建设的实施方案》等涉及党支部建设和党员发展的文件制度10余项，形成了较为完善的工作制度体系。不断完善基层党支部的设置和运行机制，及时调整党的基层组织设置，积极拓展基层党建工作覆盖面。教师党支部一般按照系、所、中心设置，学生党支部一般按照年级或班级设置，或者按专业纵向设置，积极探索在国家重点实验室、科研团队设置党支部。定期组织对基层党支部工作的检查和调研，针对基层党建工作存在的问题研究制定了《关于进一步加强基层党建工作的若干意见》。结合基层组织建设年活动，制定党支部工作考核测评办法，完成了分类定级工作，提出了整改措施，推动了党支部工作整改提高。

二是抓培训强班子，进一步提升基层党组织负责人能力素质。选齐配强党支部负责人，全校65名教师党支部书记中，58名具有副高级以上专业技术职务，占89%。教师党支部书

记享受同级行政负责人待遇，参加学校重要会议，参加讨论决定本单位重要事项，学校和学院给予工作补贴。学校党委加强总体设计，推进党支部书记培训工程，校院两级通过多种形式加强教职工党支部书记和学生党支部书记培训，积极选派优秀党支部书记参加教育部、北京市委教育工委组织的支部书记培训，确保了基层党组织负责人每年参加学习培训时间不少于40学时的要求。

三是抓共建树典型，进一步增强基层党组织活力。深入开展“支部互动，党员互助”活动，组织机关党支部与教师党支部、教职工党支部与学生党支部、学生党支部与京郊农村党支部“1+1”结对子；开展学生党员“1+3”活动；组织党员与党员、党员与群众“一帮一”结对子。通过共建活动、志愿服务和帮扶工作，促进不同类型党支部的共同进步，以及对困难党员和群众的关怀和帮扶，努力增强党支部的凝聚力和党员的先进性。完善激励表彰制度，坚持每两年开展一次大规模的党内评先表彰工作，通过事迹报告会、事迹展等多种形式大力宣传“身边榜样”的先进事迹。

四是抓重点建机制，进一步提高党员发展质量。党委在稳定党员结构和数量的基础上，坚持抓规范、抓重点，将党员发展工作重点放在提高党员发展质量上。认真执行党员发展票决、公示等制度，进一步规范党员发展程序。加强党校建设，加大课程体系和教师队伍建设力度，6位党校教师主讲课程获评“北京高校党课精品一课”。加强组织员队伍建设，近年来先后选配了19名党务工作经验丰富的同志担任专兼职组织员，同时，加强对组织员的培训和考核，并给予工作补贴。加大在学科带头人、青年教师中发展党员的工作力度，2007年以来发展青年教师党员67名。目前，我校每年发展新党员约1 100人，在校学生党员比例达到23.1%，教职工党员比例达到63.7%。

四、加强思想政治工作，全面提高师生思想政治素质

党委坚持以社会主义核心价值体系为引领，坚持育人为本、德育为先，加强和改进大学生思想政治教育工作，加强教师思想政治教育工作和师德建设，不断探索新形势下思想政治工作的新途径和新方法，切实提高思想政治工作针对性和实效性。

一是切实加强教职工理论学习和思想引导。每年制定教职工政治理论学习计划，各单位认真组织学习活动，基本做到两周1次集中学习，采取辅导报告、座谈讨论、社会实践等多种形式，不断增强吸引力与感染力。编印《宣传通讯》作为教职工理论学习的同步材料。结合建党、建国等重大节庆日开展座谈会、诵读会、红歌会、短信寄语、主题征文等形式多样的教育活动。制定《校内报告会研讨会讲座论坛管理办法》，加强宣传思想工作阵地建设与管理。重视做好教职工思想状况调查与引导工作，坚持开展教职工思想动态调查，及时掌握教职工思想动态。加强对学校历史文化传统研究，注重发挥环境育人功能，浓厚学校文化氛围，加强文化建设专项规划，把文化建设作为加强和改进师生思想政治工作的有效途径，努力增强教职工归属感、荣誉感和凝聚力、向心力。

二是着力加强青年教职工思想政治工作。党委高度重视青年教职工思想政治工作，积极采取措施为青年教职工成长和发展创造有利环境。结合青年教职工思想特点，以党支部和科研团队为载体，通过入职培训、以老带新、研讨交流、挂职锻炼、社会实践等多种方式组织青年教职工加强理论学习，提高业务能力。坚持把做好青年教职工思想政治工作与解决工作、学习和生活中的实际问题结合起来，与青年教师的成长成才结合起来，通过教学基本功

大赛、设立基本科研业务费专项基金、鼓励青年教师出国深造、实施红果园“双百”人才培育计划，积极创造条件为青年教职工发展搭建平台。

三是大力加强辅导员队伍建设。坚持在辅导员配备、晋升、待遇、培养方面“适度倾斜”，不断加强辅导员队伍建设。配齐配强辅导员队伍，本科生专职辅导员按照1:200配备，研究生专职辅导员按照1:400配备，研究生兼职辅导员按照1:150配备。实行辅导员干部和教师“双重身份、双重晋升”，辅导员既可申报教师系列专业技术职务，又能按管理干部职级晋升，硕士研究生毕业的辅导员考核合格后1年可定为副科级，4年可定为正科级，优秀辅导员7年后可定为副处级，近年来学校共有6人先后晋升为副处级辅导员。在绩效工资分配上，保证辅导员享有同级别管理岗位的最高档待遇，并按北京市要求发放专职辅导员津贴，专职辅导员每月增发500元津贴，上年度考核优秀的专职辅导员每月增发津贴600元；兼职辅导员每月增发津贴600元；驻学生宿舍辅导员每人每月再加发补贴200元。以职业化、专家化为培养目标，建立了岗前培训、岗位培训、业务进修一体化的培训体系，定期举办大学生思想政治教育论坛、辅导员专题讲座、辅导员沙龙，定期邀请国内知名专家和党政领导干部进行专题辅导，定期组织辅导员赴井冈山、延安等地学习培训，开展“重走长征路”等实践教育活动，提高辅导员的思想素质、业务能力。

辅导员工作得到了学生认可，每年我校毕业生离校前自发组织评选的10名“我最敬爱的老师”中辅导员占了一半。自2008年教育部评选“全国高校辅导员年度人物”以来，学校连续4年均有辅导员入选，其中1名辅导员分别荣获“全国高校优秀辅导员”、“全国模范教师”称号。“努力使辅导员成为大学生的知心朋友和人生导师”荣获首都大学生思想政治教育工作实效奖一等奖。在习近平同志主持召开的高校党建座谈会和北京高校辅导员队伍建设工作会上我校就辅导员队伍建设的做法和经验分别作了专题汇报，受到中央和北京市领导同志的充分肯定。

四是大力推进社会主义核心价值体系教育。学校将思想政治教育与教学、管理、服务有机协调配合，建立了学校各职能部门相互配合、共同参与的大学生思想政治教育体系。设立了由学生工作处、教务处、研究生院（研究生工作部）、校团委、后勤集团、校学生会及研究生会组成的“5+2学生管理服务工作联席会”；发挥课堂主阵地主渠道作用，依托马克思主义理论一级学科博士点，加强思想政治理论课建设，将形势与政策课统筹纳入思想政治理论课范围，坚持校领导讲授形教课；以“研究生党员骨干培训”为抓手，全面实施研究生综合素质教育计划；将思想政治教育与学业培养相结合，努力推进社会主义核心价值体系“三进”工作。同时，将第一课堂和第二课堂有效融合，结合奥运、国庆、建党90周年等重大契机，通过“新生引航工程”、“弘扬奥运精神”、“我与祖国共奋进”、“学习党史、坚定信念”、“践行北京精神、争做时代先锋”等主题教育活动，努力增强社会主义核心价值体系教育的效果。

五是大力开展学生深度辅导工作和心理健康教育。严格落实“八个一”工作标准，保证深度辅导全方位、全覆盖，试点建设了“学生深度辅导信息化管理平台”，加强辅导员博客建设，通过手机、微博、BBS等与学生建立密切联系；分年级、分专题，特殊群体和学生骨干区别对待，实现深度辅导多形式、个性化。大力加强心理健康教育，专兼职队伍比较充足，设施配备比较到位，管理制度比较健全，课程体系比较完善。积极开展心理文化活动月、心理情景剧展演、阳光心理论坛等活动。定期开展心理普查和心理排查工作，深入开展团体辅导和个体咨询，加强危机预防与应对体系的工作力度。加强心理委员培训。学生心理素质教育中心先后被评为“北京高校学生心理素质教育中心示范基地”、“全国高校心理健康教育工作先进集体”和“北京市教育先锋号”。

六是大力加强师德和学风建设。党委始终高度重视师德建设和学风建设，将师德纳入教师考核评价体系，并作为教师绩效评价、年度和聘期考核、职务评聘和评优奖励的首要标准，严格执行“一票否决制”。每年开展优秀教师、优秀教育工作者评选活动，推进教书育人、管理育人、服务育人，同时对典型人物及事迹进行深入挖掘和广泛宣传。学校成立了学风建设委员会，制定学风建设规划，组建了由校长、校学位委员会成员、全国优秀博士论文指导教师、优秀学生代表等组成的学风建设宣讲团，开展主论坛、分论坛、基层论坛和网络论坛四个层次的学风建设论坛活动；开展学风建设访谈活动和辩论赛等形式多样的宣传教育活动。成立学生学业发展指导中心，聘请了25名教学水平高、有威望的教师担任指导教师，针对高等数学、大学英语、计算机基础及专业课程等的学习难点开展“个体咨询”、“团体辅导”、“朋辈交流”帮助学生解决学业发展问题。定期在全校范围内开展教学秩序检查活动、优良学风班评选活动和茅以升班、周恩来班等特色班集体建设活动以及“五星”文明宿舍创建活动。

五、大力加强平安校园建设，为学校改革发展创造良好环境

一是加强维稳和防控工作体系建设。党委高度重视安全稳定工作，建立健全领导机构和工作机构，注重加强安保干部队伍建设。制定了《北京交通大学“平安校园”创建工作方案》，明确了具体措施，落实了责任分工，拟定于2013年完成达标验收任务。坚持每年召开安全稳定和综合治理工作会议，层层签订责任书，逐级落实责任制。制定了维护校园安全稳定工作体系和应急预案。积极开展反邪教警示教育活动，加强矛盾纠纷排查化解体系建设，每年适时开展矛盾纠纷排查和动态更新，并建立了校园三级防控方案。

二是加强安全教育管理服务体系和应急处置体系建设。以安全教育“三进”为基点，切实推进“进课堂、进网络、进手机”的新“三进”，实现教育的全员化和经常化。将安全教育课正式纳入学校教学体系，列为公共选修课。加强新生安全教育，把生命安全教育课作为新生入学第一课；每年为全体新生免费发放《大学生安全知识》和《大学生安全自护自救知识手册》；军训时开展道路交通安全和消防知识宣讲各2个学时。开设安全知识专题讲座，举办预防火灾以及火灾自救知识讲座以及现场演示。坚持实战演练的制度化，每年组织一次全校性的师生员工消防逃生实战演习，巩固和深化安全教育成果。

建立健全突发事件应急总体预案及专项预案，每年组织一次全校性的应急演练；重视应急分队建设，坚持定期训练和演练，确保应急处置快速有效；节假日及敏感节点严格落实领导带班、24小时值班以及信息“零报告”制度。同时注意加强对领导干部和安保人员处置突发事件和群体性事件的能力培训，对可能引发群体性事件的不安定因素排查力度，完善群体事件处置预案和处置原则。

三是做好意识形态领域的安全稳定工作和重大事件及敏感时期思想引导工作。加强校内宣传阵地以及课堂教学、讲座论坛、学术交流、学生社团活动管理，规范相关活动的审批程序与管理机制。加强网络舆情信息平台建设，做好师生网络舆情搜集、分析与引导工作，通过校内论坛、手机短信等对学生进行安全教育，每日编发《网络舆情日报》。加强重大节

日、活动和敏感时期的思想引导，确保了北京奥运会、国庆60周年等重大活动和敏感时期的安全稳定。建立突发事件预警机制，实施敏感时期信息报告制度。完成了政治性群体突发事件应急预案，并进行了桌面推演。建立了学生骨干信息反馈渠道。

六、加强统战工作，做好抵御和防范校园传教渗透工作，努力维护校园和谐

一是加强统战工作规范化建设，加强对党外代表人士的培养。党委充分认识到加强党外代表人士队伍建设，是统一战线的一项基础性工作。党委常委会定期学习统战政策，研讨统战工作，独立设置党委统战部，并在经费投入、工作时间和工作津贴等方面为党外代表人士开展工作提供条件，努力形成一支素质好、层次高、结构合理、数量充足的党外代表人士队伍。制定了《关于党外代表人士参与学校民主管理民主监督的规定》《党外代表人士推荐办法及培养计划》等文件制度。认真落实学校领导与党外人士交朋友制度、校领导参加统战工作有关会议制度、重大事项征求党外代表人士意见制度、意见反馈制度、党外人士参与民主监督制度等。每年组织党外人士学习两会精神，组织党外人士积极参与学习实践科学发展观活动和创先争优活动，积极开展共识教育，如为纪念抗美援朝60周年，组织党外代表人士赴朝鲜交流考察。加大选送党外代表人士参加校外培训和挂职锻炼工作力度。引导党外人士围绕中心工作建言献策，每年召开统战人士迎新春等各种形式座谈会，书记、校长亲自参加，通报学校工作并听取意见。注重党外干部的培养使用，目前学校共有15名党外处级干部，占处级干部的8.6%；学校有党外全国政协委员1名，海淀区政协委员2名，海淀区人大代表2名，国务院参事1名，另有1名北京市政协委员调九三学社中央任职。

二是做好抵御和防范校园传教渗透工作，积极维护校园和谐。党委一直把抵御和防范校园传教渗透工作当作维护校园和谐稳定的大事来抓，成立了民族宗教工作领导小组，形成了学生工作部门和统战部门牵头，相关部门各负其责的工作机制。召开学校宗教工作会议，研究部署抵御和防范校园传教渗透工作。党委制定了《关于认真做好新形势下宗教工作的意见》，深入了解和掌握师生的信教情况，加强对课堂、讲座、校园文化活动的管理，同时加强对现有社团组织的管理。注重宣传教育，多次举办民族宗教工作专题讲座，配发学习资料。积极选派一线教师参加宗教理论课培训，在思想政治理论课中加入马克思主义宗教观教育的内容，多次进行宗教知识和宗教工作方法的培训，努力培养适应学校工作需要的专兼职工作队伍，不断探索宗教工作新方法、新途径。

七、稳妥推进党务公开工作，进一步加强民主监督

一是加强组织领导，积极推进党务公开制度建设。学校党委统一组织、协调和指导学校党务公开工作，成立了学校党务公开工作领导小组。制定了《北京交通大学党务公开实施细则》，规范了党务公开的内容、程序和方式，建立了例行公开、依申请公开、监督检查、信息反馈、考核评价等5项保障制度；编制了《北京交通大学党务公开目录》，对学校党务公开的内容、方式、范围、时限以及责任单位进行了规范和界定，为落实推进党务公开工作奠定了良好基础。

二是突出工作重点，务求凝心聚力发挥实效。学校党内事务除涉及党和国家秘密等依照规定不宜或不能公开的外，都通过相应的形式、在相应的范围、按照党纪党规和党的路线方针政策向党员公开。学校“三重一大”决策事项，通过常委会、校长办公会纪要，向校内

单位公开；“十二五”规划制定过程中，以调研、座谈等方式听取意见和建议；学校干部选拔任用、管理、考核等均按文件规定公开相关信息；对于在平谷区筹建创新基地暨新校区等重大事项和热点问题，均征求教代会意见。

三是拓宽工作载体，增强党务工作的透明度。学校注重党务公开方式方法的多样化：对党组织内部公开的事项，如学校党委常委会决议通过党内会议和纪要文件公开，党费收缴、使用和管理情况每年以文件形式公开；对校内公开的事项，如党代会工作报告及决议通过校内有关会议、文件、媒体、网站公开；对社会公开事项，如校党委工作机构设置等基本情况，通过校园网或校外媒体公开。拓宽党务公开工作平台，开设了“学习实践科学发展观”、“创先争优活动”等专题学习网站；编发学校《公报》《通报》《督办简报》，便于校内单位了解学校工作部署及落实情况。

四是创新工作机制，加强公开工作的监督检查和信息反馈。学校各二级党组织推选了23 名党务公开监督员，对学校党务公开情况进行监督。制定了《党代表大会代表提案制实施办法（试行）》和《党代表大会代表任期制实施办法（试行）》，充分调动和发挥党代表参与党内事务的积极性和主动性。2012 年 4 月，学校第十次党代会共收到 86 名代表各方面提案 51 件，并案后符合提案范围予以立案的共计 17 件，会后全部向提案人答复。

五是保障党员权益，积极解决群众关心的热点难点问题。学校党委组织部网站开设了党员服务咨询信箱，纪委监察处网站增加了在线举报功能模块，充分保障党员的合法权益。学校坚持校领导接待日制度，加强书记校长信箱管理，定期编制《信访工作简报》，主动了解并及时反馈师生意见需求。校领导深入基层调研，与师生代表座谈，与学生在线交流，受到党员群众普遍欢迎。

各位领导、专家，同志们，在总结我校党建和思想政治工作主要做法和取得成绩的同时，我们也看到，对照《基本标准》，我校党建和思想政治工作还存在需要进一步加强和改进的地方：一是基层党建工作开展不平衡，党建基础工作还需进一步加强；二是学院党政联席会议有效运行的机制还需结合实际进一步完善；三是教职工思想政治工作的针对性和实效性还有待进一步加强。

学校党委将结合这次检查组反馈意见和自查自评过程中发现的问题，制定切实可行的整改措施，以评促建、以评促改，不断加强学校党建和思想政治工作，为学校建设特色鲜明世界一流大学提供坚强保证。

2012

组织机构

学校部分委员会和领导小组

以下为2012年1月1日至12月31日学校部分委员会和领导小组调整变化情况。

北京交通大学国家安全工作领导小组

（2012年5月2日调整）

组　长：曹国永

副组长：高　艳　孙守光　吴　强

成　员：学校办、保卫处（部）、稳定办、人事处、信息中心、国际合作处、研究生院、研工部、学工部（处）、团委、科技处、档案馆主要负责人

办公室设在保卫处（部）

北京交通大学党建工作领导小组

（2012年5月2日调整）

组　长：曹国永　宁　滨

副组长：颜吾佴　高福廷　高　艳

成　员：学校办、组织部、宣传部、统战部、纪委办公室、学工部、研工部、离退休部、人事处主要负责人

办公室设在组织部

北京交通大学干部工作领导小组

（2012年5月2日调整）

组　长：曹国永

成　员：宁　滨　颜吾佴　陈　峰

办公室设在组织部

北京交通大学稳定工作领导小组（维护稳定处置突发事件领导小组）

（2012年5月2日调整）

组　长：曹国永　宁　滨

副组长：颜吾佴　高　艳　陈　峰　吴　强　郑广天

成　员：稳定办、学校办、保卫处、保密办、学工部、研工部、校团委、组织部、宣传部、统战部、信息中心、人事处、实验设备处、国际合作处、后勤集团、社区居委会及各二级党组织主要负责人

稳定办挂靠学校办

北京交通大学保密委员会

（2012 年 5 月 2 日调整）
主　任：曹国永
副主任：高　艳　孙守光
委　员：保密办、学校办、组织部、宣传部、人事处、审计处、科技处、军工办、国际合作处、研究生院、信息中心、计财处、纪委、保卫处、教务处、招生就业处、档案馆主要负责人
保密办挂靠学校办

北京交通大学社会与校园管理综合治理委员会

（2012 年 5 月 2 日调整）
主　任：曹国永
副主任：陈　峰　孙守光　刘　军　吴　强　郑广天
成　员：各二级党组织负责人，学校办、保卫处、后勤处、后勤集团、房地产处、基建处、学生处、研究生院、团委、宣传部、科技处、教务处、实验设备处、计财处、国际合作处、招生就业处、稳定办、社区居委会、信息中心主要负责人
办公室设在保卫处

北京交通大学校务公开工作领导小组

（2012 年 5 月 2 日调整）
组　长：曹国永　宁　滨
副组长：颜吾佴　陈　峰
成　员：高福廷　高　艳　张星臣　孙守光　关忠良　刘　军　余祖俊
下设校务公开工作办公室和校务公开监督办公室，分别设在学校办和纪委（监察处）
校务公开工作办公室主任：陈　峰　副主任：学校办主任
校务公开监督办公室主任：颜吾佴　副主任：纪委（监察处）处长

北京交通大学交通安全委员会

（2012 年 5 月 2 日调整）
主　任：吴　强
副主任：保卫处处长
成　员：后勤集团、校团委、社区居委会、离退休处、保卫处、校车队主要负责人
办公室设在保卫处

北京交通大学经济工作领导小组

（2012 年 5 月 2 日调整）
组　长：宁　滨
副组长：颜吾佴　孙守光　关忠良

成　员：计财处、审计处、监察处、教务处、实验设备处、人事处、后勤处、科技处、研究生院、资产公司主要负责人
办公室设在计财处

北京交通大学国有资产管理委员会

（2012 年 5 月 2 日调整）
主　任：宁　滨
副主任：孙守光　关忠良
成　员：学校办、计财处、实验设备处、房地产处、后勤处、科技处、资产公司、图书馆、审计处主要负责人
办公室设在计财处

北京交通大学筹资工作领导小组

（2012 年 5 月 2 日调整）
组　长：曹国永　宁　滨
副组长：陈　峰　张星臣　孙守光　关忠良　刘　军　余祖俊
成　员：学校办、学生处、科技处、研究生院、计财处、国际合作处、招生就业处、对外联络处、资产公司、新校区建设办主要负责人，各学院院长
办公室挂靠对外联络处（北京交通大学教育基金会秘书处）

北京交通大学人才工作领导小组

（2012 年 5 月 2 日调整）
组　长：曹国永　宁　滨
副组长：颜吾佴　陈　峰
成　员：人事处、组织部、计财处、教务处、科技处、国际合作处、研究生院主要负责人
办公室设在人事处

北京交通大学师资工作领导小组

（2012 年 5 月 2 日调整）
组　长：宁　滨
副组长：颜吾佴　陈　峰　张星臣　孙守光　余祖俊
成　员：人事处、教务处、科技处、研究生院主要负责人
办公室设在人事处

北京交通大学离退休工作领导小组

（2012 年 5 月 2 日调整）
组　长：曹国永　宁　滨
副组长：颜吾佴　陈　峰

成　员：离退休处、组织部、人事处、财务处、后勤处、实验设备处、学生处、校医院等主要负责人

办公室设在离退休处

北京交通大学综合改革领导小组

（2012 年 5 月 2 日调整）

组　长：曹国永　宁　滨

副组长：颜吾佴　陈　峰　张星臣　孙守光　关忠良　刘　军　余祖俊

成　员：人事处、组织部、计财处、发展规划处、工会、教务处、科技处、招生就业处、国际合作处、研究生院、资产公司、对外联络处主要负责人

委员会下设三个小组：

（1）高校用人机制改革小组

组　长：陈　峰

成　员：人事处、组织部、计财处、工会、教务处、科技处、研究生院、国际合作处主要负责人

办公室设在人事处

（2）行业特色高校产学联合培养模式和机制改革小组

组　长：张星臣

副组长：余祖俊

成　员：教务处、科技处、研究生院、招生就业处、资产公司、对外联络处、计财处主要负责人

办公室设在教务处

（3）大学国际化人才培养模式改革小组

组　长：刘　军

成　员：教务处、研究生院、国际合作处、计财处主要负责人

办公室设在国际合作处

北京交通大学学生工作委员会

（2012 年 5 月 2 日调整）

主　任：高　艳

副主任：张星臣　余祖俊

成　员：学校办、教务处、学工部（处）、研究生院、研工部、校团委、组织部、招生就业处、计财处、宣传部、后勤处、后勤集团、科技处、保卫处、实验设备处、信息中心、图书馆、体育部、资助中心、心理中心、校医院主要负责人

办公室分别设在学工部（处）和研工部

北京交通大学招生工作领导小组

（2012 年 5 月 2 日调整）

组　长：张星臣　余祖俊

副组长：颜吾佴　高　艳
成　员：招生就业处、教务处、研究生院、学生处、监察处主要负责人
办公室分别设在招生就业处和研究生院

北京交通大学毕业生就业工作领导小组

(2012 年 5 月 2 日调整)
组　长：曹国永　宁　滨
副组长：高　艳
成　员：招生就业处、学生处、教务处、研究生院、研工部、校团委主要负责人及各学院主管学生工作负责人
办公室设在就业指导中心

北京交通大学创新创业教育工作领导小组

(2012 年 5 月 2 日调整)
组　长：高　艳　张星臣
副组长：关忠良　余祖俊
成　员：招生就业处、教务处、研究生院、资产公司、国家大学科技园、经管学院、校团委、学生处、研工部、计财处、房地产处、实验设备处、对外联络处主要负责人
办公室分别设在教务处和招生就业处

北京交通大学助学贷款工作领导小组

(2012 年 5 月 2 日调整)
组　长：宁　滨
副组长：高　艳
成　员：资助中心、计财处、教务处、研究生院、各学院（不含远程学院）负责人
办公室设在资助中心

北京交通大学教学工作领导小组

(2012 年 5 月 2 日调整)
组　长：张星臣　余祖俊
副组长：高　艳
成　员：教务处、研究生院、学生处、招生就业处主要负责人
办公室分别设在教务处和研究生院

北京交通大学教材出版基金管理工作领导小组

(2012 年 5 月 2 日调整)
组　长：张星臣
副组长：孙守光　关忠良　余祖俊

成　员：教务处、研究生院、出版社、科技处、实验设备处、计财处主要负责人
办公室分别设在教务处和研究生院

北京交通大学军训工作领导小组

（2012 年 5 月 2 日调整）
组　长：高　艳
成　员：武装部、学工部、团委、学校办、教务处、宣传部、计财处、实验设备处、后勤处、后勤集团等主要负责人
办公室设在武装部

北京交通大学学生违纪处分工作领导小组

（2012 年 5 月 2 日调整）
组　长：高　艳
副组长：学生处处长　研究生院常务副院长
成　员：学生处、研究生院、纪委监察处，学校法律顾问，学生代表，有关学院主管学生工作负责人，相关部处主要负责人
办公室设在学生处或研究生院

北京交通大学学生申诉处理委员会

（2012 年 5 月 2 日调整）
主　任：高　艳　张星臣　余祖俊
副主任：学生处处长　研究生院常务副院长
成　员：学校办、监察处、学生处、研究生院、教务处主要负责人，教师、学生代表
办公室分别设在学生处、研究生院

北京交通大学学生公寓管理委员会

（2012 年 5 月 2 日调整）
主　任：孙守光
副主任：高　艳　郑广天
成　员：学生处、教务处、研究生院、后勤处、保卫处、后勤集团、房地产处、信息中心、团委、校医院、学生会、研究生会主要负责人
办公室设在学生公寓管理中心

北京交通大学学科建设领导小组

（2012 年 5 月 2 日调整）
组　长：宁　滨
副组长：颜吾佴　陈　峰　张星臣　孙守光　余祖俊
成　员：各学院（不含远程学院）、研究生院、发展规划处、人事处、教务处、科技处主要负责人

办公室设在研究生院

北京交通大学哲学社会科学发展领导小组

（2012 年 5 月 2 日调整）
组　长：孙守光
副组长：颜吾佴　高福廷
成　员：人文学院、经管学院、语言学院、建艺学院院长，研究生院、文科办、人事处、科技处、教务处、宣传部、思政中心、学生处主要负责人
办公室设在科技处

北京交通大学国家文化素质教育基地工作领导小组

（2012 年 5 月 2 日调整）
组　长：颜吾佴
副组长：高　艳　张星臣
成　员：人事处、教务处、工会、学生处、校团委、研工部、人文学院主要负责人
办公室分别设在教务处和校团委

北京交通大学政府采购工作领导小组

（2012 年 5 月 2 日调整）
组　长：宁　滨
副组长：孙守光　关忠良　刘　军　郑广天
委　员：实验设备处、基建处、后勤处、后勤集团、图书馆、校医院、计财处、监察处、审计处、研究生院、科技处、教务处主要负责人
办公室设在实验设备处

北京交通大学政府采购监督工作领导小组

（2012 年 5 月 2 日调整）
组　长：颜吾佴
组　员：监察处、审计处负责人

北京交通大学国际合作交流工作领导小组

（2012 年 5 月 2 日调整）
组　长：刘　军
副组长：陈　峰　张星臣　关忠良　余祖俊
成　员：各学院和国际合作处、学校办、人事处、科技处、教务处、研究生院、计财处、招生就业处、发展规划处主要负责人，教师代表
办公室设在国际合作处

北京交通大学对外交流工作领导小组

（2012 年 5 月 2 日调整）

组　长：陈　峰

副组长：张星臣　关忠良　刘　军　余祖俊

成　员：各学院和对外联络处、学校办、人事处、科技处、教务处、研究生院、计财处、招生就业处、发展规划处、资产公司主要负责人，教师代表

办公室设在对外联络处

现代轨道交通创新基地暨新校区建设委员会

（2012 年 5 月 2 日调整）

主　任：曹国永　宁　滨

副主任：陈　峰　孙守光　关忠良　刘　军　吴　强

委　员：新校区建设办、学校办、基建处、计财处、房地产处、科技处、教务处、研究生院、对外联络处、发展规划处、实验设备处、人事处、后勤处、后勤集团、资产公司、图书馆、体育部、远程学院主要负责人

专设新校区建设办

北京交通大学民族宗教工作领导小组

（2012 年 5 月 2 日调整）

组　长：颜吾佴

副组长：李　彤

成　员：学校办、宣传部、学生处、研工部、教务处、国际合作处、保卫处、后勤处、后勤集团主要负责人

办公室设在统战部

北京交通大学基础设施建设工程领导小组

（2012 年 5 月 2 日调整）

组　长：宁　滨

副组长：刘　军　孙守光　关忠良　郑广天

委　员：基建处、后勤处、房地产处、计财处、审计处、监察处、发展规划处、实验设备处、保卫处、后勤集团主要负责人

办公室设在基建处

北京交通大学校园规划建设领导小组

（2012 年 5 月 2 日调整）

组　长：宁　滨

副组长：孙守光　陈　峰　刘　军　郑广天

成　员：基建处、学校办、发展规划处、房地产处、工会、后勤处、后勤集团、学生

处、研究生院、宣传部、保卫处、国际合作处、社区居委会主要负责人
办公室设在基建处

北京交通大学房地产管理领导小组

(2012年5月2日调整)
组　长：孙守光
委　员：房地产处、计财处、人事处、审计处、基建处、监察处、工会主要负责人
办公室设在房地产处

北京交通大学教职工住房改革工作领导小组

(2012年5月2日调整)
组　长：孙守光
委　员：房地产处、计财处、人事处、审计处、监察处、工会主要负责人
办公室设在房地产处

北京交通大学信息化与网络建设领导小组

(2012年5月2日调整)
组　长：孙守光　高福廷
副组长：信息中心、宣传部主要负责人
成　员：学校办、人事处、信息中心、教务处、研究生院、科技处、计财处、实验设备处、基建处、保卫处、宣传部、后勤处、后勤集团主要负责人
办公室设在信息中心

北京交通大学校园网管理领导小组

(2012年5月2日调整)
组　长：曹国永
副组长：高福廷　高　艳　孙守光
成　员：宣传部、信息中心、学校办、学生处、研工部、团委、教务处、人文学院、远程学院主要负责人
办公室设在宣传部

北京交通大学产业领导小组（经营性资产管理领导小组)

(2012年5月2日调整)
组　长：关忠良
成　员：资产公司、科技处、计财处、审计处、人事处负责人
办公室设在资产公司

北京交通大学体育运动委员会

(2012年5月2日调整)

主　任：颜吾佴
副主任：体育部主任　校工会副主席　校团委书记
委　员：各学院主管体育工作的负责人，工会、学生处、研工部、离退休处、教务处、远程学院、图书馆、后勤集团、校医院、资产公司负责人
办公室设在体育部

北京交通大学劳动鉴定委员会

(2012 年 5 月 2 日调整)
主　任：陈　峰
副主任：人事处处长
成　员：工会、校医院、监察处、教务处、学校办、保卫处、后勤集团、后勤处负责人
办公室设在人事处

北京交通大学人口与计划生育委员会

(2012 年 5 月 2 日调整)
主　任：高　艳
副主任：郑广天
委　员：各二级党组织书记，学校办、组织部、人事处、工会、宣传部、学生处（学工部）、研究生院（研工部）、保卫处、计财处、团委、校医院主要负责人
办公室设在校医院

北京交通大学公费医疗管理委员会

(2012 年 5 月 2 日调整)
主　任：郑广天
副主任：校医院院长　计财处处长　人事处分管副处长
委员单位：学校办　校工会　离退休处　学工部　研工部　后勤集团　校医院
办公室设在校医院

北京交通大学献血领导小组

(2012 年 5 月 2 日调整)
组　长：高　艳
副组长：陈　峰　郑广天
成　员：学校办、校工会、校团委、计财处、宣传部、人事处、后勤处、保卫处、教务处、学工部、研工部、后勤集团、校医院相关负责人
办公室设在校医院

北京交通大学学风建设领导小组

(2012 年 5 月 15 日调整)
组　长：曹国永　宁　滨

副组长：高　艳　陈　峰　张星臣　孙守光　余祖俊
成　员：宣传部、人事处、教务处、研究生院、学生处、研工部、科技处、工会、各二级学院及国家重点实验室等部门负责人

北京交通大学文化建设工作领导小组

（2012 年 12 月 24 日成立）
组　长：高福廷
副组长：高　艳　刘　军　郑广天
成　员：学校办、宣传部、学生处、团委、工会、保卫处、教务处、科技处（社科办）、研究生院、研工部、人事处、国际处、外联处、基建处、房地产处、后勤处、图书馆、档案馆、后勤集团、王金华、宋守信、李士群、常　工、马　强
办公室设在宣传部

学校部分机构及负责人

表1　2012 年学校机关部处负责人

单　　位	部长（主任、处长）	副部长（副主任、副处长）
学校办公室	吴　萱（女，党委办公室主任） 王　瑽（6.26－，校长办公室主任）	赵庆先 杜　晔 陈　颖（女） 孙军昌（兼）
政策研究室		孙军昌
组织部（党校）	文海涛（女）	陈志新（女） 田永静（女）
宣传部	蓝晓霞（女）	宫　宇（女）
统战部	李　彤（女）	
监察处	王宏军	吴　俊
纪委办公室	吴　俊（副处级）	
学生工作处（部） 武装部	姚念龙	刘　燕（女，－11.02） 张　博 王　巍（11.02－） 秦思阳（女）
学生资助管理中心	姚念龙（兼） 屈晓婷（女，兼）	林　芳（女）
团委	秦思阳（女，副处级）	王友双 安志强
机关党委	高沁翔	
保卫处（部）	王　瑽（－8.28） 孙长索（8.28－）	黄　宏 徐　民
离退休党委、 离退休工作处（部）	孔　琳（女）	薛成海 张岳强
工会	高福廷（兼）	殷　快（女，常务副主席，正处级） 徐爱国
教务处	李长春	侯永峰（－8.22） 衣立新（女） 魏旺强 路　勇（女）

续表

单　　位	部长（主任、处长）	副部长（副主任、副处长）
科学技术处	蔡伯根	王冬梅（女） 张立伟 冯海燕（女） 叶　龙（兼）
人文社会科学办公室	叶　龙（副处级）	
研究生院	刘志刚（常务副院长）	屈晓婷（女，兼） 郝生跃 荆　涛 绳丽惠（女） 郭雪萌（女，11.02－）
研究生工作部	屈晓婷（女）	
在职专业学位研究生教育发展中心	郭雪萌（女，兼，副处级，11.02—）	
人事处	许安国	王雪松（女） 宋　瑞（女） 赵冠远
实验设备处	张家栋	赵艳娥（女）
计财处	张真继	张　俊（－7.13） 周　阳 刘晓薇（女，11.02－）
审计处	孙蓝烽（女）	陶　宏（女）
发展规划处	屈　波（女，－8.28） 刘　燕（女，8.28－）	沙　迪（8.28－）
国际合作交流处 港澳台办	徐宇工	刘彦青（女） 邓新华（女） 刘　锐（－8.28） 陈保利（港澳台办副主任）
国际教育交流中心	刘彦青（女，8.28－）	
招生与就业处 （学生就业指导中心）	王化深	黄晓慧（女） 史贞军
基建与规划处	李宏林	王德瑜 张孝荣
房地产管理处	杨培飞	刘英武
后勤管理处	连会仁	陈　剑
对外联络合作处	尹　激	徐劲松（女） 孙长索（－11.02） 信　心（11.02－）

续表

单　　位	部长（主任、处长）	副部长（副主任、副处长）
信息化办、网络中心	贾卓生	王　锋
新校区建设办公室	吴　强	刘江涛 宋晓宇（11.02－）

表 2　2012 年学院党政负责人

单位	书记	副书记	院长	副院长
电子信息工程学院	蒋大明	王虹英（女） 刘　颖（女）	陈后金	刘　颖（女） 娄淑琴（女，－6.15） 戴胜华 周华春 闻映红（女，8.28－）
计算机与信息技术学院	杨晓晖（女）	王浩业 董敬祝	钟章队	韩　臻（正处级，兼） 董敬祝 于双元（女） 林友芳 刘吉强
国家保密学院			宁　滨	韩　臻（常务副院长，正处级）
经济管理学院	张明玉	文映春（女） 郭雪萌（女）	刘延平	郭雪萌（女） 张真继 张　力 施先亮
交通运输学院	孙全欣	孙冬梅（女） 朱晓宁	刘　军	朱晓宁 聂　磊（女） 关　伟 闫学东（11.02－）
土木建筑工程学院	魏庆朝	孙慧环（女） 马　强	张顶立	马　强 杨庆山 张鸿儒 高　亮
机械与电子控制工程学院	杜永平	王　烜（女） 李国岫	李建勇	李国岫 刘志明 房海蓉（女） 邱　成
电气工程学院	范　瑜	丁金凤（女） 和敬涵（女）	姜久春	和敬涵（女） 王立德 王　毅 王健强

续表

单位	书记	副书记	院长	副院长
理学院	解　郁（女）	丁鹏玉 刘　晓	冯其波	张希清 修乃华 刘　晓 于永光
人文社会科学学院	蔡红建（-11.12）	王　莹（女，-11.12）	韩振峰（-11.12）	毕　颖（女，-11.12） 杨　蔚（女，-11.12）
人文社会科学学院（马克思主义学院）	蔡红建（11.12-）	杨　蔚（女，11.12-）	韩振峰（11.12-）	杨蔚（女，11.12-）
语言与传播学院	赵　岚（女）	高永峰（女） 刘　伟（女）	司显柱	杨若东 刘　伟（女）
软件学院	于亚光（女）	段春荣	卢　苇	赵　宏（女） 段春荣
建筑与艺术学院	沈永清	陈劲松（女）	夏海山	陈劲松（女） 王丽君（女）
法学院	毕　颖（女，11.05-）	王　莹（女，11.12-）	张　生（11.02-）	王　莹（女，11.12-）

表3　2012年学校直属单位负责人

单位	书记	副书记	院长（总经理）	副院长（副总经理）
远程与继续教育学院	陈　庚	徐晓玉（女，兼）	司银涛	祝祖强 徐晓玉（女） 肖贵平（女）
图书馆	裴劲松		韩宝明	郑　兰（女）
档案馆			郑铁锤	王雪松（女，兼）
出版社	郭海云		章梓茂	段连平
后勤服务产业集团	谷均宏	郝志如（女）	翟　儒	张　重 李燕华 杨金泉 郝志如（女）
校医院	康　俊（女，副处级）		李海红 （女，副处级，-8.28） 孔令伟 （女，副处级，8.28-）	孙亚慧（女） 卢云涛（女） 刘红军（女，11.02-）
体育部	刘东平 （副处级）		郑　超（副处级）	留森华 陈永发
资产经营有限公司	王景昕		赵　鹏	王景昕（兼） 廖涌泉 何　青（女）

续表

单位	书记	副书记	院长	副院长
科技园有限公司			廖涌泉（副处级）	
首都大学生思想政治教育研究中心办公室			颜吾佴（兼）	寇红江（常务副主任，-3.22）
国家重点实验室				王俊峰

注：2012 年机构变动情况

1. 2 月 24 日，经校党委常委会研究决定，成立北京交通大学北京社会建设研究院。
2. 3 月 1 日，经学校研究决定，成立北京交通大学安全评价中心。
3. 4 月 27 日，经校党委常委会研究决定，将建筑与艺术系改设为建筑与艺术学院。
4. 4 月 27 日，经校党委常委会研究决定，成立北京交通大学现代旅游发展研究院，挂靠经济管理学院管理。
5. 4 月 27 日，经校党委常委会研究决定，成立北京交通大学风电室外实验室，挂靠电气工程学院管理。
6. 5 月 30 日，经学校研究决定，成立北京交通大学轨道交通移动通信实验室，挂靠轨道交通运行控制与安全国家重点实验室管理。
7. 6 月 29 日，经校长办公会研究决定，成立北京交通大学质量管理办公室，挂靠科学技术处管理。
8. 7 月 13 日，经校党委常委会研究决定，成立学校在职专业学位研究生教育发展中心，作为副处级单位挂靠研究生院，设“中心”主任 1 名，副主任 3 名，由研究生院副院长兼任“中心”主任。
9. 11 月 12 日，经校党委常委会研究决定，“人文社会科学学院”更名为“人文社会科学学院（马克思主义学院）”简称“人文学院”，原直属学校管理的马克思主义理论教学研究部改为人文学院内设机构。
10. 11 月 12 日，经校党委常委会研究决定，成立人文社会科学学院（马克思主义学院）党委（简称人文学院党委）、法学院党委。人文社会科学学院（马克思主义学院）党委设书记 1 人，副院长、副书记 1 人，法学院党委设书记 1 人，副书记、副院长 1 人。
11. 11 月 30 日，经校党委常委会研究决定，成立北京交通大学基础与交叉科学研究院，挂靠理学院管理。
12. 11 月 30 日，经校长办公会研究决定，成立北京交通大学北京市城市交通信息智能感知与服务工程技术研究中心，挂靠科技处管理。

2012

党群与思想政治工作

综合工作

【综述】

2012 年是学校全面落实“十二五”规划的关键一年，学校党委文秘、信息与综合工作，围绕学校中心和重点工作，进一步发挥参谋助手作用，突出服务职能，创新工作方法，积极做好会务接待、来信来访、督查督办等日常工作，调查研究、文稿起草、公文管理、综合协调等各项工作得到了全面提升。

【制度建设】

积极推进《北京交通大学章程》起草工作，成立了章程制定领导小组及起草工作组，研究设计了章程的基本框架及主要条款。修订完善了《北京交通大学关于党政领导班子贯彻落实“三重一大”决策制度的实施办法》及其相关配套制度。起草了《关于加强各单位对外签署法律文本管理的意见》《北京交通大学印信管理规定》。

【政策研究】

学习研究党和国家的政策法规及国内外教育发展形势，为学校决策当好参谋助手。一是深入实际调查研究，提出带政策性、倾向性的问题，为党委决策提供有价值的建议；二是组织开展创新高校管理的研究，与组织、人事、信息中心一起，就加强和创新高校管理工作开展研究，取得了阶段性成果；三是借鉴兄弟院校经验，搜集摘编媒体就高等教育领域涉及政策性的最新报道，探索编印《领导参阅》报送相关领导；四是结合高等教育发展新形势和特色鲜明世界一流大学建设规律以及学校实际工作，查阅收集资料并开展相应研究，积极探索和宣传学校在“协同创新”方面的做法和经验。

【文稿服务】

以优质高效的文稿服务学校中心工作。围绕学校年度重点工作和中心工作，加强工作研讨，找准文稿工作的重点加强学习和研究，牵头或参与重要会议讲话和党政重要文件的起草工作共计 100 余件，原创性文字量约 30 余万字。其中，起草重要文件共计 41 件，包括学校年度工作要点、折子工程、党建基标自查报告、两部一市共建协议书及各类汇报请示和感谢信、呈送有关国家领导人学校工作汇报材料、向上级部门汇报学校服务铁路和两个中心有关材料、大学章程有关汇报材料等。撰写常规性工作讲话和专项工作会议讲话 23 件，起草学校重大庆典活动、纪念重要节日讲话 38 件，完成国内外论坛和重要会议讲话稿 10 件。

加大高水平理论文章研究和撰写。根据高等教育发展新形势和特色鲜明世界一流大学建设实际，加强高水平理论文章的选题策划和撰写。在《人民日报》《中国教育报》等核心期刊发表理论文章 5 篇，其中《人民日报》刊发的《高校在协同创新中的地位和作用》，全面介绍了学校在“协同创新”方面的探索和经验。

【公文管理】

积极促进办文质量与效率的全面提升。严把公文质量和审核关，加强与各部门沟通协调，从公文种类和格式、行文规则、公文拟制、公文审核等方面明确规范、细化要求，确保了发文的及时、准确和规范。全年共审改发文 360 余份，文字量约 80 万。日常文件运转高效，完成上级和相关单位来文运转、处理 1 252 余份；办理校内发文运转 397 件，为校内各单位传送、处理请示报告类签报文件 320 份。机要文件管理规范，接收、传阅、办理教育部、市教委、中共中央、北京市委、其他各部委机要文件共计 1 071 份；下发各党委、直属党支部中央机要文件、市委机要文件 807 份；下发校长办公会纪要 11 期、常委会纪要 25 期共计 1 764 份。强化文件督办落实工作，建立了严格的文件运转登记制度，采取措施及时掌握文件运转与落实情况，并将督办落实情况及时汇报校领导；全年编制《要文回顾》4 期，对上级来文的批示以及落实情况进行汇总并呈报领导阅知。完成文件归档工作，共归档 26 类、55 卷。推进办公自动化系统建设，通知公告、内部协同办公上线运转良好。

【信息与统计工作】

1. 认真做好信息报送工作

加强对校内各单位信息报送工作的指导和要求，信息基础工作有序推进。安全稳定信息报送方面，落实节假日及敏感期的每日信息零报告制度，全年向教工委上报安稳信息 65 期，向教育部上报安稳信息 40 余期。

2. 扎实做好年鉴、年报编撰等工作

完成了《北京交通大学年鉴 2011》35 万字的组稿编审工作；向《北京教育年鉴》编辑报送文字条目 47 条、总计 18 000 字，照片 10 幅；向《北京教育类年鉴要目》报送学校年鉴情况简介及相关图片；向《中国教育年鉴》编辑报送文字条目 23 条、总计 4 000 字。

组织校内 35 家单位提供年报素材，梳理学校年度大事要事、亮点工作内容，编辑制作完成 2011 年年报。编写学校 2011 年大事记 2 万余字。

3. 出色完成教育事业统计报表和其他各类统计工作

召开学校统计工作会议，培训统计软件安装和使用，布置统计报表工作，协调校内 22 个单位完成相关统计数据的填报，并汇总录入、核查上报，完成 2012 年学校基本办学指标情况分析。以学校留学生数据为基础撰写统计分析报告，荣获 2011 年度北京市教育事业统计工作优秀集体一等奖、优秀个人一等奖。完成教育部、北京市等上级和其他单位各项统计工作的协调、汇总和报送等。

【督查督办】

认真督办学校重要会议决策，督办《学校折子工程》落实情况，确保督办事项“件件有落实，事事有反馈”。修订了《督查督办工作要求及程序》。全年下发督办单 73 件，编发《督办简报》2 期，积极推动学校中心工作落实。《督办简报》成为宣传基层工作、考核部门业绩的重要依据和校务公开的有效载体，促进了学校整体工作的提升。

【信息公开】

进一步推进党务校务公开与信息公开工作。起草完成学校信息公开工作学年度报告，上报教育部和北京市教委，并上传校园网“校务公开栏”。落实北京市专项检查工作要求，撰写完成自查报告，并填报自查统计表；落实教育部专项检查要求，完成专项报告。推进落实学校《党务公开实施细则》，建设学校“党务公开网站”，各二级党组织聘请了党务公开监督员。充分发挥通报的信息公开载体作用，全年印发《北京交通大学通报》6 期，编辑刊载学校重要会议领导讲话 8 万余字。

【协调服务】

围绕学校中心工作和重点工作抓大事、谋大事，加强与校外相关单位以及校内各院系、部处的沟通协调，积极推进了“两部一市”共建等重点工作，牵头落实了教育部巡视组为期3周驻校巡视工作、教育部改革试点项目和“三重一大”执行情况检查组为期3天驻校检查工作，组织协调有关部门开展迎接和宣传学习贯彻党的“十八大”相关工作，密切配合认真做好学校第十次党代会各项筹备工作。顺利完成了“两部一市”共建协议签署仪式、轨道交通安全协同创新中心揭牌仪式等全校性重大会议会务工作。积极协助推进“轨道交通安全协同创新中心”申报筹备工作，协助推进“轨道交通安全评估研究中心”和“轨道交通运营培训及认证中心”的筹建工作。

【接待管理】

坚持从规范工作规程入手，严格标准，精心谋划和组织，服务细致周到，不断提高会务和接待工作水平。2012年共承担30余项重要接待任务，圆满完成了国家发改委副主任徐宪平、教育部副部长郝平、鲁昕和原副部长张保庆、科技部副部长陈小娅、北京市教工委书记赵凤桐等省部级领导来校视察的重要接待任务以及中国石油大学、昆明理工大学、中国医科大学、长春理工大学、西北民族大学、河南理工大学、北京工业大学、中国传媒大学、新疆兵团电大以及北京铁路局、呼和浩特铁路局等单位领导来访接待任务。

【来信来访】

在信访工作中，始终将解决好群众关心的热点、难点问题作为工作重点，及时处理来访信件、邮件、电话，积极与主管部门信访责任人沟通，耐心细致做好信访人工作。全年日常接访117项，对留有联系方式的来访人员进行回复，对部分缠访人员耐心做好解释工作，努力把工作解决在基层和萌芽状态。起草了《北京交通大学信访工作实施细则》，创刊并编写《信访工作简报》两期。继续做好校领导接待日接访工作，搭建校领导与师生沟通的桥梁，有效化解矛盾。

【单位考核】

2012年学校总结和考核工作借鉴往年工作经验，本着“夯实基础、注重增量、体现水平、突出质量、兼顾效率”的原则，进一步规范简化程序，促进考核工作顺利开展，努力实现学校对二级单位目标责任管理。年度考核主要由基本工作、重点工作和特色工作三部分组成。考核指标体系既客观全面反映二级单位日常工作的运转状况及学校年度工作重点的落实情况，又体现并鼓励特色和创新。同时，尊重学院的学科特点及发展基础，充分考虑机关部处的服务和管理职能，考核方式及程序进一步公开化、科学化、民主化，切实发挥了年度考核的激励和导向作用。

考评工作在征求相关部门意见的基础上，完善了各二级单位基本工作考核指标。根据2012年年度工作要点、折子工程以及“十二五”规划任务分解情况，制订了各二级单位重点工作考核指标，并将基本工作与重点工作占考核总成绩的比例由先前的6∶4，改为了5∶5，增加了重点工作考核所占的比重。2012年度机关部处和直属单位考核取消各类奖项评比，学院考核设置“思源杯”、“优秀奖”和“特色奖”三类奖项。

各单位在年底前根据考核指标以及有关开展工作总结和考核的文件要求，全面总结工作，并报送相关材料。考核工作办公室分别组织学院和机关部处、直属单位进行总结交流及民意测评，并组织对各单位工作进行考核和评定。学院（系）组织系（室）、所（中心）

等进行总结和交流。单位考核工作组综合各方面意见提出对二级单位的考核及奖惩意见，报学校考核领导小组研究后由校党委常委会审定。

学校 2012 年单位考核奖励结果如下。

“思源杯”获奖单位：机电学院、经管学院

“优秀奖”获奖单位：电信学院、理学院

“特色奖”获奖单位：电气学院、软件学院

组织工作

【综述】

2012年，学校党委组织工作坚持以邓小平理论、“三个代表”重要思想、科学发展观为指导，认真贯彻落实教育部、北京市和学校党委关于组织工作的部署和要求，以党的十八大召开为契机，以提高组织工作科学化水平为主线，以筹备召开学校第十次党代会和迎接《北京普通高等学校党建和思想政治工作基本标准》入校检查为重点，坚持围绕中心、服务大局，紧密结合学校实际抓基层打基础、选干部配班子，组织工作科学化水平进一步提升，圆满完成了各项任务，为学校推进特色鲜明世界一流大学建设提供了有力的思想保障和组织保障。

【筹备召开第十次党代会】

按照《中国共产党基层组织选举工作暂行条例》和有关规定，做好代表的选举和两委委员的酝酿推荐工作。统筹指导各选举单位严格按照工作程序，差额选举产生党代表269名。起草了《关于筹备召开我校第十次党代会的通知》等15个文件，完成了30名党委委员候选人预备人选和11名纪委委员候选人预备人选的考察。

2012年4月5日至7日成功召开了中国共产党北京交通大学第十次代表大会，审议通过了第九届党委工作报告和纪委工作报告，审查通过了党费收缴、使用、管理情况的报告，提出到本世纪中叶。把北京交通大学初步建设成为特色鲜明世界一流大学的远景目标和“三步走”战略，选举产生了中国共产党北京交通大学第十届委员会和第十届纪律检查委员会。

4月7日，中国共产党北京交通大学第十届纪律检查委员会第一次全体会议以无记名投票等额选举的办法选举产生了中共北京交通大学纪律检查委员会书记、副书记；中国共产党北京交通大学第十届委员会第一次全体会议以无记名投票差额选举的办法选举产生了中共北京交通大学委员会常务委员会委员，以无记名投票等额选举办法选举产生了书记、副书记，通过了第十届纪律检查委员会第一次全体会议的选举结果。

4月24日，中共北京市委批复同意上述选举结果。

中共北京交通大学第十届委员会委员25名（按姓氏笔画为序）：

王化深	文海涛（女）	宁　滨	刘　军	刘延平
关忠良	许安国	孙全欣	孙守光	李长春
吴　萱（女）	吴　强	余祖俊	汪越胜	张星臣
陈　峰	郑广天	姚念龙	高　艳（女）	高福廷
曹国永	蓝晓霞（女）	解　郁（女）	蔡伯根	颜吾佴

中共北京交通大学第十届委员会常务委员会委员11名（按姓氏笔画为序）：

宁　滨	刘　军	关忠良	孙守光	余祖俊
张星臣	陈　峰	高　艳（女）	高福廷	曹国永

颜吾佴

党委书记：曹国永

党委副书记：颜吾佴　高福廷　高　艳（女）

中共北京交通大学第十届纪律检查委员会委员 9 名（按姓氏笔画为序）：

于亚光（女）　王　璁　王宏军　孙蓝烽（女）　李　彤（女）

屈晓婷（女）　赵　岚（女）　殷　快（女）　颜吾佴

纪委书记：颜吾佴（兼）

纪委副书记：王宏军　孙蓝烽（女）

【做好北京市第十一次党代会代表选举工作和人大代表、政协委员考察工作】

按照北京市委教育工委的要求，结合学校实际制订工作方案，圆满完成了出席北京市第十一次党代会代表的推选工作，组织召开了中国共产党北京交通大学代表大会，差额选举产生了我校出席北京市第十一次党代会的代表，曹国永、于桂兰两位同志当选。协助北京市做好全国政协委员、市人大代表、市政协委员的推荐考察工作，钟章队教授当选第十二届全国政协委员，宁滨校长当选第十四届北京市人大代表。

【圆满完成《基本标准》入校集中检查组织工作】

以《基本标准》自查自评和入校集中检查为契机，大力推动基层党建工作规范化水平。

全面做好《基本标准》自查自评工作。制定了《基本标准》自查自评工作实施方案，组织召开了自查自评工作动员部署会，明确了任务分工。实行了自查周报告制度，组建了 4 个由组织员、部分党委部门和二级党组织负责人组成的检查组，对各单位、各部门自查自评工作和市委教育工委重点检查的专项工作进行了集中检查和抽查，形成了反馈意见，各单位、各部门进行了整改完善。召开了 13 次《基本标准》自查自评工作领导小组会议，开展了 4 次校内检查，起草了 7 个工作文件指导推进各项工作，各二级党组织和党群各部门形成了 32 个自查报告和 25 个特色报告。

圆满完成《基本标准》入校集中检查组织工作。制定迎接《基本标准》入校集中检查工作方案，完成十项重点检查工作支撑材料的统一装订、目录制作，座谈会和走访单位的备查准备工作，起草和编印党委汇报稿、自查报告、特色报告及重点检查专项工作报告和支撑材料等，为入校检查做好充分准备。检查组充分肯定了学校党建和思想政治工作经验和特色，对我校党建和思想政治工作给予高度评价。

【深化干部人事制度改革】

继续加大竞争性选拔干部力度，配齐配强领导班子。按照学校党委部署，坚持民主、公开、竞争、择优原则，进一步加大竞争性选拔干部力度，认真总结干部竞争上岗工作经验，进一步修订和完善干部竞争上岗工作程序和操作办法，拓宽评委范围，聘请部分校外专家评委，采取抽签办法产生校内评委，明确答辩要求，改进评分办法，进一步增强干部选拔任用工作的公平、公正、公开。进一步加强辅导员队伍建设，起草晋升处级辅导员实施办法。全年共任免干部 33 人次，其中提任 14 人（正处 5 人，副处 8 人，直属单位副职 1 人），平级调整 3 人（正处 1 人，副处 2 人）；免职 10 人（正处 5 人，副处 5 人）。提任干部中竞争上岗 9 人，提名 5 人。共开展了 2 批共 12 个处级职位的竞争上岗工作，共 66 人报名参加竞争上岗，举行了 37 次民主测评，1 492 人次参加了民主测评；举行答辩会 12 场，确定考察对象 29 名，736 人次参与考察谈话。加强干部选拔任用工作监督，做好 2011 年干部选拔任用

“一报告两评议”工作，起草工作报告，共 21 名干部接受评议，其中正处级干部 18 人，副处正职干部 3 人。

加强干部教育培训工作，提高干部能力素质。按照干什么学什么、缺什么补什么的原则，积极开展分级分类培训，进一步加大干部教育培训力度，努力提高干部的政治素质和办学治校能力。积极选派干部参加教育部和北京市举办的学习培训，2012 年度累计选派 36 名干部参加了上级部门举办的 17 个各类培训班，其中 9 名干部参加了教育部举办的 9 个培训班，24 名干部参加了北京市委教育工委举办的 5 个培训班，3 名干部分别参加了北京市委组织部、北京市教委和井冈山干部学院举办的培训班。结合工作需要组织专题工作培训，邀请兄弟高校领导来校就高校如何主动走向世界、积极融入国际化行列、提高国际竞争力为全体中层干部作专题培训。加强新任干部参加实践培训，组织 48 名干部赴西柏坡开展了“牢记‘两个务必’，增强执政能力”为主题的学习培训，加强干部党性锻炼。继续开展干部海外培训，扩大干部视野，组织 19 名干部赴加拿大开展了为期 21 天的学习培训。通过在线学习、自主选学等方式进一步丰富学习内容，督促领导干部按时完成每年度 40 学时的学习任务，借助学校“交大大讲堂”、“院士校园行”、“大师面对面”等学校高水平讲座平台资源开展领导干部自主选学。

加强干部管理监督工作。加大对干部日常管理和监督，做好干部个人事项申报和干部离任审计工作。严格落实民主生活会制度，联系校领导及组织部、纪委干部参加二级党组织民主生活会，进一步提高民主生活会质量。加强年度考核工作，修订完善中层干部年度考核办法，处级领导班子和领导干部围绕完成年度工作目标和履行岗位职责等情况述职述廉；继续完善干部考核民主测评系统，扩大群众参与，不断提高考核工作科学化水平。

进一步修改完善处职干部考核办法和处职干部网上考核测评系统，在校党委的统一部署下，在二级党组织的大力配合下，通过网上考核系统对全校 186 名处职干部进行了年终考核群众民主测评。经学校考核工作领导小组研究讨论、校党委常委会研究决定，2012 年度 28 名副处职干部考核结果为优秀，其他干部均为考核称职，组织部对考核结果进行了公示。

切实做好年轻干部和后备干部培养工作，积极为年轻干部和后备干部成长创造条件，不断开阔干部视野，丰富干部任职经历。继续选派青年教师到管理岗位进行挂职锻炼，组织召开第八批青年教师挂职锻炼总结交流和第九批青年教师挂职锻炼启动会，第九批共有 15 位青年教师到 9 个学院副职岗位和 4 个部处副职岗位挂职锻炼。积极选派干部到校外挂职锻炼，提供人才支持。选派 2 名副处级干部、1 名教师到教育部挂职，选派 1 名处级干部、3 名教师到北京市挂职，选派 2 名团干部到北京市挂职，选派 1 名教师、1 名团干部到新疆挂职。推进校际干部交流培养，做好服务保障工作，接受 4 名河南理工大学处级干部到学校相关单位挂职，1 名重庆市委组织部选派的重庆交通大学干部到学校挂职校长助理。协助北京市有关单位做好公开选拔干部的考察工作，2012 年有 7 名年轻干部在北京市公选中被列为考察对象，其中 4 人到相关单位任副处级职务。

协助做好校级领导班子的有关工作。协助教育部做好对学校的巡视工作。针对教育部巡视组提出的存在问题和建议意见，组织起草学校整改工作方案，并对整改情况进行汇总，形成总结报告上报教育部。协助做好校级领导干部的培训，共组织校领导参加各级组织的培训 10 人次。协助完成校领导年度考核工作，起草制定考核工作方案，组织召开考核述职大会，做好校领导班子民主生活会、个人有关事项报告、档案管理等工作。

【加强基层党组织和党员队伍建设】

推进创先争优活动常态化，深入开展基层组织建设年活动，不断加强基层党组织和党员队伍建设。

深入推进创先争优活动。以“提高办学质量促发展、服务人民群众树形象”为主题，深入推进创先争优第三阶段活动，以“提高服务社会的贡献率、提高师生员工的满意率”为目标，引导我校各级党组织和广大党员围绕提高办学质量的核心任务、立足本职岗位创先争优。围绕“提高办学质量促发展”教职工党员开展了“提升师德，改进教风”主题活动，学生党员组织了“科学引导，优化学风”主题活动，离退休党员开展了“奉献余热，老有所为”主题活动。围绕“服务人民群众树形象”，教师党员开展了“发挥特色，服务社会”主题活动；机关部门党员开展了“优化作风，强化服务”主题活动；后勤部门党员开展了“阳光服务，微笑服务”主题活动；学生党员开展了“一个党员，一面旗帜”主题活动；离退休党员开展了“搭建平台，提升形象”主题活动。

全面总结创先争优活动。形成创先争优长效机制。组织开展了党建和思想政治工作先进单位、党建和思想政治工作特色奖、2010—2012 党建工作优秀成果、2011—2012 先进基层党组织、优秀共产党员标兵、优秀党务工作者、优秀共产党员的评选工作，召开创先争优活动总结表彰大会。学校 2 名同志被评为北京高校优秀共产党员，2 个基层党组织被评为北京高校先进基层党组织，1 个基层党组织被评为北京市先进基层党组织。推动全校各级党组织认真总结提炼创先争优活动中创造的好经验好做法，积极探索建立创先争优长效工作机制。学校党委建立长效机制 8 项，二级党组织建立长效机制 32 项，全校各党支部共建立长效机制 647 项。

学习贯彻《北京市实施〈中国共产党普通高等学校基层组织工作条例〉的办法》。配发《〈中国共产党普通高等学校基层组织工作条例〉学习辅导读本》，通过辅导报告、院党委中心组学习、党支部组织生活会等形式，组织各级党组织负责人、党务干部和广大党员认真学习贯彻。

深入开展基层组织建设年活动。组织开展基层党支部分类定级工作，结合实际制定了《北京交通大学党支部工作考核测评办法（试行）》，对党支部考核测评要素逐条进行了量化。全校 409 个党支部中，340 个党支部考评等次为好（A），占 83. 13%；68 个党支部考评等次为较好（B），占 16. 63%；1 个党支部考评等次为一般（C），占 0. 24%；没有党支部的考评等次为较差（D）。全校 409 个党支部结合支部实际情况、分类定级结果，以及党员、群众的意见和建议，共提出整改措施 502 条。在分类定级的基础上，各党支部初步完成了对标整改、晋位升级工作。

大力加强基层党组织和党员队伍建设。加强对基层党组织负责人的培训，选派 6 名党务干部参加教育部思政司、市委教育工委组织的党校干部、组织员和院（系）党组织书记培训班；选派 15 名党组织书记参加市委教育工委举办的北京高校优秀党组织负责人示范培训班。组织全校党支部书记、二级党组织书记专题培训班，邀请兄弟高校领导做如何做好党支部工作的专题培训。做好新生党员、学生党员和研究生党员培训；指导督促二级党组织做好党支部书记和党员培训工作。加强党内激励关怀帮扶机制建设，制定了《中共北京交通大学委员会关于加强党内激励、关怀、帮扶机制建设的意见》，建立困难党员帮扶专项基金，组织慰问困难党员和老党员；组织开展“共产党员献爱心”，全校共产党员共捐款 13 万余元。

【党校工作】

改进入党积极分子培训形式，各分党校采用现场授课与网上学习相结合、观看专题教学片与教材学习相结合、自学与小组讨论相结合、学习与考试相结合等方式，不断提高培训效果。结合形势将十八大精神纳入积极分子培训，组织入党积极分子收看党的十八报告直播，学习新《党章》，深刻领会十八大精神。2012 年共举办了 2 期 14 个班次入党积极分子培训班，共培训入党积极分子 2 956 名。积极撰写纪念我校党校成立 20 周年工作回顾、我校担任北京高校党校协作组组长单位期间工作总结，协助党校协作组拍摄了宣传纪念片。

【发展党员工作】

选聘 10 名老同志担任兼职组织员，加强对党员发展工作的培训和指导，注重和强调对发展对象入党动机的把握，关口前移，高标准培养入党积极分子，确保党员发展质量。全年共发展新党员 1 167 名。

【组织部门和组工干部自身建设】

按照中央对组织部门和组工干部的要求，强化组织部门内部理论学习和业务交流，不断加强组织工作规范化建设，严格要求，从严治部，不断提高我校组织工作科学化水平。加强组工干部队伍建设，积极参加各类培训提高自身修养，10 人次参加了教育部、北京市和学校组织的有关工作培训。结合工作实际积极开展课题研究，主持完成北京市教委子课题《高校干部人事制度改革创新研究》1 项；组工干部发表期刊论文和会议论文 4 篇；认真总结我校干部人事制度改革的经验，学校申报的“不断深化干部人事制度改革 着力建设高素质干部队伍”获北京高校党建和思想政治工作优秀成果奖三等奖；《加大竞争性选拔干部力度，完善干部选拔任用机制》收入中组部十七大以来人事制度改革案例；《创新考核方式，不断提高干部考核工作科学化水平》被评为教育部“教育干部人事人才创新案例”；2011 年度党内统计分析报告获评北京市教工委党内统计分析报告优秀奖。

宣传思想工作

【综述】

2012年，学校宣传思想工作深入贯彻落实科学发展观，围绕中心，服务大局，圆满完成筹备召开学校第十次党代会、学习党的十八大精神、迎接北京市党建基本标准评估、制订学校首个文化建设规划等相关重大任务。新闻宣传突出亮点，取得丰硕成果。教职工思想政治工作瞄准难点，工作机制进一步完善。文化建设找准突破点，实现新的进展。宣传部门内部建设把握基本点，工作质量和服务水平进一步提升。

【学校十次党代会和党的十八大宣传工作】

圆满完成学校十次党代会党委工作报告起草和各项宣传工作。党委工作报告起草工作历经学习调研提出初稿、专题研究形成讨论稿以及反复修改形成征求意见稿等阶段，先后修改十余稿，6次常委会专题讨论，近20次直接征求党群、职能部门负责人和老领导、专家学者等不同类型1 000人次意见。专门制订党代会宣传工作方案，做好会前、会中和会后的舆论宣传工作，发布了宣传口号，制作了专题视频，开通了专题网站，举办了专题展览。会议期间共发布新闻167篇条，提供各媒体宣传用图片约70多张；学校电视台对大会开幕式、闭幕式等重要会议全程录像录音，党建宣传片《奋进的历程》反响热烈。做好会议新闻及花絮的全面及时报道、代表摄影、会场内外主题宣传板的设计制作及其环境营造工作。印发《关于认真学习贯彻学校第十次党代会精神的通知》，通过制作专刊专栏专题网站、发表评论、集中宣讲、座谈讨论等多种形式，全面传达解读大会精神，凝聚广大师生特别是领导干部对建设特色鲜明世界一流大学远景目标的共识。

扎实推进党的十八大学习宣传。抓好开幕式当天学习，组织校院两级中心组及全体师生集中收听、收看及学习座谈活动。抓好会中、会后的学习宣传贯彻工作，起草《中共北京交通大学委员会关于深入学习贯彻党的十八大精神的意见》，印发学习资料2期，策划组织全校十八大宣讲活动，成立宣讲团，成功完成近10场宣讲。注重氛围营造，发布宣传口号，充分发挥校报、网络、橱窗等阵地作用做好及时全面的宣传报道工作。

【教职工思想政治教育】

党委常委会专题研究宣传思想工作，明确了努力方向，提供了必要的思想、组织和人财物支持。组织并召开学校年度宣传思想工作会议，健全工作总结部署和表彰奖励机制，评选和通报表彰了一批宣传工作先进集体和个人，调动了校内各单位和兼职通讯员做好宣传工作的积极性，对形成大宣传格局、推进工作落实、建立长效机制发挥了积极作用。

起草出台学校《关于进一步加强和改进青年教师思想政治工作的意见》，从机制保障、载体创新等方面寻找工作突破点。认真学习中央、教育部和北京市委有关文件精神，加强调查研究，通过召开座谈会、深入干部教师个别访谈等形式，多方听取意见，摸情况、找思路，基本形成了我校新时期创新教职工思想政治工作的总体思路。

以迎接北京市党建基本标准检查为契机，一方面总结梳理了以往工作情况，汇总了相关支撑材料，提炼了相关做法；另一方面通过与一线干部教师面对面，宣讲了工作重点，明确了加强教职工思想教育工作的总体思路和途径。以学习宣传贯彻党的十八大精神为契机，锻炼队伍，拓展平台。特别是十八大宣讲将教职工学习教育活动化整为零，灵活安排，保证了讲座效果，实现了教职工学习宣讲全覆盖。

制订《北京交通大学2012年教职工政治理论学习计划》，加强对全年学习的组织安排，切实做到每个季度有重点，每次学习有主题。恢复了教职工每月两次政治学习上学校日志，从学校层面推进了教职工思想教育的常态化。坚持领导带头，组织好校院两级中心组学习，邀请张国祚、杨毅、王玉凤、张东刚、刘贵芹、陈思齐、席酉民等分别就十八大、国际形势、“两会”、哲学社会科学、教育质量、高校管理等开展专题学习。

【校园文化建设】

制定发布学校首个文化建设专项规划。《北京交通大学文化建设规划（2012—2020）》从2011年年底着手制定，先后面向10余位老领导、老同志和各学院、党委、行政部门进行了3次意见征求，经过10余次修订和完善，对学校未来几年文化建设进行了总体布局，为开创学校文化建设新局面打下了良好基础。

推进“交大精神”凝练工作。面向全校师生和广大校友组织开展“交大精神”大讨论和“我谈交大精神”主题征文活动。征文活动累计收到干部师生来稿290余份。

启动第一批文化研究课题立项工作，收到涉及校训、党史等课题申报25项。

完成主校区主要道路命名工作，以思源路、知行大道等命名主校区13条主要道路。

落实学校报告会论坛管理办法，加强思想文化阵地建设，规范活动审批；加强新兴媒体管理，做好教师思想动态和网络舆情搜集、分析与引导工作；成功举办以弘扬雷锋精神、北京精神为主题的“中华诵·春之声朗诵艺术晚会”；推出学校首个英文对外交流宣传片；学校获评2011年首都文明单位标兵。

【媒体宣传】

外宣数量和深度有明显提升。围绕教育体制改革试点项目、两部一市共建、协同创新中心筹建等中心工作做好宣传策划。策划组织采写的“CBTC”协同创新经验，被收录新华社最高级别内参，并得到国家领导人的关注和批示。策划产学联合培养创新人才试点改革通讯被中国教育报头版头条报道。人民日报整版篇幅发表宣传学校拔尖创新人才培养突出成绩的通讯和党委书记曹国永理论文章。科技日报以万字通讯篇幅头版头条报道CBTC信号系统自主创新工作。截至12月20日，重点媒体报道179篇，比2011年增加48篇；新闻图片60余幅。人民日报、北京日报整版报道各1篇，中央台播发新闻15条，科技日报、中国教育报、北京日报头版头条或头版新闻、版面头条新闻报道14篇，千字以上报道60篇，组织5家以上媒体集中报道的专题新闻26次，专访和人物通讯近20篇次，树立了陈英俊、姜久春、陈后金、文海涛、何玉芳、孙慧环、田翠云、高富浪、拉巴次仁、田卿、英明鉴、都晓杰等师生形象。

拓展了新华社内参、新华社高管信息、人民网专访、中国人才杂志、大学生杂志、旅伴杂志等6家新的外宣渠道。新华社内参实现突破，发表2篇；新华社高管信息2篇；人民网“书记校长访谈栏目”首次对我校两位校领导进行专访；中央人才工作协调小组指导的全国中文核心刊物《中国人才杂志》发表我校创新团队的通讯；大学生杂志共有4期7个版面报道学校师生事迹。

校内媒体有新举措。校报由半月刊改为旬刊，办报质量得到提升，全年围绕学校主业和重点工作采写工作通讯 20 篇，人物通讯 13 篇，头版评论 13 篇。网络新闻时效性加强，加强审批管理，日常新闻报道日渐专业化，寒暑假新闻宣传不断线，工作有增量、有规范、有创新，新闻网发布新闻 1 781 篇，访问量 948. 4 万次，日均点击量为 2. 72 万次，学校官方微博粉丝数达 4. 4 万。组织师生参加“首都百万师生微党课”活动，师生参与互动 2 100 余人，“微党课校长心声”博文转发 2 700 余次。图片新闻记者共拍摄图片 3 000 多张，校内外宣传用图片 1 000 余张；完成 2012 年学校宣传画册等重要文化产品制作。电视台总计摄制新闻素材约 300 小时，刻录磁带 200 余盘，全程录像 80 余场。

理论研究取得新突破。学校党政主要领导外发文章数喜迈新高，人民日报、光明日报、中国教育报、《中国高等教育》、《高校理论战线》等国家重点媒体发表《坚持三个统一推进行业特色大学文化建设》、《文化传承创新：大学的责任与使命》、《行业大学要突出办学特色》、《建设一支让党放心受学生欢迎的辅导员队伍》、《大学科研应大气凝重》等书记校长署名文章 15 篇。一批处级干部和专家学者发表理论文章数明显上升。

媒体通联工作创造新模式。组织承办中央主要媒体领导青藏线考察采访活动，很好地宣传了学校服务国家重大工程的典型经验，创新了校媒沟通联系工作模式，得到与会媒体领导和专家教授的一致好评。

统战工作

【综述】

2012年，学校统战工作以学习党的十八大精神和贯彻落实《中共中央关于加强新形势下党外代表人士队伍建设的意见》《关于做好抵御境外利用宗教对高校进行渗透和防范校园传教工作的意见》精神为主线，开展了大量统战工作。

【民主党派和党外代表人士工作】

1. 及时召开座谈会、通报会，听取统战人士的意见和建议，为统战人士参与学校民主管理、民主监督创造条件

1月，校党委召开了统战人士迎新春座谈会，校党委书记曹国永做了重要讲话，校长宁滨通报了过去一年学校的主要工作，统战人士结合自己的工作积极建言献策。

3月，全国两会结束后，组织我校民主党派成员和无党派代表人士认真学习两会精神。邀请学校全国政协委员、无党派人士王玉凤教授和国务院参事袁伦渠教授传达了两会精神，畅谈参加全国政协会议的切身感受。统战人士表示，将学习“两会”精神与推动学校各项工作结合起来，深刻领会，扎实工作，树立大局意识和责任意识，营造和谐稳定的校园环境，迎接党的十八大和学校第十次党代会的召开。

组织党外人士积极参与我校第十次党代会工作。2月，校党委就“两委”工作报告征求统战人士意见。颜吾佴副书记向统战人士代表通报了学校第十次党代会的筹备情况，介绍了第十次党代会党委工作报告、纪委工作报告的起草过程、主体结构和主要内容。与会代表围绕党代会“两委”工作报告建言献策，提出了许多宝贵的意见和建议。各党派基层组织为学校党代会的召开撰写贺信，以表祝贺。

2. 进一步加强民主党派工作

加强与民主党派上级组织的联系。主动与民主党派上级组织加强联系与沟通，积极推荐我校民主党派成员到党派各级组织和专委会任职，扩大我校民主党派在北京市和海淀区的影响。在2012年6月18日召开的民盟北京市第十一次代表大会上，土建学院白冰教授当选为民盟北京市第十一届委员会委员。

协助民主党派开展考察发展工作。进一步加强与各基层党委的联系与沟通，按计划、保质量地协助民主党派发展新成员。对于考察中存在明显问题的人员，如实向相关民主党派组织反馈，保证民主党派成员的发展质量。协助民盟北京市委调查考查，运输学院教师黄爱玲和经管学院教师刘似臣分别于4月和12月被批准成为民盟盟员；协助民进市委调查考核，6月，计算机学院教师鲍志斌被批准成为民进成员。

3. 加强党外代表人士工作

调整学校党外代表人士名单。为进一步做好党外代表人士的发现工作，学校专门召开各基层党组织书记、统战委员会，要求对本单位党外人士现状进行重新梳理，在征求党外人士本人意见的基础上，基层党委经过认真筛选向学校进行推荐，在此基础上形成新的党外代表

人士名单，为进一步加强党外代表人士工作，在重新调整学校党外代表人士名单后，更新了校院领导与党外人士交友名单。

组织党外人士学习十八大精神。及时了解党外人士的思想动态；组织民主党派成员、无党派代表人士集体学习十八大报告，由校党委副书记颜吾佴进行导读，推动统战人士加深对十八大精神的理解，用十八大精神指导实际工作。

更新校院领导与党外人士交友名单，每位校、院级党员领导干部都有 1 ～ 2 名党外朋友。

举办党外代表人士培训班。4 月，学校党外代表人士培训班开班。校党委副书记颜吾佴出席并作辅导报告，国务院参事、民建成员袁伦渠教授结合近几年参政议政的情况，畅谈感受。无党派代表人士、计算机学院院长钟章队教授结合自身成长经历，做“如何争做一名合格的无党派代表人士”的发言。学校各单位新推荐的无党派代表人士和近年加入民主党派的新成员参加了培训。

组织党外代表人士社会实践。9 月，由校党委副书记颜吾佴带队，学校各民主党派基层组织负责人、无党派代表人士、侨联负责人等一行 16 人组成的社会实践团赴湖南参观、学习。10 月，组织统战人士参观平北抗日战争纪念馆。

积极选送党外代表人士参加校外的实践和培训。4 月，推荐学校无党派代表人士钟章队教授参加中央统战部组织的无党派代表人士培训班；5 月，选送民盟成员白冰教授参加北京高校党外代表人士培训班；8 月，推荐学校无党派人士杨中平教授到北京市交通委员会挂职。

完成我校全国政协和北京市政协委员的人选推荐工作。按照上级统战部门的统一部署，结合对党外代表人士的培养考察情况，顺利完成了推荐和考察的各项工作。10 月，推荐学校无党派人士、机电学院院长李建勇同志为政协北京市第十二届委员会委员人选；12 月，推荐学校无党派人士、计算机学院院长钟章队教授为中国人民政治协商会议第十二届全国委员会委员。

接待海淀区政协主席彭兴业一行来校调研考察。11 月 1 日，海淀区政协主席彭兴业、区委常委、办公室主任李彦来、区政协副主席刘恪、丁志明、肖熙之一行 9 人来校调研考察，看望学校海淀区政协委员并进行座谈交流。校党委书记曹国永、副书记颜吾佴、副校长孙守光，以及统战部部长李彤和学校海淀区政协委员施惠玲、贾顺平教授参加座谈会。

【民族宗教工作】

本年度在民族宗教方面主要是开展工作。

1. 充分发挥学校民族宗教工作领导小组作用，落实学生工作部门和统战部门牵头、相关部门各负其责的工作机制。学校召开民族宗教领导小组会，围绕认真贯彻《关于做好抵御境外利用宗教对高校进行渗透和防范校园传教工作的意见》对学校民族宗教工作进行部署。强调要关心少数民族学生的学习生活，对学校师生中的信教情况做到心中有数，特别是要依法管理宗教事务，抵御宗教渗透，各部门既各负其责又相互配合，共同做好学校的民族宗教工作。

2. 关心少数民族学生的学习生活。召开藏族、维吾尔族学生座谈会、聚餐会，并为他们创造条件，过好民族节日。

【归侨侨眷工作】

1. 完成学校侨联委员会的换届工作，实现了侨联委员的新老交替。同时，完成了推荐北京市侨联委员的工作。

北京交通大学侨联新一届委员会名单如下（2012 年 12 月 20 日）

校侨联主席	范　瑜
校侨联委员会顾问	李振玉
校侨联常务副主席	岳兆宏
校侨联副主席	田卫平
校侨联副主席兼秘书长	张辰红
校侨联副秘书长	隆　青

校侨联委员：赵世瑛　唐　莹　韦桂丽　纪嘉伦　杨中平　赵友平　朱晓敏　王雪松　李钧泽

2. 进一步发挥学校侨联组织的积极性，推进侨联引智引资工作，关心老归侨、侨眷工作，关心在校学生工作等，为学校的和谐与发展出力。

3. 发挥归侨侨眷积极性，为学校和北京市的发展献计出力。学校沈鸿教授、张润彤教授顺利入选 2012 年成立的北京市侨联特聘专家委员会。召开新老归侨座谈会，认真听取他们对学校工作的意见和建议，为他们更好地发挥作用创造条件。

4. 为老归侨办实事。学校关心老一代归侨的生活现状，认真听取归侨意见，在工资改革时特别保留了老归侨的补贴，使老同志感受到学校的温暖、组织的关心。

5. 邀请第十一届全国政协委员、民革中央委员、民革天津市委常委冯幸耘女士来校为统战人士作报告，讲述 2012 年“两会”盛况及其十年来任全国政协委员的履职经历和当好政协委员的感悟。

纪检监察工作

【综述】

2012 年，学校纪检监察工作紧紧围绕学校中心工作，认真学习贯彻党的十八大精神，贯彻落实学校第十次党代会工作部署，扎实推进各项工作，不断深化惩治和预防腐败体系建设，全面完成《北京交通大学 2012 年党风廉政建设工作要点》的各项任务，反腐倡廉宣传教育和廉政文化建设工作体现出新特色，权力监督和制约方面有了新进展，为学校各项工作提供了坚强有力的政治保障。

【纪委换届】

为全面总结第九次党代会以来纪检监察工作，在形成九届纪委工作报告初稿后，分层次征求职能部处、党外人士、老领导老专家、教授、二级党组织、纪检员、党风监督员的意见，历经 10 次修改形成正式工作报告。4 月 5 日至 7 日，学校召开中共北京交通大学第十次代表大会。校党委副书记、纪委书记颜吾佴代表学校纪委向第十次党代会作了《围绕中心 服务大局 不断提高学校反腐倡廉建设科学化水平》的工作报告。第十次党代会全体代表表决通过该工作报告并形成决议，选举产生第十届纪律检查委员会委员。2012 年 4 月 7 日召开中共北京交通大学第十届纪律检查委员会第一次全体会议，选举产生第十届纪律检查委员会的书记、副书记。

【宣传教育】

4 月 12 日，学校召开 2012 年党风廉政建设工作会议暨党风廉政建设责任书签订仪式。校党委副书记、纪委书记颜吾佴在会上作工作报告，传达上级有关会议精神，总结学校 2011 年党风廉政建设和反腐败工作，并全面部署学校 2012 年的反腐倡廉工作，提出落实党风廉政建设责任制、加强宣传教育、制度建设、监督检查、坚决查处违法违纪案件等五个方面要求，结合近年来高校发生的典型案例进行警示教育。校党委书记曹国永发表重要讲话，就加强学校党风廉政建设工作提出三点意见：一要以作风建设为重点，大力加强领导班子建设；二要严格干部管理和监督，加强干部队伍建设；三要以党风廉政建设责任制为抓手，把各项任务落到实处。全体校领导，校党委委员、纪委委员，全体中层干部，二级党组织纪检委员，各系所中心主任、教职工党支部书记，党风监督员，民主党派负责人和无党派人士代表共 200 余人参加会议。

2012 年，学校将宣教工作作为全年反腐倡廉建设的重点工作，并且更加注重覆盖范围、更加注重途径载体、更加注重宣教特色。通过多种形式，分层分批开展党性党风党纪教育、岗位廉洁教育、师德师风教育和学生廉洁教育：

一是创新宣教手段。将在校接受传统宣教转变为走出去参与形式多样、内容丰富的培训。分别组织处级领导干部、重点部门关键岗位工作人员、学生和党务部门工作人员参观“风清气正扬宗旨——北京市反腐倡廉教育影像展”和“践行北京精神，弘扬清正廉洁”艺术作品展览，使参观者更加直观地感受到廉政文化的熏陶和教育，增强廉洁从政、拒腐防变的思想意识。

二是创新宣教方法。将广而全的廉政培训转变为“一对一”针对性廉政培训，积极探索廉政培训与业务工作相结合，风险防控与解决问题相结合，针对不同部门业务特点开展廉政培训。4 月，党委副书记、纪委书记颜吾佴为软件学院全体工作人员作党风廉政专题培训；9 月纪委副书记、监察处处长王宏军为图书馆党员处级干部和关键岗位工作人员作廉政风险防控业务培训。

三是创新宣教内容。将购买廉政培训材料转变为印发贴近师生的廉政专刊。4 月，纪委监察处主办反腐倡廉宣教材料《北京交通大学反腐倡廉宣传教育》创刊，内容包含廉政文件详细解读、廉政小品散文等，通俗易懂，更贴近师生生活。10 月，为拓展宣教受众面，向全校师生发放《高等学校教职工廉洁教育知识读本》和《大学生廉洁知识读本》。11 月，向计财处赠送《北京市规范教育收费、治理教育乱收费工作文件汇编》和《北京市治理教育乱收费问答》。

四是创新宣教目标。将传统的学会、学懂、学通转变为教授学习的目的、意义、方法。5 月，组织新一届纪委委员、纪检委员以及党风监督员的两个培训班。7 月，组织新一届纪委委员纪检委员赴西柏坡接受革命传统教育，潜移默化地增强专兼职纪检干部的政治意识、责任意识和法律意识，培养学习能力、创新能力、协调能力和分析判断能力。12 月，举行纪检干部学习十八大精神辅导报告会，要求纪检干部全面学习、深刻领会、准确把握党的十八大精神，不断提高科学履职能力和水平，自觉接受群众监督，树立可亲、可信、可敬的良好形象。

五是创新宣教氛围。将在校被动接受宣教转变为“走出去”和“请进来”，积极开展宣传教育。9 月，组织学生参加全国高校廉政文化作品大赛，选送作品 9 个，获得二等奖和三等奖各 1 项。组织召开教育部直属高校第六片组会、四所交大纪检监察工作会议，将廉政文化建设作为这两次会议的主题，通过交流经验做法，学习兄弟院校的经验做法，进一步促进学校反腐倡廉宣教工作。11 月，印制了 2013 年廉政年历，在全校范围内发放，旨在宣传北京精神，弘扬清正廉洁，倡导学廉以明理、倡廉以养德、守廉以立身的良好风气。

【责任制落实】

健全党风廉政建设责任制的分责机制，严格做到“三个负责”，确保党风廉政建设责任制落到实处。

建立权责对应、层层负责的责任制体系，做到分级负责。为建立一级抓一级，层层抓落实的党风廉政建设责任制体系，实现“权责分明、环环相扣、层层落实”，按照中央《关于实行党风廉政建设责任制的规定》《中国共产党党员领导干部廉洁从政若干准则》和教育部“十不准”要求，修订了学校《党风廉政建设责任书》的相关内容。新一轮的责任书签订工作调整为五个层次：校党政主要负责人与校领导班子成员、校（院）两级党政主要负责人之间、校领导班子成员与分管单位负责人、学院党政主要负责人与院班子成员、部门负责人与副职。校内部分单位参照学校做法将廉政责任书的签订工作延续到重点关键岗位。同时，干部调岗和选聘工作时补签《党风廉政建设责任书》，以“集中签订”和“随任随签”两种方式确保廉政责任无遗漏，为全面贯彻落实党风廉政建设责任制打下了坚实的基础。

制定并执行《党风廉政建设要点及分工》，做到分工负责。3 月 26 日，学校九届党委常委会第一百六十四次会议讨论并通过《北京交通大学 2012 年党风廉政建设工作要点及主要任务分工》，将学校党风廉政建设工作分解为：落实党风廉政建设责任制、加强反腐倡廉宣传教育、制度建设、监督检查，加大查信办案力度、强化纪检监察队伍建设等 6 大方面、19 项重点、23 项具体工作；按照职责范围和工作分工，明确了负责领导、牵头部门、协办部门的责任和任务，做到责任到人、到岗。

着重抓好涉权部门领导的责任制建设，做到分项负责。按照“谁主管、谁负责”的原则，实行专项工作专人负责，着重抓好人、财、物等重点管理部门领导责任制的落实。将党风廉政责任制与学校日常监督工作相结合，与教育部巡视、惩防体系建设、招生巡视、“三重一大”检查等专项检查相结合，与廉政风险防控相结合。

各单位和各级领导班子以及党员领导干部，结合各单位实际贯彻落实学校党风廉政建设工作会议精神，完成了反腐倡廉建设各项任务和要求，“三个负责”取得初步成效。

4 月，教育部巡视组对学校进行了为期三周的巡视。学校对 2009 年以来落实党风廉政建设责任制、推进惩防体系建设情况进行了自查，从党风廉政建设责任制、宣传教育、规范化管理、廉政风险防控等八个方面对学校党风廉政建设和反腐败工作取得成绩、存在不足和下一步工作设想进行了认真梳理和总结。

10 月，为落实教育部、北京市委教育工委，要求各高校开展惩防体系建设工作自查的通知精神，学校在全面回顾 2008—2012 年惩治和预防腐败体系建设情况的基础上，重点完成对 2012 年学校落实党风廉政建设责任制、推进惩防体系任务完成情况的自查，形成专项自查报告 2 份、统计表 4 套并报送上级机关。通过自查，梳理了学校党风廉政建设整体工作，进一步完善了惩防体系，增强了领导干部的廉洁意识。

【监督监察】

按照中纪委、教育部、北京市关于进一步加强廉政风险防控管理工作中推进权力结构科学化配置体系、权力运行规范化监督体系、廉政风险信息化防控体系（以下简称“三个体系”）文件精神，结合学校实际，制定了《北京交通大学加强廉政风险防控管理的实施方案》（校党发〔2012〕21 号）。在工作中坚持将风险防控和监督制约有机结合，围绕存在廉政风险的重点领域和重要环节，加强对权力运行的监督，有效防控权力运行过程中的廉政风险，切实将廉政风险防控管理作为规范权力运行的内在准绳。协助校内有关部门完善规章制度形成“三重一大”、职称评审、招投标管理规定等方面的长效机制。全年纪委监察处共计 108 人次参与各项监督工作，重点围绕以下几方面开展：

干部选拔任用。在干部选拔任用工作中重点把好资格审查、竞职答辩、考察谈话、研究决定、任前公示等环节的监督关，严格执行干部选拔、聘任工作纪律，做到公开、公正、公平。全程参与 14 个中层以上职位的选拔竞聘监督，对拟提职的 34 名处职领导干部候选人均提出书面意见，围绕北京市选拔年轻干部、出席各类代表大会候选人等工作共出具 14 份廉政鉴定。

工程建设项目。参与基建项目的论证、招投标、重大项目变更和验收等监督工作。参与修订《北京交通大学工程建设项目招标管理办法》，力争从源头上进一步加强对工程建设项目的管理和规范。

大宗物资采购。以监督工作推动物资采购的规范化、信息化建设。按照财政部《关于进一步规范政府采购评审工作有关问题的通知》的最新要求，进一步优化评标程序，加强评审现场管理，严肃政府采购评审工作纪律。对于涉及师生切身利益的寝具、座椅等专项物资，加强前期调研和资格审查等方面的监督。

招生考试。先后对研究生入学、自主招生、高考、CET 等各类考试开展监督。在工作中认真执行《教育部关于深入实施高校招生阳光工程的意见》，把实施高校招生“阳光工程”的精神和要求切实落实到招生工作开考前、考试中、考试后等不同时间点的各个环节。考试前加强对试卷命题、印刷、保存等环节的保密工作的检查，考试中加强对体育、文艺、艺术设计本科招考专业测试环节的监督以及对现场的巡视，考试后加强对本科生、研究生复试环节的监督，加强与招生、教务等部门的沟通，及时总结经验。

资金使用。按照中央和北京市 2012 年教育收费检查工作的通知精神，协同审计处、计财处开展春秋两季进行专项教育收费检查。严格执行国家相关规定，严格区分行政事业性收费、服务性收费和代收费，坚持教育收费公示制，规范管理票据。

其他监督工作。参与学生违纪处理和研究生保送的监督工作；参与学校职工住宅拆建监督工作；配合房地产管理处对职工住房情况进行调查；积极参与学校有关部门组织的先进评选、评奖、人员聘用等监督工作。

【信访与案件查办】

全年共受理信访举报 14 件次，主要涉及领导干部廉洁自律、教学管理、职称评审等方面，并按照规定上报案件线索。在办理过程中，始终坚持“惩治腐败与保护党员干部权益并重”，在调查核实的基础上，对于举报属实的，依纪依法追究被举报人的责任；对于举报失实的，坚决澄清事实，维护党员干部的依法权益；对于在信访中反应的管理问题，要求相关部门妥善处理，及时提出整改意见。

保密工作

【综述】

2012 年，学校保密工作认真贯彻落实中央、教育部和北京市委保密工作要求，按照“积极防范、突出重点、依法管理”的方针，通过规范保密管理、加强技术防范、加大宣传力度、落实保密责任、巩固制度建设、狠抓监督检查等方面的有力措施，使我校在确保国家秘密安全的同时，保密工作能力得到不断提高，学校充分发挥了“保安全、促稳定、促发展”的积极作用，于7 月4 日顺利通过了第二轮武器装备科研生产单位二级保密资格现场审查认证。

【体制机制】

实行党委统一领导，有关方面齐抓共管、层层落实的工作机制。为迎接第二轮军工保密资格审查认证，学校成立了军工保密资格认证工作领导小组，研究部署迎接保密资格审查认证相关工作，并结合工作实际对三个专项保密工作小组的组成人员进行调整，包括定密工作领导小组、科技保密领导小组和外事保密领导小组。

学校各级保密工作领导小组将保密工作列入重要的议事日程，确立了“保密工作无小事”的思想理念，把“明确责任、落实制度、加强管理、保住秘密”作为保密工作的总思路，从组织建设入手，对保密工作做到一级管一级，一级对一级负责，层层落实保密责任。分管业务工作的领导清楚分管业务工作中的保密工作重点及国家秘密事项，把保密工作和教学、科研、管理等工作一起研究和布置，做到业务工作开展到哪里，保密工作也要延伸到哪里。

5 月 8 日，学校召开年度保密委员会工作会议，校党委书记、保密委员会主任曹国永，校党委副书记、保密委员会副主任高艳及校保密委员会委员出席会议。会议由孙守光副校长主持。会议总结了 2011 年度学校保密工作，通报了涉密人员调整情况，审议了《北京交通大学保密管理制度汇编（修订版）》及调整后的北京交通大学保密委员会、军工保密资格认证工作领导小组、定密工作领导小组、科技保密工作领导小组、外事保密工作领导小组成员名单，并对 2012 年保密工作进行了部署。

根据学校《关于评选保密工作先进集体和先进个人的通知》，进行了 2011 年度保密工作先进集体和先进个人的评选工作。经单位推荐，学校保密委员会研究决定，对孙昕等 6 名保密工作先进个人予以表彰和奖励。

【宣传教育】

为防止工作中出现失密、泄密现象，使保密工作真正做到“预防为主、积极防范”，学校积极开展保密教育与宣传工作，树立起“人人保密、时时保密、处处保密”的良好氛围。将保密法规教育制度化，把保密法规的学习教育纳入全年工作计划，组织教职工认真学习《中华人民共和国保守国家秘密法》和《北京交通大学保密管理规章制度汇编》（修订版），增强宣传教育的针对性和实效性，提高教职工遵守保密法规的自觉性和反窃密、防泄密的能力。5 月 19 日，组织进行保密知识闭卷考试，保密办、军工办主要负责人，涉密学院党委书记，专兼职保密干事和全体涉密人员参加了考试。

定期邀请保密局、教育部等上级单位和其他兄弟高校专家学者为师生开展一系列保密知识讲座，使广大师生在学习中有所思有所悟。订阅《保密工作》《保密科学技术》等杂志书籍，将其作为保密宣传教育的重要资料。

通过积极探索对全校师生开展保密法制宣传教育的有效形式和方法，大力营造处处有保密教育、时时有保密提醒的良好氛围，提高了广大师生的保密意识，增强了保密工作的政治责任感，使广大师生真正从思想上重视保密工作，时时绷紧保密这根弦。

【监督检查】

学校根据“控制源头、加强检查”的要求和公平、透明等基本原则，全面落实保密监督检查工作，突出检查重点，根据工作实际改进保密检查方法，加大失泄密案件查处力度，堵塞泄密漏洞。保密办每季度对各涉密单位或部门负责人、项目负责人进行检查，各涉密单位、项目组和涉密人员每个月进行保密自查。配备了互联网保密信息保密检查系统和涉密计算机违规上互联网检查工具，由保密办和军工办组成检查组对学校涉密计算机进行专业检查，坚决杜绝涉密计算机上国际互联网，非涉密计算机处理涉密信息的现象。

【保密管理】

学校根据新修订的《保密法》和《武器装备科研生产单位保密资格标准》，并结合工作实际，进一步规范保密管理工作，修订了学校《保密管理规章制度汇编》，完善了保密基本制度 14 项、二级制度 6 项及专项制度 4 项，对保密宣传教育培训、涉密人员载体介质管理、涉密事项确定及变更、保密监督检查和责任奖惩等方面工作进行了规定，使保密工作有据可依、有章可循，特别是加强了以下四个方面的管理工作：

一是加强涉密人员管理。依据保密管理规章制度，加大力度管理涉密人员，使保密工作做到环环相扣、不留死角，做好涉密人员资格审查、登记备案、教育培训、考核、发补贴、脱密期管理、离岗审批，做到明确密级项目界定和岗位定密，严格履行初审、审核、审批程序，并重点加强对新上岗人员的保密教育和管理。结合高校特点，先审后用，对研究生参与涉密课题作出明确规定。对涉密人员进行动态管理，认真履行各项审批制度，使涉密人员进岗、离岗、发补贴，出国、交流、拿项目，报奖、采访、发文章都进行严格的审查审批手续。通过对涉密人员的严格管理，保证涉密人员与涉密内容的协调统一。

二是加强涉密载体管理。严把国家涉密载体的制作、收发、传递、使用、复制、保存、维修和销毁各个环节保密管理关口，坚决做到涉密文件、试卷、资料专人管理，严把出入关。涉密载体的复印、打印严格履行了审批手续，复印机、打印机专人管理，并对使用情况进行严格登记。通过健全涉密载体管理台账，确保国家秘密安全，从根本上解决涉密载体在管理过程中存在的泄密隐患。

三是加强涉密计算机管理。按照“谁使用、谁负责”的原则，将保密管理责任落实到涉密机具体的管理者和使用者。建立了详细的信息设备台账和严格的维修、报废和销毁审查制度，并加强涉密计算机的保密技术防护，严格执行“涉密不上网，上网不涉密，电脑不混用，介质不交叉”的原则，实现了涉密计算机违规外联监控、信息输出的安全审计、涉密移动存储介质绑定，坚决杜绝泄密隐患。

四是加强涉密部门和涉密部位管理。对涉密要害部门、部位按照“最小化”原则进行管理，实行人防、物防、技防相结合的安全防范措施，配备密码柜，确定接触人员的范围，对出入涉密要害部门、部位的人员严格实行审批和登记制度。对涉密要害部门、部位定期进行检查，及时发现问题。

学生工作

【综述】

2012年，学校学生工作深刻把握“立德树人”这一根本任务，以培养全面发展的社会主义合格建设者和可靠接班人为目标，把社会主义核心价值体系融入到教育的全过程，深入学习贯彻党的十八大精神，全面提升大学生思想政治教育质量，取得了实效。

【体制机制建设】

1. 坚持预警机制，维护校园安全稳定

坚持在重大、敏感时期组织学生思想动态调查，建立各学院敏感时期“零报告”制度，坚持每日安全稳定信息报送，结合时事开展学生思想教育，维护校园安全稳定。

2. 发挥第三课堂育人功能，推动思想政治教育进公寓

狠抓学生宿舍文明建设，加强学生自我教育、自我管理、自我服务新机制，出台《北京交通大学“五星文明宿舍”创建活动实施方案》《北京交通大学学生公寓临时党支部工作细则》《北京交通大学学生公寓自律会联席会章程》等制度文件。发挥宿舍作为第三课堂的育人功能，要求辅导员与学生同吃、同住、同活动，共计40名骨干辅导员住进15个本科学生公寓楼。积极开展宿舍风采展示、星级宿舍、红旗宿舍、标兵宿舍等评比活动，开展消防知识培训、竞赛和实战演练，开展毕业生文明离校等主题宣传教育活动，有力推动宿舍文明建设。严肃处理宿舍内吸烟、违章用电等违纪学生，排除各类安全隐患，全年无宿舍安全事故发生。

3. 以学生为本，搭建学生事务一站式服务平台

学生事务一站式服务大厅正式投入使用，党委书记曹国永、校长宁滨亲自为大厅揭幕。学生事务一站式服务大厅设立在学生活动服务中心一层，使用面积460 m^2。大厅内设有接待咨询区、事务办理区和自助服务区三个功能区域，共设立服务岗位17个，学生处、资助中心、研工部、团委、教务处、计财处和信息中心等7个涉及学生事务的校内单位进驻大厅，一站式为学生提供服务。一站式服务大厅平均每天接待学生200余人次，受理服务100余件，全年服务学生6万余人次，受到了学生的一致好评。2012年，共计30余个兄弟院校或相关单位参观调研了学校一站式服务大厅的建设运转工作，给予了高度评价。

【学生工作队伍建设】

1. 选好配强辅导员，三支队伍形成工作合力

严格程序，选好专职辅导员队伍。本着质量第一、保证基层需要的原则，经过了报名筛选、笔试、面试答辩等环节，最终确定14名优秀学生保留学籍留校任辅导员，并有序推进长期辅导员的选聘工作。

结合实际，配强兼职班主任队伍。充分发挥班主任在学生成长、成才中的重要作用，督促各学院制定了符合学院专业特色和实际的班主任工作细则。为2012级新生选聘了221名德才兼备的班主任，校长宁滨、党委副书记高艳、副校长张星臣对所有班主任进行了培训。

挖掘资源，建立校友辅导员队伍。成立北京交通大学辅导员校友联谊会，明确了“立德树人”的建会主题和参与学校建设发展、人才培养的工作目标。200 余名辅导员校友回校参加了辅导员校友联谊会成立大会活动。为充分发挥校友育人的作用，探索辅导员队伍建设新机制，聘请了25 位辅导员校友作为在校大学生的校友辅导员。

2. 完善学习培训体系，工作能力全面提升

全面加强辅导员业务培训。制订了 2012 年年度辅导员培训计划，为新上岗辅导员定制培训项目，通过调研、座谈、走访和参观等形式，促进学生工作队伍统一思想，提高水平。制定了新入职辅导员工作培训计划，通过组织专题报告、研讨交流、经验座谈、闭卷考试等方式，集中培训了 24 名新留校辅导员。组织 30 余人次参加了教育部、北京市委教育工委等上级部门组织的哲学社会科学骨干培训、形势与政策课培训、网络思想政治教育培训、新上岗辅导员培训、北京高校辅导员职业化专家化培训等。组织辅导员参加校内外专家主讲的关于国际国内经济政治形势、学风建设、大学生思想政治教育等多方面讲座 10 余场。

积极开展校内外工作交流。注重与兄弟高校工作经验的交流，增强横向联系，组织各学院党委副书记、辅导员代表就学生管理、网络舆情、日常教育、书院制等主题，赴上海、西安和大连等高校调研学习。同时，就评优评先工作、国防教育与军训工作、学生思想政治教育工作等主题，与中国公安大学、北京科技大学、首都经济贸易大学、西北民族大学作了交流。组织全体辅导员参加“首都百万师生微党课”活动。

大力推动工作研究和创新。进一步完善课题征集、发布、立项、中期考核、结题评审及优秀课题评选、表彰和课题应用的良性循环机制。2012 年，全校共立思政课题 21 项，其中重点课题 1 项，一般课题 13 项，支持课题 7 项。组织辅导员参加高校辅导员工作学会组织的辅导员工作优秀论文评选，共有 14 篇优秀论文参加评选，推选 3 篇优秀论文参加全国评比，学校辅导员魏炜、苏宝健撰写的《高校网络论坛舆情周期性规律与对策研究》获全国高校辅导员优秀论文一等奖。组织各学院辅导员参加辅导员博客评比活动，推动辅导员利用微博、博客、人人网等新媒体形式创新开展大学生思想政治教育工作。

3. 提炼工作经验促进创新，发挥先进典型引领作用

6 月 20 日，习近平同志在清华大学主持召开部分高校党的建设工作座谈会。学校党委书记曹国永书记作了题为《多措并举 精选优培 努力打造一支高素质辅导员队伍》的发言，就学校在政策上对辅导员队伍建设实行配备、晋升、待遇、培养“四个适度倾斜”的主要做法作了汇报。习近平同志对北京交通大学相关工作予以充分肯定。会后，学校组织辅导员代表座谈会，深入研讨学习了习近平同志讲话精神。

根据北京市委教育工委统一安排，学校组织了“2011—2012 年度北京高校优秀辅导员”评选，学校 12 名同志荣获“2011—2012 年度北京高校优秀辅导员”称号。推选辅导员王烜参加“2011—2012 年度北京高校十佳辅导员”评选，经过材料申报、网络投票、情景模拟等评选环节，以第一名的总成绩荣获“2011—2012 年度北京高校十佳辅导员”称号。

10 月 17 日，北京市委教育工委在我校召开在京部分高校辅导员工作座谈会。市委常委、秘书长、教育工委书记赵凤桐出席会议并讲话。赵凤桐指出，北京交通大学党委高度重视辅导员工作，结合实际，努力探索新做法、新机制，取得显著成效，得到广大学生充分认可。2012 年，北京市先后召开高校辅导员工作座谈会和辅导员队伍建设工作会，学校先后主办和发言，辅导员队伍建设工作经验得到广泛认可并被作为经验推广。

【学风建设】

1. 狠抓学风，培养学生良好学习风气

制定了《2012年本科生学风建设实施方案》及《北京交通大学学生上课秩序检查管理办法（试行）》。为不断规范学生的上课秩序，组织辅导员每月检查全校上课秩序。组织开展年级辅导员座谈会，了解学生思想、学习和生活等情况。完成了学校2009—2011年3年学风建设工作总结，梳理了已经取得的好经验与好做法。

2. 举办论坛，提升学生自主学习能力

为进一步规范学生学业发展指导中心各项日常工作，聘请了6位学业指导师和30余位朋辈咨询师，创立了基础课学习论坛的活动品牌。全年共开展英语基础课论坛讲座11讲，数学基础课论坛讲座13讲；开展朋辈交流活动12次，覆盖学生240余人；针对学习困难群体开展辅导30余次。基础课和专业课教师参与学业指导活动47人次，朋辈咨询师参与朋辈交流活动25人次，覆盖学生人数达5 000余人次。

【学生党建】

1. 涵盖全程，实施“学生党员领航工程”

实施“学生党员领航工程”，从“学习培训、主题教育、工作实践和交流展示”四个工作模块完善党员培训教育体系，创新基层党组织活动方式方法，积极搭建学生党员发挥作用的平台。强化对学生党员的全程化、链条式的系统教育培养，面向新生党员开展提前入校培训，面向普通党员开展日常学习，面向党员骨干开展党务工作培训与素质拓展，面向毕业生党员开展社会责任和素质提升活动，实现了各类党员群体的整体覆盖，有效提升了各类党员的素质。

2. 创新载体，加强学生党员实践教育

创造性地搭建了学生党支部红色“1+3”校内实践教育平台，形成每一个学生党支部对接一个教工党支部、一个班团组织或宿舍、一个校内部门或单位的“1+3”结对模式，长期开展共建活动、志愿服务和帮扶工作，开辟了学生党员的校内教育实践平台，为加强学生党员教育和党支部建设提供了新抓手和载体。红色“1+3”项目自3月启动以来，各学生党支部与各教师党支部开展活动70余次，与班团组织或宿舍开展活动110余次，与校内部门或单位开展活动80余次，帮扶空巢老教工16人，实现了支部全覆盖、党员全参与，学生党员在活动中得到锻炼提高，先锋模范作用进一步彰显。该项目荣获学校2012年优秀基层党建工作创新项目第一名，并被推荐参加北京市优秀基层党建工作创新项目评比。此外，主动搭建校外党员教育实践平台，50多个学生党支部的近2 000名党员积极参加红色“1+1”项目，计算机学院本科生第三党支部荣获2012年北京高校红色“1+1”示范活动一等奖，学生党员在社会实践中长才干，在志愿服务中受教育。

3. 健全制度，完善学生党建工作机制

结合学校学生党建工作实际，重新修订《北京交通大学发展学生党员工作细则》《北京交通大学学生党支部工作细则》，规范学生党员发展工作流程，引导学生党员按照《北京交通大学学生党员行为规范》严格要求自己。在此基础上，建立学生党建考核评价体系，通过规范《党员手册》和《党支部手册》填报检查制度、完善学生党员述职和民主评议制度、坚持实行党员宿舍挂牌制度、佩戴党员标志制度等，切实加强学生党员评价考核方式的实效性。同时，引入评奖激励办法，选树典型、表彰先进，鼓励学生党支部和党员在工作实践中发挥先锋模范作用。

4. 加强引导，深化党员日常教育工作

扎实开展党员日常教育工作。组织2012级新生党员130余人提前入校参加了新生党员培训，内容包括培训开幕式、专题讲座、团体训练和观看红色影片《钱学森》，并组织新生党员参与迎新工作。认真学习贯彻学校第十次党代会精神，要求各学生党支部认真学习、研读第十次党代会文件。通过理论学习、述职考评、改进承诺、总结公示四个阶段开展学生党员述职评议，学生对党支部的满意率均为100%，学生对党员的满意度超过99%。组织学生党员开展“喜迎十八大主题教育”系列活动，通过召开新老党员共话十八大座谈会、组织各类参观学习活动、组织学生党员观看党的十八大开幕式、做好环境宣传等工作，号召学生党员以实际行动迎接党的十八大的召开。

【思想政治教育及管理】

1. 学习贯彻党的十八大精神，深入开展大学生思想政治教育

（1）统筹策划，在全校学生中掀起学习十八大精神热潮

在认真落实教育部和市委教育工委关于学习贯彻党的十八大精神各项要求的基础上，根据《中共北京交通大学委员会关于学习贯彻党的十八大精神的通知》文件精神和学校整体部署，制定了《关于在全校学生中深入开展学习贯彻党的十八大精神活动的通知》，在学生中迅速掀起了学习党的十八大的热潮。组织策划全体新生和本科生党员骨干参观“科学发展成就辉煌”大型图片展览、学生党员骨干收看开幕式、专家解读十八大精神报告会等系列教育活动，学生党员带动学习，广大同学积极参与，切实将思想、学习、生活统一到十八大精神上来。

（2）主题明确，深入开展“学雷锋”主题教育活动

深入开展“学雷锋”系列主题教育活动，下发了《关于在全校广大学生中深入开展学雷锋活动的通知》。组织开展“感悟雷锋精神”宣传教育活动，举行“雷锋精神大家谈”座谈会，组织“学习雷锋精神、创建文明集体”活动。开展“雷锋在我身边”学生党支部红色“1+3”活动。组织“传承雷锋精神，参与志愿服务”系列活动，举行主题升旗、校园文明长征行动、寻找身边的“活雷锋”、雷锋榜样进校园、爱心捐赠、义务支教、雷锋影院、无偿献血等志愿服务活动。同时，将每年3月5日定为学校“思源助学金捐助日”，呼吁全校学生践行雷锋精神。通过实践摸索建立了学雷锋活动的长效机制，创新了活动形式、拓展了活动平台。

（3）全员覆盖，细化日常思想政治教育工作

抓住契机，开展爱国、责任、成才教育。组织学生认真学习贯彻胡锦涛总书记在纪念共青团成立90周年大会上的讲话，教育学生努力学习成才，勇担重任。邀请国务院国资委副主任邵宁为学生作报告。组织学生参加北京电视台职场招聘节目《就等你来》。组织学生参加全国政协外事委员会副主任吴建民形势报告会。

倡导感恩，加强毕业生离校教育。制定并完善学校本科毕业生思想政治教育计划，着重加强毕业生的感恩教育、文明离校教育和就业观教育。组织3 500名本科生和500名高职学生参加毕业典礼，校领导亲自为每名毕业生颁发毕业证书。组织开展“感恩母校、微博传情”毕业生网络寄语活动，毕业生座谈会和“青春·责任·梦想”2012届赴西部、基层就业毕业生联欢活动，取得了良好效果。

系统设计，完善新生入学教育。精心设计《北京交通大学新生入学教育计划》，将新生入学教育分为学业教育、校史教育、心理健康教育、安全教育等模块开展。组织召开新生座谈会和新生家长会，了解学生家长需求。组织开学典礼，突出爱校、荣校教育。修订《红果园之旅》，对学生遇到的新问题进行汇总，增加到分年级问题解答手册中，做到分年级素质教育全覆盖。

增强实效，推进“形势与政策”课改革。围绕国家大事、热点问题认真制订了《形势与政策课程教学计划》，在坚持教学规范性的基础上，结合当前形势与学生特点，制订教学计划，针对年级特点、专业特点，开展不同的教学内容。全年共进行了学习贯彻十七届六中全会精神、两会精神宣讲、世界经济形势对我国经济的影响、农业科技与农业发展之路、就业形势、百年交大的社会责任与历史担纲、世界能源形势、国内经济形势、美国重返亚太对我国的影响、学习贯彻落实党的十八大精神等专题的讲授。共有 4 位校领导讲授 9 次课程，有 12 位学院党委书记、7 位经管学院专业教师和 3 位校外专家授课。

（4）把握导向，不断加强网络教育阵地建设

依托学生处成立了北京交通大学网络舆情中心。制定出台了《校园网络舆情管理工作实施方案（试行)》。建立了每日舆情报送、舆情专报报送制度，完成校园网络舆情年度报告，全年共编发网络舆情日报（知行版）261 期，网络舆情日报（外网版）325 期，制作网络舆情专报 12 期。在校园论坛开设“学生建设论坛”、“我的宿舍我的家”、“毕业声”等板块，对学生关心的热点问题及时予以回应和引导，主动占领网络阵地。在学生关注的网络热点事件中，积极发挥监控和引导作用。掌握学生的网络动态，建立沟通交流渠道，及时解决实际问题。扎实做好教育部网络舆情机制单位工作，全年共报送信息 2 586 条，综合分析 125 篇，范围涉及高等教育、高校管理、意识形态、民族宗教、突发性事件、管理维权等领域，在舆情机制中综合排名第 15 名，工作成绩获得教育部思政司充分肯定。

2. 履行管理育人职能，规范学生日常管理工作

（1）典型引路，充分发挥先进集体和个人的示范作用

以评优评先工作为平台，通过制作宣传展板、组织报告会和经验交流会等形式宣传优秀学生的先进事迹，发挥先进典型的教育引导作用，为学生选树身边榜样。组织召开了“北京交通大学 2011—2012 学年学生先进集体、先进个人暨社会实践表彰大会”，对一大批在课程学习、科技竞赛、文体活动、志愿服务、社会实践等方面表现优秀的集体和个人进行了表彰，起到了良好的示范作用。加强特色班集体建设，以校级先进班集体和周恩来班、詹天佑班等评选活动为载体，全力开展“我的班级我的家”优秀班集体争创活动，电信学院通信 1006 班获北京高校“我的班级我的家——十佳示范班集体”荣誉称号。

（2）规范程序，落实评优评先相关工作

切实从学生实际出发，不断完善各项评优评先制度。在参评的 10 383 名学生中共有 1 815 人次获得各类荣誉称号，有 5 181 人次获各类奖学金，占参评人数的 49. 9%。奖学金实际获奖人数 3 749 人，占参评人数的 36. 1%。共有 797 人次分别获得国奖、国家励志、茅以升、詹天佑、智瑾、宝钢、汉能李嘉宁等 26 项专项奖学金，10 人获得思源奖学金，8 人获得高富浪奖。共有 49 个班级被评选为校级先进班集体，76 个班级被评为校级优良学风班，38 个班级被评为学习进步班集体。

（3）严格管理，做好学生违纪处分和诚信教育工作

按照“程序正当、证据充足、依据明确、定性准确、处分恰当”的总要求，遵循学校文件规定，履行相关程序，做好学生违纪处分工作。为了增强学生对遵守校规校纪的重要性的认识，在学期末印发《关于做好学生考风考纪教育工作的通知》，将《学生诚信考试倡议书》发布在学校电子显示屏、校园论坛等区域。要求各学生工作干部带动学生认真学习相关规定和典型案例，严肃考纪。要求全体辅导员进行考场巡视，及时了解学生考试情况，加强学生考风考纪教育。为保障学生合法权益，学生工作处作为学生申诉委员会办公室牵头处理了一例学生申诉案件。

【心理健康教育】

1. 扩大影响，提升心理课程质量

增开了《大学生青春健康教育》和《助人的理论与操作技能》2 门课程，全年共开设 8 门理论课程，2 门实践课程，覆盖学生 3 820 人次。《大学生心理学》被评为学校首批建设的通识类核心课。面向心理委员开设《基本的助人策略与技巧》课程，面向班干部开设《团体心理训练》课程。完成了对 2012 级 190 名心理委员 16 学时的初级培训，完成了对 2011 级 22 名心理委员的中级培训，完成了对 12 名学生心理委员的高级培训，并颁发相应证书。

2. 疏解问题，深化个体咨询和团体辅导

全年共接待各类咨询 1 234 人次，在工作中不断深化个体咨询，完善了咨询管理制度、咨询师上报制度、转介/上报个案处理制度、学生长程咨询管理制度，并加强实施力度。同时加强与学院、校医院和专业医院间的通道与联系。除正常预约咨询外，还建立了紧急个案接待制度，及时接待并处理学生危机事件。2012 年，全校共设立 6 个团体咨询小组和 1 个心理成长工作坊，58 人得到 8 到 16 周的团体辅导服务。对 2012 级新生党员、心理委员、学生骨干等共开展拓展训练活动近 20 次。

3. 提升素质，开展丰富多彩的心理健康教育活动

举办“阳光心理论坛”共 19 期，涉及时间管理、新生适应、大学生活规划、恋爱、情绪管理、人际关系与沟通、自我认识、珍惜幸福等话题。针对 2012 届毕业生举办了两期毕业生专场活动。以“微笑・微爱・微成功”为主题，开展第九届大学生心理健康文化活动月。以世界精神卫生日为契机，开展以“七日心晴——感悟生命，让爱传递”为主题的心理健康专题宣传活动。

4. 强化预防，建立全方位心理危机预警体系

完成对全体 2012 级新生的心理健康普查、访谈和干预工作，做到了危机的前期干预。成立心理危机学生评估小组，对每例危机学生进行评估，必要时转介到专业医院进行治疗或邀请专家来校会诊。开展心理危机排查工作，针对不同年级学生开展不同层次的干预措施，全方位预警心理危机。

【国防教育】

1. 精心组织，圆满完成了 2011 级学生集中军训工作

为保障军训期间穆斯林同学伙食，从学校抽调清真厨师进驻基地。在军训期间，增加了消防逃生演习科目，组织全体学生参加了消防逃生演习和消防灭火设备使用演练，并将消防逃生演练作为集中军训的重要训练科目持续开展，实现对全体本科生的消防技能、逃生避险

技能等安全实践教育的全覆盖。在15天的集中军事训练期间，没有一起安全事故出现，达到了预期效果。11月29日，总参动员部训练局、北京卫戍区、全军学生军训工作办公室、北京军区国防动员委员会、北京市军训办来校调研指导学生军训工作，对学校学生军训工作给予了高度评价。

2. 科学规划，顺利完成了2012级学生校内分散军训工作

改革分散军训传统模式，利用每周六上午组织开展全校集中训练，在训练中增加团队训练等内容。注重分散训练的全程考核，进行了内务检查、队列会操、组织训练、打背包等军事训练科目比赛。圆满完成了军训编组、队列基本动作、组训程序、内务卫生等各项训练任务。

3. 深入动员，出色完成了2012年冬季征兵工作

专项编写了征兵动员材料，在校园论坛开设专栏，组织由退伍复学老兵组成的“战友协会”连续一周在校园设点大力进行宣传，发放各种宣传资料五千余份。2012年，学校共有93名男生和14名女生报名，经过初审、选拔、体检和政审等环节，最终46名男生、3名女生被批准入伍，是西城区所有征兵单位中应征入伍学生最多的单位，学校获2012年度北京市征兵工作先进单位荣誉称号。学校入伍同学中包含了陆、海、空、二炮四大兵种和武警部队，为国防建设贡献了力量。8月13日至8月17日，西城区武装部组织部分高校、街道等单位开展了赴西藏林芝军分区慰问西城籍入藏新战士工作，副校长张星臣随队前往，看望了学校2011年12月份赴西藏林芝应征入伍的2名大学生士兵，并与林芝军分区的相关领导进行了座谈。10月26日，西城区武装部来到学校主校区学生活动中心、学生一食堂和东校区食堂三个宣传点，现场指导学校2012年冬季征兵宣传工作。

4. 广泛开展双拥工作，深入开展国防教育活动

继续加强与双拥共建单位联系，在“八一”建军节等节日期间走访北京军区、北京卫戍区、国防大学、三军仪仗大队等单位。召开新老兵欢送欢迎大会，广泛开展国防教育活动。组织全校性的定向越野比赛，选拔优秀队员参加北京市定向越野锦标赛并取得好成绩。

【国防生培养】

1. 狠抓例行工作落实，培养质量取得稳步提升

坚持了全要素衡量确保择优录取。全年较好完成了99名国防生的招收和8名国防生的选拔工作。在国防生中开展了“赞颂科学发展成就，坚定献身国防信念”主题教育活动。结合实际着力解决问题，进行了充分动员、广泛学习，开展了10余次教育授课，组织国防生参加了“最美警卫战士”高铁成先进事迹报告会、“科学发展成就辉煌”大型图片展开幕式、青年大学生进军营等系列配合活动，在北京7·21特大暴雨灾害发生后，国防生主动请缨，随部队参加了防汛救灾行动。

坚持每周组织2－5次早操、每周一堂军政训练理论课、每周一天军政训练技能课等训练制度。暑假组织国防生开展了军政基础训练、基地化训练、当兵锻炼、见习代职、大学生集中军训和军事夏令营“六个一”活动。邀请部队高水平教练员队伍到校组训，进行了160余课时的强化训练，全面提高了国防生队列、体能、战术等军事科目训练水平。

筹备举行了“北京军区·北京交通大学开展依托培养工作10周年庆祝活动”，梳理十年工作实绩，成功经验得到总结宣扬。

2. 注重教育管理实效，安全基础更加扎实巩固

学校把教育管理工作放到重要位置，启发自觉、从严管理，以有力措施加强作风养成，确保了国防生、干部研究生安全稳定。组织国防生学习了国防和军队建设主题主线重大战略思想、“七一”重要讲话和十七届六中全会精神，胡主席“7·23”重要讲话后，及时组织了学习传达，保证了理论清醒、政治坚定。搞好形势政策教育，实现了坚决用党中央、中央军委的指示精神统一思想认识。

始终严格督促落实校规校纪和国防生、干部研究生行政例会、晚点名、查铺查寝、内务卫生评比、军容风纪检查、请销假等制度。层层落实责任制，干事分年级负责，各级骨干分层负责、各司其职，有效地统一了步调、推动了落实。从严查纠违规、违纪问题，对无故不参加集体活动的违规者进行教育谈话，对违规上传图片、军便服混穿等行为现场纠正、彻查彻改，实行了违纪问题“零容忍”，对违反校纪的国防生进行淘汰处理。

【资助工作】

1. 量化衡定，修订家庭经济困难学生认定办法

高度重视家庭经济困难学生认定工作，进一步规范了资助工作的相关制度，修订了《北京交通大学家庭经济困难认定办法》，认定工作分为校、院、班三个层面，突出班主任和班级同学的作用。在等级评定工作中实现全量化评价，通过合理充分的量化指标，结合学生日常消费水平，衡定学生的困难等级，保障了家庭经济困难认定的公平、合理、公正。

2. 把握导向，将助学金与学习成绩挂钩

为促进各类助学金的评审工作规范化、科学化和实效性，激励家庭经济困难学生努力学习，奋发成才，制定了《北京交通大学各类助学金评审工作实施细则（暂行）》。将全校 20 余种各类助学金与学生学习成绩挂钩，对于学习成绩优秀或者学习成绩有较大进步的，助学金等级可上浮一个等级。对于学习成绩落后或者成绩退步较大的，助学金等级下调一个等级，使得资助工作的导向更为科学合理。

3. 提高效率，推动资助工作信息化建设

完善学生信息系统，将“奖贷助勤补”各项信息和认定的各类学生信息纳入资助模块，学生在线上可以提交困难认定、助学金申请、勤工助学申请等各项资助相关手续，学生辅导员以及各相关部门可以实时审查学生提交的各种材料，同时汇总整理分析数据，有针对性地对每一个学生进行指导。

4. 注重教育，继续开展困难学生能力建设

继续加强对困难学生的能力教育工作。通过英语、计算机、数学等基础知识培训，勤工助学岗前培训，先进个人评选，“我的大学梦想”征文比赛，家庭经济困难学生联欢会、运动会等丰富多彩的活动，鼓励学生立足校园，积极规划未来，不断增强自主学习、团队合作、策划组织等方面能力，培育感恩意识和责任意识。

5. 过程育人，校内勤工助学岗位分布广泛

继续举办“勤工助学双选会”，现场确定近 1 000 名学生上岗。加强勤工助学上岗培训，培训学生 1 200 余人。全年共提供助学岗位 1 500 余个，覆盖学生 3 000 余人，发放勤工助学补助共计 500 万元。为奖励优秀，举办了“勤工助学标兵”评选活动，评选出“勤工助学标兵”10 名、“勤工助学先进个人”40 名、“勤工助学先进个人提名奖”55 名，并召开了经验交流与表彰大会。

6. 增进沟通，加强少数民族学生工作

继续组织召开西藏、新疆少数民族学生座谈会，设置专门的少数民族学生勤工助学岗位，增进与少数民族学生的交流。要求学生辅导员定期与少数民族学生谈心，了解学生及家庭的情况，并开展“一帮一”活动。在开斋节、古尔邦节、藏历新年等少数民族节日期间，策划组织联欢活动，学校领导、老师与少数民族学生共度佳节。

共青团工作

【综述】

2012年，学校共青团在党的十八大会议精神和胡锦涛同志在纪念中国共产主义青年团成立90周年大会上的重要讲话精神指引下，团聚青年，凝聚力量，引领全校团员青年紧跟党走中国特色社会主义道路，深入贯彻落实学校十次党代会精神，紧紧围绕学校育人根本目标，认真履行共青团四项基本职能，深入推进思想引领和成长服务两大战略任务，狠抓基层组织建设和干部队伍建设，夯实基础工作，积极组织开展学习、宣传、贯彻党的十八大精神活动，圆满完成庆祝共青团成立90周年相关工作。

【组织建设】

1. 建立新的团支部评估体制，进一步落实全校基层团组织和团干部创先争优工作

为深入贯彻团中央、团市委、学校党委对基层团组织建设的要求，切实活跃团支部工作，充分发挥团支部作用，科学、全面衡量团支部的各项建设成果，实现团支部工作考核的规范化、标准化，校团委以《北京交通大学团支部等级评估工作实施办法》为工作指导，从思想建设、组织建设、学风建设、特色活动等方面对各学院团支部进行2011—2012学年团支部等级终期评估。校团委前期通过座谈调研等方式不断完善团支部等级评估办法；学院团委经过团支部自评、公开答辩、公示宣传等环节，总结上报团支部等级评估结果。新的团支部评估体制的实施提高了各团支部争优积极性。

2. 加强学生团干部骨干培养，选树青春榜样，培养青年马克思主义者

为提高学生团干部能力和素养，学校举办了“第22期团校暨第6期精英训练营”。校团委书记秦思阳，副书记安志强出席训练营开班典礼。本届精英训练营共有学员100人，覆盖全校12个学院的本科生、研究生以及各级团委职能部门、学生组织、学生社团、学生艺术团的学生干部。通过专家讲座、素质拓展和社会调查，全面提高学生干部骨干的综合素质，并通过其发挥示范和引领作用，提高全校学生干部素质。举办了五四颁奖典礼，团市委副书记杨海滨、校领导曹国永、颜吾佴、高艳、陈峰、张星臣、关忠良、郑广天和团市委大学与中专工作部部长张秀峰等出席，对先进集体和先进个人进行表彰，并对前期工作成果突出的“十佳团支部书记”、“十佳主题团日活动”等获得者及集体予以表彰。另外还对“北京青年五四奖章”、“北京市优秀团干部”、“北京交通大学五四奖章”及“英才奖”获得者等先进个人予以表彰。举办“团聚宣传人”宣传基本技能培训班，使校院两级团委宣传部门工作的水平得到了提高。

3. 加强共青团自身建设，提升基层团组织战斗力

以党的十八大为契机，为深入宣传贯彻党的十八大精神，把广大青年团员的思想和行动统一到党的十八大精神上来，学校团委开展以“学理论、铸信念、做先锋”学习宣传贯彻党的十八大精神主题团日活动。新学期伊始，学校团委指导学院团委组织开展“我的支部我的团”新生主题团日活动，通过综合访谈、表演、点评、播放视频等方式，围绕社会实

践、学风建设、职业生涯规划、高雅文化体验、志愿服务、科技创新、宿舍建设、校园安全等内容开展主题教育，并发放组织生活成长日志和影像日志，全部覆盖12个学院和3 500余名2012级新生。延续上一年传统，校团委根据学生工作部、研究生工作部和共青团北京交通大学委员会联合制定的《北京交通大学学生纪念建团90周年“我与祖国共奋进——学团史、知团情、跟党走”系列主题教育活动方案》，开展了“学团史、知团情、跟党走”以围绕“庆祝中国共产主义青年团成立90周年”、“践行北京精神，履行青年责任”为主题的团日活动，坚定同学们跟党走中国特色社会主义道路的信念。校团委根据各团支部团日活动的立意、形式、组织、效果与总结，秉承公平、公正的原则，公开答辩评选出本年度的“十佳主题团日活动”。各种团日活动形式新颖，内容丰富，吸引了广大学生积极参与，提升了学生综合素质。

【主题教育】

1. 积极组织开展学习、宣传、贯彻党的十八大精神活动

学校团委在校院两级团组织深入开展学习、宣传、贯彻党的十八大精神，在全校范围组织开展学习宣传贯彻党的十八大精神的“学理论、铸新年、做先锋”主题教育团日活动；邀请十八大代表、中共北京市委委员、首都师范大学党委书记张雪做“学习传达党的十八大精神”的专题报告；依托学生理论社团、校院两级团校引导广大团员青年深入开展十八大精神学习实践活动。

2. 以庆祝中国共产主义青年团成立90周年为契机，深入开展学生思想政治教育工作

学校团委开展庆祝中国共产主义青年团成立90周年“青春之歌——永远跟党走”主题教育活动；5月4日，举行了“青春使命”主题升旗仪式活动、举办“青春之歌”主题文艺晚会暨五四颁奖典礼隆重纪念中共产主义青年团成立90周年；并举办了“青春力量”团史知识竞赛、“青春歌会”大家唱活动、“青春使命”主题升旗仪式、“青春飞扬”精英社团秀、“青春印迹”文化创意比赛、“青春故事”知名校友访谈活动、“青春宣言”主题演讲会、“青春奋斗”创新创业成果展示会等一系列主题教育活动。

3. 广泛开展“传承雷锋精神，参与志愿服务”主题教育系列活动

以第49个“学雷锋纪念日”为契机，组织全校学生开展了“学雷锋，行动在交大”、“学雷锋，情牵夕阳红”、“学雷锋，爱在春天里”和“学雷锋，志愿暖人心”等一系列学习雷锋教育实践活动；北京交通大学青年志愿者服务团作为北京唯一一支高校中的郭明义爱心小分队，在“当代雷锋”郭明义的带领下为在京治疗的心蕾工程先心病儿童捐献全血，本次活动受到了中央电视台、光明日报、中国广播网等媒体的关注，为学校赢得了声誉。

4. 利用重大节庆日、纪念日进行爱国主义教育

在五四青年节、国庆节等节庆日、纪念日隆重举行升国旗仪式，同时结合每周一学院升国旗仪式，对青年进行爱国主义教育，引导大学生爱国荣校，树立远大理想。举行系列活动隆重纪念“一二·九”运动77周年，推出了“一二·九”主题升旗仪式、火炬接力比赛、“与祖国同行”合唱比赛等活动，教育广大同学牢记历史，肩负起祖国赋予青年的时代责任。

5. 建立全媒体网络思想引领新阵地，探索主题教育新平台

完成了“交大青年网站——四季共青”的网站建设。推动建立校院两级团组织腾讯微博组织体系，在知行论坛建立“银杏之舞”青年思想引领新阵地，策划并测试《掌上交大

服务青年》学生版手机报；编写并报送《网络舆情日报（外网版）》325 篇，组织倾听日座谈会 24 期，网络调研员负责网上网下监控，收集学生的思想动态，发现问题苗头及时引导处理。每周一利用学生邮箱、电子屏幕等途径向全校青年公布本周《学生活动日志》。4 月，校团委荣获学校“2011 年度思想政治宣传工作先进单位”的荣誉称号。

【社会实践】

为落实团市委、市教委、市学联等单位的工作部署，继续加强思想政治工作，学校组织开展了 2012 年学生暑期社会实践活动。实践活动以“青年服务国家，青春奉献中华”为主题，鼓励青年学生通过实践活动培养爱国热情。全校共组建实践团队 223 支，其中北京市重点团队 7 支，校级重点团队 36 支。2 000 多人分赴全国 23 个省份，远至美国、俄罗斯开展实践调研，通过城乡发展调研、理论宣讲、农村支教、志愿服务、基层走访、校友访谈、企业考察等形式的活动，形成了一批主题鲜明、活动扎实、成绩突出、影响广泛的实践成果。共计 10 支团队荣获“首都大学生暑期社会实践优秀团队”，14 项实践成果荣获“首都大学生暑期社会实践优秀成果”。广大青年学生通过社会实践，将学到的理论知识转化为服务社会的实际本领，在实践中增进对祖国的了解，培养热爱国家、服务人民的崇高精神。学校荣获共青团北京市委员会、北京市教育委员会和北京市学联授予的“首都大学生暑期社会实践先进单位”。

【志愿服务】

北京交通大学志愿者服务工作本着“立足校园文明，面向社会奉献”的原则，重点依托校院两级青年志愿者服务团，大力推进志愿服务事业向“长期化、制度化、规范化”发展，注重结合学校特色、专业特色，努力为社会提供更为优质的志愿服务，体现学校的公益性，提升学校反哺社会的能力。北京交通大学青年志愿者服务团在 3 月被授予“2011 年度首都高校学生社团无偿献血组织工作奖”的称号。2011—2012 学年，校志愿者团组织为患急性白血病的研究生于永山同学捐献成分血的活动，共组织 6 次，18 人参与献血，12 人成功捐献 13 单位血小板。11—12 月，校志愿者服务团联合北京市海洋馆举办的“海洋馆志愿者”活动首次开展，在团内共招募了 32 名志愿者，本次志愿活动累计服务时长达 200 小时。

【科技创新与创业】

学校团委重点依托校院两级学生科学技术协会开展学生科技创新教育活动，大力提升大学生科技创新能力和就业创业本领。2012 年，秉承“营造科技氛围，提高科技素质，造就科技人才”的宗旨，围绕全国“挑战杯”课外科技作品大赛和创业计划大赛，加强“工科大学生文化素质培养模式创新实验区”建设，结合全团促进青年就业创业工作，建立就业创业能力培养体系，组织开展了一系列活动。

1. 开展科技文化节系列活动，营造校园科技创新氛围

联合教务处等部门，组织开展了 2012 年度学校“挑战杯”创业计划大赛。举办五四科技文化节，统筹开展科技创新讲座、科技成果图片展、实验室巡回参观等活动，努力营造科技创新氛围，培养创新精神，提高实践能力。举办第二十二届“慧光杯”研究生学术文化节，为研究生学术创新搭建平台。

2. 各类创业创新比赛顺利进行，交大学子屡获佳绩

全校共有 810 人次学生参加了学校 2012 年度“挑战杯”创业计划大赛，共分 156 组，

评选出一等奖作品5项、二等奖作品12项、三等奖作品19项。4月，推荐15项作品参加第七届“挑战杯”首都大学生创业计划竞赛，荣获金奖1项、银奖6项、铜奖6项，学校荣获“高校优秀组织奖”。11月，在第八届“挑战杯”中国大学生创业计划竞赛决赛上，荣获银奖1项、铜奖2项，学校荣获“高校优秀组织奖”。11月，在团中央联合中国移动组织的“MM百万青年创业计划”活动中，学校荣获2011年度“MM百万青年创业计划优秀组织高校”荣誉称号。

3. 全面建立就业创业能力培养体系

通过五个层次的培训、包装，提高大学生的就业、创业能力，包括对广大同学普遍性的热情激发、兴趣培养；通过基础能力的训练，使大学生具备基本的就业技能和创业知识；通过就业见习实习、项目实践体验，增强大学生对就业、创业的感性认识；组织素质全面、能力突出的大学生参加各类高水平的赛事，对其就业、创业水平进行提高；最终使大学生不但要找到工作，还要找到好工作，不但要创业，还要实现自身成果转化。

【文化艺术教育活动】

1. 推进校园文化传承创新，艺术教育工作开创新局面

2月，学校艺术团交响乐团演奏的《柴可夫斯基第四交响曲第四乐章》荣获全国第二届大学生艺术展演活动器乐组一等奖，学校荣获优秀组织奖。10月，学校召开艺术教育工作座谈会，中共北京市委教育工委委员、市教委副主任郑萼，我校党委副书记高艳、市教委体卫艺处副处长王军等出席会议。北京军区战友歌舞团艺术指导马子跃，中国人民解放军军乐团团长邹锐，北京大学、天津大学、中国农业大学、北京工业大学、首都师范大学和北京部分中学艺术教育专家，学校艺教中心全体教师参加会议。与会领导和专家深入分析教育形势，针对如何进一步做好高校艺术教育工作的问题交换意见、明确方向。

2. 推进“高雅艺术进校园”系列活动

全年共举办“高雅艺术进校园活动”3场，邀请专业的、高水平艺术团体来我校演出。青年小提琴演奏家宁峰在学生活动服务中心小剧场举行音乐会，并对我校学生艺术团交响乐团进行了细致的指导。中国音乐学院在天佑会堂举行专场演出。敦善铜管室内乐团爵士乐专场演出在天佑会堂举行，乐团演奏的经典曲目让在场观众感受到铜管室内乐的独特魅力。“高雅艺术进校园”、“民族艺术进校园”活动丰富了校园生活，提高了大学生的艺术修养。学生艺术团交响乐团作为北京大学生艺术团，受市教委委派承担“高雅艺术进校园”巡演任务，先后在中国公安大学、北京科技大学举办专场演出。不定期组织学生前往国家大剧院参加“周末音乐会”，全年共组织观演30余次，有近3 000名学生近距离感受了高雅艺术的魅力。

3. 继续传唱《长征组歌》

学校举行了纪念北京交通大学《长征组歌》排演10周年专场演出。《长征组歌》的排演不仅成为全国高校学生艺术团中有活力高品质的品牌活动，而且也成为学校发挥艺术教育育人作用的重要载体，将大学生理想信念教育和艺术教育高度融合，在促进大学生全面成长成才方面发挥了良好的作用。10月，学生艺术团到房山区长沟镇为村民演出交大版《长征组歌》，用忠实于原作思想境界和艺术风格的表演，反映当代大学生的精神风貌，弘扬长征精神。

4. 立足校园，打造平台，扩大精品文艺活动覆盖面

举办“下一站春天”毕业生晚会，“交汇梦想”北京交通大学 2012 年迎新晚会；推出“一二·九”主题文艺汇演、新年音乐会、学生艺术团专场演出、学生活动服务中心启用专场演出等精品文艺活动，扩大艺术教育的辐射力、影响力，浓厚校园艺术氛围。

完善学生活动服务中心综合素质教育平台功能，先后接待省内外 45 所兄弟高校参观交大学生活动服务中心，负责学生活动管理运行服务，场地审批达 20 000 余次。举办学生活动服务中心一周年座谈交流会，就活动中心近一年的运营状况进行总结，做好 2012 我校艺术特长生招生组织工作。

5. 依托学生艺术团，对外发挥品牌效应

2 月，受国家汉办、孔子学院总部委派，学生艺术团在校党委副书记高艳的带领下赴美进行“孔子学院大春晚”巡演活动。先后在美国阿拉斯加安克雷奇孔子学院分校、波特兰州立大学孔子学院、旧金山州立大学孔子学院等地进行 7 场演出，为中华传统文化的弘扬与传播做出积极贡献。8 月，受文化部委派，学生艺术团民乐团赴希腊参加第 50 届莱夫卡斯民俗艺术节并参加庆祝中国与希腊建交 40 周年文艺演出，传播中国民族文化，拉近中西方文化距离，增进中国与希腊及世界各国人民之间的友谊。11 月，为纪念抗战史实，缅怀英雄先烈，学生艺术团合唱团应财团法人台北市松竹梅文化基金会邀请，赴台湾进行以“纪念抗战七十五周年”为主题的巡回演出。此次的演出是两岸大学生首次在台以歌声纪念抗战史实所举办的音乐会，得到了相关人士的高度重视，促进了与新竹交通大学、台湾师范大学师生的文化交流。

【学生组织与社团】

学校团委依托学生会、研究生会、学生社团、团委职能部门搭建各类活动、实践平台，全面提高大学生的综合素质。

学生会：5 月 27 日，学校召开第二十一次学生代表大会。校长宁滨、校党委副书记高艳，中华全国学生联合会主席齐兴达同学，以及应邀的各高校学生会主席出席大会。提案工作组收集处理了有效提案 394 份，虚心聆听广大同学意见，切实保障了同学们反映心声的权力。大会听取并审议了第二十届学生会委员会报告，听取了学代会提案工作报告，选举产生了第二十一届学生会委员会委员。学生会相继组织开展第十四届“交大论坛”辩论赛、第二十五届校园歌星大赛、第二届“天之交子”男生风采展示大赛、第三届主持人大赛、形象设计大赛、女生文化节、饮食文化节、“院际杯”篮球赛等文体活动，举办红果园名人讲堂，邀请六小龄童、刘芳菲等知名人士与交大学子分享成长经历。

研究生会：5 月—6 月，举办以“博文研学·格物知行”为主题的第二十二届“慧光杯”研究生学术文化节，活动包括优秀论文评选、学术论坛、名师讲坛、校友面对面、研究生辩论赛等，共征集到 955 篇论文。研究生会继续组织开展繁星支教活动，志愿者团队在海淀区金海河小学，开展每周为期两天的繁星支教活动，为该校的小学生的英语和计算机方面的学习提供帮助。研究生会还组织开展了“知行杯”篮球赛、足球赛、女生文化节、第二届“众里寻 Ta”研究生联谊会、第九届研究生英语文化之夜、“师生情”2012 届研究生毕业晚会等文体活动。

学生社团联合会：5 月 20 日，学校学生社团联合会成立大会举行。校党委副书记高艳、北京团市委副书记刘震以及校学生会、研究生会主席和 400 名学生社团代表出席了本次大

会。刘震为大会致辞，高艳副书记发表讲话并对学生社团联合会的发展提出了要求，团市委大学中专工作部部长张秀峰、社会工作部部长龚波共同为北京交通大学学生社团联合会发布了会徽、会歌。校团委书记秦思阳宣读了学生社团联合会主席的任命决定。截至 12 月，学校共有艺术文化、体育健身、公益服务、科研学术、科学实践和生活休闲六大类的 82 家学生社团，会员 3 000 余人。全年开展各类活动 500 余场，参与人次达 10 000 余人。飞翎舞社在首都高校第四届体育舞蹈大赛中代表学校出赛，荣获交谊舞队列舞一等奖、标准舞队列舞一等奖，资源与环保协会（“绿色之家”）在团市委主办的“绿动北京”首都大学生环保社团文化节中申报的“绿色宿舍”项目荣获金奖。

“知行”——特色理论学习研究会：举办“红潮澎湃之‘国事家事天下事，我们关心’”有奖党政知识竞赛。开展第二届“知行杯”社会实践调查大赛。组建党的十八大精神学生宣讲团，通过进课堂、进班级、进基层、进农村等途径，宣传党的十八大精神。

学生科学技术协会：围绕“科普科研、就业创业”四项基本职能，打造“科技”特色，组织开展了“五四”科技文化节、第三届创业知识竞赛、第十三届百科知识竞赛、全国科普日、参观国家重点实验室、大学生创新创业训练实践项目系列讲座等活动，积极营造学术科技氛围，促进学校优良学风建设。

青年志愿者服务团：在郭明义的带领下为在京治疗的心蕾工程先心病儿童捐献全血。依托校院两级青年志愿者服务团，使志愿服务常态化，务求实效，义务献血工作成绩显著。

工会工作

【综述】

2012 年，在校党委领导下，校院两级工会组织在组织教职工围绕主业建功立业、开展业务技能竞赛、发挥教代会在民主管理中的作用、丰富教职工文化生活、提高教职工身心素质、关爱困难教职工及工会自身组织建设中取得了良好的效果。

【教代会工作】

11 月 13 日，校六届教代会常设主席团暨十一届工会委员会第八次全体会议召开。校党委副书记、教代会主席、工会主席高福廷主持会议。会上布置了六届五次教代会筹备工作，讨论了我校教代会实施细则，通报了校教职工爱心帮困基金收支情况，讨论并通过了《北京交通大学教职工困难补助规定》的修订意见，布置了校级模范教职工之家申报验收工作。

12 月 14 日，校六届教代会常设主席团暨第十一届工会委员会第九次全体会议召开。校党委副书记、教代会主席、工会主席高福廷主持会议。会议听取了关忠良副校长就东校区开发方案作的说明；听取了新校区建设办公室刘江涛就平谷、海淀校区功能定位方案作的说明。学校就上述两个方案征集教代会常设主席团和工会委员会意见，并作相应修改，与会者立足教职工关心的问题提出建议，建议充实背景材料，便于教代会代表了解和理解。另，因工作需要，且经二级工会民主程序选举、常设主席团成员举手通过语言学院工会主席高永峰为教代会代表，并为工会委员会委员。

第六届教代会常设主席团成员名单（按姓氏笔画排序）

王景昕　刘　云　刘东平　孙全欣　张　斌　张明玉　张星臣　杜永平　杨晓晖
谷钧宏　邵春福　陈劲松　范　瑜　郑　兰　段春荣　荣朝和　赵　耀　赵成刚
徐晓玉　徐爱国　殷　快　高沁翔　高福廷　康　俊　蒋大明　秦思阳　解　郁
蔡红建　魏庆朝

第十一届工会委员会委员名单（按姓氏笔画排序）

丁金凤　文映春　王　莹　王虹英　关忠良　刘　晓　孙冬梅　孙慧环　何　平
张绍茹　杨卫国　邱　成　和敬涵　洪建平　郝志如　徐　民　徐爱国　殷　快
高永峰　高自友　高福廷　董敬祝

12 月 20 日，学校第六届教职工代表大会第五次全体会议举行。校长宁滨在大会上作了工作报告。校党委副书记、教代会主席高福廷主持会议，188 位教代会代表、列席代表出席。校长宁滨作了题为《把握机遇，迎接挑战，开创学校发展新局面》的工作报告，总结了 2012 年学校工作，提出了 2013 年工作目标。代表们以高度负责的态度分团讨论、审议了校长报告及其他相关问题，围绕学校发展、学科建设、教职工切身利益等问题提出了意见和建议。本次教代会收到代表提案 35 件，教代会民主管理委员会审查立案，交由相关职能部门提出处理意见。

【师德建设和“三育人”工作】

4月27日，学校“三育人”工作交流暨贯彻《高等学校教师职业道德规范》（以下简称《规范》）工作会议举行。校党委书记曹国永、副书记高福廷、副校长陈峰出席会议并讲话。校工会常务副主席殷快主持会议。学校各单位党政工主要负责人、师生代表300人参加会议。曹国永在讲话中深入分析了学校当前改革发展面临的新形势和新机遇。他指出，加强教师队伍建设是学校工作全局中最重要、最基础、最紧迫的工作，首要任务是加强教师的职业道德建设。全校教职工要充分认识“三育人”工作的重要性，认真贯彻落实师德规范，确保师德建设和“三育人”工作深入持久健康发展。各级党政工团组织要及时总结交流好经验、好做法，一要加强组织领导，二要加强宣传引导，三要建立和完善体制机制，不断把“三育人”和师德建设工作引向深入。高福廷回顾了学校近年来“三育人”工作的主要成绩。他强调要在校园内培育和营造良好的学风、教风和校风，一要进一步提高三育人的认识，努力构建全员育人的格局；二要完善“三育人”评选机制，构建良好的激励机制；三要加强开展“三育人”工作的研究和创新；四要大力宣传“三育人”先进典型。陈峰就学校如何贯彻《规范》工作精神，加强师德建设进行了部署，并提出要深入开展《规范》的学习宣传活动，营造良好的舆论氛围；完善规章制度，把师德建设工作落到实处；加大先进典型宣传，加强职业道德教育和培训；改进和完善师德考核。心理素质中心、经管学院、计算机学院、后勤集团等部分获得2010年、2011年“三育人”先进集体、先进个人的代表从不同角度结合工作体会畅谈了工作做法和感受。

2012年校“三育人”先进集体、先进个人获奖名单：

教书育人先进个人（22名）

于桂兰　方　进　叶晶晶　石志飞　刘迎东　孙　贺　朱岩岩　汝宜红　何世伟
李济生　李清勇　杜秀霞　杨亚丹　邵小桃　陈力铭　陈旭东　姚燕安　郝潞霞
唐　莹　郭雪萌　陶　丹　魏丽英

管理育人先进个人（13名）

于　洁　王　皓　回晓文　李　涛　杨　玲　陈　博　尚　颖　徐　民　徐劲松
崔迎春　曹宝忠　董利剑　董金凤

服务育人先进个人（4名）

王　宇　王永昕　冯玉乔　李　平

“三育人”先进集体（5个）

电信学院大学生创新活动中心　理学院学生工作组　语言学院大学英语部
学生资助管理中心　后勤集团饮食服务中心

汪越胜、张星、付俐、黄辉获得北京市师德先进个人称号。

【文化体育工作】

4月12日，校工会与后勤管理处、后勤集团共同组织80余位教职工前往密云县植树，共种下了200余株侧柏，校党委副书记高福廷、校长助理吴强参加了此次活动。

4月18日，邀请中国农业大学食品学院营养与食品安全系副教授、食品科学博士范志红为教职工作了题为“科学饮食，健康生活”专题讲座。

5月5日至6日，校工会组织30余名青年教职工赴呼和浩特铁路局恩格贝沙产业基地开展植树活动，共种植了80棵小叶杨。校党委副书记高福廷和校长助理吴强一同前往参加了植树活动。植树团成员还参观了呼铁局恩格贝度假村、鸵鸟养殖园、沙漠景区和蒙牛乳业集团。

5 月 10 日，在主校区操场举办了第九套广播操比赛。

5 月 18 日至 19 日，学校举行教职工第 29 届、学生第 49 届田径运动会，教职工代表队在开幕式、闭幕式上分别表演了广播操和太极拳。经过两天的角逐，获得教工女子团体前八名的是：后勤集团、机电学院、校机关、计算机学院、经管学院、资产公司、电气学院、理学院；获得教工男子团体前八名的是：后勤集团、校机关、机电学院、计算机学院 、资产公司、电气学院、电信学院和海滨学院、土建学院；获得男女团体总分前八名的是：后勤集团 、校机关、机电学院、资产公司、计算机学院、电气学院、电信学院、理学院和海滨学院；获得精神文明奖的单位分别是：一等奖机电学院，二等奖校机关、土建学院，三等奖电气学院、经管学院、建筑艺术学院 、软件学院 、校医院。

3 月至 5 月，组织学校教职工参加 2012 年首都教育系统教职工运动会。学校代表团取得了总分第四的佳绩，其中羽毛球项目获得团体第一，田径趣味项目获得团体第一，游泳项目获得团体第三，乒乓球项目获得团体第六，并获得优秀组织奖和体育道德风尚奖。

10 月 10 日，两年一届的教职工男子篮球比赛在校举行。校机关荣获第一名，后勤集团和计算机学院分获第二、三名，远程学院、电气学院、理学院、运输学院和建艺学院获第四至八名。

10 月 13 日，2012 年北下关地区“电力杯”全民健身的运动会在东校区举行。后勤集团代表学校组队参赛，获得团体总分第六名。

10 月 18 日至 19 日，我校教职工棋牌赛举行。共有来自校机关、电信学院、机电学院、土建学院、电气学院、语言学院、远程学院、后勤集团、校医院等单位的 60 余名教职工参加了比赛。

11 月 5 日，“喜迎十八大，翰墨寄真情——北京交通大学师生员工书画作品展”在校史博物馆开幕。本次书画作品展得到了学校离退休老同志、在职教职工和学生书法爱好者的支持和参与，共有 70 余件书画作品参展。

11 月 16 日，校工会组织了教职工北宫国家森林公园登山活动，近 300 名教职工参加。

11 月至 12 月，校工会策划主办了为期两个月的“星光擂台”教职工歌唱比赛，有唱歌、才艺表演等项目，70 余名教职工参加。

12 月，结合北京市“健康之星”评比工作，同时开展了教职工“交大健康之星”评比，校医院王振瑞获得北京市“健康之星”称号；获得“交大健康之星”的有：

李继红（电气学院）	郭祎华（计算机学院）	张和平（计算机学院）
罗小俐（后勤集团）	祝晓文（后勤集团）	鄂明成（机电学院）
赵　强（机电学院）	樊丽娜（建艺学院）	邓振波（理学院）
刘国忠（理学院）	孟春梅（图书馆）	卫　珉（图书馆）
徐东亮（土建学院）	邹翠荣（土建学院）	卢云涛（校医院）
王振瑞（校医院）	李　冰（语言学院）	石　月（语言学院）
徐建辉（远程学院）		

【暖心工程】

1 月 16 日，教职工书画协会承办举行“迎新春、送春联”笔会活动，十几位教职工书画协会的会员为交大家属区的110个单元门书写了春联。

1月18日，校工会组织学校书画协会10余名成员前往密云县石城镇河北村，开展“迎新春，送春联”活动，为那里的村民撰写“福”字和春联两百余幅。

4月1日，校工会、离退休处共同组织了上半年新退出工作岗位的教职工交流、休闲活动，大家参观了通州的燃灯古塔，并享受了温泉浴，校工会还为22位退休教职工准备了礼物，感谢他们为学校发展做出的贡献。9月18日，举办了下半年退休职工欢送会。

“五一”节前，校工会入户慰问了全国和市级劳模26人，送去了组织的关怀与节日的问候。

5月至6月，与校医院共同组织一年一度的全校教职工体检，近4 000人参加体检。

7月19日至23日，由校党委副书记高福廷带队、42人组成的学校优秀教职工社会实践考察团，赴宁夏回族自治区的六盘山、沙坡头等地参观考察。

12月25日，共为学校1 360余名教职工办理了公园年票。

全年校教职工爱心基金收到教职工捐款61 604.40元，捐助6位重病教职工计8.5万元，余额为20.9万元；获得市爱心基金慰问金1.2万元，慰问2位在职去世教职工家属。

全年办理京卡660多张。学校已先后为教职工办理京卡3批，共计2 768人，其中包含非事业编制教职工744人。

重新修订了《北京交通大学教职工困难补助的规定》，提高了补助标准，全年共补助137人次，9.72万元。

【女教职工工作】

3月6日，组织三八妇女节趣味活动暨首都教育系统教职工运动会趣味项目选拔赛。

3月，机电学院张欣教授荣获北京市“三八”红旗奖章，全市高校有12人获得“三八”红旗奖章。

校工会女教职工委员会作为北京高校唯一，获得全国教科文卫体系统2008—2012先进女职工组织称号。

【青年教师工作】

学校青年教师的8篇论文在“第七届北京市青年教师教学基本功比赛高峰论坛”获奖。

5月31日，由校工会和人事处组织的2012年新入职教职工“我们共有一个家”素质拓展活动在奥林匹克森林公园举行，共有60余位新教职工参加。

9月至12月初，工会与教务处、人事处共同举办了我校第九届青年教师教学基本功比赛，32人进入复赛，12人进入决赛。最终比赛结果为：

一等奖（4名）：

曹艳梅（土建学院）　于维敏（人文学院）　王雅璨（经管学院）

王　昕（电气学院）

二等奖（8名）：

田　慧（电信学院）　宋志坤（机电学院）　王　坤（计算机学院）

张欣欣（机电学院）　张日美（语言学院）　张文静（电信学院）

李　岩（语言学院）　殷　平（经管学院）

三等奖（19名）：

陶　丹（电信学院）　周　航（电信学院）　董　岚（计算机学院）

赵　佳（计算机学院）　李　旭（土建学院）　孙　静（土建学院）
战家旺（土建学院）　张　野（建艺学院）　刘　伟（机电学院）
张　琦（运输学院）　熊志华（运输学院）　谢　祥（经管学院）
谢纪刚（经管学院）　杨　方（运输学院）　余爱梅（理学院）
杨亚丹（体育部）　张秀敏（电气学院）　吕　兴（理学院）
张丽梅（理学院）

最佳教案奖（6 个）：

陶　丹（电信学院）　孙　静（土建学院）　宋志坤（机电学院）
谢纪刚（经管学院）　杨亚丹（体育部）　张秀敏（电气学院）

12 月 7 日至 9 日，校工会组织参加学校第九届青年教师教学基本功比赛的青年教师、评委等赴红旗渠、殷墟等地学习考察，并总结交流了比赛经验。

【工会组织建设】

3 月 3 日，校工会组织校教代会、校工会干部培训，校教代会常设主席团成员、校工会委员会委员、校工会经费审查委员会委员、二级工会委员会委员近 100 人参加了培训，邀请市教育工会副主席郭峰做了教代会、工会工作的辅导报告。

5 月 23 日，第三届原铁路高校工作研讨会在南昌华东交大举办，校工会常务副主席殷快、副主席徐爱国等出席。

9 月 21 日，西安、上海、西南、北京四所交通大学工会工作研讨会在我校隆重召开。学校党委副书记、工会主席高福廷，西安交通大学副校长、工会主席李伟，交大工会工作研讨会秘书长、上海交通大学原工会专职副主席倪浩，上海交通大学工会副主席吴刚，西安交通大学工会副主席张庆生、董德民，西南交通大学工会副主席郑江出席会议。北京交大部分二级工会主席和四所交通大学专兼职工会干部 40 余人参加会议。学校工会常务副主席殷快主持研讨会。与会者围绕发挥教代会作用、建设教职工之家等内容交流了各校的经验。研讨会还邀请了北京市总工会张青山副主席，作了题为《工会组织与教代会制度关系及二者在民主管理体系中地位和作用》的专题报告。

12 月底，学校举行 2012 年工会系统总结表彰暨新春联欢会。各级工会委员 120 余人参加了会议。校党委副书记、教代会主席、工会主席高福廷在讲话中充分肯定了校工会的工作，并从围绕主业建功立业，加强学习、自身建设，丰富教职工生活，捐困助困，非事业编职工入会等方面总结了工会 2012 年的工作。会上，高福廷为校女职工委员会颁发了全国教科文卫体工会授予的先进女工组织的奖牌和证书。校工会常务副主席殷快宣布了 2012 年先进工会小组、先进工会工作者名单。

2012 年度先进工会小组（24 个）：

电气学院电气传动与控制工会小组、新能源研究所工会小组

电信学院机关工会小组

后勤集团家属区物业管理中心工会小组、学生公寓管理中心工会小组、幼儿教育中心工会小组

机电学院车辆系工会小组、机械工程实验中心工会小组

校机关保卫处工会小组、审计纪检工会小组、实验室与设备管理处工会小组、外联处工会小组

计算机学院计算机科学系工会小组、网管中心工会小组
经管学院物流管理系工会小组、信息管理工程系工会小组
图书馆阅览部工会小组
土建学院力学系工会小组、桥梁系工会小组
校医院保健科东校区工会小组
语传学院欧亚语系工会小组
远程学院教学工会小组
出版社工会小组、微联公司工会小组
2012 年度先进工会工作者（55 人）：

杜　欣　黄　辉　徐春梅　王虹英　养雪琴　韩　超　李淑红　李杨波　潘玉萍
王　欣　赵银发　杜秀霞　何　涛　张若达　陈　尘　何　凌　黄晓慧　李世珍
申振明　魏　炜　徐　民　翟庆生　周　阳　董敬祝　郭祎华　李秋莎　刘美琴
董庆峰　李义明　沈　伟　文映春　郭洋宏　何映雪　高　芸　周艳茹　刘丽侠
谢　华　董利剑　江　辉　孙　静　战家旺　祝　瑛　范玮玮　田英杰　许白桦
耿梅芳　石　月　王　丽　高翠香　蒋广军　王子洋　赵　熠　李　敏　王爱平
王景昕

老干部与离退休工作

【综述】

2012年，学校老干部与离退休工作处认真贯彻落实《北京交通大学离退休工作领导责任制》《中共北京交通大学委员会关于进一步做好新形势下我校离退休工作的意见》精神，以敬老助老、强化服务为核心，以让校党委放心、让老同志满意为目标，改进服务手段和方式，做好特困离退休教职工帮扶工作，组织开展丰富老同志精神文化生活的各种活动，不断提高服务质量和服务满意度。

截至年底，学校共有离退休人员1 671人，其中离休人员88人，退休人员1 583人；90岁以上8人，80—90岁251人，70—79岁674人，70岁以下738人，分别占离退休总人数的0. 48%、15. 02%、40. 34%、44. 17%；党员821人，占离退休总人数的49. 13%。离退休工作处现有工作人员8人。离退休人员分布状况详见表4、表5、表6。

表4　离退休人员按行政级别分类一览表

类别	正局	副局	正处	副处	正科	其他	小计
离休（人）	2	17	8	50		11	88
退休（人）	4	6	67	80	75	1 351	1 583
合计（人）	6	23	75	130	75	1 362	1 671

表5　离退休人员按技术职称分类一览表

类别	正高	副高	中级	初级	其他	小计
离休（人）	12	22	28	6	20	88
退休（人）	219	481	314	328	241	1 583
合计（人）	231	503	342	334	261	1 671
百分比（%）	13. 82	30. 10	20. 47	19. 99	15. 62	100

表6　离退休人员按年龄段分类一览表

类别	90岁及以上	89～80岁	79～70岁	69～60岁	59～50岁	49岁以下	小计
全部人员	8	251	674	469	266	3	1 671
百分比（%）	0. 48	15. 02	40. 34	28. 07	15. 92	0. 18	100
其中党员	4	151	364	211	88	1	819
百分比（%）	0. 49	18. 44	44. 44	25. 76	10. 74	0. 12	100

【党建工作】

1. 加强政治理论学习，提高离退休工作政治水平

5月，邀请学校党委宣传部部长作学习贯彻学校第十次党代会精神辅导报告。通过学习

使离退休党员干部进一步了解学校近年来工作取得的成绩以及未来发展“三步走”战略，增强了对学校发展的信心，激发了贯彻学校十次党代会精神、为学校教学改革与发展做贡献的热情。

11 月，组织离退休党员干部集体参观“科学发展 成就辉煌”大型图片展览；邀请马克思主义理论研究和建设工程专家为离退休党员作十八大精神辅导报告；12 月，组织离退休党员干部开展学习贯彻党的十八大精神理论培训，围绕胡锦涛同志所作报告及习近平同志在十八届一中全会、中央政治局会议和政治局集体学习时的重要讲话、《中国共产党章程（修正案）》，深入学习研讨党的十八大精神；选派离退休党员干部参加北京高校离退休干部党支部书记培训班。

全年发放《十八大学习资料汇编》800 本，光盘 5 份，《支部书记工作方法十谈》20 本，《怎样当好支部书记》20 本，《支部生活》18 份。

2. 完成创先争优活动和《北京普通高等学院党建和思想政治工作基本标准》检查工作

开展创先争优活动，完成创先争优群众评议工作。以基层组织建设年为主题，以支部为单位组织学习，结合本支部实际情况，采取以小型座谈会、电话沟通和个别访谈等形式，组织党员和群众参加创先争优活动群众评议，党员群众对离退休党委整体工作表示满意。完成了推荐北京高校 2010—2012 年创先争优优秀个人、优秀集体工作和推选北京高校创先争优先进离退休干部党支部、优秀离退休干部党员和“老有所为”先进集体、个人工作，学校东校区离退休党支部被评为北京高校离退休干部先进党支部、吴培德同志被评为北京高校离退休干部优秀党员、学校关心下一代工作委员会被评为北京高校“老有所为”先进集体、李士群同志、孙永春同志被评为北京高校“老有所为”先进个人。

完成《基标检查》工作。在学校党委的领导与支持下，认真贯彻党的十七大和十七届四中、五中、六中全会精神，结合离退休工作实际，以《基标检查》为契机，不断加强离退休党支部建设，认真总结五年来离退休党委贯彻落实《基本标准》的情况，积极查找问题和不足，形成《离退休党委党建和思想政治工作基本标准检查自评报告》。

完成支部分类定级工作。17 个党支部经过党支部委员会自评、支部党员和群众评议、党支部分类互评和上一级党组织考评后，综合考评等级均为 A。

完成“ 三重一大”决策制度情况自查。7 月，离退休工作处领导班子召开专门会议，研究开展自查自纠工作，明确分工，检查落实和执行“三重一大”情况，查找问题与不足，提出改进措施，形成《离退休党委关于贯彻执行“三重一大”决策制度情况自查报告》。

3. 充分发挥离退休党支部的战斗堡垒作用

着重做好离退休党支部和离退休党员联系群众、服务群众、教育群众工作，对特困离退休教职工开展帮扶工作；3 月，完成推选北京市和全国党代会代表候选人等工作；6 月，组织党员开展献爱心捐款活动，共计捐款 5 520 元；7 月，组织离退休党员庆“七一”文艺演出；10 月，开展交大精神大讨论，弘扬爱国荣校传统；9 月，以迎接十八大召开为契机，做好维稳工作，促进和谐校园建设；加强党内民主建设，全年接转党员组织关系 36 人次，办理政审 18 人次；加强离退休党宣工作，完成内部刊物《心声》31 ～ 33 期出刊工作，共印发 1 800 份，更换宣传橱窗 4 期。

【落实两项待遇】

开展调查研究，以完善工作体制、强化服务为突破点，全面落实政治待遇和生活待遇。

为进一步做好新形势下我校离退休工作，深入群众，加强调研研究，共召开离退休教职工座谈会3个，个别访谈60余人次，深入了解我校离退休工作现状，完成调研报告，3月，召开学校离退休工作领导小组会议，4月，校党委常委会听取离退休工作调研汇报，并对相关问题逐一进行研究，明确工作重点，制定综合措施。5月召开离退休同志学校情况通报会，学校出台《中共北京交通大学委员会关于进一步做好新形势下我校离退休工作的意见》，明确提出建立“一级管理，两级关怀”的工作体制。

1. 落实政治待遇

合理设置党组织，完善离退休党员的党组织建设。设立三个离退休党支部，并为每个离休支部分派一名信息员，每月与离休党员电话沟通一次，并根据老同志的分布与居住情况，设立校外西三旗临时党支部，以保证他们同组织的密切联系。

针对老同志的特点，探索适合老同志特点的支部活动形式，采用灵活多样，生动有效的方式组织好老同志的政治学习，定期召开支部党员大会，组织离退休党员认真学习讨论，沟通思想，提高认识。2012年共召开离退休教职工学校情况通报会1次；组织老党员座谈会4次；组织“交大精神”大讨论3场；组织推选学校出席北京市第十一次党代会代表候选人推荐人；组织开展“身边雷锋——最美北京人”、“身边雷锋”团队评选宣传活动；开展向“我身边的先锋”学习活动网上投票推荐全国创先争优优秀共产党员工作。

元旦、春节、“七一”、国庆等节日走访慰问老战士、老干部、老党员、老教授及特困老党员上百人次；走访慰问高龄、独居、行动不便、身患重病、生活不能自理老同志200人次；重阳节前夕，走访慰问在京90岁以上高龄老同志8人，送去节日礼物和全校师生的问候；接待来访老同志200多人次。做好来信来访工作，化解矛盾；对老同志反映的问题，基本做到及时处理、及时反馈。

2. 落实生活待遇

坚持以人为本，建立特困离退休教职工帮扶机制，设立离退休教职工特困帮扶基金；开展“双高期”老同志服务管理专项研究，做好高龄、独居、行动不便、身患重病、生活不能自理离退休教职工的走访慰问工作；学校增拨活动经费25%，改善活动场所条件，购置触摸一体机、计算机、彩电、卡拉OK机、电子血压计、家具等，提高现有活动站的设施条件，为离退休教职工开展活动提供方便。

从5月起，提高退休教职工在合同医院就医门诊报销比例，即从原来的85%，提高到90%。积极配合校医院，新增适合老年人的体检项目，确保老同志体检时间、项目、服务的优先、优选、优质；为校外居住比较集中的西三旗育新花园小区的离退休教职工提供医药费报销上门服务。坚持每月两次为享受医疗待遇的离退休教职工派专车到世纪坛医院就医共500多人次；每月指派专人配合校医院为270多位享受102待遇教职工报销一次药费；12月，提高并发放自9月起离退休教职工补贴，发放春节慰问金。

增订报刊13份，制作2013年老年人生活月历（每人1册）；开展免费法律咨询活动，为老同志维权提供服务；设置意见箱，疏通渠道，及时听取老同志的意见和建议；加大投入，不断完善信息库建设，为启动全民医保做好准备；协助后勤完成活动站房屋维修、宣传橱窗维修工作；完成东活动站、东校区活动站工资查询工作；处理丧葬28起。

【老年大学】

离退休工作处老年大学长期开设摄影、书法、绘画、声乐、老年保健、计算机等课程，全年共举办计算机普及讲座3场，摄影讲座6场，健康讲座2场。在办好离退休教职工舞蹈队、合唱团、木兰队、摄影队、书画社、时装舞蹈队、门球队等基础上，出版了庆祝松柏书画社成立十五周年书画作品集《松柏长青》，松柏书画社常年组织作品参加北京市、教育部等比赛、展览，创作了许多优秀作品；新成立“夕阳红健康俱乐部”。

【老教授协会】

老教授协会继续建设会员“老有所为”平台，截至年底协会已有137名会员；积极参与和支持中国老教授协会的工作，参加中国老教授协会组织的活动，如学习十八大精神报告会、“大学的文化传承创新和文化育人”专家论坛、《大师风范》的编写等；充分发挥老教授协会的平台作用，调动老教授老有所为的积极性，继续做好一帮一结对子活动，积极开展对新聘教师的传、帮、带工作；组织老教授开展社会实践活动及新春联谊会，组织会员参观宋庆龄故居、国家大剧院；开设文化创新论坛；组织老教授参与黄骅海滨学院人才培养工作；加强协会办公电子化信息化建设，收集会员有关老有所为的信息。

【老龄活动】

加大投入，强化服务，以社团活动为载体，开展形式多样的文体活动，丰富离退休教职工精神文化生活，加强文化建设。组织卡拉OK、台球、乒乓球、麻将、门球、象棋比赛；组织木兰队、舞蹈队、合唱团、门球队参加校内外表演、比赛，5月，在北京高校老同志健身项目展示活动中，学校木兰队获得广播体操类的二等奖；组织参加校内外书画展、摄影展，4—5月，举行松柏书画社成立15周年回顾展；搭建健康教育新平台，10月，组建“夕阳红健康俱乐部”。举办2012年秋季体育节，有近1 200名离退休教职工参加。4月、10月组织春游、秋游及体育节等文体活动，根据离退休教职工不同的身体健康状况和个人兴趣爱好，选定西山国家森林公园、大觉寺、南海子公园、北京植物园、红螺寺、通州运河森林公园和世界公园等景点组织春秋出游，共2 300多人次参加。

【关工委工作】

年关工委以迎接、学习贯彻党的十八大为契机，以“人生大课堂”为载体，以社会主义核心价值体系为引领，对大学生进行爱国主义、革命传统、形势政策教育32场；充分发挥校关工委的资源优势，以“名师面对面”为载体，开展英语、高等数学、大学物理、计算机等课程辅导讲座7场；以校园文化的发展和繁荣为目标，坚持不懈地做好学生社团活动的指导工作，组织开展书画、京剧、诗歌等活动6场，松柏书画社的老同志利用每周六的休息时间给学生书画社会员进行辅导；努力完成教育部关工委理论研究中心的各项工作，将《工作简报》更名为《理论研究动态》，刊登了国内外有较大影响的理论与实践密切结合的理论文章，启动了对青少年进行社会主义核心价值体系教育课题研究，进一步完善了课题管理办法，编发了2012年推荐研究课题和课题指南；为教育部关工委编印了调研报告选第一集；不断加强关工委的自身建设，充分发挥老同志作用，为关心下一代事业做出新贡献。

2012

人才培养

研究生教育

【综述】

2012 年研究生院在校党委的领导下，认真落实折子工程中的工作重点和年初制定的工作要点，结合《国家中长期教育改革和发展规划纲要（2010—2020）》《全面提高高等教育质量的若干意见》（高教三十条）等有关政策文件提到的研究生教育发展目标，紧密围绕“优化结构、注重创新、提高质量”的发展思路，全面启动和实施了“研究生创新能力提升计划”，深化研究生培养机制改革，进一步推动了学校学位与研究生教育和学科建设工作的新发展。

【招生工作】

2012 年，北京交通大学硕士研究生计划招收 3 000 人，其中国家计划内 2 106 人；实际招收 2 991 人，国家计划内 2 051 人。博士研究生计划招收 420 人，其中国家计划内 373 人；实际招收 426 人，国家计划内 288 人。在职人员攻读工程硕士专业学位招收 814 人。在职人员攻读会计硕士学位招收 97 人。软件工程硕士领域自主招生 1 118 人。

【培养工作】

2012 年，北京交通大学毕业研究生 2 945 名，其中博士 256 名，硕士 2 689 名。截至 2012 年 12 月 31 日在校研究生 8 913 人（不含非学历教育研究生），其中博士生 2 362 人，硕士生 6 551 人。2012 年春季，共开设硕士生课程 451 门；博士生课程 61 门。2012 年秋季，共开设硕士生课程 722 门；博士生课程 102 门。

硕博连读选拔工作。2012 年 3 月启动硕博连读选拔工作，最终确定硕博连读 99 名。

学籍管理工作。为加强研究生学籍管理工作，2012 年学校继续进行超期博士和硕士研究生学籍处理工作。对超过 8 年的博士研究生，已发放退学通知及超期警示书共计 301 份，对超过 5 年的硕士，已发退学通知及超期警示书 21 份。

教材工作。6 月，根据《关于北京交通大学 2012 年教材出版基金资助教材公布的通知》，有 4 本研究生教材获校出版基金资助。见表 7。

表 7　2012 年教材出版基金资助研究生教材名单

序号	单位	作者	教　　材	适用范围
1	理学院	王兵团	数值分析简明教程	研究生
2	语言学院	周红红	高级英语交流	研究生
3	电信学院	赵林海	故障诊断技术及其在轨道电路中的应用	研究生
4	经管学院	张菊亮	供应链建模与优化	研究生

教改工作。为全面贯彻落实学校研究生教育“十二五”事业发展规划目标，激发广大教师和教学管理人员进行研究生教育教学研究的积极性，增强研究生教育教学研究的针对性和实效性，培育高水平的教学成果，5 月，在全校范围内对研究生教育教学改革项目开展了

选题的征集工作，6 月，启动项目申报工作，经评审，9 月，最终 2012 年研究生教育专项基金立项 27 项。见表 8。

表 8　2012 年研究生教育专项资金资助项目名称及资助金额

序号	学院	项目负责人	项目名称	资助经费（万元）
1	电子学院	赵友平	“通信工程”国际化课程建设	2
2	电子学院	蒋大明	提高研究生生源质量的机制研究	3
3	计算机学院	许宏丽	高级操作系统课程研究型教学平台建设	1
4	计算机学院	孙冬梅	《现代数字信号处理》研究生专业基础课程建设	1
5	计算机学院	阮秋琦	创新研究生培养机制及模式，提高研究生培养质量	2
6	经管学院	叶蜀君	金融专业学术型硕士研究生创新能力培养模式设计及实施	3
7	经管学院	郭雪萌	经济管理类研究生全方位立体化生源优化机制设计及实践	4
8	运输学院	袁振洲	以“道路交通管理与控制”为例探讨适合多层次知识结构的研究生课程建设	1
9	土建学院	邢佶慧	钢结构课程体系国际化建设	2
10	土建学院	赵成刚	土木工程博士预科班基础教育培养	3
11	土建学院	杨庆山	研究生土木工程学科专业学位教育综合改革探索	2
12	机电学院	李国岫	研究生导师队伍建设与管理机制研究	4
13	机电学院	何伯述	《高等燃烧学》课程建设	1
14	机电学院	杨江天	工程测试与信号分析精品课程建设	1
15	机电学院	姚燕安	基于学科交叉项目的硕士连读试点班培养机制研究	3
16	机电学院	姜志康	专业学位研究生教育质量标准及保障体系研究	2
17	电气学院	刘慧娟	“电机与电路”专业《工程实践》课程建设	1
18	电气学院	和敬涵	“1 +4”硕博连读研究生培养实践	3
19	理学院	王兵团	研究生数学技术应用平台建设	2
20	理学院	盛新志	对抗性课堂研讨促进专业基础课程研究型教学	1
21	理学院	胡红刚	生物学研究生专业基础课程《细胞生物学》的创新建设	1
22	理学院	廉巧芳	全国研究生入学考试数学成绩分析与我校数学公共基础课教学研究	5
23	人文学院	魏发辰	马克思主义与社会科学方法论	1
24	语言学院	刘伟	以商务内容为依托、以通用能力为导向的 MBA 商务英语课程改革研究与实践	3
25	研究生院	荆涛	研究生培养信息系统研发	20
26	研究生院	林葵	创新人才培养模式研究	5
27	研究生院	孙强	基于服务与监控的在职专业学位研究生招生管理运行机制研究	3

教学成果奖评选。5 月，根据《北京交通大学教学成果奖励实施办法》，配合组织进行了 2012 年校优秀教学成果评奖工作。此次共申报研究生教学成果 47 项，经专家评审，最终 28 个研究生教育教学成果获奖，其中一等奖 10 项，二等奖 18 项。

研究生公派出国项目。2012 年我校有 86 名同学申报该项目，其中攻读博士学位 41 人，联合培养博士生 45 人。经组织考核，按照签约名额要求，共推荐 68 名学生申报国家留学基金委项目，攻读博士学位 37 人，联合培养博士生 31 人。经国家留学基金委评审，录取我校 52 位研究生，其中联合培养博士生 24 人，攻读博士学位 28 人。11 月，启动我校 2013 年“国家建设高水平大学公派研究生项目”申报工作，组织召开了项目说明会，配合校研究生会学术部组织了项目交流会，配合校外单位组织进行了 3 个博士生项目宣讲会。12 月，完成 2013 年两个法国项目的组织推荐工作，共推荐 8 名同学赴法攻读博士学位研究生。

博士奖助学金。2012 年研究生录取工作按照培养机制改革方案组织实施，在 2012 级博士研究生招收中，282 名非定向生中，根据博士生导师科研情况，获得学校专项基金资助的占 4.9% （14 人），对基础学科给予扶持的占 1.4% （4 人），依托国家级科研课题招收的占 59.6% （168 人），依托省部级科研课题招收的占 19.9% （56 人），依托其他科研课题招收的占 12.1% （34 人）。9 月完成了博士生导师助研津贴的科研转账工作，博士生导师为博士生助研津贴共计转出 478 万元科研经费；顺利完成 2011、2012 级两个年级的硕士研究生、2009—2012 级四个年级的博士研究生和 2008 级直博生助学金的发放工作。为进一步深化研究生培养机制改革，促进博士研究生培养与科研的紧密结合，保证博士研究生在学期间基本生活需要，激励博士研究生勤奋学习、刻苦钻研，从而进一步提高教育质量，12 月出台《北京交通大学博士研究生奖助学金设置方案及管理办法》（校研发〔2012〕67 号），将学校博士生基本津贴、导师助研津贴、国家奖学金一体化设计，与学校创新基金、国际学术交流基金以及研究生发表高水平论文奖励等激励措施配套，整体上构成了博士研究生一体化的奖、助激励机制。

硕士奖助学金。2012 级全日制硕士（不含专业学位）中获得各等级奖学金的比例分别为：Ⅱ等 40% 、Ⅲ等 20% 、Ⅳ等 20% 、未获得 20% ，完全符合文件规定比例。7 月顺利完成 2011 级全日制专业学位硕士研究生第二学年奖助学金的评定和系统录入工作，其中一等奖助金占 15% ，二等奖助金占 30% ，三等奖助金占 20% ，四等奖助金占 20% ，未获得奖助金者 15% 。

研究生国家奖学金。配合国家新推出的研究生国家奖学金，根据《研究生国家奖学金管理暂行办法》（财教〔2012〕342 号文件），结合我校研究生教育实际，12 月出台了《北京交通大学研究生国家奖学金管理办法（试行）》（校研发〔2012〕66 号），将研究生国家奖学金与我校博士研究生奖助学金配套进行了一体化奖助设计，切实建立各类奖学金、助学金和创新基金体系化的奖助激励机制。并组织进行了 2012 年度研究生国家奖学金的评选工作，共评选博士研究生国家奖学金 91 人，硕士研究生国家奖学金 168 人。

优秀博士生科技创新基金。经学生申报、学院评审、研究生院审核、科技处审批，3 月，完成 2012 年研究生创新研究基金项目立项工作。此次申报项目 163 项，经评审，立项 127 项，其中Ⅰ级 81 项、Ⅱ级 41 项、Ⅲ级 5 项。7 月，与科技处、计财处共同对 2010 年立项项目进行了检查。10 月，配合基本科研业务费申报时间的调整，启动 2013 年项目申报工作，推荐 92 个项目。12 月，组织进行 2011 年度 92 个项目的结题审查工作。其中 80 个项目通过结题（7 项提前结题，16 个项目审查优秀），10 个项目申请延期，2 个项目结题未通过。另有 4 项 2012 年立项项目进行了提前结题审查，4 项前期项目通过本次结题。

出国学术交流基金。为扩大对博士生国际交流的规模，经过统筹协调，2012 年学校提高了博士研究生国际学术交流基金的资助力度，由 2011 年的 90 万，提高到 140 万。5 月，启动优秀博士研究生国际学术交流基金申报工作，经校院两级选拔，确定资助 20 名博士研究生赴国外进行为期 6 ～ 12 个月的访学研究。12 年全年共完成出国访学 18 项（2 名研究生因签证问题未派出），国际学术会议 11 项的项目申报、审查及派出工作。

拔尖创新人才选拔试点班。通过对 2011 年拔尖创新人才选拔试点班开展调研工作，针对实施中存在的问题，修订了 2012 年度试点班选拔及培养实施方案。6 月完成 2012 年硕博连读选拔工作，2012 年“拔尖创新人才选拔试点班”总人数 99 人，其中直博生 48 人，硕士生 51 人，涉及全校 12 个一级学科。5 月，对 2011 年入选试点班的 45 名硕士研究生进行了考核，43 名通过考核获得 2012 年博士生资格。11 － 12 月期间，为更好地推进此项工作，分别与各学院两届试点班的学生与相关教师进行了座谈。

教学检查。2012 年春季和秋季学期组织开展了研究生课堂教学秩序和教学质量检查工作。全校 12 个研究生教学单位和研究生院全体工作人员采取听课检查评估的方式对大部分课程的教学秩序与纪律、教学内容与方法两方面进行了检查。检查结果表明，研究生课程总体教学情况良好。教师备课充分、精神饱满，多数教师注重专业课程的研究性，能够与研究实际相结合。课堂教学秩序更加规范。但未经教学单位同意或备案的擅自调课现象依然存在。加快研究规范研究生课程调课批准备案制度应作为今后教学管理工作的重点内容之一。

研究生培养模式示范工程。作为学校“研究生创新能力提升计划”的组成内容，6 月启动“研究生培养模式示范工程”立项工作。制订了“2012 年度研究生培养模式示范工程实施方案”，2012 年度研究生培养模式示范工程首先启动研究生培养方案制订及精品教材建设项目。12 月组织了项目结题工作，同时完成 12 本精品教材的立项工作。见表 9、表 10。

表 9　2012 年研究生培养模式示范工程培养方案制订项目名称及资助金额

序号	学院	项目负责人	学　科　名　称	资助经费（万元）
1	电信学院	唐　涛	交通信息工程及控制	5
2	电信学院	闻映红	通信与信息系统	5
3	计算机学院	赵　耀	信号与信息处理	5
4	经管学院	荣朝和	应用经济学	5
5	经管学院	郭雪萌	会计学	5
6	运输学院	朱晓宁	控制科学与工程	5
7	运输学院	朱晓宁	交通运输工程	5
8	土建学院	向宏军	土木工程	5
9	土建学院	汪越胜	力学	5
10	机电学院	方跃法	机械工程	5
11	电气学院	和敬涵	电气工程	5
12	理学院	冯其波	光学工程	5
	合　计			60

表 10　2012 年研究生培养模式示范工程精品教材项目名称及资助金额

序号	学院	项目负责人	教　材　名　称	资助经费（万元）
1	电信学院	唐　涛	轨道交通基于通信的列车自动控制系统	2
2	电信学院	闻映红	电波传播理论	2
3	计算机学院	倪蓉蓉	数字媒体的内容安全与取证	2
4	经管学院	彭兆祺	宏观经济学	2
5	经管学院	郭雪萌	会计理论	2
6	运输学院	尹相勇	交通运输系统工程	2
7	运输学院	毛保华	轨道交通网络化运营组织理论与技术	2
8	土建学院	夏　禾	车桥耦合振动工程	2
9	土建学院	杨庆山	空间杆系有限元	2
10	机电学院	张勤俭	先进制造系统	2
11	电气学院	黄　辉	电网络理论	2
12	理学院	冯其波	研究生实验教材	2
	合　计			24

第九届全国研究生数学建模大赛。9 月“第九届全国研究生数学建模大赛”中学校 25 个队参赛。共获得全国一等奖 1 项、二等奖 3 项，三等奖 1 项。本次竞赛首次设立教师奖，全国有 10 位老师获“全国研究生数学建模竞赛杰出贡献奖”荣誉称号，学校指导教师王兵团教授获此殊荣。

【学位工作】

2012 年博士、硕士学位授予情况。1 月 6 日北京交通大学第十二届学位评定委员会第二次全体会议讨论了学位授予工作，同意授予博士学位 65 人、硕士学位 809 人；4 月 25 日北京交通大学第十二届学位评定委员会第三次全体会议讨论了学位授予工作，同意授予博士学位 20 人、硕士学位 18 人；7 月 2 日北京交通大学第十二届学位评定委员会第四次全体会议讨论了学位授予工作，同意授予博士学位 141 人、硕士学位 2 591 人；10 月 22 日北京交通大学第十二届学位评定委员会第五次全体会议讨论了学位授予工作，同意授予博士学位 28 人、硕士学位 22 人。授予博士硕士学位名单附后。

优秀博士、硕士学位论文培育、推荐等相关工作。2012 年着重做好优秀博士论文的选拔和培育工作，通过全面实施研究生教育创新工程，重点推荐优秀博士科技创新基金获得者、出国访学基金获得者、专项研究基金获得者参加优秀博士论文的评选，加强调研和有关信息跟踪服务工作。2012 年 4 月启动了校级优秀博士、硕士学位论文评选工作，共评选出校级优秀博士学位论文 10 篇，校级优秀硕士学位论文 100 篇。推荐参评北京市优秀博士论文 5 篇，经北京市教委聘请同行专家评审，我校 1 篇博士学位论文入选 2012 年北京市优秀博士学位论文：机电学院贾力教授指导的博士生张田田的学位论文《微通道内气体流动换热的理论与实验研究》。根据《关于做好 2012 年全国优秀博士学位论文评选工作的通知》（教研司〔2012〕1 号）和《关于做好 2012 年北京地区全国优秀博士学位论文推荐工作的通知》（京教函〔2012〕30 号）文件精神，我校参考 2011 年北京市优博获选名单，经过选拔推荐了7篇优秀博士学位论文参选，经过北京市评选，有3篇被北京市推荐到全国参评。最终理学院马志明教授指导的博士生刘玉婷学位论文入选2012年全国百篇优秀博士学位论文，论文题目是《网页排序中的随机模型及算法》。运输学院高自友教授指导的博士生龙建成学位论文获得2012年全国百篇优秀博士学位论文题名，论文题目是《城市道路交通拥堵传播规律及消散控制策略研究》。

制定激励机制，做好拔尖人才培育工作。制定了《北京交通大学拔尖人才培育工程实施办法》，启动实施了“拔尖人才培育工程”，对有潜力指导出优秀博士学位论文的导师给予经费和政策上的支持，首批资助10位博士生指导教师每人10万元经费。见表11。

表11　2012年“拔尖人才培育工程”项目资助人名单

序号	学　院	资助人姓名
1	电信学院	谈振辉
2	电信学院	刘　云
3	电信学院	钟章队
4	电信学院	宁提纲
5	计算机学院	赵　耀
6	运输学院	高自友
7	土建学院	刘建坤
8	土建学院	杨庆山
9	机电学院	方跃法
10	理学院	商朋见

高水平论文奖励政策。为支持和鼓励我校研究生撰写和发表高质量的学术论文，促进研究生培养质量的不断提高，由资助研究生发表论文的版面费改为对研究生发表高水平论文进行奖励，出台了《北京交通大学研究生发表高水平论文奖励办法》。

导师遴选与培训工作。1月组织对我校博士、硕士生指导教师遴选工作。各学院学位委员会审议通过41人推荐参加博士生导师遴选，经过校外专家评审，4月25日校学位评定委员会第三次全体会议投票表决，27人遴选通过成为学校新增博士生导师，5人为遴选或认定为兼职博士生导师。新增硕士生导师172人。

新增导师培训工作。为提高学校研究生培养质量，让新增导师充分了解学校相关政策，2012年6月27日召开了2011、2012年新增博士生导师培训会，介绍了博士生培养及学位申请的有关政策及管理规定，邀请了清华大学博士生导师胡事民教授作题为“高水平博士生培养的思考与实践”的主题报告。制作了导师手册，详细介绍了研究生培养、课程管理、学位授予等方面的政策和规定。

修订了研究生指导教师遴选办法。随着学校师资队伍、科学研究和人才培养等各方面工作的快速发展，以及我校学术论文分类办法的重新制定，现行《北方交通大学博士生导师遴选与聘任工作实施细则》（院发〔2001〕3号）、《北方交通大学硕士生导师遴选办法》（院发〔2001〕6号）需进行重新修订，并重新确定导师遴选量化指标中的标准。经过多方调研和广泛征求意见，学校校长办公会通过了《北京交通大学博士研究生指导教师遴选办法》(含量化指标)、《北京交通大学硕士研究生指导教师遴选办法》2 个文件。

【管理工作】

1. 深入落实《北京交通大学关于进一步加强和改进研究生思想政治教育的实施办法》，提高研究生培养质量

研究生思想政治教育各项工作，紧密围绕落实学校《进一步加强和改进研究生思想政治教育的实施办法》开展。深入各学院，走访调研研究生就业工作，召开研究生就业工作座谈会。组织研究生思想政治教育工作上半年总结会和下半年工作布置会，探讨研究研究生思想政治教育工作面临的新机遇与新挑战，探索研究生思想政治教育与业务培养有机结合的新途径。与研究生院共同召开研究生教育工作研讨会，研究如何进一步加强我校研究生教育工作、提高研究生培养质量。

2. 学习宣传贯彻党的十八大精神，扎实做好研究生党建工作

11 月 8 日，组织研究生通过各种途径收听收看了大会开幕式盛况。开幕式结束后，开展了讨论会、座谈会等学习交流活动。研究生一致认为，胡锦涛总书记的报告高屋建瓴、立意深远，对党和国家未来五年发展蓝图倍感振奋，下一阶段一定要认真学习、深刻领会大会精神，坚持学以致用、用以促学，切实以大会精神指导学术科研工作，不断提升自身综合素质。研工部在《交大研究生》杂志开辟专栏，刊登研究生学习十八大精神的心得体会。邀请曹国永书记、宁滨校长、人文学院韩振峰院长，结合研究生党员骨干培训、科学道德和学风建设宣讲等，为研究生做十八大精神宣讲、解读。积极为教育部思政司报送学校研究生宣传贯彻党的十八大精神工作情况，并选派唯一研究生代表参加中央政策研究室文化研究局内部调研座谈会。为全体研究生党员印发《中国共产党第十八次全国代表大会学习资料汇编》，作为研究生党员学习材料，包括胡锦涛在中国共产党第十八次全国代表大会上的报告、《中国共产党章程》、中国共产党第十八届中央委员会第一次全体会议公报、人民日报社论等。组织研究生通过网络、手机等新媒体，浏览和加关注“首都百万师生微党课”微博和学习十八大专题网络平台，充分利用网络资源，增强教育的覆盖面和实效性，目前已有 1 399 名研究生加关注“首都百万师生微党课”微博。

以“教育 创新 发展”为主题，举办第三期北京交通大学研究生党员骨干培训班，共有 208 名学员结业。采用领导报告、专家讲座、研讨交流、团队训练、实务培训、音像教学多种培训形式，编印《研究生党务实用工作手册》，坚持理论联系实际，培养研究生党员骨干的坚定政治立场、良好综合素质和实干精神，提高研究生党员骨干的政治素养、理论水平、基本技能和实践工作能力。邀请曹国永书记、高艳副书记、人文学院韩振峰院长、北京市高校毕业生就业指导中心张辉主任、中国传媒大学研究生工作部段鹏部长为研究生党员骨干作培训报告，从理论和实践指导研究生党员骨干。组织团队训练，加深研究生党员骨干间的沟通，拓展日常工作交流方式，培养团队协作精神。开展北京高校研究生党员代表与我校研究生党员骨干研讨交流活动，充分发挥研究生党员先锋模范作用。组织研究生党员骨干观看历史文献纪录片《信仰》、主旋律电影《大山深处的保尔》，以音像材料独特的感染力，开展理想信念教育，丰富了学习形式。开展党务工作实务培训，编印《北京交通大学研究生党务工作实用手册》，提高研究生党员骨干工作水平。组织观看“科学发展　成就辉煌”大型图片展，直观地感受中国共产党带领全国人民取得的非凡成就。

为深入学习宣传党的十八大精神，贯彻落实教育部、北京市和学校文件精神，进一步深

化研究生在创先争优活动中开展基层组织建设年工作，加强研究生学风建设工作，促进研究生就业，创建学习型基层党组织，结合学校研究生党建工作实际，制定了《学习十八大精神、抓学风、促就业创建学习型基层党组织——关于加强研究生基层党组织建设实施方案》。通过学习型研究生党组织的建设，营造重视学习、崇尚学习、坚持学习的文化氛围，推动理论联系实际优良学风的形成，促进研究生就业，更好地发挥党支部的战斗堡垒作用，提高人才培养质量。与学生处、团委共同出台《关于在全校学生中深入开展学习贯彻党的十八大精神活动的通知》，深入系统地在学生中开展学习贯彻党的十八大精神活动。以《北京精神50问》《北京精神百家谈》为宣讲教材，在研究生中广泛开展了“学习、践行北京精神”为主题的教育活动，积极引导研究生了解和认同北京精神。组织研究生代表集中观看电影《钱学森》，同时向各学院发放了电影《钱学森》光盘，各学院通过主题党团日、班会、主题征文以及座谈交流等教育活动，引导研究生以多种形式深入学习钱学森精神。制定《关于在研究生中开展“践行雷锋精神，创建文明宿舍”活动的实施方案》，要求研究生从身边做起，从小事做起，创建安全文明的宿舍环境，践行雷锋精神。研究生公寓文化建设委员会在学苑公寓开展了《雷锋》电影展播活动，校研究生会开展了对农民工子弟小学的志愿支教和义务捐献活动。组织11个优秀研究生党支部与深入大学生“村官”所在的京郊农村，以及优秀毕业生所在的乡镇街道、企事业单位等，与对方党支部结对，建立共建关系，利用节假日深入对口地区或单位，根据实际需求，组织开展科技支持、文化普及、知识宣讲等对口交流活动。推荐1个党支部参加北京市2012年学生党支部红色“1+1”示范活动评选活动。

开展毕业研究生党员教育。邀请国家自然科学基金委员会纪检监察审计局张清处长，为毕业研究生党员作题为《永远跟党走》的主题报告，加强毕业研究生党员教育。

完成基标检查工作。对照《北京普通高等学校党建和思想政治工作基本标准》中要求，梳理工作、总结经验，完成基标检查大学生思想政治教育工作特色报告、专项报告和研究生部分自查报告，整理“大学生思想政治教育工作（研究生部分）”支撑材料。

组织研究生观看“科学发展　成就辉煌”大型图片展，并结合专业特色参观第11届中国国际现代化铁路技术装备展览会。在参观过程中，研究生直观地感受到了中国共产党带领全国人民在经济、政治、文化、民生、生态文明、国防军队、和平统一、党的建设等方面所取得的非凡成就和中国铁路行业的科技进步，看到了党的十六大以来国家建设、人民生活的历史性变化，进一步坚定了永远跟党走的信心和决心。

各学院针对全体研究生党员开展形式多样的教育培训，共组织党员骨干培训54次，党员教育104次。

3. 推进研究生科学道德和学风建设，建立学风建设长效机制

根据《教育部关于切实加强和改进高等学校学风建设的实施意见》精神，推进学校研究生学风建设宣传教育工作取得明显成效，系统整理《研究生科学道德和学风建设年度工作报告》，总结经验，制定并出台《研究生科学道德和学风建设宣讲教育实施细则》。高艳副书记代表学校参加北京市科学道德和学风建设宣讲教育工作会议，并作为北京地区三个典型单位之一作主题交流发言。《北京交通大学以学风建设为突破口不断增强宣讲工作的效果》被北京高校宣传和思想政治教育工作简报单篇报道。深入贯彻落实中国科协、教育部、中科院、中国社科院、中国工程院《关于做好2012年科学道德和学风建设宣讲教育有关工

作的通知》《关于落实2012年科学道德和学风建设宣讲教育工作的通知》及《关于北京市科学道德和学风建设宣讲教育工作2012—2013学年工作要点》等文件精神，研究生工作部牵头，联合研究生院、学生工作部、人事处、信息中心等部门，制定了《2012—2013学年北京交通大学科学道德和学风建设宣讲教育工作实施方案》，明确了宣讲教育的14项工作任务及目标。确保了在全体研究生中实现宣讲教育工作的全覆盖，宣讲教育与课堂教学、导师指导、研究生党建、研究生活动、学术活动有机结合。

确保全覆盖，举办集中宣讲教育活动。把好新生入学教育关，将宣讲教育活动作为研究生入学教育"新生引航工程"的一项重要内容，确保每名研究生新生接受不少于2次的集中宣讲教育活动。研究生工作部部长结合学校研究生教育相关管理制度及规范，针对全体研究生（含博士）新生，进行了首场科学道德和学风建设宣讲教育报告，鼓励研究生潜心钻研、夯实基础、培养兴趣、勇于实践。组织各学院在专业介绍等学院大会上进行科学道德和学风宣讲教育。邀请北京市科学道德和学风建设教育宣讲团专家宁滨校长、阮秋琦教授和吴重庆教授，长江学者特聘教授高自友分别举办题为"研究生的科学道德和学风建设"、"学术论文与学术诚信"、"研究生如何树立良好学风"和"科学研究、道德规范、工作方法及论文撰写"的集中宣讲报告，引导其树立科研诚信、学术规范意识和不畏艰难、勇于探索的作风。组织200名研究生代表参加在人民大会堂举行的2012年首都高校科学道德和学风建设宣讲教育报告会，聆听吴孟超、徐匡迪、姚期智院士的人生经历和科研历程。

开展科学道德和学风建设网络教育。在学校知行信息交流平台专门设立"研究生科学道德和学风建设"版块，组织研究生网络宣传员每天发表以学术规范、学术道德、科学研究方法等为主题的帖子，营造优良学风建设氛围。

与学术活动相结合，广泛开展分散宣讲教育。修订完善"与大师面对面"名师讲坛活动管理办法，将研究生科学精神、学术道德教育与"院士校园行"名师讲坛、"与大师面对面"名师讲坛活动相结合，为研究生与名师面对面交流提供良机。开学至今，共邀请中科院院士欧阳钟灿、吴新智院士及相关领域专家学者开展以"做人、做事、做学问"为主题的"院士校园行"名师讲坛11场、"与大师面对面"名师讲坛活动134场。各学院结合各自学科特点，面向全体研究生开展分散宣讲报告43场。

研究生工作部将科学道德和学风建设内容纳入《加强研究生学习型基层党组织建设实施方案》，强化了研究生新生党支部的战斗堡垒作用。成立了由各学院推荐业务强、学风好的10名优秀研究生代表组成"身边的榜样"——研究生学术道德和学风建设先进典型事迹宣讲团，在全体研究生中倡导勤奋、严谨、求实、创新的学风以及追求真理、实事求是、大胆探索、传承拓新的科学精神。邀请全国百篇优秀博士论文获得者吴建军老师，接受研究生现场访谈；以"如何规划研究生学术生活"为主题，组织了研究生新生学术沙龙2场；在校内"知行"信息交流平台"研究生科学道德和学风建设"版块，组织研究生新生参与讨论学术问题、交流学术规范，营造了良好学术氛围。

2012年校院两级共组织研究生学术论坛229次。以"博文研学·格物知行"为主题，举办第二十二届"慧光杯"研究生学术文化节。除包括传统的优秀论文评选、学术论坛、学术沙龙、博闻论坛、研究生辩论赛等活动之外，还增加了学风访谈及校际学术研讨会，实现了学术文化节从校内向北京市其他高校的推广。优秀论文评选活动实现了"两个首次"和"一个突破"。首次面向北京市高校征文，论文获奖研究生代表首次上台面向百名研究生和老师作学术汇报；论文数量取得了历史突破，达到了755篇，其中，校内论文征稿713篇，校外投稿42篇。邀请到了清华大学、中国科学院、社会科学院、北京航空航天大学、北京理工大学、北京科技大学等13个兄弟院校的研究生会代表，举办校际学术研讨会，各高校的研究生会代表介绍了本校面向研究生开展的学术活动的形式与内容，讨论了高校举办研究生学术活动的困难和问题。

与青岛大学共同承办2012年全国博士生学术论坛（系统科学与工程），积极组织研究生参加。我校共有17篇论文收入论坛论文集，有15名博士生在分论坛上作了报告，与各高校博士生同学就系统科学领域的前沿问题进行了交流。此外，组织16名研究生参加了同济大学、中南大学、哈尔滨工业大学、西南交通大学、上海理工大学、北京师范大学等学校举办的全国研究生暑期学校、博士生学术论坛，促进研究生的交流。

4. 积极开展研究生社会实践活动，培养实践能力和服务社会意识

2012年，共组织了41支研究生暑期社会实践团500余人，结合专业特长深入基层开展社会实践活动。荣获6项首都高校社会实践优秀成果、4支实践团荣获首都高校社会实践优秀团队，2名研究生荣获首都高校社会实践先进个人，2名指导教师荣获首都高校社会实践先进工作者。配合对外联络合作处，组织开展“校友寻访”系列活动。

按照“自愿报名、专业对口、择优录取、组织选派”的原则，2012年选拔推荐了10名优秀博士生参加北京市挂职锻炼，召开了挂职博士生动员培训会及挂职座谈会，以挂职锻炼工作为契机，加强博士生的职业生涯规划教育。在其挂职期间，挂职博士生通过博客及《交大研究生》专栏，定期沟通挂职收获及心得，实现了学校和挂职单位全过程的规范管理。

5. 深入开展“研究生学期教育计划”，解决不同阶段研究生的教育需求

优化“研究生学期教育计划”中“学术规范与学术道德”模块的课程方案，形成系统性、连续性教育课程。校内外选聘了33名学术成就突出、品行端正、治学态度严谨、热心于科学道德建设工作，对青年学生的培养具有较高影响力和感召力的专家学者，担任“学术道德和学术规范”客座教授，对研究生进行有针对性的教育，累计110学时。

统筹多方资源，加强职业生涯规划与职业发展教育。加强研究生职业规划意识和就业能力教育，提升研究生就业质量。组织研究生辅导员，开展校级研究生职业生涯规划课程共计10学时；组织校研究生会、各学院研究生会分专业领域、邀请杰出校友主讲、开展研究生就业指导讲座4场。组织各学院聘请校内外27名专家，开展职业规划与职业发展教育共计122学时。

扩大心理健康教育覆盖面，积极开展研究生心理普查及健康教育。依托心理素质教育中心，有效组织各学院研究生新生参加心理普查工作，将心理普查结果作为开展研究生心理健康教育的依据和参考。各学院每周报送一次研究生特殊状况信息，对普查中发现的个体问题，及时干预和疏导，将心理问题解决在萌芽状态。开展研究生学期教育计划之“阳光心理与生命健康”教育培训周。邀请心理素质教育中心老师，对全校研究生新生和心理委员进行心理健康教育系列培训6场，共计12学时。培训内容包括心理健康常识、新生适应、研究生心理定位与自我调适、学业生涯规划等，帮助研究生尽快适应新的学习阶段，以积极健康的心态学习和生活。组织各学院聘请校内外9位专家，共开展心理健康教育讲座59学时。

进一步强化安全责任意识，加强危机控制与安全管理教育。组织开展“研究生安全教育周”，邀请保卫处和校医院老师举办7场讲座共计14学时，结合视频图片资料和实际案例讲解了和研究生切身相关的安全知识。组织研究生学习《北京交通大学学生住宿管理规定》《北京交通大学实验室安全管理办法》等文件中的相关条例。以《研究生安全教育知识手册》内容为基础，开展宿舍消防、食品卫生、交通出游、安全稳定、网络安全等知识教育培训。与住宿研究生签订《安全责任书》，签订率为100%。

6. 加强队伍建设，全面推进研究生思想政治教育工作

完善辅导员队伍建设规划，科学定位辅导员角色。在调研兄弟院校和各学院工作的基础上，征求组织部、人事处和各学院意见及建议，修订完善了《北京交通大学兼职研究生辅导员队伍建设实施办法》，对青年教师兼任研究生辅导员提出了明确要求。与学生处共同总结、起草高校党建工作座谈会辅导员工作材料，组织召开学习习近平同志重要讲话精神辅导员座谈会。

落实深度辅导工作，举办辅导员博客、博文评选。要求研究生辅导员及时掌握研究生的个体特点及基本需求，建立研究生德育档案，开展宗教信仰、民族团结、经济困难、发展需求等调查。严格辅导员考核，采取监督与激励机制并举等措施，确保每名在校研究生得到至少一次有针对性的深度辅导，本年度深度辅导5 926人次。鼓励辅导员建设博客、微博等网络互动平台，共有4名研究生专职辅导员博客、8篇博文参与“北京交通大学优秀辅导员博客、博文评选活动”，有1个博客获“北京交通大学辅导员优秀博客”，1篇博文获得“北京交通大学辅导员优秀博文一等奖”，2篇博文获得“北京交通大学辅导员优秀博文三等奖”。

加强专兼职辅导员培训，组织研究生辅导员沙龙活动。积极组织1名研究生专职辅导员参加教育部培训，4名研究生专职辅导员参加北京市培训，并开展2次校内培训活动，举办2期研究生辅导员沙龙活动，为研究生专兼职辅导员搭建了沟通、交流的平台，探讨了提升深度辅导工作效果的有效方法。

做好研究生班主任聘任及培训，评选研究生优秀毕业生班主任。本年度首次评选了12名研究生优秀毕业生班主任。共聘任2012级新生班主任91名，开展了校院两级班主任培训工作，充分发挥班主任在班级建设中的作用。

7. 坚持资助与实践育人紧密结合的理念，解决研究生实际困难。加强研究生“三助”管理员培训工作，完善研究生实践资助平台

进一步完善《研究生“三助”岗位设置规范》，组织召开各单位研究生“三助”管理员培训会。2012年设置研究生“三助”岗位1 512个，上岗研究生2 574人次（助管1 668人次、助教906人次），发放津贴463.2万元。将研究生助教、助管工作与育人紧密结合，使上岗研究生得到能力锻炼。同时，充分利用一站式服务平台，办理研究生“三助”系统使用咨询，查询研究生“三助”系统账号、密码登记等业务。

定期排查特殊情况研究生，解决研究生实际困难。组织各学院定期排查特殊情况研究生，为研究生解决实际困难，共向16名研究生发放思源助学金、临时困难补助8.3万元。

8. 加强研究生安全稳定工作，切实维护校园安全稳定

坚持在节假日前向全体研究生发布安全提示，提高研究生安全责任意识。执行重大纪念日和关键时期专、兼辅导员值班制度，2012年研究生工作部共报送安全稳定信息73天。加

强对公寓文化自律委员会、伙食建设工作委员会和网络宣传员三支德育工作队伍的指导，开展消防安全卫生检查，对维护研究生群体的安全稳定发挥了重要的作用，具体工作如下：

以宿舍安全事故为案例，通过电子邮件发《致全校研究生同学的一封信》，对全体研究生进行宿舍安全教育。组织各学院、研究生公寓文化建设委员会定期进行研究生宿舍检查。2012 年共组织宿舍消防安全检查 12 次，严密排查各种安全隐患，及时发现及时解决，将问题解决在萌芽状态。每次检查结束后，对存在的问题进行通报、限期整改，落实整改结果。

与学生处、后勤集团联合修订《北京交通大学学生住宿管理规定》，已编入《北京交通大学研究生手册》(2013 年版)。

举办研究生学苑公寓文化月活动，以“弘扬宿舍文化，倡导和谐校园”为主题，开展研究生样板宿舍评比活动，营造安全、和谐的宿舍文化氛围。

成功处理、解决 6 名研究生的特殊问题，包括身体、心理、纠纷等突发事件。

把握学生思想动态，做好情绪疏导和矛盾化解工作。加强网络信息与舆情的研判、分析与预警，组织研究生网络宣传员密切关注“知行”信息平台，了解研究生舆论动态，共编写《研究生网络舆情报告》51 期。建立研究生特殊情况周报制度。

编印《2012 年北京交通大学研究生安全稳定教育工作手册》，包括安全稳定教育工作计划、突发事件应急预案、学校相关文件以及工作通讯录等，更好地指导安全稳定教育工作。

研究生伙委建设委员会定期与后勤集团饮食服务中心进行座谈、组织参观食堂食材采购基地等，2012 年共举办 12 次活动，成为学校与研究生沟通的重要渠道。

开展毕业研究生文明离校活动，向毕业离校研究生发布《2012 年研究生文明离校倡议》，并组织毕业研究生捐书捐物。

9. 组织全校开学典礼、研究生学位授予仪式

协调相关部门，组织全校新生开学典礼和研究生学位授予工作，利用学位授予仪式、研究生迎新工作、重大节日，加强对研究生的日常思想政治教育工作，取得了良好的工作效果。

10. 举办第九届研究生英语文化之夜活动

进一步提升研究生综合素质、提高研究生英语应用能力，本届英语文化之夜活动在充分调研的基础上，以应用能力为导向进行改进。共发放问卷 300 份，回收有效问卷 216 份，根据调研报告结果，在节目初审和复审中注重古典和现代风格英语的结合，同时增加趣味性节目。提升英语文化之夜活动的吸引力，提高研究生的英语应用能力。

11. 举办 2012 年“师生情”研究生毕业晚会

结合毕业生文明离校活动，开展社会主义核心价值体系教育。举办以“永远跟党走，永远交大人”为主题的 2012 年“师生情”研究生毕业晚会，引导研究生树立爱校、爱党、爱国的信念，为下半年召开的党的十八大营造良好气氛。晚会上，宁滨校长发表了热情洋溢的讲话，并代表学校接收了毕业研究生先给母校的礼物——现场完成的书法和国画；各学院研究生和导师一起表演了精彩的节目。“永远跟党走永远交大人”“师生情”研究生毕业晚会已经连续举办了四届，成为了师生共叙情谊和毕业生离校教育的良好平台。

12. 完善研究生事务管理，不断提高服务水平

开展信息化建设工作，开发研究生学术活动报名系统。开发了研究生学术活动报名系统，集成研究生综合素质教育计划、学期教育计划、党员骨干教育培训工程、科学道德和学

风建设宣讲教育四个方面活动的发布、申请、统计、活动评价于一体。促进校院两级各项教育活动的整合及信息沟通，完善研究生参加活动的考核及记录。

继续举办研究生艺术工作坊开放日活动。以“创意·合作·分享”为宗旨，面向研究生开展软陶比赛、摄影技巧讲座等主题活动。通过10场艺术工坊开放日活动，加强不同专业研究生的沟通交流，提升研究生的艺术素养的同时，激发了他们的创意，丰富了研究生课余文化生活。

完善研究生评优评先制度，加强“典型引路”示范宣传。严格按照公平、公正、公开的原则，做好研究生评优评先工作。共评选出31个研究生先进集体、4项荣誉称号、18项专项奖学金，共1 430人次获奖，发放120.23万元奖金。举办研究生先进班集体总结交流会及道德建设先进个人评选、宣传活动，充分发挥“典型引路”作用，激励广大研究生学习先进、共同进步。

充分利用22号学生公寓和学苑公寓研究生创新活动中心，举办学术、文化等交流活动。实行网络化使用申请，加强管理、完善审批程序，保证了活动中心无差错使用。2012年22号学生公寓活动室举办活动620场，学苑公寓活动室900场，为全校学生开展学术交流、创新实践、就业创业培训提供了开放性的“平台”。

刊印《交大研究生》杂志和研究生德育工作简报，以自办刊物为载体，加强研究生政治思想教育工作交流平台建设。

13. 积极开展研究生思想教育工作调研和科学研究

走访其他高校，开展校际交流调研活动。结合人才培养一体化建设、青年马克思主义培养、职业发展教育、研究生网络行为等主题，开展科学研究。研工部荣获“北京交通大学党的建设和思想政治工作先进单位”荣誉称号，获得“北京交通大学2010—2011年党的建设和思想政治工作优秀成果一等奖”、“北京交通大学2012年优秀基层党建工作创新项目一等奖”和“2012年北京交通大学教学成果一等奖”。研工部所在党支部荣获“北京交通大学2011—2012年创先争优先进基层党组织”荣誉称号。屈晓婷主编的《研究生学风实录——自然情境下的互动与归纳》获得“2012年高校德育创新发展研究成果三等奖”，屈晓婷撰写的论文《研究生学术诚信教育内容构建与途径研究》获得“华北地区第十七次高校德育研讨会优秀论文奖”，屈晓婷、任杰撰写的论文《美国高校研究生事务管理信息化服务之借鉴》获得“第八届北京市高教学会研究生教育研究会（思政组）优秀论文一等奖”，屈晓婷、秦莹、胡滢、江涛完成的《加强科学道德和学风建设，提高研究生培养质量》教学成果获得“2012年北京交通大学教学成果一等奖”。

北京交通大学2011—2012学年研究生先进集体、先进个人情况：

（1）北京交通大学研究生先进班集体（31个）；

（2）北京交通大学三好研究生（671名）；

（3）北京交通大学优秀研究生干部（497名）；

（4）北京交通大学道德建设先进个人（10名）；

（5）北京交通大学社会实践优秀团队（32个）、北京交通大学社会实践优秀个人（74名）、北京交通大学社会实践优秀带队教师（12名）；

（6）北京交通大学智瑾奖学金（38名）；

（7）京东方奖学金获得者（20名）、京东方奖教金获得者（教师4名）、京东方管理责献奖（教师 1 名）；

（8）西门子铁路奖学金（3 名）；

（9）校友奖学金（1 名）；

（10）宝钢优秀学生奖学金（4 名）；

（11）尖峰奖学金获得者（3 名）；

（12）光宝助研奖学金（15 名）；

（13）电力节能奖学金（6 名）；

（14）华为奖学金（6 名）；

（15）新联铁奖学金（10 名）；

（16）九阳助学金（15 名）；

（17）台达奖学金（10 名）；

（18）京仪椿树奖学金（6 名）；

（19）唐一新能源奖学金（13 名）；

（20）NLTC 绿色照明奖学金（12 名）；

（21）中立鸿一杨爱芬奖学金（3 名）；

（22）汤森路透奖学金（3 名）；

（23）康明斯奖学金（4 名）；

（24）马克思主义理论创新奖（6 名）。

【附件4】

北京交通大学博士生指导教师及授予博士、硕士学位人员情况

1. 北京交通大学博士生指导教师一览表（见表12）

表12 北京交通大学博士生指导教师一览表

专业代码	专业名称	新增博士生导师	已有招生博导名单
0202	应用经济学	司显柱 卜伟 皇甫晓涛 季晓南（兼）	荣朝和 李文兴 欧国立 赵坚 袁伦渠 张瑞萍 石美遐 叶蜀君 谭克虎 李孟刚 林玳玳 曹玉书（兼）张雷（兼） 吴彤彪（兼） 叶茂林（兼） 张国祚（兼） 冯华 潘浩然 张梅青 李朴民（兼） 王灏（兼） 周道许（兼） 李雪梅 林晓言
030505	思想政治教育	何玉芳	颜吾佴 林建成 路日亮 陈树文 刘秀萍 张雷声（兼） 荆学民（兼） 韩振峰
0701	数学		常彦勋 渠刚荣 马志明（兼） 王金亭 郑神州 于永光 冯衍全 kwak 郝荣霞 修乃华
070205	凝聚态物理		吕燕伍 金光日
070207	光学		徐叙瑢 王永生 黄世华 陈云琳 衣立新 何志群 张希清 刘博 段武彪 盛新志
0711	系统科学	林兴强（兼）	高自友 徐维祥 贾斌 孙会君 李克平
071101	系统理论		彭名书 邓红文（兼） 曹鸿钧 陈志南（兼）
0714	统计学		商朋见 王军
0801	力学	徐丰 柯燎亮 毛军	章梓茂 汪越胜 于桂兰 兑关锁 郭雅芳 刘金喜（兼） 刘颖 戈新生（兼） 金明 黄海明
0802	机械工程		李建勇 王太勇（兼）李平康 王爽心 李长春 查建中 方跃法 李德才 姚燕安 张朝辉 易晓 王仪明（兼）孙守光 谢基龙 李强 张鹏 刘志明 杜彦良（兼） 杨绍普（兼） 杨庆新（兼） 方卫宁 任尊松 刘伟
0803	光学工程	娄志东	冯其波 王智 郑义 赵谡玲 何大伟 滕枫 姚建铨（兼） 谢芳 侯延冰 徐征 洪涛（兼） 邓振波 张福俊 何金生
0808	电气工程		范瑜 王毅 金新民 刘明光 张小青 王玮 吴命利 吴俊勇 和敬涵 张黎（兼） 胡兆光（兼） 叶柏洪（兼） 郑琼林 雷清泉（兼） 王立德 刘志刚 游小杰 姜久春 刘小河（兼） 阮新波（兼） 刘友梅 张晓冬 张和生 张奕黄 葛宝明 杨中平 顾国彪（兼） 陈树勇（兼） 李伟力 王久和（兼） 杨中平

续表

专业代码	专业名称	新增博士生导师	已有招生博导名单
0809	电子科学与技术		侯建军　李邓化（兼）　杨华中（兼）
081001	通信与信息系统	罗洪斌　赵友平　任国斌	简水生　谈振辉　陈常嘉　李洵　张宏科　王均宏　延凤平　刘云　钟章队　娄淑琴　朱刚　李唐军　裴丽　杨维　宁提纲　秦雅娟　陈根祥　郭宇春　高德云　孙玉（兼）　吕家国（兼）　周华春　荆涛　艾渤　李旭　孙昕　陶成　何德全（兼）
081002	信号与信息处理	刘渭滨	阮秋琦　肖杨　赵耀　梁满贵　田捷（兼）　孙冬梅　赵瑞珍　刘杰　苗振江
0810Z1	信息安全		毕颖　杜虹（兼）　夏勇（兼）　张斌（兼）　刘吉强　姜建国（兼）　杨义先（兼）　沈昌祥（兼）　陈性元（兼）
0811	控制科学与工程		侯忠生　刘德荣（兼）
081103	系统工程		贾元华　申金升（兼）吕永波　王喜富　关伟　钱大琳　张喜
081200	计算机科学与技术		孙永奇　樊建平（兼）　吴尽昭（兼）　韩臻　于剑　王志海　孟洛明（兼）　林宙辰（兼）　石勇（兼）　李凡长（兼）　刘峰　沈鸿
0814	土木工程	刘保东　田玉基　王锦　韩林飞　韩冰　杜进生　张成平　杨维国	赵成刚　张鸿儒　乔春生　刘建坤　刘保国　张顶立　王哲　何平　项彦勇　白冰　赵伯明　杨庆山　朋改非　杨娜　王元丰（兼）　安明喆　李进　夏海山　李德英（兼）　齐梅兰　陈文化　王梦恕　夏禾　刘维宁　朱尔玉　雷俊卿　石志飞　谭忠盛　季文玉　高日　袁大军　黄卫（兼）　陈铁林　张楠　贺少辉　岳祖润（兼）　李德生
082301	道路与铁道工程		施仲衡　许兆义　魏庆朝　王连俊　杨成永　高亮　陈峰　杨松林　白明洲　梁青槐　赵国堂（兼）　雷晓燕（兼）　杨广庆（兼）
082302	交通信息工程及控制	陈德旺	唐涛　魏学业　陈后金　宁滨　徐洪泽　赵会兵　闻映红　宋永端（兼）　王化深　蔡伯根　董海荣　王飞跃（兼）
082303	交通运输规划与管理	韩梅　贾顺平	刘凯　毛保华　周磊山　张星臣　林柏梁　邵春福　孙全欣　刘军　何世伟　袁振州　韩宝明　董宝田　朱晓　李海鹰　马建军（兼）　宋瑞　郎茂祥　赵鹏　季常煦　聂磊　于雷（兼）　傅志寰（兼）　姚恩建　闫学东　郭继孚（兼）
082304	载运工具运用工程	翁宇庆　白秉哲	朱衡君　翟洪祥　邢书明　徐宇工　贾力　张欣　宁智　韩建民　李国岫　周洋　何伯述　余祖俊　曾广商　刘石（兼）　耿志修（兼）　陈梅倩
082321	运输与物流		张长青
0835	软件工程		卢苇
0837	安全科学与工程		谭南林　肖贵平　秦勇　贾利民　宋守信
120120	管理科学	郑吉春（兼）	陈喜庆（兼）　王岳森（兼）　周静（兼）　李学伟　关忠良　张真继　王庆云（兼）

续表

专业代码	专业名称	新增博士生导师	已有招生博导名单
120121	物流管理与工程		王耀球　张菊亮　侯汉平　徐寿波　汝宜红　鞠颂东　穆东　施先亮　赵启兰　魏际刚（兼）　郑大昭（兼）　张成海（兼）
120122	信息管理		刘世峰　张润彤　黄磊
120123	工程与项目管理		郝生跃　孙永福（兼）　刘伊生　赖明（兼）
120201	会计学	肖翔　崔永梅	郭雪萌　马忠　程小可　张立民　张秋生　刘玉廷（兼）　周守华（兼）
120202	企业管理	刘颖琦	张明玉　丁慧平　刘延平　邬文兵　叶龙　张新（兼）　葛新权（兼）　杨华（兼）　许立达（兼）　张文松　唐方成
120203	旅游管理	余青	张辉　石培华
120204	技术经济及管理		黄宗远
	合计	30 人（兼职 3 人）	370 人（兼职 80 人）

2. 学位授予名单

北京交通大学第十二届学位评定委员会第二次全体会议授予硕士学位人员名单（809 人）

（2012 年 1 月 6 日）

电子信息工程学院（346）

微电子学与固体电子学

何朝军　杨　嫚　唐　明　佟慧超　董　超　王　搏　冯奕翔　李崎璋　凌　波
张少真　李　飞　宋　阳　王子陆　徐胜进　张　昆　张倩倩　宫　琦　刘宝玉
汪圣星　许　超　张圣义　孙　猛　王丽红　张　立　陈　珂　吴　迪　谷文博
夏　敏　张泽宇

通信与信息系统

李玮洁　张　乐　张皓翔　郭　瑛　刘晓萌　薛　姗　陈　玉　黄少宾　李　冉
于俊锋　袁凤姣　安新星　陈大伟　王淞宇　彭文文　盛晓娟　李晓芸　邱陆威
李光伟　王　静　闫　芳　张珠君　孙庆贺　王　源　闫东川　高耀辉　黄　晓
李海旭　李雪芳　史洪彬　王耀兴　段燕斌　郭霄杰　李　斌　陈　诚　董　俊
姜晓丽　沈　杰　王　磊　庞源泉　田　沃　高炳楠　王若梦　王　巍　杨　帅
张春辉　张晓路　何小艳　刘　练　邓夏玮　王开煊　贾照娜　李亚岚　吴　娇
黎小蒙　刘观辉　洪毅清　姜　巍　孙　涛　李新坡　张婧亮　张　璐　谷方舟
段璨然　黄乐天　汝　琛　尚雁秋　王　东　纪春光　刘玉峰　律　倩　杜轩轩
董文珺　贾媛媛　张　旭　赵　超　张晓兴　陈福森　高　源　田董涛　许振玲
赵　兴　董时菊　王志飞　王　滨　周　雯　沈　莹　白松林　房　晶　王　涛

王　伟　解东瑞　许　梦　顾德依　刘　洋　罗宇琳　张　倩　高宁宁　巩耀晓
李庆文　李小龙　苏　莉　梁华予　任　熠　张宪慧　张中晟　袁　博　曹　峰
陈雨新　崔　英　李雪霞　刘　凯　李　冰　马福利　赵　欣　曹大杏　刘靖龙
吕光旭　马　媛　安　扬　何晨宇　刘争辉　冯　涛　聂东研　原　方　张　旭
杜亚梅　高林毅　林凯峰　钱金龙　魏　宏　朱明伟　元　男　苑　乐　李　阳
班布日　高毓恺　应江威　张　磊　RWIGIMBA FRANCK

电路与系统

刘　林　齐　霄　王　靖　魏欣星　周建华　韩　赛　贾松松　李　红　陈　希
侯殿福　杨茂清　洪祥元　马晶晶　王鹤天　王书浩　张　喆　张文礼　王韵淇
张学臻　于丽秋　张家源　董　威　陈莎莎　穆　超　刘相锋

电磁场与微波技术

王志强　杨冬玲　赵文彬　赵　志　王经天　李彩珊　韩　宇　李丽丝　罗　健
王　强

信息与通信工程　信息网络与安全

檀　翔　唐沁钦　余　亮　朱型榣　刘耀东　熊裕聪　韩　磊　马　骁　赵　旭
杜　珺　亢嘉豪　吕文纳　赵　阳　杨晓晨　王培新　杨显峰　杨　政　乔兴华
陆　婷　李　智

信息与通信工程　光通信与移动通信

孟祥波　李木群　温晓栋　夏东明　赵　鑫　周　鹤　李　凡　李雨键　石彦超
张宏强

控制理论与控制工程

付阳俊　王　晶　赵　妍　冯海龙　王婷婷　马　研　陈令仪　贾　伟　徐贵富
姚　赞　程忆佳　张　茜　邱明华　杨　俊　范　博　王　蕾　郝晶晶　麻　磊
张　瑞　苏　川

交通信息工程及控制

杨清雯　丁　峰　李　伟　刘　昂　刘振国　邵泳哲　王晶晶　侯　赞　李　焱
骆书林　何　楠　裴雅丽　周钰威　王兴敏　曹　欣　范　莹　梁　艳　杨永清
张宏韬　段志龙　郭建东　李　强　余忠庆　董秋丽　陈　晨　李　敏　石　竹
刘建忠　王小芳　王　平　孙伟亮　蒋　琦　陈海燕　陈　磊　蒋　倩　陆亿恭
王　鹏　邹云鹏　李　旺　耿家俊　张　陶　李正交　陈鹤楠　梁婷婷　曹　妍
刘玉鹏　罗仁士　吴建伟　林　增　张　栋　李永康　赵建喜　马　亮　马作泽
吴成元　原志彬　陈凌颖　王飞月　陈　燕　唐汇东　王　书　熊　迎　周　荣
李　笑　刘　净　廖　奎　冉义奎　许俊杰　王　淳　张晓庆　杨　旭

交通运输工程　智能交通工程

李一石　杨　吉　管　洋　满中甜　高梦婷　张　頔　周博立　边　远　张福隆
于　鑫　郭　廓　黄之晗　王　军　付　双　徐健洲　王　伟　吴　品

环境工程

史锁兰　汪庭霁　杨志超　王　望

计算机与信息技术学院（9）

信息与通信工程　信息安全

徐郡爽

信息与通信工程　人机交互工程

王　安

计算机科学与技术

董秀彩　王　芬　陈　瑜　刘昌阳　邓　繁

生物医学工程

胡晓清　郑　斐

经济管理学院（5）

社会保障

罗　凌

国际贸易学

马亚琴

管理科学与工程　管理科学

袁万海

技术经济及管理

贾玲玉

管理科学与工程 工程与项目管理

TRAN VAN HAU

交通运输学院（8）

系统工程

祝　翔　许金发

交通运输规划与管理

姜　伟　张雪燕

交通运输工程智能交通工程

李　超

交通运输工程　运输与物流

潘　华

交通运输工程　城市交通工程

姚运梅

管理科学与工程　电子商务

许良锋

土木建筑工程学院（67）

工程力学

陈绍婷

岩土工程

孟　燕　来胜祥　翟振宇　刘云霞　姜　曦

结构工程

翟昌一　黄伟亮　于涛涛　罗　琨　郝　鹏　郝　节　储建文　余绪尧　秦　乐
吴　刚　刁涣玺　单　旭　彭中华　张思功　仲亚囡　翟欣欣　罗　瑶　杨年祥
孙彦杰　徐慧君　田　腾

市政工程

雷海东　袁　鑫

防灾减灾工程及防护工程

李静平

桥梁与隧道工程

李亚飞　刘振兴　赵阳阳　刘玉平　何周伟　徐　飞　王晓芳　何冠男　李培卿
迟永利　焦康杰　刘春阳　薛　佳　苏守一　王道钢　王全华　齐万鹏　王　艳
龚云康　刘金成　徐源庆　张　坤　朱　坤

土木工程　地下工程

任耀谱　万欣蕊　柯　明　易　丹　张　励　周　平

摄影测量与遥感

来玉梅

道路与铁道工程

马佳奇　倪向阳　彭修乾　苗胜豪　周晓伟

环境科学

段丽娟

环境工程

李　敏

机械与电子控制工程学院（1）

材料学

肖黎鸥

电气工程学院（4）

电气工程

谢　力　张善福　李永超　邱情芳

理学院（4）

应用数学

师少杰

光学工程

刘龙晖

应用化学

吕　岩　任　磊

专业学位硕士（357）

会计硕士专业学位

陆小生　施月阳　廖　锋　黄智鸿　江　洄　宋鸿娟　徐永军　罗暄晖　易祖良

车辆工程领域

王光兴　贾晋军　郭会生　吴胜权　张仁冰　朱　永　翟鹏军　杨文朋

电气工程领域

赵　镇　孙俊德　汪　倩　李德胜　陈　勇　王本涛　吴重昆　苏　曼　张言伟
许　慧　王永武　宋德武　刘希新　樊祥叶　杜皓平　于宪存　张笑萍　袁啸阳
李明烜　王洪伟　孙联庆　赵志春　蒋　涛　王　强　侯宗田　王晓梅　刘　华
孟鲁超　王　毅　魏胜民　陈晓红　管文涛　刘通贺　李术民　李　昊　董德鑫
高　欣　李　婧

电子与通信工程领域

朱　可　宋　梅　张茂栋　马　铮　张辉东　刘富明　余　继　刘卫东　徐成云
余利群　程炳远　孙士振　张岩国　王彤璐　张　娟　李　琪　张保东　郭飞翔
齐　放　李　娜　陈树骏　李继元　刘　逯　孔　源　刘庆新　王振水　李海堂
白学森　刘素芳　马伟杰　孙万象　康　实　张建宏　周　涛　邢鹏飞　毛　矛
赵海新　王正通　朱海鹰　董　明　王合峰　解朝晟　李朝阳　徐　磊　刘致乾
国　勇　郭雁军　郭　璐　彭　岚　丁本江　李延春　杨小国　孟　诚　聂文婷
单小峰　庄文涛　李仲元　刘风健　郑　睿　孙珖斯　万向普　齐　毅

高级管理人员工商管理硕士

刘　威　包　辉　李　靖　赫立波　吴　林　鲁大笠　赵　汝　杨建军　孙　威
李建楼　王雅旭　贾利俊　李开龙　王　宏　张明华　范　杰　王宏洋　杨　枫
周志军　付才国　邢奇生　郭　亮　盛天宝　张爱民　赵建阳　程东全　白晓霞
常　忠　杜鹏飞　吕立永　尹克敏　朱红婵　孙浩彪　郝清亮　胡　瑛　魏卓民
王继政　刘丽惠　陈　智

工商管理硕士

张　悦　王鼎胜　刘炳刚　何云汉　杨　勇　刘旭芳　李淑娟　曹子牧　赵彩军
郑永奇　邢　壮　魏　伟　王昆仑　郭金录　韩丽丽　刘文义　刘　勋　马玉强
苗　蕾　傅海燕　唐胜波　王　嵩　肖东燕　于　莹
RENATA CRISTINA DE OLIVEIRA DUCH　FERDJANI IBRAHIM SARAH
OLADELE BIDEMI　DARWIN TIRTA KAYUWANGSA

光学工程领域

宋德王

机械工程领域

吕彦辉　董焕彬　陈启渊　麻桃花　蔚　刚　李　峰　吴迪安　段　凤

计算机技术领域

魏　铮　刘志鑫　邱　枫　王春源　王　巍　王付华　刘　庆　吴　冰　卢龙刚
陈金荣　于　淼　尚　帅　梁　爽　姚志霞　许建军　西筱璇　刘　帅

建筑与土木工程领域

陈奇会　高瑞婕　吴立娜　冯敏娟　王院淼　姚予东　郭立强　王宪东　张劭明
李建生　孔祥阳　孙　洁　王　强　刘焕强　肖志强　曹　茜

交通运输工程领域

张　治　翁志新　潘学英　陈　波　苑建民　姜兴茂　胡文君　殷进海　王　伟
商远刚　徐国庆　刘文涛　李丕得　宋子平　梁爱国　刘　华　李　斌　田文冕
郭海清　徐伟治　王志鹏　张　伦　宫谊彬　兰云飞

控制工程

陈　华　杜文胜　郑建民　谭朝星　杨　征　谢博才　刘永涛　王江华　柳　青
李国文　高　婧　黄兴华　刘　路　赵　宁　韩　琪　毛振华

软件工程

刘向东　张立丽　孙　伟　王泓领　朱洪松　李　鹏　高　佳　宫　超　蒋瀚涛
张学梅　马　媛　商红艳　祝洪娇　苗　壮

物流工程

张亚平　何　敏　孙晓宁　徐桂珍　余馨祎　徐　博　石　林　兰　力　卢宝忠
李一凡　庞红广　陈　莹　陈　威　谭凯峰　周　薇　朱福生　李国臣　曹国新
张文静　于　红

项目管理

张　卓　纪　楠　赵　丕　罗　剑　吉志霞　井阁华　吕　晶　王晨生　高　芳
孙　湛　李东兴　李　佳　张　健　林立峰　苗晓雨　梁　克　常　逊　黄　岩
关　浩　董军钊　田　辉　程　思　田　钟　崔瑞洲　刘彦辰　杨　一　崔　娜
杨博洋　杨　潇　郭鸿飞　李宝珠　王炳辉　张　威　颜杜民　李述林　郭保杰
代云清　孙舒波　程　刚　郭朝荣　陈桂志　李福权　任　博　黄柱慧　桂艳萍
罗珊珊　郝永亮　贾文斌　蒋仕超　陈慧军　胡艳辉　靳艳军　孙　钥　余国辉
冯　伟　陈艳芳　杨伟祯

同等学力、高校教师（8）

电子信息工程学院

交通信息工程及控制

王晓冬

计算机与信息技术学院

计算机应用技术

张凯学　张永军　夏　磊　刘伟东　陆　科　常　丽

电气工程学院

电力系统及其自动化

李永江

北京交通大学第十二届学位评定委员会第二次全体会议授予博士学位人员名单（65 名）

（2012 年 1 月 6 日）

电子信息工程学院（10 人）

交通信息工程及控制

齐　驰　黄　亮　荀　径

通信与信息系统

危　婷　张　敏　刘志明　范林勇　卢宁宁　陶沛琳　郑　毅

计算机与信息技术学院（7 人）

计算机应用技术

高志民

信号与信息处理

陈　京　李　波　张延强　刘　楠　张颖康　毛鹏轩

经济管理学院（17 人）

产业经济学

王含春　郝志军　刘德红　王　磊　孙　飙　张农科　杨　柳

管理科学与工程

田　源　易　华

管理科学与工程　管理科学

孙中悦　李　捷

管理科学与工程　物流管理与工程

白晓娟　周凌云　李佳成

企业管理

王东浩　石培哲　王进强

交通运输学院（8 人）

交通运输工程　交通安全工程

张铁军

交通运输规划与管理

余烈锋　马社强　程先东　赵　莉　胥耀方

系统工程

赵　明　陶茂华

土木建筑工程学院（7人）

道路与铁道工程

严学斌　辛　涛

工程力学

李凤莲

结构工程

雷家艳

桥梁与隧道工程

邓玉姝　杜宪亭

岩土工程

蔡国庆

机械与电子控制工程学院（6人）

车辆工程

肖　楠　宋占勋

机械设计及理论

程云建　黄泽华　李　强

机械制造及其自动化

樊文刚

电气工程学院（4人）

电力电子与电力传动

温家鹏　高吉磊

电气工程

杨晓峰

载运工具运用工程

赵　佳

理学院（5人）

光学

任盛伟　吕昭月　鞠长滨

光学工程

卢丽芳

运筹学与控制论

张永利

人文社会科学学院（1人）

思想政治教育

李红辉

北京交通大学第十二届学位评定委员会第三次全体会议授予硕士学位人员名单（18人）

（2012年4月25日）

电子信息工程学院（5）

信息与通信工程　信息网络与安全

张雪雪

微电子学与固体电子学

汪　洋

通信与信息系统

杨晓崧　默罕默德

控制理论与控制工程

段匡亚

经济管理学院（2）

技术经济及管理

LYTHAIHOANG

管理科学与工程　工程与项目管理

NGUXENANHTUAN

土木建筑工程学院（6）

岩土工程

赵玉强

桥梁与隧道工程

李志伟　何　岳　李志佳　秦辉辉　伍　冬

专业学位硕士（4）

交通运输工程领域

宋　锴　薛　义

建筑与土木工程领域

杨　晓　周江天

同等学力（1）

交通运输学院

交通运输规划与管理

李士达

北京交通大学第十二届学位评定委员会第三次全体会议授予博士学位人员名单（20 名）

（2012 年 4 月 25 日）

电子信息工程学院（5 人）

通信与信息系统

刘　颖　韩东升　谢映海　郭　眈

交通信息工程及管理

张晓冬

经济管理学院（4 人）

管理科学与工程

苗振林

企业管理

王　凯　许金立

管理科学与工程　管理科学

郭志光

交通运输学院（8 人）

交通运输规划与管理

张　琦　漆　凯　刘　洁　谢征宇　贺兴东

系统分析与集成

刘剑锋

系统工程

李　健　陈　峰

土木建筑工程学院（2 人）

流体力学

郗艳红

桥梁与隧道工程

高　飞

机械与电子控制工程学院（1 人）

机械设计及理论

曾　强

北京交通大学第十二届学位评定委员会第四次全体会议授予硕士学位人员名单（2 591 人）

（2012 年 7 月 2 日）

学术学位硕士（1 437 人）

电子信息工程学院（9）

电路与系统

王向荣

通信与信息系统

何　康

控制理论与控制工程

张发财　李金超

交通信息工程及控制

柴琳果　李四辉　李　宪　杨　光　杨晓霞

计算机与信息技术学院（134）

信号与信息处理

洪　翔　魏雨博　陈威华　曹甜甜　陈立泽　陈银态　程宝田　程　龙　高立宁
郭荣伟　韩　娜　黄　伟　贾　凤　李晓磊　李雅洁　李远芳　梁　良　刘　宇
米　静　裴亚丹　秦　周　任　伟　任晓馨　商术娟　孙月影　王洪波　王　慧
王丽丽　王敏杰　王　莹　杨自柱　于少然　于晏平　张鹏雁　张　旭　张　瑶
张羽白　张玉杰　朱延飞

信息安全

安思宇　敖宇钢　曹洪建　杜　杉　侯　杰　黄　超　李英甫　孟　辰　时　辰
司华峰　王菲飞　王嘉林　许伦彰　杨　爽　张　强　张　青　张志彤　郑兴艳
朱英泮

人机交互工程

王　一　崇信毅　姜旭栋

教育技术学

曹双双　陈济晗　程　成　崔海东　焦　杰　李园园　王　芳

模式识别与智能系统

超木日力格　冯晓芳　黄照阳　金怀国　李圆圆　王方非　王明慧　辛沛露

计算机科学与技术

白凤伟	白 静	陈 亮	程 飞	杜 铭	封金蕾	付庆庆	高蓟超	黄 金
蒋志轩	鞠 颂	寇亚洲	李 赫	李 倩	李雁飞	李 毅	梁群仙	刘 蒙
刘一梦	吕微微	乔鸿欣	沈海利	苏小龙	唐 锐	唐耀红	田 旷	田 甜
王 峰	王 昊	王丽丽	王 琳	王培先	王云峰	徐 哲	杨利萍	杨晓晓
银晶晶	原继东	张启伟	张若晨	张先强	张 潇	赵日朋	杨恒胜	白 宇
高 进	陈 飞	RAMI ATWEH						

生物医学工程

安 羽	常 莎	孔祥龙	李 晨	刘效林	任丛林	徐 露	张芳萍	王旭升
赵 岩								

经济管理学院（342）

产业经济学

曲 斌	丁冬梅	白文昭	程俊义	但家龙	樊晓颖	高 渊	耿雪姣	郭妍妍
郝景熙	侯晨勃	黄凌鹤	嵇钟生	赖章德	李 佳	李健伟	李健伟	刘 赫
刘 雨	柳建蓉	鲁丽婷	罗 燊	马 聪	宋 凤	孙晓莹	王金余	王 倩
王云雷	王泽东	温岳中	向贤敏	肖 哲	辛 乐	修 俊	徐 鑫	薛 鹏
杨 帆	曾 哲	张希瑜	张 勇	钟函杉	周 菊	周 游	左雨轩	

劳动经济学

马铭悦	崔继伟	任 倩	宋学杰	唐美毓	汪 洋	徐黄华	杨 茁	张文芳
李 波								

统计学

冯 祎	高 铭	林 翔	彭红星	任吉卫	商 丽	

会计学

司占峰	金鹏剑	白 茜	郭海清	郭 昊	华 径	黄建川	纪 君	贾璐璐
简丽霞	康 璞	李明羲	李 苒	刘江娜	马明敏	马千棠	任丽君	时春苓
孙盼盼	谭 昳	谭胜男	唐梦华	田迎阁	王晨巍	王 林	王思维	王亚楠
韦丽倩	闻晓宇	夏焱焱	徐敏青	徐珊珊	颜 琴	杨莎莎	野红晓	尹 帅
于珊珊	余 玮	张安琪	张怡菲	赵智媛	王 希	郜东芳		
OUSSOU JOEL MICHAEL								

企业管理

熊 伟	卢 静	姜 岩	徐 舟	白延静	陈韦杉	陈 媛	池坤鹏	崔天景
崔洋洋	董晓晨	费俊淇	郭 琳	韩翔宇	何昌盛	胡安利	姜 辉	蒋文玉
李 倩	刘佳欣	刘学娟	刘子键	孟志峰	倪美燕	秦 波	任智云	石贝贝
宋玉姝	孙若曦	田 芬	田 婷	田晓婷	万 隆	万小利	王保刚	王 冬
王睿哲	王 彤	王 伟	王 莹	武洋洋	信 心	闫凤柳	杨海洋	尹之峰
于子涵	余 艺	袁 芳	赵 琼	DO MINH KIEN	HOMSI MOLIGE MARTIN			

旅游管理

邓超颖	董方慧	侯文静	黄宝美	刘 娅	邱海莲	任筱楠	宋 晨	王海凤

王　洋　吴晓蕾　夏爱香

技术经济及管理

张志朋　冯　颖　付广潜　高春华　李虹林　梁　娜　卢金子　孙健韬　孙钰涵
王惠莹　王吟第　王　宇　熊晓燕　殷继旺　张佩琴　赵　斌

社会保障

范晓丹　和小乂　高连杰　高　琼　齐　影　施　展　史天娇　宋　晨　孙　晋
孙昕萌　王　洋　赵　双

国民经济学

高天禹　刘君红　苗春萌　王启增　吴禹辰　阳　光

国际贸易学

贾素红　李　彤　彭小敏　乔文俊　谢敏华　徐敏娜　吴　迪

安全技术及工程

马　波　王　珂　武洁良　张若思　庄新杰

财政学

宫　梅　娄万里　杨　璞　周　红　周书晶

金融学

杜　冰　顾士桢　郭紫文　郇文娟　李　欣　罗　林　裴　英　阮敬科　石霄蒙
宋东伟　王晓婷　吴素馨　喜　书　雅　倩　余开来　周君成　TA XUAN TUNG

管理科学与工程　信息管理

彭洪明　张　亮　曹传坤　柴海鹏　程紫来　丁　博　堵晶晶　高宇虹　葛春鹤
辜　涛　韩佳睿　黄荣环　李化云　李　琼　李瑞霞　李婷婷　李艳青　梁　燕
刘居宠　刘　巍　刘　毅　龙文超　苗改梅　倪　涛　曲　林　陕　润　唐玲暇
田琴兰　万学森　王佳乐　肖敏敏　肖维斯　于晓辉　张芳芳　赵　洁　赵志超
周　蓉

管理科学与工程　物流管理与工程

陈启凡　车　昱　陈雪刚　董子胜　樊　磊　付永超　高　强　胡　洁　黄臻一
姜　南　井庆华　来梦娜　李　静　李志华　刘　萌　刘宗熹　罗　娟　马敬妍
庞　伟　邵明川　史杨硕　宋宜轩　隋　翠　孙小云　汪振义　王京严　魏金石
吴　窑　续　慧　杨小雨　杨叶飞　杨一铭　殷芹芹　于铁颉　玉海兰　张明星
赵莹莹　郑　玲　郑晓娜

管理科学与工程 工程与项目管理

梁丽娜　陈　倩　侯　静　侯沁江　黄　娜　蒋　帅　靳媛媛　敬菡佼　梁晓晨
刘晨曦　刘建楠　刘明辉　刘秀杰　刘毅盼　牛素彦　阮　丹　隋红红　薛　霖
张　静　赵玉香　LE THI KIEU OANH

管理科学与工程　管理科学

蔡　凡　杜小倩　高瑞泽　郭竹学　李昊月　刘年年　孟凡杰　徐子彬　尹　静
张路娜

交通运输学院（220）

系统工程

陈思佳　崔后盾　邓丽君　顾超然　郭啸峰　侯　雪　胡　颖　黄裕乔　江　帆
李　伟　李莹莹　李耘博　林兰芳　刘东福生　刘华旭　刘倩倩　刘运鹤　毛　静
潘　亮　彭　飞　邱昱博　司德鹏　宋以华　王建文　吴林珂　吴仙丹　肖　欢
邢进元　徐丽丽　薛宏娇　杨　东　杨　萍　尹　彪　詹珂昕　张光明　张　洁
张菁菁　张　原　赵怀昕　赵永春　郑　玢

交通运输规划与管理

王晓东　孙　健　邦　佳　蔡涵哲　陈　虎　陈　栓　程金星　褚文君　董　霄
董晓净　杜婷婷　段文元　范海龙　范腾腾　甘志雄　高嘉蕾　高俊平　高立杰
郭文武　郝　丹　何　韬　胡庆华　胡小风　滑　洋　黄海军　黄鸿鹏　黄婷婷
江国俊　姜春阳　蒋金亮　金　阁　金宏伟　李传宾　李冬颖　李会玲　李　晋
李向蔚　李晓俊　李晓蔚　李雪凯　李艳萍　刘　晨　刘高原　刘海岩　刘娇娇
刘伶伶　刘巧仙　刘庆磊　刘　胜　刘永旺　刘宇环　马睿瑞　孟嘉铭　邱奉翠
任　威　石冬花　宋　阳　孙宝策　孙海瑞　孙　玲　孙智源　王　刚　王　欢
王琳颖　王　娜　王　沛　王　鹏　王　硕　王　骁　王晓磊　王许涛　王彦峥
魏　婧　魏天娇　闻克宇　吴伟成　熊　星　熊钰冰　徐　斌　徐　龙　徐　攀
薛宝满　延　斐　闫　彭　杨秋林　叶　鸳　尹　晋　禹丹丹　袁　凯　岳晓东
翟向荣　张炳泷　张晋姝　张丽莉　张令杰　张　鹏　张清华　张衍辉　张　燕
张　渊　赵　佳　周　锐　朱　锦　祝　超　邹亚玲

安全技术及工程

毕建彬　鞠志强　李　曼　刘　丹　孙鹏冲　王　爽　王伟强　魏琳娜

交通运输工程　智能交通工程

丁顺福　荆长林　李龙飞　王子龙　许永存　杨　羿　余　江　赵彦婷

交通运输工程　运输与物流

汪雯娟　蔡运磊　郭　英　李冰冰　李　冉　李毅鑫　马玉姣　史秀鹏　孙其达
孙　杨　孙祖妮　王　雨　王钰铮　许宗萍　于占敖　岳洪吉　张　娜　张玉梅
郑慧琳　郑永行

交通运输工程　城市交通工程

刘　超　龙　慧　宋　薇　王雨晨　王珍珍　向　往　于　璐　于学军　朱竞争

交通运输工程　交通安全工程

陈　松　陈　曦　汪小霞　王　雪　熊　峰　张　赣　张　璐　张秀洁

环境工程

李　静　孙　凤　赵　莉

管理科学与工程　电子商务

程维珍　冯萍萍　高　凌　刘　月　吕　婧　彭　超　杨　琴

系统分析与机集成

蔡锦德　郭宗明　杭家荣　李　欣　孙如龙　田　源　王德春　谢　玮　徐　林

杨晓东　张　辉

土木建筑工程学院（155）

工程力学

黄　国　柯　佼　刘　辰　王海光

流体力学

崔会敏　方　言　刘　超

固体力学

阳生有

岩土工程

杜　涛　赵占雷　孙　飞　曹志鹏　邓　猛　封　旺　高　芬　郭兰杰　郭小帅
何旭珍　贾丁云　寇效辉　李宝宁　李　杰　李路涛　李　璐　刘春刚　卢春龙
马　强　宁　超　欧阳义　全克江　宋志刚　孙　健　王帅军　吴　军　徐新兴
闫瑜龙　姚　峰　于　涛　袁希雨　张子真　赵　帅　周　祥　朱礼廷

结构工程

黄艳竹　袁　也　欧阳杰　关　建　段有恒　黄常红　李紫宇　宋　波　许方斌
闫振鹏　郑超超

市政工程

郭洪源

防灾减灾工程及防护工程

刘春光　齐　婷　盛能军　张　谦　郑志超

桥梁与隧道工程

刘　畅　薛昊博　南骁聪　马晓丽　唐榕蔚　曹珊珊　陈佳宇　高鹏飞　高　涛
葛培培　郭东尘　胡飞飞　康　佩　李　晶　李子峰　刘海明　刘远长　鲁爱浩
吕小龙　聂志理　任华平　宋力勋　田腾跃　王连宾　王小元　王　振　魏　金
魏金成　魏庆辉　伍大鹏　谢远超　闫金鑫　杨海洋　于世浦　袁贵涛　张　东
张　楠　张运山　赵丙华　郑永星

土木工程　地下工程

赵龙涛　陈建民　李　明　陶书煜

摄影测量与遥感

刘海燕　徐东彪

地质工程

程国平

道路与铁道工程

程万慧　金钰梅　安彦坤　成　泉　程奕龙　单体龙　方小华　冯前憬　龚小平
焦　雷　李日飞　刘　伟　刘玮玮　刘　霞　刘祥喜　罗　诚　马振超　邱金帅
任星辰　沈坚锋　史龙龙　司　蕊　谭玉玲　汤　超　唐好鑫　王　飞　王　铁
王志华　温世聪　巫　江　吴海洋　熊　义　徐希磊　许　奎　杨文茂　张立阳
张文正　赵春雨　赵　倩

交通运输工程　城市轨道工程

赖丽萍　刘夏润　刘作为　曲兆宇　孙晓临　杨　洁　郑　宗

土地资源管理

李玉辉　于富军

机械与电子控制工程学院（146）

机械工程　机械制造及其自动化

吴　荐　王　建　敖　翔　范明星　高伟杰　季思文　康学超　李燕南　李兆轩
刘晓宁　全大鹏　宋龙龙　苏凯凯　孙铭壑　万海燕　张兆强　邹　鹏

机械设计及理论

王　伟　杨　扬　杜　军　李冬冬　李志仁　苗　杰　明尔扬　庞芝亮　秦俊杰
汝继星　沈宗泽　王一淞　姚伟君　张伟涛　张效奎　周益林

车辆工程

肖　兵　黄远清　梁　闯　林传勇　孙崇明　孙妍婷　滕　腾　王彩霞　王玥龙
谢禄济　占智华　张在祥　左银龙

机械电子工程

何忠良　姜登明　李若楠　李石馨　刘　凯　刘庭伟　苗　鹏　戚兴刚　阙　俊
王　鹏　武　璐　许人杰　尹长志　闫　亮　张弘弢　高宏伟

材料加工工程

徐　丽

检测技术与自动化装置

龚霖阳　王　烜

材料学

林基安　林文光　刘　秀　史　丹　吴　克　杨凤坤　赵　宁　赵贤辉

材料加工工程

贺君敬　李　敏　刘博维　刘敦敦　卢小鹏　田龙梅　温言达　杨　洋　张　骏

工程热物理

柴银萍　郭　健　贾洪伟　贾鹏程　李　志　刘　翔　马乐乐　莫胜钧　任保福
宋卫宁　吴　莹　闫丽敏

动力机械及工程

陈立超　董杰亮　杜雅娟　高荣刚　高国席　胡　东　李晓曦　刘光明　刘婷婷
陆方迪　石　允　孙　娜　王　鹏　魏亚龙　杨庆保　叶剑锋　曾　凯　张博譞
张永昌

检测技术与自动化装置

高　峰　韩志文　黎琦琦　李　涛　刘正毅　潘　磊　孙　龙　唐富强　同　磊
王　翀　杨成慧　姚广路　张宇飞　赵潭羿　郑俊杰

安全技术及工程

崔　进　崔　钺　董　晖　付俊涵　李云鹏　马　聪　钱　瑾　沈夏闰　王维峰
吴　军　吴龙美　张立娜　周　唯

载运工具运用工程

甘伟德　巨建涛　苗冲冲　王　斐　王志华

电气工程学院（148）

电气工程

黄　津　侯永亮　武笑天　常晓菲　韩广朋　袁　帅　杨俊秋　王　浩　金　鑫
吕　丹　鲍永胜　曹立志　常文彬　程　超　崔　玲　邓素玫　董　宁　杜金婷
杜振华　段宣祥　付　娅　高立志　高　睿　耿书悦　顾胡官　鹏善民　顾　越
管清伟　郭立杰　郭旭东　韩丙光　韩　博　韩舒淋　韩雪姣　郝峰杰　何　川
何战勇　胡太元　黄　帆　康淑婷　孔　丽　来　倩　李　芳　李　娟　李俊峰
李　珂　李　娜　李润鑫　李小林　李　雄　李旭阳　李　岩　李　演　李　梓
梁　盟　梁振国　林　震　刘成华　刘　芳　刘魁元　刘力源　刘　冉　刘绍楠
刘彦君　刘彦忠　刘　洋　刘印磊　刘永欢　刘泽鑫　鲁　妍　逯文佳　路其龙
马法运　马实一　马喜平　孟　飞　苗风麟　缪进荣　牟　黎　倪　鹏　潘宏伟
潘利江　齐丽英　秦文丽　任振华　司晓伟　宋可荐　宋永丰　孙禹璇　孙绍慈
王会锦　王剑斌　王美平　王　猛　王娜娜　王　鹏　王世丹　王伟亮　王　翔
王旭东　王　雪　王雪婷　吴　斌　吴春燕　吴家龙　吴思哲　伍召莉　武春艳
夏　冬　夏　宁　项诚来　肖　欣　谢婷婷　徐宝良　徐伟燕　薛　洁　燕立强
杨超南　杨　捷　杨　磊　易泽宇　尹　航　于　杰　余淑琴　於晶晶　袁　泉
袁　帅　岳开伟　曾文辉　曾宪林　翟秀果　张德金　张功泽　张宏韬　张明洋
张庆洋　张秋瑞　张秋爽　张以宁　张颖超　张玉锦　赵　迪　赵　滕　郑开辉
周　俊　周文珊　周　圆　庄江丽

理学院（144）

概率论与数理统计

王　晶

运筹学与控制论

王　虎　白　敬　白霜华　崔建安　杜晓静　何真强　黄云波　林欣姝　宋　宇
王霞光　王　钰　闻昆仑　吴智霞　杨大伟　张　杰　张　倩　张　茹　张为学
张夷女　赵明敬

凝聚态物理

朱　璐　崔佳俐　马　森　张宝平

光学

吕沙沙　陈德玺　陈晓达　崔存星　崔　颖　董　雪　韩晓辉　何　帆　李春海
李剑森　李　娟　罗　抗　马臣希　买　浩　宋　鹏　王建卫　王　健　王鹏飞
王艺超　韦胜刚　徐　欣　张永娜

理论物理

黄　燕

基础数学

李　卓　张英龙

计数数学

丛　皓　杜文杰　刘明明　孟　坤　王　侃　朱　琳

概率论与数理统计

何小玲　李　层　李国娟　李万予　李晓雨　刘发江　刘海凡　饶婕晟　宋　洁　王　菲　王　旭　韦功鼎　薛崇峰

应用数学

刘小菊　张　娟

生物化学与分子生物学

常　卓　郭　芳　江彦泽　金玺圆　李冠琳　石　柳　宋琳琳　王卓然　杨　辛　于铄文　张彩艳　赵　萌　周雅琼

生物物理学

贺　丽　肖　硕

系统理论

李晓玲　张　皓

光学工程

毕重连　曹　宏　陈丽宁　陈颖川　丁　贺　赫永杰　郇昌旗　黄　科　旷天忠　雷　凯　李建光　李京峰　李　涛　李贤子　李晓虎　李彦松　李宇维　李昭莹　梁乐民　刘玉龙　伦建超　毛艳霞　牟来明　潘超男　王　甫　项红亮　辛迪迪　许晓伟　闫自磊　易　多　余向志　曾　前　张　慧　张　健　张　淋　赵　斌　赵凡凡　郑临夏

材料物理与化学

李　楠　乔　泊　魏　琳　郑潇洁　周恒煜

物理电子学

段怡婷　林　涛　卢铁林　钱一冰　冉　旭　钟思华

化学工程

艾小东　陈显楠　吴成祥

应用化学

常　珊　李天翔　莫荣强　赵赞赞

人文与社会科学学院（65）

马克思主义哲学

牛　萍　焦　磊　赵　新　车　达　陈　婷　邢　冰　蒋岩岩　武　颖

科学技术哲学

高爱荣　李京霖　刘　敏　冯景秋

经济法学

易　统　曹晓雪　乔振一　王　亮　李雅楠　李柯蓉　解雅婷　陈　艳　蔡锦青　卢　莹　梁思超　胡振泉　于皓月　朱世媛　才　略　何　洁　荣　妍　王亚利

卢少阳　李小凡　王瀚培　智宝月　胡　雯　夏　沨

国际法学

白　鹤　李　想　庞晓岚　刘　莎　王　沛　姚　杨　梁晓元
PUREVNANZAD ANUDARI

马克思主义基本原理

魏　钧　张文婷　花　会　王　琳　欧阳乐乐　王桂芝

马克思主义中国化研究

刘立冰　孙宏超　安　薇　杨茹茹

思想政治教育

曾　娟　吴　倩　贾宏树　李伟玲　石　龙　仇　新　刘　姗　颜旭彪　翟　超
赵　武　徐　黎

建筑与艺术学院（46）

设计艺术学

孙倩倩　胡艳霞　杨　珺　孙碧波　陈芳杰　董　琳　冯　冲　傅晓姣　盖璐璐
高　强　何若涵　景天竹　李　哲　任　帅　田　园　王锦锦　王　悦　徐　畅
徐　明　徐炎焱　张　磊　赵婷婷

建筑设计及其理论

耿　智　李　栋　宋月光　王　磊　曹文博　邓　登　贾秀娟　李　翠　刘　明
刘　婷　刘　艺　邱　妍　石　玉　王　佳　魏龙亚　徐璐思　薛冰洁　杨　达
于代宗　张　弛　张文超　周雪洁　OLEYNIK ELENA
GHANDOURAH MOHAMMED OSAMAH S

语言与传播学院（28）

英语语言文学

李欣怡　邓周媛　付　正　郭程然　郭雨桐　江　霞　连　晨　马忆莞　秦　芳
武　捷　张　旸　赵　炜

外国语言学及应用语言学

周燕红　兰　坤　李　璐　李智辉　林　倩　施王欢　孙　玥　邢丹丹　徐　瑾
徐婷婷　张　丹　张　蕾　张　玉　朱轩萱　邹小宇
ABDULLAH MOHAMMED A. ALGHAMDI

全日制专业学位硕士（780 人）

电子信息工程学院（69 人）

电子与通信工程领域

陈创新　杜　航　高　鹏　高　翔　郝　磊　侯俊芳　胡锋伟　胡　倩　雷振飞
李　非　李　季　李　洋　李　颖　林　姗　刘　畅　刘俊莹　刘舒然　刘　煦
马廷祥　倪双雪　彭　澄　史昊一　滕　辉　王　磊　王思诗　魏晟恺　魏　文

文　骁　杨春艳　杨　雷　杨　睿　银　燕　应秋芳　余晓东　俞经纬　翟建伟
张鹏宇　张阮阮　张　昕　赵明月　赵　瑞　赵　雨　郑　林

控制工程

边　庆　陈红岩　陈　龙　陈　垚　陈　作　杜春城　高　倩　郭嘉一　韩佳鑫
李长春　李　明　李　伟　刘坤明　刘立超　刘小瑜　刘　尧　毛　扬　牟金进
史少鹏　王秀荣　尹亚琴　于雪松　原　伟　曾惠明　张明慧　赵青晖

计算机与信息技术学院（41 人）

计算机技术领域

陈民珍　宫亚明　江　苑　李成龙　娄天禺　王焕颖　王晓静　王永利　向志明
徐　志　延　娜　张晨辰　张海园　张建飞

电子与通信工程领域

曹　亮　陈　磊　戴　硕　高　弦　高　旭　黄宝君　黄　旭　鞠迎华　廖　望
刘　超　刘龙清　罗杰涛　石　雪　孙　婷　汪　商　汪　月　王佳丽　王欣明
魏红娇　许彩虹　杨楠楠　臧祖望　张淋淋　张晓森　赵宏阳　赵攀峰
木塔力普·马木提

经济管理学院（291 人）

工业工程

陈　敏　何文正　蒋建飞　蒋喜趁　金学峰　孔曙光　李凤莲　李　亮　刘光达
刘颂秋　马　涛　沈泽军　孙　琴　王文艳　肖红叶　喻　晔

物流工程

陈　然　陈　伟　陈文斌　崔　鑫　董　晨　甘　艳　高静晨　韩智敏　郝攀峰
纪　雨　贾　璐　李　丽　李　娜　李新盛　刘巧杰　潘　博　庞林荣　彭　方
秦　奕　尚贤慧　史婉莹　王爱娟　王继刚　王　鹏　王晓玲　王兴艳　徐海凤
杨绍有　于豆豆　袁丽娜　张俊强　张银花　周登仪

工商管理硕士

段　星　刘　昊　孙海峰　刘　敏　徐　曙　王　旭　李　辉　王飞飞　吴洁英
吕　红　程　欢　徐志燕　杜　浩　焦卫锋　何　艳　周晶华　魏琳文　赵红蕾
李晓凤　薛　隽　陈毓晖　熊建云　王　磊　张明东　刘芳冰　杨玉才　艾志伟
边　策　边光辉　柴　伟　陈　聪　陈大值　陈建福　陈　靖　陈　静　陈仙华
陈柱涛　代亚东　邓莎莎　邓亚鹏　邸立锋　丁　琳　方　冬　封宗兴　甘　泉
高慧一　高　爽　高　媛　耿立华　关建华　郭鸿莉　郭　辉　郭加志　郭　磊
郭向东　郭小雪　郭宇清　韩兆达　韩志华　何明宴　贺　凯　侯壬龙　侯尚慧
侯　喆　胡朝晖　胡早莲　胡军辉　胡启平　胡水平　胡　颖　黄　健　黄　杰
黄凯周　黄向军　贾　臻　姜维智　姜晓红　焦　昊　焦　勇　靖　哲　鞠宪章
赖渊文　兰帅兵　李洁铭　李　君　李君林　李　想　李晓广　李学军　李　远
梁业权　廖　曦　林　涛　林　旭　刘传华　刘海涛　刘继权　刘甲第　刘　莉
刘　恋　刘　莎　刘世刚　刘斯珩　刘堂均　刘　稳　刘希贤　刘小云　刘　岩

路　盛　吕　剑　吕　游　吕振宇　罗栋文　马松凯　满　勇　孟　媛　宁艳凤
牛玉芳　欧阳君　彭中伟　齐玉猛　秦　炜　邱长春　曲正品　任建峰　任昭懿
任之光　茹伟鹏　史　娟　史　磊　斯　竹　苏新明　孙春萍　孙　华　孙凌超
孙　瑞　孙小兵　孙　鑫　谭新梅　谭永辉　唐洋华　王翠屏　王　斐　王怀华
王　康　王　葳　王文悦　王文雍　王　翔　王　洋　王　尧　王迎新　王志青
王　卓　魏松媛　吴　皓　吴小秋　吴卓越　伍　敏　郗海明　夏志中　项　然
谢　菲　熊　义　徐红爽　徐　佳　徐　敏　徐　涛　徐正洲　许宝库　许　华
许　辉　许敬生　杨宝龙　杨　涛　杨婷婷　杨同录　杨晓琴　杨　阳　杨振宇
姚　磊　姚　楠　易玉雯　袁端午　曾素冰　张　芳　张海媛　张　杰　张琳敏
张清泉　张荣鑫　张文雯　张晏原　张　昭　张自强　赵春志　赵金龙　赵一帆
郑　冲　郑金莹　周习华　朱　勇　祝　伟　庄　莉

会计硕士专业学位

陈　洁　杜海凤　范松霞　方　堃　付　康　付　然　高　珊　葛晓龙　韩　超
洪　阳　黄珊珊　贾秀红　李　靓　李　璐　李沅鸿　刘　霞　陆　涵　彭向立
师　杨　孙琪然　孙　筱　孙　越　汤梦宇　王　聪　王　静　王　玲　王　哲
徐尘演　严文倩　尹建栋　张　诚　张利娴　张梦媛　张艳梅　周才荣　周莹莹
朱梦洁　朱天旭

交通运输学院（57人）

交通运输工程领域

蔡振兵　陈　璇　陈展鹏　邓君蕾　杜长飞　段贞伟　付　宇　关　飞　郭　靖
何巍楠　侯章华　李　波　李　超　李　亮　李　鹏　刘　航　刘　浩　刘锡正
刘　瑛　潘　瑞　秦巧云　孙明东　田国亮　王　超　王多龙　王继彪　王建建
文　娟　许文乐　薛艳青　英　平　余　博　岳伯涛　占芝杰　张　晗　张　满
张　帅　张　伊　赵旭阳　朱　润　朱若华　朱翔宇

物流工程

仇国英　丛晓龙　姜　盼　李　慧　李书红　李　阳　梁　云　施颖晶　孙培愿
王莹莹　魏　静　夏恒良　杨志远　张　琳　周思思

土木建筑工程学院（72人）

建筑与土木工程领域

周少斌　周润卿　张　扬　张晓晓　张江伟　张风波　袁　媛　禹国辉　于　辉
杨森森　许鑫森　熊　松　邢　杰　谢　鹏　谢高鸿　王志丰　王　妍　王利军
王金涛　王传贺　孙小威　宋　杰　邵亚腾　阮剑峰　彭　益　裴书锋　庞宇斌
马　丽　刘振林　刘　月　刘仰鹏　刘朔甲　刘　建　梁志玲　李占辉　李　科
贾蕗宇　侯普光　何沛沛　郭子昭　顾文发　高德莲　冯山群　冯广玉　杜义龙
杜　鹏　崔井秀　陈科志　曹海兵　白倩楠　白　彬

交通运输工程领域

周世悰　钟顺元　吴　丹　魏　来　王浩宇　王安华　申　雄　牛　莉　聂文龙

刘晓明　李　治　李　朴　李金明　赖耿锋　胡　震　戈　玮　丁　乐　单文娣
崔亚南　程艺梅　蔡霖华

机械与电子控制工程学院（22 人）

机械工程领域

蔡　钧　丁　一　范　东　耿　明　黄　鼎　俊　杰　梁凯平　刘永乾　刘　志
孟松涛　任风风　田超贺　王　珂　王庆雷　谢　进　徐智虹　薛　超　姚　迪
叶震林　张　鹏　张巳龙　张耀方

电气工程学院（67 人）

电气工程领域

王　磊　艾则孜江·加帕尔　白雪松　曹　威　曹　玮　陈兵兵　陈　溪　陈习文
丁国星　杜明军　高　燃　高　涛　龚东安　韩超峰　侯　爽　黄智荣　蒋铁勇
颉飞翔　李　剑　李　睿　李舒江　李思达　李艳军　梁　言　刘博如　刘渺然
刘　铁　刘湘澎　刘振华　刘志勇　刘中芳　罗淑元　邱佐林　任航天　任晓波
尚　进　要利娜　苏　堤　田　英　王　奇　王椹榕　王术合　王　鑫　王旭阳
王业庭　王　玉　吴　帅　夏占军　熊　焘　熊英英　徐建忠　徐金凤　杨　建
杨其林　杨润宇　杨晓利　杨　鑫　杨　扬　袁　倩　张计涛　张　健　张学星
赵桂梅　赵丽娜　周　兴　周子超　朱　恺

理学院（26 人）

光学工程领域

鲍文娟　冯建功　冯林军　何　慧　金　贝　李秋菊　李世杰　梁　燕　林泽钦
刘小华　刘旭东　马尚荣　孙岳江　王连升　王庆伟　吴　博　杨泽洲　游剑锋
张　立　张　鹏　周茂杨　邹祥祥

化学工程

仇　明　钱礼光　温景剑　张国才

人文社会科学学院（21 人）

法律硕士

靳涛涛　展会芳　方思敏　常　嘉　张　玮　袁　亮　赵宽松　高特席　邱炜奕
王立敏　曹　雪　莎妮娅　黄　琳　孔令颖　窦　薇　刘星宇　任士光　刘天政
冯金仙　邹仁川　刘　佳

软件学院（113 人）

软件工程

赵冬梅　马　泰　翟佳琪　刘晓明　吴云峰　李国镇　葛　伟　薛　明　蔡岳峰
曹　磊　曹　玮　曹质朴　常　莹　陈　剑　陈卢忠　陈秋燕　陈　旭　程一鸣
储艳莉　崔国辉　崔鹏巍　戴经纬　董晨曦　董　玢　董永清　杜大跃　杜　靖

房贺祎　冯海伟　冯　凯　顾　贤　郭俊刚　郭　璇　郭亚玮　韩　扬　贺　伟
贺　鑫　胡大正　胡凯健　胡少华　霍常伟　雷　雯　李春元　李发财　李　凡
李　军　李妮燕　李　威　李鑫飞　李　旭　李学文　李　妍　刘东睿　刘　琳
刘天放　罗　晨　马　兵　马　克　马　蒙　马欣宇　牛　成　潘　鸣　齐婧娇
秦晓东　秦子童　任　望　任烜仪　任羿霏　尚壬鹏　宋　亮　苏渤峰　唐丰飞
王长海　王春雨　王　栋　王　菲　王佳项　王　乐　王　龙　王　谦　王睿宇
王　巍　王晓栋　王晓飞　王秀杰　韦　双　文　禄　吴　帅　武　曦　肖　洒
熊　瑾　薛　晋　薛　鹏　杨　超　杨光辉　杨晓晶　杨　洋　杨　竹　原晓敏
袁石磊　张　博　张　龚　张晓丹　张旭红　张　莹　张尤长　张志清　赵国栋
甄　浍　郑　婕　智蕴颉　周　昊　周小峰

建筑与艺术学院（1 人）

建筑与土木工程领域

钱霖霖

在职人员攻读硕士学位（372 人）

电子信息工程学院（35 人）

电子与通信工程领域

孙雅荣　赵　巍　朱　磊　陆书恒　陈　亮　郭　雷　路　遥　成　昱　李力杰
刘光春　解兴国　刘婷婷　秦占华　孙晨曦　苏　明　甘从海　李　智　杨建军
路政道　程　岩　宋　甲　李　潇　宋义磊　薛信军　陈忠平　高　珊　吴　炜
马文军　潘竹青　王　欣

控制工程

韩　锐　李　红　李　玥　于东旭　马　亮

计算机与信息技术学院（13 人）

计算机技术领域

吴江林　姚秀凤　曾丽君　王文武　徐国华　高国云　吴　慧　袁立敏　陈开元
刘　平

软件工程

李　琴　朱海峰　沃格勒

经济管理学院（186 人）

项目管理

赵志清　曹　君　张　强　杨志峰　李志兵　方　磊　董　蒨　李　健　许金飞
卢　明　白建军　刘功勋　许　斌　贾　申

物流工程

李　栋　郝景哲　王久增　芦　循

会计硕士专业学位

王　磊　张兰雪　章　悦　喻　翀　梁建国　庞俊杰　张景尧　霍　颖　杨　蕾
张　绚　杨　嵘　邱　镇　左强新　李　敏　郭维东　张　敏　李　毅　黄　劼
王建明　徐鸣鹤　蒋　洁　石立新　唐　颖　缪莉莉　王鹏涛　殷　雨　肖　潇
胡　斌　王丽丽　郭志图　王　颖　秦　虹　杨　琨　吴黔涛　田茂斌　唐　雯
魏凌燕　严　政　邬传辉　李　粤　何　靖　侯文华　林宝胜　李荫武　陈　晖
覃　挺　曾庆宣　陈　进　黄伟杰　韦　喆　潘羽珩　高　宇　赵骏超　曾　昭
梁莹莹　江　俭　李　芬　戴　华　胡国峰　农媛丽　林长其　谢　源　廖禧斌
黄　战　蒋晓莹　王登岳　陈　洁　董文琴　刘安航　李佳嘉　陈晓婕　张德良
齐红波　王泽琦　王　英　马　娟　杨建勋　吴　英　史奔经　李亚妹　闫玉龙
何玉婵　王　永

高级管理人员工商管理硕士

苏海红　孙振洋　王海蓉　傅同军　李江涛　王　菡　杨庆梅　胡生旺　白立柱
黄　敏　李武兵　谭建龙　丁国庆　李文博　齐寿东　卢　涛　杨　林　杨巨平
李权福　高　驰　姜英利　宋　日　李文红　王　京　刘建波　周亚伟　罗长波
陈　岩　张建忠　薛朝华　何忠喜　陈松涛　王天忠　刘同胜　成雪梅　王鹤曈
李　炜　徐汝君　王彦海　张　楠　史东日　魏小珍　张占省　朱宏江　高文亭
杜　文　王志斌　马进田　张文涛　封一丁　方　毅　巩　飞　鹿　军　李振中
张振苍　马春霞　贺　琼　孙佩祝　冯志平　丁愉达　马　飞　容　军　吕勇军
曹奇志　崔晓枫　尹晓燕　宋自强　马京明　门天民　徐小元　战明辉　崔石军
邵　卓　李　文　钱金彪　尹思正　杨永辉　王晓莉　白建平　刘　伟　雷明钢
付隽子　温　巍　孙光金　于庆鸿

交通运输学院（7 人）

交通运输工程领域

张　璐　张　志　张万强　万逸飞　王立强　邹　岩

物流工程

吴　薇

土木建筑工程学院（48 人）

交通运输工程领域

时光明　帅　娟　李　娜　高林丽　孙玉岭　梁秀海　晋永贵　危凤海　蔡鹏飞
陈京辉　王　颖　李国栋　周树旺　徐凌雁　侯　亮　张　怡　贺　鹏

建筑与土木工程领域

王德志　陈光建　马世光　韩爱中　高建华　尹洪江　李太胜　景兆德　苏永华
刘　昂　武志兵　徐日雄　邢海军　唐　汐　杨威虎　楚浩杰　于大厂　马旭东
高剑锋

项目管理

麻永刚　高志斌　刘建军　张　旭　刘　侠　陈　朝　孙艳兵　王　东　李剑辉

刘　平　白　刚　胡　亮

机械与电子控制工程学院（22 人）

车辆工程领域

盛震风　秦志宏　刘雪峰　陈雄信　李玉昌　杨　威　任向晖　董爱文　徐应明
鲁春朋　陈凤艳　高国燕

机械工程领域

赵　琪　刘志文　孙喜平　师菊香　吴　政　雷晓燕　王中元　丁亚茹　张　顺
刘焱飞

电气工程学院（30 人）

电气工程领域

唐荣成　李嵘荟　赵经平　李　国　张东胜　张　琦　王元国　陈　松　顾　政
薄安刚　张宇琼　徐克峰　李宇光　白雪峰　龚天明　石　江　何云风　谭文俊
陈真容　李儒彬　邱立建　晏才松　邓　苹　李　广　黄松海　胡林福　黄鹏程
杨振中　徐　文　廖保华

理学院（1 人）

光学工程领域

帅军卫

软件学院（30 人）

软件工程

徐　佳　敖　元　曹智敏　崔荔栋　崔　迎　王玉东　张本书　董朝阳　夏树均
陈　磊　连京春　李雪冬　李笑男　罗　莹　刘燕伟　尚　可　王　屾　吴梦然
徐玉湘　周映筱　王　浩　余云晖　周　虹　陈　焱　韩文艺　刘博文　吕　诚
王双涛　王　昊　张　倩

高校教师（2 人）

计算机与信息技术学院

计算机应用技术

胡永锋

经济管理学院

旅游管理

李晓莉

北京交通大学第十二届学位评定委员会第四次全体会议授予博士学位人员名单（141 人）

（2012 年 7 月 2 日）

电子信息工程学院（22 人）

信息与通信工程　通信与信息系统

伍小芹　庞　胜　王洪超　江微微　陈卫国　梁露露　刘　楚　邱　峰　薛　淼
张彦超　曹建飞　祁春慧　宋甲英　邓光青　李佳俊　刘秋妍

信息与通信工程　光通信与移动通信

王　静

交通运输工程　交通信息工程及控制

朱　力　韩　磊　张　岩　赵显琼　孔　勇

计算机学院（6 人）

计算机科学与技术

万怀宇　肖　宇　张　燕　王　宁

计算机科学与技术　计算机应用技术

吕子昂

计算机科学与技术　计算机软件与理论

朱　岩

信息与通信工程　信号与信息处理

郭振滨　万艳丽　郭　萍　唐　振　张金鑫

经管学院（24 人）

应用经济学　产业经济学

谭　洁　潘敬东　杨砚峰　张铁军　曹小华　王明和　雷彦斌　赵鹏飞　盛来芳
赵　云　苏红键

管理科学与工程

张宇航

管理科学与工程　工程与项目管理

殷　帅　许　莉　曾　荻

管理科学与工程　管理科学

孙　强　张继良　彭苏勉

管理科学与工程　物流管理与工程

吴文征　李　弘

工商管理　企业管理

张莉莉　曹宇明　郭　名　邵海静

运输学院（16 人）

交通运输工程　交通运输规划与管理

秦　璐　吕广显　廖涌泉　田亚明　周艳芳　黎浩东　梁　肖　张迦南　唐金金

交通运输工程　交通安全工程

王　莉

控制科学与工程　系统工程

陈小红　单丽辉　王　欣　徐　扬　丁青艳

系统科学　系统分析与集成

李树彬

土建学院（29 人）

土木工程　市政工程

张　琼

土木工程　岩土工程

娄国充　卞晓琳　李英杰　路　威　唐松涛

土木工程　结构工程

夏雷　刘海涛　阎红霞

土木工程　地下工程

杨艳青　马　栋　陈峰宾　张素磊

土木工程

赵　勇　李宇杰　扈世民

土木工程　桥梁与隧道工程

夏超逸　马　蒙　顾正伟　张　凯　王少钦　张彩然　李　健

土木工程　防灾减灾工程及防护工程

张常勇　张　念

交通运输工程　道路与铁道工程

张　强

交通运输工程　城市轨道工程

徐田坤　郑明远

固体力学

廖英英

机电学院（6 人）

机械工程　车辆工程

赵怀瑞　赵志宏　马新娜　邢海军

机械工程　机械设计及理论

杨文明

交通运输工程　载运工具运用工程
刘晓芳

电气学院（13 人）

电气工程
田建伟　张祥龙　张　浩　韦克康　喻　乐　屈志坚　孙大南

电气工程　电力系统及其自动化
文晓燕　田付强

电气工程　电力电子与电力传动
战亮宇　宋　娟　马　亮　郭超勇

理学院（17 人）

物理学　光学
翟玉生　黄海琴　刘凤娟　代千　张天慧　吴洪鹏

光学工程
吴思进　闫　光　杜海亮　张　波　高利岩　赵建伟　邹　业

运筹学与控制论
黎　煜　林艾静　郭松涛

系统科学　系统理论
张尚立

人文学院（3 人）

马克思主义理论　思想政治教育
王　杨　董立清　王定功

北京交通大学第十二届学位评定委员会第五次全体会议授予硕士学位人员名单（22 人）

（2012 年 10 月 22 日）

学术学位硕士（13 人）

计算机与信息技术学院（2）

计算机科学与技术
苗润华　倪立萍

交通运输学院（2）

交通运输规划与管理
BATOCHIR NARANZUL

交通运输工程　交通安全工程

周　乐

土木建筑工程学院（6）

桥梁与隧道工程

李克冰　张洪雨

地质工程

黄世光　刘　双

环境科学

崔连喜

环境工程

赵　阳

机械与电子控制工程学院（2）

材料加工工程

张　欣

载运工具运用工程

赵　翎

建筑与艺术学院（1）

设计艺术学

都晓杰

全日制专业学位硕士（7 人）

电子信息工程学院（2 人）

电子与通信工程领

白　龙

控制工程

钟文奇

土木建筑工程学院（1 人）

建筑与土木工程领域

刘博辉

软件学院（4 人）

软件工程

SCHOIZ MAXIME PIERRE BRUNO　XU ANTHONY　SALOMON THOMAS JEAN PIERRE

FRANCOIS MAXIME PIERRE

在职人员攻读硕士专业学位（1 人）

交通运输学院（1 人）

交通运输工程

李文斌

同等学力硕士（1）

计算机与信息技术学院（1）

计算机软件与理论

米　佳

北京交通大学第十二届学位评定委员会第五次全体会议授予博士学位人员名单（28 人）

（2012 年 10 月 22 日）

电子信息工程学院（4）

电磁场与微波技术

李　铮

交通信息工程及控制

李志林　谢雨飞　吴小进

计算机与信息技术学院（3）

信号与信息处理

沈　超

计算机科学与技术

GILE NARCISSE FANZOU TCHUISSANG

计算机应用技术

白　雪

经济管理学院（6）

产业经济学

陈　卫　李亮山　马　刚

管理科学与工程　安全管理与工程

陈明利

管理科学与工程　工程与项目管理

邱慧芳

管理科学与工程　管理科学

朱明皓

交通运输学院（10）

交通运输规划与管理

苗建瑞　乔瑞军　沈鸿飞　孙　杨　申永生　张嘉敏　徐　鹏

系统工程

袁月明

系统分析与集成

张敖木翰　朱　诺

土木建筑工程学院（3）

结构工程

王全录

交通运输工程　城市轨道工程

周正宇

交通运输工程　城市交通工程

陆　明

机械与电子控制工程学院（2）

机械电子工程

文　剑

机械设计及理论

季　君

本、专科教育

【综述】

2012年，学校以不断提高本科人才质量为核心，以推进两个国家教育机制体制改革项目为龙头，实施优势转化，着力协同创新，深化模式改革，促进内涵发展，着力培养三类拔尖人才，推动本科教学工作实现了新的跨越。2012级学生就业率98.41%，深造率50.06%，比去年提高3.2%。

【本科教学工程】

4月26日，学校召开本科教学工作会议，围绕会议主题“落实高教三十条，实施本科教学工程，建立‘优势转化、协同创新’育人机制，提升人才培养质量”，宁滨校长作了题为“抢抓机遇、提升内涵、协同创新、全面提高人才培养质量”的工作报告，校院两级统一思想，进一步深化和坚定了“提高教育质量是学校一切工作的主旋律，要汇集校内外各方面优质资源服务于人才培养”和“协同创新”是培养拔尖人才的重要渠道的共识。在实施操作层面，明确了“以人事制度、校企合作、国际化三个教育部机制体制改革项目为龙头，汇集校内、企业、国际三方优质资源，创新校内、校企、国际人才培养协同创新育人机制，探索培养行业特色拔尖人才”途径，使提高人才培养质量的目标和任务得到了贯彻落实。

7月4日，邀请教育部高教司刘贵芹副司长作了题为“解读高教三十条”的专题报告，全校上下认真学习，深刻理解“高教三十条”关于如何坚持内涵建设、围绕人才培养质量这一核心进行体制机制创新，最终实现全面提升本科教学质量的精神实质和内在要求，结合开展的多视角的调研分析和全校多形式、各层面的教育思想研讨，进一步明确了行业特色大学的发展，应更加突出“强化战略、强化质量、强化创新和强化服务”四项基本意识，真正把“抓质量、上水平”作为学校发展的永恒主题，把推进实施“汇聚优势、转化优势、协同创新”，培养具有行业特色的拔尖创新人才作为提升教育质量的基本策略。

学校在“汇聚优势、转化优势、协同创新”战略思想的指导下，制订了《北京交通大学“本科教学工程”实施方案》，明确了“本科教学工程”建设工作的指导思想、目标、内容以及组织管理。学校本科教学专项投入2 365万元，争取到本科教学工程、北京市共建项目资金2 084万元，“本科教学工程”取得初步成效。7个专业获批第一、二批“专业综合改革试点”，1个专业通过了教育部专业评估；新增2个国家实验教学示范中心，7个校外实习基地进入第一批国家工程实践中心，其中3个还进入了国家大学生校外实践基地建设项目；16种教材获评2011年北京市精品教材，18种26册教材入选第一批“十二五”国家规划教材；“教师教学发展中心”获批为“十二五”国家教师教学发展示范中心，新增北京市教学名师2名；新立国家级大学生创新创业训练计划项目91项、北京市级60项。

【专业建设】

10月，学校按照《教育部办公厅关于做好普通高等学校现设本科专业整理和2012年度普通高等学校本科专业申报工作的通知》精神，依据新颁发的《普通高等学校本科专业目录（2012年）》和《普通高等学校本科专业设置管理规定》要求，对学校所有专业进行全面调整。新增轨道交通信号与控制、保密管理2个专业；艺术设计专业调整为视觉传达设计、环境设计2个专业；土木工程（080703Y）和土木工程（080703）合并为土木工程；电气工程及其自动化与电气信息工程合并为电气工程及其自动化；4个专业更名：机械工程（原机械工程及自动化）、能源与动力工程（原热能与动力工程）、光电信息科学与工程（原光信息科学与技术）、给排水科学与工程（原给排水工程）调整后形成了工、管、经为主，理、文、法、艺兼顾，涵盖七大学科门类，拥有31个专业类，52个专业，有招生专业46个的多科性专业结构和布局。见表13。

表13　按教育部专业目录调整后46个招生专业

专业名称	学院	铁路、轨道交通特色专业方向	专业名称	学院
通信工程	电信学院		建筑学	建艺学院
自动化	电信学院		艺术设计	建艺学院
电子科学与技术	电信学院		数字媒体艺术	建艺学院
计算机科学与技术	计算机学院	铁路信息技术	法学	人文学院
生物医学工程	计算机学院		软件工程	软件学院
信息安全	计算机学院		经济学	经管学院
物联网工程	计算机学院		国际经济与贸易	经管学院
机械工程及自动化	机电学院		会计学	经管学院
测控技术及仪器	机电学院		市场营销	经管学院
热能与动力工程	机电学院		工商管理	经管学院
工业工程	机电学院		信息管理与信息系统	经管学院
车辆工程	机电学院	铁路机车车辆	工程管理	经管学院
电气工程及其自动化	电气学院	轨道牵引、轨道电气化	旅游管理	经管学院
轨道交通信号与控制	电信学院		财务管理	经管学院
土木工程	土建学院	铁道工程、城市轨道工程	物流管理	经管学院
环境工程	土建学院		金融学	经管学院
交通运输	运输学院	铁路运输、城市轨道运输、智能运输	劳动与社会保障	经管学院
交通工程	运输学院		信息与计算科学	理学院
电子商务	运输学院		光信息科学与技术	理学院
物流工程	运输学院		材料化学	理学院
英语	语言学院		视觉传达设计	建艺学院
传播学	语言学院		环境设计	建艺学院
西班牙语	语言学院		保密管理	经管学院

2011年10月，为积极主动地适应国家和北京地区经济社会发展需要，满足轨道交通和战略性新兴产业重大需求，学校申报新办车辆工程、物流工程、物联网工程3个专业，并于2012年3月获得教育部审批。2012年10月，学校经过慎重研究和前期论证，申请新办工程力学、城乡规划、铁道与城市轨道工程3个专业，待教育部审批。

启动专业综合改革试点工作。以机械工程及自动化、计算机科学与技术、电气工程与自动化、交通运输等四个教育部第一批"专业综合改革"试点专业为抓手，启动了相关专业教学团队建设、课程与教学资源建设、教学方式方法改革、实践教学环节建设和教学管理改革等方面工作。组织了通信工程、物流管理、会计学、经济学等四个专业申报教育部的第二批"专业综合改革"试点。其中，通信工程、会计学、经济学等三个专业获批于2013年进行建设。

启动品牌专业建设。制定了《北京交通大学关于品牌专业建设的指导性意见》和《北京交通大学重点（品牌）专业评估方案》，对品牌专业的建设目标及标准、申报及认定办法、管理与运行机制等方面的内容进行了规范。

继续推进专业认证试点工作。制定了《北京交通大学推进专业评估与认证指导性意见》，9月，电气工程与自动化专业通过了由教育部委托中国科协进行的专业认证，有效期6年。至此，学校共有5个专业通过了国内工程教育专业认证，2个专业通过了国际IEEE专业认证。

【培养模式】

研究型人才培养模式。思源试验班进一步修订2012培养方案，完善了培养计划与所选专业对接、保研政策等问题；强化了动态管理机制，优化了跨学院管理运行流程，2011级6个班开始实施滚动管理。2008级思源班毕业班深造率69.2%，其中保送清华、中科院等高水平大学5人；出国23.1%，包括美国明尼苏达大学、加拿大滑铁卢大学等。基础学科拔尖人才试点班（知行班）启动建设，初步确定了数学、物理、力学、生物信息4个基础学科开设基础学科试点班，针对招生、培养及深造等具体问题，制定了管理工作运行方案，着手制定专业培养方案。通信工程本硕博连读实验班充分发挥光波所高水平实验平台、师资队伍的学科优势，积极探索从本科到博士生连续培养模式，完善了通信本硕博连读培养计划、选拔方案、培养模式；2010级通过选拔优秀生源进入，早发现、早培养、早成材，缩短了培养进程，提高了培养效率。理学院拔尖人才试点班积极探索实施本硕博一体化培养和导师制，为08级学生配备22个导师组、84位导师，09级17个导师组、70名导师。总结了茅以升班、詹天佑班和通信工程本硕连读班的建设经验，完善了各类试点班培养方案和学生选拔、退出机制等运行管理办法。

国际化复合人才培养模式。依托国际化教育部体制改革项目，建立了适用于国际化人才培养的灵活、规范的教学运行和学籍管理办法，投入135万元支持5个国际试验班积极开展试点改革，全年共有174名学生参加了各类国际联合培养、长短期实习实践交流活动。软件国际班19门专业课程实施全英文讲授，全部小班授课。机电国际班专业主干课程与国际接轨，聘请了来自美国、德国、比利时13位外籍教师教授15门国际班课程，主干课程的外教授课学时达75%以上，设置国际视野学分，将培养学生国际视野和跨文化能力融入培养体系，4名国际班任课教师赴比利时鲁汶工程大学访学5周。交通运输国际班初步建立具有国际特色铁路运输专业课程体系和以本校师资为主的教师队伍，开设全英文及双语课程12门；

暑期学校邀请来自美国等6个国家12位交通运输领域知名教授开设10余门专业课程，采用全英文授课方式，授课方式多样化，有现场答疑、小组讨论、实验、案例教学。电信国际班聘请瑞典大学、英国雷丁大学2名教授开设无线通信和网络课程，组织学生参与中法文化交流活动，进行拓展训练，开阔国际班学生的国际视野，44人成功入选各类国际交流项目。经管学院国际班选拔19名学生组建国际试点班，制定了《经济管理学院本科国际班管理办法》，规定了国际班的选拔方法、培养模式、管理制度、流转机制。

卓越工程型人才培养。依托产学联合培养教育体制改革和卓越工程师计划项目，与轨道交通、北京区域经济发展重要行业企业继续实施产学联合人才培养。召开卓越工程师教育培养计划试点专业研讨会，结合2012培养计划修订工作，对现有培养方案进行了梳理，强调实习实践环节的重要作用，以保证满足卓越工程师对实训环节的要求。2012年新增建筑学和交通工程2个专业为卓越工程师教育培养计划专业。“3+1+2”产学联合人才培养试点。首批参与试点的27位同学一一配备了系主任及以上职务的校内导师，合作单位也相应配备部长、处长等作为学生的企业导师，进行了近一年的单位实习和培训，在双导师指导下进行毕业设计。2012级试点，参与企业由12家扩大到41家，同时得到了铁道部的高度重视，全国14家铁路局参与到试点中来，全校共有407名学生报名参与，最终98名同学进入试点班。第四届订单式培养“3+1”模式班。20余位学生正式进入“3+1”班学习，为其开设“地铁运营管理概论”等六门专业理论课程，由单位技术人员和管理人员开设的车辆运用、牵引供电等8个专题讲座，以及深入车站、调度指挥中心、车辆厂等现场的课程实习和集中实习。第四届轨道交通复合型人才试点班。通过跨专业免试推荐研究生的方式选拨试点班学生，即选拔非交通运输类专业的理工科专业本科生，约有130名优秀学生踊跃报名，选拔招收6个学院的20名跨专业学生攻读“交通运输规划与管理”学术型硕士学位。进入试点班的学生，在本科阶段第四学年，除了完成原专业规定的学习任务外，还需要在交通运输学院学习交通运输专业（铁路运输方向、城市轨道交通方向）的主干课程，并参加该专业的相关实践课程学习，硕士阶段强化轨道交通专业复合科学研究及技术开发能力。启动“海外项目经理班”。配合中国高速铁路的“走出去”战略，依托经管学院工程管理学科，实施本硕一体化贯通培养，培养高级国际工程项目管理人才。2012年首届从全校各专业报名的40名学生中选拔20名优秀本科生免试攻读工程硕士学位，由经管学院、土建学院和语言学院为其开设工程管理、国际商法、工程英语、小语种等相关课程和实践。

【课程建设】

培养方案和课程教学大纲。根据2012培养方案指导性意见，完成了12个学院共63个培养方案修订，涵盖所有专业、专业大类、试点班、卓越班及国际班，进一步优化了课程体系，从2012级开始，全面实施了新的本科人才培养方案。同时，开展优秀课程教学大纲的评选活动，评选出优秀大纲29个，其中专业主干课大纲16个、公用基础类大纲6个、实验类大纲4个、实习类大纲1个、课程设计类大纲2个，进一步完善了课程质量标准。

理学课程平台。数学平台在案例收集、素材整理、案例库建设和调研等方面取得初步进展，实施按类指导、分级教学、因材施教，形成一批与学科专业相结合的包括微积分、几何与代数、概率论与数理统计等课程在内的研究性教学案例库。《微积分》课程实施全过程管理：实行大班授课、小班辅导的模式；每周增开两个学时的习题课；加强平时管理，增加平时测评；贯彻“学生为主体，教师为主导”的教学理念，从教学、辅导、管理、考核等方面建立全方位立体化管理体系，引导学生自主性学习；按照“因材施教”的方针和“抓两头，带中间”的策略，组织了对优秀学生的“提高讲座”和对差生的“辅导讲座”；积极引导优秀学生参与大学生数学竞赛和数学建模竞赛，同时，以“教学案例库”为支撑，设计适用于课堂教学的典型案例，把数学建模思想渗透到基础数学课程中，在北京理工大学叶其孝教授帮助下，本学期第一堂课我们进行了大面积试点，取得了成功，得到了全国数学教执委主任李大潜院士的肯定。《概率论与数理统计》设计开发了本课程教学案例库综合学习演示系统，并引入教学。系统对学生开放，以形象化、直观化的形式来揭示其内在规律和内部特征，帮助学生的理解和学习抽象的概念、定理、结论等，有利于学生的理解和学习。《几何与代数》开发设计了适用于各专业的案例库，针对不同专业学生设置的案例既贴近专业特点，又能在教学过程中激发学生学习几何与代数课程的兴趣，更好地调动学生的学习积极性，提高学习效果。目前，已经成型并应用于教学的案例有 12 项。物理课程平台着手进行了物理实验教学的改革和提升，立足因材施教，实行物理实验阶梯式教改，进行分级教学，使学生得到适合自己的不同层次的实验教学任务，实现了物理实验科学素养培养四年不断线。同时，物理实验还实行全英语教学。化学和生物课程平台建设完善了建设方案，为部分工科专业开设了工科化学课程和生物选修课程，强化了化学和生物类课程实践教学，从而全面提升了理学学习兴趣和学习能力。

通识核心课程。面向全校不同学科背景学生开设通识核心课，引导学生广泛涉猎不同学科领域，学习不同学科的思想方法，实现价值引导、心智培育和知识拓展的通识教育教学目标。制定了《北京交通大学关于开设本科通识核心课程的指导性意见》，拨付建设经费 40 万元，面向 2012 级，建设了社会科学、人文艺术、经济管理、自然科学、工程科学等学科门类 20 门通识教育课，聘请校内外教授和学者讲授，3 468 名大学生受益。具体见表 14。

表 14　2012—2013 年度秋季学期开设的通识教育核心课程

序号	负责单位	课程名	课程号	授课人	校内/外
1	教务处	饮食的科学与文化	00L001H	李里特	校外
2	艺教中心	戏剧表演艺术	00L002H	郝　戎、张　华	校外
3	艺教中心	艺术美学	00L003H	宋　瑾	校外
4	艺教中心	交响乐艺术	00L004H	卞祖善	校外
5	心理中心	大学生心理学	00L005H	蔺桂瑞	校外
6	教务处	插花艺术与花艺赏析	00L006H	冯　骆	校外
7	人文学院	国学概论	60L001H	孔德立	校内
8	经管学院	世界遗产景点赏析	40L001H	王衍用	校内
9	运输学院	交通博览	50L001H	张星臣	校内
10	运输学院	高速铁路纵横	50L002H	聂　磊	校内
11	运输学院	铁路史话	50L003H	周磊山	校内
12	机电学院	坦克纵横	20L001H	毛　明	校外
13	机电学院	航天博览	20L002H	航天专家组	校外
14	电气学院	可持续交通能源发展路线图	90L001H	姜久春	校内
15	理学院	数学漫谈——知名学者交大行	70L001H	马志明等	校外

续表

序号	负责单位	课程名	课程号	授课人	校内/外
16	理学院	从爱因斯坦到霍金的宇宙	70L002H	赵　峥	校外
17	理学院	创新意识与能力的培养	70L003H	王永生等	校内
18	理学院	诺贝尔奖与化学	70L004H	刘　博等	校内
19	理学院	生物学与社会	70L005H	洪　涛等	校外
20	计算机学院	无所不在的信息技术	80L001H	阮秋琦	校内

新生研讨课程。从 2012 级开始，为本科新生开设新生研讨课，启发学生尤其是低年级学生的研究兴趣和批判性思维，引导新生了解学科的前沿问题和本质问题，使学生体验学术活动的一般过程，培养学生的创新意识与创新能力。制定了《北京交通大学关于开设本科新生研讨课的指导性意见》，拨付建设经费 19 万元建设了第一批 19 门新生研讨课程，578 名新生上课受益。见表 15。

表 15　2012—2013 年度秋季学期开设的新生研讨课程

序号	负责单位	课程名称	课程号	课程负责人
1	电信学院	信息网络与社会生活	10L033X	郭宇春
2	电信学院	21 世纪的轨道交通	10L034X	赵会兵
3	机电学院	能源与气候变化	20L026X	何伯述
4	机电学院	材料创新与社会发展	20L027X	邢书明
5	机电学院	新能源汽车与动力	20L028X	张　欣
6	机电学院	走近高速列车	20L029X	刘志明
7	机电学院	走近重载列车	20L030X	李　强
8	经管学院	中国的企业并购离美国有多远	40L061X	张秋生
9	经管学院	智慧的物流	40L062X	刘世峰
10	经管学院	会计与财务中的公司治理	40L063X	马　忠
11	理学院	化学与创新	70L045X	刘　博
12	计算机学院	数字媒体信息处理的创新与研究体验	80L013X	赵　耀
13	电气学院	电能的存储、传输与转换	90L023X	范　瑜
14	运输学院	与新生谈交通工程	50L044X	邵春福
15	运输学院	我们身边的城市轨道交通	50L045X	毛保华
16	运输学院	认知与探索物流工程	50L046X	王喜富
17	运输学院	交通运输带来的机遇与挑战	50L047X	钟　雁
18	人文学院	法律与生活	60L005X	毕　颖
19	土建学院	地下空间的开发与利用	30L016X	刘维宁

精品开放课程。加强优质教育资源开发和普及共享，进一步提高教学质量。在原各级精品课程的基础上，进一步把学科优势、科研优势等优质资源融入到课程中，作为课程转型升级的坚实基础。以精品课程为基础，以教学名师和教学团队为依托，以精品教材为支撑，建

设了“高速铁路纵横”、“铁道史话”、“交通纵横”等3门优势特色课程，并获准2012年度国家级精品视频公开课第二批建设。在我校原国家级精品课程的基础上，完成了《信号与系统》等7门课程的转型升级，并推荐申报2012年国家级精品资源共享课。见表16。

表16　2012年申报的国家精品开放课程

序号	课程名称	课程负责人	所属学科	总时数	类型
1	交通博览	张星臣	交通运输	12	视频公开课
2	铁路史话	周磊山	交通运输	12.5	视频公开课
3	高速铁路纵横	聂　磊	交通运输	10	视频公开课
4	信号与系统	陈后金	电子信息工程	64	资源共享课
5	大学计算机基础	王移芝	电气信息类	32	资源共享课
6	电子商务	张润彤	信息管理与信息系统	32	资源共享课
7	交通规划	邵春福	交通工程	48	资源共享课
8	运输组织学	何世伟	交通运输	48	资源共享课
9	数字电子技术	侯建军	电子科学与技术	64	资源共享课
10	物流学	汝宜红	物流管理	32	资源共享课

大学英语课程。制定了《北京交通大学大学英语课程设置及成绩记载办法》，以提高学生的英语运用能力为目标，设置了“英语综合能力”的成绩评定办法，推进英语的分级教学，此外还对学生在校期间参加国内外权威机构举办的英语水平测试取得的成绩认定为学分进行了规范。

优质课程认证。为了深入推进“本科教学工程”，建设一批优质课程教学资源，启动了校级优质课程的评选和认证工作。制定了《北京交通大学优质课程认证和管理办法》，明确优质课程的内涵和建设规范，在全校范围内开展优质课程的申报和认证工作，经课程自评、学院审核和专家评审，共有54门课程通过了优质课程建设立项。以优质课程认证为抓手全面推进专业课程研究性教学、基础课程全过程管理的教学模式改革，进一步规范教学过程，提升课程内涵和水平，提高课程教学质量。

专业主干课程。持续推进我校专业主干课程研究性教学模式改革，全年共评出优秀研究性教学训练载体25项，优秀研究性教学学生作品41项。通过几年的建设，学校所有主干课程均已实现了由传统教学模式向研究性教学模式的转换，探索并形成了一整套研究性教学的模式与机制。

【教材建设】

国家规划教材。根据教育部《关于印发第一批“十二五”普通高等教育本科国家级规划教材书目的通知》，学校荣朝和教授主编的《西方运输经济学（第二版）》等18种26册教材入选第一批“十二五”普通高等教育本科国家级规划教材。见表17。

表17　“十二五”普通高等教育本科国家级规划教材

序号	学院	书　　名	作者	出版社
1	经管学院	西方运输经济学（第二版）	荣朝和	经济科学出版社
2	经管学院	建设项目管理（第2版 修订本）	刘伊生	北京交通大学出版社

续表

序号	学院	书　名	作者	出版社
3	经管学院	基础会计学（修订本）	郭雪萌　郝宇欣	清华大学出版社 北京交通大学出版社
4	经管学院	生态旅游	张建萍	中国旅游出版社
5	计算机学院	大学计算机基础（第2版）	王移芝　罗四维	高等教育出版社
6	计算机学院	数字图像处理学（第二版）	阮秋琦	电子工业出版社
7	电信学院	数字电子技术基础（第二版）	侯建军	高等教育出版社
8	电信学院	信号与系统	陈后金	高等教育出版社
9	电气学院	电气工程概论	范　瑜	高等教育出版社
10	土建学院	路基工程	刘建坤　曾巧玲 侯永峰	中国建筑工业出版社
11	土建学院	桥梁施工	许克宾	中国建筑工业出版社
12	运输学院	电子商务系统的分析与设计（第二版）	刘　军　马敏书	高等教育出版社
13	运输学院	城市轨道交通系统运营管理	毛保华	人民交通出版社
14	运输学院	铁路运输组织学（第二版）	杨　浩	中国铁道出版社
15	机电学院	现代机械工程综合实践教程	房海蓉　李建勇	机械工业出版社
16	理学院	大学物理学（上册）	吴　柳	北京交通大学出版社
	理学院	大学物理学（下册）	吴　柳	北京交通大学出版社
17	语言学院	21世纪大学新英语视听说教程	郭海云　白永仪	复旦大学出版社
	语言学院	21世纪大学新英语视听说教程1	邵钦瑜	复旦大学出版社
	语言学院	21世纪大学新英语视听说教程3	李京平	复旦大学出版社
	语言学院	21世纪大学新英语视听说教程教师参考书1	邵钦瑜	复旦大学出版社
	语言学院	21世纪大学新英语视听说教程教师参考书3	李京平	复旦大学出版社
	语言学院	21世纪大学新英语视听说基础教程	蒋学清	复旦大学出版社
	语言学院	21世纪大学新英语视听说基础教程教师参考书	蒋学清	复旦大学出版社
18	语言学院	读写译 学生用书4（全新版）	蒋学清	清华大学出版社
	语言学院	读写译 教学参考书4（全新版）	蒋学清	清华大学出版社

教材出版基金。经教师申请、学院推荐、学校组织专家评审，确定15本教材为2012年教材出版基金资助教材，其中本科10本、研究生4本、专著1本。见表18。

表18　2012年校基金资助教材

序号	学院	姓名	教　材　名　称	使用范围
1	运输学院	魏丽英	城市交通调查	本科
2	运输学院	袁振洲	城市交通管理与控制	本科
3	运输学院	邵春福	城市交通规划	本科
4	运输学院	汪晓霞	城市智能交通系统技术及案例	本科
5	运输学院	邵春福	交通工程专业实验教程	本科

续表

序号	学院	姓名	教 材 名 称	使用范围
6	电信学院	蒋大明	自动控制原理（修订版）	本科
7	电信学院	卢燕飞 周春月 王根英	通信工程专业综合实验教程	本科
8	土建学院	于桂兰 余自若 徐艳秋	Learning and Practice for Theory of Elasticity （弹性力学学习指导与习题详解）	本科
9	土建学院	井国庆 谷爱军	铁道工程专业英语	本科
10	土建学院	朱尔玉	地道桥结构设计与施工技术	本科
11	理学院	王兵团	数值分析简明教程	研究生
12	语言学院	周红红	高级英语交流	研究生
13	电信学院	赵林海	故障诊断技术及其在轨道电路中的应用	研究生
14	经管学院	张菊亮	供应链建模与优化	研究生
15	人文学院	郑翔	都市型现代农业法律制度体系研究	专著

【教学改革】

出版教学研究论文集。经学院组织、广大教师踊跃投稿、学校评审，出版了2011年本科教学研究论文集《高水平行业特色大学拔尖创新人才培养的探索与实践》，共收录各类教改论文218篇，分为6个专题，提炼和总结了一段时期我校教学改革的成果。

校级教改项目中期检查。召开2011年度校级重点教改项目答辩会，校级面上项目提交中期检查表，组织专家评审，通过中期检查的项目拨付了剩余经费。

教改项目立项。2012年共设立教学改革项目83项，其中，重点项目36项，主要涉及通识教育核心课程建设、课程体系建设与改革、专业人才培养方案修订、教学管理规范化等方向。一般项目47项。见表19。

表19 2012年校教改项目立项

项目负责人	项 目 名 称	项目类别
戴胜华	电子学院课程体系改革	重点项目
房海蓉	机电学院课程体系改革	重点项目
房海蓉	机电学院通识核心课课程建设	重点项目
张鸿儒	土建学院课程体系改革	重点项目
张 力	经管学院课程体系改革	重点项目
张 力	经管学院通识核心课课程建设	重点项目
聂 磊	运输学院课程体系改革	重点项目
聂 磊	运输学院通识核心课课程建设	重点项目
毕 颖	人文学院课程体系改革	重点项目
毕 颖	人文学院通识核心课课程建设	重点项目
杨若东	语言学院课程体系改革	重点项目
于永光	理学院课程体系改革	重点项目

续表

项目负责人	项　目　名　称	项目类别
于永光	理学院通识核心课课程建设	重点项目
于双元	计算机学院课程体系改革	重点项目
于双元	计算机学院通识核心课课程建设	重点项目
赵　宏	软件学院课程体系改革	重点项目
王健强	电气学院课程体系改革	重点项目
王健强	电气学院通识核心课课程建设	重点项目
王丽君	建筑与艺术学院课程体系改革	重点项目
田宝伟	心理中心通识核心课课程建设	重点项目
何　腾	艺教中心通识核心课课程建设	重点项目
衣立新	教务处通识核心课课程建设	重点项目
郑　超	加强大学生体育素养的培育，提高学校拔尖创新人才的质量研究	重点项目
司银涛	成人继续教育特色办学的研究与分析	重点项目
刘宾生	本科教学规范化管理	重点项目
张　华	本科教学规范化管理	重点项目
周　倩	本科教学规范化管理	重点项目
高桂莲	本科教学规范化管理	重点项目
王兴莉	本科教学规范化管理	重点项目
曲立忠	本科教学规范化管理	重点项目
陈秀春	本科教学规范化管理	重点项目
樊崇艺	本科教学规范化管理	重点项目
高　琦	本科教学规范化管理	重点项目
李　玲	本科教学规范化管理	重点项目
孙淑媛	本科教学规范化管理	重点项目
董乐贤	本科教学规范化管理	重点项目
邵春福	交通规划	一般项目
何世伟	运输组织学	一般项目
秦四平	运输经济学	一般项目
赵　瑜	运输市场营销	一般项目
雷　黎	交通政策法规环境与可持续发展	一般项目
朱晓宁	集装箱运输与多式联运	一般项目
钟　雁	管理信息系统	一般项目
李海鹰	铁路车站与枢纽	一般项目
贾俊芳	铁路旅客运营管理	一般项目
韩　梅	铁路货运技术	一般项目
王文静	可靠性基础	一般项目

续表

项目负责人	项　目　名　称	项目类别
周明连	液压及气动技术	一般项目
岳建海	测试技术	一般项目
郭保青	微机接口技术	一般项目
胡准庆	机械振动基础	一般项目
史红梅	动车组网络控制	一般项目
张欣欣	动车组运行控制	一般项目
丁莉芬	机车车辆设计与装备	一般项目
宋雷鸣	列车传动与控制	一般项目
王斌杰	机车车辆运用与维修	一般项目
黄　辉	电路（含实验）	一般项目
周　晖	模拟电子技术（含实验）	一般项目
张晓冬	数字电子技术（含实验）	一般项目
方　进	工程磁场	一般项目
刘慧娟	电机学	一般项目
黄　彧	电传动控制系统	一般项目
吴俊勇	电力系统分析	一般项目
刘平竹	电力系统继电保护	一般项目
吴秋瑞	牵引供电系统	一般项目
祝凌曦	城市轨道交通供电	一般项目
黄海明	材料力学	一般项目
贾　影	结构力学	一般项目
朋改非	土木工程材料	一般项目
毛　军	水力学	一般项目
陈　娟	工程经济	一般项目
王连俊	工程地质	一般项目
刘卫丰	隧道工程	一般项目
陈　岚	房屋建筑学	一般项目
李清立	建设项目管理	一般项目
杨维国	钢筋混凝土结构设计原理	一般项目
刘智敏	钢结构设计原理	一般项目
姚锦宝	建筑施工技术	一般项目
李清立	工程监理	一般项目
白　雁	铁路选线	一般项目
田亚护	土力学与路基	一般项目
夏　禾	桥梁工程	一般项目
杨世武	铁路信号抗干扰技术	一般项目

北京市教改项目结题验收。根据《北京市教育委员会关于高等学校教育教学改革立项项目结题有关事宜的通知》，2005 年至 2008 年获北京市立项的课题，包括重点项目和面上项目（一般项目，含自筹项目）共 17 项，全部结题。见表 20。

表 20　2012 年北京市教改项目结题项目

年度	学院	项目负责人	项　目　名　称	类别
2005	机电学院	邢书明	工程训练教学体系改革与教学效果评价系统研究	资助
2005	教务处	章梓茂	基于自主性学习和研究性教学的本科教学模式的研究与实践	资助
2005	理学院	李　琦	工程基础数学课程中引入建模思想的理论、方法与实践	资助
2005	土建学院	吴　萱	大学生自我规划、自主学习意识及能力培养的研究与实践	自筹
2005	经管学院	张真继	经济管理类实验教学体系的建设与研究	自筹
2005	计算机学院	罗四维	毕业论文在线	自筹
2006	招生就业处	高　艳	加强全面素质教育，引导学生成人成才——学生学业和职业生涯设计的研究与实践	资助
2006	教务处	杜永平	工科实验教学方法与手段改革研究	资助
2006	运输学院	毛保华	城市轨道交通专业方向创新型教学方法的研究与实践	自筹
2006	计算机学院	王移芝	整合优质资源，构建计算机基础教学新体系	自筹
2007	运输学院	孙全欣	“科研团队、研究生教育、本科生教育”一体化的本科研究型教学与创新能力培养的研究与实践	资助
2007	计算机学院	于双元	强化创新实践能力的计算机专业人才培养模式研究	资助
2007	机电学院	李长春	机械类专业创新性实践教学体系研究	资助
2008	教务处	房海蓉	基于做学融合的科研训练体系研究与实践	资助
2008	计算机学院	阮秋琦	创新型人才培养及研究性教学法探讨	资助
2008	软件学院	赵　宏	基于 CDIO 教育理念的软件工程专业课程体系与创新人才培养模式研究	资助
2008	语言学院	邵钦瑜	大学英语“视听说”教学资源库建设与共享研究	资助

【教学成果】

5 月，组织了校级教学成果的评选，历经申报、推荐、评审、答辩和公示等程序，最终共评选出 197 项校级优秀教学成果，其中特等奖 16 项、一等奖 70 项、二等奖 111 项。本科教学申报 270 项，获奖 167 项，获奖比例 62%；研究生教学申报 47 项，获奖 28 项，获奖比例 60%；远程教育申报 3 项，获奖 2 项，获奖比例 67%。

11 月，根据北京市教委的文件精神，学校组织遴选了 38 项优秀教学成果推荐参加 2012 年北京高等教育教学成果的评选。经北京市教委公示，学校共获得特等奖 1 项、一等奖 8 项、二等奖 13 项，总计 22 项。见表 21。

表 21　2012 年获北京市教学成果奖情况

序号	成果名称	主要完成人	等级
1	发挥轨道交通学科优势，培养行业特色拔尖创新人才	宁　滨、房海蓉、张有根、张鸿儒、戴胜华	特等奖
2	创新产学联合培养模式和机制，全方位打造行业卓越工程人才	张星臣、聂　磊、朱晓宁、于双元、路　勇	一等奖
3	构建从“要我学”到“我要学”的工科物理全新教学模式	王玉凤、蔡天芳、吴　柳、盛新志、范　玲	一等奖
4	强认知、塑能力、求创新——大学计算机基础教学新模式的探索与实践	王移芝、于双元、许宏丽、赵　耀、李清勇	一等奖
5	创新型人才培养及研究性教学法研究 与实践	阮秋琦、丁晓明、艾丽华、赵守国、安高云	一等奖
6	协同指导 梯度递进——北京交通大学创新以课程建设为核心的就业指导模式	高　艳、王化深、黄晓慧、梁　英	一等奖
7	科研支撑、校企联合，建设高水平轨道交通特色车辆工程专业	刘志明、孙守光、方跃法、李　强、王文静	一等奖
8	有序递进、因材施教、自主发展：构建全程导师制本硕博会计人才综合培养模式	郭雪萌、崔永梅、门　瑢、张秋生、程小可	一等奖
9	桥梁工程方向创新人才培养体系建设	夏　禾、季文玉、卢文良、张　楠、韩　冰	一等奖
10	大学英语全人教育探索与实践——iSMART 计划	蒋学清、李京平、邵钦瑜、左映娟、王云彤	二等奖
11	国际化软件人才培养模式的改革与创新	卢　苇、邢薇薇、王方石、赵　宏、李红梅	二等奖
12	利用数字化技术，创建交通运输类特色专业实验教学体系和平台	朱晓宁、李　菊、周磊山、邵春福、刘海东	二等奖
13	改革电工电子实验教学，培养学而善用优秀人才	陈后金、侯建军、杜普选、郝晓莉、马庆龙	二等奖
14	经济管理类本科生创新实践能力培养体系与实施模式	刘延平、张　力、马　忠、张真继、卜　伟	二等奖
15	加强基础、重视实践、面向应用，构建具有行业和专业特色的工程力学教学体系	汪越胜、王正道、梁小燕、蒋永莉、康爱健	二等奖
16	学术自由与集体主义相结合的创新拔尖人才培养的探索与实践	简水生、裴　丽、任国斌、李唐军、延凤平	二等奖
17	构建持续改进的全方位本科教学质量管理体系，培养高质量创新人才	李长春、衣立新、魏旺强、董　俊、孙海波	二等奖
18	科教协同创建交通工程国家级特色专业探索与实践	邵春福、魏丽英、袁振洲、宋　瑞、谷远利	二等奖

续表

序号	成 果 名 称	主要完成人	等级
19	以“双向驱动”实践教学模式 培养应用型法学人才	毕 颖、陈力铭、杨 军、王 霞、陶 杨	二等奖
20	依托学科平台优势、基于行业背景的经济学特色专业建设	欧国立、荣朝和、李雪梅、李卫东、李津京	二等奖
21	工程教育五层模型体系研究与实践	查建中、徐文胜、顾学雍、陆一平、朱晓敏、刘 伟	二等奖
22	构建理学数学平台、夯实大学数学基础、提高人才培养质量	于永光、廉巧芳、冯国臣、江中豪、刘迎东	二等奖

【实践教学】

投入 1 500 万元，依托行业特色高校与行业密切联系的优势，探索校企、科研、学科、实验室协同一体的建设机制模式，集中对各级实验教学示范中心进行提升性建设，夯实了具有行业特色的高水平校内实践教学平台。物理、电工电子、土木工程、交通运输 4 个“十一五”国家级实验教学示范中心接受了教育部专家进校考察验收，受到好评；通过对原有实验室资源进行有效整合，机械工程、电子信息与计算机 2 个实验中心进入“十二五”国家级实验教学示范中心建设行列，学校的国家级实验教学示范中心上升为 6 个，名列同等院校前列，与 8 个北京市级以及 10 个校级实验教学示范中心构成了校内高水平实验平台。

全年专项投入 180 万元，支持学生赴现场实习实践。北京市地铁运营有限公司等 7 个校外实习基地进入第一批国家级工程实践中心，其中 3 个还进入国家级大学生校外实践基地行列。为落实 7 个国家级工程实践教育中心的建设工作，积极沟通和走访工程实践教育中心的共建单位，包括：举行“北京交通大学—英特尔公司国家级工程实践教育中心”揭牌仪式，铁道部信息化办公室副主任唐日红、铁道部人事司处长李智出席了会议；举行“北京交通大学—南车青岛四方机车车辆股份有限公司国家大学生校外实践教育基地暨国家级工程实践教育中心”揭牌仪式，并为公司受聘为学校兼职教师的人员颁发了聘书；走访“国家级工程实践教育中心”共建单位郑州铁路局等。组织 2012 年校级校外人才培养示范基地评选，北京现代汽车有限公司校外人才培养基地和徐州北站实践教学基地被评为北京交通大学校外人才培养示范基地。

为进一步推进实践教学改革，开展了 2012 年优秀实验项目评选活动，最终确定 13 个项目为优秀实验项目，以拉动实验项目开发、研制和应用，提高实验教学水平、培养学生实践动手能力和创新精神。继续建设实验室开放系列课程，共开设了 20 余个系列课堂，9 个教学和科研实验室向全校开放，有 1 400 余人次受益。

【科研训练与学科竞赛】

2012 年学校为配合国家大学生创新创业训练计划项目的开展，提高大学生的创新能力和在创新基础上的创业能力，重新制定了《北京交通大学大学生创新创业训练计划项目管理办法》，从建设目标、组织机构及职责、计划内容、相关政策等方面全面推进大学生创新创业训练计划，规范包括申报立项、项目管理、项目结题验收、项目级别管理等在内的项目管理工作。

为促进科研训练项目和学科竞赛的一体化建设，将原有的《本科生参加学科竞赛激励办法》和《北京交通大学本科生参加大学生创新性实验计划项目管理与激励办法》整合完善，制定了《北京交通大学本科生参加大学生科研创新活动的管理办法》，从学分认定、激励政策等方面调动广大学生参与大学生科研创新活动的积极性。

为配合1 000平方米的大学生创新活动中心的投入使用，制定了学生申请活动场地与设备的办法流程，购置了各类实验设备，并配备专人负责管理活动中心，服务于各项学科竞赛和创新创业项目。

组织2011年立项的429项大学生创新性试验计划项目结题工作，全校顺利结题的有353项，共有1 422名学生、347名指导教师参与。其中60项国家级项目优良率达100%，参与学生人数253人，指导教师62人；58项北京市级项目优良率达94.8%，参与学生人数244人，指导教师71人；235项校级项目优良率达36.2%，参与学生人数925人，指导教师214人。

组织2012年大学生创新创业训练项目立项工作，全校共立项470项，共有1 944名学生、418名指导教师参与；与2011年立项情况相比，立项项目数增加了近9%。其中国家级项目91项，北京市级项目60项，校级项目319项。91项国家级项目中，大学生创新训练项目88项，大学生创业训练项目2项，大学生创业实践项目1项 。

积极组织学生参加科技创新成果交流活动。组织3个创新训练项目、1个创业实践项目和3篇学术论文参加教育部、科技部联合主办的“第五届全国大学生创新创业年会”，其中1项创新训练项目和1项创业实践项目被选中以作品展示交流的形式参会，学生作品的新颖与有趣吸引了参会学生与教师的围观。另外，还组织了3项创新训练作品和2项重点学科竞赛作品参加教育部的“科学发展　成就辉煌”展览；组织了14项创新训练作品参加市科协、市教委等主办的“首都大学生科技创新作品与专利发明博览会”的作品推介会，并被选中7项，同时组织19项专利成果参与现场专利申请；组织了20项创新训练作品和3项重点学科竞赛参加全国青少年高校科学营展示；组织8项创新训练作品参加北京军区北京交通大学开展依托培养工作十周年庆祝活动等。

为进一步完善学科竞赛平台，学校2012年新增2项国家级学科竞赛。2012年，学校承办了2项北京市学科竞赛，举办了28项校内竞赛，共有9 794人次学生参加了74项各级竞赛，获全国以上奖243项。在美国大学生数学建模竞赛中获1项一等奖；在第五届全国大学生机械创新设计大赛获1项一等奖；在全国“电脑鼠走迷宫”竞赛决赛中获1项一等奖，3名学生荣获2012年“全国大学生英语竞赛”特等奖，1名学生荣获2012年Altera杯亚洲创新大赛特等奖。2012年学校学生参加学科竞赛获奖统计如表22所示。

表22　2012学生参加学科竞赛获奖统计

竞赛范围	获奖情况											
	特等奖		一等奖		二等奖		三等奖		单项奖		汇总	
	项数	人数	项数	人数	项数	人数	项数	人数	项数	人数	项数	人数
全球			1	3	12	36			22	66	35	105
全国	4	4	20	40	55	100	101	156	28	50	208	350
北京市	0	0	28	76	75	197	76	139	4	8	183	420

【毕业设计】

对毕业设计（论文）的初期工作进行了抽查，结果显示指导教师提供任务书的整体质量较高，优良率达 84.6%，学生开题报告的优良率达到 80%。对毕业设计（论文）工作进行中期检查的结果反映，学生选题大部分能体现专业特色，理论联系实际，体现工程背景，真题真做，大部分指导教师指导认真，定期检查学生毕业设计的进度，把握其整体进展情况，保证了毕业设计的质量。根据统计，毕业设计（论文）的选题属于工程设计的为 34.33%，软件开发的为 12.26%，理论研究的为 38.25%，其他为 15.16%（如表 23 所示）。从毕业设计（论文）题目的来源看，属于导师科研项目的占 37.72%，导师自拟的占 49.17%，其他为 13.11%（如表 24 所示）。总体来看，学院毕业设计（论文）答辩组织有序，学生答辩准备认真充分，有 15 名学生参加了学校的公开答辩，答辩结果良好率 33.3%。经过毕业设计（论文）答辩考核，最终成绩优秀的为 14.34%，良好的为 40.56%，中等的为 33.60%，及格的为 10.01%，不及格的为 1.05%，其他 0.44%（如表 25 所示）。

表 23　2012 年毕业设计（论文）题目类型统计表

理论研究		工程设计		软件开发		其他		总计	
数量	百分比%	数量	百分比%	数量	百分比%	数量	百分比%	数量	百分比%
1 307	38.25	1 173	34.33	419	12.26	518	15.16	3 417	100

表 24　2012 年毕业设计（论文）题目来源统计表

导师科研项目		导师自拟		其他		总计	
数量	百分比%	数量	百分比%	数量	百分比%	数量	百分比%
1 289	37.72	1 680	49.17	448	13.11	3 417	100

表 25　2012 年毕业设计（论文）成绩统计表

项目	优	良	中	及格	不及格	其他	合计
人数	490	1 386	1 148	342	36	15	3 417
百分比%	14.34	40.56	33.60	10.01	1.05	0.44	100

【质量监控】

2012 年学校进一步完善校、院两级教学管理体制，明确职责，构建以学校为指导、院系为主体的教学监管体系。学校教学督导组检查和监督教学各个环节的秩序和质量，全年听课 1 495 个课堂，抽查 43 门课程的教学日历和教案，抽查 37 门课程的期末考卷 22 份，学生答卷 330 余份；学校领导和教学管理人员听课 62 个课堂；各学院领导和专业负责人听课 844 个课堂，形成了全方位、多层次、多视角的课堂教学质量评价体系。

2012 年学校重点监控双语课的教学质量，学校教学督导组对全校 21 门双语课程进行了跟踪听课，对 12 门课程的双语课堂和中文课堂的试卷内容进行了比较分析，调查结果表明学校需进一步加大双语课程的建设力度，提高教师的教学水平，加强课程建设，切实提高全英文授课的教学质量。学校加强对公共基础课的全过程管理改革，理学院微积分课程推行小班习题课模式，为学生课后提供更多的辅导答疑的机会。

学校不断强化教学团队建设，着力建设一支集国家级、北京市级和校级教学名师于一体的高素质的教学队伍。2012 年学校积极参与“国家高层次人才特殊支持计划”教学名师和北京市教学名师奖的评选，组织完成校内遴选和申报工作，陈后金教授入选“国家高层次人才特殊支持计划”北京市推荐名单，刘志明、于桂兰两位教师获得第八届北京市高等学校教学名师奖。2012 年学校结合课程建设、教学积累和教学效果评选校级教学名师，制定了《北京交通大学教学名师评选办法》，通过对申报教师进行随堂听课、教学档案资料审核和专家综合评审，本年度共评选出校级教学名师 8 人。通过名师评选，发挥名师的示范和榜样作用，引领全校教师将主要精力投入本科教学工作，深化教育教学改革，提高教学水平，提升人才培养质量。学校组织开设了名师讲坛系列公开课，秋季学期各级教学名师讲授公开课共计 34 人次，名师讲坛公开课已成为学校各级名师展示教学艺术和青年教师观摩学习的重要平台。强化教授为本科生上完整一门课程，专业主干课程教授上课率提升到 77. 8% 。

本年度综合学生网上评教、督导教师评价和教学管理人员评价等几方面的意见，新评选出优秀主讲教师 37 名，优秀实验教学指导教师 3 名，评选出课堂教学教风标兵 5 名。教务处与校工会、人事处联合举办了学校第九届青年教师教学基本功比赛，经过初赛、复赛、决赛的比拼，经专家评审，最终评出一等奖 4 名、二等奖 8 名、三等奖 19 名，最佳教案奖 6 个，推选 3 位教师代表我校参加明年北京市第八届青年教师教学基本功比赛。

2012 年学校改进原有的学生网上评教指标，召开专题研讨会征集教师、教学管理人员、学生的意见，在调研了多所学校网评的基础上，对原有指标进行综合、精炼和改进，结合我校的培养计划课程设置情况，设计出了学校新版学生评教评价指标，合理设置了各项与课堂教学质量密切相关的指标内容和权重，最大限度地体现影响课堂教学效果的因素，充分考虑了教师的教学能力和学生的学习满意度的比重，力求真实、准确、客观地反映教师的实际工作情况，促进教师重视课堂教学、改进教学薄弱环节，激发教师的教学热情，真正达到提高教学质量的目的。2012 年两次评教共有 242 350 人次参与，涉及全校理论课、实验课和体育课共 4 090 个课堂。

【教学管理】

完善教学管理制度 19 个。制定发布了本科教学工程建设方案、品牌专业建设与评价、三类拔尖创新人才培养等指导性文件 5 个，指导科学、有序地开展教学改革和建设工作；修订自主教育学分认定、科研创新实践、优秀本科生推免文件 5 个，优化了人才选拔和培养机制；制定优质课程、教学管理奖励、名师评选管理文件 3 个，完善了教学奖励和激励制度。全面修订 2012 学籍管理办法，包括学籍、选课、考核、考试等管理文件 6 个，9 月起从 2012 级本科生开始施行。本次修订，全面总结了 2005 年以来实行学分制产生的好的效果和存在的问题，借鉴兄弟院校好的做法，按照“宽严相济”、“关口前移，强化过程管理”、“抓两头，促中间”的原则，将学分制和学年制各自的优点相结合，将学籍管理办法与 2012 培养方案相结合，注重政策的相互配合与衔接，创新了制度，进一步加强了对学生学业过程的管理，导向学生自觉、自主、创新性学习，全面调动了学生学习的积极性。

精心培训教学管理人员。为了将新的管理办法执行到位，为了更好地理解管理办法的理念和政策，通过校报、网站、邮件等多种形式向全校宣传新管理办法；面向全体教学管理人员、新生班主任、新生辅导员和理学院全体教师，召开了多场专题培训会，确保政策执行的效果。

调整管理流程、更新管理方式。根据新学籍管理政策发生的变化，全面梳理了教学运行和学籍管理的所有环节，就政策变化涉及的管理环节重新设计了管理流程，合理调整了管理方式；考虑到管理变化后第一次执行所面临的困难，专门制定了各管理环节详尽的操作要点，召开了全校教学管理人员专题研讨会，确保新政策执行的效果。

加快推进教学管理信息化建设。进一步提升教学管理信息化水平，加强对师生员工、教学管理人员和职能部处的精细化服务。建成了新的教务处网站。借鉴各高校先进网站的模式，全面构架、精心布局，注重网站的信息服务功能、网站的业务指导功能，注重功能和美观相结合，建立功能强大、界面友好的新网站，全面提升信息服务水平。在学校组织的各单位网站评比中荣获并列第 1 名。教务管理系统三期建设全面启动。主要包括三个方面，一是按照新修订的 2012 培养方案和学籍管理办法的要求，全面调整原有教务系统的功能，并拓展新的功能，全面支撑教学运行和学籍管理信息化；二是建设英文版教务管理系统，方便留学生使用；三是建设教学管理数据采集系统，实现教学管理数据的收集、保存、查询和分析，为向社会发布教学质量年度报告提供数据支撑。

【教务管理】

在确保本科教学工作正常运转下，精心做好拔尖创新人才培养各试点班、产学联合人才培养相关专业班级和国际化人才培养各国际班的教学任务落实、课程安排和学生选课工作，落实好三类人才培养工作。严格教学管理，做好开学初教学秩序检查，加强日常教学调度的管理工作，完成了全年全校任课教师因出差等临时调课，节假日、运动会等放假调课，大型考试占用教室批量调课等日常教学调度工作。严格按照培养计划落实教学任务，测算学生选课需求，控制学院开设课程数量的下限，确保教学资源满足学生需求。控制各专业主干课程教授上课的达标率，督促开课学院落实好教学任务。克服一年级学生跨校区排课、课堂多、时间片和教室资源相对紧张等困难，顺利完成了全年两次 4 000 多个课堂的课表安排工作。进一步对排课结果进行优化，使课表安排更加合理。以方便学生为出发点，进一步完善选课系统，为学生选课提供指导。全年两次共组织完成近 14 000 名本科生的选课工作，组织完成 2012 级学生新生研讨课和通识核心课的选课工作。进一步规范教室借用流程，完善教室借用手续，完成了全校学生班会、社团活动、各种考试、各种培训、各种教学活动的教室安排使用和期末考试期间自习教室开放时间延长调整等工作。做好考试安排，加强对考试过程的组织、管理和服务。各种考试在各楼均设立考务组，配考务组长和流动监考；制定规范的工作流程，明确考务组长、流动监考和监考员的工作职责；加强对考务人员的指导和培训；在四六级等大型考试中，形成系统工作方案，加强与各职能部处的沟通与协调，明确任务分工，在各单位的共同努力下确保考试工作顺利完成。全年共组织两次期末考试 1 600 多场 8 万多人次，两次补考 380 多场 6 000 多人次，两次四六级考试 15 000 多人次，一次专利代理人考试 14 000 多人次。完成日常的成绩维护管理工作；督促学院按时完成期末考试和补考的成绩录入工作；做好单独招生的民族生、文艺生和体育特长生的成绩管理工作；加强对出国学生的服务工作，全年制作中英文成绩单约 1 900 人次 10 000 多份。

学籍管理。加强学籍管理的规范化建设，尤其是创新管理方式，采取灵活多样的学籍管理办法，支撑各试点班的退出机制、学生自由选专业和本硕一体化培养等要求，为三类人才培养提供保障。1 月教务处被评为全国高等教育学籍学历管理先进集体。组织完成 2012 级本科 3 495 名、高职 559 名新生的学籍核对、电子注册、学生证发放等工作；完成了 10 名学生的保留入学资格，151 名学生（含专科）放弃入学资格工作；完成了 2012 级近 4 000

名同学火车票优惠卡乘车区间的收集、注册工作。进一步规范本科生报到注册的工作流程和工作要求，按期完成国家规定的学年电子注册工作。顺利实施了 122 名学生一周以上请假的审批工作，组织了 206 名学生的转专业工作，73 名学生的休学审批工作，54 名学生的复学审批工作，70 名学生的退学审批工作，以及其他少数同学的取消学籍工作和转学工作。以加强过程管理为目的，进一步规范学业警示工作，注重学业警示工作的效果，加强对学院工作质量的考核。完成了全年春秋两个学期 114 名学生的学业警示工作。完成 2012 届 3 608 名本科毕业生和 472 名高职毕业生的信息核对、图像信息采集、学历注册、毕业证书和学位证书制作发放等工作。除制作发放新生学生证、毕业生毕业证和学位证外，还制作了因证书丢失而补办的往届生毕业证明书、学位证明以及在校生的学生证 700 余份。学籍材料归档。完成 2012 届毕业生信息归档，毕业生学籍卡归档，学籍变动审批材料归档等工作。承办北京市地区学籍管理研讨会。积极申请和承办了北京地区学籍学历管理第二组交流研讨会，加强了对学校的宣传工作。

教务专项管理。进一步规范程序，加强对推荐免试研究生工作的组织和管理，本年度共推荐免试研究生 651 名，其中校内 498 名、校外 153 名，其中中科院及 985 院校 133 名，占校外总数的 87%。加强本科生参加国际交流项目各环节的规范管理工作。通过加大校内宣传、完善培养方案对接和学分互认等工作，加强对参加学生的指导和服务，调动学生参加国际交流项目的积极性。制订改造方案，与后勤管理处、实验室与设备管理处等部门配合更换了第九教学楼全部教室和思源楼部分教室的老旧桌椅，共计 3 500 多个座位。根据学校意见，制定了 2012—2013 学年校历，经校长办公会审议确定后，印刷发放到全校各单位。积极落实为学院路教学联合体和中关村教学联合体的开课工作；积极组织我校学生选修联合体各校开设的相关课程；积极参加共同体工作例会暨处长联席会议。按学校要求，制定教务处负责部分需要规范法律文本的流程和管理办法。

【高职教育】

2012 年学校继续面向高中毕业生招收新生 438 人（其中清河 184 人、燕郊 254 人）进入我校高职学院学习。北京交通大学职业技术学院现有两个分院：清河职业技术学院、燕郊职业技术学院，是北京交通大学分别与北京公共交通控股（集团）有限公司党校和交通部管理干部学院合办的高等职业教育。

高职学生在校学习期间，由北京交通大学负责审定专业培养计划、教学大纲及专业课程设置，负责审定实训计划和实践教学安排。负责对高职教学过程和教育质量的检查、评估和指导，部分专业基础课、专业课及实践环节的指导教师由总校选派有经验的教师担当。

为了满足科学技术与社会经济发展的需要，适应市场的需求，学校在教育部专业设置的框架内自行调整职业技术学院的专业设置。2012 年高职学院设有 7 个专业：城市交通运输、汽车检测与维修技术、计算机应用技术、计算机网络技术、公路运输与管理、高等级公路维护管理、道路桥梁工程技术。2012 年在校生共计 1 507 人。

学校职业技术教育特别注重实际动手能力的培养。学校 2 个高职分院分别与相关企业或与企业有直接联系的管理单位联合办学，给实践教学和学生就业提供了有利的条件。在实践教学中，学生与用人单位可以相互了解，双向选择。2012 年两个高职分院就业率达到了 90%。

根据北京市教委文件有关专升本的精神，2012 年学校高职学院的优秀应届毕业生进入北京信息科技大学继续本科学习并按文件规定推荐15%参加北京市和交大本校的专升本考试，达到录取分数线后录取比例控制在8%。共录取35名学生，分别进入北京信息科技大学的行政管理、工商管理、英语及计算机科学与技术专业本科三年级继续学习，成为正式的本科生。

根据上级及学校有关《北京交通大学2012年应届毕业生入伍预征工作通知》的文件精神，2012年高职学院有39名学生（男生36名、女生3名）批准入伍。尤金锋退伍后根据政策免试升入北京信息科技大学本科学习。

【附件5】

2012年北京交通大学本、专科专业目录及本、专科在校生人数

1. 北京交通大学本科专业目录（见表26）

表26　北京交通大学2012年本科专业目录

学院	专　业	年　级			
电信学院	电子科学与技术	2009	2010	2011	2012
	通信工程	2009	2010	2011	2012
	通信工程（试点班）	2009	2010	2011	2012
	通信工程（国际班）	2009	2010	2011	2012
	自动化	2009	2010	2011	2012
	自动化（铁道信号）	2009	2010	2011	
计算机学院	计算机科学与技术	2009	2010	2011	2012
	计算机科学与技术（铁路）		2010	2011	2012
	生物医学工程	2009	2010	2011	2012
	信息安全	2009	2010	2011	2012
	信息安全（保密技术）			2011	2012
经管学院	财务管理	2009	2010		
	工程管理	2009	2010	2011	2012
	工商管理类			2011	2012
	会计学	2009	2010		
	金融学	2009	2010		
	经济学	2009	2010		
	经济学类			2011	2012
	市场营销	2009			
	物流管理	2009	2010	2011	2012
	信息管理与信息系统	2009	2010	2011	2012
土建学院	环境工程	2009	2010	2011	2012
	土木工程	2009	2010	2011	2012
	土木工程（城市轨道工程）		2010	2011	
	土木工程（铁道工程）	2009	2010	2011	

续表

学院	专业	年级				
运输学院	电子商务		2009	2010	2011	2012
	交通运输类		2009	2010	2011	2012
	交通运输类（国际班）				2011	2012
	交通运输类（城轨道交通）		2009	2010	2011	
	交通运输类（铁路运输）		2009	2010	2011	
	交通运输类（智能运输）			2010	2011	
机电学院	测控技术与仪器		2009	2010		2012
	工业工程		2009	2010	2011	2012
	机电类				2011	
	机械工程及自动化		2009	2010		2012
	机械工程及自动化（国际班）			2010	2011	2012
	机械工程及自动化（铁路机车车辆）		2009	2010	2011	
	车辆工程					2012
	热能与动力工程		2009	2010		2012
电气学院	电气信息类		2009	2010	2011	2012
	电气信息类（轨道电气化）			2010	2011	2012
理学院	材料化学		2009	2010	2011	2012
	光信息科学与技术		2009	2010	2011	2012
	信息与计算科学		2009	2010	2011	2012
	理科试验班		2009	2010	2011	2012
人文学院	法学		2009	2010	2011	2012
语言学院	英语		2009	2010	2011	2012
	传播学		2009	2010	2011	2012
	西班牙语				2011	2012
软件学院	软件工程		2009	2010	2011	2012
	软件工程（国际班）		2009	2010	2011	
建艺学院	建筑学	2008	2009	2010	2011	2012
	数字媒体艺术		2009	2010	2011	2012
	艺术设计		2009	2010	2011	2012

说明：2012 年在校本科生 14 042 人。

2. 北京交通大学高职学院专业目录（见表 27）

表 27　2012 年高职学院专业目录

学院	专业	年级				
燕郊职业技术学院	法律事务	2008	2009		2011	
	计算机网络技术	2008	2009	2010	2011	2012
	公路运输与管理	2008	2009	2010	2011	2012
	高等级公路维护管理	2008	2009	2010	2011	2012
	道路桥梁工程技术	2008	2009	2010	2011	2012

续表

学院	专业	年级
清河职业技术学院	城市交通运输	2009 2010 2011 2012
	计算机应用技术	2008 2010 2011 2012
	旅游英语	2008 2009 2010 2011
	汽车检测与维修技术	2012

3. 北京交通大学2012年本科各专业在校生人数（见表28）

表28　北京交通大学2012年本科各专业在校生人数

学院	专业	延期	2008	2009	2010	2011	2012	总计
电信学院	电子科学与技术	3		79	69	75	81	307
	通信工程	22		180	170	170	131	673
	通信工程（国际班）			30	30	21	20	101
	通信工程（试点班）	2		50	59	44	44	199
	自动化	7		119	99	83	169	477
	自动化（铁道信号）	3		60	93	82		238
	小计	37		518	520	475	445	1 995
机电学院	测控技术与仪器	6		73	67		75	221
	车辆工程						57	57
	工业工程			19	22	21	26	88
	机电类					262		262
	机械工程及自动化	8		134	117		140	399
	机械工程及自动化（国际班）				41	44	32	117
	机械工程及自动化（铁路机车车辆）	1		65	61	51		178
	热能与动力工程	1		59	62		85	207
	小计	16		350	370	378	415	1 529
土建学院	环境工程	3		31	24	27	50	135
	土木工程	29		277	281	272	327	1 186
	土木工程（城市轨道工程）				28	27		55
	土木工程（铁道工程）	2		61	50	59		172
	小计	34		369	383	385	377	1 548
经管学院	财务管理	1		27	33			61
	工程管理	1		29	34	31		95
	工商管理			6	9			15
	工商管理类				1	165		166
	会计学	1		118	99			218
	金融学	1		92	85			178
	经济管理大类						328	328

续表

学院	专业	延期	2008	2009	2010	2011	2012	总计
经管学院	财经济学	4		27	31			62
	经济学类					113		113
	市场营销	1						1
	物流管理	1		96	84	59		240
	信息管理与信息系统	3		30	40	23		96
	信息管理与信息系统（保密管理）					22	22	44
	小计	13		425	416	413	350	1 617
运输学院	电子商务	3		29	26	24	23	105
	交通运输类	9		205	30	99	275	618
	交通运输类（城市轨道）	1		62	95	64		222
	交通运输类（国际班）					19	17	36
	交通运输类（铁路运输）	3		88	163	116		370
	交通运输类（智能运输工程）				33	31		64
	小计	16		384	347	353	315	1 415
人文学院	法学	12		95	92	92	111	402
	小计	12		95	92	92	111	402
理学院	材料化学			47	57	38	54	196
	光信息科学与技术	11		110	100	107	109	437
	理科试验班	6		102	105	168	156	537
	信息与计算科学	11		98	98	97	104	408
	小计	28		357	360	410	423	1 578
计算机学院	计算机科学与技术	12		140	92	96		340
	计算机科学与技术（铁路信息技术）				48	49		97
	计算机类						205	205
	生物医学工程	5		48	47	42	49	191
	信息安全			52	53	28		133
	信息安全（保密技术）					28	27	55
	小计	17		240	240	243	281	1 021
电气学院	电气工程与自动化	11						11
	电气信息类	8		336	257	257	270	1 128
	电气信息类（轨道牵引电气化）				56	62	56	174
	小计	19		336	313	319	326	1 313
软件学院	软件工程	14		157	127	145	172	615
	软件工程（国际班）				18	3		21
	小计	14		157	145	148	172	636

续表

学院	专业	延期	2008	2009	2010	2011	2012	总计
建艺学院	建筑学	3	42	46	41	45	55	232
	数字媒体艺术			30	27	30	27	114
	艺术设计	1		47	50	53	49	200
	小计	4	42	123	118	128	131	546
语言学院	传播学			41	47	44	47	179
	西班牙语					25	26	51
	英语	2		51	63	49	47	212
	小计	2		92	110	118	120	442
总计		212	42	3446	3414	3462	3466	14042

4. 北京交通大学2012年高职学院专科各专业在校生人数（见表29）

表29 北京交通大学2012年高职学院专科各专业在校生人数

学院	专业	2010	2011	2012	合计
燕郊职业技术学院	法律事务	—	43	—	43
	计算机网络技术	50	37	57	144
	公路运输与管理	57	44	49	150
	高等级公路维护与管理	53	34	46	133
	道路桥梁工程技术	124	94	103	321
	小计	284	252	255	791
清河职业技术学院	城市交通运输	82	93	90	265
	计算机应用技术	46	48	46	140
	旅游英语	42	44	—	86
	汽车检测与维修技术	—	—	47	47
	小计	170	185	183	538
合计		340	370	366	1329

远程与继续教育

【综述】

2012 年，学校远程与继续教育工作落实“质量第一，特色鲜明，管理规范，服务到位”的发展方针，切实提高办学质量，在教学基本建设、教学管理、学习中心管理等方面取得较大进步。

全年成人高等教育招生录取本、专科学生 3 684 人（其中本科 1 491 人、专科 2 193 人），毕业学生 3 193 人（其中本科 2 104 人、专科 1 089 人），在籍学生 8 116 人（其中本科 5 594 人、专科 2 522 人）；网络教育招生录取本、专科学生 29 584 人，（其中本科 10 168 人、专科 19 416 人），毕业学生 21 484 人（其中本科 7 802 人、专科 13 682 人），在籍学生 74 066 人（其中本科 24 741 人、专科 49 325 人）。全年成人高等教育、网络学历教育总计招生 33 268 人，毕业 24 677 人，在籍学生达 82 182 人。攻读学校高等教育自学考试专业的学员 12 138 人，毕业学生 6 729 人。

【成人学历教育】

截至 12 月底，学校在全国各地建立的成人教育校外教学站（点）共计 14 个。成人教育专业设置如表 30 所示。

表 30　成人教育专业设置

层次	专业名称	层次	专业名称
本科	交通运输	专科	铁道交通运营管理
本科	计算机科学与技术	专科	通信技术
本科	通信工程	专科	铁道通信信号
本科	机械设计制造及其自动化	专科	移动通信技术
本科	自动化	专科	铁道机车车辆
本科	土木工程	专科	计算机应用技术
本科	电气工程及其自动化	专科	铁道工程技术
本科	环境工程	专科	铁道车辆
本科	电子商务	专科	建筑工程技术
本科	工程管理	专科	机电一体化技术
本科	会计学	专科	汽车运用技术
本科	工商管理	专科	供用电技术
本科	信息管理及信息系统	专科	建筑工程技术
本科	物流管理	专科	电气化铁道技术
本科	人力资源管理	专科	城市轨道交通运营管理
本科	英语	专科	公共事务管理

续表

层次	专 业 名 称	层次	专 业 名 称
本科	艺术设计	专科	会计
本科	法学	专科	工商行政管理
本科	录音艺术	专科	工商企业管理
		专科	电子商务
		专科	物流管理
		专科	人力资源管理

【远程网络教育】

截至12月底，学校在全国各地区建立的现代远程教育学习中心有62个。网络教育专业设置如表31所示。

表31　网络教育专业设置表

层次	专 业 名 称	层次	专 业 名 称
专、本科	车辆工程	专科	城市轨道交通车辆
专、本科	电气工程及其自动化	专科	城市轨道交通运营管理
专、本科	电气工程及其自动化 ——铁道电气化方向	专科	船舶工程技术
专、本科	电气工程及其自动化 ——机电一体化方向	专科	电力系统自动化技术
专升本	工商管理	专科	电气化铁道技术
专升本	会计学	专科	电气化铁道技术 ——电气化铁道供电方向
专升本	机械设计制造及其自动化	专科	工商企业管理
专升本	机械设计制造及其自动化 ——机电一体化方向	专科	公路工程与管理
专升本	机械设计制造及其自动化 ——机车车辆方向	专科	供用电技术
专升本	机械设计制造及其自动化 ——船舶方向	专科	会计
专升本	计算机科学与技术	专科	汽车运用技术
专升本	交通运输	专科	机电一体化技术
专升本	交通运输——城市轨道交通方向	专科	计算机应用技术
专升本	交通运输——交通运输管理方向	专科	建筑工程技术
专升本	人力资源管理	专科	交通运输管理
专升本	通信工程	专科	人力资源管理
专升本	土木工程	专科	铁道车辆
专升本	土木工程——工民建方向	专科	铁道工程技术

续表

层次	专业名称	层次	专业名称
专升本	土木工程——铁道工程方向	专科	铁道机车车辆
专升本	物流管理	专科	铁道交通运营管理
专升本	自动化	专科	铁道通信信号
专升本	自动化——交通信号与控制方向	专科	通信技术
专升本	物业管理	专科	物流管理
		专科	物业管理

【高等教育自学考试】

学校高等教育自学考试在吉林、河北、内蒙古、新疆、江苏和北京6个省、市、自治区开考。2012年设有独立本科10个专业，专科13个专业。自学考试专业设置如表32所示。

表32　自学考试专业设置

层次	专业	层次	专业
独立本科	人力资源管理	专科	地铁供用电技术
独立本科	交通（铁道）运输	专科	地铁电动客车技术
独立本科	物流管理	专科	地铁运输与管理
独立本科	铁道财务会计	专科	地铁通信系统
独立本科	运输工程	专科	物流管理
独立本科	旅游管理	专科	人力资源管理
独立本科	采购与供应管理	专科	交通（铁道）运输
独立本科	劳动社会保障	专科	机车车辆
独立本科	电子政务	专科	铁道财务会计
独立本科	电气工程与自动化	专科	劳动社会保障
		专科	铁道工程
		专科	通信信号
		专科	采购与供应管理

【培训工作】

全年共举办各类培训94期，培训10 587人次；参加各类考试12 327人次，完成培训和考试22 914人次。

2012年新开设的特色培训班有：铁路安全风险管理培训班、神朔铁路分公司安全管理人员培训班、国电富通电力专业英语培训班、哈尔滨铁路局桥隧专业技术人员培训班、大同煤矿集团大唐热电有限公司330MW仿真机组培训班、中交公四局国际工程管理人员英语培训班、广铁集团电务系统车间副主任岗位培训班、青藏铁路公司客运管理业务培训班、2012会计实操班、哈尔滨铁路局铁路新技术新装备及高铁调度岗位理论培训班、京港地铁公司运营管理人员专业能力提升班、哈尔滨铁路局收入稽查培训班、广铁集团电务系统工程技术人员新技术培训班。全年培训情况见表33。

表33　2012年培训情况统计表

序号	分类	项　目　名　称	期次	培训人数
1	铁路系统	铁道部车辆专业优秀大学生培训班	1	66
2		铁道部工务师资新技术培训班	1	51
3		沈阳铁路局职工培训基地师资培训班	1	54
4		铁路安全风险管理培训班	2	159
5		青藏铁路局干部经营管理培训班	3	55
6		沈阳铁路局客运管理干部培训班	1	45
7		神朔铁路分公司安全管理人员培训班	3	150
8		武汉铁路局安全风险管理培训班	1	80
9		哈尔滨铁路局桥隧专业技术人员培训班	1	62
10		兰州铁路局安全风险管理培训班	1	84
11		广铁集团电务系统车间副主任岗位培训班	2	119
12		青藏铁路公司客运管理业务培训班	1	40
13		沈阳铁路局站段长管理培训班	2	128
14		哈尔滨铁路局企管处班组长培训班	2	125
15		哈尔滨铁路局铁路新技术新装备及高铁调度岗位理论培训班	2	120
16		成都铁路局优秀班组长培训班	1	56
17		北京铁路局职教系统骨干师资教学能力高级培训班	3	150
18		郑州铁路局领导干部安全风险管理班	1	60
19		郑州铁路局职教管理干部培训班	2	115
20		京港地铁公司运营管理人员专业能力提升班	1	89
21		哈尔滨铁路局收入稽查培训班	2	120
22		哈尔滨铁路局团干部培训班	1	62
23		武汉铁路局职工基地管理干部培训班	1	43
24		哈尔滨铁路局青年领导干部培训班	1	28
25		哈尔滨铁路局物资处运输站段材料科长培训班	1	45
26		郑州铁路局青年班组长培训班	1	92
27		哈尔滨铁路局房地产物业管理培训班	1	53
28		广铁集团电务系统工程技术人员新技术培训班	1	46
29		成都铁路局职教系统兼职师资培训班	1	61
30		昆明铁路局铁路安全风险管理讲座	1	160
31		太原铁路局铁路安全风险管理讲座	1	200
32		哈尔滨铁路局铁路安全风险管理讲座	1	150
33		武汉铁路局安全风险管理讲座	1	200
小　计			46	3 068

续表

序号	分类	项 目 名 称	期次	培训人数
34	其他企业培训	中交公四局国际工程管理人员英语培训班	1	30
35		国电富通电力专业英语培训班	1	15
36		国华电力项目管理培训班	1	58
37		国网新源总会培训班	1	38
38		嘉里大通培训班	1	63
39		国电审计培训班	1	70
40		国网国际调考培训	1	40
41		国网国际保密培训	1	40
42		外交部服务中心内训	1	60
43		国电财务培训班	1	90
44		北京福田物流管理研修班	1	60
45		大同煤矿集团大唐热电有限公司 330MW 仿真机组培训班	1	70
46		北京城建亚泰建设集团后备领导干部班	1	90
小计			12	634
47	涉外培训	乌干达铁路建设培训班	1	15
小计			1	15
48	其他培训	大唐国际财务人员继续教育	4	575
49		2012 会计取证	1	41
50		2012 会计实操	2	15
51		2012 会计初级职称	1	25
52		2012 会计中级职称	2	50
53		高级会计人员继续教育	5	1868
54		中初级会计人员继续教育	15	4021
55		房地产经纪人协理	1	7
56		二级建造师	1	37
57		一级建造师	2	137
58		出版	1	94
小计			35	6 870
培训合计			94	10 587
1	考试	TOEFL/GRE 考试	62	3 650
2		物流师考试	2	146
3		重庆市公务员考试	1	1 140
4		环保部公务员考试	1	1 140
5		注册咨询师考试	1	1 350
6		注册资产评估师考试	1	528
7		一级建造师考试	1	1 320

续表

序号	分类	项　目　名　称	期次	培训人数
8	考试	国家公务员考试	1	1 200
9		国管局会计从业资格证书考试	2	1 853
考试合计			72	12 327

【留学服务工作】

北京交通大学与中国留学服务中心签署 HND 合作协议。

2012 年共完成 103 名学生的留学中介业务，其中美国留学 29 人，英国留学 51 人，荷兰留学 1 人，澳洲（含新加坡校区）22 人。

国际项目 2012 年共计招生 88 名，其中本科生 62 名、研究生 26 名。本年度各类在校学生 254 名，毕业生 91 名，2012 年国际项目在校学生统计见表 34。

表 34　2012 年国际项目学生情况统计表

专　　业	各专业人数
多媒体艺术设计	30
国际贸易与商务	58
会计与理财	28
商科	12
旅游管理	1
物流管理	37
预科班	62
美国瓦尔帕莱索大学硕士班	26
合　　计	254

招生与毕业生就业工作

【综述】

2012 年学校招生就业工作多措并举，积极推进落实学校“十二五”规划提出的建立招生、人才培养和就业相互衔接的联动机制，顺利完成了全年各项工作。

【招生工作】

1. 招生总体情况

（1）招生计划完成情况

2012 年学校本科招生总规模 3 530 人，高职招生规模 500 人。实际录取本科生 3 484 人，高职 522 人。此外录取港澳台新生 3 人，2 年制预科生 20 人。

本科新生中有理工类 3 187 人，文史类 220 人，艺术类 77 人。

录取特殊类型学生有：贫困地区定向计划 30 人、国防生 99 人、企业定向 30 人、民族班 46 人、新疆西藏内地班 52 人、预科升本 20 人、艺术类 77 人、艺术特长生 55 人、高水平运动员 29 人、自主选拔录取 208 人、保送生共 35 人。

本科新生实际报到 3 469 人。截止到 9 月 13 日，未报到和退学新生总计 27 人，占录取新生总数的 0. 775%，比 2011 年略有上升。高职生报到 421 人，占录取总数的 80. 49%，同比下降 3. 34 个百分点。

（2）生源情况

2012 年我校文理科统招计划在全国各省生源充足，没有出现生源不足或断档省份。

从理工类录取分数线高于重点的水平看，录取线高于重点线 70 分以上的省为 16 个。文史类在 24 个省区投放了计划。录取线高于重点线 40 分以上的省为 13 个。

国防生计划、企业定向计划、民族班计划等特殊类型录取中有部分地区出现一志愿生源不足现象。

录取考生的专业志愿满足率达到 92. 5%，比 2011 年提高了 2. 69 个百分点，其中一志愿专业满足率达到 54. 29%，比 2011 年增加了 0. 76 个百分点，专业调剂比例为 7. 5%，同比下降 2. 69 个百分点。

近三分之一新生来自基地中学。录取生源基地考生占新生总数的 29. 56%，比 2011 年增长了 5. 42 个百分点。有来自 233 所生源基地中学的 1 030 名考生考入本校，占学校认定基地中学总数的 91. 73%。

女生比例首次超过 40%，比 2011 年增加 1. 43 个百分点。新生中有男生 2 089 人，女生 1 393 人。语言学院、经管学院、人文学院、建艺学院、计算机学院的女生比例均在 40% 以上。

来自西部地区新生人数上升 0. 5 个百分点。2012 年共有西部省区新生 1 044 人，占录取新生总数的 29. 97%。比去年增加了 0. 5 个百分点。

2. 主要工作及特点

（1）坚持阳光工程，保证招生录取各项工作公平、公正、公开

在各项招生录取中，特别是保送及自主选拔录取、艺术类、艺术特长生、高水平运动员等各种特殊类型选拔录取中，始终坚持重大问题集体决策制度，对招生政策的重大变更、各种特殊类型招生的政策及认定名单均事先经学校招生工作领导小组审核批准，各项招生政策、录取结果等及时在本校招生资讯网或“阳光高考”信息平台公布。在今年录取期间顺利通过了北京市教委监察处高校招生巡视检查组的现场审查。本校纪委监察处全程参与并监督了全年各类招生录取工作。

（2）深入探索人才选拔模式改革

2012 年结合经管学院的试点工作，在普通类招生和自主选拔录取中进行了新的探索。将经管学院的全部专业统一按学院招生。自主选拔在原有的报名条件中，除了原有“A 类”和“B 类”两类报名条件外，特别设置“C 类”试点人才选拔模式改革，专项选拔在我校经济与管理类学科专业具有浓厚兴趣和培养潜质的人才。

在面试环节，与经管学院合作进行了多方探索，特别加强了对考生多种素质能力的考核评价，以及对面试教师的面试技能培训。面试采取无领导小组讨论、自我能力展示和专家提问三个环节，从多个角度考察学生的能力潜质，使得考生在短时间内能够充分地进行自我展示，使面试选拔更加全面科学，取得了良好的效果。

首次针对高二学生举办夏令营活动。结合学校自主选拔录取，今年暑期针对高二年级学生在经管、软件学院举办了三到四天的中学生夏令营活动，有来自全国 12 个省区 81 名学生来校参加了夏令营活动。夏令营活动以学术专题报告、参观、无领导小组讨论、素质拓展活动等多种形式，向学生较深入地介绍了学校文化以及经管、软件两个学院的培养模式、专业特色前景等情况。活动结束时，通过学生在夏令营各项活动中的综合表现，对绝大部分学生给予了自主选拔录取资格的初步认定。

（3）拓宽高招宣传形式，深度挖掘宣传内容，努力扩大学校知名度和影响力

校领导给予了高度重视和极大的支持。2012 年校长宁滨带队赴黑龙江参加咨询会并接受多家当地主流媒体专访，另有 9 位校领导带队参与了招生宣传活动，赴内蒙古、安徽、甘肃、吉林、河北、新疆、辽宁、云南、河南开展招生宣传咨询活动，走进宣传咨询会、走进中学、走进新闻媒体。

开展了形式多样的宣传活动。4 月 12 日，联合自主选拔合作的五校举办新闻发布会，对学校发布的 2012 年招生政策、招生计划等方面进行了详细的介绍，新华通讯社、《人民日报》、中央电视台等 20 多家国家重点媒体记者莅临发布会现场。4 月 21 日，成功举办北京交通大学校园开放日暨高招咨询活动，邀请了 14 所京内外高校参加。各学院相关院领导及各专业的专家、老师们到达现场为考生答疑解惑。在北京地区高考填报志愿期间，设立个性化咨询周，开辟专门场所专人接待前来咨询的考生及家长。改版了《本科报考指南》的内容和模式，编印《招生简章》、《各省 2012 招生政策要点》，将更多细节、考生关心的问题准确全面地呈现出来。扩大媒体宣传的力度，招生办公室及各宣传组总共在全国各省区 30 多家当地主流媒体进行了宣传。充分利用网络开展招生宣传活动。在高招咨询期间，开通了新浪官方认证微博，及时发布招生政策信息、录取进程以及学校的教学培养成果。同时继续在我校招生资讯网、教育部“阳光高考”网站以及多个地区招办组织的多家网站进行在线

答疑。招生办公室工作时间一直保持全年对外咨询，高考填报志愿期间，无论是端午节还是双休日，每天8:00—21:00都有专人不间断进行电话答疑、接待家长来访。即便在录取期间最繁忙的时候，依然开通2部考生咨询电话，及时解答考生关于录取的有关问题。

招生宣传联络组成为招生宣传活主力军。各个宣传组积极参加各地咨询活动，不断扩大走访地区，努力拓展生源基地。据不完全统计，北京地区宣传组成员总共参加了各个大学、区县招办组织的22场大型咨询会，以及43所中学的咨询活动，足迹遍布北京13个区(县)。参与个性化咨询总计35小时。京外地区，外出参加招生宣传人员210人次，总累计出行天数1 200多人天，参加各地区或高校组织的大型高招咨询会100余场，共走访了137个地区的373所中学，在240余所中学与学生进行了面对面的咨询宣传或宣讲活动，与60多所中学的负责人进行了座谈，新建生源基地中学60所。为了使考生能及时了解本省的咨询情况，进一步方便考生与我校宣传组的沟通，自2010年起按宣传组分省开通了高考咨询手机，据统计，2012年各个宣传组总计接听咨询手机1 362小时。

【就业工作】

1. 毕业生基本情况

（1）基本数据

2012年，学校共有各类电子注册毕业生6 406人：其中毕业研究生2 681人，本科毕业生3 264人，高职毕业生461人。毕业生总数较上年增加263人，增幅4.3%。

截至8月31日（初次就业率统计时间），我校2012届毕业研究生就业率为98.88%，本科毕业生就业率为98.41%，高职毕业生就业率92.84%。与去年同期相比，硕士研究生上升了0.06%，博士研究生下降了1.31%，本科下降了0.14%，高职下降了0.18%。

本科毕业生深造率首次超过50%达到50.06%，国内深造中，升入“985”、“211”高校的比例达到93%，919人升入本校研究生，占升学总数的74.36%；在全校签约就业的学生中，到国有企业单位就业的比例达59.01%，就业主体除传统的轨道交通领域外，建筑、航天、电力、金融等行业也成为了就业的主战场。

此外，2012届毕业生中共有335人在西部地区就业，基层就业692人，入伍预征14人，参加重大科研项目研究8人，自主创业4人，应聘村主任村支书助理24人。

（2）毕业流向

毕业生初次就业情况见表35。

表35 毕业生初次就业率统计表

学历	人数	出国	升学	签三方	灵活就业	待就业	深造率（%）	签约率（%）	就业率（%）
本科	3 264	398	1 236	1 098	480	52	50.06	83.7	98.41
硕士	2 520	62	66	1 941	425	26	5.08	82.1	98.97
博士	161	4	30	118	5	4	21.12	94.41	97.52
高职	461	0	35	70	323	33	7.59	22.8	92.84
本专合计	3 725	398	1 271	1 168	803	85	44.81	76.16	97.72
研究生合计	2 681	66	96	2 059	430	30	6.04	82.84	98.88

本科签约毕业生就业地区流向见表36。

表36 本科签约毕业生就业地区流向

地区	北京市	上海市	广东省	其他沿海地区	东北	西部	其他	总计
总计	372	6	120	185	86	208	121	1 098
%	33.88	0.55	10.93	16.85	7.83	18.94	11.02	100

（注：签约各省市就业地区总计人数中含本省市生源。）

本科毕业生签约单位情况见表37、表38。

表37 本科签约毕业生单位性质分布

单位性质	国有企业	三资企业	党政机关	科研单位	教育单位	地方基层项目	部队	其他企业	总计
人数	695	47	14	11	15	2	77	237	1 098
%	63.3	4.28	1.28	1	1.37	0.18	7.01	21.58	100

表38 本科签约毕业生单位经济类型分布

经济类型	国有经济	集体经济	私有经济	外商经济	港澳经济	总计
人数	882	52	116	40	8	1 098
%	80.33	4.74	10.56	3.64	0.73	100

毕业研究生就业流向见表39。

表39 毕业研究生就业流向分布

研究生	总计	出国	升学	签三方	灵活就业	待就业
人数	2 681	66	96	2 059	430	30
%	100	2.46	3.58	76.8	16.04	1.12

研究生签约毕业生就业地区流向见表40。

表40 研究生签约毕业生就业地区流向

地区	北京市	上海市	广东省	其他沿海地区	东北	西部地区	其他	总计
人数	1 196	9	121	408	42	127	156	2 059
%	58.09	0.44	5.88	19.82	2.04	6.17	7.58	100

（注：签约各省市就业地区总计人数中含本省市生源。）

毕业研究生签约单位情况见表41、表42。

表 41 研究生签约毕业生单位性质分布

单位性质	国有企业	三资企业	党政机关	科研单位	教育单位	地方基层项目	部队	其他企业	总计
人数	1 168	96	26	204	95	0	5	465	2 059
%	56.73	4.66	1.26	9.91	4.61	0	0.24	22.6	100

表 42 研究生签约毕业生单位经济类型分布

经济类型	国有经济	集体经济	私有经济	外商经济	港澳经济	总计
人数	1 648	75	228	80	28	2 059
%	80.04	3.64	11.07	3.89	1.36	100

2. 主要做法与特点

（1）继续完善就业工作体制建设

制定《关于做好 2012 届毕业生就业工作的意见》，对就业工作提出明确的工作目标和要求，并作为重点工作督促落实。校领导在党委常委会上听取就业工作汇报，在肯定就业工作取得成绩的同时，也进一步在就业工作服务体系建设、各学院就业办公室的建立、就业指导及服务精细化等方面明确了目标及要求，为做好毕业生就业工作提供了强有力的制度保障。

（2）进一步完善就业工作服务体系

为切实加强我校就业工作队伍建设，建立就业工作长效机制，推动就业工作科学发展，实现创建“一流就业”的工作目标，学校制定了《北京交通大学关于进一步完善就业服务体系的实施意见》，明确要求各学院要完善就业工作服务体系，努力实现精细化服务，逐步成立就业指导办公室，配备专人专职从事就业相关工作，实现就业指导的全程化。

（3）建立就业与招生、培养联动机制

注重就业对招生的调整，强调用人单位和已毕业学生对学校人才培养的反馈，确定拔尖创新型、工程型、复合型等多样化的人才培养目标，增强学生的动手能力、表达能力、沟通能力、适应能力。主要体现在：根据近年来研究生就业情况，学校专项调研研究生培养问题，进行了研究生培养学制调整；在“卓越工程师教育培养计划”实施过程中，加强与教务处的协作，积极联系用人单位，不断增加联合培养的单位和范围；学校加大专业和社会需求的适配度，部分本科专业按照“宽口径”大类招生，2012 年本科招生专业（类）数量调减 30%。

（4）推进就业服务精细化发展

针对毕业生就业工作中不断出现的新政策、新情况、新问题，学校及时制定发布了《北京交通大学 2012 届毕业生就业工作实施意见》和《北京交通大学引导毕业生面向基层就业实施意见》，编写了《2012 届毕业生就业指导手册》，为做好毕业生就业管理服务工作提供了依据和指导。

此外，为方便学生办理就业手续，将毕业生按毕业去向分为 3 大类 29 小类，为每一类毕业生明确就业手续办理流程及注意事项；全天接受学生面询，并开通多部咨询电话；在节假日及非工作时间都会接待毕业生办理手续，真正做到精细化服务。

(5) 为毕业生发展提供大舞台

学校分别于2011年10月和2012年4月成功举办了第六届电力人才就业供需交流会和校友企业专场招聘会；与东南沿海地区、东北地区、各省市开发区等毕业生就业意向地区的人事部门和用人单位联系，为毕业生求职就业搭建平台；与中广核、华为、中兴、中建等业内领先的优质企业开展深入的业务合作，通过校企座谈、参观调研、专业讲座、主题沙龙、设立奖学金、协办竞赛等形式，增进企业和学生之间沟通。

2012年学校共举办各类专场招聘会327场次，国有单位占场次总数45%，服务用人单位总数773家，所有招聘会中包括举办大型毕业生招聘会2场，服务用人单位281家；行业类、地区类中等规模招聘会11场次，服务用人单位242家，除此之外，还接待面试62场次，安排笔试75场次。

(6) 开展多样化就业指导

通过讲座、大赛、开放日、征文、个性化咨询、工作坊、沙龙等多种形式，引导学生将实现社会价值同个人价值统一起来，到祖国需要的地方建功立业。在职业规划、求职定位、就业技巧、求职礼仪等方面切实帮助大学生解决问题。

全年共开展高端就业指导讲座25场，举办了第七届模拟面试大赛和第五届职业生涯规划大赛，面向广大学生继续开设《大学生就业指导》、《学业及职业生涯发展》和《大学生KAB创业基础》三门课程，投入10万余元进行了32人次的全球职业规划师、高级职业指导师和KAB创业指导师的培训，截至目前，我校现有全球职业生涯规划师69名，国家职业指导师24名，创业指导师35名，我校就业指导类课程师资队伍的数量和质量均有了较大程度提高。

由招生就业处完成的《协同指导　梯度递进——北京交通大学以课程建设为核心创新就业指导模式》获得2012年北京市教学成果一等奖和北京交通大学教学成果特等奖。

(7) 大力开展大学生自主创业教育

依托《大学生KAB创业基础》课程和创业讲座、沙龙等开展创业教育。2011—2012学年课程选课人数达200余人。开展创业讲座4场、创业论坛2场、与企业家面对面2次和参观大学生创业园等活动，让学生感受创业氛围，提高创业能力。

(8) 充分发挥信息化服务的影响力

1月申报的“全方位、立体化、一站式就业服务信息化平台建设”获批北京地区高校就业特色工作项目，成为与北京市共建项目。以此为契机，学校完善就业服务信息化体系，创新就业服务信息化手段，改版了更为人性化的“就业资讯网”。目前毕业生就业手续办理、就业指导咨询预约、就业信息发布、企业招聘审核、就业通知、短信定制等全部实现了网上办公。

2011—2012学年，就业资讯网累计发布各类招聘信息3 791条，其中招聘信息3 223条，招聘会信息568条；就业指导类文章200余条；共接受1 026名学生定制短信，发送短信累计8万余条；利用就业资讯网完成就业手续办理达4 000余例。

为提高就业指导覆盖面和实效性，继建立知行平台“王老师支招儿”就业指导与咨询专版后，又在人人网建立了官方公共主页和新浪官方微博，实时提供一对一的就业指导服务，及时发布就业招聘信息。

【附件6】

2012年本、专科招生录取状况

1. 2012年本科招生专业

通信工程、自动化、电子科学与技术、计算机科学与技术、生物医学工程、信息安全（保密技术）、软件工程、经济管理试验班、信息管理与信息系统（保密管理）、交通运输类、电子商务、土木工程、环境工程、机械工程及自动化、车辆工程、测控技术与仪器、热能与动力工程、工业工程、电气信息类、电气信息类（轨道牵引电气化）、信息与计算科学、光信息科学与技术、材料化学、理科试验班类、法学、英语、传播学、西班牙语、建筑学、艺术设计、数字媒体艺术。

2. 2012年高职招生专业

燕郊职业技术学院：公路运输与管理、高等级公路维护与管理、道路桥梁工程技术、计算机网络技术。

清河职业技术学院：城市交通运输、计算机应用技术、汽车检测与维修技术。

3. 2012年各省本科及高职录取分数线（具体见表43和表44）。

表43　2012年各省区录取情况统计表（本科）

地区	计划人数	实际录取	实际报到	理工类							文史类						
				最低分	最高分	一批	二批	三批	扶贫	艺术	最低分	最高分	一批	二批	三批	扶贫	艺术
北京	210	303	301	575	636	477	433	402		281	560	588	495	446	416		290
北京二志愿	15	15	14	645	652												
天津	63	73	73	622	649	530	440				620	644	549	489			
河北	192	212	211	631	654	564	509	340			603	625	572	529	425		
山西	154	182	178	592	619	530	476		580	345	566	579	539	492			350
内蒙古	126	131	131	572	621	469	390	314	/	/	570	576	492	429	367	/	396
辽宁	127	164	162	608	646	517	445	388		343	577	626	563	506	454		427
吉林	131	145	145	597	629	515	412	338		268	579	602	529	435	348		283
黑龙江	108	120	119	572	635	514	425				567	608	526	449			356
上海	22	22	22	433	459	423	342				无	无	438	379			
江苏	59	64	64	364	375	340	312				359	367	341	311			
浙江	85	90	90	655	673	593	433			341	647	655	606	452			352
安徽	109	113	113	622	640	544	478	431			无	无	577	541	512		324
福建	95	95	93	611	632	546	435				603	605	557	466			

续表

地区	计划人数	实际录取	实际报到	理工类							文史类						
				最低分	最高分	一批	二批	三批	扶贫	艺术	最低分	最高分	一批	二批	三批	扶贫	艺术
江西	123	135	132	607	621	547	486	378			606	612	570	523	452		
山东	144	168	168	598	675	582	535			300	617	639	573	545			300
河南	147	162	161	603	631	540	481	391			601	604	557	509	447		
湖北	117	128	127	593	621	551	494	400			592	595	561	515	448		
湖南	134	140	140	588	621	520	451	A:357 B:335	582	449	607	622	571	523	A:470 B:448	/	449
广东	82	87	86	611	632	585	A:523 B:484				620	630	589	A:545 B:502			
广西	89	94	94	600	627	528	444	332	584	289	584	584	544	473	409		308
海南	22	22	22	716	765	614	545			384	无	无	668	591			384
重庆	70	73	72	592	623	522	462	429	591	322	605	613	554	494	446	582	322
四川	109	112	109	519	603	518	445	416	550		547	571	516	454	427		
贵州	93	94	94	577	611	470	390		584		无	无	539	461			
云南	91	92	92	565	601	465	395	370		220	无	无	520	460	430		255
西藏汉/民	5	27	27	545	556	460/280	325/242				无	无	490/320	345/278			
陕西	101	104	103	590	639	517	461	331	599	300	613	622	556	497	377		323
甘肃	85	97	97	588	640	517	462	390	487		567	579	533	485	410	513	
青海	20	19	19	461	575	401	355	318	529	/	/	/	433	372	320	/	/
宁夏	52	53	53	510	546	440	401	300	523		无	无	489	453	350		
新疆	96	148	146	545	609	445	390	345			551	575	493	426	360	290	
预科	20	20		388	465	338					472	478	415				
港澳台		3	3														

说明：甘肃理工类提档线584，其他省区文理科提档线与录取最低分数相同。

表44　2012年各省区录取情况统计表（高职）

地区	计划人数	实际录取	实际报到	理工类			
				提档	最高分	最低分	高职省控线
北京	350	360	328	167	275	167	150
天津	15	3	3	240	396	240	200
河北	39	60	41	499	541	499	200
山西	40	77	21	457	511	457	

续表

地区	计划人数	实际录取	实际报到	理工类			
				提档	最高分	最低分	高职省控线
内蒙古	39	40	37	320	399	320	160
辽宁	5	5	3	437	461	437	245
吉林	6	7	2	398	404	453	209
河南	6	6	3	475	478	475	
总计	500	558	438				

体育工作

【综述】

2012 年学校体育工作按照北京市教委和中国大学生体育协会的相关工作部署，根据 2012 年学校工作计划及体育工作要点，以制定体育部“十二五”发展规划为契机，重点抓好课程建设、队伍建设和制度建设，落实《学校体育工作条例》的评估指标、制定落实体育部“十二五”规划，继续发展学校高水平运动队，增强学校体育工作的综合实力，取得了可喜的成绩。

【队伍建设】

体育部现有教职工 43 人。专任教师 36 人，其中教授 1 人、副教授 14 人、讲师 19 人、新进非事业编制岗位教师 1 人；具有博士学位的教师 1 人，具有硕士学位的教师 13 人。所有教师均承担本科教学工作，教授和副教授上课率为 100%，平均周课时达 14 学时以上。

选派青年教师 15 余人参加全国、北京市各类体育培训班，提高业务水平。

推荐并支持教师参加国家队训练指导工作，代表中国参加残奥会，获得 9 金 2 银 1 铜，打破了 10 项残奥会世界纪录。

鼓励并支持教师 10 余人参加国际、全国、北京市体育比赛的裁判工作。

【体育教学】

2011—2012 学年第二学期，完成了 267 个课堂、8 385 人的教学任务。为大三、大四未修够体育学分的 235 名同学，安排补选课。期末，为 24 名大四同学安排了补考。2012—2013 学年第一学期，完成了 232 个课堂、7 078 人的教学任务。

坚持以教学工作为中心。继续抓好体育教学规范化、课程层次化、教研系统化、课堂质量化的教学“四化”建设，加强教学管理，改进教学方法，充实课程内容，完善课程体系，提高体育课整体教学水平。

坚持教学法研究。坚持集体备课制度，规定每两周备课一次，周四下午为集体备课时间，研讨教学方法和教学手段。

坚持看课制度。实行体育部领导、教研室主任看课制度。课后及时与上课老师交换意见，提出合理化的建议和改进意见，促进课堂教学质量的提高。

坚持抓好青年教师队伍建设，提升青年教师的业务能力和对教法、学法的运用能力，提高体育课教学质量。上半年分别举行了青年教师《男子排球》和《武术》公开课；下半年分别举行了《跆拳道》和《乒乓球（高级）》公开课。体育部首次选派教师参加学校青年教师教学基本功比赛，在第九届比赛中杨亚丹老师获得三等奖和最佳教案奖。

大力提倡和鼓励教师开新课。扩大学生选项面，充实课程项目，丰富教学内容，达到体育课培养学生兴趣、发挥学生个性、挖掘学生潜力、提高学生技能的教学目的。新开设了三门课程：《毽球》、《舞蹈啦啦操》和《女子健康体能》。

【业务研究】

继续倡导教学研究。加强体育科研和学术活动，支持教师申报科研立项课题，尤其扶持青年教师的科研立项，提高研究能力。积极鼓励教师发表论文，大力支持教师参加各类学术科报会。积极营造学术氛围。筹建图书资料室，为教师提供查阅资料、学习研究的工作环境。充分发挥科学研究室的作用，广泛收集体育研究各类信息，便于教师开展研究，不断提高教学研究能力。

郑超教授主持的北京市教学改革与建设项目《构建北京交通大学体育教育体系，锻造学生强健体魄与健全人格的研究》获得立项，经费5万元。

在首都高校第十六届体育科学学术论文报告会上，学校体育部教师投稿19篇，获得论文一等奖1篇、二等奖2篇、三等奖5篇，体育部获得优秀组织奖。

郑超教授主持的《羽毛球课程建设与成果》获得2012年学校优秀教学成果二等奖。

青年教师在学校基本科研业务费项目立项5项，经费15万元，均与体育教学研究与改革相关联。

5月13日至14日，首届“百年大学·百年体育”高层论坛在北京大学举行。教育部体育卫生与艺术教育司司长王登峰、国家体育总局政策法规司司长张剑、校党委副书记颜吾佴和全国27所百年高校、63所首都高校的校领导及体育部领导出席论坛。会议围绕“大学体育与文化建设”主题，举行了高层论坛之专家对话，颜吾佴副书记在发言中就大学体育的重要作用以及教体结合培养高水平运动员发表了自己的见解。学校体育部主任郑超、体育部直属党支部书记刘东平参加了论坛。

6月19日，北京市教委和北京市大体协主办的首都高等学校纪念中央七号文件颁布五周年暨学生体质健康促进座谈会在中国农业大学举行。学校体育部主任郑超针对《中共中央国务院关于加强青少年体育增强青少年体质的意见》贯彻落实情况进行了重点发言，介绍了北京交大的主要做法和成功经验。

【群众体育】

1. 坚持课内外结合，将体育课上学习的技能应用到建设校园体育文化，提高学生体育素质

5月18日，学校教职工第29届、学生第49届田径运动会隆重开幕，校长宁滨致开幕词并宣布运动会开幕。校党委副书记、校体育运动委员会主任颜吾佴主持开幕式。全体在校校领导、运动会组委会成员、校学生会主席、研究生会主席在主席台就座。全体与会校领导参加了“龙卷风”项目比赛，为群众性体育活动的广泛开展发挥了示范和带头作用。学生体育社团首次在师生田径运动会上亮相，国旗方队首次由学校冠军运动员组成。参加运动会太极剑表演的学生均为选修《武术》课的同学。本届运动会，全校师生员工共有19 846人次参加了各项比赛，4 528人参加了入场式，2 220人次参加了团体操表演，参赛项目及参与人数均达历史之最，充分体现了群众性、参与性、广泛性的特点。

11月16日，为期两个多月的学校体育节落下帷幕。本届体育节共设置14个项目，参与人数多达20 679人次，创历史新高。

11月27日，美国哈林篮球队走进北京交通大学，与学校校队进行技巧挑战、三对三对抗及扣篮大赛的比拼，使交大学子近距离感受到国际顶尖花式篮球的魅力。

2. 积极扶持体育社团和体育俱乐部，不断扩充新的体育项目社团

实行老师指导，学生自己组织与管理，提高社团组织的生命力。推行体育教师下学院指导体育活动制度，提高学生体育活动的水平。

5 月 5 日，首都高校第四届大学生毽球比赛在学校举行，本次比赛是学校第一次承办北京市大学生群体赛事。由学校 10 名普通大学生组成的代表队，参加了乙组的比赛，获得了男子三人制比赛第四名。

5 月 20 日，在 MLB 第十七届首都高校棒垒球锦标赛上，学校女子垒球队获得本届比赛的第二名，男子棒球队获得第五名。7 月 18 日，在第八届中国大学生棒垒球联赛总决赛上，男子棒球队夺得第三名，女子垒球队获得本届比赛的第九名，学校被北京市大学生体育协会棒垒球分会授予特殊贡献奖。

12 月 2 日，由我校承办的首都高校第四届体育舞蹈大赛在主校区体育馆举行。我校共有 83 名普通大学生参加了 128 项比赛，最终获得交谊舞队列舞和标准舞队列舞一等奖，并获得多个单项第一，最终以 417 分夺得团体总分第一名，同时还获得了最佳组织奖和突出贡献奖，创造了在该项赛事上的最好成绩。宁滨校长出席闭幕式并为获得拉丁舞前八名的选手颁奖。校党委副书记颜吾佴致闭幕词，校党委副书记高福廷、副校长关忠良等出席闭幕式。校领导高福廷、关忠良，吴萱、文海涛、郑超、留森华、陈永发、董海荣、董敬祝、王雪庄等老师分别参加了领导组和教工组的比赛。

此外，2012 年我校学生先后在北京高校板球锦标赛上获得男子组和女子组比赛第一名；在首都高校乒乓球锦标赛上获得女子单打第二名和男子单打第三名；在北京高校滑雪比赛上获得男子团体第二名，女子团体第七名，男女团体总分第四；在首都大学生排球超级联赛（普通组）上获得 B 组第四名；在北京大学生篮球超级联赛上获得男子组比赛第五名。

由于出色的工作，学校被北京市教委授予 2012 年首都高等学校阳光体育联赛优胜评估朝阳杯优胜奖（甲组）和阳光杯优胜奖，被北京市体育局授予 2012 年北京市三大球开展优秀学校和体育场馆优秀奖。

5 月 26 日，2012 年首都教育系统教职工运动会举行。校党委副书记高福廷、高艳率队参加了开幕式。比赛共设田径、篮球、羽毛球、乒乓球、游泳、围棋、象棋、桥牌等 8 个竞赛项目和第九套广播体操、太极拳等 2 大表演赛项目，学校组团参加了全部 10 个项目的比赛，并取得了总分第四的佳绩。其中田径趣味项目获得第一，游泳项目获得团体第三，乒乓球项目获得团体第六，羽毛球项目获得团体第一。

6 月 19 日，2012 年首都教育系统教职工运动会北京交通大学代表团总结表彰会举行。北京市教育工会副主席刘欢出席，校党委副书记、代表团团长颜吾佴与校党委副书记、代表团副团长高福廷出席会议并讲话，代表团全体成员参加会议。

【竞技体育】

北京时间 8 月 5 日，在第 30 届奥林匹克运动会羽毛球女子双打决赛中，学校 2008 级法学专业学生、国家羽毛球队运动员田卿与赵芸蕾搭档，获得冠军，实现国羽在女双项目上的五连冠。这是学校学生首次获得奥运冠军。

9 月 25 日，学校举行了学生首获奥运冠军庆祝表彰活动，校党委书记曹国永为奥运冠军田卿同学颁发五四奖章及荣誉证书。活动前，曹国永亲切接见了田卿和学校其他现役国家队队员及校羽毛球队全体队员、教练员。校党委副书记颜吾佴参加接见并在表彰仪式上讲

话。副校长陈峰、张星臣、关忠良及相关部门主要负责人参加了活动。曹国永在接见田卿时代表学校党政领导班子和全体师生员工向中国羽毛球队及田卿同学表示热烈的祝贺，衷心希望各位队员顺利完成学业并祝愿他们在未来的学习和比赛中，为国家效力，为交大争光。

12 月，体育部举行高水平运动队冠军榜登榜仪式，校党委副书记颜吾佴、各职能部门领导参加了仪式。今年登榜冠军共有大学生运动员 16 名，其中，新登榜冠军运动员 5 名。

完成了 2013 年学校高水平运动队的招生工作。为了体育招生规范化，专门制作了招生手册发给每一个考生。学校对体育部参加招生的全体老师及工作人员提出了严格要求，无一违纪行为，做到了零投诉。

12 月 31 日举办了学校高水平运动队迎新春元旦联欢晚会，展现出新时期大学生运动员努力拼搏、积极向上的精神风貌。党委副书记颜吾佴出席并致新年贺词。

学校被中国大学生体育协会授予第二十六届世界大学生夏季运动会贡献奖；被北京市教委、体育局、共青团北京市委员会授予参加第九届全国大学生运动会北京代表团贡献奖；被中国大学生体育协会排球分会授予突出贡献奖。

本年度，学校高水平运动队参加世界、全国和北京市各级各类体育竞赛 20 余项次，获得亚洲大学生邀请赛冠军 1 项、全国大运会冠军 2 项、全国大学生冠军 8 项，北京市大学生冠军 13 项。2008 级本科生田卿与赵芸蕾搭档，获第 30 届奥林匹克运动会羽毛球女子双打冠军；学生成淑、宋宗耀获第十二届世界大学生羽毛球锦标赛混合团体亚军；跆拳道队获第九届全国大学生运动会跆拳道项目 2 金 1 银，创历史最好成绩；羽毛球队在第十六届全国大学生羽毛球锦标赛上获 5 金 1 银 6 铜。获奖情况详见表 45。

表 45　高水平运动队金牌获奖情况

名称	项　目	获 奖 情 况
羽毛球	2012 年第十六届全国大学生羽毛球锦标赛	甲组女团冠军：方思敏　李　智　徐菲聆　李驭风　范　晨 甲组男团冠军：袁　亮　孙思远　杨力骁　张昌龙　宋宗耀　颜子又　全王子 甲组男单冠军：宋宗耀 甲组男双冠军：杨力骁/孙思远 甲组混双冠军：袁　亮/李　智
	2012 年北京市大学生羽毛球锦标赛	甲组女团冠军：方思敏　李　智　李驭风　徐菲聆　范　晨 甲组女单冠军：徐菲聆 甲组男团冠军：袁　亮　杨力骁　全王子　张昌龙　宋宗耀　颜子又 甲组男单冠军：宋宗耀 甲组男双冠军：袁　亮/颜子又 甲组混双冠军：袁　亮/李　智
	2012 亚洲大学生羽毛球邀请赛	混合团体冠军：方思敏　李驭风　徐菲聆　范　晨　袁　亮　杨力骁　张昌龙　颜子又
排球	2012 年北京市大学生排球超级联赛	男排冠军

续表

名称	项　目	获 奖 情 况
跆拳道	第九届全国大学生运动会跆拳道	女子 54 kg 冠军：甄心怡 女子 67 kg 冠军：牛珊珊
	2012 年北京市大学生跆拳道锦标赛	男子 58 kg 级冠军：吴生健　男子 62 kg 级冠军：林炯然 男子 78 kg 级冠军：史　硕　男子 −84 kg 级冠军：张　杰 女子 59 kg 级冠军：甄心怡　女子 67 kg 级冠军：牛珊珊
	全国大学生跆拳道总决赛	男子 54 kg 级冠军：林炯然　女子 53 kg 级冠军：甄心怡 女子 −73 kg 级冠军：任　驰

2012

学科、科研与社会服务

学科建设与“211 工程”建设

【综述】

2012 年，学校学科建设与“211 工程”建设围绕学校折子工程和年初制定的工作要点，完成了全国第三轮学科评估、“211 工程”三期验收、二级学科设置与调整、召开学科建设规划及实施方案工作会议等一系列重点工作。

【学科建设】

2012 年，学校本着确保重点、积极参与、成果充分使用的原则，积极参与了全国第三轮学科评估，通过评估梳理成果，查找不足，以评促建。此次评估学校有 24 个一级学科参评，其中博士一级学科 10 个，硕士一级学科 14 个。24 个参评学科在此次评估中取得了可喜的成绩，显示了学校学科建设水平的持续提升。其中系统科学博士一级学科取得全国第一的成绩，领先第二名 11 分，连续三轮学科评估保持全国第一；交通运输工程、信息与通信工程、应用经济学和统计学等 4 个博士一级学科得分位次进入前 20%；马克思主义理论、机械工程、光学工程、计算机科学与技术以及土木工程等 5 个博士一级学科得分位次进入前 30%。详见表 46。

表 46　全国第三轮学科评估我校参评一级学科以及评估结果

一级学科代码及名称	授权级别	参评高校总数	学科整体水平得分	备　注
0202 应用经济学	博士一级	88	79	得分位次进入前 20% 或前三位
0301 法学	硕士一级	86	66	
0305 马克思主义理论	博士一级	121	74	得分位次进入前 30%
0502 外国语言文学	硕士一级	92	69	
0710 生物学	硕士一级	100	66	
0711 系统科学	博士一级	7	92	★得分位次进入前 5% 或第一位
0714 统计学	博士一级	87	76	得分位次进入前 20% 或前三位
0801 力学	博士一级	39	70	
0802 机械工程	博士一级	102	73	得分位次进入前 30%
0803 光学工程	博士一级	38	78	得分位次进入前 30%
0805 材料科学与工程	硕士一级	98	65	
0807 动力工程及工程热物理	硕士一级	45	66	
0808 电气工程	博士一级	41	71	
0810 信息与通信工程	博士一级	74	82	得分位次进入前 20% 或前三位

续表

一级学科代码及名称	授权级别	参评高校总数	学科整体水平得分	备　注
0812 计算机科学与技术	博士一级	120	72	得分位次进入前 30%
0813 建筑学	硕士一级	30	69	
0814 土木工程	博士一级	69	76	得分位次进入前 30%
0817 化学工程与技术	硕士一级	68	65	
0823 交通运输工程	博士一级	25	88	得分位次进入前 20% 或前三位
0830 环境科学与工程	硕士一级	82	66	
0833 城乡规划学	硕士一级	32	65	
0835 软件工程	博士一级	106	70	
0837 安全科学与工程	博士一级	21	75	
1305 设计学	硕士一级	54	69	

继续加大重点学科建设力度。应用经济学和系统科学两个一级学科被增补为一级学科北京市重点学科。至此，学校一级学科北京市重点学科由 3 个增加至 5 个。学校现有一级学科北京市重点学科 5 个，二级学科北京市重点学科 6 个，交叉学科北京市重点学科 2 个。2012 年学校重点学科列表详见表 47。

表 47　2012 年北京交通大学重点学科列表

重点学科分类	一级学科名称	二级学科名称
一级学科 国家重点学科	交通运输工程	道路与铁道工程
		交通信息工程及控制
		交通运输规划与管理
		载运工具运用工程
	信息与通信工程	通信与信息系统
		信号与信息处理
二级学科 国家重点学科		产业经济学
		桥梁与隧道工程
一级学科 北京市重点学科	土木工程	岩土工程
		结构工程
		市政工程
		供热、供燃气、通风及空调工程
		防灾减灾工程及防护工程
		桥梁与隧道工程
	管理科学与工程	
	光学工程	
	应用经济学	
	系统科学	

续表

重点学科分类	一级学科名称	二级学科名称
二级学科 北京市重点学科		计算机应用技术
		固体力学
		电力电子与电力传动
		系统分析与集成
		思想政治教育
		企业管理
交叉学科 北京市重点学科		信息安全学
		信息运筹学
二级学科 铁道部重点学科		电力系统及其自动化
		电磁场与微波技术
		车辆工程
		系统工程
校级 重点学科		机械设计及理论
		会计学
		计算机软件与理论
		高电压与绝缘技术

5 月组织召开学科建设研讨会，布置研究制定各学科发展规划事宜，2012 年 12 月，所有学科发展规划已经在充分调研基础上全部制定完成。

为规范学校学科设置结构，理顺学科布局，3 月，学校根据国务院学位办公室下发的《关于二级学科自主设置有关问题的通知》要求，结合学校实际情况布置了二级学科设置与调整工作。通过调整，学校 20 个博士一级学科中有 14 个按一级学科招生；34 个硕士一级学科中有 21 个按照一级学科招生；自主设置二级学科由 18 个减为 7 个包括管理科学、物流管理与工程、信息管理、工程与项目管理、电子商务、工业工程、信息安全（交叉学科）。20 个一级学科博士点的研究方向由调整之前的 348 个减少到 125 个，大大凝练了学科方向和规范了学科方向设置。

做好北京市重点学科共建项目的申报、经费预算编制以及项目管理工作。做好重点学科共建项目成果总结工作。2012 年北京市教委给学校重点学科下拨共建经费 310 万元。

【“211 工程”建设】

2012 年是实施“211 工程”三期建设的验收之年。学校高度重视，认真落实，精心组织，严格按照上级部门要求布置、组织好三期校内验收工作。3 月，13 个建设项目相继顺利完成校内验收工作，专家们充分肯定了学校“211 工程”三期的建设成效，也提出了很好的建议和意见。6 月，在校内验收基础上继续凝练和收集我校建设成效及成果，先后召开多次协调会修改和完善校长讲稿，认真组织填写和核对《“211 工程”三期建设目标任务完成情况对比表》，保证学校顺利通过国家验收。12 月，“211 工程”部际协调小组办公室下发《关于反馈“211 工程”三期国家验收结果的通知》，我校建设项目验收结果总体情况良好，重点学科建设项目综合排名率 48.83%，11 个重点学科建设项目有 2 个项目排名进入前

25%，另有 3 个项目进入前 40%。国家验收专家组建议进一步整合学科资源，并始终保持传统优势学科在行业引领作用的同时，不失时机地加强新兴交叉学科的支持力度，关注基础学科的稳步发展，以保持学校的良好学科发展态势。

通过此次校内验收及国家验收，学校认真总结了“211 工程”三期建设取得的成绩和经验，查找存在的问题，深入思考和落实验收组提出的意见和建议，研究提出继续实施“211 工程”建设的新思路和新举措，为迎接下一阶段四期建设做好准备。

自然科学研究

【综述】

2012 年，学校科技工作在承担科研项目、科研经费、科研平台建设、创新团队建设、科技成果、军工科研管理、人文社科发展、提高管理服务水平等方面取得了新的进展。

【科研基地建设】

学校新增城市轨道交通北京实验室、城市交通信息智能感知与服务北京市工程技术研究中心 2 个自然科学研究基地。截至年底，学校现有省部级及以上自然科学研究基地 31 个，其中：国家重点实验室 1 个，国家工程研究中心 1 个，国家工程实验室 2 个（其中 1 个与铁道科学研究院合作），国家认可实验室 4 个，国家工程技术研究中心（分中心）1 个，国家大学科技园 1 个，教育部重点实验室 5 个（包括教育部军工重点实验室 1 个），教育部工程研究中心 4 个，教育部铁道部基础数据平台 1 个，教育部行业特色研究型大学发展战略研究中心 1 个，北京市重点实验室 5 个，北京市高等学校工程研究中心 1 个，北京市工程技术研究中心 1 个，北京实验室 1 个，城市交通北京技术转移中心 1 个，铁路货物装载加固技术研究与咨询中心 1 个。自然科学研究基地明细见表 48。

表 48　2012 年北京交通大学自然科学研究基地统计表

序号	实验室名称	批准时间	依托单位
1	轨道交通控制与安全国家重点实验室	2006 年	国家重点实验室
2	轨道交通运行控制系统国家工程研究中心	2008 年	国家工程研究中心
3	下一代互联网互联设备国家工程实验室	2008 年	电信学院
4	电磁兼容实验室国家认可实验室	2006 年	电信学院
5	结构强度检测实验室国家认可实验室	2006 年	机电学院
6	网络管理实验室国家认可实验室	2008 年	计算机学院
7	土木工程检测国家认可实验室	2010 年	土建学院
8	国家风力发电北京检测站国家工程技术研究中心（分中心）	2006 年	电气学院
9	高速铁路系统试验国家工程实验室	2007 年	铁科院、北交大
10	国家大学科技园	2006 年	校资产经营有限公司
11	全光网络与现代通信网教育部重点实验室	2002 年	电信学院
12	发光与光信息技术教育部重点实验室	2005 年	理学院
13	城市交通复杂系统理论与技术教育部重点实验室	2008 年	运输学院
14	城市地下工程教育部重点实验室	2009 年	土建学院
15	载运工具先进制造与测控技术教育部重点实验室（B）	2009 年	机电学院
16	隧道及地下工程教育部工程研究中心	2006 年	土建学院
17	电力牵引教育部工程研究中心	2006 年	电气学院

续表

序号	实验室名称	批准时间	依托单位
18	高速铁路网络管理教育部工程研究中心	2007 年	计算机学院
19	轨道车辆结构可靠性与运用检测技术教育部工程研究中心	2007 年	机电学院
20	铁路基础数据库教育部铁道部基础数据平台	2007 年	经管学院
21	教育部战略研究培育基地——北京交通大学行业特色研究型大学发展战略研究中心	2009 年	发展战略与规划处
22	城市轨道交通自动化与控制北京市重点实验室	2001 年	电信学院
23	通信与信息系统北京市重点实验室	2001 年	电信学院
24	现代信息科学与网络技术北京市重点实验室	2001 年	计算机学院
25	新能源汽车动力总成技术北京市重点实验室	2011 年	机电学院
26	轨道工程北京市重点实验室	2011 年	土建学院
27	城市轨道交通 CBTC 系统北京市高等学校工程研究中心	2010 年	电信学院
28	城市交通北京技术转移中心	2006 年	校资产经营有限公司
29	铁路货物装载加固技术研究与咨询中心	2011 年	运输学院
30	城市轨道交通北京实验室	2012 年	国家重点实验室
31	城市交通信息智能感知与服务北京市工程技术研究中心	2012 年	运输学院

北京交通大学、西南交通大学、中南大学以及中国铁道科学研究院、中国北车股份有限公司、中国铁建股份有限公司正式签署协议成立“轨道交通安全协同创新中心”，并由北京交通大学牵头向教育部申报。

“国家轨道交通安全评估研究中心”和“国家轨道交通培训认证研究中心”项目正在申报中。

开展申报安全评价中心安全评价机构工作。组织完成了两期安全评价师预培训和两期正式培训，93 名教师参加了安全评价师资格鉴定考试。通过一级的 4 人，二级的 2 人，三级的 9 人。

杨庆山教授负责的“风敏感基础设施抗风减灾”创新引智基地于 10 月 12 日作为教育部“高等学校学科创新引智计划”2013 年度建设项目正式予以立项；张宏科教授负责的“信息科学与技术”创新引智基地顺利通过教育部组织的专家委员会评估，被给予滚动支持。截至年底，学校共有 3 个“高等学校创新引智基地”。

赵耀教授负责的“数字媒体信息处理”团队入选 2012 年度教育部“创新团队发展计划”。

唐涛教授负责的“城市轨道交通北京实验室”于 7 月 20 日挂牌成立，市委常委、教工委书记赵凤桐出席挂牌仪式并为实验室揭牌。北京市于“十二五”期间将立项支持 10 个北京实验室，“城市轨道交通北京实验室”是第 2 个授牌的实验室。

贾利民教授负责的“城市交通信息智能感知与服务北京市工程技术研究中心”于 5 月获北京市科学技术委员会正式批复认定。

【科研项目与经费】

2012 年，我校承担各类科研项目 2 368 项，科研合同经费 8.1 亿元，与 2011 年相比增长了22.4%。其中纵向科研项目1 305项，经费5.2亿元；横向项目1 063项，经费2.9亿元，纵向经费占总经费的63.8%。实到经费6.2亿元。100万元（含100万元）以上的项目144项（见表49），合同经费30 304万元，其中纵向97项，经费22 145万元，横向47项，经费8 159万元。

表49　2012年纵横向100万元以上项目统计表

序号	项目名称	合同金额（万元）	负责人	主持参加	项目来源	学院
1	隐患挖掘与评估预警系统研制	1 063	蔡国强	主持	国家“863”计划	国家重点实验室
2	复杂装备运维服务专业化构件与系统开发	667	刘　峰	主持	国家“863”计划	计算机学院
3	基于IPv6的无线传感网的网络协议研发及验证	639	高德云	主持	国家科技重大专项（民口）	电信学院
4	轨道交通控制与安全国家重点实验室运行经费	600	唐　涛	主持	科技部	国家重点实验室
5	跨媒体数据统一表示和建模机制	592	赵　耀	主持	国家“973”计划	计算机学院
6	变电站环境智能保障系统技术开发	560	郭　盛	主持	无锡市华能电力机械有限公司	机电学院
7	冻土工程构筑物服役性能评价与预测	512	刘建坤	主持	国家“973”计划	土建学院
8	基于国产Linux服务器操作系统的铁路运输安全管理平台	500	张　宁	参加	国家科技重大专项（民口）	计算机学院
9	基于国家的经济发展方式研究	500	李文兴	主持	红果园	经管学院
10	铁路控制动态安全驱动器的研制	500	王琼洲	主持	北京铁路信号有限公司	电信学院
11	高速铁路信号系统安全认证和评估技术研究	481	李开成	主持	国家“863”计划	电信学院
12	工程结构模拟试验平台研制	475	李长春	主持	中铁隧道集团	机电学院
13	Study on Carbon Capture and Storage	468	李　进	主持	国际合作	土建学院
14	高速铁路噪声源定位、辨识、空间分布及频谱分析与噪声源数据库	430	宋雷鸣	参加	国家“863”计划	机电学院
15	布达拉宫第一期结构监测方案的实施	430	杨庆山	主持	布达拉宫管理处	土建学院
16	城轨列车传感网接入节点、复合节点与测试评估平台	412	董宏辉	参加	国家“863”计划	国家重点实验室
17	外专千人计划科研补助经费	400	冯衍全	主持	教育部	理学院
18	钢轨纵向应力在线监测技术	335	余祖俊	参加	国家“863”计划	机电学院
19	渤海海峡跨海通道战略规划研究	330	王梦恕	主持	其他部市	土建学院
20	基础设施监测检测状态接入网技术－1	320	董宏辉	参加	国家“863”计划	国家重点实验室
21	大城市交通需求的引导理论与方法	320	高自友	主持	国家“973”计划	运输学院
22	共建北京交通大学连接技术研究所合作合同	300	张　宁	主持	贝汇得科技有限公司	校内其他部门

续表

序号	项目名称	合同金额（万元）	负责人	主持参加	项目来源	学院
23	2 MW 直驱风力发电机组变流器	300	童亦斌	主持	南京国电南自风电自动化技术有限公司	电气学院
24	120 Km/h 车载式在线电磁钢轨断轨检测仪器研制	290	刘　泽	主持	国家自然科学基金“科研仪器”专项	电信学院
25	高速铁路声屏障气动载荷特性和减载式声屏障减载机理研究	289	宁　智	参加	国家“863”计划	机电学院
26	城轨列车走行部安全检测与故障诊断系统研制	285	蔡国强	参加	国家科技支撑计划	国家重点实验室
27	未来网络体系结构与关键技术	275	张宏科	主持	国家自然科学基金“重点”项目	电信学院
28	基于对象和 MacroCube 的三维视频的编码和理解	270	赵　耀	主持	国家自然科学基金“重大国际合作项目”	计算机学院
29	高速列车转向架结构损伤一致性载荷谱建立方法与试验验证	270	孙守光	主持	国家自然科学基金“重点”项目	机电学院
30	高速铁路电力牵引系统的安全性预测与控制	270	刘志刚	主持	国家自然科学基金“重点”项目	电气学院
31	成网条件下城轨交通运输组织关键技术与系统研制——城轨交通列车运行计划协同编制关键技术及系统研	261	周磊山	参加	国家科技支撑计划	运输学院
32	突发事件下城市道路交通系统非常态演化机理及干预对策	260	闫学东	主持	国家自然科学基金“重大国际合作项目”	运输学院
33	成网条件下城轨交通运输组织关键技术与系统研制——成网条件下城轨交通运输组织仿真评估系统构建	254	蒋　熙	参加	国家科技支撑计划	运输学院
34	成网条件下城轨交通运输组织关键技术与系统研究——城轨交通线网运输能力计算与运力资源配置评估关键技术	252	李海鹰	参加	国家科技支撑计划	运输学院
35	城市地下道路建造安全关键技术研究	247	张成平	参加	国家科技支撑计划	土建学院
36	成网条件下城轨交通运输组织关键技术与系统研制——城轨交通网络化运营决策支持中心总体架构	236	刘　军	参加	国家科技支撑计划	运输学院
37	区域综合交通系统运行管理及建模方法	235	毛保华	主持	国家自然科学基金“重点”项目	运输学院

续表

序号	项目名称	合同金额（万元）	负责人	主持参加	项目来源	学院
38	电动汽车充电站优化设计及电池工况寿命测试系统	235	王占国	主持	华北电网有限公司计量中心	电气学院
39	电动汽车智能快速补电系统开发——基于电动乘用车的紧凑型快速充电桩研发	233	牛利勇	参加	北京市科委	电气学院
40	新能源电力系统先进控制理论	226	宋永端	主持	国家“973”计划	电信学院
41	先验统计模型的建立与非线性优化理论（二）	214	修乃华	主持	国家“973”计划	理学院
42	三型卫星导航接收机及抗干扰天线算法研究	210	龚文飞	主持	红果园	电信程学院
43	基于物联网的港口散杂货装卸与物流综合管理系统	210	黄　磊	主持	国家发改委物联网重大专项	经管学院
44	动车组机械传动系统轴承测试与评价技术研究	210	曹君慈	主持	铁道部科技司	电气学院
45	双模式建筑光伏系统集成技术研究及关键设备研制	210	王　玮	参加	国家“863”计划	电气学院
46	GSM－R 接口监测系统扩容	204	钟章队	主持	中铁电化局集团南方工程有限公司	计算机学院
47	成网条件下城轨交通运输组织关键技术与系统研制——成网条件下城轨交通客运需求分析技术	203	姚恩建	参加	国家科技支撑计划	运输学院
48	微博内容感知及用户行为挖掘平台的研究	200	刘　云	主持	北京市科委	电信学院
49	钢轨完整性在线监测技术	200	朱力强	参加	国家“863”计划	机电学院
50	钢轨位移与爬行在线监测技术	200	史红梅	参加	国家“863”计划	机电学院
51	电液伺服阀关键环节基础特性研究	200	李长春	主持	国际科技合作计划	机电学院
52	线路异物在线监测技术	200	郭保青	参加	国家“863”计划	机电学院
53	高度仿真驾驶模拟实验与交通安全研究	200	闫学东	主持	青年千人计划	运输学院
54	有机聚合物光电子器件（杰青）	200	滕　枫	主持	国家自然科学基金“杰出青年”	理学院
55	标识网业务演示系统开发	200	张宏科	主持	中兴通讯股份有限公司	电信学院
56	高精度伺服阀动压反馈特性、双输入特性自动化测试系统	199	李长春	主持	红果园	机电学院
57	坦赞铁路修复改造工程可行性研究之运营管理方案研究	192	魏玉光	主持	铁道第三勘察设计院集团有限公司	运输学院

续表

序号	项目名称	合同金额（万元）	负责人	主持参加	项目来源	学院
58	6K型电力机车牵引座补强改造2012	188	刘志明	主持	郑州铁路局（洛阳机务段）	机电学院
59	全面提升轨道交通运输效率研究与核心技术研发	187	王海峰	主持	北京市科委	国家重点实验室
60	高速铁路运行控制系统安全分析及设计平台	185	唐　涛	主持	国际科技合作计划	国家重点实验室
61	网络信息安全管理体系架构及理论-1	183	苏　伟	参加	红果园	电信学院
62	走行系鲁棒检测、滤波和网络化在途故障诊断系统的研制	182	李晓峰	参加	国家“863”计划	运输学院
63	城轨列车系统综合分布式故障诊断系统研制	182	魏秀琨	参加	国家“863”计划	国家重点实验室
64	寿光市综合交通规划	179	袁振洲	主持	寿光市规划局	运输学院
65	伺服阀滑阀副高温特性参数测试台	173	李长春	主持	红果园	机电学院
66	电动汽车城市物流配送运营调度管理平台关键技术研发及示范应用	170	关　伟	主持	北京市科委	运输学院
67	城市轨道交通全自动驾驶（FAO）系统关键技术研究	169	步　兵	主持	北京市科委	国家重点实验室
68	郭公庄车辆段项目五期1518-632地块项目对邻近地铁9号线郭公庄站与车辆段安全性影响评估及现状检测	167	彭　华	主持	北京京投银泰置业有限公司	土建学院
69	钢瓶超声波检测系统	160	滕永平	主持	江苏赛福探伤设备制造有限公司	理学院
70	联合实验室建设与充电机产品开发服务	160	牛利勇	主持	北京优科利尔能源设备有限公司	电气学院
71	马兰奇引水隧洞快速安全施工风险分析及控制关键技术研究	160	王永红	主持	中铁十五局集团尼泊尔工程公司	土建学院
72	CRH3动车转向架构架静强度及疲劳试验	158	邹　骅	主持	唐山轨道客车有限责任公司	机电学院
73	电动汽车智能充放储一体化电站系统及工程示范	153	王占国	参加	国家“863”计划	电气学院
74	铁路基础设施检测监测及评价技术研究——高速铁路长大桥梁、高架站轨道系统综合监测技术研究	150	陈　峰	主持	铁道部科技司	土建学院
75	铁路多元化经营与物流相关技术研究——多元化经营产品设计与物流服务模式研究	150	郎茂祥	主持	铁道部科技司	运输学院

续表

序号	项目名称	合同金额（万元）	负责人	主持参加	项目来源	学院
76	铁路通信信号运用及维护技术研究——铁路通信网监测与维护技术研究	150	钟章队	主持	铁道部科技司	电信学院
77	铁路信号风险管理技术研究——铁路信号系统安全与风险关键技术研究	150	郜春海	主持	铁道部科技司	国家重点实验室
78	深化列控系统设备测试评估技术研究	150	唐　涛	主持	铁道部科技司	国家重点实验室
79	高速铁路列车追踪接近预警系统装备研究	150	王　剑	主持	铁道部科技司	电信学院
80	教育部“创新团队发展计划”——隧道及地下工程安全性控制	150	张顶立	主持	教育部“创新团队”	土建学院
81	eCarbons 企业碳资产管理系统	150	邢薇薇	主持	北京思创信诚科技有限公司	软件学院
82	高原道路构造物 GPS 一机多天线定点变形监测系统研究	145	刘建坤	主持	青海省交通科学研究所	土建学院
83	重庆市轨道交通发展纲要	145	施仲衡	主持	重庆市轨道交通（集团）有限公司	土建学院
84	CRH3 动车组拖车转向架构架疲劳试验	145	邹　骅	主持	长春轨道客车股份有限公司	机电学院
85	基于 TD－LTE 的高速铁路宽带通信的关键技术研究与应用验证	144	闻映红	参加	国家科技重大专项（民口）	电信学院
86	伺服阀高温特性模拟试验台	143	李长春	主持	红果园	机电学院
87	城市轨道列车在途监测与安全预警关键技术	140	刁利军	参加	国家“863”计划	电气学院
88	城市轨道交通运输组织、控制及保障一体化关键技术与系统研制	140	刁利军	参加	国家科技支撑计划	电气学院
89	神朔重载铁路区间无缝线路养护维修技术研究	140	高　亮	主持	神华能源股份有限公司神朔铁路分公司	土建学院
90	地铁列车追踪预警系统	139	余祖俊	主持	北京市教委	机电学院
91	城市综合交通系统运行效率及结构优化研究	139	毛保华	主持	国家“973”计划	运输学院
92	不停航飞机跑道下超浅埋大断面隧道修建技术	138	谭忠盛	主持	中铁十六局集团北京工程有限公司	土建学院
93	北京地铁 15 号线穿越地铁 13 号线、5 号线、8 号线安全咨询评估合同	135	杨成永	主持	北京东直门机场快速轨道有限公司	土建学院
94	基于 HLA 的分布式仿真联试验证系统	135	刘　强	主持	北京华力创通科技股份有限公司	计算机学院

续表

序号	项目名称	合同金额（万元）	负责人	主持参加	项目来源	学院
95	高速铁路列车追踪接近预警系统试验	133	上官伟	主持	铁道部科技司	电信学院
96	伺服阀喷嘴、射流盘高温特性参数测试台	132	李长春	主持	红果园	机电学院
97	动车组安全风险控制技术研究——高速列车机械传动系统关键部件可靠性试验技术研究	130	李　强	主持	铁道部科技司	机电学院
98	多方式交通运行的协同组织与控制	130	邵春福	主持	国家“973”计划	运输学院
99	大连湾海底隧道建设的安全风险评估与控制对策	130	张顶立	主持	中交公路规划设计院有限公司	土建学院
100	线路设备动态管理软件开发	128	刘仍奎	主持	北京市地铁运营有限公司线路公司	运输学院
101	水产品冷链物流规划、绩效评价及标准化体系研究	126	张明玉	参加	国家科技支撑计划	经管学院
102	哈尔滨铁路局危险货物办理站及段管线三年一检运输安全综合分析报告	125	杨月芳	主持	哈尔滨铁路局	运输学院
103	广州地铁人机接口单元采购	123	焦风川	主持	广州市地下铁道总公司	机电学院
104	辽河流域有毒有害物污染控制技术与应用示范研究——辽河流域化工与石化行业有毒有害物污染特征及控制方案	120	周岩梅	参加	国家科技重大专项（民口）	土建学院
105	城轨交通路网运营安全保障关键技术与系统研制－4	120	王艳辉	参加	国家科技支撑计划	国家重点实验室
106	古建筑抗震关键技术研究	120	杨维国	主持	其他部市	土建学院
107	新线建设关键技术研究——城市区浅埋隧道安全控爆技术研究	120	傅洪贤	主持	铁道部科技司	土建学院
108	单三相混合组网配电技术的研究	120	王　玮	主持	辽宁省电力有限公司沈阳供电公司	电气学院
109	长客厂 27.5 kV 电源高通滤波装置	120	吴命利	主持	长春轨道客车股份有限公司	电气学院
110	基于运动捕捉的动态数字文化多维展示技术研究	119	苗振江	参加	国家科技支撑计划	计算机学院
111	天津地铁 3 号线解放北路站—天津站区间工程下穿国铁天津站安全性影响评估	118	彭　华	主持	天津市地下铁道集团有限公司	土建学院
112	检修动车组轴箱轴承温升原因分析研究	117	张奕黄	主持	南车青岛四方机车车辆股份有限公司	电气学院

续表

序号	项目名称	合同金额（万元）	负责人	主持参加	项目来源	学院
113	新建地铁 10 号线二期穿越、临近既有 1、4、5、10 号地铁线路结构及轨道安全性影响评估	116	彭 华	主持	北京市轨道交通建设管理有限公司	土建学院
114	380B 动车组拖车转向架构架疲劳试验	116	杨广雪	主持	长春轨道客车股份有限公司	机电学院
115	一体化标识网络实验系统研究开发	116	张宏科	主持	北京百科融创教学仪器设备有限公司	电信学院
116	商用车用并联形式混合动力系统开发	113	张 欣	参加	国家科技支撑计划	机电学院
117	跨区间无缝线路管理信息系统	112	尹 辉	主持	朔黄铁路发展有限责任公司	计算机学院
118	宁绩高速公路隧道监控量测与信息反馈	111	刘保国	主持	宁国至绩溪高速公路路基第 2、3、5、7、8、9、10、13、15 合同段项目部	土建学院
119	福田欧 V 中度混合动力汽车产业化技术攻关一	110	张 欣	参加	国家“863”计划	机电学院
120	面向地下轨道交通的无线信道模型构建与应用	107	谈振辉	主持	国家自然科学基金“重点”项目	电信学院
121	工程机械用串联式混合动力系统开发	106	张 良	参加	国家科技支撑计划	机电学院
122	天健光华公司品牌战略与多维经营模式研究	105	裘晓东	主持	天健光华（上海）企业管理咨询有限公司	经管学院
123	面向三网融合的创新网络体系结构	102	罗洪斌	参加	国家“863”计划	电信学院
124	企业金融渠道与并购重组研究	101	张晓明	主持	南通伊阳机电设备安装有限公司	经管学院
125	网络舆情关键技术研究	100	刘 云	主持	红果园	电信学院
126	雷西高速公路沥青混凝土桥面铺装施工控制关键技术研究	100	杜进生	参加	其他部市	土建学院
127	无线通信理论与技术	100	艾 渤	主持	国家自然科学基金“优秀青年基金”	国家重点实验室
128	复杂交通系统建模、优化与管理	100	贾 斌	主持	国家自然科学基金“优秀青年基金”	运输学院
129	绿色建筑规划设计关键技术体系研究与集成示范	100	王元丰	参加	国家科技支撑计划	土建学院
130	高效节材热泵系列机组及高效换热器	100	贾 力	参加	国家科技支撑计划	机电学院
131	水产品冷链物流绩效评价技术研究	100	王树祥	参加	国家科技支撑计划	经管学院

续表

序号	项目名称	合同金额（万元）	负责人	主持参加	项目来源	学院
132	水产品冷链物流规划研究	100	邬文兵	参加	国家科技支撑计划	经管学院
133	城轨交通路网运营安全保障关键技术与系统研制——任务 6	100	徐　杰	参加	国家科技支撑计划	国家重点实验室
134	城轨交通路网运营安全保障关键技术与系统研制——任务 5	100	王子洋	参加	国家科技支撑计划	运输学院
135	整体叶轮五轴高效加工工艺研究	100	蔡永林	参加	红果园	机电学院
136	基于 IPv6 的无线传感网的网络协议研发及验证	100	杨　冬	主持	国家科技重大专项（民口）	电信学院
137	安全计算机平台技术条件研究	100	宁　滨	主持	铁道部科技司	国家重点实验室
138	大功率电力机车牵引逆变器	100	游小杰	主持	中国北车股份有限公司	电气学院
139	轨道车辆牵引传动和列车网络控制技术研究	100	刘建强	主持	唐山轨道客车有限责任公司	电气学院
140	CTCS3 -300T 型 ATP 在郑西客专线的互联互通（车载部分）试验	100	李开成	主持	北京全路通信信号研究设计院有限公司	电信学院
141	国家电网公司财务集约化优化提升及信息技术支持方案研究——专题 3 端到端的信息化建设研究	100	程小可	主持	山东电力集团公司	经管学院
142	润滑脂组成对高速铁路牵引电机轴承润滑脂使用寿命的影响规律研究	100	张奕黄	主持	中国石油兰州润滑油研究开发中心	电气学院
143	润滑脂组成对高速铁路牵引电机轴承润滑脂使用寿命的影响规律研究——润滑脂台架试验	100	张奕黄	主持	中国石油兰州润滑油研究开发中心	电气学院
144	伊旗税收政策和税源管理研究	100	关忠良	主持	内蒙古自治区鄂尔多斯伊金霍洛旗地方税务局	经管学院

新增国家“973”计划各级课题 19 项，经费 2 585.3 万元。其中以我校张宏科教授为首席科学家的项目“智慧协同网络理论基础研究”、以夏禾教授为负责人的课题“高速铁路桥梁动力性能演变及服役安全评估”、以王均宏教授为负责人的课题“基于负载特性的微波源实时智能控制理论与关键技术”获得立项。

新增国家“863”计划各级课题 39 项，经费 6 376.6 万元。其中我校谷宇为负责人的课题“化学物质敏感的亲和型聚合物材料和压电传感系统的研究及在食品安全领域的应用”、姚燕安为负责人的课题“人机一体化多面体表演机器人”、杨庆山为负责人的课题“重大文化遗产工程的健康监测状态评估与性能保持技术”获得批复。

新增国家科技支撑计划各级课题37项，经费5 329.1万元。其中我校秦勇教授主持的“城轨交通路网运营安全保障关键技术与系统研制”的项目启动实施。

国家自然科学基金项目及经费再创新高，共申请基金各类项目585项，获得批准160项，经费10 570万元，与去年同期相比，立项增加22项，提升15.9%，经费增长39.3%。获批项目中，包括重点项目1项，高铁联合基金重点项目3项，重大国际合作项目2项，科研仪器专项基金1项，优秀青年科学基金2项。

新增国家科技重大专项各级课题14项，经费1 644.71万元。其中高德云教授主持的课题“基于IPv6的无线传感网的网络协议研发及验证”获得批准立项。

新增铁道部各级课题126项，经费5 457.06万元。

新增北京市各类项目102项，经费3 409.23万元。

中央高校基本科研业务费，2012年度项目经过同行评议、学术委员会审议和校长办公会通过后，共批准自由申报项目137项，经费966万元；研究生项目127项，经费229万元；专题项目18项，经费1 026万元；人才基金100万元；创新团队150万元；本科生创新100万元。

【科技成果与奖励】

学校主持或参加完成的自然科学研究成果获得省部级及其以上奖励16项。国家级奖励4项：李德才教授等主持完成的“复杂工况下磁性液体密封关键技术与应用”获国家技术发明奖二等奖；宁滨教授等主持完成的“基于通信的城轨列车运行控制系统关键技术及其应用”获国家科技进步奖二等奖；张欣教授参加的“重型高速发动机关键技术及产业化”项目与王艳辉参加的“地下工程开挖诱发灾害防控关键技术开发及应用”项目分获国家科技进步奖二等奖；省部级奖励12项：其中一等奖5项、二等级3项、三等奖4项。高亮教授等主持完成的“高速铁路无缝线路设计关键技术及应用”和冯其波教授参加完成的“重载铁路桥梁和路基检测与强化技术”项目获教育部高等学校科学研究优秀成果奖（科技进步）一等奖。北京市科学技术奖7项，其他省部级奖励3项（详见表50）。学校15项主持、参加的项目通过省部级科技成果鉴定（详见表51）。

表50　2012年获省部级及以上科技奖励成果统计表

序号	成果名称	奖励名称	奖励等级	颁奖单位名称	我校排序	我校获奖人	获奖时间
1	复杂工况下磁性液体密封关键技术与应用	国家技术发明奖	2	国务院	1	李德才　李　建　何新智　张志力　蔡玉强　杨文明	2012
2	基于通信的城轨列车运行控制系统关键技术及其应用	国家技术进步奖	2	国务院	1	宁　滨　唐　涛　丁树奎　谢正光　郜春海　刘　波　张建明　牛英明　马连川　王海峰	2012
3	地下工程开挖诱发灾害防控关键技术开发及应用	国家技术进步奖	2	国务院	4	王艳辉（7）	2012
4	重型高速发动机关键技术及产业化	国家技术进步奖	2	国务院	2	张　欣（5）	2012

续表

序号	成果名称	奖励名称	奖励等级	颁奖单位名称	我校排序	我校获奖人	获奖时间
5	高速铁路无缝线路设计关键技术及应用	高等学校科学研究优秀成果奖（科学技术）	1	教育部	1	高　亮　赵国堂　王　平　尹　辉　陈　峰　王玉泽　肖　宏　蔡小培　余祖俊　魏周春　李秋义　陈　嵘　彭　华　白　雁　辛　涛　乔神路　曲　村　侯博文	2012
6	重载铁路桥梁和路基检测与强化技术	高等学校科学研究优秀成果奖（科学技术）	1	教育部	2	冯其波（2）	2012
7	铁路列车运行控制车地数据传输监测系统	北京科技进步奖	3	北京市政府	1	钟章队　蒋文怡　丁建文　孙　斌　武贵君　安志鹍　陈　乐　米　兵　林思雨　何建军　严　娜	2012
8	供应链物流资源整合理论及应用研究	北京科技进步奖	3	北京市政府	1	兰洪杰　汝宜红　张菊亮　司京成　陆卫东	2012
9	大断面海底隧道钻爆法施工关键技术	北京科技进步奖	2	北京市政府	2	谭忠盛（2）王永红（4）傅洪贤（11）李　涛（13）	2012
10	高能效、低成本 LED 照明驱动芯片及应用	北京科技进步奖	3	北京市政府	3	陈后金（2）	2012
11	高频直流制备多晶的兆瓦级电气系统	北京科技进步奖	2	北京市政府	2	贺明智（1）郑琼林（2）何　雄（3）游小杰（4）孙利娟　屈　毅　刘　军　麦家妮　李中桥　郝瑞祥　杨中平　孙　湖　高吉磊　张立伟　郭文杰	2012
12	可扩展、可重构的开放式路由交换软件平台与开发环境	北京科技进步奖	3	北京市政府	5	周华春（8）	2012
13	装配式铺盖法设计、制造、施工成套关键技术研究	北京科技进步奖	1	北京市政府	4	袁大军（3）	2012
14	厦门翔安海底隧道建设与运营成套技术	福建省科技进步奖	1	福建省政府	8	谭忠盛（8）	2012
15	西安高新区产业竞争力研究	陕西省奖	1	陕西省政府	2	刘颖琦（2）	2012
16	专项项目	省部级	2	中国人民解放军总后勤部	2	乔春生（3）	2012

表 51　2012 年通过科技成果鉴定（评审）项目统计表

序号	成果名称	主持/参加（排名）	我校第 1 完成人	批准并组织鉴定部门	鉴定日期	成果评价
1	程潮铁矿采矿风险源管理与控制技术研究	参加	王艳辉	中国冶金矿山企业协会	2012－1－10	国际领先
2	一种新的亲和型生物压电传感系统在食品安全领域的研究和应用	主持	谷　宇（1）	中国食品科学技术学会	2012－4－6	国际先进
3	装配式铺盖发设计、制造、施工成套关键技术研究	参加	袁大军（3）	北京市住房和城乡建设委员会	2012－3－29	国际先进
4	高速铁路特长水下高风险隧道盾构施工及对接技术（原题目：高速铁路特长水下隧道施工力学行为及对接技术）	参加	谭忠盛（2）	中铁隧道集团有限公司	2012－5－18	国际领先
5	城市长大水下公路盾构隧道结构稳定性及人员安全疏散研究	参加	李　涛（2）	中铁隧道集团有限公司	2012－5－18	国际领先
6	水下超浅埋大断面立交隧道修建技术研究	参加	黄明利（17）	中铁隧道集团有限公司	2012－5－18	国际领先
7	复杂环境下隧道爆破新技术	主持	傅洪贤	中国工程爆破协会	2012－4－25	国际先进
8	程潮铁矿杨家湾尾矿库稳定性分析	参加	王艳辉（2）	中国冶金矿山企业协会	2012－1－4	国际领先
9	复杂条件下盾构下穿既有地铁运营线路安全控制综合配套技术研究	参加	李兴高（9）	深圳市科技中介同业公会	2012－3－29	国际先进
10	公路运输温室气体排放影响评价及应对技术研究	参加	于　雷（3）	交通运输部科技司	2011－11－30	国内领先
11	重载铁路桥梁和路基检测与强化技术	参加	冯其波（2）	教育部科技发展中心	2012－5－14	国际领先
12	海底隧道水压力特征及结构耐久性研究	主持	谭忠盛	教育部科技发展中心	2012－6－28	国际领先
13	混凝土结构无损检测新技术 iTECS 的应用研究	参加	魏庆朝	河北省交通运输厅	2012－7－24	国际先进
14	高速铁路无缝线路设计理论及应用	主持	高　亮（1）	教育部科技发展中心	2012－8－1	国际领先
15	高水压小覆土复杂地层超大盾构掘进理论与实践	主持	袁大军（1）	教育部科技发展中心	2012－8－12	国际领先

第十一届詹天佑铁道科学技术奖，我校高亮、唐涛获得詹天佑成就奖；闻映红、李开成获得詹天佑贡献奖；艾渤、丁建文、张成平、乐逸祥获得詹天佑青年奖。第十一届北京交通大学詹天佑专项奖，李克平、李清勇、李世波、赵谡玲、张梅青、魏玉光、王毅获得科技奖；毕颖、冯凤娟、胡健获得教学奖；文海涛、许安国获得管理奖。

申请专利 344 项；授权专利 373 项，比去年增长 46.3%。计算机软件著作权登记 206 项，比去年增长 35.5%（详见表 52）；申请 PCT 专利 3 项、国防专利 4 项；获授权澳大利亚创新专利 2 项，实现我校国外实用新型专利授权零的突破。

表 52 2012 年专利申请、专利授权和计算机软件著作权登记统计表

序号	单位	申请专利				授权专利				软件登记
		发明	实用新型	外观设计	总数	发明	实用新型	外观设计	总数	
1	电信学院	87	22	0	109	116	32	0	148	100
2	理学院	33	3	0	36	23	3	0	26	0
3	经管学院	3	0	0	3	0	0	0	0	0
4	机电学院	32	12	0	44	76	12	0	88	5
5	电气学院	48	2	0	50	18	3	0	21	2
6	计算机学院	11	3	0	14	26	2	0	28	3
7	土建学院	38	8	0	46	23	4	0	27	9
8	运输学院	14	0	0	14	8	1	0	9	50
9	国家重点实验室	24	0	0	24	23	3	0	26	37
10	其他	4	0	0	4	0	0	0	0	0
合计		294	50	0	344	313	60	0	373	206

我校被认定为首批北京市专利信息服务体系高校分站。“磁性液体密封装置中密封组件的装配方法”发明专利荣获第十四届中国专利优秀奖。

【科研论文】

2012 年公布的三大检索系统收录我校论文 SCI 是 477 篇，比 2011 年增加 57 篇，增长 13.6%，EI 是 897 篇，比 2011 年增加 84 篇，增长 10.3%，CPCI－S（ISTP）是 401 篇，全国高校排名分别是 63 位、36 位和 20 位。科学引文索引（SCI）被引用 723 次。

2012 年学校教师、研究生共发表学术论文 2 069 篇，出版著作 121 部，见表 53。

表 53 2012 年教师、研究生发表科技论文著作情况

年份	国内（篇）	国际（篇）	合计（篇）	著作（部）
2012 年	1 484	585	2 069	121

2012 年公布的 2011 年国内检索系统收录学校论文 1 118 篇，比 2010 年国内检索论文 1 351 篇减少 233 篇，全国高校排名第 77 位，见表 54。

表 54 2011 年学校被国际三大检索/国内检索系统收录论文数、SCI 引用情况及全国高校排名

年份	SCIE/排名	EI/排名	ISTP/排名	国内检索/排名	SCI 被引篇数/次数/排名
2011 年	477/63	897/36	401/20	1 118/77	380/723/80

【学术交流】

举办了 12 次形式多样、主题突出的“交大大讲堂”系列活动，围绕励志、经济、能源等为主题，定期邀请有关部门的专家、学者来校讲座，为我校师生搭建了良好的学术交流平台。全年共举办学术活动 92 次。

《北京交通大学学报》（自然版）再次入编《中文核心期刊要目总览》（第六版）之综合性科学技术类的全国中文核心期刊。根据《中国学术期刊影响因子年报》（2012 年版）

公布的统计数据，在所列出的前437种自然科学与工程技术领域的综合性科学技术期刊中，《北京交通大学学报》排名第56位。教育部科技发展中心公布了2011年度“中国科技论文在线优秀期刊”暨“中国科技论文在线科技期刊优秀组织单位”，《北京交通大学学报》再次荣获一等奖，这是继2008年以来第3次获得此荣誉。同时，我校荣获优秀组织单位。

【学术会议】

举办大型国际、国内学术会议共12次，其中大型国际学术会议6次（附表8、9）。成功举办第二届“铁道工程关键技术国际学术会议（ICRE 2012）”、“第11届国际信号处理学术会议（ICSP2012）”、“第二届现代机械测试理论与技术基础”中青年学者高层论坛等高层次系列学术会议，不断扩大我校学术影响力。作为教育部科技委能源与土木建筑水利学部办公室挂靠单位，举办了2012年学部工作会议，邀请了知名院士、学者和教育部等20余人参加会议；组织学科前沿、专家建议等撰写工作；“2011计划”本学科领域重大方向建议咨询报告撰写工作；组织开展协同创新论坛、科普读物创造以及学风宣讲等工作；组织“2012年中国高校十大科技进展”（能源、土木、建筑、水利、交通领域）的项目评审工作等。

1. 主办（承办）国际性学术会议（见表55）

表55　2012年主办（承办）国际学术会议明细表

序号	会议名称	举办时间	举办地点
1	第二届“铁道工程关键技术国际学术会议”（ICRE 2012）	2012. 07. 20—21	北京
2	并行与分布式计算、应用和技术国际会议	2012. 12. 14—16	北京
3	第11届国际信号处理学术会议（ICSP2012）	2012. 10. 21—25	北京
4	第三届物流、信息化与服务科学国际学术年会（LISS’2012）	2012. 7. 12—15	北京
5	2012低碳交通、低碳物流与绿色建筑国际学术会议	2012. 10. 12—13	北京交通大学
6	第三届国际肿瘤表观遗传学会	2012. 10. 11—14	北京

2. 主办（承办）全国性学术会议（见表56）

表56　2012年主办（承办）国内会议明细表

序号	会议名称	时间	地点	参会人员
1	中国城市轨道交通协会第一届第一次会长办公会、常务理事会及专家委员会	2012. 3. 25—26	北京交通大学	宁滨校长、陈峰副校长、关忠良副校长、协会会长、常务理事、专家委员会委员
2	北京茅以升科技教育基金会2012年度全体委员会	2012. 3. 31	北京交通大学	宁滨校长、全体委员
3	中国城市轨道交通高层论坛	2012. 5. 28—29	上海	科技处领导、相关学院教师代表
4	高速列车科技创新国际论坛	2012. 5. 29	北京	宁滨校长、孙守光副校长、相关学院教师代表
5	第二届现代机械测试理论与技术基础中青年学者高层论坛	2012. 10. 27—29	北京香山饭店	冯其波、高瞻

人文社会科学研究

【综述】

2012 年，发布实施《关于深入推进我校哲学社会科学繁荣发展的意见》、《北京交通大学“十二五”哲学社会科学发展规划》、《北京交通大学哲学社会科学繁荣计划（2012—2020 年）》，有力推动了学校哲学社会科学的发展。2012 年北京市教委发布的《北京地区高等学校科学技术发展报告 2012》中，学校在 2011 年度全国高校人文社科研究经费投入排名第 27 位，在 2011 年度北京地区高校人文社科研究经费投入排名第 7 位；3 项成果获北京市第十二届哲学社会科学优秀成果奖。新增 3 个人文社科省部级平台，学校已拥有 8 个人文社科省部级平台。

【科研项目】

人文社科项目数量及经费稳步快速增长。新增人文社科科研项目 275 项，其中纵向项目 160 项，横向项目 115 项；人文社会科学合同经费 5 318. 3 万元，其中纵向合同经费 2 327. 7 万元，横向合同经费 2 990. 6 万元。获批国家社会科学基金项目 2 项、国家社科基金教育专项 1 项、国家社科基金后期资助项目 2 项；获批教育部人文社科项目 8 项，其中规划基金项目 2 项、青年基金项目 6 项；获批北京市哲学社会科学规划项目 14 项；获批北京市社工委政府购买社会组织服务项目 3 项。

【科研成果】

在北京市第十二届哲学社会科学优秀成果奖中，张明玉教授撰写的调研报告《加快构建现代农产品物流体系，控制流通环节农产品价格上涨》获得一等奖；叶龙教授撰写的调研报告《北京市轨道交通司机安全性评价与管理研究》、路日亮教授撰写的著作《天人和谐论》获得二等奖。

组织完成征集高校社科文库、教育部人文社科研究项目成果摘报、国家社科基金成果要报、教育部专家建议，其中运输学院邵春福教授和闫学东教授研究成果《加强突发暴雨天气条件下北京应急交通组织管理的对策建议》、北京交通发展基地佟琼副教授研究成果《完善北京城市轨道交通补贴机制的建议》以及经管学院林晓言教授研究成果《北京地铁票价调整和票制改革的对策建议》入选北京市哲学社会科学《成果要报》；人文社会科学学院（马克思主义学院）韩振峰教授申报的《大学生理论热点面对面》入选 2012 年度教育部哲学社会科学普及读物。

学校科技处被评为北京市哲学社会科学“十一五”规划项目优秀二级管理单位，还被确定为“十二五”规划项目二级管理单位。

对 2011 年度 52 篇人文社会科学高水平学术论文及成果进行奖励，其中发表在《人民日报》5 篇，《光明日报》8 篇，《哲学研究》1 篇，被《人大报刊复印资料》全文转载 18 篇，被中央及省部级领导同志批示的重要成果 4 项。

【科研基地建设】

3 月 11 日，北京市社会工委与我校合作成立“北京交通大学北京社会建设研究院”。

6月26日，学校举行徐寿波院士专著《技术经济学》第五版首发式暨“北京交通大学中国技术经济研究中心”成立大会。

12月2日，学校“北京人文交通、科技交通、绿色交通研究基地”获批为首批北京市社会科学与自然科学协同创新研究基地。

12月24日，学校与文化部民族民间文艺发展中心联合成立“文化部民族民间文艺发展中心数字文化研究基地”。

“北京交通发展研究基地”在北京市哲学社会科学研究基地二期建设验收为优秀，为教育部人文社科重点基地的申报奠定了良好的基础。

12月28日，北京市教委和北京市哲学社会科学规划办公室组织专家对学校首都大学生思想政治教育研究基地一期建设项目进行了评估验收。

【理论阵地】

4月25日，学校举办教育部哲学社会科学第二批名栏建设签约仪式及座谈会，副校长孙守光代表我校与教育部社科司司长杨光签订《教育部高校哲学社会科学名栏建设协议书》，党委副书记颜吾佴代表我校参加了第二批名栏建设座谈会并发言。《北京交通大学学报》（社科版）“物流研究”栏目于2011年12月27日入选教育部高校哲学社会科学名栏。

12月26日，举行《北京交通大学学报》（社科版）创刊10周年建设研讨会。教育部社科司副司长徐维凡，国务院新闻办舆情研究中心主任、学校学报社科版顾问李新中，中宣部出版局审读室主任戴齐鸣等相关领导及我校党委书记曹国永、副书记颜吾佴、副校长孙守光、学报顾问徐寿波院士出席，与会专家、领导对学校《北京交通大学学报》（社科版）的工作给予了充分肯定。

据《中国学术期刊影响因子年报（人文社会科学）（2012年）》显示，《北京交通大学学报》（社科版）2011年的期刊复合影响因子为1.202，在全国综合性、社会科学期刊中排第17位（674家综合性期刊）。在2012年度全年发稿93篇，被《新华文摘》《人大复印报刊资料》等全文转载13篇，在全国理工类大学学报社科版中排第11位；入选中国人民大学社会科学学术成果评价研究中心2012年版“复印报刊资料”重要转载来源期刊（获荣誉证书）。

科技平台建设

【综述】

新增城市轨道交通北京实验室、城市交通信息智能感知与服务北京市工程技术研究中心、北京交通大学北京社会建设研究院、“北京人文交通、科技交通、绿色交通研究基地”（北京市社会科学与自然科学协同创新研究基地）、文化部民族民间文艺发展中心数字文化研究基地等5个省部级及以上科研平台。截至年底，学校现有省部级及以上科研平台39个，其中：国家重点实验室1个，国家工程研究中心1个，国家工程实验室2个（其中1个与铁道科学研究院合作），国家认可实验室4个，国家工程技术研究中心（分中心）1个，国家大学科技园1个，教育部重点实验室5个（包括教育部军工重点实验室1个），教育部工程研究中心4个，教育部铁道部基础数据平台1个，教育部行业特色研究型大学发展战略研究中心1个，北京市重点实验室6个，北京实验室1个，北京市高等学校工程研究中心1个，北京市工程技术研究中心1个，北京市人文社科基地7个，城市交通北京技术转移中心1个，铁路货物装载加固技术研究与咨询中心1个。

新增1个“高等学校创新引智基地”，学校共有3个。

新增教育部创新团队1个，学校共有5个教育部创新团队和3个校级红果园创新团队。

【“2011计划”申报】

北京交通大学、西南交通大学、中南大学以及中国铁道科学研究院、中国北车股份有限公司、中国铁建股份有限公司正式签署协议成立“轨道交通安全协同创新中心”，并由北京交通大学牵头申报。截至年底，中心申报工作进入准备会评答辩及现场考察阶段。

【“两个中心”建设】

“国家轨道交通安全评估研究中心”和“国家轨道交通培训认证研究中心”项目建议获得国家领导人及国家发改委、教育部、财政部、铁道部、住建部、人保部、交通运输部、质检总局、安监总局等九大部委的认可和支持。截至年底，“国家轨道交通安全评估研究中心”项目提交项目建议书，“国家轨道交通培训认证研究中心”项目提交可行性研究报告。

【轨道交通控制与安全国家重点实验室】

4月，轨道交通控制与安全国家重点实验室召开学术委员会会议，实验室主任唐涛教授汇报了2011年度工作报告、2012年工作计划，委员们从实验室建设的总体目标、发展方向、研究重点、人才队伍等方面提出了针对性的意见和建议。

实验室平台建设工作继续推进。实验室与东方通信联合建立实验室，并完成了实验室改造；与东方通信合作成立TETRA系统集群移动通信实验室，硬件平台完成安装验收；轨道交通移动通信实验室获学校批准建设；在907/908/914实验室安装了温控、烟控水浸设备等环境监测系统，以及UPS、直流、三相电力监测，环境监控系统实时反应实验室相关情况，可通过短信对故障进行告警；对实验室8～12层安装整体监控设施系统，实现对实验室环境及设备的全面监控、预警，提升了安全保障能力；完成了CTCS－3级列车人机仿真及测试系统平台的重建工作；进行了中关村自主创新展示中心“全数字化列车驾驶模拟器”展示与维护工作；对实验室整体建筑环境进行修缮改造；对实验室的墙面设施等进行了修缮改造；完成了十二层的防水修缮；重新整理实验室资料，更新实验室展板。

积极开展迎接评估准备工作。实验室艾渤教授获首批国家自然科学基金委优秀青年基金（人才类）。董宏辉副教授入选2012年度北京市科技新星计划。实验室新引进一位PI研究员贾斌教授。

【轨道交通运行控制系统国家工程研究中心】

为按期完成工程中心所承担的轨道交通运行控制系统国家工程研究中心建设项目（以下简称“建设项目”）计划，2012年度工程中心集中力量完成了建设项目开工前的准备工作：向国家发改委递交了建设项目资金申请报告；组织召开了第一届技术委员会第二次会议，会议审议并通过了项目建设方案；完成了施工图设计及审核；完成了招标计划的报批，完成了施工总价承包、监理、甲供建管设备的招标工作。具备开工条件，上报了开工报告。

平台建设初具规模。5月至11月，工程中心受铁道科学研究院、通号公司、北京铁路局、武汉铁路局、西安铁路局、郑州铁路局等单位委托，利用已经建成的平台完成了300T型ATP与CRH380B型动车组在郑西线的接口型式现场试验、300T型ATP与LKDR－S型RBC（郑西客专）在郑西线的互联互通现场试验、300H型ATP与CRH380C型动车组在哈大线的接口型式现场试验、300H型ATP与LKDR－S型RBC（郑西客专）的互联互通现场试验，以及现场试验测试案例和测试序列编写工作。

本度工程中心参与编制了高速铁路CTCS－3级列控系统标准规范3项，申请发明专利7项，获得授权24项，软件著作权92项。

工程中心于10月组织召开了第一届董事会第六次会议、股东会第五次会议，会议审议并通过了《公司常务副总经理变更》、《公司工作报告》、《项目建设计划及投资计划》、《公司2011年度财务决算报告及2012年度财务预算报告》四个议题。

【下一代互联网互联设备国家工程实验室】

在科研项目方面，2012年实验室新增主持国家973项目1项“智慧协同网络理论基础研究（2013CB329100）”，国家863项目1项“面向三网融合的创新网络体系架构”，国家自然科学基金重点项目1项“未来网络体系结构与关键技术（61232017）”，国家自然科学基金面上项目4项“信息为中心移动互联网模型和算法研究（61271202）”、“服务感知语义资源网络模型和语义策略路由机制研究（61271201）”、“基于身份与位置分离的路由系统关键技术研究（61271200）”、“基于车载自组网的交通异常信息分发机制研究（61272504）”，国家自然科学基金青年项目2项“分离映射架构下安全评估理论及防御机制研究（61202428）”、“高可靠实时工业无线网络中通信资源集中调度机制研究（61201204）”。

在科研成果方面，2012年实验室在本领域IEEE系列期刊等发表论文23篇，获美国授权发明专利1项，国家授权发明专利24项。“一体化标识网络关键技术与系统”获得中国电子学会电子信息科学技术奖一等奖1项。

在实验室建设方面，“下一代互联网互联设备国家工程实验室”通过发改委组织的验收，验收成绩为“优秀”。同时，依托实验室建设的外国专家局与教育部高等学校学科建设创新引智计划“信息科学与技术”创新引智基地通过国家外国专家局与教育部组织的验收，并获得滚动支持。本年度实验室晋升教授1名、副教授2名。

在对外交流方面，2012 年实验室与众多国内外学者开展了学术交流。实验室主任张宏科教授等2012 年7 月赴加拿大温哥华参加了 IETF 会议，推动研究成果的标准化；2012 年12 月张宏科教授等赴美国洛杉矶参加 IEEE GLOBECOM 国际大会，与同行进行学术交流。IEEE Fellow、台湾大学 Sy – Yen Kuo 教授，IEEE Fellow、加拿大英属哥伦比亚大学 Victor Leung 教授，加拿大渥太华大学 Oliver Yang 教授，IEEE Fellow、美国水牛城大学 Chunming Qiao 教授，台湾宜兰大学校长 Han-Chieh Chao 教授等人先后访问实验室并开展学术交流。

【部、市级重点实验室建设】

新增城市轨道交通北京实验室，主要致力于城市轨道交通自动化和安全保障的应用基础理论、关键技术和装备的研究。以系统安全、自动控制、计算机、通信等为基础，通过多学科的相互渗透、综合交叉确保城市轨道交通系统安全、高效、快捷、舒适、节能运行，为北京市乃至全国城市轨道交通系统的建设和发展提供强有力的技术支撑。研究方向包括：轨道交通安全保障与评估方法、列车运行控制关键技术与装备、轨道交通综合自动化技术与装备、轨道交通系统测试与验证技术、轨道交通智能测控技术与方法。

实验室依托的交通信息工程及控制国家级重点学科，现有教师 45 人，其中教授 11 人、副教授 18 人，具有博士学位的教师达到 31 人。实验室先后承担了国家自然基金重点项目 3 项、面上项目 9 项、国家“863”计划课题 6 项、国家支撑计划课题 5 项、北京市科技计划重大项目 5 项，科研经费达 2 亿元。近五年，实验室发表学术论文 415 篇，其中 SCI 检索论文 84 篇、EI 检索论文 203 篇；申请发明专利 75 项，其中已授权 40 项；获得软件著作权 111 项。获得国家科技进步二等奖 1 项，北京市科技进步一等奖 1 项，铁道学会科技进步特等奖 1 项、一等奖 2 项、二等奖 2 项。

实验室先后建立起了应答器分析测试平台、CBTC 系统仿真测试平台、CBTC 安全信息传输测试验证平台、CBTC 系统集成测试平台及智能信息与控制实验中心，初步构建了轨道交通自动化与安全控制系统应用基础、关键技术及系统集成等分析、调试及测试等比较完备的研究平台，实验室建筑面积 836. 5 平方米，大型仪器设备 43 件，设备总值 2 416. 5 万元。

【部、市级研究中心建设】

新增城市交通信息智能感知与服务北京市工程技术研究中心，面向新形势下我国城市智能交通信息服务领域的重大需求，立足北京、面向全国，产学研用一体化推进，为我国研发安全、畅通、高效的城市交通智能化管理与服务技术和系统以及相关产业的发展提供支撑。重点 3 个方面的研究：城市交通信息智能感知技术，包括交通状态感知的智能节点技术，交通信息智能感知的传感器网络关键技术，交通信息智能感知传感器网络测试技术；城市交通信息融合与评估技术，包括城市交通信息融合技术，城市交通信息评估技术；城市交通信息智能化服务技术，包括区域交通控制与管理技术，公共交通智能化调度和监控技术，公众出行智能化信息服务技术。

北京市工程技术研究中心现有固定人员 40 名，其中高级职称 20 名、中级职称 20 名，已获得硕士和博士学位的科研人员约占 90% 以上。中心先后承担了国家“863”计划项目 10 项、国家科技支撑计划及科技攻关项目 6 项、国家自然科学基金面上项目 2 项、北京市科委项目 8 项以及其他工程项目 57 项。中心获得专利 23 项，获得软件著作权 20 项；各类重要科研获奖共计 19 次，其中，“特大城市交通移动资源监控与智能调度关键技术及系统”获教育部科学技术进步奖二等奖；“十五”重大攻关示范工程项目“北京市路网功能层次划分及功能整合技术研究”成果被同行专家鉴定为国际领先；“ITS 数据管理技术研究”成果被同行专家评价为达到国内领先水平。在实验平台方面，中心购置了 RTMS 检测器、城市交通规划与仿真软件 TransCAD、Cub、Paramics、Vissim 等，自主开发了城市道路交通状态仿真平台和道路交通流状态实时监测平台等，为科研和人才培养工作做出了重要贡献。

【其他科研平台建设】

新增北京交通大学北京社会建设研究院。3 月 11 日，“北京交通大学北京社会建设研究院”签字仪式暨“加强社会诚信建设，推进和谐社会发展”论坛举行，教育部副部长李卫红，北京市委常委、市人大常委会副主任梁伟为研究院揭牌，北京交通大学北京社会建设研究院正式成立。研究院着力于研究分析社会诚信建设的重点、难点问题，为北京社会建设提供决策建议和理论支持，并以此推进学校学科建设、人才培养和科学研究。研究院将有效整合学校及相关单位资源，充分发挥专业优势，力争用 3 ～ 5 年时间建设成为北京市社会诚信重大问题研究中心、学校社会发展人才培养和国际交流中心，建设成一流的社会建设研究基地，为北京市乃至全国提供高质量的社会诚信建设方面的决策参考、智力支持和理论支撑，为建设“人文北京、科技北京、绿色北京”，建设中国特色世界城市和繁荣、文明、和谐、宜居的首善之区做出应有贡献。

新增“北京人文交通、科技交通、绿色交通研究基地”。

12 月 2 日，学校的“北京人文交通、科技交通、绿色交通研究基地”获批为首批 6 个北京市社会科学与自然科学协同创新研究基地之一。副校长孙守光与科技处副处长叶龙代表学校接受牌匾。基地建设经费采取市社科联和市科协专项拨款、所在单位配套经费支持及基地自筹经费相结合的方式，基地建设周期为三年，建设期满并通过验收的，列入下一个建设周期。

新增文化部民族民间文艺发展中心数字文化研究基地。“文化部民族民间文艺发展中心数字文化研究基地”是文化部民族民间文艺发展中心与北京交通大学共建的研究机构。基地首席专家是校党委副书记高福廷，基地主任是计算机与信息技术学院苗振江教授。“数字文化研究基地”建设将充分发挥北京交通大学数字媒体方面的技术优势和文化部民族民间文艺发展中心文化艺术方面的资源优势，实现技术资源共享和优势互补，更好地开展中国民族民间传统文化的数字化记录保护、处理开发和展现传播等方面工作，促进数字媒体与文化艺术相关学科的发展。

基地主要工作内容包括：围绕国家文化强国战略设立的各种研究计划，如科技支撑计划和专项，依托研究基地，与“文化部民族民间文艺发展中心”一起申请国家重大研究项目，进行相关的技术与应用方面的攻关研究；依托研究基地，与“文化部民族民间文艺发展中心”一起在国内举办民族民间数字文化和艺术方面的“比赛”“展览”“征文”等多种形式的活动，出版数字文化相关专著等；依托研究基地，与其他国家进行数字文化方面的合作交流，举办多种形式的国际交流论坛和研讨会，在其他国家设立文化交流与合作方面的机构，使基地成为国际文化交流平台；通过与“文化部民族民间文艺发展中心”多种形式的合作，如共同申请国家奖、兼职合作、资源共享等，开展富有成效的研究工作；切实开展中国民族民间传统文化的数字化记录保护、处理开发和展现传播方面的研究与开发工作，产学研结合，真正服务于我国的文化强国战略。

【引智基地建设】

杨庆山教授牵头负责的“风敏感基础设施抗风减灾”创新引智基地获批复立项建设。目前学校有 3 个“高等学校创新引智基地”。

新增的“风敏感基础设施抗风减灾”创新引智基地将围绕风敏感基础设施抗风减灾理论，从强风观测、风效应分析、结构监测与状态评估、风效应控制等几个方面开展研究，实现多学科交叉，大幅度提升科学创新能力，建立具有世界先进水平的抗风减灾创新基地。该基地将通过强化与海外大师及一流大学的合作、交流，培养与引进高层次学者与学术领军人物，加快形成一支具有国际影响力的科学家和国家级创新团队，为我国基础设施建设和社会发展提供强有力支撑。

张宏科教授牵头负责的“信息科学与技术”创新引智基地顺利通过教育部组织的专家委员会评估，获得滚动支持。

【创新团队建设】

学校共拥有 5 个教育部创新团队，分别是以高自友教授为负责人的“列车运行组织及控制的基础理论与方法”、以张宏科教授为负责人的“未来互联网络体系研究”、以钟章队教授为负责人的“面向高速铁路控制的无线移动通信系统研究”、以张顶立教授为负责人的“隧道及地下工程安全性控制”和以赵耀教授为负责人的“数字媒体信息处理团队”教育部创新团队。还拥有 3 个校级红果园创新团队，分别是以李强教授、侯延冰教授、姜久春教授为负责人在轨道车辆结构安全可靠性研究方向、光电材料和器件研究方向、新能源发电技术研究方向的红果园创新团队。

新增“数字媒体信息处理”教育部创新团队。该团队依托于国家一级重点学科“信息与通信工程”与国家一级学科“计算机科学与技术”，创新性科学研究依托于“现代信息科学与网络技术”北京市重点实验室及“铁路信息工程”铁道部重点实验室。团队成员由 19 名老、中、青科研人员组成，包括教授 9 名、副教授 5 名、讲师 5 名，80% 以上的成员有海外研究背景。团队成员中，包括“国家杰出青年基金”获得者 1 名、国家“千人计划”入选者 1 人、“国家级教学名师”1 人、“国务院学科评议组”成员 2 名、“科技部重大基础研究（973）信息领域”咨询专家 1 人、“国家自然科学基金专家评议组成员”2 人、“教育部新世纪优秀人才支持计划”入选者 3 人、“霍英东教育基金会高等院校青年教师基金”获得者 2 人、“北京市科技新星计划”入选者 2 名。自团队成立以来，针对传输、安全及内容感知等数字媒体信息处理的三个核心关键问题，在基础理论和核心技术方面开展了深入系统的研究，逐步形成了数字媒体高效压缩与传输、数字媒体内容安全与取证、数字媒体内容分析与理解、数字生物特征识别与认证等 4 个稳定的研究方向。

科技产业

【综述】

2012年，北京交大资产经营有限公司（以下简称交大资产公司）直接投资企业18家，北京交通大学投资并委托交大资产公司管理的企业（不含资产公司）11家，共计29家，注册资本金22 819.72万元。截至2012年12月31日，30家企业资产总额154 451.07万元，净资产85 045.60万元，年产值83 977.92万元，税后净利润4 135.59万元，实际缴纳各项税金10 398.77万元，资产公司上缴学校1 000万元，国家扶持高新技术产业及软件产业，获得减税4 577.05万元，免税32.72万元。

【产业规范化建设】

完成学校以“CBTC”技术类无形资产（知识产权）增资并投资到交控公司的工作。CBTC——“基于通信的列车自动控制”技术是北京交通大学经过多年的科学研究与实践，形成的拥有自主知识产权的系统核心技术的无形资产（知识产权）。为实现科研技术的产业化以及和市场的对接，资产公司完成了“CBTC”技术类无形资产（知识产权）由北京交通大学划转到交大资产公司的专利变更登记、将“CBTC”技术类无形资产（知识产权）以增资方式划转到资产公司的工商变更登记、将“CBTC”技术类无形资产（知识产权）出资入股北京交控科技有限公司等工作。

资产公司积极打造培育上市公司，完成了北京北交信通科技有限公司的重组工作。作为培育成为上市公司的必要步骤，2012年6月，信通公司提出联合北京市交大路通科技有限公司、北京远光瑞为软件技术有限公司共同设立新的北京北交信通科技有限公司。针对信通公司提出的重组方案，资产公司反复多次和信通公司沟通修改完善方案，请示上级主管部门专家进行预审，请学校法律顾问对方案提出法律意见，在充分讨论的基础上，确保在重组过程中国有资产增值最大化，于2012年10月18日完成公司重组的工商变更登记工作，公司注册资本2 313.25万元，交大资产公司持股20%。

积极做好投资组建北京地铁技术咨询公司的前期工作。由北京市地铁运营有限公司牵头会同中国铁道研究院、北京交通大学、中国交通运输协会城市轨道交通专业委员会拟共同投资设立北京地铁运营技术咨询股份有限公司。交大资产公司多次与发起人单位协商，就新设立公司的《保密协议》、《发起人协议》、《章程（草案）》进行了协商，取得了一致意见。经学校研究原则同意由交大资产公司出资参股北京地铁运营技术咨询股份有限公司。公司名称预核准工作已经工商部门批准，公司注册工作正在进行之中。

【产业结构及经营】

2012年，共有校办企业30家，其中，一级企业（学校直接投资的企业）12家：

（1）北京交大资产经营有限公司

（2）北京交大科技发展中心

（3）北京交大创新科技中心

（4）北京交大印刷厂
（5）北京交大天佑科技集团
（6）北京交大天则科技发展公司
（7）北京交大铁科科技园有限公司
（8）北京中北通信息技术有限公司
（9）北京北交物业管理有限公司商泰葩分公司
（10）北京交大网通信息技术有限公司
（11）北京华电宇科技有限公司
（12）北京交大讯通科技发展有限公司
二级企业（由交大资产公司直接投资的企业）18 家：
（1）北京交通大学出版社有限公司
（2）北京方达工程管理有限公司
（3）北京交大科技孵化器有限公司
（4）北京《都市快轨交通》杂志社有限公司
（5）北京北交信通科技有限公司
（6）北京交大微联科技有限公司
（7）北京筑通建筑勘察设计院有限公司
（8）北京中铁益安科技有限公司
（9）北京交控科技有限公司
（10）北京交大思诺科技有限公司
（11）北京交大思源科技有限公司
（12）北京新远环球通信技术有限公司
（13）北京北交致远发展有限公司
（14）北京国铁源通科技有限公司
（15）北京平和源机电设备有限公司
（16）北京紫海投资咨询有限公司
（17）中基兰德（北京）投资管理有限公司
（18）北京北交恒通技术有限公司
交大资产公司 2012 年投资企业规模具体见表 57。

表 57　交大资产公司 2012 年投资企业规模表

投资状况	资产公司	控股企业	参股企业	
		占股份 50% 及以上	占股份 50% 以下	
经营领域		图书、杂志出版、工程设计、工程监理、孵化科技企业	铁路通信信号、铁路通信控制、军事通信控制	投资管理咨询
企业数量	18	5	11	2

续表

投资状况	资产公司	控股企业	参股企业	
		占股份 50% 及以上	占股份 50% 以下	
企业简称及资产公司所占股份		出版社 100% 方达监理 78.87% 设计院 76% 孵化器 75% 杂志社 50%	益安公司 21.34% 北交信通 20% 交控公司 15% 微联公司 10% 思诺公司 10% 思源公司 10% 新远环球 10% 平和源 10% 北交致远 10% 国铁源通 10% 北交恒通 10%	紫海公司 10% 中基兰德 10%
资产总额（万元）	154 396.33	9 770.36	140 523.64	4 102.33
各类行业占资产总额%	100%	6.33%	91.01%	2.66%
年产值（万元）	83 857.56	13 277.39	70 129.37	450.8
各类行业占年产值%	100%	15.83%	83.63%	0.54%
企业注册资金（万元）	21 464.47	2 930	17 534.47	1 000
各类行业占企业注册资金%	100%	13.65%	81.69%	4.66%

【国家大学科技园建设】

正式启动科技创业大厦建设工作。通过与北京市相关政府部门沟通联系，就建设中关村智能交通高端人才创业基地和海淀区智能交通战略性新兴产业园达成共识。依托科技创业大厦，与中关村科技园区管理委员会共建中关村智能交通产业高端人才创业基地，同时与海淀区人民政府共建海淀区智能交通战略性新兴产业园。

科技孵化器被北京市经济与信息化委员会认定为北京市首批中小企业公共服务平台，被北京市科委认定为北京市高新技术产业专业孵化基地。

理顺了科技园公司股份关系，使科技园公司变更为学校全资子公司，从而能够更好地为学校建设发展服务。2012 年 7 月 13 日，校党委常委会听取了关于理顺科技园公司股份关系事宜的汇报，同意中国铁道科学研究院以减资的方式撤出其持有的科技园公司股权，该公司变更为我校全资子公司，并根据教育部有关要求将学校所持有的科技园公司股权以对北京交大资产经营公司增资方式划转至资产公司。

积极与政府相关部门联系，争取政策支持科技园建设。完成了《2013 年度国家火炬计划项目——大学科技园建设专项》、《2012 年度国家中小企业发展专项项目》、《北京市科技计划课题——北京交通大学研发实验服务基地 2012 年度建设项目》、《2012 年度中关村国家自主创新示范区产业技术研究院发展支持资金项目》、《2012 年度中关村国家自主创新示范区大学科技园和科技企业孵化器发展支持资金项目》、《2012 年中关村国家自主创新示范区海归人才创业支持资金项目》、《2012 年度北京市科技委员会大学科技园及科技企业孵化器支持资金项目》、《2012 年度北京市中小企业发展专项项目》、《2012 年度中关村国家自主创新示范区核心区自主创新和产业发展专项资金项目》等十余个项目的申报和结题工作，并获得了政府的政策或资金支持。

2012

教职工队伍建设与管理

队伍建设

【综述】

2012 年，学校出台《北京交通大学“十二五”人才队伍建设发展规划》、《北京交通大学关于加强专职科研队伍建设的实施意见（试行）》、《北京交通大学关于加强实验技术队伍建设的若干意见（试行）》、《关于 2012 年专业技术职务晋升评聘工作的通知》、《北京交通大学专业技术职务岗位晋级实施意见》、《北京交通大学三级、四级职员岗位聘任暂行办法》、《北京交通大学工勤技能岗位技师聘任暂行办法》等文件，不断推进制度规范与创新；推荐入选“外专千人计划”1 名，“长江学者奖励计划”特聘教授 1 名；引进教授及研究员 10 名，顺利完成了专业技术职务晋升、晋级和三、四级职员的首次聘任工作。

【教职工队伍概况】

截至年底，教职工总数 2 847 人。专任教师总数 1 741 人，正高级 379 人，副高级 698 人，中级及以下 664 人；教辅人员及行政人员 673 人；工勤人员及其他人员 433 人。

人员流动情况：本年度全校增员 110 人，减员 88 人。

增员情况：增员 110 人，其中新进一线教师 61 人，非一线教师 49 人。新进教师 61 人中，按人才结构划分：教授 1 人、副教授 6 人、讲师及以下 54 人；按学历结构划分：博士 59 人（其中 32 人有博士后工作经历）、硕士 2 人。非教师人员 49 人，按学历结构划分：博士 5 人（其中 2 人有博士后工作经历）、硕士 42 人、本科及以下 2 人；按从事岗位划分：管理人员 43 人、其他专业技术人员 6 人。

减员情况：减员 88 人，其中调出 35 人（含保留学籍期满调出 11 人），退休 51 人，在职去世 2 人。调出 35 人按职称结构划分：正高级 1 人、副高级 2 人、中级 13 人、初级 19 人（保留学籍期满调出 11 人全部为初级职称）。调出人员中教师 12 人，包括教授 1 人、副教授 1 人、讲师 10 人。退休 51 人按职称结构划分：正高级 4 人、副高级 12 人、中级及以下 14 人、工人 21 人。

截至年底，专任教师中具有博士学位人员 1 139 人，占专任教师总人数 65. 4%，具有硕士以上学位人员 1 573 人，占专任教师总人数 90. 4%，40 岁以下专任教师共 894 人，占专任教师总数的 51. 3%。具有副高及以上高级职称的教师 1 077 人，占专任教师总数 61. 9%。

【人才培养与引进】

2012 年，学校印发《北京交通大学“十二五”人才队伍建设发展规划》，总结了“十一五”期间人才队伍建设成效与面临的挑战，明确了“十二五”人才队伍建设发展的总体目标、基本思路和主要指标，提出了队伍建设的重大任务和战略举措以及保障条件等，为全面实现学校“十二五”发展目标提供了坚强有力的人才保障。为促进学校科技事业发展，优化教师队伍结构，有效提升科研创新能力，扩大科研人才队伍总量，建设一支高素质的专职科研队伍，结合学校实际出台《北京交通大学关于加强专职科研队伍建设的实施意见（试行）》，《意见》明确了专职研究人员的岗位设置、选聘、管理和考核等办法，实行“按需设岗、全时非全时相结合、合同管理、校院两级承担费用”等政策，鼓励各平台、研究团队根据任务需要聘任专职研究人员，特别是面向海外引进一批高水平人才。实施半年来，已从日本、英国、加拿大等国引进4名。为切实加强实验技术队伍建设，学校出台《北京交通大学关于加强实验技术队伍建设的若干意见（试行）》，明确了实验技术队伍的发展定位和建设目标、完善了实验技术队伍配套的管理机制等。同时积极采取措施，着力构建优秀教师可持续发展的培养支持体系，完善晋升晋级制度，大大地提高了师资队伍的总体水平。

1. 依托学院，加大高端人才引进力度

围绕学科建设需要，充分发挥院系主体作用，主动出击，加强联系，及时引进高层次急需人才。2012年，引进“外专千人计划”项目入选者1名，引进教授二级岗1名，教授四级岗2名，研究员4名。另达成协议尚未报到的教授三级岗1名、教授四级岗2名。

2012年，我校共引进非全职高层次人才74人。其中6人受聘我校顾问教授（其中海外知名学者4人），1名海外知名学者受聘我校讲座教授，8人受聘客座教授（其中海外知名学者5人），59名国内知名学者及社会知名人士受聘我校兼职教授（其中海外知名学者7人）。

全年共批准师资补充（不含去海外做师资博士后人员）共89人，其中本校生源15人，严格掌握了“三分之一原则”；引进具有一年以上海外留学经历人员39人（海外博士后12人，海外博士21人，其他6人），占师资补充总量的44%。

2. 在加大引进人才力度的同时，学校注重对现有教师的培养，通过多种手段和途径，全面提升教师队伍素质

继续实施“红果园创新人才培育计划”，加强青年骨干教师培养，开展了对第一批红果园人选的期满培育评估，并对第三批人选进行了期中评估。今后将把“红果园创新人才培育计划”用于新引进的青年教师上，在引进时即审议是否纳入红果园计划。

推荐赵耀、李德才、邵春福、刘延平、滕枫、韩振峰等共7名教授作为新的“长江学者奖励计划”特聘教授候选人，最终李德才教授成功入选。

鼓励学校教师在职攻读博士、硕士学位。2012年，学校共批准71人在职攻读学位，其中49人攻读博士学位，22人进修硕士。10人在职考取博士学位。16人取得博士学位，4人取得硕士学位。

学校三个月及以上公派教师出国研修项目共录取117人，其中获得国家留学基金资助45人，获得学校与国家留学基金委共同资助29人，获得学校资助26人，获得外方资助10人。共派出74名中青年骨干教师赴国外一流高校或研修机构，学校选派的63名中青年骨干教师学成回校服务（见表58）。

表58　2012年选派出国研修人员名单（三个月及以上）

序号	单位	姓名	性别	派出类别	国别	留学身份	批准期限/月	出国时间
1	电信学院	杨世武	男	学校公派	英国	访问学者	12	20120408
2	电信学院	蒋海林	男	学校公派	加拿大	访问学者	12	20121031
3	电信学院	申　艳	女	学校公派	美国	访问学者	12	20121105
4	电信学院	郭　勇	男	国家公派	美国	访问学者	12	20120315

续表

序号	单位	姓名	性别	派出类别	国别	留学身份	批准期限/月	出国时间
5	电信学院	王忠立	男	国家公派	美国	访问学者	12	20121115
6	电信学院	王目光	男	国家公派	加拿大	访问学者	12	20120126
7	计算机学院	孙永奇	男	国家公派	美国	访问学者	12	20121205
8	计算机学院	林友芳	男	学校公派	英国	访问学者	6	20120110
9	计算机学院	王　宁	女	学校公派	美国	访问学者	6	20120313
10	计算机学院	胡秉谊	男	学校公派	美国	访问学者	12	20120901
11	计算机学院	孙延涛	男	学校公派	美国	访问学者	12	20120911
12	计算机学院	董兴业	男	学校公派	美国	访问学者	12	20120121
13	计算机学院	孙文辉	男	学校公派	美国	访问学者	12	20120303
14	计算机学院	刘吉强	男	国家公派	美国	访问学者	12	20120717
15	计算机学院	鲁凌云	女	国家公派	澳大利亚	访问学者	12	20120413
16	计算机学院	贾彩燕	女	国家公派	美国	访问学者	12	20120217
17	计算机学院	倪蓉蓉	女	国家公派	美国	访问学者	12	20120724
18	经管学院	邱　奇	男	学校公派	美国	访问学者	12	20120820
19	经管学院	佟　琼	女	学校公派	美国	访问学者	6	20120801
20	经管学院	吕希艳	女	学校公派	美国	访问学者	6	20120213
21	经管学院	李伊松	女	学校公派	美国	访问学者	6	20120202
22	经管学院	常　丹	女	学校公派	美国	访问学者	6	20120202
23	经管学院	张立民	男	学校公派	美国	访问学者	6	20120110
24	经管学院	阮　加	男	学校公派	美国	访问学者	6	20120201
25	经管学院	刘玉明	男	学校公派	美国	访问学者	6	20120201
26	经管学院	丁慧平	男	学校公派	美国	访问学者	6	201201
27	经管学院	顾元勋	男	国家公派	美国	访问学者	12	20120807
28	运输学院	孙会君	女	国家公派	美国	访问学者	10	20121031
29	运输学院	陈绍宽	男	国家公派	澳大利亚	访问学者	12	20121224
30	运输学院	马敏书	男	学校公派	美国	访问学者	12	20120821
31	运输学院	汪晓霞	女	学校公派	美国	访问学者	12	20120620
32	运输学院	乐逸祥	男	学校公派	美国	访问学者	12	20120603
33	运输学院	毕　军	男	国家公派	美国	访问学者	12	20120730
34	运输学院	赵小梅	女	国家公派	美国	访问学者	12	20120110
35	土建学院	李久义	男	自费公派	荷兰	访问学者	12	20120825
36	土建学院	柯燎亮	男	自费公派	澳大利亚	访问学者	6	20120629
37	土建学院	傅洪贤	男	自费公派	新加坡	访问学者	6	20120407
38	土建学院	钟铁毅	男	自费公派	美国	访问学者	12	20121210
39	土建学院	赵宗升	男	学校公派	美国	访问学者	12	20120412

续表

序号	单位	姓名	性别	派出类别	国别	留学身份	批准期限/月	出国时间
40	土建学院	韩　冰	男	自费公派	美国	访问学者	6	20120323
41	土建学院	周岩梅	女	学校公派	美国	访问学者	12	20120612
42	土建学院	沈宇鹏	男	学校公派	美国	访问学者	12	20120901
43	土建学院	杨　娜	女	学校公派	澳大利亚	访问学者	12	20120830
44	土建学院	李兴高	男	自费公派	日本	访问学者	6	20120102
45	土建学院	万传风	女	国家公派	美国	访问学者	12	20120501
46	土建学院	陈立宏	男	国家公派	英国	访问学者	6	20120328
47	机电学院	陈梅倩	女	国家公派	美国	访问学者	12	20121116
48	机电学院	杨江天	男	学校公派	美国	访问学者	12	20121213
49	机电学院	程卫东	男	学校公派	美国	访问学者	12	20120906
50	机电学院	常秋英	女	国家公派	美国	访问学者	12	20120830
51	电气学院	田付强	男	自费公派	日本	访问学者	12	20120828
52	电气学院	黄先进	男	学校公派	瑞士	访问学者	12	20120416
53	电气学院	谢　桦	女	学校公派	美国	访问学者	12	20120130
54	理学院	刘小君	女	自费公派	德国	访问学者	12	20121201
55	理学院	张　莹	女	国家公派	美国	访问学者	12	201212
56	理学院	潘升勇	男	自费公派	加拿大	访问学者	12	20121105
57	理学院	吴　迪	男	学校公派	美国	访问学者	12	20120215
58	理学院	富　鸣	男	国家公派	美国	访问学者	12	20120129
59	理学院	胡　易	女	学校公派	德国	访问学者	12	20120924
60	人文学院	高晓莹	女	学校公派	俄罗斯	访问学者	6	20120119
61	人文学院	郑　翔	女	学校公派	加拿大	访问学者	12	20120229
62	语言学院	付天英	女	国家公派	美国	汉语教师	10	20120722
63	语言学院	徐国萍	女	学校公派	英国	访问学者	6	20120308
64	语言学院	孙　贺	女	学校公派	美国	访问学者	6	20120801
65	语言学院	孙英黎	女	学校公派	美国	访问学者	12	20120801
66	语言学院	乔澄澈	女	学校公派	英国	访问学者	12	20120308
67	语言学院	朱岩岩	女	学校公派	美国	访问学者	12	20120709
68	语言学院	常　枫	女	自费公派	美国	访问学者	6	20120123
69	国家重点实验室	蔡国强	男	国家公派	美国	访问学者	12	20121230
70	国家重点实验室	吴建军	男	国家公派	美国	访问学者	12	20120808
71	建艺学院	孟　彤	男	学校公派	美国	访问学者	12	20121228
72	建艺学院	李旭佳	女	学校公派	美国	访问学者	12	20120426
73	建艺学院	陈　岚	女	学校公派	美国	访问学者	12	20120818
74	软件学院	魏小涛	男	学校公派	美国	访问学者	12	20120824

3. 组织青年教师岗前培训，加强入职培训工作

2012 年，组织学校 2011—2012 年新入职的青年教师 88 人参加岗前培训。在安排教学名师介绍教学经验的基础上，还安排了校史介绍和人事、科技、教务、财务、学校办、图书馆等多个职能部处的讲座，以及心理素质中心的拓展训练等，着重提高青年教师的教书育人水平、加强其教学和科研能力的培养，使青年教师尽快熟悉学校各项政策，顺利开展教学科研工作。

根据北京市统一部署，学校于 2012 年秋季组织教师资格认定工作。新认定高等学校教师资格 78 人。

4. 国内访问学者工作

全年共接受各类国内访问学者 10 人，其中接收“西部之光”访问学者 1 人；接收教育部骨干国内访问学者 4 人；一般国内访问学者 5 人。学校派 1 名教师作为教育部骨干国内访问学者到校外访学 1 年。上报教育部 2013 年度高等学校接受青年骨干教师国内访问学者计划，学校共有 13 名教授、博导拟接受骨干教师国内访问学者。

5. 北京市属高校教师发展基地工作

2012 年，学校作为理工类特色院校，入选北京市教委建立的 6 个发展基地（北京大学、清华大学、北京师范大学、中国人民大学和北京外国语大学）之一，基地是“两部一市”共建北京交大的一个重要体现，为学校和北京市市属高校进一步加强合作交流搭建了良好的平台。学校统筹协调，以此为契机，着力培养和提升优秀青年教师的教学和科研能力，为其将来成为教学名师、教学创新团队带头人和学术带头人打下良好基础。本年度，共 15 位市属高校的学员来校学习交流。

【岗位设置与聘用】

2012 年，在全面总结和梳理近几年专业技术职务评聘工作的基础上，广泛征求意见，出台了新的晋升评聘工作文件、全面修订了岗位晋级文件，进一步完善了评聘工作程序。在 2011 年教师职务晋升新、老条件并轨过渡的基础上，2012 年教师晋升全部采用新条件。为进一步畅通反馈渠道，理顺争议处理机制，成立了职务评聘争议处理委员会，处理职务评聘过程中的有关申诉、举报，并对评聘过程进行监督。

本次岗位评聘工作，全校教师系列副高及以上岗位，共设晋升岗位：教授 29 个，副教授 50 个；晋级岗位：教授二级岗 18 个，教授三级岗 26 个，副教授一级岗 40 个，副教授二级岗 53 个；其他专技系列中级以上岗位，共设晋升岗位：正高 5 个，副高 9 个，晋级岗位：副高一级 3 个，副高二级 9 个，中级一级 8 个，中级二级 23 个；全校共设机动岗：正高 5 个，副高 8 个。

全校各级各类岗位晋升、晋级总共申报 502 人，其中申报晋升 181 人，晋级 321 人，参与面达到 1/4。

最终评聘结果：总计 356 人（含 2 人委托代评）成功晋升、晋级。其中专业技术职务晋升 105 人（具体见表 59）：教师及专职研究系列教授 30 人，副教授 53 人，讲师/助理研究员 4 人；专职辅导员及其他专技正高 4 人，副高 8 人（2 人为委托代评），中级 6 人。岗位晋级 251 人（具体见表 60）：教授二级岗 13 人，教授三级岗 21 人，副高及以下岗位晋级 217 人。

表59　2012年专业技术职务晋升人员名单

序号	单位	申报人	系列	任职资格	受聘岗位	聘用时间
1	电信学院	任国斌	教师	教授	教授四级	2012. 12
2		高德云	教师	教授	教授四级	2012. 12
3		尹逊和	教师	教授	教授四级	2012. 12
4	计算机学院	黄雅平	教师	教授	教授四级	2012. 12
5		林友芳	教师	教授	教授四级	2012. 12
6	运输学院	陈旭梅	教师	教授	教授四级	2012. 12
7		徐　猛	教师	教授	教授四级	2012. 12
8	土建学院	杨维国	教师	教授	教授四级	2012. 12
9		郭雅芳	教师	教授	教授四级	2012. 12
10		黄明利	教师	教授	教授四级	2012. 12
11		韩　冰	教师	教授	教授四级	2012. 12
12	机电学院	张乐乐	教师	教授	教授四级	2012. 12
13		李世波	教师	教授	教授四级	2012. 12
14		朱晓敏	教师	教授	教授四级	2012. 12
15	电气学院	方　进	教师	教授	教授四级	2012. 12
16		刘文正	教师	教授	教授四级	2012. 12
17	理学院	张尚立	教师	教授	教授四级	2012. 12
18		张作泉	教师	教授	教授四级	2012. 12
19		许韵华	教师	教授	教授四级	2012. 12
20		赵　平	教师	教授	教授四级	2012. 12
21	国家重点实验室	王俊峰	教师	教授	保留资格；出国研修回校后正式聘用	
22		吴　昊	教师	教授	教授四级	2012. 12
23	经管学院	柯金川	教师	教授	教授四级	2012. 12
24		张　力	教师	教授	教授四级	2012. 12
25		高红岩	教师	教授	教授四级	2012. 12
26		傅少川	教师	教授	教授四级	2012. 12
27		叶苏东	教师	教授	教授四级	2012. 12
28	人文学院	高晓莹	教师	教授	教授四级	2012. 12
29		施惠玲	教师	教授	教授四级	2012. 12
30	建艺学院	蒙小英	教师	教授	教授四级	2012. 12
31	电信学院	刘　颖	教师	副教授	副教授三级	2012. 12
32		董　平	教师	副教授	副教授三级	2012. 12
33		王海波	教师	副教授	副教授三级	2012. 12
34		贾　凡	教师	副教授	副教授三级	2012. 12
35		霍　炎	教师	副教授	副教授三级	2012. 12

续表

序号	单位	申报人	系列	任职资格	受聘岗位	聘用时间
36	电信学院	王忠立	教师	副教授	副教授三级	2012. 12
37		柳向斌	教师	副教授	副教授三级	2012. 12
38		申　艳	教师	副教授	副教授三级	2012. 12
39		郭　勇	教师	副教授	副教授三级	2012. 12
40	计算机学院	常冬霞	教师	副教授	副教授三级	2012. 12
41		安高云	教师	副教授	副教授三级	2012. 12
42		邹　琪	教师	副教授	副教授三级	2012. 12
43		尹传环	教师	副教授	副教授三级	2012. 12
44		冯松鹤	教师	副教授	副教授三级	2012. 12
45		桑应朋	教师	副教授	副教授三级	2012. 12
46	运输学院	王江锋	教师	副教授	副教授三级	2012. 12
47		岳　昊	教师	副教授	副教授三级	2012. 12
48		宋丽英	教师	副教授	副教授三级	2012. 12
49		王子洋	教师	副教授	副教授三级	2012. 12
50	土建学院	卢明奇	教师	副教授	副教授三级	2012. 12
51		余自若	教师	副教授	副教授三级	2012. 12
52		江　辉	教师	副教授	副教授三级	2012. 12
53		房　倩	教师	副教授	副教授三级	2012. 12
54		蔡小培	教师	副教授	副教授三级	2012. 12
55	机电学院	郭保青	教师	副教授	副教授三级	2012. 12
56		张竹茜	教师	副教授	副教授三级	2012. 12
57		张　昕	教师	副教授	副教授三级	2012. 12
58	电气学院	焦超群	教师	副教授	副教授三级	2012. 12
59		王琛琛	教师	副教授	副教授三级	2012. 12
60		吕　刚	教师	副教授	副教授三级	2012. 12
61		佟庆彬	教师	副教授	副教授三级	2012. 12
62		李　虹	教师	副教授	副教授三级	2012. 12
63		苏　粟	教师	副教授	副教授三级	2012. 12
64	理学院	刘小君	教师	副教授	副教授三级	2012. 12
65		朱圣芝	教师	副教授	副教授三级	2012. 12
66		唐爱伟	教师	副教授	副教授三级	2012. 12
67		马玉涛	教师	副教授	副教授三级	2012. 12
68		刘玉婷	教师	副教授	副教授三级	2012. 12
69		冯　弢	教师	副教授	副教授三级	2012. 12
70	国家重点实验室	熊　磊	教师	副教授	副教授三级	2012. 12
71		李　想	教师	副教授	副教授三级	2012. 12

续表

序号	单位	申报人	系列	任职资格	受聘岗位	聘用时间
72	经管学院	蔡　芸	教师	副教授	副教授三级	2012. 12
73		胡杰武	教师	副教授	副教授三级	2012. 12
74		张金鑫	教师	副教授	副教授三级	2012. 12
75		李　静	教师	副教授	副教授三级	2012. 12
76	人文学院	张保华	教师	副教授	副教授三级	2012. 12
77		刘宽红	教师	副教授	副教授三级	2012. 12
78	语言学院	陈　娴	教师	副教授	副教授三级	2012. 12
79		吴晓春	教师	副教授	副教授三级	2012. 12
80		贾朝勃	教师	副教授	副教授三级	2012. 12
81	体育部	林立文	教师	副教授	副教授三级	2012. 12
82	建艺学院	孟　彤	教师	副教授	副教授三级	2012. 12
83		张红卫	教师	副教授	副教授三级	2012. 12
84	国家重点实验室	杨晓娟	专职研究	助理研究员	中级三级	2012. 12
85	工程中心	王　伟	专职研究	助理研究员	中级三级	2012. 12
86	语言学院	唐学华	教师	讲师	讲师三级	2012. 12
87	心理中心	胡心怡	教师	讲师	讲师三级	2012. 12
88	出版社	孙秀翠	新闻出版	编审	正高四级	2012. 12
89	校医院	刘　博	卫生技术	主任医师	正高四级	2012. 12
90	工程中心	马　琳	工程技术	高级工程师	副高三级	2012. 12
91	电气学院	王占国			副高三级	2012. 12
92	信息中心	王宇杰			副高三级	2012. 12
93	电信学院	李绍斌			副高三级	2012. 12
94	图书馆	姚淑萍	图书档案	副研究馆员	副高三级	2012. 12
95	校医院	孙亚慧	卫生技术	副主任医师	副高三级	2012. 12
96	学生处	刘　燕	专职辅导员	教授	—	—
97	科技处	王冬梅	教育管理研究	研究员	—	—
98	北京市教工委	寇红江	教育管理研究	副研究员	—	—
99	海淀区政府	徐永全	会计审计	高级经济师	—	—
100	计算机学院	王浩业	专职辅导员	讲师	讲师三级	2012. 12
101		成　阳	专职辅导员	讲师	讲师三级	2012. 12
102	机电学院	潘　金	专职辅导员	讲师	讲师三级	2012. 12
103	图书馆	邱　丹	图书档案	馆员	中级三级	2012. 12
104	信息中心	刘文静	工程技术	工程师	—	—
105	校医院	郑岩博	卫生技术	主治医师	—	—

表 60　2012 年专业技术岗位晋级人员名单

序号	单　　位	姓名	系列	受聘岗位	聘用时间
1	电信学院	刘　云	教师	教授二级	2012. 12
2	运输学院	邵春福	教师	教授二级	2012. 12
3		林柏梁	教师	教授二级	2012. 12
4	土建学院	魏庆朝	教师	教授二级	2012. 12
5		赵成刚	教师	教授二级	2012. 12
6	机电学院	李德才	教师	教授二级	2012. 12
7	电气学院	范　瑜	教师	教授二级	2012. 12
8	理学院	冯其波	教师	教授二级	2012. 12
9	经管学院	赵　坚	教师	教授二级	2012. 12
10		刘延平	教师	教授二级	2012. 12
11		刘伊生	教师	教授二级	2012. 12
12		宋守信	教师	教授二级	2012. 12
13	人文学院	路日亮	教师	教授二级	2012. 12
14	计算机学院	王移芝	教师	教授三级	2012. 12
15	运输学院	朱晓宁	教师	教授三级	2012. 12
16		何世伟	教师	教授三级	2012. 12
17		袁振洲	教师	教授三级	2012. 12
18	土建学院	高　亮	教师	教授三级	2012. 12
19		刘保国	教师	教授三级	2012. 12
20	机电学院	谢基龙	教师	教授三级	2012. 12
21		贾　力	教师	教授三级	2012. 12
22		韩建民	教师	教授三级	2012. 12
23	电气学院	刘志刚	教师	教授三级	2012. 12
24		张小青	教师	教授三级	2012. 12
25	理学院	滕　枫	教师	教授三级	2012. 12
26		吴　柳	教师	教授三级	2012. 12
27		邓振波	教师	教授三级	2012. 12
28		刘　博	教师	教授三级	2012. 12
29		何金生	教师	教授三级	2012. 12
30	经管学院	欧国立	教师	教授三级	2012. 12
31		汝宜红	教师	教授三级	2012. 12
32		黄　磊	教师	教授三级	2012. 12
33	人文学院	陈树文	教师	教授三级	2012. 12
34	建艺学院	王　珉	教师	教授三级	2012. 12
35	电信学院	赵林海	教师	副教授一级	2012. 12
36		李晓光	教师	副教授一级	2012. 12
37		胡　健	教师	副教授一级	2012. 12
38		郝晓莉	教师	副教授一级	2012. 12

续表

序号	单　位	姓名	系列	受聘岗位	聘用时间
39	计算机学院	王　宁	教师	副教授一级	2012. 12
40		魏慧琴	教师	副教授一级	2012. 12
41	经管学院	刘天善	教师	副教授一级	2012. 12
42		邵丽萍	教师	副教授一级	2012. 12
43	运输学院	贾俊芳	教师	副教授一级	2012. 12
44		毕　军	教师	副教授一级	2012. 12
45		四兵锋	教师	副教授一级	2012. 12
46	土建学院	蒋永莉	教师	副教授一级	2012. 12
47		邝　明	教师	副教授一级	2012. 12
48		吕晓寅	教师	副教授一级	2012. 12
49		邹翠荣	教师	副教授一级	2012. 12
50		李　涛	教师	副教授一级	2012. 12
51		谭衢霖	教师	副教授一级	2012. 12
52		陈立宏	教师	副教授一级	2012. 12
53		杜进生	教师	副教授一级	2012. 12
54		周长东	教师	副教授一级	2012. 12
55	机电学院	刘元富	教师	副教授一级	2012. 12
56	电气学院	徐丽杰	教师	副教授一级	2012. 12
57	理学院	刘爱红	教师	副教授一级	2012. 12
58		黄晓鸣	教师	副教授一级	2012. 12
59		刘迎东	教师	副教授一级	2012. 12
60	语言学院	周红红	教师	副教授一级	2012. 12
61		卢明玉	教师	副教授一级	2012. 12
62	体育部	丁　健	教师	副教授一级	2012. 12
63		留森华	教师	副教授一级	2012. 12
64		韩　松	教师	副教授一级	2012. 12
65	国家重点实验室	王艳辉	教师	副教授一级	2012. 12
66	电信学院	王根英	教师	副教授二级	2012. 12
67		马　玲	教师	副教授二级	2012. 12
68		李力南	教师	副教授二级	2012. 12
69	计算机学院	翟高寿	教师	副教授二级	2012. 12
70		徐金安	教师	副教授二级	2012. 12
71	经管学院	顾元勋	教师	副教授二级	2012. 12
72		郭春芳	教师	副教授二级	2012. 12
73		刘玉明	教师	副教授二级	2012. 12
74		王馨迪	教师	副教授二级	2012. 12

续表

序号	单　　位	姓名	系列	受聘岗位	聘用时间
75	运输学院	曾　进	教师	副教授二级	2012. 12
76		赵　瑜	教师	副教授二级	2012. 12
77		姜秀山	教师	副教授二级	2012. 12
78	土建学院	刘　林	教师	副教授二级	2012. 12
79		梁小燕	教师	副教授二级	2012. 12
80		王　斌	教师	副教授二级	2012. 12
81		徐艳秋	教师	副教授二级	2012. 12
82		倪永军	教师	副教授二级	2012. 12
83	电气学院	邱瑞昌	教师	副教授二级	2012. 12
84	理学院	范　玲	教师	副教授二级	2012. 12
85		赵红娥	教师	副教授二级	2012. 12
86		郑妍鹏	教师	副教授二级	2012. 12
87		王立春	教师	副教授二级	2012. 12
88		张福俊	教师	副教授二级	2012. 12
89		牛　原	教师	副教授二级	2012. 12
90	人文学院	郑　翔	教师	副教授二级	2012. 12
91		朱晓菊	教师	副教授二级	2012. 12
92	心理中心	田宝伟	教师	副教授二级	2012. 12
93	语言学院	张建群	教师	副教授二级	2012. 12
94		刘晓晖	教师	副教授二级	2012. 12
95		朱岩岩	教师	副教授二级	2012. 12
96		王建荣	教师	副教授二级	2012. 12
97	体育部	侯君吉	教师	副教授二级	2012. 12
98	软件学院	冯凤娟	教师	副教授二级	2012. 12
99		陈旭东	教师	副教授二级	2012. 12
100		冀振燕	教师	副教授二级	2012. 12
101	国家重点实验室	杨　淼	教师	副教授二级	2012. 12
102	电信学院	李　磊	教师	讲师一级	2012. 12
103	计算机学院	丁　丁	教师	讲师一级	2012. 12
104		王　涛	教师	讲师一级	2012. 12
105		田　媚	教师	讲师一级	2012. 12
106		李会霞	教师	讲师一级	2012. 12
107		孙延涛	教师	讲师一级	2012. 12
108		黄　华	教师	讲师一级	2012. 12
109		赵　佳	教师	讲师一级	2012. 12
110		董　岚	教师	讲师一级	2012. 12
111		董兴业	教师	讲师一级	2012. 12

续表

序号	单　　位	姓名	系列	受聘岗位	聘用时间
112	经管学院	杜英歌	教师	讲师一级	2012. 12
113		陆　超	教师	讲师一级	2012. 12
114		刘会齐	教师	讲师一级	2012. 12
115		任　旭	教师	讲师一级	2012. 12
116		任　英	教师	讲师一级	2012. 12
117		万里霜	教师	讲师一级	2012. 12
118		王学峰	教师	讲师一级	2012. 12
119		韦桂丽	教师	讲师一级	2012. 12
120		谢　祥	教师	讲师一级	2012. 12
121	运输学院	赵　晖	教师	讲师一级	2012. 12
122		高　亮	教师	讲师一级	2012. 12
123	土建学院	巩　慧	教师	讲师一级	2012. 12
124		陶若虹	教师	讲师一级	2012. 12
125		姚锦宝	教师	讲师一级	2012. 12
126		杨丽辉	教师	讲师一级	2012. 12
127		赵　影	教师	讲师一级	2012. 12
128		刘卫丰	教师	讲师一级	2012. 12
129		战家旺	教师	讲师一级	2012. 12
130		曹艳梅	教师	讲师一级	2012. 12
131		沈宇鹏	教师	讲师一级	2012. 12
132		陈　蕊	教师	讲师一级	2012. 12
133		孙晓静	教师	讲师一级	2012. 12
134		田亚护	教师	讲师一级	2012. 12
135		文永奎	教师	讲师一级	2012. 12
136		常　鹏	教师	讲师一级	2012. 12
137		廖　利	教师	讲师一级	2012. 12
138		苏　洁	教师	讲师一级	2012. 12
139		井国庆	教师	讲师一级	2012. 12
140	机电学院	刘　伟	教师	讲师一级	2012. 12
141		张　良	教师	讲师一级	2012. 12
142		耿　聪	教师	讲师一级	2012. 12
143		刘如九	教师	讲师一级	2012. 12
144	电气学院	刘平竹	教师	讲师一级	2012. 12
145		修三木	教师	讲师一级	2012. 12
146		王小君	教师	讲师一级	2012. 12
147		牛利勇	教师	讲师一级	2012. 12
148		荆　龙	教师	讲师一级	2012. 12
149		刘　彪	教师	讲师一级	2012. 12
150		孙丙香	教师	讲师一级	2012. 12

续表

序号	单　位	姓名	系列	受聘岗位	聘用时间
151	理学院	邵吉光	教师	讲师一级	2012.12
152		戴春爱	教师	讲师一级	2012.12
153	人文学院	陶　杨	教师	讲师一级	2012.12
154		陆晓春	教师	讲师一级	2012.12
155		宋　颖	教师	讲师一级	2012.12
156		杨　军	教师	讲师一级	2012.12
157		孙向齐	教师	讲师一级	2012.12
158	语言学院	黄建伟	教师	讲师一级	2012.12
159		伍　伟	教师	讲师一级	2012.12
160		李栩薏	教师	讲师一级	2012.12
161		张聪敏	教师	讲师一级	2012.12
162		贾洪雅	教师	讲师一级	2012.12
163		赵冬梅	教师	讲师一级	2012.12
164		常　枫	教师	讲师一级	2012.12
165		刘路薇	教师	讲师一级	2012.12
166		张薇薇	教师	讲师一级	2012.12
167		张秋艳	教师	讲师一级	2012.12
168		孙　贺	教师	讲师一级	2012.12
169		杨　蕾	教师	讲师一级	2012.12
170		田永丰	教师	讲师一级	2012.12
171		付天英	教师	讲师一级	2012.12
172		许　杰	教师	讲师一级	2012.12
173		刘伯星	教师	讲师一级	2012.12
174		戴江雯	教师	讲师一级	2012.12
175		孙英黎	教师	讲师一级	2012.12
176		陈　平	教师	讲师一级	2012.12
177		张梓轩	教师	讲师一级	2012.12
178		刘文刚	教师	讲师一级	2012.12
179		陈　岩	教师	讲师一级	2012.12
180		赵海燕	教师	讲师一级	2012.12
181		冯　蕾	教师	讲师一级	2012.12
182		马　莉	教师	讲师一级	2012.12
183		文卫华	教师	讲师一级	2012.12
184	体育部	刘　娣	教师	讲师一级	2012.12
185		刘文洁	教师	讲师一级	2012.12
186		杨　杨	教师	讲师一级	2012.12
187		李　强	教师	讲师一级	2012.12

续表

序号	单　　位	姓名	系列	受聘岗位	聘用时间
188	软件学院	袁　岗	教师	讲师一级	2012. 12
189	信息中心	李歆丽	教师	讲师一级	2012. 12
190		陈　杰	教师	讲师一级	2012. 12
191		周筱来	教师	讲师一级	2012. 12
192	运输学院	李新刚	教师	讲师二级	2012. 12
193	电气学院	黄先进	教师	讲师二级	2012. 12
194	人文学院	高建学	教师	讲师二级	2012. 12
195	语言学院	周志杰	教师	讲师二级	2012. 12
196		李　岩	教师	讲师二级	2012. 12
197		刘　岚	教师	讲师二级	2012. 12
198		莫永谊	教师	讲师二级	2012. 12
199		王建军	教师	讲师二级	2012. 12
200		刘艳平	教师	讲师二级	2012. 12
201		艾　薇	教师	讲师二级	2012. 12
202		周　新	教师	讲师二级	2012. 12
203	体育部	伍　岭	教师	讲师二级	2012. 12
204	国家重点实验室	程晓卿	教师	讲师二级	2012. 12
205		马慧茹	专职研究	中级二级	2012. 12
206	语言学院	梁　静	教师	助教一级	2012. 12
207		刘　莹	教师	助教一级	2012. 12
208		王珍娜	教师	助教一级	2012. 12
209		赵　术	教师	助教一级	2012. 12
210		张笑寒	教师	助教一级	2012. 12
211	计算机学院	陈连坤	实验技术	副高一级	2012. 12
212	图书馆	郑　兰	图书档案		2012. 12
213	机电学院	张金英	工程技术	副高二级	2012. 12
214	计算机学院	张　春			2012. 12
215	信息中心	杨志军			2012. 12
216	机电学院	李卫京	实验技术		2012. 12
217	图书馆	刘春霞	图书档案		2012. 12
218		许　勇			2012. 12
219		杨翠兰			2012. 12
220	科技处	郭　洁	新闻出版		2012. 12
221	校医院	孔令伟	卫生技术		2012. 12

续表

序号	单　位	姓名	系列	受聘岗位	聘用时间
222	计算机学院	侯亚欣	工程技术	中级一级	2012. 12
223	理学院	姚志刚	工程技术	中级一级	2012. 12
224	计算机学院	王　冰	实验技术	中级一级	2012. 12
225	计算机学院	时庆国	实验技术	中级一级	2012. 12
226	计算机学院	常宏达	实验技术	中级一级	2012. 12
227	图书馆	宋　雪	图书档案	中级一级	2012. 12
228	图书馆	李德娟	图书档案	中级一级	2012. 12
229	出版社	谭文芳	新闻出版	中级一级	2012. 12
230	基建处	刘云华	工程技术	中级二级	2012. 12
231	基建处	张永刚	工程技术	中级二级	2012. 12
232	资产公司	张松涛	工程技术	中级二级	2012. 12
233	资产公司	张　源	工程技术	中级二级	2012. 12
234	信息中心	李珊娜	工程技术	中级二级	2012. 12
235	电气学院	王　强	实验技术	中级二级	2012. 12
236	图书馆	王野平	图书档案	中级二级	2012. 12
237	图书馆	杨少慧	图书档案	中级二级	2012. 12
238	图书馆	胡　琳	图书档案	中级二级	2012. 12
239	图书馆	贺彬侠	图书档案	中级二级	2012. 12
240	图书馆	赵秀姣	图书档案	中级二级	2012. 12
241	图书馆	郭凤芹	图书档案	中级二级	2012. 12
242	图书馆	崔　雁	图书档案	中级二级	2012. 12
243	档案馆	蔡　雪	图书档案	中级二级	2012. 12
244	宣传部	张先睿	新闻出版	中级二级	2012. 12
245	校医院	王一飞	卫生技术	中级二级	2012. 12
246	校医院	文　英	卫生技术	中级二级	2012. 12
247	校医院	王益青	卫生技术	中级二级	2012. 12
248	计财处	于爱娟	会计审计	中级二级	2012. 12
249	计财处	张　岚	会计审计	中级二级	2012. 12
250	计财处	晏　曦	会计审计	中级二级	2012. 12
251	计财处	楚丽萍	会计审计	中级二级	2012. 12

为提高我校技术工人的整体素质，调动工勤技能岗位聘任人员的工作积极性，出台《北京交通大学工勤技能岗位技师聘任暂行办法》，并于10月首次启动技师聘任工作，20名技术工人聘任到技师岗位，同时为6名已退休工人自2012年8月兑现技师待遇。

【职员职级晋升】

2012年，首次启动三、四级职员聘任工作。制定《北京交通大学三级、四级职员岗位聘任暂行办法》，对聘任原则、聘任条件、聘任程序等作出明确规定，作为我校三、四级职员岗位聘任的依据。经个人申报、资格审查、学校党委常委会评议票决、公示等环节，并经教育部审核同意，聘任颜吾佴、高福廷、陈峰为三级职员，聘任郑广天、路加栓为四级职员。

继续开展七级以下职员职级晋升工作。通过单位推荐与学校审批等环节，最终 47 人获得了职级晋升，其中事业编制人员有 25 人（23 人晋升七级职员，2 人晋升八级职员），并从 10 月份开始兑现了新职级的待遇；非事业编制人员有 22 人（21 人为八级职员，1 人为九级职员）。具体见表 61。

表 61　2012 年职员职级晋升名单

序号	姓名	工作单位	原岗位职级	新聘岗位职级	定级时间
1	李丽丽	学校办公室	八级职员	七级职员	2012. 9
2	王　刚	学校办公室	八级职员	七级职员	2012. 9
3	刘景利	组织部	八级职员	七级职员	2012. 9
4	李世珍	宣传部	八级职员	七级职员	2012. 9
5	魏　炜	学生工作部	八级职员	七级职员	2012. 9
6	李　刚	团委	八级职员	七级职员	2012. 9
7	王　琛	离退休工作处	八级职员	七级职员	2012. 9
8	崇　毅	保卫处	八级职员	七级职员	2012. 9
9	王佳琦	教务处	八级职员	七级职员	2012. 9
10	杨昭军	人事处	八级职员	七级职员	2012. 9
11	刘利强	人事处	八级职员	七级职员	2012. 9
12	张　欣	计划财务处	八级职员	七级职员	2012. 9
13	吕　超	国际合作交流处	八级职员	七级职员	2012. 9
14	刘　扬	国际合作交流处	八级职员	七级职员	2012. 9
15	范　磊	国际合作交流处	八级职员	七级职员	2012. 9
16	王瑞霞	对外联络合作处	八级职员	七级职员	2012. 9
17	段海超	首都大学生思想政治教育研究中心	八级职员	七级职员	2012. 9
18	李政全	经管学院	八级职员	七级职员	2012. 9
19	周　倩	土建学院	九级职员	八级职员	2012. 9
20	潘　金	机电学院	八级职员	七级职员	2012. 9
21	李　敏	资产经营有限公司	八级职员	七级职员	2012. 9
22	杨春慧	远程与继续教育学院	八级职员	七级职员	2012. 9
23	吴　刚	家委会	八级职员	七级职员	2012. 9
24	邓小凤	保卫处	九级职员	八级职员	2012. 9
25	刘艳君	远程与继续教育学院	九级职员	八级职员	2012. 9
26	何永淼	学生工作部	聘用制人员	八级职员	2012. 9
27	刘　蓉	离退休工作处		八级职员	2012. 9
28	竺超今	教务处		八级职员	2012. 9
29	柴　莹	教务处		八级职员	2012. 9
30	王　伟	教务处		八级职员	2012. 9

续表

序号	姓名	工作单位	原岗位职级	新聘岗位职级	定级时间
31	宋永华	国际合作交流处	聘用制人员	八级职员	2012.9
32	赵　睿	国际合作交流处		八级职员	2012.9
33	宋　巍	计划财务处		八级职员	2012.9
34	任虹宇	招生与就业工作处		八级职员	2012.9
35	张　桓	房地产管理处		八级职员	2012.9
36	孙雪亮	对外联络合作处		八级职员	2012.9
37	张欣颖	经管学院		八级职员	2012.9
38	王立娟	运输学院		八级职员	2012.9
39	蔡　贺	机电学院		八级职员	2012.9
40	孙娟娟	机电学院		八级职员	2012.9
41	赵会美	机电学院		八级职员	2012.9
42	蒋尧珍	理学院		八级职员	2012.9
43	孙　强	理学院		八级职员	2012.9
44	董庆峰	建筑与艺术学院		八级职员	2012.9
45	刘慧敏	人文学院		八级职员	2012.9
46	杨　航	资产经营有限公司		八级职员	2012.9
47	黄　微	对外联络合作处		九级职员	2012.9

【博士后工作】

2012年，学校新增马克思主义理论和光学工程两个博士后科研流动站，至此，学校已有15个一级学科设立了博士后流动站，分布在工、理、经济、管理和法学学科门类。研究出台相关政策，完善博士后管理体制，健全博士后基本保障制度，加强博士后研究人员在站期间日常考勤管理，规范中期和出站考核程序及标准。扩大博士后在站规模，试行项目博士后制度，新入站博士后54人，其中师资博士后18人，项目博士后3人，学科博士后18人，企业博士后15人；博士后出站（含退站）44人。与7家企业博士后工作站建立起合作关系。在站博士后中有11人次获得中国博士后科学基金资助，其中9人次获得面上资助，2人获得特别资助。见表62。

表62　2012年获博士后基金资助人员名单

序号	类别	资助编号	姓名	学科	资助等级	资助金额
1	面上	2012M510310	李俊刚	数学	二等	5万元
2	面上	2012M510311	李凤莲	土木工程	二等	5万元
3	面上	2012M510312	张克涛	交通运输工程	二等	5万元
4	面上	2012M520004	黄安仲	应用经济学	一等	8万元
5	面上	2012M520152	张诗雨	应用经济学	二等	5万元
6	面上	2012M520153	朱湘禅	数学	二等	5万元
7	面上	2012M520154	吕　兴	数学	二等	5万元
8	面上	2012M520155	郝亮亮	电气工程	二等	5万元
9	面上	2012M520156	林艾静	信息与通信工程	二等	5万元
10	特别	2012T50041	王广民	管理科学与工程	特别	15万元
11	特别	2012T50207	李新刚	数学	特别	15万元

教职工服务与管理

【综述】

2012 年，学校调整离退休人员补贴标准，出台《关于调整聘用制人员薪酬结构的决定》，对薪酬结构进行调整，有效地激励了聘用制人员。出台《北京交通大学岗位聘期考核实施办法》、《北京交通大学新一轮岗位设置与聘任指导性意见》，完成学校首聘期考核和新一轮聘任工作。

【薪酬工作】

全年共发放在职职工工资 35 508 万元，其中基本工资及政策性补贴 6 239 万元，基础绩效 11 357 万元，其他绩效 12 476 万元（含 2011 年年终绩效 2 966 万元），住房补贴（含校内房补）1 426 万元，非事业编制人员工资 4 058 万元。

核拨 2012 年年终绩效 5 498 万元。其中弹性绩效、弹性绩效浮动部分及聘期考核增资 3 929 万元，上水平项目奖励 108. 3 万元（其中奖金 71. 55 万元，项目建设费 36. 75 万元），校机关平均奖励绩效 435 万元，检索论文集专利资助现金 153. 02 万元，单位考核及处级考核奖励 95 万元。

1 月 1 日，共为 2 510 名教职工正常增加薪级工资，人均月增资 30 元。10 月，为 19 名职员晋级人员兑现工资，人均月增国拨工资 78 元。12 月，为 345 名专业技术职务晋升晋级人员调整工资，人均月增国拨工资 147 元。

学校全年公积金支出 2 853 万元，住房公积金人均月增加额为 21 元。

6 月，共为 4 149 人发放防暑降温费，总金额为 331 920 元。9 月，发放国庆慰问金（含离退休人员）222 万元。春节为生活困难的遗属及部分生病职工共 22 人开展送温暖活动，金额 51 000 元。

全年共发放离休人员工资 657 万元，退休人员工资 7 065 万元。

全年共为 19 名遗属发放补助 4. 8 万元，为 28 人发放抚恤金 88. 27 万元、丧葬补助费 14 万元。

9 月 1 日，调整离退休人员补贴，人均月增资 431 元，共 1 679 人，新增投入 864 万元。

表 63　全年为教职工缴纳保险情况表

保险种类	单位缴费比例	个人缴费比例	缴费金额（单位 + 个人）（单位：万元）		备注
			事业编制职工	非事业编制职工	
医疗保险	10%	2% +3 元	不缴纳	344. 4	
养老保险	20%	8%	58. 3	629. 7	事业编制职工中只有 31 名合同制工人缴纳养老保险

续表

保险种类	单位缴费比例	个人缴费比例	缴费金额（单位+个人）（单位：万元）		备注
			事业编制职工	非事业编制职工	
失业保险	1%	农业户口：不缴纳 非农业户口：0.2%	269.2	26.5	
工伤保险	0.4%	不缴纳	89.7	13	
生育保险	0.8%	不缴纳	不缴纳	9.4	
总计	32.2%	事业编制人员：8.2%； 非事业编制人员： 农业10%+3或非 农业10.2%+3元	417.2	1 023	

全年为3人成功申报工伤认定。

自1月1日起，学校开始为教职工缴纳生育保险。全年为6位职工办理了生育保险报销和生育津贴领取的相关手续，以及后续生育保险费用的发放工作。

【合同管理及考核】

2012年，与新入校的75人签订了聘用合同：其中签订A类合同72人（实行人事代理制度）；签订B类合同3人，为学校高层次引进人才（张生、谭谆礼、吕晓东）。另与吴旭、叶豪东2人签订了工作合同。根据职员职级晋升和专业技术职务晋升晋级情况，完成合同变更376份。

全年共解除或终止聘用合同14份；为33位内部调动教师、12位借调教职工办理相关手续。为52人办理退休手续、为7人办理延聘手续。

教职工年度考核：全校纳入考核范围总数2 839人（含处职考核人员203人，含学校统筹A类聘用制人员170人），其中实际参加考核人员2 610人（不含处职考核人员203人），因劳保、待岗等原因未参加考核人员26人。另有26人因提前退休、长期出国、协议工作制等原因未纳入本次考核。2 610名实际参加考核人员中，优秀399人，占15.29%；合格2 208人，占84.6%，基本合格1人，不合格2人。

教职工首聘期考核：2011年底首聘期期满，学校启动“首聘期考核及新一轮岗位设置与聘任工作”，通过校、院两级精心部署、合理设计、认真测算、细致工作，7月，完成新一轮签约上岗，历时半年，总体平稳、顺利。全校参加首聘期考核人数共计1 632人，其中各学院参加聘期考核1 242人，完全称职1 029人，占82.9%；认定称职167人，占13.4%；欠称职46人，约占3.7%，达到了“严考核、真处理”效果；校机关及直属单位参加聘期考核共计390人，完全称职389人，基本称职1人。新一轮聘任中，各学院原岗原聘共计1 051人（不含经管学院），因聘期考核欠称职转岗4人（转管理岗位2人，实验技术岗位2人），降级1人，降薪5人，扣薪4人，聘期考核不合格解聘1人；另有不满聘期或聘期考核称职人员转聘专职科研9人，转聘实验技术岗位7人，转聘管理岗位3人，辞职1人，拟调动1人，调出2人。校院机关及直属单位签订新一轮聘任合同388人。电信学院王均宏、张宏科，计算机学院阮秋琦，运输学院高自友，土建学院夏禾、汪越胜，理学院王玉凤等7人受聘学校首批“长期教职”。

教职工2012聘期考核：12月，完成2009—2012年聘期考核与新一轮聘任工作。参加考核123人（不含经管学院，其中完全称职121人，占98.4%，认定称职1人，暂认定称职1人。新一轮聘任中，1人转聘专职科研岗位，其他人员原岗原聘。

【服务教职工工作】

全年向教育部申报京外调干1人。受理15位教职工的个人申请和资料审核，经教育部同意上报申请材料10份，获批解决8位教职工两地分居的申请。完成60名应届毕业生的落户工作，完成16名科研助理的北京市落户工作。

完成CA数字证书认证工作，为落户工作打下基础。全年受理18名留学回国人员落户的个人申请并获审批。

落实6位引进人才入校相关待遇。办理教职工探亲票报销12人，办理各种收入证明130份，为教职工开具出生公证、亲属关系公证、未受刑事制裁公证、在职证明等各种证明600余份。

全年为符合国家102医疗照顾条件的2人办理医疗证；组织50人参加高干体检，其中离退休12人，在职二级教授25人。落实4位全职院士的干部体检工作。组织在校院士及二、三级教授近30人赴秦皇岛疗养。

【聘用制人员管理】

按照“规范管理、提高待遇、关注发展、搞活机制”的原则，6月学校对所有聘任制人员所在单位逐一调研走访，充分了解用人单位的意见和每一位学校统筹人员的岗位情况、工作状况及表现。经反复研讨、精心设计，提出人员岗位分类的基本方案，重新设计聘用制人员工资结构，出台《关于调整聘用制人员薪酬结构的决定》，大幅提高工资待遇，以吸引和稳定优秀的管理人才。新的工资结构和工资标准于2013年1月1日执行。

鉴于岗位资源有限和进京户口指标受限，在管理和专业技术岗位的招聘工作中，尝试了本校应届毕业生推荐和社会网站招聘等新方式。

总结学校非事业编制度实施几年来的经验和不足，重新修订了非事业编制人员聘用合同，主要涉及日常考核及人员退出等方面，新版合同于7月开始启用。

为减少学校的人力资源管理成本，降低学校用工风险，学校与中国国际人才开发中心合作，签订了《劳务派遣协议》及《补充协议》，尝试在学校的辅助性、临时行的岗位上推行劳务派遣用人形式。截至年底，学校实行劳务派遣人员19名，主要集中在体育部、经管学院和软件学院。

全年完成校内各单位新签订劳动合同人员142人的审批和入校报到程序、28人合同的变更和续签手续、为101名外聘人员（含科研助理14人）办理了解聘手续，办理76人返聘人员的审批、协议签订和解除协议手续，保证了人员的流动有序。按照国家科研助理政策，全年办理了8名硕士研究生科研助理的入校流程。完成了2011年聘用的10名科研助理中期考核工作和2010年14名科研助理终止协议、2名续签合同的工作。

截至年底，全校聘用制人员共1 541人，其中签订劳动合同人员1 142人，劳务派遣人员19人，返聘人员259人，其他从业人员94人。按资金来源分类，其中学校统筹资金岗位254人，单位自筹资金岗位1 287人。

【表彰与获奖】

刘志明、于桂兰获得北京市高等学校教学名师奖，毛保华、杜普选、李京平获宝钢优秀教师奖，汪越胜、张星、付俐、黄辉获北京市师德先进个人，7 人获北京交通大学优秀教师，3 人获北京交通大学优秀教育工作者。

【附件7】

北京交通大学2011—2012年度获奖奖项及名单

一、综合类奖励

2011年度“长江学者奖励计划”特聘教授 李德才

2011年度国家杰出青年科学基金获得者 滕 枫

首批“外专千人计划”引进人才 Jin Ho Kwak

首批“青年千人计划”引进人才 闫学东

2011年宝钢优秀教师奖 毛保华 杜普选 李京平

2012年北京市“三八”红旗奖章 张 欣

2012年北京市师德先进个人 汪越胜 张 星 付 俐 黄 辉

2012年度国家自然科学基金优秀青年科学基金项目获得者 艾 渤 贾 斌

教育部“新世纪优秀人才支持计划”2011年度入选人员名单

王金亭 刘 颖 刘吉强 朱力强 闫学东 杨 娜

金光日 施先亮 徐 猛

2012年北京交通大学优秀教师

于 剑 刘秀萍 刘爱红 闫学东 张乐乐 张润彤 戴胜华

2012年北京交通大学优秀教育工作者 王冬梅 孙冬梅 陈志新

2012年北京交通大学智瑾奖教金“优秀青年教师奖”

王方石 史红梅 张维戈 李政勇 崔永梅 董海荣

韩 冰 韩 梅 裴 丽

2012年北京交通大学智瑾奖教金“优秀青年教育工作者奖” 丁鹏玉 王 锋

科技北京百名领军人才培养工程入选人 郜春海及其研发团队

二、人才培养类奖励

2011年全国优秀博士学位论文1篇 完成人：李政勇 指导教师：吴重庆

2011年国家级精品教材

电子商务系统建设与管理	负责人：刘 军
物流学	负责人：汝宜红
列车制动（第二版）	负责人：饶 忠 彭俊彬
数字图像处理学（第二版）	负责人：阮秋琦
集装箱运输与多式联运（第二版）	负责人：朱晓宁

2011 年国家大学生校外实践教育基地

北京交通大学—北京市地铁运营有限公司工程实践教育中心
负责单位：交通运输学院
北京交通大学—南车青岛四方机车车辆股份有限公司工程实践教育中心
负责单位：机械与电子控制工程学院
北京交通大学—郑州铁路局工程实践教育中心
负责单位：电子信息工程学院

2012 年国家级实验教学示范中心

机械工程实验中心　　负责单位：机械与电子控制工程学院
电子与计算机实验中心　　负责单位：电子信息工程学院、计算机与信息技术学院

2012 年度“高等学校本科教学质量与教学改革工程”建设项目

大学生创新创业训练计划　　负责单位：教务处

专业综合改革试点

机械工程及自动化专业　　负责人：刘志明
计算机科学与技术专业　　负责人：于双元
电气工程与自动化专业　　负责人：王健强
交通运输专业　　负责人：聂　磊

第一批国家级工程实践教育中心

中心名称：北京城建设计研究总院有限公司　　共建单位：土木建筑工程学院
中心名称：北京市地铁运营有限公司　　共建单位：交通运输学院
中心名称：北京中软国际信息技术有限公司　　共建单位：软件学院
中心名称：南车青岛四方机车车辆股份有限公司　　共建单位：机械与电子控制工程学院
中心名称：英特尔公司　　共建单位：计算机与信息技术学院
中心名称：郑州铁路局　　共建单位：电子信息工程学院
中心名称：中铁信息工程集团　　共建单位：计算机与信息技术学院

第八届北京市高等学校教学名师奖　刘志明　于桂兰

2011 年北京市精品教材

服务科学概论　　负责人：张润彤
公司财务管理：理论与案例　　负责人：马　忠
轨道交通运输经济　　负责人：欧国立
基础会计学　　负责人：郭雪萌
产业经济学　　负责人：李孟刚
铁路重载运输　　负责人：杨　浩
电子商务战略　　负责人：刘红璐
轨道交通综合实验指导　　负责人：毛保华
轨道工程　　负责人：高　亮
现代桥梁预应力结构　　负责人：朱尔玉
微积分（上、下）　　负责人：刘迎东
激光原理　　负责人：盛新志　娄淑琴

动车组设计　　　　　　　　负责人：李　强
模拟集成电路基础　　　　　负责人：路　勇
电气工程专业综合设计教程　负责人：王　玮
素描　　　　　　　　　　　负责人：王　珉

2011 年北京交通大学课堂教学教风标兵

何　平　张有根　张励忠　龚漫奇　蒋大明

2011 年高等教育信息化应用创新奖

物理实验课程创新教育的信息化支撑平台

北京市高等教育学会研究生英语教学研究分会主办第三届青年教师教学基本功比赛特等奖　王建荣

全国大学生数学建模竞赛优秀指导教师　王兵团

“创新杯”全球学生科技大赛软件设计（中国区）比赛优胜奖

指导教师：刘　颖

第七届全国大学生交通科技大赛二等奖 1 项、三等奖 1 项

指导教师：陈军华　张星臣　关　伟

第三届全国高校“创意创新创业”电子商务挑战赛全国总决赛二等奖 2 项、三等奖 1 项　指导教师：马敏书　陈佳娟　曾　进

三、科学研究类奖励

（注：标注“★”的科研项目主持单位为北京交通大学）

2011 年国家自然科学奖二等奖

项目名称：基于行为的城市交通流时空分布规律与数值计算★

获奖人：高自友　毛保华

2011 年国家技术发明奖二等奖

项目名称：水下无封底混凝土套箱建造技术

获奖人：韩　冰

2011 年中国铁道学会铁道科技奖特等奖

项目名称：宜万铁路高压富水大型充填岩溶及断裂带隧道修建技术

获奖人：谭忠盛

2010 年北京市科学技术奖一等奖 3 项

项目名称：基于通信的城轨列车运行控制系统关键技术及其应用★

获奖人：宁　滨　唐　涛　郜春海　刘　波　张建明
马连川　王海峰　黄友能　步　兵　马　琳

项目名称：复杂地质条件下大断面海底隧道施工关键技术研究

获奖人：傅洪贤

项目名称：地铁换乘车站新型暗挖建造关键技术研究

获奖人：张顶立　房　倩

2011 年中国铁道学会铁道科技奖一等奖 5 项

项目名称：高铁信号系统的电磁兼容技术及实验室仿真测试平台的研究★

获奖人：闻映红　沙　斐　蔡伯根　蒋大明　上官伟　陈　嵩
　　　　王国栋　王凤兰　朱　云　周克生　崔　勇　陈后金
　　　　王　剑　曹　源　刘　江　王忠立
项目名称：编组计划、大编组站作业分工和中远程直达的联合优化技术★
获奖人：林柏梁　许　红　王喜富　胡吉平　张秀媛　乐逸祥　纪丰民
项目名称：宜万铁路复杂山区岩溶隧道设计关键技术
获奖人：乔春生
项目名称：高地应力条件下富水炭质页岩、倾斜砂质页岩隧道大变形控制技术
获奖人：张顶立
项目名称：武汉高速铁路桥梁关键技术研究
获奖人：雷俊卿

2010 年北京市科学技术奖二等奖 3 项

项目名称：蓄热式燃烧冷凝型天然气锅炉技术★
获奖人：贾　力　杨立新
项目名称：高压富水充填岩溶区隧道施工技术研究
获奖人：谭忠盛
项目名称：电动车辆充电站关键技术及工程化应用
获奖人：姜久春　张维戈

2011 年高等学校科学研究优秀成果奖科技进步奖二等奖 3 项

项目名称：城轨列车关键设备状态监控、预警与应急技术及系统★
获奖人：贾利民　蔡国强　秦　勇
项目名称：大型跨海隧道钻爆法修建核心技术★
获奖人：张顶立　陈铁林　张成平　房　倩　苏　洁　骆建军
项目名称：无线环境下数字内容保护技术
获奖人：吴　昊

2011 年中国铁道学会铁道科技奖二等奖 6 项

项目名称：制定铁路旅客运输条例和铁路货物运输条例及相关问题研究★
获奖人：张　长　郑　翔　王　霞
项目名称：GSM－R 网络互联互通关键技术与测试方法研究★
获奖人：钟章队　杨　淼　丁建文　蒋文怡
项目名称：电气化铁路牵引网高次谐波谐振抑制技术及装置★
获奖人：吴命利　杨少兵　张洪和　万庆祝　李　腾
项目名称：铁路应急预案管理理论、方法和技术★
获奖人：秦　勇　贾利民　王子洋　程晓卿　祝凌曦　于　革
项目名称：高速铁路司机健康指标及劳动强度跟踪分析★
获奖人：叶　龙　刘颖琦　姜文生　李　涛　蔡　芸
沈　梅　许安国　鲁晓华　孙大强
项目名称：襄渝线牛角坪主跨 192 m 大跨刚构桥建设技术试验研究
获奖人：朱　晞

2011 年安徽省科学技术奖二等奖

项目名称：交通流复杂动态特性的演化机理研究

获奖人：贾　斌

2011 年北京市科学技术奖三等奖 2 项

项目名称：国家铁路网列车直达与车流中转组合优化关键技术★

获奖人：林柏梁　王喜富　许　红

项目名称：高速铁路供电与电能质量研究及应用

获 奖 人：电气工程学院

2010 年北京市科学技术奖三等奖 2 项

项目名称：轨道交通节能方法与关键技术★

获奖人：毛保华　柏　赟　丁　勇　刘海东　陈绍宽　李克平

项目名称：城市暗挖隧道施工超前地质预报系统研究

获奖人：张成平

2011 年中国铁道学会铁道科技奖三等奖 4 项

项目名称：铁路机车（轨道车）环保警示系统及管理规范研究★

获奖人：谭南林　张乐乐　张新华　宋雷鸣　戴明森

项目名称：内燃机车及旅客发电车燃油消耗检测分析系统及计量装置

获奖人：谭南林

项目名称：铁路变配电所异常过电压综合治理装置

获奖人：刘明光

项目名称：电力机车过关节式分相过电压机理分析及防护措施

获奖人：刘明光

2010 年四川省科学技术奖三等奖

项目名称：高速铁路超大断面黄土隧道修建技术

获奖人：谭忠盛

2007 年山东省科学技术奖三等奖

项目名称：公路桥梁灾害预防和加固技术研究

获奖单位：土木建筑工程学院

2011 年中国机械工业科学技术奖特等奖

项目名称：WP10/WP12 系列重型高速发动机及关键技术

获奖人：张　欣

2011 年安全生产科技成果二等奖

项目名称：高速铁路司机胜任能力与行车安全性研究★

获奖人：叶　龙　刘颖琦　柯金川　姜文生　许安国　李孟刚　李　涛

2011 年度茅以升科学技术奖——桥梁大奖获奖人：陈英俊

四、党建及其他奖励

（一）党建类

北京市 2010—2012 年创先争优先进基层党组织　机械与电子控制工程学院党委

北京高校 2010—2012 年创先争优先进基层党组织

机械与电子控制工程学院党委

后勤服务与产业集团饮食服务中心党支部

北京高校 2010—2012 年创先争优优秀共产党员 文海涛 荣朝和

学校获得 2011 年北京高校入党积极分子“精品一课”优秀组织奖

2011 年北京高校入党积极分子“精品一课”

成果名称：《党的组织原则与组织纪律》 获奖人：蓝晓霞

成果名称：《党员条件，端正入党动机，争取早日入党》 获奖人：赵 岚

成果名称：《党的指导思想》 获奖人：杨 蔚

2010—2011 年北京高校党的建设和思想政治工作优秀成果三等奖 2 项

《不断深化干部人事制度改革 着力建设高素质干部队伍》

《积极探索 勇于创新 不断增强“形势与政策”课教学实效性》

学校获得 2010 年度党内统计全优单位

学校申报的《以学术成长与全人发展为目标，系统构建研究生思想政治教育实效工作体系》获得第二届首都大学生思想政治教育工作实效奖一等奖

学校选送的《党旗在这里闪光》电视片荣获 2012 年北京市党员教育电视片观摩交流活动优秀作品

学校选送的《紧握平凡 自有精彩》荣获北京市“我眼中的共产党员”DV 作品大赛最佳奖

（二）其他奖励

集体奖：

学校被评为 2011 年北京市无偿献血工作先进单位

学校获得 2010 年度教育事业统计工作优秀集体二等奖

学校被评为 2011 年度首都国家安全工作先进集体

学校被评为全国高校后勤十年社会化改革先进院校

学校被评为高校“农校对接”与学生食堂采购工作先进院校

学校获得 2006—2010 年国家自然科学基金管理先进单位

学校被评为 2011 年度信息与网络安全保卫工作先进单位

学校被评为 2011 年贯彻实施《学校体育工作条例》优秀学校

学校教务处获得全国高等教育学籍学历管理工作先进集体

学校科技处获得第五届中国技术市场协会金桥奖先进集体奖

学校学报（社科版）入选“教育部高校哲学社会科学学报排名栏建设工程（第二批）”

学校电视台选送的《为城市轨道交通控制安上“中国芯”》获得“视友杯”中国高校电视奖专题类一等奖

学校团委获得 2011 年首都高校社会实践先进单位

学校团委获得第十二届“挑战杯”全国大学生课外学术科技作品竞赛高校优秀组织奖

学校艺术团获得全国第三届大学生艺术展演活动艺术表演类甲组一等奖

学校工会被北京市教育工会评为 2011 年工会工作先进单位

2011 年学校保卫处获得北京市公安局集体嘉奖

学校红十字会被评为 2011 年高校红十字会系统先进集体

学校幼儿园被评为 2011 年度北京高校后勤先进幼儿园

学校软件学院在国家示范性软件学院建设十周年总结表彰会上获得“十一五”国家示范性软件学院“质量工程”建设项目优秀奖、国家示范性软件学院教学成果奖

学校图书馆获得 2011 年北京地区高校图书馆文献资源保障体系原文传递优质服务馆一等奖、馆际互借先进集体一等奖

个人奖：

2011 年度新联铁奖教金获得者：

邓　湘　朱晓敏　张　昕　张　英　杨智勇　陈　琪

岳建海　常秋英　韩同样　潘显钟

2011 年度握奇奖教金获得者：

王馨迪　冯松鹤　刘似臣　刘建刚　安高云　朱振峰

张宝鹏　张晓明　李　静　李　曦　李远慧　陈佩虹

陈怡宁　赵　佳　郭婧娟　鲁凌云

2012 年国家留学基金委 IBM 优秀教师奖教金获得者：王方石　冯凤娟

全国高等教育学籍学历管理工作先进个人：魏旺强

国家示范性软件学院十佳专职教师：张红延

国家示范性软件学院建设成就奖：卢　苇

2011 年高等教育信息化先进个人：贾卓生

2006—2010 年国家自然科学基金管理先进工作者：王冬梅

2011 年度教育部国防科技信息报送工作先进个人：郭玉宝

2011 年北京市大学生数学建模与计算机应用竞赛优秀组织工作者：武惠芳

北京教育系统优秀新闻工作者：袁　芳

2010 年度“中国高校校报好新闻奖”：

消息类一等奖：张先睿　言论类三等奖：李世珍　图片类三等奖：张先睿

2010 年度“北京高校好新闻奖”：

图片类一等奖：张先睿　标题类一等奖：李世珍

2011 年北京地区高校就业指导课程教学大赛决赛优秀奖：于亚光

2011 年北京市公安局个人三等功：黄　宏

2011 年北京市公安局个人嘉奖：关睦南　侯惠昌

2011 年度首都国家安全工作先进个人：邓小凤

全国第三届大学生艺术展演活动优秀指导教师：秦思阳　郑　彬　关英馨

2011 年北京市共青团“达标创优”竞赛活动优秀团干部：王友双

2011 年度首都大学生社会实践先进工作者：秦　莹

2010 年度教育事业统计工作优秀个人二等奖：李丽丽

“中国营造”2011 年全国环境艺术设计大展（专业组景观设计类）铜奖：魏泽崧

第二届中国大学出版社图书奖优秀教材一等奖：

责任编辑：刘　洵　王晓春　谭文芳　吴嫦娥　孙秀翠　韩　乐　张利军

第二届中国大学出版社图书奖优秀学术著作奖一等奖：
责任编辑：韩　乐　赵彩云
2006—2011 年度中国机械工程学会先进工作者：贾　力
2011 年度中国铁道学会环境保护奖：闻映红　谭南林
第二次全国 R & D 资源清查工作教育系统先进个人：张辰红　吴　静
2011 年高校红十字会系统先进个人：康　俊
2011 年度北京市生化质评优秀质控员：崔惠景
2011 年度北京市尿液化学分析室间质评优秀质控员：秦　漪
从事护理工作三十年荣誉证书：张梅英
2011 年北京市优秀学前教育工作者：金　霞
2011 年北京高校后勤幼儿园工作先进个人：张国欣
2011 年北京高校后勤接待工作先进个人：冯玉乔
2011 年首都绿化美化积极分子：戈树栋
北京市第六次全国人口普查先进个人：吴　刚　蔡　青
2011 年北京地区高校图书馆文献资源保障体系馆际互借先进个人一等奖：杨晓滨
2011 年北京地区高校图书馆文献资源保障体系原文传递先进个人一等奖：罗　平
2011 年中国图书馆学会先进个人：邓　嵩　王星华

五、从事教育工作三十年表彰人员名单（按姓氏笔画排序）

万　红　万　晓　毛凤兰　王　志　王永昕　王传恭　王莉莉　刘　东
刘　莹　刘伯星　刘克宇　孙熙安　闫立新　吴　柳　吴志湘　吴京华
张　莉　张　敏　张可明　张京平　张春英　张春玲　张梅青　李平康
杜　明　杜　萍　杨　琳　芦广中　陈　剑　孟铁军　宗　雁　武林曦
郑　超　郑国杰　钟　雁　夏荷花　徐丽杰　郭燕君　高　芸　葛全顺
翟　儒　翟洪祥　蔡　青　谭南林　滕梦臣　潘玉萍　穆　东　霍翠凤

2012

发展规划与战略研究

发展规划与战略研究工作

【综述】

2012 年，学校发展规划与战略研究工作重点开展“十二五”规划任务分解及推进、教育部战略研究培育基地建设、国家教育体改试点项目信息报送与推进教育综合改革项目的实施等 3 方面工作，较好完成了各项任务。

【“十二五”规划】

起草《北京交通大学“十二五”事业发展规划任务分工》，将“十二五”规划的 8 大战略任务、7 大重大计划和工程以及 5 项改革试点，分解落实学校各职能部处，明确了“十二五”各主要任务以及工程计划的牵头及责任部门。

牵头制定 12 份《院（系）领导班子“十二五”期间主要目标责任书》。《目标责任书》主要内容包括学院总的建设发展目标、任期主要任务目标责任和绩效考核 3 个方面，其中任期主要任务目标责任部分，涵盖了人才培养、队伍建设、学科建设、科学研究、国际合作、社会服务以及党建和思想政治工作等 7 大任务，将学校“十二五”主要指标分解落实到各学院，明确了各学院在“十二五”期间的主要发展任务与目标责任。

举行《院（系）领导班子“十二五”期间主要目标责任书》签署仪式，宁滨校长与 12 个学院院长逐一签署《目标责任书》，增强学院完成“十二五”任务的责任感、使命感。

广泛搜集国内外一流大学的发展数据，逐步建立学校发展基础数据库，以此为基础，开展国内外院校研究和比较分析，动态监测规划主要指标的落实情况，为学校规划落实提供数据分析基础。已搜集了 28 所 985 高校、24 所部属、5 所省属“211”高校共 57 所高校 80 个指标的发展数据。

9 月，按照教育部要求，组织完成学校“十二五”规划的修订，并及时报送。

将“十二五”规划推进落实情况与各学院年终总结相结合，将“十二五”规划的关键指标纳入单位年终总结与考核，并搜集学院“十二五”进展情况数据，推动规划落实。

建立发展规划咨询专家库，共聘任校内专家 32 名、校外专家 42 名。

【战略研究】

积极推进战略研究，加强学校行业特色研究型大学发展战略研究中心（教育部战略研究培育基地）建设，充分发动校内兼职研究人员和咨询专家参与相关研究，积极推进中心课题研究、队伍建设等工作。

1. 撰写研究报告

围绕学校建设特色鲜明世界一流大学相关问题，针对学科建设、教师聘任、学院考核、发展状况比较等开展研究，撰写完成 10 份研究报告，提供政策咨询。

2. 提交教育部科技委 7 篇专家建议

向教育部科技委提交 7 篇专家建议，其中，《我国高校在科普中的作用、问题和建议》被教育部科技委《专家建议》录用为 2012 年第 19 期，报送刘延东国务委员、中央科教领导小组成员和教育部领导。

3. 积极组织科研项目申报

组织骨干研究力量开展4项课题研究："世界一流大学建设模式及路径研究"、"行业特色高校的社会服务职能研究"、"城市地铁车站客流风险分析及安全管理研究"、"高技术条件下的应急管理体系发展研究"。6月，按照教育部科技委要求，组织提交关于"科教结合引领国家创新体系建设与路径选择"科技部重大战略研究项目子课题的申报材料1份。

4. 加强2个平台建设

围绕高等教育研究和发展战略研究，建设了资源网站。网站目前有新闻动态、规划参考、理论研究、高教动态等栏目，争取使网站成为国家政策、规划研究、高教研究、体制改革、国际前沿的资源库，成为学校高等教育研究和发展战略研究的重要的资源平台。

编印主送校领导的《高教动态》共8期。在总结《高教动态》成功经验的基础上，借鉴其他高校的经验，设计和编印了《高教信息》栏目。结合学校重点工作，分专题从方针政策、环球视野、学者视点、高教动态、国内借鉴、专题研究报告等方面，全面反映相关领域高教前沿和发展动态，推进学校整体工作，为领导和相关部门决策提供参考。2012年重点就高校人事制度改革、学科建设与学校发展、大学治理与体制机制、高校科研评价、产学合作教育、十八大精神6个专题编印了6期《高教信息》，共计60余万字。

5. 深入开展调查研究和队伍建设以提高综合能力

组织校外调研4次，校内访谈专家10位，调研校内研究机构4个，形成了《教育部战略研究（培育）基地调研报告》。通过调研，在学习其他教育部战略研究（培育）基地和校内其他研究机构运行管理经验的基础上，系统了解校内各位专家的重点研究领域和研究方向，征求对中心建设的意见和建议，进一步扩充了兼职研究人员队伍规模，调整了研究人员结构。中心拥有专职研究人员4人，兼职研究人员42人，咨询专家19人。

6. 组织各类研究性学习和参与学术交流活动

积极组织各类研究性学习和参与校内外学术交流活动，进一步提升中心专兼职研究人员的学术水平和科研能力。参加教育部科技委年会；参加教育部科技委管理学部科技委"2011计划"管理机制体制专题论坛暨管理学部六届三次全体（扩大）会议；参加中国教育发展战略学会改革与发展规划专业委员会成立大会暨学术研讨会，刘燕处长和屈波研究员当选为常务理事。

联系汤森路透公司在学校开通试用ESI（基本科学指标）数据库1个月，开通试用InCites数据库半个月；组织题为"北京交通大学学科发展与研究绩效分析——基于Web of Science权威引文数据与分析工具"的专题讲座。

【国家教改试点项目】

1. 组织推进试点学院改革

组织国内外调研。经管学院调研了西安交通大学彭康书院；陈峰副校长亲自带队调研了上海交通大学密西根学院；经管学院、教务处、人事处、国际合作交流处等单位调研了香港大学等5所香港大学；调研了杜肯等6所美国大学商学院；汇总调研结果，形成《上海交通大学密西根学院调研报告》、《美国杜肯等五所大学考察和交流总结报告》和《经管学院关于西安、香港、上海和美国等地大学考察调研报告》3个调研报告。

组织试点学院改革方案的制订与实施。组织完成2次学校党委常委会审议试点学院改革方案的相关材料。自主招生、新书院、本科人才培养方案等已实施，人事改革、院中院改革等准备实施。

组织经管学院申报本科专业综合改革试点项目。按照教育部《关于在试点学院开展本科专业综合改革试点的通知》精神，学校组织经管学院相关专业负责人和骨干教师，深入开展研讨，积极准备材料，递交了经济学、会计学和信息管理与系统 3 个专业的《试点学院“专业综合改革试点”》项目申报材料。

学校试点学院被教育部确定为报送高等教育人才培养模式改革典型素材，为教育部高教司综合处编辑出版的“中国教育前沿丛书”——《高等教育人才培养模式改革》撰写了北京交通大学试点学院改革的典型案例书稿——《推进试点学院改革 培养拔尖创新人才》(约 14 000 字)。

组织对《教育部关于推进试点学院改革的指导意见（征求意见稿)》深入研讨，提出修改意见和建议。《教育部关于推进试点学院改革的指导意见》及相关通知下发后，由宁滨校长、余祖俊副校长组织召开试点学院专题工作会，结合教育部指导意见，研讨试点学院下一步工作举措和计划，并上报教育部。

2. 国家教育体制改革试点项目信息报送工作

按照国家教育体制改革领导小组办公室要求，上报学校改革试点项目开展推进情况，全年报送月报 10 次；完成并报送《北京交通大学教育体制改革试点项目 2011 年下半年形势分析报告》和《2012 年上半年形势分析报告》各 1 次。

及时总结学校 3 个项目的改革进展情况及工作经验上报教改办，《北京交通大学主动适应经济社会发展需求积极推进创新人才培养》被录用。

以编辑整理《北京交通大学教育体制改革工作简报》为抓手，加强部门之间、项目之间的沟通交流，推进学校改革试点工作。编辑整理简报 3 期分送校领导和相关部门与学院。

3. 牵头组织并顺利完成教育部国家教改试点项目检查

教育部检查组充分肯定学校在推进教育体制改革试点项目工作中的显著成效和特色做法，并提出了指导性意见和建议。学校认真总结上报整改报告和特色项目报告。

4. 召开试点项目工作交流会

2 月 29 日，学校组织召开了国家教育体制改革试点项目和试点学院项目年度工作计划研讨会。结合落实 2012 年学校重点工作，对国家教育体制改革试点项目和试点学院项目 2012 年度主要工作思路进行了交流研讨。

2012

国际交流合作及港澳台工作

国际交流合作及港澳台工作

【综述】

2012年，学校各项国际交流工作任务得以较好地完成，完成学校“十二五”国际交流与合作专项规划的编制；成立了学校国际咨询委员会，聘请来自美国、荷兰、韩国和澳大利亚的4位国际知名学者担任国际咨询委员会委员；全年共计接待包括乌干达国防部长基永加先生（Chrispus Kiyonga）在内的各类国境外短期访问团组和个人1 651人次；开拓了学校与南非高等教育交流的新局面，与南非斯坦陵布什大学大学签署合作备忘录；全年新增校际合作协议38份；主办、承办及协办大型国际会议9次；留学生总数达到962人，其中学历生占70.6%，研究生占36.3%；各类赴海外长短期学习的本科生、研究生人数稳步增长，达到658人次；全年共有279名海外专家学者来校进行学术交流；学校聘请的韩国科学院院士、浦项科技大学Jin Ho Kwak教授成功入选国家首批“外专千人计划”；新增“111引智计划”项目（风敏感基础设施抗风减灾创新引智基地）1项；国家外国专家局拨付的外专经费和北京市政府拨付的外国留学生奖学金数额均有较大幅度增长。

【国际交流合作】

2012年，全校共计773人次赴国（境）外进行访问、学习交流及科研合作等活动。共有11个校级代表团出访国外，情况如下：

1月30日至2月8日，党委副书记高艳率学生艺术团25人赴美国执行孔子学院巡演任务。

3月1日至3月12日，副校长陈峰率学校代表团3人参加留学基金委组团访问希腊、土耳其。

5月2日至5月12日，校长宁滨率学校代表团5人赴南非、沙特阿拉伯进行工作访问。

6月29日至7月8日，党委副书记颜吾佴率首都大学生思想政治教育研究中心高校代表团9人赴法国、德国进行考察。

7月21日至8月10日，副校长关忠良率学校代表团19人赴加拿大执行学校第六期干部海外研修班任务。

7月23日至7月27日，副校长孙守光率学校代表团8人赴日本进行技术交流。

9月21日至9月28日，校长宁滨等2人随国家发展和改革委员会组团赴欧洲参加第五次中欧交通战略对话。

9月26日至9月30日，副校长刘军率学校代表团6人赴蒙古国进行工作访问。

10月14日至11月2日，副校长余祖俊参加教育部组团赴美国执行高校领导海外培训项目。

11月4日至11月12日，党委副书记颜吾佴率代表团6人赴韩国参加第十二届世界大学生羽毛球锦标赛。

11月14日至11月19日，校长宁滨率学校代表团5人赴美国进行工作访问。

【港澳台工作】

2012 年，全校有 192 人次赴港澳台地区进行考察、学习交流及科研合作等活动。共有 3 个校级代表团出访港澳台地区，情况如下：

7 月 21 日至 7 月 26 日，党委副书记颜吾佴率学校羽毛球队 12 人赴香港参加亚洲大学生羽毛球邀请赛。

11 月 19 日至 11 月 26 日，党委书记曹国永率学校代表团 7 人赴台湾进行工作访问。

12 月 11 日至 12 月 15 日，副校长陈峰率校友企业家代表团 12 人赴台湾进行工作访问。

成功举办了 2012 两岸大学生研习营暨青年论坛活动，4 名港澳台侨学生获得奖学金。

【引智工作】

积极申报国家外专局引进海外高层次人才和智力计划，引进国外智力工作成效显著。3 月，学校聘请的韩国科学院院士、浦项科技大学 Jin Ho Kwak 教授成功入选国家首批"外专千人计划"，并受邀参加 12 月 5 日习近平总书记与在华工作的外国专家座谈会。荷兰德尔夫特理工大学 Ingo Hansen 教授、澳大利亚新南威尔士大学 Vassilios Agelidis 教授入选国家外专局"高端外国专家项目"；"信息科学与技术创新引智基地"顺利通过教育部、国家外专局评估验收，纳入新一轮引智基地计划，继续支持建设 5 年；"轨道交通控制与安全创新引智基地"正式启动；"风敏感基础设施抗风减灾创新引智基地"获得高等学校学科创新引智计划 2013 年度建设立项；新增教育部"海外名师项目"1 项；新增教育部"学校特色项目"1 项目；新加坡国立大学孙捷教授入选国家外专局"引进海外高层次文教专家重点支持计划"。2012 年，学校获得教育部直属高校外国文教专家聘请经费总计 414 万元，比 2011 年增长 72 万元。此外，国家外专局"外专千人计划"科研经费补助 400 万元，一次性补助 100 万元，工薪补助 42 万元；国家外专局"高端外国专家项目"经费 26 万元。学校外国专家经费总额达 982 万元。

2012 年，学校共聘请长期外籍教师 19 人，其中语言外籍教师 10 人，专业外籍教师 8 人，外籍行政人员 1 人。学校严格按照国家有关规定与长期外教签署工作合同，办理各种相关手续，其中包括为长期语言外教集体购买重大疾病和意外伤害保险。

2012 年，学校共邀请了 279 名海外专家学者来校进行学术交流，其中院士 2 人，教授 143 人，副教授 34 人；他们分别来自美国、加拿大、德国、英国、法国、澳大利亚等 20 个国家和港澳台地区；专业领域涉及信息科学、理学、人文社科、机械工程、交通工程等学校重点学科和特色学科；其中进行讲学的 106 人，进行合作科研的 66 人，进行专业教学的 55 人。

积极组织各学院申报国家外专局和教育部各类外国专家引智项目，学校获拨外专经费连年增长。为了充分发挥外专经费的使用效益，加大学校外国文教专家引智工作力度，更好地为学科建设和人才培养服务，学校出台《北京交通大学外国文教专家引智项目申报与经费管理办法（暂行）》，规范学校各类外专引智项目申报和外专经费使用管理。

【留学生教育与管理】

全年长、短期留学生总人数达到 1 055 人，来自 91 个国家。长期学生 937 人，较上年增长 20%：其中学历生 665 人、汉语言生及进修生等非学历生 272 人，分别占长期生总数的 71% 和 29%。学历生中，硕士生、博士生等高学历研究生 335 人，占到 50%，比上年增长 46%（见表 64）。短期生 118 名，其中暑期班 12 人、鲁汶孔子学院夏令营 16 人、院际交流等其他各类学生 90 人。

表 64　2012/2011 留学生（长期）数量对比

年度	留学生（长期）总数	非学历生	学历生	博士生	硕士生	本科生
2012	937	272	665	27	308	330
2011	784	257	527	22	208	297

留学生奖学金生总数增至 179 人。其中中国政府奖学金学生 105 人，含为中国政府专项奖学金—高校研究生项目 15 人；孔子学院奖学金学生 21 人，数量较 2011 年增长了 2 倍；北京市外国留学生奖学金生 53 人。

国际教育交流中心正式运作，归口管理来华留学生教育及在校学生出国留学事务。下设综合事务部、招生项目部、留学生工作部、国际汉语培训中心 4 个部门，管理岗员工增至 16 人，聘用专、兼职汉语教师 25 名。

中心网站启动建设并逐渐丰富内容，获评“2012 年北京交通大学优秀网站”。继续完善留学生管理信息系统，已应用到学生录取、报到及在校管理的全过程。

学校调拨留学生活动专用房间，全面开放学生活动服务中心，留学生生活环境进一步改善。获评“2012 年北京公安出入境外国留学生管理工作先进单位”。

组织特色留学生活动，全年组织校内外各类活动 20 余次，参加学生 800 人次。主要有：主办校内“我与北京”演讲比赛和第一届游泳比赛；41 名学生参加第十届“书香杯”征文活动，参评文章 29 篇，占总参评文章的 1/3，获二等奖 1 人、三等奖 3 人、优秀奖 4 人；43 名学生参加北京市“我与北京”主题征文比赛，获三等奖 3 个、优秀奖 7 个，学校获“最佳组织奖”；策划并举办“方舟之旅”系列文化讲座活动，搭建中外学生零距离接触平台，全年举行 3 次，苏丹使馆参赞曾亲临现场支持；组织“观注世界，观注中国”十八大座谈会、欢庆巴勒斯坦成为联合国观察员国等时事座谈会；组织学生赴海淀区残联聋儿康复中心开展社区公益活动；组织孔院奖学金学生开展观礼品茗、共读弟子规、泰山曲阜瞻仰圣贤遗迹等文化学习活动。

新一届留学生会招新换届工作顺利完成。招新后的留学生会现有主席团成员 7 人，留学生会干事 19 人。

【附件8】

2012年国（境）外交流情况

表65 学校短期临时因公出国（出境）情况一览表

出访地	参加会议	考察访问	合作交流	总计
澳大利亚	11	—	8	19
巴西	—	—	1	1
比利时	1	—	10	11
丹麦	3	2	7	12
德国	9	4	9	22
俄罗斯	—	1	3	4
法国	11	10	11	32
芬兰	—	1	3	4
韩国	19	3	1	23
荷兰	5	—	6	11
加拿大	3	22	4	29
柬埔寨	—	—	1	1
捷克	—	1	5	6
马来西亚	2	—	—	2
美国	48	59	69	176
蒙古	8	6	—	14
南非	8	—	7	15
挪威	1	1	1	3
葡萄牙	1	—	1	2
日本	19	5	10	34
瑞典	—	1	38	39
瑞士	2	1	—	3
塞浦路斯	3	—	—	3
沙特阿拉伯	2	—	5	7
斯洛伐克	1	—	—	1
泰国	6	—	—	6
土耳其	3	—	—	3
西班牙	1	6	1	8
希腊	3	—	—	3

续表

出访地	参加会议	考察访问	合作交流	总计
新加坡	9	—	7	16
新西兰	2	—	—	2
伊朗	3	—	—	3
以色列	—	6	—	6
意大利	5	9	1	15
印度	1	3	1	5
印度尼西亚	2	2	—	4
英国	6	9	16	31
越南	—	5	—	5
中国澳门	2	—	—	2
中国台湾	15	38	87	140
中国香港	16	12	22	50
总计	231	207	335	773

表 66　在校学习留学生分类情况

	年初数	本年增加	本年减少	年末数	本年平均数
外国留学生	605	379	197	787	696
自费生	487	333	175	645	566
国家奖学金生	118	46	22	142	130

表 67　在校工作的外籍教师和外国专家名单（不含软件学院）

序号	姓　名	国籍/地区	性别	职称/职务	工作学院
1	Matthew William Deal	美国	男	外籍教师	人文学院
2	Reid Evan Thompson	美国	男	外籍教师	语言学院
3	Joseph Tyrale Kappel	美国	男	外籍教师	语言学院
4	Elizabeth Dean Luther	美国	女	外籍教师	语言学院
5	Jin Ho Kwak	韩国	男	教授，重点引进专家	理学院
6	Manish Kumar Parmar	印度	男	外籍教师	机电学院
7	Miao Zhenjiang	加拿大	男	教授，外籍教师	计算机学院
8	Sara Estevez	西班牙	女	合作伙伴派入教师	语言学院
9	Song Yongduan	美国	男	教授，国家千人计划人选	电信学院
10	Satoru Sone 曾根悟	日本	男	教授，海外名师	电气学院
11	杨连祥	美国	男	外籍教师	理学院
12	潘浩然	澳大利亚	男	外籍教师，引进专家	经管学院
13	郭斯彦	美国	男	外籍教师，引进专家	电信学院
14	叶豪东	中国香港	男	研究员、引进专家	电气学院
15	胡煜峰	加拿大	男	研究员、引进专家	理学院
16	Marc IvoHenn	德国	男	外籍教师	机电学院

表 68　聘请海外名誉教授、兼职教授一览表

序号	姓名	聘职名称	聘任单位	单位及职称或职务	研究领域
1	王小璘	兼职教授	建艺学院	（台湾）朝阳科技大学景观及都市设计系	景观与游憩规划设计
2	邹经宇	兼职教授	建艺学院	香港中文大学建筑学院	城市规划和建筑设计
3	李极冰	兼职教授	语言学院	北京天智通达信息技术公司	信息产业战略及理论
4	R. Jacob（Jake）Baker	顾问教授	电信学院	博伊斯州立大学	模拟/混合信号集成电路设计
5	王军	顾问教授	理学院	北京康蒂尼药业　首席科学家总工程师	神经科学、细胞生物
6	陈达豪	兼职教授	土建学院	Texas Department of Transportation（美国德克萨斯州交通部）	道路工程、岩土工程
7	丁光健	兼职教授	电气学院	Lubrosoft 全优润滑咨询公司	设备润滑与可靠性
8	嵇宁	兼职教授	机电学院	Universite Paris-Sud（UPS）（法国巴黎南大学）	工程材料
9	葛巧德	客座教授	机电学院	Stony Brook University（纽约州立大学石溪分校）	机制与机器人
10	Thomas Bernhard SIEFER	客座教授	运输学院	布伦瑞克工业大学 教授铁路工程与运营管理研究所	铁路运营管理问题建模与仿真
11	Avishai Ceder	客座教授	运输学院	奥克兰大学 教授	公共交通规划和操作
12	Andrés Monzón	客座教授	运输学院	马德里理工大学	城市公共交通
13	Ingo Arne Hansen	顾问教授	运输学院	荷兰代尔夫特理工大学	铁路运输组织
14	Jianxin Yuan	兼职教授	运输学院	Arcadis 公司	铁路管理模型和仿真
15	Norio Tomii	客座教授	运输学院	千叶科技学院	铁路控制系统
16	Suleiman M Sharkh	讲座教授	电气学院	英国安普顿大学	电子、电机、新能源

表 69　《北京交通大学国际合作与交流专项基金资助项目》批复名单

序号	学院	姓名	执行项目时间	项目内容	审批金额
1	经管学院	张润彤	2012. 07. 12—2012. 07. 15	承办国际会议	4. 80 万元
2	电信学院	荆　涛	2012. 08. 08—2012. 08. 10	承办国际会议	4. 20 万元
3	计算机学院	王　伟	2012. 06. 05—2012. 060. 6	聘请国际知名专家学者	0. 20 万元
4	计算机学院	王　伟	2012. 06. 05—2012. 06. 06	聘请国际知名专家学者	0. 20 万元
5	经管学院	刘伊生	2012. 10. 12—2012. 10. 13	承办国际会议	4. 80 万元
6	语言学院	李　莉	2011. 07. 27—2012. 06. 30	教师派出	2. 00 万元
7	机电学院	杨立新	2012. 06. 21—2012. 06. 21	承办国际会议	0. 40 万元
8	电信学院	厚福佳	2012. 08. 13—2012. 09. 13	学生派出	6 227 元
9	电信学院	李禹霏	2012. 08. 13—2012. 09. 13	学生派出	6 227 元
10	电信学院	张振江	2012. 09. 01—2012. 10. 31	聘请国际知名专家学者	4. 50 万元

续表

序号	学院	姓名	执行项目时间	项目内容	审批金额
11	机电学院	张　稚	2012.08.13—2012.09.13	学生派出	6 950 元
12	运输学院	白明洲	2012.07.20—2012.07.21	承办国际会议	4.10 万元
13	电信学院	尹逊和	2012.07.08—2012.07.22	聘请国际知名专家学者	3.26 万元
14	语言学院	王珍娜	2011.09.29—2012.07.07	教师派出	13 000 元 +995 欧元
15	运输学院	毛保华	2012.09.28—2012.09.28	承办国际会议	4.90 万元
16	国际教育交流中心	郝　颖	2012.08.01—2013.04.31	教师派出	2.00 万元
17	土建学院	井国庆	2012.07.18—2012.07.22	聘请国际知名专家学者	0.80 万元
18	运输学院	徐　猛	2012.03.24—2012.03.27	承办国际会议	4.00 万元
19	机电学院	张　淘	2012.11.28—2012.11.30	教师出国参加国际会议	0.80 万元
20	运输学院	吴亦政	2013.01.12—2013.01.19	学生派出参会	1.5 万元
21	理学院	张　辉	2013.06.10—2013.08.30	教师派出项目	3.00 万元
22	理学院	冯衍全	2013.01.03—2013.01.09	承办国际会议	4.00 万元

2012

国有资产管理

财务工作

【综述】

2012 年，学校严格财务预算和管理，突出重点安排，确保实现“保人员、保运转、保重点、保安全”预算原则，大力增收节支，有效平衡收支，加强财务内部控制，优化财务管理流程，集中盘活校内存量资金，提高资金使用效率和效益，为学校各项事业的快速和谐发展提供有力保障和强大助力。

【财务收支状况】

综合财务收入：2012 年学校收入总额 198 102 万元，比上年（157 926 万元）增收 40 176 万元，增长率 25.43%。其中，财政拨款 87 334 万元，上级补助收入 6 万元，事业收入 52 408 万元，经营收入 1 437 万元，其他收入 56 917 万元。2012 年财政拨款中，教育经费拨款 77 585 万元，教育部科研经费拨款 2 174 万元，其他经费拨款 7 575 万元。财政拨款占总收入 44.08%，是办学经费的主要渠道。2012 年事业收入和其他收入，分别占总收入 26.45% 和 28.73%，是学校经费来源的重要组成部分。

综合财务支出：2012 年学校支出总额 166 409 万元，比上年（146 058 万元）增加 20 351 万元，增长率 13.93%。其中，工资福利支出 32 426 万元，商品和服务支出 81 041 万元，对个人和家庭的补助支出 22 077 万元，其他资本性支出 21 762 万元，基本建设支出 8 065 万元，经营支出 1 038 万元。商品和服务支出占总支出的比例为 48.69%，主要是学校教学科研中发生的日常公用支出；其次是工资福利支出，占总支出的 19.48%。

年末财务状况：2012 年末，学校资产总额 472 291 万元，比上年末（413 063 万元）增加 59 228 万元。负债总额 47 121 万元，比上年末（37 178 万元）增加 9 943 万元。净资产 425 170 万元，比上年末（375 885 万元）增加 49 285 万元。

【财务管理】

1. 理顺管理体制，改造服务流程，将财务组织机构建设推向深入，不断提升学校财务服务环境

2012 年，学校致力于财务服务及管理流程的梳理和创新的研究，积极理顺管理体制，调整财务管理职责，延伸财务工作内容，继续加强财务组织机构建设。

按照国家和学校管理以及财务内控制度的要求，以提高服务水平和提升财务运转效率为目标，以聘期考核和评聘为契机，面向不同的业务需求和服务对象，进一步优化管理和服务流程，重新设置科室结构和工作岗位。取消原设的会计一科、会计二科、会计三科和资金结算部 4 个科室，将服务对象具体划分为校内（学院、部处和师生等）和校外（教育部、财政部等上级管理部门和税务、银行等），对应不同的服务对象，重新设置为 5 个科室：预决算管理科、专项资金监管科、财经事务服务中心、会计核算管理中心和资金结算部（兼办公室）。

6 月，新成立专项资金监管科和预决算管理科，设立专项资金管理岗、科研项目管理岗

等重要管理岗位。通过优化机构和人员设置，加强财务管理方面的队伍建设。把预算管理放在重要位置，配备了素质高、业务强的专业人员，集中优势资源，进行重点建设。新设专项资金监管科，对应教育部新成立的经费监管事务中心，组建专门的资金监管队伍，重点管理专项资金，强化重大专项的监管工作，进一步加强学校财政专项资金的管理和服务职能。

根据国家财经政策法规的变化，基于学校财务人员实际情况，重新整合了岗位职责和任务分工，不断调整和修订有关规章制度、工作流程和岗位职责等内部控制具体规定。按照新的科室设置和服务流程，维修改造了服务环境，将原有的12个服务工位扩增到29个，力图为全校师生提供更加舒适、宽敞明亮的“一站式”财务服务环境。设立“报销单据提交处”，每工作日不限量接收报销单据，解决了师生早起排队领取报销号码的紧张状况。在楼道安装排号系统、宣传公示栏及等候椅等，有效指引师生办理财务业务，改善等候环境，加强了财经法规政策的宣传。

大力推进制度化管理，提升财务执行能力。按照新的科室和岗位，重新修订《财务内部控制制度》和《岗位工作规范》等内控文件，形成《财务制度汇编》文件。明确岗位职责，做到管理责任明晰化、管理程序公开化、管理行为规范化、管理监督制度化。

2. 多渠道争取资金，加强预算执行管理，保障学校各项事业全面协调可持续发展

2012年，经过多方努力，学校争取财政部、教育部、发改委等政府部门拨款8.7亿元(比2011年同期拨款增加1.3亿元)。

结合学校财力情况和资金流状况，在确保安全的前提下，向管理要效益，全年为学校获取利息收入近3 440万元，比2011年同期利息收入2 783万元增长24%。

学校进一步强化预算管控，为贯彻勤俭节约的预算宗旨，将2012年预算额度的90%下拨学院和部处，鼓励校内各单位在预算框架下厉行节约、提高效益，取得了良好的经费节约效果。全年学校行政事业费压缩10%，节约支出超过3 500万元。

2012年，学校进一步严格财务预算和管理，努力增收节支，强调量入为出，有效平衡收支，集中并盘活校内存量资金，突出重点安排，提高资金使用效率和效益，达到了“保人员、保运转、保重点、保安全”的预期目标。计财处重点加强财政专项资金的管理和服务工作，定期通报财政拨款及重大专项的预算执行情况，督促预算执行的进度和效率，提高财政资金使用效益。

加强财政结余资金的管理，每季度将项目执行进度及资金使用情况通知项目负责人，深入各学院督促检查基本科研业务费的执行情况，加强财政拨款项目管理，努力降低财政资金结余，提高财政资金的使用效益。

3. 管理创新、科技创新，努力提升学校财经工作信息化的管理服务能力和工作效率

寻求适应学校现有财务管理现状、积极促进我校财经工作发展的信息化依托平台和手段，使学校经费管理和使用全流程高度信息化，将资金的使用和效率进行实时管理和控制，师生可以在网上办理财务业务，财务工作人员使用信息化手段开展财务工作，以提高学校财务管理系统的工作效率，提高财务服务信息化水平，提升管理服务能力和反应速度。

2012年，学校不断扩大与在京高校和外省市高校的交流和沟通，赴清华大学、北京大学、上海交通大学等兄弟院校调研学习，就财务系统软件及模块、组织机构及岗位设置、网上报销运行模式、资金结算中心运作模式、银行支票、银行汇入款入账流程、会计业务和服务工作的流程优化等财务管理工作，学习借鉴兄弟高校的先进经验。

4. 继续加强学校财务人员的教育和管理，培育学校财经人才队伍

将学校财务管理制度体系建设、国家财经法规学习和研究与财经人才队伍的培养和管理相结合，在日常工作中，结合国家政策变化和学校发展需求等实际问题，建立学习和研究团队，对财务人员的学习能力、思考能力、组织管理能力、团队合作意识等各方面综合素质进行全方位的培养和锻炼。通过个人自学、科室研讨、全处学习、与兄弟院校交通沟通等多种方式，设立“计财处学习小书架”，鼓励财务管理人员经常性的阅读和学习，努力提高职业道德、法律观念、风险意识和业务技能。

5. 按照上级部门要求，接受各类审计检查并推动整改

10—11 月，全校接受审计署教育审计局驻校近一个月的全面审计工作，为检查组提供各项基础数据，顺利通过此次全面审计。

11 月 7 日起，按照审计署和教育部指示，开始进行审计署与我校的联网审计工作。经请示教育部财务司同意，审计署同步数据提取服务器于 12 月 10 日进驻学校机房。

3 月，学校接受国家发改委关于票据的年度检查；5 月，学校接受财政部驻湖南专员办关于教育预算资金的延伸检查；12 月，学校接受北京市发改委关于教育收费收入的专项检查等。

2012 年，学校接待各类专项大型审计、检查、巡视、验收等 16 次，来自科技部、铁道部等各部委和有关部门的科研课题经费审计近 120 次，涉及课题 200 余项，接待校内科研项目查账、对账教师千余人次。受理科研课题经费中期、决算财务报表审核 676 次。

2012 年，完成了 12 位处级以上领导干部的离任和在任审计工作。对于新上任的部门财务主要负责人，计财处与主管领导保持密切沟通，传达宣传财经政策和财经纪律，使学校改革发展各项工作在新旧领导转换期内继续顺利推进。

6. 转变工作作风，提高财务工作服务水平和工作效率，努力为学校改革发展稳定工作和师生员工提供优质便利的服务

全年累计处理工商银行刷卡报销单据 9 500 多份，中国银行打卡报销单据近 15 000 份，银行代发业务 9 000 笔左右，发放支票办理汇款 15 000 万笔。累计生成 4.5 万张会计记账凭证、21.7 万笔会计分录及 125 万张附件的会计核算工作量（较 2011 年同期增长 10% 以上）。装订存档的会计凭证 1 780 册。

维护银行汇入款网上发布和认领系统，即时更新汇入款信息，方便教师查询和办理网上认款。定期发送银行汇入款信息的邮件，提高银行汇入款认领效率，提高学校资金运行效率。设计新的数据库管理系统，开发工资及代发业务的网上查询系统，满足广大教师的查询需求。通过网上银行收取会议注册费、研究生报名费、自主招生报名费、研究生复试报名费等，减轻学校相关部门收费工作压力，避免现场集中排队交费，提高工作效率。

经多方争取和协调，2012 年，学生活动中心一层大厅内增设 2 台银行自助机器，思源楼 5 层电梯间增设 2 台银行多媒体查询机，以满足师生的取款和查询缴费等需要。截至年底，学校已安放 9 台中行 ATM 机，是北京市安放数量最多的高校。

审计工作

【综述】

2012年，学校审计工作坚持“围绕中心，服务大局，突出重点，依法审计”的方针，以“为规范财务会计工作服务、为提高学校资金使用效益服务、为学校改革和发展服务”为工作目标，努力发挥内部审计“免疫系统”功能，为促进学校经济活动的规范管理服务，努力为学校节约资金，全年共开展各类审计项目152项，审计资金总额6.28亿元。

【工程审计】

全年完成工程结算审计136项，工程送审结算额7 259.18万元。

1. 基建工程项目全过程审计工作

基建工程全过程审计项目，全年完成工程结算审计22项，送审结算额1 254.34万元。

科创大厦暨CBTC研发中心工程出具审计咨询意见44份；审批工程进度款0.844亿元。到施工现场查看施工情况，拍摄照片并做好现场记录，为竣工结算做好过程资料的积累；坚持参加每周的监理例会，遇有工程造价控制事项及时发表审计意见。

进行结算审计的全过程审计工程项目2项：学生活动服务中心工程项目：送审结算额2.22亿元；热力工程项目二期：送审结算额900.73万元。

2. 修缮改造工程结算审计工作

全年完成修缮改造工程结算审计114项，送审结算额6 004.84万元；参加学校组织的工程验收41项，在验收过程中做好相关资料的收集，为以后的工程结算审计积累基础资料。

【经济责任审计】

全年完成10位处级领导干部的经济责任审计，其中9位届满连任、1位离任；按照学校安排，完成对2位副校长原任职期间的经济责任审计。对处级领导干部的经济责任审计，按学校要求，借助社会审计力量实施。在审计过程中，积极协调被审计领导和单位配合好审计项目组的审计工作，加强相互理解与交流；对于项目组审计报告中涉及的相关问题，认真进行复核，逐项查清落实，确保客观公正地对被审计领导作出评价。

【财经审计】

完成了2011年度试点学院财务预算执行情况审计、2011年度基建财务决算及财务收支情况审计；完成了“211工程”三期建设项目专项资金审计；完成了91项国家自然科学基金资助项目结题经费审签和19项高校博士学科点项目结题经费审签；完成学校计财处银行对账单双签工作。2012年预算执行与决算审计重点对试点学院财务预算执行情况进行审计，连续3年对试点学院的统拨事业经费预算执行情况进行全口径的分类、汇总统计，为学校进一步完善试点学院预算的编制、调整、执行提供了较为翔实的基础信息。

【审计管理与业务研究】

坚持审计例会制度。全过程审计的工程项目每月召开审计例会，审计处处长、审计处工程组和审计项目组全体参加，沟通、交流当月工程进展情况、造价控制情况，就存在的问题进行探讨、决策，每月编写1份《全过程审计工作简报》。

坚持处内工作例会制度。审计处每月召开全处人员参加的审计工作例会，汇报当月工作情况，交流工作经验，研讨工作中遇到的问题，促进工作计划的落实和审计工作水平的提高。

加强审计档案管理。按学校规定的内容范围和时间及时完成审计处档案的归档工作；同时将不能随审计项目档案立卷、存入学校档案馆保管的，在审计过程中形成的支持审计结果的审计工作底稿，审计记录等，在处内立卷、保管。

2月，中国教育审计学会进行了换届，新一届学会秘书处设在学校审计处，在教育部财务司的领导下，较好完成学会秘书处的有关工作。

受教育部财务司的委托，学校审计处承办了“进一步做好教育系统审计工作研讨会”。

房地产管理

【综述】

2012 年，房地产管理工作根据学校年初制定的工作要点及折子工程的安排，结合工作特点和实际情况，加强队伍建设，完善规范管理，明确工作任务，提高工作服务水平，着力解决教职工关注的热点、难点问题，扎实推进相关工作，做好学校教学、科研和产业发展的用房保障工作，为全校师生员工提供了良好的工作、学习和生活环境。

【房产管理】

1. 优化资源配置，实现高效、合理地使用公用房屋

完善公用房屋的管理模式，建立公用房屋管理、使用过程中的自我约束机制。按照《北京交通大学公用房屋使用机制改革方案（试行）》，对各个二级单位和机关部处的公用房屋进行核算、测定、调整，加强对公用房屋的动态管理。全年公用房屋调整共 27 次，涉及 9 家单位，总调整面积约 7 万平方米。

根据《北京交通大学科研周转房管理办法》的规定，梳理科研周转房的使用情况，逐步解决了科研周转房使用中存在的问题，与 6 家使用单位签订了科研周转房租赁协议，全年共收取科研周转房房租近 100 万元。

2. 完成学生活动服务中心、知行大厦竣工使用规划、分配及相关工作

知行大厦先委托给后勤集团经营管理试运行一年，实行全成本核算，经营收益全额上缴学校，待试运行一年结束后，由学校核定上缴经济指标，并与后勤集团签订委托经营管理合同。上缴经济指标采取“基数 + 分成”的办法，以后每 3 年核定一次。学生活动服务中心的室外工程（即下沉广场，其中学校出版社书店用房除外）委托给后勤集团经营管理。由房地产处牵头成立由学校相关部门参加的招租领导小组，完成了招租及协议的签约工作，其委托经营管理的模式与知行大厦相同。

3. 规范公用房屋管理，实现国有资产保值增值

对公用房屋实行分类管理。根据后勤集团用房性质，一共分为 4 类，即行政办公用房、基础设施用房、公益服务用房和经营服务用房。2012 年，后勤集团共上缴学校房屋资源占用费 50 万元。

资产经营公司用房采取委托经营管理的方式，定额向学校缴纳房屋资源占用费，2012 年，资产经营公司共上缴学校房屋资源占用费 200 万元。

完成红果园宾馆新一轮委托经营管理工作。5 月 24 日，第 5 次校长办公会决定继续委托后勤集团承担红果园宾馆的新一轮经营管理工作，委托时间从 2012 年 1 月 1 日算起，为期 3 年。

4. 基本完成 2001 价房屋产权证办理工作

第一批 2001 价售房共涉及我校教职工 500 多户。6 月，海淀区房屋管理局完成了学校新产权单位的产权证办理工作；8 月，完成了 2001 价全部售房人员的网上签约工作；10 月，

完成了全校480户购房人员的授权委托书及房屋产权转移登记书的签字工作；12月24日起开始发放。

5. 积极稳妥推进教职工住宅建设前的搬迁工作

年初，对锅炉房及其周边房屋进行了拆除；5月，在新建幼儿园投入使用后，对老幼儿园进行了拆除；8月，对原工会消费合作社、后勤集团临时工宿舍及部分商业网点进行了搬迁、拆除。除东11楼以外，其他教职工住宅建设用地上的各类建筑已基本搬迁并完成拆除。

6. 完成本年度住房补贴与供暖费审核及发放工作

年初，完成了2011年提职人员的级差和差额补贴计算发放工作，其中，发放级差补贴33人，共计100余万元；发放差额补贴4人，共计12余万元；发放无房一次性补贴3人，共计10余万元；发放无房月补574人次，共计720余万元，总计1 000余万元。

完成了供暖住户的基础档案整理，继续审核自供暖人员房产证，共计审核、支付610笔129万元，完成了6个小区（包括产权、使用权房屋）供暖费、物业费的审核、支付工作，支付金额107万元。

7. 推进“交大附小”的迁建工作

2012年，继续督促、协助海淀区教委推进交大附小迁建工作，年初海淀区教委启动了交大附小迁建新址土地上的房屋拆迁工作，已完成部分住户房屋的拆除。

8. 人防工程管理工作

进一步加强和规范人防设施使用及日常管理工作，消除各类人防设施安全隐患，做好人防工程设施设备的日常维护工作。学校人防工程管理规范，工作成绩突出，获评“2011年度教育部人防工作先进单位”称号。学校12楼人防招待所被中央国家机关人防办授予“人防管理使用示范单位”称号，该示范点全年共接待国家各部委及兄弟院校人防工作负责人270人次的参观学习。11月，按照国务院机关事务管理局的要求，组织学校人防使用单位的管理人员到国家机关人防总站进行人防管理人员培训，考取人防管理上岗证，规范学校人防工程管理工作。

9. 其他工作

学校所有的汇福轩、鑫雅苑及高梁桥斜街丙40号三处住宅的产权单位的产权证已经取得，单个房屋的产权证办理工作也在推进。

完成了塔7楼楼角坐标等相关坐标的测绘。

【地产管理】

根据国家有关政策的规定，在黄骅市综合写字楼及土地转让合同签订后，委托评估公司对该写字楼及土地进行评估，出具咨询报告和评估报告，办理国有资产处置的相关手续。

【附件9】

学校房产统计数据

表70　学校房产数据统计表

房　产　类　型	建筑面积/m^2
一、教学及辅助用房	225 638
其中：教室	54 255
图书馆	16 357
实验室	139 005
体育馆	6 161
会堂	9 860
二、行政办公用房	37 658
三、生活用房	305 678
其中：学生宿舍	211 080
学生食堂	11 446
教工单身宿舍	14 944
教工食堂	0
生活福利及其他	68 208
四、教工住宅	211 171
总计	780 145

实验室与设备管理

【综述】

2012年，实验室与设备管理工作按照“积极管理、协调服务、规范高效、知行求优”的工作方针，围绕学校“十二五”规划和重点工作，突出服务职能，加强制度建设，推行规范管理，稳步推进实验室建设与管理、设备管理、仪器设备招标采购等3个方面的工作。

【实验室建设与管理】

1. 加强实验技术队伍建设，测算实验技术人员编制，完善考核激励机制

深入调研，充分掌握实验技术人员工作实际，制定并出台适合实验技术人员工作内涵的《北京交通大学实验技术人员岗位职责指导性意见》。根据承担岗位责任和技术能力，将实验技术岗位分为关键岗键、重点岗、普通岗；根据工作性质和承担主要任务侧重点不同，分为实验教学为主、平台建设为主、实验管理为主岗位，分别制定相应岗位职责。

根据“十二五”期间学校实验技术队伍整体规划，深入调研，综合考虑实验教学、仪器设备管理、实验室日常管理等各方面工作内容，制定了《实验技术人员编制核定与岗位设置办法》，协助人事处完成了“十二五”期间学校各学院实验技术人员编制测算工作。

为加强实验技术队伍建设，提高学校实验室建设与管理水平，鼓励和嘉奖在实验室建设与管理、实验教学及科学研究工作中成绩突出的实验室及个人，制定《北京交通大学优秀实验室评选办法（试行）》、《北京交通大学优秀实验人员评选办法（试行）》。

2. 开展推优评先工作，召开实验室工作会

10月，印发《关于评选2012年北京交通大学优秀实验室及人员的通知》。经过各基层单位的推荐、专家函评以及校内相关部处组成的评审小组的审定，全校共评选出“2012年北京交通大学优秀实验室”3个，“优秀实验人员”9名，经公示获奖名单如下：

北京交通大学优秀实验室（按实验室编号排序）：

交通运输实验中心（交通运输学院）

计算机专业综合实验室（计算机与信息技术学院）

机械工程实验中心（机械与电子控制工程学院）

北京交通大学优秀实验人员（按姓氏笔画排序）：

孔繁征（机械与电子控制工程学院·机械工程实验中心）

卢燕飞（电子信息工程学院·通信与信息系统实验室）

张志飞（计算机学院·计算机专业综合实验室）

李　菊（交通运输学院·交通运输实验中心）

陈士谦（理学院·光信息科学与技术实验室）

洪建平（机械与电子控制工程学院·机械工程实验中心）

徐建军（电气工程学院·电气工程综合实验中心）

钱春香（土木建筑工程学院·岩土工程实验室）

康爱健（土木建筑工程学院·力学实验室）

12 月 27 日，组织召开学校实验室工作会，认真总结近年来的工作经验，对工作中涌现出的先进集体及个人进行表彰及奖励，增强了实验技术队伍凝聚力，进一步推动实验室工作的开展。

3. 掌握实验室基本情况，安全工作常抓不懈，加强人员培训，制定安全检查量化指标

截至 12 月，全校共有 52 个实验室实体，其中以教学为主的实验室实体 32 个，以科研为主的实验室实体 20 个，实验室总面积 53 045 平方米，支撑 6 个国家级示范中心，8 个北京市示范中心，省部级以上科研平台 37 个，实验室专职人员 127 名。

为进一步落实实验室安全责任制，组织各学院对每个实验室实体的安全责任人和安全员进行复核，对发生变更的重新签订了《实验室安全责任书》；强化安全意识，提高实验室人员抗击突发事件的应变能力，组织举办实验室人员消防器材使用培训及演习活动，邀请校外专家进行实验室安全知识讲座。

为规范实验室技术安全、环境安全等各项指标，使衡量实验室安全状况更趋于准确和量化，提高实验室安全管理的水平，拟定《实验室安全检查项目参照表》，将实验室安全归类细化，全面覆盖了各类型实验室的常态化安全管理，使安全检查不流于形式。

4. 以实验室危险废物排放管理为抓手，拉动实验室环保相关制度、措施的落实

11 月，根据海淀区环境保护局《关于进一步加强科研院所、大专院校等实验室危险废物管理的通知》精神，与保卫处联合印发《关于进一步加强实验室危险废物管理的通知》，组织相关学院及实验室学习国家和地方环保部门的相关法规；制订《实验室危险化学品、废弃化学品环境突发事件应急预案》；明确学校环保管理机构；要求相关实验室严格按照海淀区环保局规定的实验室危险废物现场检查要求进行了逐项自查，并进行了整改；全面掌握了所有危险试剂及危险废物的年使用情况。按时向环保局提交了整改报告和实验室情况调查表。

【设备管理】

1. 启动学校固定资产清查工作，实施资产清查滚动式、周期式管理模式，建立长效机制

为了切实做好学校固定资产管理工作，做到家底清楚、账账相符、账卡相符、账实相符，从 2012 年开始，由实验室与设备管理处、审计处、计财处、纪委等相关部处组成的资产清查小组，每年对 3 ～ 4 个单位进行全面的固定资产清查，用 3 年的时间完成全校的资产清查工作，并建立长效管理机制，实施资产清查周期式、滚动式、长效制、制度化的管理模式。

2012 年采用以各单位自查、学校抽查相结合的办法，分别于 3 月中旬和 9 月中旬对后勤集团和计算机学院、运输学院、建筑与艺术学院的固定资产进行了清查盘点，共清查仪器设备 15 474 件，总金额 8 875. 79 万元，清查家具 37 626 件，总金额 2 532. 22 万元。

通过固定资产清查，提高了各单位对固定资产管理工作的认识，掌握了的各单位资产分布及使用情况，同时也发现和掌握目前学校在固定资产管理工作中存在的问题和不足，为以后更好更全面地开展资产管理工作做好准备，同时为今后的资产管理工作积累经验。

2. 贵重仪器开放共享试点——电镜设备正式面向校内外开放共享

2012 年学校贵重仪器设备开放共享平台试点设备——电镜项目各项设备已经到位，设备运行的制度保障、人员保障、技术保障已经完成，电镜设备已经正式对校内外开放共享。

3. 不断完善和加强固定资产基础信息建设、加强设备及家具的日常管理

为更好地开展固定资产管理工作，满足各类信息统计的上报工作，积累详细的基础数据，对设备管理 WEB 系统和家具管理 WEB 系统进行了调整修改，增加了对仪器设备的存放地点、采购方式、经费科目等具体信息的采集录入要求。

结合信息化管理，以《北京交通大学仪器设备管理 WEB 系统》软件为平台，进行数据上报和设备审核上账等工作，2012 年新增仪器设备金额 7 697. 60 万元，打印固定资产卡片、设备条形码 6 022 条，报废仪器设备 4 096 台件、金额 3 365. 94 万元，校内调转仪器设备 8 690 台件。2012 年新增家具金额 739. 53 万元，打印固定资产卡片、家具条形码 9 629 条，报废家具 563 件、金额 34. 93 万元。

4. 教学科研仪器设备情况

2012 年学校实有教学科研仪器设备 51 031 台件、金额 84 535 万元；其中当年新增教学科研仪器设备 4 649 台件、金额 7 886 万元；10 万元以上贵重仪器设备 1 216 台件、金额 44 496 万元；40 万元以上的贵重仪器设备共 288 台件、金额 26 271 万元。

【设备采购】

1. 年度采购任务执行情况

2012 年共完成设备采购数量 19 345 台件，金额 7 790 余万元，政府采购率 97% 。节约资金 330 余万元。进口免税业务办理 24 项，合同金额 1 260 余万元，为学校节约资金 250 余万元。

2. 进一步规范招标采购工作流程，做好设备采购专项工作

进一步完善单一来源采购等相关工作流程。为进一步落实仪器设备采购管理办法，明确采购程序，强化责任，促进廉政建设，依据《政府采购法》及相关法规，就“单一来源采购方式”的采购流程进行细化与规范，设备采购项目负责人提交“采用单一来源采购方式的原因说明书”，并提出申请后，按照专家论证、公示、组织采购等程序执行。制定行政办公设备及家具维修流程，规范了行政办公设备及家具的维修管理工作，保证维修质量，合理使用维修经费，更好地保障行政办公的正常运行。

招标采购程序规范化管理。招标技术参数的编制是招标文件的重要组成部分，它是用户向投标人表明所要采购设备的技术及功能需求的描述，技术参数的编制直接影响到招标采购的成功与否。针对以往工作中招标技术参数编制随意化、简单化问题，设计了招标技术参数填写表，使招标技术参数的编制规范化、表格化。表中对相关法规中涉及编制技术参数的招标技术规范要求进行了明确。对用户老师参加评审时项目介绍与专家交流的内容做了规范性要求。通过上述措施的实施，提高采购成功率，减少产生不必要损失的风险。

严格按照《北京交通大学仪器设备采购管理办法》的规定，完成天佑会堂、操场等改造项目，以及更换部分教学楼课桌椅、学生宿舍家具等项目的招标采购及验收工作。

自制设备立项及研制工作上新台阶。2012 年新增自制设备立项 22 项，完成 15 个，“863” 项目 2 个、“973” 项目 1 个，其中采购金额 324 万元。自实施自制设备立项工作以来，有效提高了实验技术人员更新实验设备、创新实验内容的积极性，为学校节约资金，同时，经过多年的积累，学校自制设备的研发水平不断提高，所研制设备的科学性、先进性不断增强。全年共完成 3 个自制设备应用于科研工作，打破了以往只针对教学实验开发自制设备的局面。

2012

办学条件保障

图书馆工作

【综述】

2012 年，图书馆以服务读者、传承文化、支撑创新为使命，以读者为中心，以服务为主导，以特色求创新，以贡献促发展，圆满完成了工作计划和目标。

【机构人员】

图书馆现有办公室、采编部、流通部、阅览部、技术部、咨询部、东校区分馆、数字资源部等 8 个部（室）；在编人数共计 78 人，其中事业编 62 人，非事业编 9 人，退休返聘 7 人。具有正高级专业技术职称 3 人，副高级专业技术职称 15 人，中级专业技术职称 32 人；学历为博士学位 3 人，硕士学位 20 人，大学本科学历 22 人，大学专科学历 33 人。

【经费及馆藏】

1. 馆藏文献统计

2012 年共完成了 885. 36 万元图书经费的文献采购量，纸本图书采购量 90 055 册，累计生均纸本图书 43. 54 册，当年生均新书 2. 28 册。

表 71　图书馆 2011—2012 学年馆藏文献统计表件　　单位：万册

文献类别	统计量	文献总量
文献总量（万册）	总量	706. 772 6
	当年新增	255. 434 2
印本文献量（万册）	总量	171. 5
	当年新增	9. 005 5
电子图书（万册）	总量	248. 896 5
	当年新增	213. 038 3
音像资料（含随书光盘等）（万件）	总量	4. 180 7
	当年新增	0. 513 9
网络资源（万册）	总量	282. 195 4
	当年新增	32. 876 5

2. 馆藏特色文献资源建设

满铁全文数据库内容组工作。4 月，完成首批满铁全文数据库数据验收工作。完成北大馆、吉大馆、大连馆测试数据的质检工作。

铁路特色库建设。完成 CALIS 三期特色库“民国铁路史料期刊目次库” 3 000 条；“古籍书目库” 3 210 条；“清末铁路史料目次库” 992 条。完成“金士宣研究资料全文数据库” 515 种，39 071 页。

交通论文特色数据库建设。继续磁悬浮、高速铁路、青藏铁路、城市轨道交通等有关交通方面的报纸资料搜集，完成 3 800 篇文章的扫描和数据录入工作。全年度剪裁、录入报纸信息 400 余条。

本校学位论文收缴。收缴研究生纸版学位论文 9 008 册；收缴工程硕士论文 435 册。收缴 2012 年毕业本科生论文 2 233 册。本科生论文（纸本）累计 19 557 册。

建立了特藏文献的采访制度和条例，开展特藏文献的采集。

【读者服务】

1. 基础借阅服务。2012 年，图书馆共接待读者 1 427 292 人次（不含自习室），接待读者连续数年上升。外借图书 317 544 人次，其中网上续借 82 233 册，还书 313 532 人次，预约借书 3 681 册，馆际借阅证出借 1 436 人次；文献传递 675 人次/1 066 篇；查收查引完成 607 人次/8 947 篇，读者培训 37 次，累计参加人数 1 034 人。

2. 网络数据库服务。为了更好地服务学校的教学科研，图书馆每年投入大量的经费订购网络数据库，全年新增和调整的试用数据库约有 60 余个，共组织 30 余次各类数据库讲座，读者使用量明显提高，完成了数据库讲座信息的及时更新与发布，保证了读者的使用。

3. 调整馆藏布局，解决馆舍不足的困难。图书馆调整馆舍布局，开架书库完成了 50 494 册图书的倒架工作，更换架标 133 个，将 19 557 册学士论文调整到东校区分馆。阅览部调整、移动上架过刊、工具书约 5 万册。东区分馆将 18 万册图书重新排架。

4. 查新站申报工作。10 月 25 日，教育部科技发展中心来校考察查新站申报工作。图书馆整理了近年来所有查新报告，完善规章和管理制度，完成了汇报和展示任务，经专家组考察，批准北京交通大学图书馆查新站为筹建单位。全年共完成科技查新课题 224 个。

5. 信息素质教育教学工作。完善教学团队，改善教学质量，在教学改革、方式，培养学生等方面，不断探讨进取，努力做好读者信息意识和创新意识的培养，已开设了全英文的“信息检索”课程。2012 年共完成教学任务 45 次，计 690 学时 3 400 余人次。

6. 文献传递及查收查引与馆际互借工作。通过开展各项活动，积极宣传，本年度，学校图书馆的原文传递服务工作在 BALIS 文献传递评估中，以总分 97. 19 分的总成绩位列参与评选的 66 所高校中的第二名，为读者申请传递文献 2 131 篇 638 人次。

7. 校外读者服务工作。积极开展对校外读者的服务，签订办证协议 46 份，共计 738 人次；办理签协议离校手续 1 560 人次，返给各学院签协议离校核查名单 42 次。

8. 读者、馆员的培训辅导工作。2012 年组织 30 余次 600 多人各类数据库讲座，介绍数据库资源及图书馆特色服务。致力于提高馆员的服务和学术水平，派员外出学习培训，馆内安排有业务培训讲座，同时邀请馆外知名专家来馆开展培训、讲座，业务培训，提高了馆员的业务能力和学术水平，提高了服务质量。

【学术科研与文化交流】

1. *学术研究活动*

12 月，图书馆第九届学术研讨会召开。本次研讨会共征集到 23 位署名作者的 44 篇论文，研讨会评选出了一等奖 3 篇，二等奖 5 篇，三等奖 31 篇。同时，为了鼓励馆员提高自身的业务和学术水平，出台了《北京交通大学图书馆学术研讨会论文的奖励办法（试行）》。

完成 CADAL 项目建设。我馆全部满铁资料的全文数字化。民国图书提交验收通过 1 279 册，183 882 页；古籍数字化工作全面展开，共计扫描图书 2 102 册，286 620 页，所有数据通过 CADAL 管理中心验收。基于 Digitool 的全文数据库平台建设基本完成。

努力推进满铁分会满铁资料数字化建设。完成本馆满铁资料 2 726 册，738 857 页；天津图书馆满铁资料 233 册，67 975 页，所有数据通过 CADAL 管理中心验收。北京大学、大连图书馆满铁资料数字化工作启动，截至 12 月提交数据 1 694 册，730 424 页。

举办满铁资料研究分会活动。图书馆作为中国近现代史史料学学会满铁资料研究分会的挂靠单位，一直致力于推进分会各项工作的发展。3 月，满铁资料研究分会会长会议举行，会议就满铁资料全文数字化建设，尽快尽好地完成抢救这批珍贵文献的历史任务，争取建设国内第一个满铁资料全文数据库，为中国近现代史的研究搭建一个数字化资源共享平台等工作进行了讨论和部署。

"饮水思源 畅想未来"图书馆文化交流研讨会。6 月 2 日，由上海交通大学、西安交通大学、西南交通大学和北京交通大学 4 校图书馆联合举办的一年一度的"饮水思源 畅想未来"图书馆文化交流研讨会在西南交通大学犀浦校区举行。活动以"饮水思源 畅想未来——图书馆人文关怀与文化建设"为主题，包含"馆长论坛"、"馆员之声"、友谊比赛和文化联谊活动等内容。

2. 文化活动

11 月 26 日，第十届"书香杯"读书征文活动和"图书文化周"开幕，本届征文的主题是"品传记 励吾行"，同时还举办了一系列精彩的讲座、展览、培训等活动。

11 月 29 日，由北京地区高等学校图书馆工作委员会主办、学校承办的"2012 年北京高校图书馆文艺汇演"举行。本次文艺汇演共有来自北京市的 38 所高校图书馆参加，汇集了歌舞、朗诵、情景剧等多种风格、多种形式的节目表演。展现了图书馆馆员积极向上的职业风采和精神风貌，活动增进北京地区高校图书馆之间的交流与合作。

【党建工作】

积极开展"提高办学质量促发展、服务人民群众树形象"创先争优活动。立足本职岗位，开展党员义务劳动，增强图书馆党支部的凝聚力和影响力；大力推行党务政务公开工作，切实保证人民群众的知情权、参与权和监督权，激发了图书馆广大党员的坚定信念和工作热情，推动创先争优活动的深入开展。组织全体党员及积极分子参观"复兴之路"、"科学发展成就辉煌"等大型图片展览，组织收看"十八大"开幕式实况和宣讲团报告等。图书馆直属党支部被评为 2011—2012 创先争优先进基层党组织。

加强组织建设，做好安全稳定工作，加强党风廉政建设。2012 年是党的基层组织建设年，图书馆直属党支部做到"四明确"，即明确整改项目，明确整改目标和时限要求，明确整改措施，明确整改责任。4 月 16 日，图书馆与各部室签订安全稳定责任书。认真落实党风廉政责任制，邀请学校纪检部门人员来作讲座，完善防范、管理工作。

加强职代会工作，进一步开展职工之家建设。加强职代会的参政议政工作，参与岗位聘任、年终考核、利益分配工作。关心在职职工和离退休人员的生活。关心在职职工的健康，定期组织离退休老同志老党员座谈，关心他们的生活，2012 年图书馆制定了定期为离退休职工发放慰问金制度。

出版社工作

【综述】

北京交通大学出版社（包括北京交通大学电子音像出版社）是教育部主管的中央级出版社，于2010年底改制后名称变更为“北京交通大学出版社有限责任公司”。依托学校学科和学术优势，出版各级各类教材、教学工具书、教学参考书、通俗政治理论读物等，及时反映国内外教学科研的新水平、新成果，交流学术经验，促进文化和科研事业的发展。

【主要出版物】

按新闻出版总署的文件规定，北京交通大学出版社主要出版与北京交通大学所设专业方向一致的学术专著、译著；适合高等学校教学需要的政治理论读物；根据学校主管部门确定的分工安排，为尚未成立出版社的高校出版同一专业系统的高校教材。现阶段的主要方向是出版电子信息、计算机、经济管理、交通运输、土木工程、电气、机械、物理、数学、社科、人文、外语等学科领域的教材和教学参考书。同时，可配合本版图书出版音像和电子制品。

【生产经营】

2012 年共出版图书 1 019 种，其中：新书为 456 种，重印书为 563 种。生产码洋为 1. 11 亿元，销售码洋为 10 022 万元，销售实洋为 5 439 万元，销售收入为 5 160 万元。

《建设项目管理（第 2 版修订本）》、《基础会计学（修订本）》、《大学物理学（上册）》和《大学物理学（下册）》4 种教材被列入“十二五”普通高等教育本科国家级规划教材。

1 月，《经济法（修订本）》和《手绘效果图表现技法（第 2 版）》2 种图书获评中国书刊发行业协会“2011 年度全行业优秀畅销品种”。

有 10 种图书获得“中国大学出版社第二届优秀教材一等奖”，有 5 种图书获得“中国大学出版社第二届优秀教材二等奖”；有 2 种图书获得“中国大学出版社第二届优秀学术著作一等奖”，有 1 种图书获得“中国大学出版社第二届优秀学术著作二等奖”。

《物流信息系统》获第三届“物华图书奖”二等奖，《物流中心规划与设计》获第三届“物华图书奖”三等奖。

【主要工作】

通过精心策划、积极申报，出版社新增“‘十二五’国家重点图书、音像、电子出版物出版规划”项目 5 项（共计 10 项），在全国同类大学出版社中名列前茅。

首次获得国家出版基金资助项目 1 项（中华诗歌手语经典颂），资助经费为 205 万元人民币。

进一步理顺、强化与清华大学出版的合作模式，各项业务工作开展顺利，为出版社的稳步发展和改革创新奠定了坚实基础。

完成以发展具有北京交通大学学科特色，由北京交通大学出版社自主出版各类图书、电子音像出版物为主要目标的“独版书策划营销部”的组建，并已进入良性运行阶段。

完成以关键岗位调整和全员聘任为目标的新一轮聘任，并进一步优化了出版社员工的工资体系与福利待遇，调动全员的工作积极性。

信息管理与网络建设

【综述】

2012年，信息中心、信息化办公室把全面提升学校信息化管理水平和服务水平放在首位，在全面推进下一代校园网络建设，不断丰富网上应用系统的同时，着重对数字化校园信息共享与交换平台、网络与信息安全防护体系、校园一卡通CPU系统升级以及办公自动化系统进行了建设。

【校园网建设】

完成了CNGI子项目试商用系统部署，包括基于真实IPv6源地址认证的跨域的统一标识、认证和信任服务系统，IPv4/IPv6过渡系统，可控大规模组播服务系统，支持全网漫游的校园网接入业务管理系统和校园网网络管理与安全监控系统；

校园网IPv6出口物理带宽升级到万兆；

对教学区及学生宿舍区325台接入交换机进行了更新升级；

对校园网络分布于各楼宇配线间的共138个老旧电源插座进行了更换；

将知行大厦接入了校园网；

完成了交大—北邮通信光缆入地工程；

完成校医院门诊楼综合布线改造工程；

建立并实施了中心机房服务器区防火墙冗余备份；

测试并部署虚拟专用网VPN设备1台、校园网络出口高速缓存设备1台；

新建了学生活动中心及东校区图书馆无线网；

完成了全校机房与配线间环境监控系统的建设，实际部署监控点297个，集中监控全网各个区域网络设备外部运行环境变化，以保障网络基础设施7×24小时不间断地稳定运行。

【信息系统建设】

完成了数据交换平台和数据展示平台建设：完成了数据中心与一卡通系统、科研系统、本科生教务系统、研究生教务系统、财务系统、人事系统、本科生学工系统、研究生学工系统和医疗系统的数据同步任务，实现了系统间数据有序交换与共享。12月，校情展示系统上线运行，初步实现了对数据中心中已共享数据的分级查询和统计。

完成了车辆管理系统建设：5月开始进行了学校3个大门的车辆管理系统升级，替换为基于图像自动识别技术的ETC系统，7月底正式投入使用。

完成了办公自动化OA系统建设：OA系统于7月初上线试运行，10月开始正式独立运行，并停止了WEST邮箱群发功能，12月开通了基于移动终端的手机版OA。截至12月底，OA系统中已累计发送学校通知公告、工作简报、学校日志及学术活动共650条。完成网上签报、电子协同306条。累计46 822人次登录OA系统。

继续开发完善人事管理系统：10月，招聘甄选模块正式上线运行。

完成了校园一卡通CPU卡系统升级工作：学校一卡通系统于4月20—22日进行了整个

系统软件平台升级，由原来的逻辑加密卡升级到 CPU 卡系统，并同时兼容原逻辑加密卡。9 月，第一批 7 650 张 CPU 卡发至新生。10 月，第二批 2 551 张 CPU 卡发至事业编制教职工。第三批 422 张 CPU 卡发至非事业编制教职工。此外，还完成了一卡通自助服务平台双语化工作。

组织开展了信息系统校内登记备案工作：9 月启动了校内的信息系统登记备案工作。制定了学校信息系统登记备案管理办法，要求校内所有信息管理系统和网站都必须在信息化办公室完成登记备案后才能对外提供服务。并仿照工信部备案方法，在校内发放备案编号，并将备案工作和服务器托管以及开放校外访问业务捆绑。截至 12 月底，已完成 49 个信息系统的登记备案工作。

顺利通过了由北京市公安局文保总队及教育部教育管理信息中心联合组织的 2012 年度信息安全等级保护工作检查。

组织开展了服务器托管工作：组织完成了对托管区的机柜、电力、综合布线系统改造，制定服务器托管管理办法，并于 10 月开始正式接收各学院和单位的服务器免费托管业务。

组织完成了各单位网站评比工作。11 月正式启动了网站评比活动。评选分为学院组和部处直属单位组两个组进行，其中学院组参评网站 14 个，部处和直属单位组参评网站 35 个。经过 4 000 多名师生网评和 22 位专家组评选两个环节，共评选出 2012 年度北京交通大学优秀网站 29 个，其中学院组 8 个，部处和直属单位组 21 个，获奖比例为 60%。

【其他】

全年为 3.1 万校园网用户、6.3 万一卡通用户提供各类业务技术支持和咨询服务。运行维护 4.2 万个网络信息点、2 192 台网络设备、138 台各类服务器和应用系统、22 个一卡通应用系统及 2 124 台一卡通硬件设备的维护。全年新增网络设备 69 台，新增服务器 6 台，新增出口带宽 1 400 M，新办校园一卡通及校友卡 11 161 张。通过一卡通电子注销平台，办理毕业生离校 6 458 人，通过电子迎新系统，完成网上招生录取及数字迎新工作。

档案工作

【综述】

2012 年，学校档案馆围绕中心，服务大局，全面高质量高效率完成了各项工作任务，综合档案管理和人事档案管理又上新台阶，《北京交通大学志》已完成入志稿初稿编写工作，档案管理信息化工作积极推进。

【综合档案】

6 月底前，完成了 2010 年会计档案、2011 年文书档案、2011 年研究生科技档案的收集工作；全年接收来自全校 46 个单位，包括文书、教学、科技、基建、财会、照片、出版物等 7 类综合档案共计 6 600 余卷，全部完成了整理、编目、排列、上架，并编制了案卷目录、卷内文件目录等多种档案检索工具。

全年为学校教学、科研、基建、财务审计、史志编研，学生求职、求学、出国、落户、政策房申请等各项工作共提供档案证明材料约 3 800 余卷，利用人次约 2 200 余人。为教育部认证中心、教育部就业指导中心以及社会机关、团体及国外大学进行学历认证共计约 200 余项。为 600 余名出国学生提供成绩和证书的英文翻译工作。

【人事档案】

全年整理和装订了新入职的教工档案 82 卷和遗留的零散档案 269 卷，并对新归来的档案材料进行入档整理。

接收了本科生毕业材料 3 329 份，本科生派遣证和调档函 2 171 份；研究生毕业材料 2 759 份，派遣证和调档函 2 499 份。向用人单位转递学生档案 5 214 卷，其中本科档案 2 523 卷，研究生档案 2 691 卷，2012 年共接收新生档案 11 185 卷。

为调整干部、离职人员清查和工资改革提供档案查阅 202 人次，接待用人单位人事部门来访 363 人次；为学生提供成绩单复印、出生证明、亲属关系证明及其他有关人事档案的证明共 416 人次；上门查询和电话咨询有关人事档案事宜 1 800 人次。

对人事档案管理信息系统的使用功能进行了更新和完善。归档的重要信息在系统中有了体现，便于核对和查询；增加退档告知平台，疏通了档案转递渠道。

【档案管理信息化】

数字化新库房建设已完成并交付使用。新建专用密集库房，安装智能密集架 13 组，共 91. 43 立方米，其中特殊密集架 2 组，具有防腐、防蛀，保密功能；安装温湿度调节器 2 台，防磁柜 2 台，可以满足保密档案、字画长卷、胶片、磁盘等特殊档案的存档要求。档案存储系统及服务器升级扩容，更新 2 套磁盘阵列和 4 台服务器，存储容量扩充到 15T。

完成教育部修购专项《2012 北京交通大学校档案馆档案信息化建设项目》，对1949—1966 年全部文书档案进行了数字化，同时还对基建图纸、近 20 年的学生成绩、学位授予等档案资料进行了数字化，总计 4 285 卷约 35 万字。项目的完成，有效地解决老档案、老图纸的安全保存，同时使档案利用更加快捷和方便。

开通使用照片档案动态发布管理系统。对重点部门的电子照片归档，定点采集、整理著录、检查验收后完成归档，已完成 2008—2012 年宣传部所用照片的采集整理工作。系统已经接受数码照片档案 809 张，包括各业务单位重大活动照片及 2012 年毕业本科生及研究生集体照片，有效地解决了数码照片归档的技术问题。

【校史博物馆建设】

圆满完成了国家发改委副主任徐宪平、教育部副部长鲁昕、原教育部副部长张保庆等部领导来校史馆参观视察的接待讲解工作。接待了上级领导、来校的检查组和评估组、董事单位、合作单位、兄弟院校领导、师生校友、外宾等参观交流活动。2012 年共接待参观 9 000 多人次，发挥了校史馆对外宣传和接待的窗口作用。

充分发挥校史博物馆爱校荣校教育基地作用，暑假期间选拔和培训校史讲解员志愿者 40 多人，完成了 2012 年新生包括本科生、研究生共 6 000 多人参观校史馆工作，校史教育已成为新生入学教育的一项重要内容。同时为 2012 年新入职的 80 多名青年教工举办了校史讲座。

进一步完善校史馆基础建设，增加了校史展内容、完善文字表述，充分拓展校史馆的功能与作用。建立了专兼职相结合的校史讲解员队伍；及时增加了党建、管理、科研等新内容，及时制作展板布展；对校史展近 100 多处的文字说明进行了修改，增加了对悬挂在两廊院士专家的文字介绍，使校史展文字说明更加科学准确；专门设计制作了展示台柜，将建校时老校舍墙砖 30 块在校史博物馆一厅全部展出，成为展示学校历史、教育和引导师生爱国荣校的珍贵教材。

【修志工作】

2012 年《北京交通大学志》完成入志稿的编写工作。按照学校校志的编写计划，完成了人物篇包括小传、简介、名录等 3 章内容，以及综述、1998—2010 年大事记、附录、1998—2010 年毕业生名单等篇章的编写工作；还完成了图片资料及注释部分的编写，共筛选图片 77 张。在对撰写人员进行专业培训的基础上，编纂《北京交通大学志》入志稿初稿，共计 140 万字，并印刷成册。在此基础上，将入志稿按照相关单位所涉及的内容分解，反馈到机关部处和学院等 46 个单位，直接征求意见和建议，各单位主要领导负责审查和修改本单位的部分内容。

按照《北京教育志》编纂委员会的要求，历时 5 个月完成 21 万余字的《北京交通大学大事记》（1991—2010 年）和《北京交通大学概况》（2010 年）收集、整理和撰写工作，于 11 月 29 日报送至《北京教育志》编纂委员会办公室。

《中国铁路志 · 建设志 · 线路》《线路卷》已完成 140 万字的入志稿编写工作。11 月通过铁道部《中国铁路志 · 建设志 · 线路卷》总纂稿专家评审会评审，获得专家好评。

2012 年档案管理情况统计如表 72、表 73 所示。

表 72　2012 年度档案统计一览表（一）

类别＼年限	本年归档数	其中			本年续卷数	其中		
		永久	长期	短期		永久	长期	短期
文书档案	1 019	166	836	17	263	1	260	2
财会档案	1 973	14		1 959	321			321
科研档案	270	44	226					

续表

类别 \ 年限		本年归档数	其中			本年续卷数	其中		
			永久	长期	短期		永久	长期	短期
基建档案	项目卷	75	7	68					
	蓝图								
	底图								
	设备								
照片	卷数	175	175						
	（照片：809 张）								
	（底片：张）								
研究生档案		2 529		2 529					
本科生论文									
出版物									
教材									
合计		6 041	406	3 659	1 976	584	1	260	323
人事档案		2012 年馆藏 28 902 卷							
死亡档案		2012 年馆藏 614 卷							

备注：永久卷 = 406 + 1 = 407

长期卷 = 3 659 + 260 = 3 919

短期卷 = 1 976 + 323 = 2 299

本年接收 6 645 卷 = 6 041（归档卷数）+ 584（续卷数）+ 20（死亡增加）

人事档案减少 2 260 卷

表 73　2012 年度档案统计一览表（二）

类别 \ 年限		历年总卷数	其中			累计	其中		
			永久	长期	短期		永久	长期	短期
文书档案		23 638	4 377	16 477	2 784	24 920	4 544	17 573	2 803
财会档案		15 637	102	12	15 523	17 931	116	12	17 803
科研档案		2 558		2 549	9	2 828	44	2 775	9
基建	项目	1 789	941	348	500	1 864	948	416	500
	（蓝图：8 107 张）					（蓝图：8 107 张）			
	（底图：4 497 张）					（底图：4 497 张）			
	设备	1 546	（部门存放，总数不计）			1546	（部门存放，总数不计）		
照片	卷数	353	276	68	9	528	451	68	9
	（照片：9 862 张）					（照片：10 671 张）			
	（底片：3 095 张）					（底片：3 095 张）			
研究生档案		24 209		24 209		26 738		26 738	
本科生论文		755		755		755		755	

续表

类别 \ 年限	历年总卷数	其中			累计	其中		
		永久	长期	短期		永久	长期	短期
出版物	261	99	105	57	261	99	105	57
教材	114		114		114		114	
北京电力高等专科学校移交档案								
文书档案	4 911	1 719	1 596	1 596	4 911	1 719	1 596	1 596
财会档案	1 247	368	692	187	1 247	368	692	187
照片档案	72	72	（照片：1 761 张）		72	72	（照片：1 761 张）	
合计	75 544	7 954	46 925	20 665	82 169	8 361	50 844	22 964
人事档案	2011 年馆藏 31 546 卷				2012 年馆藏 28 902			
死亡档案	2011 年馆藏 594 卷				2012 年馆藏 614 卷			
备注	1. 表中数据 82 169（截至 2012 年）= 8 361（永久）+50 844（长期）+22 964（短期） 此数据不包括设备档案、人事档案、死亡档案； 2. 截至 2012 年馆藏总数 113 231 卷 =82 169 +1 546（设备）+28 902（人事）+614（死亡） 另有照片 12 432 张，底片 3 095 张，蓝图 8 107 张，底图 4 497 张。							

后勤管理与服务

【综述】

2012 年，学校后勤工作紧密围绕提高保障能力和服务水平，充分利用大修和修购资金，改善学校的学习环境、工作环境、生活环境及校园环境。不断深化后勤社会化改革，各方面工作取得了长足进步。后勤集团获得“2012 年度全国高校后勤信息宣传工作先进学校”等全国先进集体荣誉 2 项，市级先进集体荣誉 5 项，校级先进集体荣誉 11 项。

【后勤社会化改革】

为实现“建设与世界一流大学相适应的后勤服务保障体系”这一长期目标，更好地为学校教学、科研工作服务，后勤集团进一步深化改革，自我完善。2012 年，后勤集团新体制和新机制正式运行。后勤集团领导班子确定了“一二四”（即做到一个确保：确保安全稳定；实现两个提升：提升社会效益、提升经济效益；推进四项措施：创新机制、队伍建设、加强质检、夯实基础。）的工作思路，实施了“一体两翼”的后勤发展新模式，明确了建设“质量型、平安型、科技型、节约型”后勤的目标。完善质量监督检查长效机制，实行新的收入分配机制，建立激励工作创新的长效机制，极大增强了职工的工作积极性和主动性。加强后勤队伍建设，优化队伍结构。加强财务控制，做好固定资产管理。推进质量管理体系建设工作，提高管理水平和工作标准。后勤服务质量和保障能力显著提升。

【节约型校园建设】

全年利用节能改造专项资金完成了 11 项节能改造项目，包括更换东校区家属区 614 户 IC 卡电表、主校区 2 600 个节水龙头、公共浴室 700 个节水喷头，改造主校区 2 万 m^2 草坪节水喷灌，增加 40 部电梯电能回馈装置，改造节能路灯、食堂燃气灶等项目；完成了部分楼宇，包括思源楼、七教、八教、九教、土建楼、图书馆等在内的楼道及卫生间 LED 人体感应节能灯具的改造；积极推进节能监管平台在全校范围内的广泛应用，实现了对全校能源的实时分类、分项、准确计量，为下一步进行能耗指标分解与考核打下了基础，进一步提高节能水平。

【安全工作】

后勤处积极落实消防设备设施改造工作，为所有食堂都安装了燃气报警系统，开辟了家属区静园 3－6 号楼的消防通道，对家属区塔楼地区腐蚀严重的消防室外管线进行全面更换。

后勤集团逐级签订安全责任书，把安全责任具体落实到每人每岗；全年培训共计 5 000 多人次，全面提高了职工的安全防范意识和安全技能；成立安全工作领导小组，下设安全防火工作小组和安全检查小组，对食堂餐厅、学生公寓等重点部位进行检查，对检查过程中出现的问题限期整改；在“十八大”等重要时期和学校重大活动期间实行三级值班制度，确保各安全重点部位有专人看守；实行夜查和巡查相结合、自查和督查相结合的检查制度。

后勤处与后勤集团大力做好汛期防汛工作，在汛期到来之前，充分做好防汛物资、设备和人员的准备工作，制定相关工作预案，加强重点部位防控。在“7. 21”特大暴雨中经受住了考验，减少了学校的损失，后勤工作实现了2012年无安全稳定责任事故。

【党建工作】

1. 党建与思想政治工作稳步推进

后勤集团党委在学校党委的领导下，围绕中心工作抓党建，圆满完成各项工作。顺利完成党委换届，新一届党委委员队伍的整体学历水平提高，平均年龄由上届的52岁下降到本届的45岁，党委委员的政治素养和领导能力进一步提升。按照行政部门设置对党支部进行调整，完成党支部班子换届，新任支部书记均为部门负责人，使支部工作更好地服务于后勤中心工作，进一步增强支部战斗堡垒作用。坚持党管干部原则，加强干部队伍建设，制定干部队伍规划，进一步加强后备干部培养；完善干部选拔任用制度，扩大竞争上岗范围，把一批政治坚定、廉洁自律、实绩突出的干部选拔上来；加大干部考核监督力度，签订廉政承诺书，确保干部队伍保持清廉和良好的作风。按照学校党委的整体部署，圆满完成了迎接《北京高校党建与思想政治工作基本标准》检查、学习“十八大”精神等任务，广大后勤干部、职工的思想政治水平得到提高。

2. 工会工作进一步加强

4月，后勤集团组织召开后勤职工代表大会，保障了广大职工在后勤改革与发展中的知情权、参与权和监督权；抓好非事业编职工加入工会工作，已有437名非事业编工会会员；抓好困难职工帮扶工作和凝聚工程工作，发放生日补助、困难补助，中秋节为退休职工发放月饼，为务工人员发放亲情电话卡；组织会员参加学校组织各类活动，连续8年获得学校教职工运动会团体总分第一。

3. 共青团工作有序开展

后勤集团团总支创新工作形式，积极开展与理学院和电气学院团委的共建工作。幼儿园团支部获评2011—2012年度首都大学、中专院校“先锋杯”优秀团支部。

【理论研究和宣传工作】

2012年，后勤集团在各类媒体上发表稿件300余篇，被评为“2012年度全国高校后勤信息宣传工作先进学校”；秉持“走出去，请进来”的原则，加强同全国高校后勤系统的信息交流与沟通，在学校成功举办五所交通大学后勤工作年会，先后到中国人民大学、北航、北师大等20余所院校学习交流，与各兄弟院校形成了信息共享、交流互助的和谐关系；后勤集团增强主动服务意识，与学生管理部门、学生组织建立定期沟通、迅速处理、不断改进、及时反馈的长效工作机制，全年为师生办实事100余件，得到了师生的广泛好评。

【环境保护工作】

为确保军工资质生产许可证认证工作顺利完成，后勤处（环境保护办公室）负责完成废气检测、污水检测等工作，协助完成化学废液处置工作，按照环保要求完成了光电所实验准备室改造，满足了化学药品及废液的储存要求。

【校内外市场开拓】

完成知行大厦、南门外经营用房和西门下沉广场的招租和管理工作，努力为学校创收。在严格执行招租程序，通过竞标和谈判，确定中标单位，知行大厦和南门外经营用房中标单位已投入正常使用，西门下沉广场各中标单位在装修中；飞力烤鸭店完成经营方式转型，委托外单位对其进行经营，后勤监督和管理。其他各经营部门均完成了年度经济任务。

【后勤服务保障工作】

1. 后勤管理处工作

后勤管理处完成各类大中修及抢修工程180余项、修购项目10项、其他项目30余项，共完成资金8 500余万元。实现了工程造价和工程质量“两手都要抓”，提高了后勤服务保障能力。

完成了大修计划的各项工作，包括：毕业生宿舍粉刷等修缮工程、部分教学楼黑板更换、部分楼宇防水及配电改造工程、塔五楼电梯更换工程、学苑公寓中水大修、东泵房水箱周边地面硬化及泵房外墙加固工程、学生公寓楼限电器改造、校园及家属区绿化工程等。

完成了修购计划的各项工作，包括：田径运动场改造工程、运动场看台改造工程、主校区排水管线改造工程、学生宿舍调整家具更新、思源楼改造、教学楼卫生间改造（2期，共计150余间）、消火栓室外管线改造、天佑会堂灯光音响改造、东教一楼修缮等。

完成其他工程，包括：知行大厦内部装修改造工程、光波楼改造、保密学院装修、风洞实验室改造、第七教学楼物理实验室改造等。

2. 后勤集团工作

后勤集团积极创新服务形式，进一步提高主动服务意识，坚持为师生做实事、做好事，得到了普遍认可，学生网络投诉率明显下降。

（1）饮食服务工作

后勤集团严格执行教育部等五部委的要求，克服食品原材料和人工成本上涨的巨大压力，多措并举，保持了餐厅饭菜质量、价格的基本稳定，确保了全年学生食堂的平稳运行。对学生食堂饭菜价格平抑基金实行专款专用，从2012年1月开始，按每月30万元将平抑基金补贴给学生食堂；建立成本核算制度，保证每餐供应的菜品数量符合市委教工委规定的高、中、低比例；坚持对食品原材料进行集中采购，降低采购成本；加强日常检查和化验，确保食品卫生安全；采取多项措施，缓解学生餐厅的就餐拥挤状况。

（2）学生公寓管理工作

学生公寓管理中心配合学工部、研工部制定了2个关于学生宿舍管理的实施办法；加强了文明宿舍评比工作，考核结果实行“双报”制度，做到件件有落实，形成了学院部处齐抓共管的良好局面。经过充分讨论协商和合理配置，顺利解决了2013年研究生住宿困难的问题，也为经管学院新书院的集中住宿创造了条件。为了改善学生的住宿环境，学生公寓中心共购置家具4 432件，改造上下床1 080套，调换家具1 911件，拆除报废家具2 276件，完成了宿舍家具购置、改造和调换任务。此外，后勤集团各单位紧密配合、高效工作，完成了7 000余名毕业生离校及7 000余名本科及研究生入校工作。

（3）水电保障工作

全年安全供电3 900多万度，安全供水182多万吨；保障全校99部电梯的安全运行及达标取证工作；学生活动中心中水处理5 000吨，学苑公寓中水处理41 255吨；深入调查，制定改造方案，解决学苑公寓7号楼中水压力不足问题；加强对无人配电室的管理，将能源监管平台的视频监控连接到主配电室，由主配电室值班人员24小时进行监控。

（4）绿化美化校园工作

全年在校园中补植、新植草坪3 000平方米，修剪草坪55万多平方米、色块2.4万平方米，花灌木1 200余株；加强古树名木的保护，为其建档建志，打造校园历史文化名片，有计划地完成了6棵古树名木的复壮工作；完成了在重大活动和节假日摆放盆花、布置会场和校园景观的任务。

（5）日常维修服务工作

全年共完成电话及网路报修25 000余次，维修班自查维修1 900余次，特种维修报修240余次；建立巡检、回访制度，检查记录860次，电话回访4 998次；出资70余万元解决塔楼等屋面防水、公共区域的修缮美化等历史遗留问题。

（6）浴室服务工作

全年更换地下浴室排水泵8台，更换老旧、昏暗照明设备140套，主校区浴室通过加装时间延时器，解决了浴室通风问题；为全校浴室更换了新型的环保淋浴喷头，提高洗浴舒适度；对学苑公寓浴室更换全新PVC材质的29组更衣柜和23个浴室凳，解决了学生衣物易受潮的困扰，对全校14个浴室增加了电铃提醒和温馨提示牌；在各浴室原有配置吹风机的情况下，重新购置一批吹风机及梳子，为学生提供人性化服务。

（7）家属区物业管理工作

本着“10分钟到场，24小时急修”的理念，全年入户维修7 500余次，维修合格率95%，抢修突发上水管道跑漏水20余次，更换主上水管21处、主下水管9处，保证了家属区设备设施的正常运转；引进“便民菜车进社区”服务，修建52区临时便民服务网点，翻建东校区家属区菜市场，为居民生活提供更多便利；为治理家属区机动车停放难题，重新喷画车辆行驶导向线，增设交通标识，安装无障碍减速带，引导车辆有序停放；修建52区临时停车场，开发临时停车位近90个，协助整修小学西侧花坛，开发临时停车位20多个；改造机动车门，拆除原保安值班室，开辟简易人行通道，并于早出行高峰时段，增设人员疏导车辆，避免拥堵；修订《家属区机动车办证手续及收费标准》，对停车证、通行证的办证人员范围及数量进行重新规定。

（8）供暖工作

后勤集团利用停火阶段完成学校各项供暖改造项目，提前做好供暖准备工作。同时为了保证十八大的顺利召开，克服了时间紧、任务重的压力，实行全体供暖人员停休，24小时不间断监测、调试供暖系统，发现跑、冒、滴、漏等情况，及时抢修、维护，于11月1日启动点火仪式，确保了本年度冬季供暖工作提前启动并正常运行。

（9）会议服务工作

全年共接待会议4 371场次，演出993场次，以较高水平完成了学校第十次党代会和两部一市共建交大签字仪式的会场布置和服务工作。

（10）幼儿园管理工作

为保证学校整体规划顺利实施，幼儿园积极进行多方沟通，认真制订搬迁方案，利用五一假期进行搬迁，按学校要求于5月6日顺利完成搬迁工作并投入使用。幼儿园新园得到家长的普遍认可，搬迁工作没有影响幼儿的正常入园，实现了平稳过渡。

基本建设

【综述】

2012年，学校继续有序推进基本建设步伐，学生活动服务中心项目、幼儿园迁建工程项目投入使用，10 kV外电源工程通过竣工验收并顺利发电，科技创业大厦暨北京CBTC研发中心项目主体结构封顶，住宅区改造一期工程项目取得了《建设工程规划许可证》，完成了施工图设计，启动了施工和监理招标工作。基建管理中加强制度建设，注重项目各建设阶段的管理工作。

【基建投资完成情况】

学生活动服务中心项目继2011年主体交付使用后，完成了下沉式广场、室外道路及绿化工程施工，于2012年7月18日全部交付使用。项目计划总投资24 961万元，2012年底累计完成投资21 937万元。

幼儿园迁建工程，于2012年5月1日投入使用。项目计划总投资1 762万元，2012年底累计完成投资1 542万元。

10 kV外电源工程项目，2012年6月30日通过竣工验收并顺利发电。项目计划总投资1 145万元，2012年累计完成投资1 145万元。

供热工程项目基本完成施工收尾工程。计划总投资5 654万元，2012年底累计完成投资4 006万元。

科技创业大厦暨北京CBTC研发中心项目，建筑面积61 800平方米，其中地下3层11 800平方米，地上16层50 000平方米，建筑总高度65米。2012年12月25日完成主体结构封顶。该项目计划总投资32 112万元，2012年底累计完成投资13 126万元。

住宅区改造一期工程项目，2012年2月15日取得了《建设工程规划许可证》，完成了施工图设计，基本完成建设场地内已交付旧有房屋的拆除及水、电、燃气管线的切改，并启动了施工和监理招标工作。该项目建筑面积为122 127m^2（其中住宅84 526m^2，配套公建5 210m^2，地下32 391m^2），计划总投资55 800万元，2012年底累计完成投资797万元。

2012年建设项目明细见表74。

表74　2012年建设项目明细表

序号	项 目 名 称	2012年竣工、施工、立项		
		竣工规模（/m^2）	施工规模（/m^2）	立项规模（/m^2）
1	学生活动服务中心	√		
2	10 KV外电源	√		
3	供热工程项目	√		
4	科技创业大厦暨北京CBTC研发中心		61 800	
5	住宅区改造一期工程			122 127

【基建管理】

加强制度建设。密切关注和掌握项目法规的变动情况，在认真学习相关建设法规的基础上组织编制了《建设项目招标投标管理办法》。

注重项目各建设阶段的管理。根据项目各建设阶段的特点明确相应的管理重点，保证项目正常进行。在项目前期阶段，组织专业技术人员依据现行相关的法规对住宅区改造一期工程的施工图设计进行检查，与设计单位多次沟通，保证设计的合理性；在项目实施阶段，注重材料进场质量、分部工程施工质量和进度的管理与监控，确保科技创业大厦暨北京 CBTC 研发中心工程整体质量和进度；在竣工项目使用阶段，注重配套工程建设和项目使用阶段的及时保修，保证了学生活动服务中心工程项目和幼儿园迁建工程项目的平稳运行。

医疗保健与卫生工作

【综述】

2012 年，校医院有职工 88 人，其中事业编制职工 45 人，各类非事业编制职工 43 人。有卫生技术人员 72 人，占总人数的 81.8%，其中有全科医师 25 人、社区护士 16 人、社区防保医师 8 人；高级职称 28 人，中级职称 24 人。2012 年 5 月正式实施医院岗位绩效考核暂行方案，共完成 35 名事业编制人员聘期考核工作。2012 年完成“三好一满意”服务项目 21 项，被授予海淀区社区中医药特色示范中心。获得集体奖励 15 次，个人获得奖励 37 人次。

【预防保健】

全年结核防控共筛查 3 496 名新生，针对其中 405 例强阳性感染者开展了拍片、讲课、抽血、免费投药、复查等一系列工作。检查出 2 例肺结核患者，及时进行转诊隔离及监化工作。

全年全校无甲类传染病发生，共出现传染病种类 14 种，计 389 例，乙类为主，无死亡病例发生。全年指导消毒流调 123 余人次，10 余次阻断传染病的爆发流行。发放各种传染病宣传单 1.8 万余张。

为新生接种白破疫苗 5 000 人次，麻风腮疫苗 5 000 人次，其中本科生 3 423 人，研究生 1 577 人。为本科生接种乙肝疫苗 3 140 针次，甲肝疫苗 1 904 针次；为研究生接种乙肝疫苗 1 143 针次，甲肝疫苗 220 针次。为周边儿童预防接种 18 650 人次，为社区 60 岁以上老人免费接种流感疫苗。

完成毕业生体检 902 人次，职工、家属体检 4 869 人次，其中教职工 3 658 人，家属 1 211 人；完成新生体检工作，其中本科生 3 697 人，研究生 3 029 人。

2012 年教工体检异常指标检出率（前十位）见表 75。

表 75　2012 年教职工体检中患病率较高的前十位疾病或健康问题与 2011 年对比分析表

序号	疾病名称	2012 年（%）	2011 年（%）	增减情况
1	女性乳腺增生	41.77	63.08	下降
2	血脂异常	38.74	46.42	下降
3	脂肪肝	37.17	27.80	增加
4	高血压	25.26	35.62	下降
5	尿酸增高	11.84	20.41	下降
6	2 型糖尿病	9.80	11.27	下降
7	空腹血糖受损	9.12	8.54	增加
8	眼底动脉硬化	7.20	3.69	增加
9	男性前列腺增生	5.32	2.05	增加
10	胆囊息肉	3.38	3.44	下降

【基本医疗工作】

2012 年门急诊基本医疗服务量为 146 133 人次，其中急诊为 15 504 余人次，各种上门服务 351 人次，转诊 9 155 人次，参加院前急救和医疗外勤 51 人次。

开展各种慢病管理、家庭医生式服务、急诊急救、传染病防控等培训 36 次，2012 年被授予海淀区医学继续教育基地。年内新增医疗业务 10 项，扩充社区需要的基本药物 12 种。人民医院网上预约挂号服务惠及 453 名师生。

【健康促进】

完成个人电子健康档案建档 35 015 份，家庭档案 1 000 余份，完成 3 348 份个人纸质健康档案输机和归档工作。家庭医生式服务签约 1 333 份，覆盖人数 2 503 人，慢病签约率达到 54.17%，65 岁以上老人签约率 29.40%。发现高血压共有 1 449 人，高血压规范管理率 84.95%；糖尿病共有 415 人，糖尿病规范管理率 90.36%。加强“知己门诊”对慢性病的干预力度，年内实际完成 61 名慢性病高危人群的管理，知己仪器使用率达到 203%。

全年组织健康科普知识讲座 15 次，其中“知行”健康大讲堂 5 次；发放教育宣传品及期刊 50 余种；培养家庭保健员 15 名，其中 8 名全年进行了追踪培养；组织主题卫生日活动 8 次；大学生健康教育网络课和大学生青春健康教育课程受众 2 200 余人；编辑、出版《健康列车》6 期。撰写、报送各种宣传报道 84 篇。

组建家庭医生式服务团队 5 个，分别针对所服务学院、机关部处的师生健康状况进行主动服务。主管校领导带领医院班子成员及健康管理中心主任深入走访了 10 个学院，共谋家庭医生式服务的新模式。

推动学生医疗保险工作的开展，扩大参保率，扩大筹资。2012 年本科生参保 3 152 人，参保率达 90% 以上；自费研究生参加城镇居民医疗保险（“一老一小”保险）182 人，参保率 22.5%。2012 年 1－9 月由于学生购买了商业保险，为学校公费医疗支出节约了 8.6 万元，比 2011 年多节约了 7.7 万元。

组织全校师生无偿献血 633 人次，造血干细胞血样捐献 51 人次，献全血 112 100 ml，献成分量 21 800 ml，年累计献血总量 133 900 ml。组织 569 位师生应急救护培训取证，开展第二届应急救护知识技能竞赛和实践演练，提高师生自救互救能力。依托交大“青春健康同伴社”，开展同伴教育 5 期，培训近百人。

加强计生目标责任管理和在校生计生管理服务，晚婚晚育、计划生育率保持双百分百。本年度申报创建北京市计生协“高校示范会员之家”获批，六一儿童节在学校举办“我家宝贝的童言稚语”征集评选、交大“十家幸福家庭”评选活动，学校从中推荐的 1 个家庭获评“北京市百家幸福家庭”荣誉称号。

安全保卫

【综述】

学校安全保卫工作以推进“平安校园”创建工作为契机，完善体制机制、创新管理、强化建设，全面提升安全保卫工作水平，圆满完成党的“十八大”安全保卫工作，切实维护学校持续和谐稳定，荣获2010—2012年度首都国家安全工作先进集体、海淀高校安全保卫工作先进单位、海淀区交通安全先进单位、北下关综合治理先进单位等荣誉称号，荣立北京市公安局集体三等功一次。

【平安校园】

强化责任制的落实，提高应对突发事件的能力。一是深化横向到边、纵向到底的安全防控体系。3月23日，学校召开2012年安全稳定暨综合治理工作会议，部署年度安全稳定工作，校党委书记曹国永、校长宁滨与各二级单位签订学校安全稳定工作任务书。二是整合资源，不断完善应急指挥中心建设。坚持校园“110”报警服务指挥中心在突发事件应急指挥中的主体地位，完善24小时值班制度和工作职责，强化应急处置突发事件总体协调和信息报送工作。三是制定各类突发事件处理预案，加强应急队伍的建设和管理。把保安员纳入应急处置队伍，加强应急队伍的培训和现场演练，全年共组织保安员应急培训及演练20次；结合监控中心的工作特点和学校各类突发性事件预案文件，制定了具体落实措施，定期进行培训，发挥应急指挥功能。

做好敏感节点和重点领域维稳工作。切实做好全国“两会”、“国庆”、学校第十次党代会、党的十八大等重大活动、重点时段、敏感节点的安保工作，制定工作预案和方案，收集敏感、热点信息，实行信息零报告制度；密切关注国际国内形势，有针对性地做好重点领域的维稳工作。“十八大”期间按照上级要求，适时启动校园等级防控措施，确保了敏感期间校园安全稳定。

完成安防六期工程施工及验收。全年共投资107万进行安防六期建设，5月份完成规划设计，6月份完成招标文件起草，7月23日实验设备处开始公开招标，9月份正式施工，12月份完成整体验收。学校监控系统覆盖率达90%以上。监控中心不断完善制度、体系建设，从软件、应急任务、协调配合等方面不断完备应急指挥中心的功能，在学校几次火情处理、北京夏天罕见大暴雨后应对等方面都发挥了重要的作用。学校总值班室的功能在周末和下班时间转到监控中心后，功能更加完备。全年维修故障及更换设备1 558次，保障了监控系统的正常运转。接报案731起，受理困难求助244件，回放录像374次，抓获嫌疑人员31人次。

筹划启动“平安校园”创建验收工作。认真落实有关指导意见和基本标准，细化完善“平安校园”创建工作方案，明确工作的总体目标和总体进度安排。

在第二轮武器装备科研生产单位二级保密资质验收和武器装备科研生产许可证重新认证工作中，配合军工办圆满完成了安全生产方面内容，已通过验收。

协助制定学生公寓安全工作检查方案，配合学生宿舍安全管理和日常工作的督查。建立了学院自查、学院互查、学生互查等多角度全方位的督查制度，严密排查各种安全隐患，对检查过程发现的问题逐项落实责任单位，能短期解决的要求一周内解决并反馈整改结果，短期内不能解决的问题要制定具体措施，分步实施，逐步整改。

【社会治安综合治理】

开展校园及周边环境专项整治。清理整顿校园营业网点及外来人员，全年共登记营业网点 43 家，其中地下空间营业网点 29 家，外来务工人员 1 031 人，逐一签订安全责任书；针对 8 号、9 号教学楼地下室商铺较多、人员往来复杂、过道堆放杂物较多等问题，对地下商铺进行登记造册，明确安全责任人，落实安全管理措施。截至年底，9 号教学楼地下商铺已全部撤离。针对交大南门外 100 米路段西侧机动车随意停放、餐饮商铺占道经营等问题，保卫处协同相关部处及后勤集团与周边责任单位协调解决，通过各种渠道向上级反映。10 月份起，南门外商铺和路面纳入学校管控。

规范大型活动的申报及管理。根据上级部门要求及学校大型活动管理办法，规定有一定数量校外人员参加的大型活动必须报北京市公安局审批；对在校园内举办的活动除了按规定程序审批外，还要求主办方派专人负责安全保卫工作。

【治安管理】

全年刑事案件发案 105 件，治安案件发案 38 件，查破 12 件；自行车被盗案件发生 164 起，查获 6 起，移送公安机关刑事拘留 2 人，治安拘留 7 人，其他处理 6 人。针对不同时期校园警情，对重点发案部位和区域如运动场、教学楼、图书馆、易丢自行车部位等进行巡查和布控，全年组织蹲守和布控 9 次，抓获嫌疑人员 5 人，破获治安、刑事案件 9 起。

【消防管理】

全年共更换灭火器 8 400 具、安全出口指示牌 250 块、应急灯 100 个，维修室外消火栓 220 个。投资 4 万元对校园消防报警系统进行全面维修，解决了消防报警系统故障和高层楼消防加压泵等问题。对消防中控值班人员进行业务培训，对于部分消防安全通道被杂物占用或用于办公的现象进行专项整治；对高层楼消防加压泵无法正常使用及部分楼宇共用消防井的问题进行专题研究，明确相关协调机制和具体操作、维修方案。

排查学生公寓、实验室等重点部位安全隐患。2 月至 8 月响应教育系统“消防平安三号行动”，针对消防安全薄弱部位开展消防安全综合治理，重点排查学生公寓、食堂、实验室、图书馆等人员密集场所。4 月针对部分实验室内灭火器材底数不清、超出维护期、无专人管理等问题，对实验室和办公室内的灭火器进行了普查，并根据清查结果建立了消防器材台账，明确了责任人；确定了理学院化学药品库安全隐患整改方案，落实了库房地点及资金。

【交通管理】

全年管理登记在册的公车 65 辆，办理校园车证 2 722 个，维修路桩 69 个，增加停车位 59 个（目前共有车位 517 个），增加减速带 14 条，增设交通标识 16 个。

配合宣传部加强校园文化标识系统建设。对校园道路标识进行了设计，确定了道路标牌的安装实施方案、标牌内容、制作工艺要求、标牌设计等内容，因部分楼宇名称待定及部分道路施工尚未完成，交通标识及交通路线的调整工作正在逐步落实。

制定了《摩托车、电动车和三轮车入校管理规定》、《北京交通大学校园内专用机动车辆管理规定》，规范了校内用于生产、科研、教学和后勤保障的无牌照机动车辆的管理，对三轮车、无证摩托车、电瓶车进入校园进行了限制，增设了减速带，降低了车辆在校园内的行驶速度。

修订了《北京交通大学机动车管理收费实施细则》。调整了机动车通行和停放收费标准，投入30多万元对原有收费系统进行了全面升级改造，7月启动了车牌自动识别智能车辆管理系统，实现了机动车校园通行、计时收费管理完全智能化，存储数据安全可靠，规范了校园停车和行车秩序。经咨询审计、财务等部门并广泛征求意见和建议，简化了车证办理流程。

积极治理校园乱停车现象。规范校园道路交通标识，增加停车位，规范行车线路；制定了新的校外机动车因公来校出门单及管理办法；限制非本校车辆和人员穿行校园；采取加大巡逻力度、现场劝说、电话通知和发放违规停车通知单等方式，遏制了路边停车和占用消防通道停车的情况，改善了校园交通环境。

【户证管理】

全年管理集体户口23 532人，其中学生22 067人，教工及家属（含博士后）1 465人。办理户口迁入5 207人，其中本科生2 542人，研究生2 516人，博士后54人，教工及家属95人。办理户口迁出3 740人，其中本科生1 877人，研究生1 789人，博士后15人，教工及家属59人。为5 000余人办理身份证，为师生解决困难10人次。

9月份新生入校时，户籍室首次开展户籍手续现场办公，及时收集新生落户手续，同时启用二代身份证人像采集设备，利用周末加班加点为集体户口师生采集人像，使新生落户工作较往年提前3个月完成。

【安全教育】

定期组织学生宿舍、实验室、食堂等重点部位的安全检查。“两会”、“五一”、“十一”等重要时段组织各二级单位安全自查并进行抽查，发布了《毕业生离校前安全自查》、《夏季安全用电自查》等通知，组织了寒假春节前、毕业生离校前及暑假放假前等全校性安全大检查7次，分别对校园重点部位如实验室、食堂、宿舍、工地、地下空间等进行了检查，并对存在问题即时整改。

编印安全教育知识手册，加强消防安全演练，加大安全教育培训的广度和深度，推进安全教育常态化、制度化。每学期前八周开展安全教育选修课，1 000余名学生先后选修安全教育课程并通过了考试；对集中军训的3 500名学生进行消防演练及灭火器培训；对全校实验室的实验员及管理员、后勤修缮中心、饮食中心、学苑宾馆、留学生服务中心、信息中心员工共1 000余人进行了安全宣传及灭火器使用的培训。全年为学生开展安全讲座及培训总计3次10 000余人次、为教职工讲座培训8次；为选修课学生发放《大学生安全知识》1 200本，为新入学学生发放《大学生安全知识手册》7 450本、《新生安全必读》3 600本；在学生公寓及重点教学楼前放置防盗防火等安全教育宣传板总计7次101块。5月份举行了消防运动会，1 500余师生参加了灭火器使用、消防逃生接力赛。

新校区建设项目

【综述】

2012 年，学校积极创造和把握机遇，汇聚各种社会资源和力量，不断寻求创新和突破，努力实现现代轨道交通创新基地暨新校区项目（以下简称“平谷新区项目”或“项目”）快速推进，在明确校区功能定位、加快办理前期手续、启动总体规划方案设计和争取外部支持等方面取得了实质性的进展。

【项目进展】

学校高度重视项目建设，积极适时的向各级领导及部门汇报项目进展，努力争取多方支持。项目得到了教育部部长袁贵仁、副部长鲁昕，铁道部部长盛光祖，北京市委副书记、市长郭金龙、市委常委、教工委书记赵凤桐、市委常委、副市长陈刚等领导的重视和支持。

4 月 26 日，经过多方努力，教育部、铁道部、北京市人民政府共同签署了共建北京交通大学协议，极大地推动和支持了项目建设。

6 月，北京市明确了以学校“平谷新区项目”为基础，在平谷区规划建设“北京现代交通科教园”（以下简称“园区”），并计划纳入中关村“一区多园”体系规划建设。学校积极主动参与推进园区建设，协助平谷区完成园区概念性总体规划，还积极争取政策、资金，为项目寻求便捷路径。经多方努力，北京市设立专项资金支持学校项目建设，并于年底到位 1 亿元，用于平谷新区项目购地，2013 年还将继续提供资金支持。

7 月 20 日，陈刚副市长批示市规划委“关于北京交通大学现代轨道交通创新基地暨新校区选址有关意见的请示”，同意了学校平谷新区项目的选址和建设用地规模。

10 月 24 日，教育部鲁昕副部长来校专题调研，高度评价了北京交通大学平谷新区建设取得的进展，并同意在不少于 1∶1 配套北京市资金支持的基础上，再重点支持项目部分资金。

3 月和 11 月，学校委派新校区建设办先后组织调研走访了京津等 10 余所高校及高教园区，调查了解了 20 余所国内重点高校，针对功能定位、总体规划、前期手续、管理模式等方面进行了综合调研，并提出了校区功能定位的多套方案。

11 月 2 日和 12 月 14 日学校党委常委会两次讨论了平谷、海淀校区功能定位，完善形成了“一校两区”功能定位初步方案，即按照“以纵为主，以横为辅，纵横结合”的方式，平谷校区未来以容纳工科学院（原则上本科一年级除外）、新兴（交叉）学科、新增重型实验平台等为主。

12 月 21 日，学校六届五次教代会经讨论，以 96% 的赞成票通过了“一校两区”校区功能定位方案。

12 月，通过多方调研和认真策划，启动了平谷新区项目总体规划的方案征集工作，向国（境）内外具有大学新校区规划经验的多家知名设计单位发出报名邀请，最终有 11 家单位（国内 6 家，国外 5 家）响应参与。

【组织管理】

学校重视平谷新区项目队伍建设，新校区建设办增设副主任 1 名，通过组织招聘和选拔，增加工作人员 3 名，逐步形成了一支专业化、年轻化的工作队伍。

学校与平谷区开发商、马昌营镇政府组建了三方协调小组，明确了工作机制，定期召开三方协调会，协助平谷区推进项目土地一级开发工作。

同时，学校通过深入研究土地、规划等相关政策，充分吸收其他高校新校区和高教园区建设经验，逐步明确了符合学校平谷新区项目实际情况的推进模式，初步探索了项目未来建设管理运行的基本模式。

校友会　基金会　董事会　校企合作

【综述】

2012 年，学校校友会、基金会、董事会、校企合作工作秉承创新理念，积极拓宽思路，取得明显成效。教育基金会争取资金总量达 1.15 亿元。成立 6 个地方校友会和电信学院院友会、建艺学院院友会及学校第一个行业校友会——金融行业分会，先后举办四届校友毕业值年活动，与 12 家政府、院校、企事业单位新签订了战略合作协议，出台《北京交通大学关于进一步加强校友工作的意见》，着力打造校院两级校友和筹资工作机制。

【校友会工作】

校友会坚持“以信息整合为基础，感情联络为纽带，活动开展为载体，服务校友为宗旨，共同发展为目标”的指导思想，不断创新工作思路方法，积极利用校友资源服务学校育人工作，在开展校友活动、完善校友网络、搜集校友信息、挖掘校友资源、联络服务校友等工作中取得了显著成效。

1. 组织开展 2012 年各届毕业值年校友返校活动

5 月 18 日，在中心报告厅举办“77 级毕业三十周年返校纪念活动”、9 月 22 日分年级举办“78、88、98 级校友毕业 30、20、10 年返校纪念活动”，共吸引 1 800 余名校友返校。与往年的值年活动相比，2012 年校友毕业值年返校活动实现了两个创新：一是由校友主导开展值年活动，充分调动了校友参与活动的积极性。二是分年龄、有针对性开展校友捐赠策划，实现校友值年捐赠有层次、有重点、全覆盖。针对 77、78 级校友推出“思源林”捐赠项目，针对 88 级校友推出银杏树和座椅认捐项目，针对 98 级校友推出班级小额捐赠项目，共募集资金 85 万元。

9 月 22 日，电信学院、建艺学院举行了院友会成立大会，其他学院也举行了校友座谈会、文艺汇演等丰富多彩的联欢活动。

2. 举行北京校友会成立一周年暨学生辅导员校友联谊会成立大会

12 月 10 日，举行北京校友会成立一周年暨学生辅导员校友联谊会成立大会，回顾、总结交大辅导员队伍建设的发展历程和经验，为学校进一步加强学生辅导员队伍建设建言献策。铁道部纪委书记安立敏、新华社原党组书记徐锡安在内的近 200 名校友重返校园，出席成立大会并作交流发言。成立大会上，首次举行校友辅导员聘任仪式，24 名学生辅导员校友经过自由申请、组织审核等环节被聘任为校友辅导员。首批校友辅导员将在学校学生思想政治教育中发挥各自优势，用其丰富的学习、工作、生活经历对在校本科生的思想、学习、生活等给予指导，是探索校友资源服务人才培养的新模式。

3. 加强地方校友会以及行业校友会建设，完善校友工作网络

组织成立了云南、西藏、山东、新疆、南加州、台湾 6 个地方校友会，进一步完善了地方校友会组织网络，为今后更好的服务地方校友打下基础。在筹建地方校友会的同时，充分利用已成立的地方校友会平台，指导开展“迎新、年会、换届”等常规活动，并积极创新

地方校友会活动形式。

6月16日，学校成立第一个行业校友会——金融行业校友会，旨在充分利用学校的资源优势，为金融行业校友搭建交流平台，更好地助推金融行业校友的发展，共同为在金融行业打造北京交大品牌积蓄能量。

积极推动山西、海南、青岛、广西等地校友会筹备工作，协助组织召开筹备会议。

4. 挖掘校友资源，助推学校人才培养工作

2012年，校友会首次组织开展了“百场校友讲座进校园”系列活动，先后组织或协助开展5次校友讲座。北京天智通达信息技术有限公司首席执行官李极冰校友作题为“创新文化产业：移动媒体时代特征及其意义”的精彩演讲；国家能源局综合司副司长王思强做客2012交大大讲堂高层学术讲座，作“中国能源发展与展望”主题学术报告；太原铁路局局长杨绍清校友与学校山西“寻访校友”小组师生座谈；铁道部运输局副局长赵海宽作“铁路网规划建设和运力资源的现状与发展”主题报告；建筑与艺术学院86级校友陈宏良、88级校友谢强做《建筑梦》主题杰出校友报告会。各类校友讲座和报告在为师生提供专业领域知识的同时，也对学生开展学业规划提供了有益的指导和帮助，成为弘扬校友文化、丰富校园生活、加强在校生教育的重要渠道。

校友会及教育基金会联合学工部、研工部、校团委组织在校学生利用假期返回家乡开展“寻访交大学子 感悟知行校训”——“寻访校友”活动。本次活动规模空前、成果丰富。活动共组织50个寻访小组，150名学生，分别赴广州、苏州、太原、北京、江苏、郑州等十余个城市和地区，寻访校友近百名。在太原、广州、贵州、浙江等地，寻访校友小组和实践团与校友举行了座谈会。在校友会的组织下，举办了寻访小组成果展示暨颁奖活动，编辑完成了《北京交通大学2012年度寻访校友活动总结汇编》。

4月25日，联合招生就业处开展第三届“校友企业进校园招聘活动”，共有16家校友企业参会，提供10余类专业100多个工作岗位，专业对口比例达90%。

5月10日，成功举行2012届毕业生校友联络员聘任仪式，共聘任校友联络员198名。

5. 强化服务意识，创新联络服务校友渠道，积极关注校友发展

协助举办多次校友返校活动，如机电64－4班、电气88级、土建62级、土建98－3班、电子71级、经管03级博士班等近千人次校友返校活动。组织铁道部第九期清华班校友、北京市团代会委员校友、北京铁路局站段长校友回校座谈等近十次校友座谈会，加强母校与校友的情感交流。

12月11日至15日，陈峰副校长率学校校友企业家代表团一行12人赴台参访，拜访了台湾商业总会、中华陆商交流协会、世界领袖教育基金会和台湾大成律师事务所，实地考察了新竹交大科技园区和台北捷运行控中心等，访问了新竹交通大学和宜兰大学，与交通大学新竹母校校友们在台北和新竹两地共举行了3场交流联谊活动，见证了北京交通大学台湾校友会的成立。此次赴台参访是学校组织校友企业家首次赴大陆以外地区参访，是校友活动形式上的一次创新。

校友会创建了校友会官方QQ群，并利用邮件群发系统、短信平台每月定期向校友发送电子期刊，定期向校友发送节日、生日祝福，全年累计发送生日电子贺卡23 688份，发送生日祝福短信32 000余条，纸质贺卡900余封。向在各领域取得成绩和进步的校友寄发校长亲自签名的贺信10余封。年累计发送信息13.97万条，累计发送邮件约16万封。

校友会不断创新校友活动与服务形式，组织了首届校友摄影大赛活动，创立了电子版校友期刊《红果园之声》，组织了校友联络员专属答谢活动，发动校友参与了“交大精神大讨论”活动等，通过形式多样的活动不断增加校友与母校之间的互动与交流，凝聚校友力量。

关注校友发展，先后撰写10余篇校友动态新闻，宣传校友成绩。

6. 加强“一库一网两刊”校友服务窗口建设

“一库”即校友信息数据库。2012年，校友会继续加大校友信息搜集力度，通过组织校友返校、积极走访、电话邮件问询等形式，利用地方校友会、学院院友会、校友联络员等多种渠道，以点带面，多管齐下。校友信息库有效信息数量37 800条，新增5 320条，比去年同期增长16.3%。

“一网”即校友会网站。2012年，校友会网站进行了升级改版，增加了QQ在线互动交流等功能，为校友间的沟通交流搭建平台。

“两刊”即《校友通讯》(每年出版四期)，《红果园之声》电子刊物(每月定期出版)。全年完成4期《校友通讯》的编辑工作，向校友以及校内师生发放2万册。在此基础上，策划制作了《红果园之声》电子版月刊，共完成7期电子月刊的编辑和发送工作，向校友累计发送40余万人次，受到校友普遍欢迎。

7. 加强与其他几所交大间的联系，完成交通大学校友总会相关工作

开展交通大学校友总会日常管理与维护工作。按时保质完成年检年审及财务统计工作；组织开展交通大学第十一届理事会第二次总干事会，讨论总会工作，取得实质进展；组织完成民政部对总会的评估工作，协调四所交大开展总会规范化建设，整理校友总会档案资料并在校史馆归档。

【教育基金会工作】

2012年，基金会积极创新工作思路、大力开拓筹资渠道、全面培育捐赠文化、加强信息公开建设，形成了以海内外校友为依托，校企合作为主体，校友返校活动为契机，全方位、多元化的筹资工作模式。对内的管理制度建设，以及对外的资源联络拓展，均取得了显著的成效。

1. 全年累计接受社会各界捐赠5 912万元，获得中央财政配比5 637万元，为学校争取资金共计1.15亿元。新增基金项目24项，基金项目总数150项，其中：新增奖助项目5项，奖助项目总数79项。

2. 顺利完成理事会相关工作。7月6日，召开基金会第二届理事会第四次会议及五周年答谢招待会，听取了北京交通大学教育基金会2011年工作报告和2011年投资情况汇报；审议通过了修订的《北京交通大学教育基金会工作制度》、《北京交通大学教育基金会薪酬支付管理办法(试行)》、北京交通大学教育基金会2012年度非限定性项目预算；选举刘军同志为北京交通大学教育基金会副理事长；同意聘请于明校友和杨子新校友为基金会投资顾问；同意设立秘书处，并报送民政部、教育部备案；同意修订基金会章程中理事人数由12人变更为21人；同意住所变更为知行大厦8层8212。大会还听取了《北京交通大学教育基金会五周年发展报告》，并对2011年筹资工作突出的院系和部门进行了奖励，进一步调动了院系和部门参与基金工作的积极性，加强了和捐赠单位及个人的感情，为筹资工作的顺利开展打下基础。12月15日，召开第二届理事会第五次会议(通信)，会议审阅了北京交通大学教育基金会2012年1—11月财务情况汇报；审议通过北京交通大学教育基金会2013年度非限定性基金资助项目预算(草案)；审议通过北京交通大学教育基金会副秘书长变更，孙

长索不再担任基金会副秘书长，增补信心为基金会副秘书长。

3. 积极策划捐赠项目。制作《捐赠项目手册》，形成全面、完善、多样化的捐赠项目体系，建立以需求为导向的筹资机制，先后创新启动了“银杏树认捐”、“小剧场座椅认捐”、“天佑会堂座椅认捐”、“思源林纪念石”等认捐项目，得到广大校友的积极响应。

4. 召开基金会投资工作研讨会议。4 月 10 日、6 月 4 日分别召开基金会投资工作研讨会议，成立基金投资专家工作组就基金会投资建议方案进行研究，会议强调加强项目前期调研分析工作，从政策风险、市场风险、技术风险、财务预测风险以及投资退出风险等全方位考量项目可行性，充分做好项目前期的调研及跟踪活动，确保资金运作安全、稳妥、可靠。全年共参与 3 家企业股权投资，累计投资额 1 654. 5 万元。

5. 积极参与对外交流活动。8 月 10 日，基金会出席中国高教学会基金会研究分会第 14 次年会，递交论文《浅析高校教育基金会资金管理中的风险控制问题》，并受邀主持“基金会运营中的风险控制”分会场会议及进行主会场小组总结发言，获得了一致好评。

6. 11 月 9 日，民政部社会组织评估专家组对基金会进行实地考察评估，评估专家组分别对基金会的内部治理、工作绩效、财务管理等方面进行了全面的检查和评估，对基金会的工作给予了高度评价。

7. 11 月 16 日，参加 2012 年宝钢教育奖评审工作会议，计算机学院教授阮秋琦、理学院本科生冀东分获 2012 年宝钢优秀教师、优秀学生特等奖，这是学校自 2008 年获得评审学校资格以来，第四年同时获得这两个特等奖殊荣。

8. 继续实行校内捐赠收入配比奖励。对 2011 年 44 个捐赠项目实施 306. 63 万元的资金配比，进一步调动了校内二级单位的筹资积极性。

9. 积极开展各类资助活动。全年通过奖学金奖励优秀学生 523 人，共 183. 8 万，通过助学金资助贫困学生 221 人，共 55. 7 万。开展“感恩一季、铭记一生”校园感恩活动。组织开展“捐出一元钱，共植一棵树”2012 届毕业生感恩捐赠植树活动、第二届“最美交大”校园文化产品设计大赛、“春晖社社团成立仪式暨莫若愚先生逝世十周年纪念活动”，编印《德润芳华》纪念专刊。

10. 进一步加强信息公开建设。创刊《北京交通大学教育基金会信息公开简报》季刊、编写《大爱无疆》捐赠人风采卷一。开通基金会官方微博，全面改版网站建设、同步更新 MIS 财务查询系统，主动接受社会各界监督，做到信息公开、规范透明。全年累计制作 36 个奖助学金项目汇报册 680 本，《北京交通大学教育基金会高校捐赠信息动态》12 期。进一步完善捐赠人反馈机制，全年累计发送各类答谢及祝福邮件 11 610 封。

11. 完成基金会的各项年检、财务审计、统计、免税申请、日常财务管理等工作。完成上级主管部门及业务主管部门对于基金会的各项要求和各种资料的报送工作。

12. 北京交通大学教育基金会全年收入 64 236 922. 83 元，其中捐赠收入 59 127 498. 35 元（具体如表 76 所示），其他收入 5 109 424. 484 元。

表 76　2012 年北京交通大学教育基金会捐赠收入

捐赠项目	捐款单位或个人	捐赠金额（万元）
福清教育基金	福清市慈善总会	2 000
镇江新区专项基金	镇江新区高新技术产业投资有限公司	1 500

续表

捐赠项目	捐款单位或个人	捐赠金额（万元）
微联教育基金	北京交大微联科技有限公司	400
交控教育基金	北京交控科技有限公司	215
软件学院建设发展基金	深圳市易思博软件技术有限公司	150
和泰基业教育基金	北京和泰基业科技发展有限公司	120
后勤服务基金	北京汇博精瑞科技有限责任公司	90
后勤服务基金	北京慧智康健企业管理有限公司等	85
汉能李嘉宁奖助学金	汉能控股集团	68.4
悉地国际教育基金	悉地（北京）国际建筑设计顾问有限公司	60
思源林基金——77 级校友捐赠	77 级校友	56.04
基础建设教育基金	北京西南交大盛阳科技有限公司	50
CIT 名师大讲堂基金	北京六捷科技有限公司	50
后勤发展基金	校友	44
思诺助教基金	北京交大思诺科技有限公司	40.4
阿尔斯通研究中心基金	阿尔斯通公司	40.29
软件学院院长论坛	英特尔亚太研发有限公司	40
后勤服务基金	北京汇博日新酒店管理有限责任公司	40
基础建设教育基金	北京东江昊天科技发展有限公司	37.5
中国扶贫基金会新长城助学金	中国扶贫基金会	33.74
智瑾奖	莫碧琪	32.79
软件学院建设发展基金	陈焱	31.8
北京银行教育基金	北京银行中关村支行	30
基础建设教育基金	北京四通新技术产业有限公司	30
基础建设教育基金	北京能高自动化技术有限公司	30
基础建设教育基金	北京九五一九零信息技术有限公司	30
数字环境发展基金	北京九华互联科技有限公司	30
竞业达教育基金	北京竞业达数码科技有限公司	30
万桥教育基金	北京万桥兴业机械有限公司	28
青少年发展基金会——阳光学子助学金	铁路青少年发展捐助中心	26.7
校友基金	校友	20
学生艺术团交响乐团	北京和裕房地产开发有限公司	20
杨爱芬奖学金	北京中立鸿会计师事务所有限公司	20
九阳奖助学金	九阳股份有限公司	20
小剧场座椅——88 级校友捐赠	88 级校友	19.25
宝钢教育奖	宝钢教育基金会	17.12
华夏银行北京分行教育基金	华夏银行北京分行	15
土建学院基金	北京方达工程管理有限公司	15

续表

捐赠项目	捐款单位或个人	捐赠金额（万元）
京仪椿树电力电子奖学金	北京京仪椿树整流器有限责任公司	15
宋庆龄基金会助学金	中国宋庆龄基金会	12.75
思源助学金	全校师生	12.44
基础建设教育基金	北京六捷科技有限公司	12
基础建设教育基金	北京北交恒通技术有限公司	11
华为奖学金	华为技术有限公司	11
茅以升奖学金	北京茅以升科技教育基金会	10.8
西门子奖学金	西门子（中国）有限公司	10.6
丸和运输机关留学、助学金	株式会社丸和运输机关	10.54
基础建设教育基金	北京梦天游信息技术有限公司	10.5
后勤发展基金	中国联通等	10.5
青少年发展基金会——阳光学子助学金	北京青少年发展基金会	10.1
兴业银行教育基金	兴业银行北京西直门支行	10
北京校友会基金	北京竞业达数码科技有限公司	10
北京校友会基金	北京福轮广告公司	10
软件学院建设发展基金	北京中软国际信息技术有限公司	10
计算机与信息技术学院人才培养基金	阮秋琦	10
富士施乐奖学金	富士施乐高科技（深圳）有限公司	10
马克思主义理论创新奖励基金	蔡红建	10
NLTC 绿色照明奖学金	国家电光源质量监督检验中心	10
天萌建筑奖学金	广州天萌建筑设计顾问有限公司	10
京东方奖学（教）金	京东方科技集团股份有限公司	7.2
新华都奖学金	福建新华都慈善基金会	6.9
经管 88 校友基金	经管 88 级校友	6.35
软件学院建设发展基金	加拿大 RIM 公司	6.31
爱心帮困基金	全校师生	6.16
计算机与信息技术学院教育基金	计科 88 -1、2、4 班	6
台达奖学金	台达环境与教育基金会	5.94
校友会金融分会基金	金融行业校友	5.26
尖峰奖学金	北京尖峰计算机系统有限公司	5
曦明助学金	陈锡明	5
唐客奖学金	唐山轨道客车有限责任公司	5
理学院创新奖励基金	王玉凤	5
低碳城市与绿色建筑教育基金	广州市白云山化工实业有限公司	5
建筑与艺术学院教育基金	建筑学 88 -5 班	4.5
波易达奖助学金	滕永平、游剑峰	4.45

续表

捐赠项目	捐款单位或个人	捐赠金额（万元）
纪惠/慧贤腾飞计划奖学金	中国妇女发展基金会	4
钱仲侯奖助学金	韩淑芳、钱增禔、钱铭今、钱铭怡、裴豫明、裴培	2.5
思源助学金	余明聪	2
运输学院教育基金	运输学院87级校友、康龙	2
奋进助学金	中华儿童慈善基金会	2
02届校友基金	02届校友	1.99
校友基金	建行信用卡返还	1.93
校友基金	都福子女基金会	1.56
钱仲侯奖助学金	周黎、赵鹏、赵子荀	1.5
土建学院基金	土建学院校友	1.35
汤森路透奖学金	路通世纪（中国）科技有限公司	1.2
土建学院基金	林吉生	1.2
建筑与艺术学院教育基金	建筑学87－5班	1.1
校友基金	经管学院03级博士班	1
红十字会资助款	德高贝登户外广告中国有限公司	1
钱仲侯奖助学金	方崇国、陈丽	1
国富纵横专业奖学金	北京国富纵横管理咨询有限公司	1
校友基金	江苏软件产业人才发展基金会	0.8
校友基金	ETS测评技术（北京）有限公司	0.8
思源助学金	冯华才	0.8
IBM中国优秀学生奖学金	国家留学基金管理委员会	0.8
校友专项基金	王岳石、吴海	0.7
校友基金	78级校友	0.7
建筑与艺术学院教育基金	建筑学94－6班	0.5
校友基金	北京优捷特石油设备科技有限公司	0.36
校友基金	孙海龙	0.3
校友基金	王晓冰、尹红	0.3
建筑与艺术学院教育基金	艺术0302班孙志国	0.2
校友基金	2012届毕业生	0.17
土建学院基金	土建02届校友	0.15
建筑与艺术学院教育基金	艺术0401、0402班	0.14
校友基金	鲁敏夫、田朝霞、孟凯、韩继华、汪伟、武凯等	0.13
电信学院教育基金	张杰	0.11
计算机与信息技术学院教育基金	靳小燕	0.1
思诺教育基金	朱力、郭彬	0.03
合计		5 912.75

13. 北京交通大学教育基金会全年支出 23 046 755. 53 元，其中业务活动成本 22 580 821. 35 元（具体如表 77 所示），管理费用 465 934. 18 元。

表 77　2012 年北京交通大学教育基金会公益事业支出情况表

支　出　项　目	支　出　金　额（万元）
镇江新区专项基金	1 500
软件学院建设发展基金	74. 89
智瑾奖	61. 3
后勤发展基金	38. 39
青少年发展基金会 - 学子阳光助学金	36. 8
软件学院院长论坛	36. 52
中国扶贫基金会新长城助学金	33. 74
思诺助教基金	29. 25
金源教育基金	28. 79
数字环境发展基金	25. 1
思诺教育基金	25. 08
九阳奖助学金	23. 1
汉能李嘉宁奖助学金	18. 2
思源助学金	15. 2
宝钢教育奖	15
悉地国际教育基金	14. 05
新联铁教育基金	14
校友基金	13. 44
校友企业家协会	10. 81
茅以升奖学金	10. 8
董事会基金	10. 77
万桥兴业奖学金	10. 75
宋庆龄基金会	10. 5
尖峰奖学金	10
宋庆龄基金会德利多福奖学金	9. 75
华为奖学金	9. 6
西门子奖学金	9. 4
爱心帮困基金	8. 5
握奇奖教基金	8
中旭建筑设计奖学金	8
理学院创新基金	6. 9
微联素质教育奖助金	6. 32
新华都奖学金	6
台达奖学金	5. 94

续表

支 出 项 目	支 出 金 额（万元）
京仪椿树电力电子奖学基金	5.7
NLTC 绿色照明奖学金	5.2
机电学院 91 届科研基金	5.1
中国港湾奖助学金	5
唐客奖学金	5
曦明助学金	5
富士施乐奖学金	5
北京公交人才基金	4.8
钱仲侯奖助学金	4.5
江西校友会助学金	4.5
电工电子基础课程教学团队建设基金	4.3
奋进助学金	4
东江昊天教育基金	4
纪惠/慧贤腾飞计划奖学金	4
丸和运输机关留学助学金	3.5
北京校友会基金	3.39
CIT 名师大讲堂基金	2.5
唐一新能源奖学基金	2.5
波易达奖助学金	2.2
马克思主义理论创新奖励基金	2.1
佳讯飞鸿奖学金	2
道林建筑教育奖学金	2
天萌建筑奖学金	2
计算机学院计算机课程团队建设基金	1.96
建筑与艺术学院教育基金	1.8
竞业达教育基金	1.78
思源林基金——77 级校友捐赠	1.68
运输学院教育基金	1.65
马忠科研铁通专项	1.65
交大泰信企业信息化联合实验室基金	1.47
时进教育基金	1.4
利德华福电气奖	1.3
汤森路透奖学金	1.2
高富浪基金	1.1
计算机与信息技术学院教育基金	1.1
国富纵横专业奖学金	1

续表

支 出 项 目	支 出 金 额（万元）
京东方奖学（教）金	1
电信学院教育基金	0.89
天易教育基金	0.8
横山明聪奖学金	0.8
土建学院基金	0.75
常牵教育基金	0.68
校友专项基金	0.5
张夕勇助学金	0.4

【董事会工作】

9 月 23 日，学校董事会召开 2012 年年会，机电电气类 24 家董事单位、密切合作单位领导及校内有关部门负责同志共 70 余人与会。会议举行了“轨道交通制造业发展前沿讲座”，邀请知名院士和董事单位代表作轨道交通制造业发展前沿报告，为参会董事单位提供前沿知识的同时，也为董事会工作开启了新思路。

【校企合作】

2012 年，学校与北京铁路局等 12 家单位签署了战略合作协议，分别是：《北京交通大学与北方国际合作股份有限公司战略合作协议》、《北京交通大学与中国外运长航集团有限公司战略合作协议》、《北京交通大学与北京铁路局的战略合作协议》、《北京交通大学与北京天智通达信息技术有限公司战略合作协议》、《北京交通大学与西南交通大学校际战略合作协议》、《北京交通大学与中国铁建股份有限公司战略合作协议》、《北京交通大学与成都铁路局战略合作协议》、《北京交通大学与中国建筑第八工程局有限公司战略合作协议》、《北京交通大学与西藏自治区教育厅战略合作协议》、《北京交通大学与中国铁路通信信号股份有限公司校企战略合作协议》、《北京交通大学与中国北车长春轨道客车股份有限公司校企战略合作协议》、《北京交通大学和祥兴集团共建“福清研究院”合作协议》；策划、组织了校友企业家赴台湾参访活动，校友企业互访、校友企业进校园等系列活动。协助校领导开展调研 50 余次，组织校地、校企互访 10 余次；发挥驻外研究院对接地方经济建设的桥梁和纽带作用，深圳研究院积极探索校外产学研合作新模式，长三角研究院多渠道争取地方政府和企业双赢合作，全年争取平台建设及项目经费 1 000 万元。

2012

学院工作

电子信息工程学院

【综述】

电子信息工程学院下设信息与通信工程系、自动控制工程系、电子科学与技术系、光波技术研究所、国家电工电子教学基地。2012 年学院在队伍建设、教学、科研、国际交流、党建和思想政治工作等方面取得了新的进展。

【队伍建设】

截至年底，学院拥有教职工 249 人（含国家重点实验室），专职教师 196 人，其中院士 1 人，教授（含研究员）50 人，副教授（含副研）96 人，高工 15 人，具有博士学位的教师占教师总数的比例由上年的 77% 提高到 80% 。非事业编教师 13 人，退休返聘 3 人。

2012 年新引进副教授 1 人：刘留。博士学位的讲师 3 人：龚文飞、姚畅、李铮。师资博士后进站 3 人：周鹏、陈姚、王洪超。调出 4 人：陈根祥、贾宏树、宋光农、鲍炯。退休 4 人：李志斌、吴北玲、马玲、段虹。教职工分布具体见表 78。

2012 年选派骨干教师出国研修 6 人，青年教师在职取得博士学位 2 人。

表 78 电子信息工程学院教职工分布

单位 \ 职称	教授/研究员	副教授/副研	讲师/助研	助教	高工	工程师	工人	合计
信息与通信工程系	19	37	14		4	2		76
自动控制工程系	15	28	31		1	4		79
电子科学与技术系	2	7						9
光波技术研究所	7	7	8		1			23
国家电工电子教学基地	3	16	10		4	6		39
学院机关	5	1	1	1	5	9	1	23
合　计	51	96	64	1	15	21	1	249

【党建和思想政治工作】

学院党员情况见表 79。

表 79 院党员情况统计表

	支部数	党员数	党员比例	全年新发展党员数
学院	54	898	26.2%	128
教职工	8	143	62.2%	0
本科生	8	143	7.08%	92
研究生	38	612	43%	36

2012 年，学院党委获评学校党建和思想政治工作先进单位，学院 2010 级本科生第一党支部获评创先争优先进基层党组织，学院党委“用创新思路让新时期党建工作更富生命力”获党建和思想政治工作特色工作，“全方位体验式红色教育”获党建和思想政治工作创新项目二等奖，周航同志被评为校级“优秀共产党员标兵”，10 名同志被评为校级“优秀共产党员”。

1. 教职工党建和思想政治工作

学院党委以学习贯彻党的十八大和北京市、学校党代会精神为主线，以创先争优为载体，以开展“基层组织建设年”活动为契机，紧密结合实际，充分发挥基层党组织推动发展、服务群众、凝聚人心、促进和谐的作用，为学院的和谐发展提供强有力的组织保证。

为贯彻落实中共北京市委教育工委和校党委要求，学院党委将《基本标准》自查自评工作与创先争优活动及基层组织建设年活动有机结合，并作为大学生思想政治教育工作的代表做了题为“提升大学生思想政治教育科学化水平 助力学生成长成才”的报告。检查组对学院落实党建和思想政治工作《基本标准》的情况以及学院在大学生思想政治工作、辅导员队伍建设等方面的有益探索和积极成效给予高度评价。

制定了《电信学院党支部书记职责》、《党支部工作职责》、《党支部书记例会制度》、《电信学院建立领导干部联系基层制度长效机制》、《构建基层党组织和党员公开承诺长效机制》等相关制度和创先争优长效机制。探索加强教工党支部建设的有效切入点：要求党支部将学习与教书育人的实际相结合、与学科建设和发展相结合、与加强青年教工的培养相结合，引导广大教工党员，在教书育人上当好表率，在学科建设上当好参谋，在培养青年教工上当好伯乐。学院各党支部开展党日活动，学院机关党支部、自控系第二党支部和电子系党支部去平西抗日根据地开展党日活动，大家受益匪浅，并增强了支部的凝聚力。

2. 本科生党建和思想政治工作

全年本科生获各类奖学金人数：学习优秀奖学金 347 人；社会工作优秀奖学金 153 人；奋进奖学金 29 人；学习进步奖学金 15 人；体育活动优秀奖学金 31 人；文艺活动优秀奖学金 38 人；社会实践优秀奖学金 18 人。思源奖学金 1 人；国家奖学金 19 人；国家励志奖学金 56 人；茅以升铁道教育希望之星奖 1 人；詹天佑奖学金 3 人；智瑾一等奖学金 3 人；智瑾二等奖学金 4 人；宝钢优秀学生奖 1 人；高富浪“自强不息”奖 1 人；汉能李嘉宁奖学金 4 人；西门子奖学金 3 人；北京公交奖学金 3 人；新华都奖学金 3 人；富士施乐（深圳）奖学金 3 人；“理学院学生创新奖”一等奖 2 人；“理学院学生创新奖”二等奖 1 人；华为奖学金 1 人；佳讯飞鸿奖学金 4 人；“纪惠/慧贤腾飞计划”奖学金 3 人。

本科生获评团体及个人荣誉情况：通信 1006 班获“北京市十佳示范班集体”荣誉称号、北京交通大学第十三届周恩来班荣誉称号。获得北京交通大学校级先进班集体称号 5 个；北京交通大学校级优良学风班称号 11 个；北京交通大学院级优良学风班称号 19 个；北京交通大学学习进步班集体称号 5 个；北京交通大学 2011 级军训先进班级称号 2 个；北京交通大学三好学生标兵 1 人；北京市三好学生 3 人；北京市优秀学生干部 1 人；北京交通大学三好学生 97 人；北京交通大学优秀学生干部 47 人；北京交通大学 2011 级军训先进个人 54 人；北京交通大学优秀国防生 12 人；北京交通大学优秀国防生干部 4 人。获北京交通大学 2012 年本科生暑期社会实践优秀团队一等奖；28 人荣获本科生暑期社会实践优秀个人。

学院 2012 届注册毕业生共 469 人，其中通信工程专业 224 人、自动化专业 117 人、自动化（铁道信号）专业49人、电子科学与技术专业79人，截至2012年8月31日，签约率23.03%；深造率64.39%，排名全校第一；就业率97.01%。

实现深度辅导全覆盖。发挥辅导员的核心作用，形成以辅导员为主体，班主任、关工委、专业教师、心理咨询教师、朋辈互助为补充的六位一体深度辅导立体化支撑体系，全方位服务学生成长成才。落实班主任1对1辅导，辅导率到100%。

关注家庭经济困难学生。以学院励志社为平台，开展新生游长城、捐赠羽绒服，计算机技能培训等活动。设立微联励志奖学金，激发家庭经济困难学生学习动力。

注重学生未来规划，激发学习原动力。组织每个班级制定学风建设计划，组织每一名学生写一封给未来的信，对自己的大学学习、工作、生活，以及未来职业发展予以思考和规划，学院暂时封存，到大学毕业或毕业若干年后反馈给学生本人。

推进国际化培养工作。启动学生国际化培养专项工作，成立北京交通大学科技英语协会；成立北京交通大学模拟APEC协会；选派3名选手参加2012亚太青年模拟APEC大赛。

做好毕业生就业指导服务工作，院长、书记担任毕业生就业工作领导小组组长，主管本科生工作的副书记担任副组长，下设毕业生就业服务组，以毕业班辅导员为组长，保研同学中的学生骨干作为组员，建立了完善的毕业生就业工作运行机制，打造“全心全意服务学生就业工作”的品牌，积极做到“四个加强”，即加强就业引导力度、加强就业指导的深度、加强就业服务的水平、加强与就业市场的沟通。为提高毕业生的就业力，学院开展一系列就业技能培训会和专场经验就交流会：学院邀请微软公司专业培训师面向全体就业学生讲解Office使用和简历制作技巧，帮助同学们提高简历制作水平；邀请参加工作不久的校友讲述就业经历，分享面试经验；以“慧择青春”系列讲座帮助同学们深入了解学科、专业特色和导师特点，助力考研。

3. 研究生党建和思想政治工作

全年研究生获奖情况见表80。

表80　研究生获奖情况统计表

荣　誉　名　称	获奖数	级别
第九届“华为杯”全国研究生数学建模竞赛一等奖	1	国家级
2012全国大学生英语竞赛（NECCS）A类特等奖	1	国家级
2012全国大学生英语竞赛（NECCS）A类二等奖	6	国家级
第八届全国研究生电子设计大赛三等奖	3	国家级
北京市三好学生	1	市级
北京市优秀学生干部	1	市级
北京市“先锋杯”优秀基层团干部	1	市级
北京市“先锋杯”优秀基层共青团支部	1	市级
先进班集体	4	校级
优秀团支部	3	校级
三好研究生	143	校级
优秀研究生干部	100	校级
优秀团干部	11	校级

续表

荣 誉 名 称	获奖数	级别
优秀共青团员	20	校级
优秀毕业生	36	校级
优秀毕业生干部	18	校级
道德建设先进个人	2	校级
暑期社会实践一等奖	6	校级
暑期社会实践优秀个人	6	校级
“争先创优”优秀共产党员	2	校级
宝钢奖学金	1	校级
智瑾奖学金	5	校级
京东方奖学金	5	校级
西门子奖学金	1	校级
华为奖学金	4	校级
思诺奖学金	7	院级

硕士毕业生 427 人，博士毕业生 29 人。

博士毕业生就业情况见表 81。

表 81　2012 年电信学院博士毕业生毕业情况统计表

年份	人数	出国	升学	签就业协议	灵活就业	待就业	深造率	签约率	就业率
2012	29	1	1	25	1	1	6.9%	89.66%	96.55%

博士研究生就业率总体相较上年下降 3.45 个百分点，1 人自愿选择不就业。深造率下降 15.82 个百分点，签约率上升 12.38 个百分点。

硕士毕业生就业情况见表 82。

表 82　2012 年电信学院硕士毕业生毕业情况统计表

年份	人数	出国	升学	签就业协议	灵活就业	待就业	深造率	签约率	就业率
2012	427	16	5	357	47	2	4.9%	94.61%	99.53%

硕士研究生就业率总体相较上年上升 1.59 个百分点，2 人自愿选择不就业。深造率上升 0.3 个百分点，签约率上升 1.29 个百分点。

2012 年积极贯彻落实学校研究生综合素质教育计划，努力展现育人新风。加大组织建设，制定了“电子信息工程学院研究生专项奖学金评定条例”等 8 项规章制度。增加研究生专职辅导员 2 人，选聘了兼职辅导员 3 批共 26 人。继续发扬党支部的先锋堡垒作用，新发展党员 36 人，转正 34 人，共 129 名同学参加了党课培训。2012 级党总支创立研究生院刊《北交电信之声》，已出版 4 期，题材新颖、主题鲜明，受到全院师生的好评；博士 2012 级党支部开展了“传承百年精神，展现青春活力”系列班级文娱学术活动；与北京师范大学文学院党支部举办了“喜迎十八大，支部共建设”暨联谊活动，来自两所院校的70余名同学参加；邀请专业人士进行新闻培训讲座，提高研究生的新闻意识和写作能力；支部活动共开展各类活动50余次，学习讨论30余次。在新的奖惩条例激励下，研究生学术有了新的进步，慧光杯投稿19篇，专项奖学金申报27人。研会学术部和IEEE学生分会开展学术讲座9次，组织学术参观12项，400余人参加学术研讨会或论坛。

在文体活动方面，研究生代表队夺得第四届研究生辩论赛中亚军；在校春季运动会中频获佳绩，学生乙组男子团体总分第二名、女子团体总分第四名、男女团体总分第二名；新生运动会中研究生组团体总分第一名；获“院际杯”羽毛球赛团体冠军、男单冠军、男单季军、女单季军。将学院以往研究生各项课余学术、体育、文化活动，整合为“明德杯”电信学院研究生年度活动，打造特色活动品牌。

在就业方面，举办大型的职业生涯规划培训3次，对毕业生进行一对一辅导，积极开展技能培训和交流活动；与中兴、华为等知名公司多次进行交流，建立良好合作关系；加强研究生择业观教育和诚信教育，通过劝导阻止了4人违约。

在资助方面，协助24人办理国家助学贷款，为2名学生提供特困补助2 000元。为2012级家庭经济困难的新生购买了商业保险，为老生办理“一老一小”保险。开展了多场心理健康教育，和学生专门谈话40余人次，关心问询100余人次，化解学生心理危机。继续援助于永山同学，多方募捐，使其完成了骨髓移植。

【教学工作】

1. 本科教学

电子信息与计算机实验中心获批“十二五”国家级实验教学示范中心；通信工程获批教育部专业综合改革试点；北京交通大学－郑州铁路局工程实践教育中心获批国家级工程实践教育中心；陈后金主编的《信号与系统》、侯建军主编的《数字电子技术基础》（第二版）两种教材入选第一批“十二五”普通高等教育本科国家级规划教材；通过国家级电工电子实验教学示范中心验收；宁滨、戴胜华等主持的《发挥轨道交通学科优势，培养行业特色拔尖创新人才》获北京市教学成果特等奖，简水生、裴丽、任国斌、李唐军、宁提纲主持的《学术自由与集体主义相结合的创新拔尖人才培养的探索与实践》和陈后金、侯建军、杜普选、郝晓莉、马庆龙主持的《改革电工电子实验教学，培养学而善用优秀人才》获北京市教学成果二等奖；简水生、陈后金、侯建军、蔡伯根、戴胜华分别作为项目执行负责人申请的5个教改项目获北京市教改项目（共建项目）立项；主办教育部高等学校轨道运输与工程教学指导委员会铁道信号与控制工程教学指导组工作会议，承办全国第三届通信工程特色专业建设研讨会，参加电子信息科学与工程类专业教指委2012年会。

春季学期118位教师开设74门课程，秋季学期100位教师开设65门课程，全年教授上课率为77. 3%；田慧开设全英文课程《电路分析》，郭宇春、赵会兵分别开设新生研讨课《信息网络与社会生活》、《21世纪的轨道交通》；英国雷丁大学Chris教授、瑞典布莱京理工大学扬哲老师为通信工程国际班学生短期授课；获得校级教学成果特等奖2项、一等奖10项、二等奖12项；发表教学论文7篇，出版教材6本；《电路分析》、《电磁场与电磁兼容》、《数字电子技术》、《数字信号处理》、《经典控制理论》、《通信原理》、《微机原理与接口技术》、《信号与系统》8门课程获得校级优质课程立项建设；孙强、沈波入选第二十四批优秀主讲教师，刘云、王均宏、黄琳琳入选第二十五批优秀主讲教师，王根英、周春月入选第十六批优秀实验教学指导教师；获优秀研究性教学训练载体3个，优秀研究性教学学生作品4个；侯建军、佟毅开发的《语音放大器》、杜普选开发的《浮点处理器的应用》、戴胜华、李正交开发的《铁道信号综合实验》、马庆龙开发的《数控脉冲信号发生器》获得优秀实验项目；苗宇、蒋大明主编的《自动控制原理》（修订版）和卢燕飞、周春月、王根英主编的《通信工程专业综合实验教程》获得学校教材出版基金资助教材；戴胜华被评为北京交通大学优秀教师和北京交通大学教学名师；修订2012本科培养计划6个，修订2010、2011级自动化铁道信号专业培养计划，修订教学大纲和课程简介164个，陈后金和胡健主笔的《信号与系统》、侯建军主笔的《数字电子技术》、戴胜华主笔的《铁道信号综合实验》获评优秀教学大纲；田慧、张文静获第九届青年教师教学基本功比赛二等奖，陶丹、周航获三等奖，陶丹获最佳教案奖；制定本科教学奖励办法，2011年本科教学奖励397 055元。

截至年底，在院学生总人数为2 021人（含留学生27人）；2012届毕业生540人，其中489人获得学士学位，42人延期，3人结业，毕业无学位3人，退学3人；2012级新生总人数452人（含留学生5人）；共接受转专业学生43人，其中思源班转入6人。

49项大学生创新实验项目结题验收，76项大学生创新实验项目获准立项，其中18项被评为国家级；学生参加的学科竞赛中，获国家级一等奖1项，国家级二等奖1项，国家级三等奖2项，北京市（华北地区）一等奖5项，北京市（华北地区）二等奖31项，北京市（华北地区）三等奖4项；学生发表科研论文7篇；108人获得保研资格，其中，攻读本校硕士学位73人（校内普通40人、校内产学联合培养24人、校内轨道交通实验班3人、保留学籍留校工作1人、专长人才保研5人），攻读外校硕士（博士）研究生22人，直接攻读本校博士生13人；44人入选各类国际交流项目。本科生各类学科竞赛获奖情况见表83。

表83　本科生各类学科竞赛获奖情况表

竞赛名称	获奖数量（项）					
	国家一等奖	国家二等奖	国家三等奖	北京市或华北地区一等奖	北京市或华北地区二等奖	北京市或华北地区三等奖及其他
全国大学生电子设计竞赛模拟电子系统设计专题邀请赛			1			1
全国大学生电子设计竞赛嵌入式系统设计专题邀请赛			1			
全国大学生智能汽车竞赛					4	2
北京市大学生电子设计竞赛				3	24	6
全国“电脑鼠走迷宫”竞赛总决赛	1					1
北京市“电脑鼠走迷宫”竞赛总决赛				2	3	
全国大学生电子信息实践创新作品评选		1				
大学生交通科技大赛						1

2. 研究生教学

2012 年学院招生、在校、毕业研究生人数如表 84 所示。

表 84　2012 年招生、在校、毕业研究生人数

类别 / 年份	博士			硕士			在职工程硕士		
	招生	在校	毕 业	招生	在校	毕业	招生	在校	毕业
2012 年	57	287	41	447	1 280	438	79	419	81

2012 年对博士招生学科和学术硕士招生学科进行调整。博士学位授权点 4 个。一级学科授权点 2 个：电子科学与技术（代码：0809）、控制科学与工程（代码：0811）。二级学科授权点 2 个：通信与信息系统（代码：081001）、交通信息工程及控制（代码：082302）。工学硕士学位授权点 5 个。一级学科授权点 2 个：电子科学与技术（代码：0809）、控制科学与工程（代码：0811）。二级学科授权点 3 个：通信与信息系统（代码：081001）、交通信息工程及控制（代码：082302）、信息安全（代码：0810Z1）。专业硕士学位授权点 3 个领域：电子与通信工程领域、控制工程领域、集成电路工程领域。

本年度招生录取全日制硕士生 447 人，其中学术硕士生 336 人，专业学位硕士生 111 人，录取博士生 57 人。博士生导师 45 名，硕士生导师 158 名。一名博士生导师平均每年招生 1.2 名博士生，一名硕士生导师平均每年招生 2.8 名硕士生。2012 年研究生培养的工作重点是：抓研究生课堂教学质量和推进强化以学科研究方向为导向的研究生培养模式改革。

2012 年授予博士学位的 41 名博士在读期间发表论文：SCI53 篇，EI87 篇，B 类论文 121 篇。

【科研工作】

全年新增科研项目 201 项、合同经费 8 575.20 万元，实到经费 7 843.64 万元（不含国家重点实验室）。SCI 检索 88 篇、EI 检索 138 篇；出版教材及著作 11 本；软件著作权登记 111 项，专利授权 151 项，其中发明专利 122 项。

张宏科团队获得主持 2013 年“973”项目“智慧协同网络理论基础研究”，王均宏团队获得 2013 年“973”课题“基于负载特性的微波源实时智能控制理论与关键技术”。张宏科团队、闻映红团队分别主持获得国家自然科学基金重点项目，蔡伯根团队主持获批科技部国际科技合作专项项目，刘泽主持获得国家自然科学基金仪器专项。宋永端团队主持国家“973 ”计划课题，高德云主持国家科技重大专项课题。

2012 年新增国家自然科学基金项目，负责人如下：闻映红、刘泽、黄琳琳、李纯喜、裴丽、简伟、延凤平、雷蕾、龚文飞、李鹏、姚畅、陈后金、荆涛、刘颖、秦雅娟、张宏科、罗洪斌、周华春、王均宏、沈波、陶丹、杨冬、陈根祥、蔡文川、王剑、王方刚、穆海冰、高德云、杨维。

2012 年新增科技部“863”、“973”、“科技支撑”课题，负责人如下：苏伟、李开成、罗洪斌、蒋海林、上官伟、秦雅娟、陈福恩、宋永端。

宁滨团队主持的项目“基于通信的城轨列车运行控制系统关键技术及其应用”获国家科技进步二等奖（公示结束），张宏科团队主持的项目获电子学会技术发明类一等奖（公示结束）。

艾渤入选“国家优秀青年科学基金项目”。

罗洪斌、赵军辉入选“新世纪优秀人才支持计划”。

【学科与平台建设】

唐涛团队主持获批“城市轨道交通北京实验室”。

“信息与通信工程”学科和“交通运输工程”学科参加第三轮学科评估工作。

张宏科主持的“信息科学与技术创新引智基地”项目通过验收，获得滚动支持。

【对外交流与合作】

学院积极拓宽与海外院校的广泛联系，大力推进国际交流与合作。在学生教师出访及海外学者来访等国际学术交流、项目合作方面都取得了良好成绩。

接待国外专家、学者来访 81 人次，其中合作科研 20 人次，讲学 46 人次，访问 5 人次，参加国际会议 8 人次，聘任兼职教授 2 人次；聘请国外专家、学者 5 名；接收国外留学生 30 人次，其中研究生 8 人次，本科生 22 人次。

学生出国交流 81 人次，其中本科生 44 人次，研究生 37 人次；教师出国进修、学习 44 人次，包括长期交流教师 4 人次，短期交流访学 40 人次。参加国际学术会议 32 人次，其中教师 20 人次，学生 12 人次。

与国外大学签订合作交流协议 3 个，包括瑞典中瑞典大学、美国明尼苏达大学、美国密苏里大学；启动与法国 INSA Lyon、美国伊利诺理工大学、英国拉夫堡大学等海外学校的联合培养合作。

主办协办国际学术会议 3 次：第三届互联网技术与应用国际会议（The 3rd International Conference on Internet Technology and Applications）；第二届电子、通信与控制工程国际学术会议（ICECC 2012），第二届轨道交通安全技术研究中心研讨会（The Workshop of Railway Safety Technology Research Centre）。

唐涛教授领衔的“轨道交通控制与安全”引智基地获得教育部正式批复立项。

计算机与信息技术学院

【综述】

计算机与信息技术学院下设：计算机科学系、计算机工程系、生物医学工程系、信息安全系、计算机基础教学基地、信息科学研究所、先进计算研究所、网络管理研究中心、计算机综合教学实验室。学院师资队伍建设、人才培养、教学、科研等各项事业取得显著成绩。

【队伍建设】

截至年底，学院有教职工 199 人（含非事业编 14 人，退休返聘 6 人），其中专职教师 136 人，具有博士学位的教师 102 人，占专任教师的 75%。全年引进人才 10 人。

表 85　计算机学院教职工统计表

	教授	副教授	讲师	助教	副研究员	高工	工程师	助工	工人	见习生	合计
计算机科学系	4	18	8			1		1			32
计算机工程系	2	12	9					3			26
生物医学工程系	1	6	4						1		12
信息科学研究所	11	11	6			1	1	1			31
计算机基础教学基地	2	5	6			1	6	2	2		24
网络管理研究中心	1	2	2		1	4	3	3	1	1	18
信息安全系		3	11			1	1				16
先进计算研究所	1	1	3								5
综合实验室		3	1			2	3	1			10
党政人员	4	2	6				8	2	1	2	25
合计	26	63	56	0	1	10	22	13	5	3	199

学院加大青年教师的出国培养力度，2012 年出国访问进修的中青年教师有 11 人，另有 6 名教师已获得派出资格。学院具有海外学习工作经历的教师比例大幅度增加。

学院第四年评定“握奇奖教金”，通过专项经费形式支持共计 32 名青年教师做好一线教学科研工作。

【党建和思想政治工作】

截至年底学院共有党支部 35 个，其中教工党支部 8 个，学生党支部 27 个。学院共有党员 652 人，其中教工党员 104 人，离退党员 5 人，学生党员 496 人，毕业未就业党员 47 人。全年新发展党员 136 人，其中新发展研究生党员 34 人，本科生党员 102 人。教工党员比例为 52. 3%，研究生党员比例为 48. 5%，本科生党员比例为 13. 7%。

1. 教职工党建和思想政治工作

配合校党委完成了校党代会的各项筹备工作、校保密资质重新申请入校检查工作。完成了党建《基标检查》及学院党委的各项工作。认真梳理了学院的各项制度，修订了 4 个文件。完成了 2012 年的首聘期考核、新聘期聘任工作。结合学院的“十二五”规划做好学院队伍建设的顶层设计、科研团队的凝练等工作，在充分调查研究的基础上修订了年度考核文件，使聘任考核与年度考核工作更好的衔接。

加强校企合作，提升社会服务能力，改善教职员工待遇，与多家企业建立了实质性的合作关系。推进学院与国际暑期学校项目合作，不定期走访校友企业，组织常态化的访谈，筹划组织校友企业家创新论坛。圆满完成 77 级、78 级、88 级、98 级一百多位院友的返校工作。

开展了丰富的教职工活动。在本年度学校运动会上取得了男子团体第四、女子团体第四、男女团体总分第五的好成绩，教工男子篮球队勇夺亚军；“迎新杯”羽毛球比赛取得了男子团体第一，女子团体第四，男子双打第二，男子单打第二的出色成绩；组织教职工体育舞蹈培训、奥林匹克公园健步走、郊游登山及采摘活动。慰问生病和困难教职工，与离退休教工座谈交流。

加强学院文化与环境建设，建设制作校友墙、大学生科技创新成果墙、党政领导和机关工作人员岗位职责墙，制作楼层指示牌，统一设计制作学院门牌 110 个，制作工程系、科学系主题背景墙，重新制作宣传画册，建设学院网站，完成计算机基地两个机房的环境改造及管理系统更新工作。

2. 本科生党建和思想政治工作

确定“明确一个目标，突出两个抓手，依靠三支力量，搭建四个平台”的工作思路，开创“CIT 名师大讲堂”系列活动，启动预备党员素质提升计划，引进优秀校友企业北京竞业达数码科技有限公司共建计科 1201 班。

本科生第三党支部获得北京高校红色“1 + 1”示范活动一等奖，本科生第四党支部获得校内红色“1 +3”活动二等奖；学院获 2011 级军训精神文明先进单位，2012 级散训组织训练第一名，安全 1101 班获 2011 级军训先进班集体；生医 0902 班获 2010—2011 年度北京市先进班集体，4 个班级获校级先进班集体，6 个班级获校级优良学风班，3 个班级获校学习进步班集体。1 人获北京市三好学生称号，1 人获北京市优秀学生干部荣誉称号，1 人获北京交通大学三好学生标兵称号，49 人获校级三好学生荣誉称号，26 人获校级优秀学生干部荣誉称号，31 人被评为校级 2011 级军训先进个人。1 人获思源奖学金，9 人获国家奖学金，30 人获国家励志奖学金，21 人获各类专项奖学金，301 人次获各类单项奖学金，奖学金获奖面为 36. 3% ；共计 12 人次获北京市级文体竞赛奖；共有 413 人次参加各类学生科技活动，参加 2012 年大学生创新训练项目学生 116 人，获省部级以上奖励 55 人次，其中国家级奖励 48 人次。

2012 届本科毕业生 216 人，就业率 100% ，完成本科生就业率既定目标。其中 27 人出国，89 人读研，深造率 53. 70% ，深造率首次突破 50% ，比上年高 8. 98% 。

1 支社会实践团队荣获首都大学生暑期社会实践优秀团队，1 项荣获首都大学生暑期社会实践优秀成果，2 支社会实践团兼获学校一、二等奖；4 个支部荣获学校甲级团支部，1 个团日活动被评为校十佳团日活动，3 个团日活动被评为校优秀团日活动。2 名教师获校本科生暑期社会实践优秀先进工作者，17 人获校本科生社会实践优秀个人；2 名学生荣获校十佳团支部书记，26 名学生获校优秀共青团干部，73 名学生获校优秀共青团员。同时，2012 年共资助学生 271 人，资助金额 716 200 元，为 48 名学生办理国家助学贷款，新增贷款金额共计 264 000 元。全年为 150 名学生提供 28 类勤工助学岗位，全年累计发放勤工助学经费 68 012 元；为 72 名学生购买了生活用品和学习用品。

3. 研究生党建和思想政治工作

2012 年度研究生获得校优秀班集体 4 个，校优秀团支部 4 个，硕士 1102 党支部获得校优秀党支部称号，博士研究生蒋忠元获得宝钢优秀学生奖学金，博士生王恺饶获得校研究生科学道德和学风建设先进典型“身边的榜样”称号，韩淏轩和肖俊两名研究生同学获得校优秀共产党员称号，智谨奖学金 1 人，华为专项奖学金 2 人，尖峰专项奖学金 3 人，曦明奖学金 1 人，校三好研究生 56 人，优秀研究生干部 37 人，校优秀团干部 3 人，校优秀团员 5 人，院优秀团干部 13 人，院优秀团员 37 人，获得北京市普通高等学校优秀毕业生 10 名，校优秀毕业生 27 人，校优秀毕业生干部 13 人。10 名硕士研究生论文被评为 2012 年校级优秀硕士论文，1 名博士研究生论文被评为校级优秀博士论文。

计算机与信息技术学院 2011 届研究生毕业生共计 199 人，其中博士毕业生 16 人，硕士毕业生 183 人（学术型 142 人，专业学位 41 人），男生 115 人，女生 84 人。截至 11 月底，硕士生就业率 99.5%，博士生就业率 100%。

聘任研究生学期教育计划各模块的兼职专家共计 7 名。在科学道德和学风建设宣讲专题活动中，学院邀请校内外专家组织专题报告 6 次，博士生沙龙 1 次，在 10 月底之前已达到全院研究生的 100% 覆盖。组织安全教育、心理教育讲座各 1 次，消防安全疏散演习 1 次。2012 社会实践优秀团队一等奖 1 项、二等奖 1 项、三等奖 1 项，社会实践优秀个人 4 人，社会实践优秀带队教师 1 人。在 2012 年度组织名师讲坛活动 15 次、博士生论坛 1 次、就业交流 5 次。2012 年度办理研究生贷款 7 人，催还毕业生贷款 30 人次。

以弘扬践行北京“爱国、创新、包容、厚德”为主要内容的北京精神为重点，开展了北京精神宣讲主题班会、支部学习活动、学雷锋树新风活动、研究生班级风采大赛、研究生优秀宿舍评比等；与 IET 英国工程技术协会合作，承办第三届 IET 全球英语演讲竞赛之北京交通大学站初赛、北京赛区决赛、全国赛区决赛。组织研究生骨干培训 2 次，素质拓展 1 次。

【教学工作】

1. 本科教学

2012 年招生录取本科生 293 人，在校本科生 1 040 人，毕业本科生 229 人，下设 6 个本科专业，即计算机科学与技术专业、计算机科学与技术（铁路信息技术）专业、生物医学工程专业、信息安全专业、信息安全（保密技术）专业、物联网工程专业。计算机科学与技术一级学科 2012 年首次按大类招生，包括计算机科学与技术、计算机科学与技术（铁路信息技术）、信息安全和物联网工程四个专业。学生在第一学年统一学习大类基础课程，第四学期开始在所选专业就读。

与电信学院合作建设的电子信息与计算机实验中心被评为国家级实验教学示范中心；与英特尔亚太研发有限公司工程和中铁信息工程集团有限公司共建的 2 个实践教育中心被批准为国家级工程实践教育中心；计算机科学与技术（铁路信息技术）专业进入教育部专业综

合改革试点；2 种教材入选国家“十二五”规划教材；获 2012 年电子工业出版社优秀译作者奖；计算机科学与技术专业启动国家工程专业认证。

学院 2 项主持、1 项参与的教学成果获得北京市教学成果一等奖；5 项教改研究课题获北京市教改项目立项；申报北京交通大学本科优秀教学成果奖 27 项，荣获校级教学成果奖 20 项，其中校级特等奖 2 项、一等奖 5 项，二等奖 13 项。

校级优秀主讲教师 19 人，5 门课程被批准为 2012 年北京交通大学优质课程立项建设项目；获得学校教学类评优项目 9 项。计算机专业综合实验室获北京交通大学优秀实验室；1 名教师获北京交通大学优秀实验员。

举办学院青年教师教学基本功比赛，评出一等奖 3 名、二等奖 5 名、优秀奖 3 名、优秀教案奖 5 名；1 名教师获北京交通大学第九届青年教师教学基本功比赛二等奖，2 名教师获北京交通大学第九届青年教师教学基本功比赛三等奖。

1 人获 2012 年 ALTERA 杯亚洲创新设计大赛优秀导师；学科竞赛获省部级及以上一等奖 1 项，二等奖 3 项，三等奖 10 项。

2011 年大学生创新性计划项目立项 42 项，34 项顺利结题，其中 8 项国家级、4 项北京市级、22 项校级。发表会议论文 1 篇，国内一般检索的期刊论文 1 篇，已获得发明专利两项。2012 年大学生创新创业训练计划项目立项 38 项。

进一步加强与美国密苏里大学、美国明尼苏达大学克鲁斯分校的联系和交流，正在参与经管学院美国罗切斯特理工学院和机电学院美国奥克兰大学的交流。选送 4 名学生参加国际（境外）项目交流。

本科生共保研 47 人，其中直博 1 人，产学联合培养 6 人，校内辅导员 2 人，支教 3 人，专长 1 人，轨道交通实验班 1 人，校内普通保研 21 人，校外普通保研 12 人（其中清华大学 1 人，北京大学 6 人，中科院 2 人，中国科技大学 1 人，北京航空航天大学 1 人，北京理工大学 1 人）。

制定《关于成立计算机学院本科生科技创新活动工作组的通知》、《计算机与信息技术学院 2012 级计算机大类专业分类培养办法》；完善《本科生科技创新活动工作组经费管理办法》、《大学生创新创业训练计划项目经费管理办法》、《计算机与信息技术学院本科教学工作量绩效考核办法》。

2. 研究生教学

2012 年招生录取硕士生 239 人，其中学术型硕士生 175 人，推荐免试学术研究生 26 人，专业学位硕士生 64 人，推荐免试专业研究生 15 人，录取博士生 32 人，其中硕博连读 5 人，直博生 5 人，委培生 17 人。本学年积极响应硕士研究生优秀生源预选拔工作，推出创新的招生宣传举措，宣讲团前往生源集中地研招宣讲 6 次，使研究生报考生源数量和质量较往年均有了一些改善。

2012 年在校硕士生 527 人，博士生 210 人，硕士学位授权点 10 个，博士学位授权店 5 个。在研究生院的统一部署下，规范了学科库博士点、硕士点研究方向，与二级学科或一级学科研究方向一致，每位硕士、博士研究生导师至多只在相近的两个专业方向招生，突出重点研究方向。

2012 年招生录取工程硕士 203 人，截至 12 月 31 日，在校工程硕士 457 人。2011 年授予工程硕士学位 44 人。

【科研工作】

全年新增科研项目数128项、合同经费约5 000万元，比去年增长14.3%；SCI检索论文58篇，EI检索论文86篇；新增出版著作7项；获批复的专利27项；软件著作权4项。

科技部项目获得新突破，赵耀教授成功申报973课题1项，刘峰教授成功申报863出库项目1项，科技支撑项目1项。国家自然科学基金项目申报取得历史最好成绩，获批项目数达到18项，总金额首次突破千万元以上，其中，获得国际合作重大项目1项，面上项目8项，青年基金9项。

科学研究取得了丰硕成果。赵耀教授负责的“数字媒体信息处理”教育部创新团队于2012年12月获得教育部正式批复立项；钟章队教授的“铁路列车运行控制车地数据传输监测系统”项目荣获2012年北京市科学技术奖三等奖；赵瑞珍老师荣获教育部新世纪人才荣誉称号。

【学科与平台建设】

学院现有“信号与信息处理”国家重点学科，“计算机应用技术”北京市重点学科和“信息安全”北京市重点交叉学科，拥有“现代信息科学与网络技术”北京市重点实验室、“铁路信息科学与工程”铁道部重点实验室、“高速铁路网络管理”教育部工程研究中心、“计算机实验中心”北京市实验教学示范中心等平台、网络管理国家认可实验室。

在2012年国家学科评估中，一级学科计算机科学与技术学科排名26/120，软件工程学科排名34/106；二级学科信号与信息处理在信息与通信工程一级学科下参评排名8/74。

学院在评估结果之上，开展了国内外学科建设情况的对比分析，确定了学科建设重点和发展方向。

组织申报“交通数据分析与挖掘”北京市重点实验室；成功与文化部民族民间文艺发展中心开展合作，共同建立数字文化研究基地。

【对外交流与工作】

2012年共接待外国专家、访问团35人次，举办研究生学术讲座23次。先后派出15名学生赴美国、法国以及我国台湾地区访学或交流。其中在2012年暑期派出13人的师生团体赴台湾淡江大学进行了为期两周的交流学习。全年新接收外国留学生9名。由学院主导的与美国密苏里大学2+2及3+2的项目在全校范围内共派出学生9名。聘请了明尼苏达大学的汤金鹏教授为兼职教授；与美国伊利诺伊大学芝加哥分校、美国奥克兰大学及法国理工联盟7所高校已签署2+2或3+2联合培养项目。

2012年袁保宗教授主持承办了第11届信号处理国际会议（International conference on signal processing，ICSP2012）；孙冬梅教授承办了第四届网络分布式计算与知识发现国际会议（The 4th International Conference on Cyber-Enabled Distributed Computing and Knowledge Discovery，CyberC 2012），沈鸿教授主持承办了第13届并行计算及分布式计算、应用和技术国际会议（The 13th International Conference on Parallel and Distributed Computing，Applications and Technologies，PDCAT'2012）。

推进双语教学进程，引进美国Li Aihua教授及法国Jean-François Monin教授分别开设全英文课程The Mathematics of Information Security及Introduction to Functional Programming with OCaml。

【保密学院工作】

1. 学院建设

2012 年教育部修购资金项目“保密学院教学实验室”基本完成，建成了网络安全与保密技术实验室、取证与攻防实验室、实训中心和保密演示实验室等教学和实验环境，总建设资金约 600 万元。

按照国家保密局关于整体规划、分步实施、大力推动国家保密学院实体化建设的精神，配合国家保密教育培训基地关于实体化建设的相关工作部署，筹划并基本确定在学校建设国家保密学院学生实训中心和教师研修中心，开展平谷新区保密人才培养基地建设的初步规划工作。

2. 人才培养

研究制订了保密专业 2012 年本科生专业培养计划。规划了 25 门保密专业课，编写了《保密学院课程简介及教学大纲（试用本）》，并已陆续开课。

与 2 家单位签订共建保密学院实习基地合作协议，与 2 家单位达成学生实习合作意向，积极推进与 2 家单位合作共建实习基地工作。

研究设置并启动了保密专业 10 个大类共 66 个实验项目，覆盖保密技术、保密管理和保密法学 3 个领域专业课程。

保密学院资料室正式启用，现有保密专业相关图书 312 余种共 797 册，期刊 143 册，可供保密学院教师和学生阅览。

新增保密行业专家兼职教授 2 人、待聘 2 人，兼职专家在专业教学中发挥了很好的作用。

北京交通大学——国家保密科学技术研究所研究生联合培养基地，经过几年的发展，取得了一定的经验。撰写的“信息安全研究生联合培养基地案例”被教育部学位管理与研究生教育司初选为“高校与科研院所联合培养研究生典型案例”。

3. 培训工作

承办了五期中央和国家机关涉密网络“三员”培训班和两期教员培训班。协助承办了国办保密培训班。选派教师担任北京市保密局、国家电网公司保密办组织的培训任务 4 人次。

保密学院的 12 名教师分批参加了“三员”培训并承担助教工作。结合实验室的建设，组织培训讲座 2 次。组织教师和研究生参加中国密码学会相关培训 5 人次。组织开展 2011 级本科生保密教育活动，观看保密宣传教育片。

4. 对外交流

参加国家保密局召开的保密学院实体化建设座谈会、保密专业课程及教材建设研讨会、保密督导工作片会、全国保密技术服务工作座谈会等重要会议。

组织教师赴兄弟保密学院学习调研，组织师生 11 人次参加学术会议。接待北京市国家保密局、解放军装备学院、中山大学、国家电网公司、中国航天科工集团 304 所等单位来学院交流访问活动。

自 2012 年 10 月起，承担国家保密局主管、国家保密教育培训基地主办的内部刊物《保密学科通讯》组稿工作。

经济管理学院

【综述】

2012年，经济管理学院结合引进人才、境外学习推动师资队伍建设，结合教材建设、学生创新能力培养推动教学与人才培养质量的提高，学科建设取得显著成绩。围绕教育部试点学院改革工作，出台了《北京交通大学经济管理学院人事聘任、考核与薪酬制度改革试点实施方案》、《北京交通大学经济管理学院分院管理办法（试行）》，得到了学校党委的批准。全院教师全部完成聘任协议的签字，分院成立的筹备工作顺利进行。成功举办92届、02届校友毕业值年返校活动，88级（92届）校友自愿在北京交通大学教育基金会发起设立“经管88校友基金”，以经管学院为依托成立北京交通大学校友会金融分会。学院举办了徐寿波院士《技术经济学》第五版首发式暨北京交通大学中国技术经济研究中心成立大会。

【队伍建设】

截至年底，学院教职工在编207人，其中专职教师182人，占教职工总数88%。院士1人。国务院参事1人。博士生导师79人，硕士生导师171人。引进人才：博士4人：周辉宇、郭名、张娜、陈明利。博士后进站5人，博士后出站7人。调出3人：张泽华、钟乐、郭雪萌。退休2人：鞠颂东、袁绿夏。学院非事业编31人，退休返聘6人。具体见表86。

表86　2012年教职工基本情况

单位	教授	副教授	讲师	高工	工程师	会计师	馆员	见习	中技工	博士学位
经济系	13	14	11							31
金融系	2	5	7							9
公共管理系	3	3	2							7
会计系	8	14	8							16
企业管理系	7	18	6							28
工程管理系	2	5	1							5
信息管理系	3	14	3							9
物流管理系	8	11	5							18
旅游管理系	4	1	4							4
机关			3	8	4	1	1	3	1	2
合计	50	85	50	8	4	1	1	3	1	129

【党建和思想政治工作】

学院党员情况见表87。

表 87 学院党员情况统计表

类别	教职工	研究生	本科生	小计
党支部个数	7	31	8	46
在册党员人数	168	721	243	1 132
全年发展党员人数	0	42	97	139
党员比例	71.5%	40.2%	15.1%	

1. 教职工党建和思想政治工作

5月至10月，在学校党委的领导下，学院党委认真按照《中共北京交通大学委员会开展〈北京普通高等学校党建和思想政治工作基本标准〉自查自评工作实施方案》的要求积极准备各项材料，在经过自查自评、互查互评等环节后，顺利完成了基标检查的准备工作。在北京市教工委组织的专家入校检查中，经管学院是教工政治思想工作的唯一受检单位，与会专家听取了学院的专题工作报告，并对学院政治思想工作给予了高度评价，圆满完成了基标检查任务。

2. 本科生党建和思想政治工作

2012 年，学院确立了“塑造合格公民、培养优秀学生、造就杰出人才”的学生工作使命，努力解答“培养什么人、怎样培养人”的核心命题。认真组织学生学习党的十八大精神和学校第十次党代会精神，组织专场知识竞赛、交大精神大讨论，通过理想信念教育汇聚人心；引导学生参加社会实践和志愿服务，2012 年经管学院组建了 9 支社会实践团队，在册志愿者 600 余人，志愿服务时长达 2 400 余小时。

学院大力推进学风建设，实行目标管理，全年学院组织工作坊 20 余期，参与学生 650 余人次；倡导朋辈互助，配备学业导师，包括徐寿波院士在内的 175 名专业教师全部担任 2011 级、2012 级本科生学业导师；着力完善学科竞赛体系，实现学科竞赛体系在 12 个本科专业的全覆盖，6 名本科生荣获全国“挑战杯”创业计划大赛银奖，本科生公开发表专业论文 111 篇，在各类学科竞赛中获得国家级奖励 43 项，省部级奖励 31 项，参与校级及以上科技竞赛 2 000 余人次，获奖 650 余人次；推广职业体验日和就业见习活动，截至年底已建有 10 处学生就业创业见习基地；组织学生参加“交大大讲堂”等国内外大师讲座 70 余场；以国际商学院认证为契机，以评促建，为学生搭建国际交流平台，参与短期交流学生比例达 5%。2012 届本科毕业生共计 439 人，就业率 98.18%，深造率 42%，其中出国深造率达 17%，较上年提高 7 个百分点。

学院通过创建学习型党支部、服务型党支部，增强学生党员的先锋模范作用，提高学生党建工作科学化水平。2012 年学院 2010 级本科生第一党支部和第二党支部开展的红色“1+1”活动被推荐参加北京高校示范活动评比，并荣获北京市三等奖；2011 级本科生党支部开展的红色“1+3”活动在全校评比中获得校级二等奖，经管学院获最佳组织奖。

学院积极落实国家和学校相关政策，帮助学生申请国家助学贷款及各类助学金。2012 年度学生申请到校内校外各类助学金、专项补助共计 20 项，总金额达 785 755 元（平均每人 2 637 元）；常设勤工助学岗位 14 处，平均每月参加勤工助学困难学生 115 人，先后与中铁现代物流科技股份有限公司、日本丸和运输机关签订资助协议，设立中铁现代物流助学金、丸和运输机关助学金。2012 年这两项助学金总计近 5 万余元，已资助家庭经济困难学生共 18 人。

3. 研究生党建和思想政治工作

2012 年，13 名博士研究生、22 名硕士研究生获得国家奖学金。学院为 9 名 2012 级研究生办理了国家助学贷款。学院共设置三助岗位 143 个，有 191 名同学参加了三助工作。学院研究生共评出 5 个校级先进班集体，1 名北京市优秀学生干部，2 名智瑾奖学金获得者，3 名京东方奖学金获得者，3 名中立鸿－杨爱芬奖学金获得者，110 名校级三好研究生，106 名校级优秀研究生干部，2 名学校道德建设先进个人。组建了 6 个暑期社会实践团队，其中一个获“北京市优秀成果”奖，3 个获评学校“重点”团队，3 个获评“一般”和“支持”团队，12 人获社会实践优秀个人奖，2 名教师分获优秀指导教师和优秀带队教师奖。有 8 名同学在市级以上学术和体育竞赛中获奖。在学校田径运动会上，学院研究生获男团第四、女团第一、男女团体冠军的好成绩。

研究生进行全方位就业指导与服务，广泛联系和拓展就业渠道，努力提升研究生的就业能力。2012 年共有 528 人参加就业，占全校总数 2 681 人的 19.7%。其中博士生 23 人、硕士生 505 人，有 4 人进博士后流动站，9 人考取博士生。截至 8 月 31 日，就业率达到 99.24%，比上年提高 0.35 个百分点。

主办了北京高校 MBA 羽毛球联赛，共有 16 所院校的 180 名运动员参加，学院 MBA 代表队获得了第三名的好成绩。在做好日常管理和服务、工作的同时，通过举办就业指导讲座、心理与安全教育、学术论坛、党日活动、文体竞赛、班级风采展示等活动，丰富了研究生的业余生活，全面提高了研究生的培养质量和综合素质。

【教学工作】

1. 本科教学

2012 年学院有本科生 1 739 人，开设有经济学、金融学、工商管理、市场营销、会计学、财务管理、信息管理与信息系统、物流管理、工程管理、旅游管理、劳动与社会保障、保密管理 12 个专业。有国家级精品课程 5 门，分别是：物流学、电子商务、运输经济学、ERP 理论与实践、企业物流管理（网络教育类）；有北京市精品课 9 门，分别是：物流学、电子商务、运输经济学、供应链与物流管理、管理学、劳动经济学、基础会计学、采购学、ERP 理论与实践；有校级精品课 15 门；有国家级精品教材 2 本：《西方运输经济学（第二版）》、《物流学》；有北京市精品教材 34 本，分别是：《电子商务概论》、《电子商务下的物流管理》、《物流学》、《网络支付与结算》、《电子商务技术基础》、《物流成本管理》、《供应链管理》、《配送管理》、《采购管理》、《劳动经济学》、《西方运输经济学》、《现代生产运作管理》、《管理学》、《企业物流管理》、《网站编程技术实用教程》、《ERP 原理与实践》、《建设工程监理案例分析（第 2 版修订本）》、《经济法教程（修订本）》、《多维审视下的组织理论》、《工程管理实践教程》、《人力资源开发与管理》、《商品学概论》、《财务管理：分析、规划与评估》、《供应链管理原理及应用》、《市场营销》、《物流信息管理》、《管理信息系统》、《商用 ERP 实训教程》、《国际贸易》、《服务科学概论》、《公司财务管理：理论与案例》、《轨道交通运输经济》、《基础会计学》、《产业经济学》；有北京市精品教材立项项目 12 个，分别是《技术经济学》、《国际贸易》、《物流系统方法论》、《管理研究方法论》、《电子商务管理》、《服务科学概论》、《公司财务管理：理论与案例》、《国际商务谈判》、《经济模型与应用》、《经济学原理（双语）》、《税收理论与实务（第二版）》、《信息管理与信息系统研究方法论》；有26本教材列入国家“十一五”规划教材；有4本教材列入国家“十二五”规划教材；荣朝和教授荣获第四届高等学校教学名师奖；有北京市教学名师4人，分别是荣朝和教授、张明玉教授、汝宜红教授和张真继教授；有校级优秀主讲43人；在各类学科竞赛中获得国家级奖励43项，其中获全国“挑战杯”创业计划大赛决赛银奖；获省部级奖励31项，参与校级及以上科技竞赛2 000余人次，获奖650余人次。

2012年学院本科教学牢牢抓住“提高培养质量”这条主线，致力于为杰出人才脱颖而出创造优良环境。以学院高等教育综合体制改革试点为契机，切实转变教育教学观念；以2012级培养计划修订为龙头，大力推进国际化人才培养；以加强教学条件和教学平台建设为基础，积极推进教学质量内涵建设；以实施新书院式培养模式为核心，全面实施“双导师”指导模式；以搭建实践与科研训练平台为切入点，不断提升学生创新、创业和实践能力；以强化教学质量监控为抓手，全面落实校院两级管理体制。

2. 研究生教学

2012年学院博士招生105人，学术型硕士招生305人，全日制专业学位硕士招生442人。共有应用经济学、管理科学与工程、工商管理3个一级学科博士点，10个二级学科博士点，应用经济学、管理科学与工程、工商管理、公共管理等4个一级学科硕士点，以及工商管理硕士（MBA）、国际工商管理硕士（IMBA）、高级工商管理硕士（EMBA）、公共管理硕士（MPA）、国际商务硕士（ERP）、项目管理领域工程硕士、物流工程领域工程硕士（获英国皇家物流与运输学会CILT物流工程领域资质认证）、工业工程领域工程硕士、安全工程领域工程硕士、会计硕士专业学位（MPAcc）工程管理硕士、应用统计硕士、资产评估硕士等十余个专业硕士点。

为优化生源质量，以“夏令营、校外考核、校内选拔”三种方式全面开展了2012年创新能力认定工作：举办了北京交通大学经济管理学院“全国优秀大学生夏令营”，夏令营为期4天，共选拔了来自全国60多所211、985高校的142名优秀大学生参加，是今年暑假国内著名高校举办的规模最大的大学生夏令营之一。凤凰网、新浪等多家新闻媒体对本次夏令营进行了报道，取得了良好的社会效益。通过本次夏令营既宣传了经管学院的学科优势及特点，同时也吸引了更多的优质生源报考学院硕士研究生，为研究生的培养质量提供了保障；由三个一级学科带头人及教授组成的专家团队赴西安、广州、长沙三地进行了招生宣传和校外考核工作，共选拔了三地6所211、985高校的25名优秀大学生参加，进一步扩大了经管学院在全国的知名度；打破院系限制，在全校范围内选拔优秀生源，共选拔了145名优秀本校学生参加，对以后吸引本校优秀生源起到了很好的宣传效果。

为提高博士研究生培养质量，积极推动硕博连读试点班项目。从聘请客座教授、丰富学术资源、加强“硕博连读”专设课程管理、举办学术讲座四个方面保障整个项目有序推进并取得了较为丰富的成果。在聘请客座教授方面，特聘请了3位知名国际专家作为3个试点班客座教授对硕博连读班学生进行联合培养；在丰富学术资源方面，经管学院共计投资5 800元为3个试点班购买了3套软件及相关课程教学视频；在加强“硕博连读”专设课程管理方面，针对硕博连读试点班的特色量身制定了《“硕博连读”专设课程管理细则》，采取规范化管理；在举办学术讲座方面，2012年举办针对硕博连读学生的学术讲座共计23次，其中本院教授5次，国内其他重点大学教授3次，外籍教授15次。

【科研工作】

1. 科研情况

2012 年学院新增科研项目 222 项，合同经费 5 267 万元，比上年增长 12.7%。其中，纵向项目 138 项，国家级项目 17 项；横向项目 67 项。详细情况见表 88。

表 88　2012 年科研项目和经费情况

项目类别	数　量	合同经费（万元）
纵向项目	138	2 475
国家级项目	17	739
横向项目	67	2 053
总计	222	5 267

2. 论文及著作

2012 年学院教师在期刊上共发表论文 86 篇，发表会议论文 44 篇。SCIE \ SSCI 检索论文 16 篇、EI 检索论文 37 篇。出版著作 18 部。详细情况见表 89。

表 89　2012 年发表论文及出版著作情况

<table>
<tr><th>分类</th><th>类　别</th><th colspan="2">数量（本/篇）</th></tr>
<tr><td rowspan="4">论文统计（篇）</td><td colspan="2">会议论文</td><td>44</td></tr>
<tr><td colspan="2">期刊论文</td><td>86</td></tr>
<tr><td rowspan="2">检索论文</td><td>SCIE \ SSCI</td><td>16</td></tr>
<tr><td>EI</td><td>37</td></tr>
<tr><td></td><td>合计</td><td></td><td>183</td></tr>
<tr><td>著作（部）</td><td>专著、教材及译著</td><td>18</td><td></td></tr>
</table>

3. 学术成果

获教育部高等学校科学教育部高等学校科学研究优秀成果（人文社会科学）著作奖 3 项，获奖人：张明玉、赵坚、鞠颂东

获研究优秀成果（人文社会科学）研究报告奖 1 项，获奖人：李孟刚

获陕西省级科学技术一等奖 1 项，获奖人：刘颖琦（排名第二）

获铁道部科技二等奖 1 项，获奖人：叶龙

获国家安全生产科技二等奖 1 项，获奖人：叶龙

获北京科技进步三等奖 1 项，获奖人：兰洪杰

【学科与平台建设】

学院拥有 1 个国家二级重点学科（产业经济学）、2 个北京市一级重点学科（应用经济学、管理科学与工程）、1 个北京市二级重点学科（企业管理）。拥有 4 个北京市科研平台：2 个北京市哲学社会科学研究基地“北京交通发展研究基地”和“北京产业安全与发展研究基地”，1 个北京市社会科学与自然科学协同创新研究基地“北京人文交通、科技交通、绿色交通研究基地”，1 个北京市重点实验室“物流管理与技术实验室”。

组织应用经济学责任教授和有关教师参加教育部第三轮学科评估，学校应用经济学排名

第 12（全国 88 所高校参评）。组织应用经济学责任教授和有关老师申请北京市重点学科，应用经济学成功增补为北京市一级重点学科。组织各个学科的责任教授和有关老师，完成了应用经济学、工商管理、管理科学与工程、公共管理四个一级学科的学科发展规划工作。

组织有关教授进行了申请教育部人文社科重点研究基地的筹备工作。“北京人文交通、科技交通、绿色交通研究基地”成为北京市社会科学界联合会和北京市科学技术协会的首批北京市社会科学与自然科学协同创新研究基地之一。完成了“物流管理与技术”北京市重点实验室中期检查工作。组织完成了学院“211 工程”三期验收和 985 优势学科创新平台验收工作。

【对外交流与合作】

先后与美国、澳大利亚、阿根廷等国及我国台湾地区高校签订合作协议，开展合作交流项目。接收来自美国德克萨斯农工大学、美国杜肯大学、美国迈阿密大学、美国辛辛那提大学、美国犹他州立大学、美国桥水州立大学、韩国崇实大学、阿根廷罗萨里奥国立大学、台湾大叶大学等高校的短期访问学生 250 人，美国犹他州立大学的交换生 4 人，美国德克萨斯大学达拉斯分校的交换生 1 人、瑞典达拉那大学的交换生 3 人、台湾科技大学的交换生 2 人。派出赴美国辛辛那提大学短期交流学生 11 人，赴美国加州州立大学长滩分校短期交流学生 4 人，赴美国德克萨斯农工大学交换生 6 人，赴美国杜肯大学交换生 7 人，赴美国迈阿密大学交换生 2 人，赴美国加州大学圣地亚哥分校交换生 1 人，赴美国哈佛大学交换生 1 人，赴台湾义守大学交换生 2 人，赴美国辛辛那提大学联合培养生 6 人，赴美国罗彻斯特理工学院联合培养生 6 人，赴美国密苏里州立大学联合培养生 6 人，赴加拿大滑铁卢大学联合培养生 3 人，参加暑期赴美带薪实习项目的学生 4 人，参加第一届中日大学生高峰论坛的学生 5 人。

全年接待国外专家、学者来访 84 人次。

2012 年，学院派出教师短期（6 个月以下）赴境外学习交流 1 人次，派出教师长期（6 个月及以上）赴境外学习交流 10 人次，聘请境外顾问教授 3 人。

土木建筑工程学院

【综述】

土木建筑工程学院下设7个系、3个中心、勘察设计院和学院办公室12个机构。2012年学院科研到款超过1亿1千万元；新增“973”项目、“863”项目各1项；主持项目获教育部一等奖1项；获得北京市教学成果一等奖1项、二等奖1项；获得首届北京市建筑结构设计竞赛A组一等奖1项，B组二等奖1项、三等奖1项。国家级工程实践教育中心获得批准；新增两本国家“十二五”规划教材；于桂兰获得第八届北京市高等学校教学名师奖，汪越胜获评2012年北京市师德先进个人和北京市优秀教师。

【队伍建设】

截至年底，学院在册教职工220人（含非事业编制人员），专职教师174人，其中院士2人、长江学者特聘教授2人、国家杰出青年基金获得者2人、973首席科学家1人、博士生导师70人、硕士生导师160人；具有博士学位的教师占全体教师总数的88.5%，比去年提高2.5%。全年引进1名三级教授和1名由日本工作回国的研究员。学院积极鼓励并创造条件让教师通过在职进修、出国研修、挂职锻炼、组建科研团队等多种方式得到提升，2012年有2名教师在职获得了博士学位，其中1名教师获得国家留学基金资助，出国留学4年多后获得博士学位。2名教师获得出国留学基金资助、2名教师获得青年骨干教师出国研修项目资助、1名教师获得学校公派资助、5名教师自费公派出国研修。教职工在学院系、中心、机关分布如表90所示。

表90　教职工在学院系、所、中心、机关分布表

职称 / 单位	教授（正高）	副教授（副高）	讲师（中级）	助工 技术员	职员 非事业编	工人	合计
桥梁工程系	10	9	7				26
隧道与地下工程系	5	2	3				10
建筑工程系	7	15	10				32
岩土工程系	7	7	1				15
道路与铁道工程系	6	17	5				28
市政与环境工程系	3	10	3				16
力学系	7	9	2				18
隧道与地下工程研究中心	9	8	2			1	20
城市轨道工程研究中心	3	3	3				9
实验中心	1	7	8		1	2	19
勘察设计院		5	3	1		1	10
学院办公室		3	7	1	6		17
合计	58	95	54	2	7	4	220

【党建和思想政治工作】

学院党员情况如表 91 所示。

表 91　学院党员情况统计表

	教职工	研究生	本科生	其他	小计
党支部个数	11	31	10	0	52
在册党员数	152	576	206	18	952
全年发展党员数	0	28	66	0	94
党员比例	69.4%	46.6%	13.4%	11.1%	31.8%

1. 教职工党建和思想政治工作

10 月 16 日，北京高校党建和思想政治工作基本标准检查组到学院检查指导党支部建设和发展党员工作。检查组成员对学院规范的党建制度给予了高度评价，并对学院党支部建设和发展党员工作给予了充分肯定。学院党委引导各党支部和广大党员围绕提高办学质量的核心任务，立足“教书育人、管理育人、服务育人”的本职岗位创先争优，进一步提升服务意识和管理水平，加快推进学院各项事业科学发展。在北京交通大学创先争优先进集体和个人暨党建和思想政治工作优秀成果展中，学院党委荣获先进基层党组织、党建和思想政治工作先进单位、党建与思想政治工作创新项目二等奖、党建与思想政治工作优秀成果三等奖等荣誉，1 名同志荣获优秀党务工作者称号，10 名同志荣获优秀共产党员称号。学院还作为唯一一个基层党委在北京交通大学创先争优活动总结大会上发言。在院党委的统一领导下，完成了党支部考核定级工作，全院应参加考核测评的党支部 49 个，有 48 个测评结果为 A 级，1 个测评结果为 B 级，对考核测评中暴露出的一些问题，各党支部都有针对性地提出了整改方案。学院党委组织全院师生认真学习党的十八大精神，特邀人文学院院长韩振峰作为嘉宾，解读十八大精神，并组织参观“科学发展成就辉煌”大型图片展。学院党委还走访慰问了生活困难的党员、学生和群众，了解师生员工的生活情况，帮助他们解决在学习、生活、工作中的实际困难和问题，征求他们对学院工作的意见，鼓励他们更好地学习和工作。

2. 本科生党建和思想政治工作

为了引导学生健康成才，学院团委组织团史知识竞赛、党员风采大赛、“爱心奉献行”“高举团旗跟党走，青春飞扬共奋进”等主题活动，开展“纪念建团 90 周年”、“践行北京精神”、“迎接学校第十次党代会”、“传承雷锋精神”以及“学习十八大精神”等团日活动，举办优良学风班答辩暨经验交流会、“五星级文明宿舍”评选、学生专业导论及职业生涯发展规划等主题教育活动，确保学风建设工作各项措施落到实处，达到建设优良学风长效机制的目的。继续以学生科协为平台，以学科竞赛为抓手，加强理论联系实际，培养学生学习研究能力。举办第四届全国高校茅以升班夏令营，促进与其他高校间的交流，提升学生专业兴趣。通过北京市大学生建筑结构设计竞赛、节能减排社会实践与科技竞赛、测绘实践创新能力竞赛、大学生创新实验项目、“挑战杯”大赛、“五四”文化科技活动节、百科知识竞赛、北京交通大学建筑结构设计竞赛趣味组比赛等科技活动，提高了学生的创新能力，提升了学院学术氛围。全年参与学科竞赛人数近 1 100 人次，3 人次在国家级竞赛中获奖；20 人次在北京市级竞赛中获奖；60 人次在校级竞赛中获奖。同时，针对各年级特点，以狠抓上课出勤率、联系任课老师、建设学习型宿舍、严肃考风考纪等多项举措落实学风建设。学院还成立了就业工作指导小组，加强毕业生就业和教育工作。为毕业生提供就业政策咨询，公务员培训交流，考研出国经验分享，职业生涯发展轨迹分析等个性化服务。2012 届毕业生 366 人，深造率（包括国内读研和出国深造）49.15%，比上年提高 6.13%；就业率达 97.46%。获学校 2012 届毕业生就业工作先进单位称号。学院有家庭经济困难学生 393 人，占全院学生人数 26%。为了确保每一名家庭经济困难的学生顺利完成学业，学院认真做好“奖、助、贷、勤、减、补”各项工作。

学院本科生获奖及家庭经济困难学生资助情况如表 92、表 93 所示。

表 92　本科生 2012 年度各类奖学金统计表

奖学金	思源	国家	励志	茅以升	智瑾	汉能	中国港湾	学习	新华都	理学院学生创新奖二等奖	纪惠	高富浪自强不息奖	高富浪乐于助人奖	社会工作	奋进	体育	文艺	社会实践
人次	1	14	46	2	8	5	13	261	4	2	4	1	1	110	22	24	19	12

表 93　学院家庭经济困难学生资助情况

项目	名　　称	奖励人次	总金额/元
奖	国家励志奖学金	46	230 000
助	名称	受助人次	总金额/元
	国家助学金	340	952 000
	北京交通大学助学金	19	19 000
	中海油助学金	2	6 000
	新长城助学金	1	1 840
	学子阳光助学金	1	4 000
	江西校友会助学金	1	3 000
	中国港湾助学金	4	8 000
	中国茅台助学金	28	84 000
	汉能李嘉宁助学金	6	16 000
	共计	402	1 091 840
勤	名称	参加人次	发放金额/元
	学院内勤工岗位	76	49 544
贷	名称	贷款人数	贷款金额/元
	国家贷款	31	186 000
补	名称	受助人数	总金额/元
	家庭经济困难毕业生就业补助	19	13 100
	2012 年热水、电话费补助	342	63 270
	共计	361	76 370
减	名称	受助人数	总金额/元
	西部开发助学工程减免学费	0	0

3. 研究生党建和思想政治工作

2012 年，学院研究生德育工作以“育优良学风，促综合发展”为目标，结合两会及党的十八大等重大政治事件，着重加强了研究生党建工作、日常思想政治教育工作、学术学风建设、研究生社会实践、研究生综合素质培养、学期教育与就业工作，建立了研究生学业与职业发展沙龙平台。并结合学术、就业与学习经验交流会、新生入学教育等活动，开展关于学风建设和党性修养的学习讨论，深刻领会学风建设和党性修养的内涵。硕士 1010 党支部在 2011 年北京高校红色 1 +1 示范活动中获得鼓励奖。学院还围绕解决学生实际困难做好学生贷款、三助、住宿安排等工作。

2012 年学院共开展了 90 次名师讲坛活动，其中“院士校园行”活动 2 次。9 名研究生参加了 2012 年哈尔滨工业大学全国研究生暑期学校。15 名博士生的 15 个项目获得“优秀博士生科技创新基金”资助，资助金额 37 万元。校第二十二届“慧光杯”研究生学术文化节上，学院研究生共投稿 23 篇。学院重视研究生的全面发展，积极组织研究生参加各种校内外的文体活动。组织学院运动会、举办“跨越 2012”研究生师生文艺晚会、“怦然心动”交大土建院和人大外语系研究生联谊、与人文学院研究生羽毛球联谊赛、学院“新生杯”篮球赛、“爱心漂流瓶”废瓶回收等活动。2012 年学院有 5 个社会实践团队、54 人参加了暑期社会实践。另有 2 名博士生参加了北京高校博士生挂职锻炼。学院通过各种活动，促进学生提早做好就业准备。2012 届应就业研究生 337 人，其中博士 29 人，硕士 308 人，就业率 100%，签约率 93.83%，获得学校就业工作综合奖。

学院研究生获奖情况如表 94、表 95 所示。

表 94　2011—2012 学年度土建学院研究生先进集体、先进个人统计表

国家奖学金		宝钢奖学金	2012年北京市优秀毕业生	校优秀毕业研究生	校优秀毕业研究生干部	校优良学风班	智瑾奖学金			道德建设先进个人	校三好研究生	校优秀研究生干部	校社会实践优秀个人	校社会实践优秀带队教师	2012首都高校先锋杯团支部	首都高校“先锋杯”优秀基层团干部	校优秀团支部	校优秀团干	校优秀团员
博士	硕士						一等奖	二等奖	三等奖										
14	18	1	15	39	19	3	3	1	4	1	105	71	10	1	1	1	2	10	20

表 95　2012 年学院研究生其他获奖情况

毕业生就业工作综合奖	“2011年中国大学生年度人物”提名奖	“2011高校辅导员年度人物”提名奖	2010—2011学年度			2011—2012学年度			2012 全国大学生英语竞赛（NECCS）A 类组			第二十二届慧光杯学术节论文			职工第 29 届暨学生第 49 届田径运动会				钢筋混凝土框架节点拟静力分析竞赛	校研究生男篮赛
			北京市先进集体	北京市三好学生	北京市优秀学生干部	北京市先进集体	北京市三好学生	北京市优秀学生干部	一等奖	二等奖	三等奖	一等奖	二等奖	三等奖	团体总分	男乙总分	女乙总分	精神文明		
1	1	1	1	1	1	1	1	1	1	1	4	2	4	6	第 3 名	第 1 名	第 3 名	二等奖	一等奖	冠军

【教学工作】

2012 年学院招生、在校、毕业学生人数如表 96 所示。

表 96 2011 年学院招生、在校、毕业学生人数

类别 年份	博士			硕士			工程硕士			本科		
	招生	在校	毕业	招生	在校	毕业	招生	在校	毕业	招生	在校	毕业
2 012	57	378	44	357	850	308	85	495	50	388	1 587	366

1. 本科教学

学院共设“土木工程”、“环境工程”两个本科专业。土木工程专业下设道铁工程和城市轨道工程两个方向。现有国家级精品课程 2 门：《桥梁工程》和《工程力学》；北京市精品课程 2 门：《工程力学实验》和《土力学与基础工程》；校级精品课程 9 门。《轨道工程》、《现代桥梁预应力结构》、《路基工程》被评为北京市精品教材；《路基工程》、《桥梁施工》被列入国家“十二五”规划教材。学院共有优秀主讲教师 41 名。

学院制定了《土木建筑工程学院关于进一步提高教学质量、加强教学秩序监控工作的实施办法》，主要涵盖领导听课制度、青年教师观摩听课制度、系级监控、基层教学研究活动、教学奖励等各项制度。新聘期任务书中，进一步明确了教学要求，特别强调了教师指导学生创新训练活动和实践环节的具体要求。2012 年度大学生创新训练项目立项 44 项，其中国家级项目 10 项、北京市级项目 7 项；结题 23 项，其中国家级 8 项，北京市级 3 项，4 个项目被评为优秀。首届北京市建筑结构设计竞赛获得 A 组一等奖 1 项，B 组二等奖 1 项、三等奖 1 项。第四届北京市高等学校测绘实践创新能力大赛中，获非测绘类专业组综合奖特等奖、国家水准测量单项奖一等奖。获得全国土木工程专业本科生创新实践成果奖二等奖 1 项、三等奖 2 项。获得北京市教学成果一等奖 1 项、二等奖 1 项。获得校级教学成果奖 1 项、一等奖 4 项，二等奖 10 项。

2. 研究生教学

学院共有 13 个博士学位授权点，18 个硕士学位授权点。在不断完善研究生培养的各项规章制度的基础上，修订了《研究生授课管理细则》，补充了《土建学院关于学术型硕士研究生奖助金的评定标准》、《关于学术型硕士提前毕业的相关规定》和《关于组织开题报告的规定》。规范了研究生授课情况检查制度。检查了研究生授课情况，向各系通报了教学检查结果。学院组织教师申报《2012 年研究生教育教学研究与改革项目选题》，提交教改项目 15 项，有 2 项“研究生培养模式示范工程”项目立项，并向研究生院申请了 5 项《精品教材建设项目》。

2012 年报考学院硕士生的数量逐年递增，生源整体素质比较稳定。通过扩大“硕博试点班”规模，培育优秀博士生源，2012 级 13 名学生进入试点班，按照试点班的方案进行培养。学院继续推行研究生教育创新基金，鼓励发表高水平科技论文，资助研究生发表一类论文 23 篇，优秀博士论文 2 篇，优秀毕业论文 22 篇，资助金额 2. 25 万元。学院组织审核了国家建设高水平大学公派研究生项目，推荐“2012 年博士研究生国际学术交流学校基金”，3 人参加国际学术会议，4 人出国访学，推荐国家公派出国留学 13 人。

【科研工作】

学院新增科研项目 332 项，新增合同经费 13 852 万元，比上年增长 47. 85% 。获批国家

自然基金项目 46 项，比上年增加 12 项，总经费 2 910 万元，比上年增加 1 035 万元。新增 1 项“973”项目和 1 项“863”项目。4 位博士生导师获得博士点基金。全年共发表论文 411 篇，主编及参与出版科技专著 13 部，获专利授权 28 项、软件著作权 10 项。2012 年统计的 2011 年论文检索中，SCIE 检索论文 53 篇、EI 检索论文 225 篇、ISTP 检索论文 118 篇。共组织学术报告 97 场。学院获得省部级奖励 6 项，一等奖 4 项（其中主持项目 1 项）、二等奖 1 项，三等奖 1 项。张成平入选教育部“新世纪优秀人才”计划，肖宏入选北京市科技新星计划，高亮获詹天佑铁道科技成就奖，张成平获詹天佑铁道科技青年奖。隧道中心主持的“高水压小覆土复杂地层超大盾构掘进理论与实践”项目顺利通过教育部科技成果鉴定。刘维宁主持的“北京轨道交通减少异常波磨的综合减振技术研究”课题成功验收。李进参加的亚洲开发银行技术援助项目《燃气电厂碳捕捉与封存的研究》启动研讨会顺利召开。城轨中心参与了中国工程院重大咨询项目“中国智能城市建设与推进战略研究”课题。学院主办的第二届铁道工程关键技术国际学术会议在学校成功举行，与会人员 200 余名，其中包括外籍人员 29 名。

【学科与平台建设】

学院有 2 个国家级重点学科：道路与铁道工程和桥梁与隧道工程，6 个北京市重点学科。1 个国家级教学示范中心，1 个国家级工程实践教育中心，1 个教育部工程研究中心，1 个教育部重点实验室，1 个北京市重点实验室。

学院组织修订了土木工程、力学、环境科学与工程学、道路与铁道工程等专业的《学科评估简况表》。组织申报了轨道交通线路工程国际合作基地、都市风环境及风工程北京市重点实验室、北京市轨道交通线路工程技术中心以及学院参加的洁净能源利用及污染控制北京市重点实验室等。完成了“211”工程三期建设的验收工作。完成了学科评估、一级学科调整工作。学院参加的“城市轨道交通北京实验室”通过了北京市教委组织的综合评审及现场考察，并于 7 月 20 日正式挂牌成立。国家级工程实践教育中心获得批准。教育部高等学校学科创新引智计划（“111 计划”）申请成功。主持北京市轨道工程重点实验室的建设工作。学院既有实验室安全及功能，尤其是环境工程实验室的危险品管理等工作进一步加强，积极准备国家重点实验室的申报工作。

【对外交流与合作】

2012 年学院在读留学生 39 人，其中研究生 14 名，分别在力学系、岩土系、道铁系、建工系以及桥梁系学习。先后接待佛罗里达国际大学、英国纽卡斯尔大学、台湾亚新集团、伊利诺伊大学香槟分校的代表团，来校讨论合作办学事宜。张顶立、杨庆山和战家旺出访以色列，访问了以色列理工学院和以色列电动汽车 Better Place 公司，签订了联合培养协议。至此，学院已与以色列理工学院、台湾科技大学、台湾守义大学、内华达大学里诺分校、密苏里大学哥伦比亚分校、佛罗里达国际大学、意大利米兰理工大学、波兰佛洛茨罗夫科技大学共 8 所境外院校签署了合作协议，共派出 19 名学生赴境外合作院校学习，6 名本科生和 1 名研究生赴意大利米兰理工大学进行短期交流或攻读学位，其中 2 名学生申请到全额奖学金。选派 9 名研究生参加国家留学基金委“高水平大学公派研究生项目”，其中 5 人赴美国麻省理工等大学进行联合培养，2 名学生分别赴英国剑桥大学和伯明翰大学攻读博士学位，2 名学生赴荷兰达尔福特大学和加拿大滑铁卢大学攻读学位。有 3 名交换生在以色列理工学院学习。第四批学生赴台湾亚新集团，开始为期半年的学习工作。学院共聘请外籍教师 20

人，其中外国专家 16 人，普通外籍专业人士 4 人，工作方式以讲学和合作研究为主。

为了让学生与外界有更多的交流，学院举办了第一届国际夏令营，邀请意大利米兰理工大学、美国内华达大学里诺分校、英国纽卡斯尔大学和台湾科技大学的 22 名本科生、5 名教授与本学院的 7 名学生一起参加，美国内华达里诺分校和纽卡斯尔大学分别在官网上对本次国际夏令营做了专题报道。学院团委还举办了茅以升班夏令营，接待外校营员 45 人。学院继续推进产学研联合人才培养，有 10 名学生签订了“3 + 1 + 2”合同。还协助泰国皇家理工大学建设轨道工程专业（Railway System Engineering），制订了培养计划和课程大纲。

2012 年学院先后接待了 57 级、62 级、77 级、78 级、88 级、98 级校友返校，为校友提供活动场所、用餐地点和联系任课老师等，举行了土木工程楼揭牌仪式暨欢迎土建学院 77 级校友返校仪式。

交通运输学院

【综述】

交通运输学院下设运输管理工程系、交通工程系、交通信息管理工程系、城市轨道交通系、物流工程系、系统工程与控制研究所和系统科学研究所。在提升学术实力、发挥“产学研”合作优势中，学院通过积极努力先后组建了北京交通大学综合交通研究中心、北京交通大学铁路危险货物运输研究实验室、交通运输国家级教学示范中心、“城市交通复杂系统理论与技术”教育部重点实验室等，作为学校重点教学科研试验基地的“轨道交通控制与安全”国家级重点实验室的主要团队成员均为学院的骨干力量；另外，学院还设有交通运输智能技术与系统实验室、电子商务实验室等教学科研实践基地。

【队伍建设】

学院在聘教职员工为156人，其中专兼职管理岗位人员为22人、教学科研岗位教职员工为131人，交通运输实验中心3人。随着学科建设的发展，学院不断充实教师队伍，2012年学院共有吴先宇、马路、谢东繁、郑建风、李娟、卫翀、景云、翁金贤、乔文鑫等9位博士相继入职，为学院教学科研队伍注入了年轻的力量。教职工在学院系、所、机关分布情况见表97。

表97　教职工在学院系、所、机关分布表

单位＼职称	教授	副教授	讲师	助教	高工	工程师	助工	工人	见习生	合计
运输管理工程系	7	13	12		2	1		1		36
交通工程系	4	11	10							25
交通信息管理工程系	4	9	8							21
城市轨道交通系	2	5	5			1				13
系统工程研究所	6	9	8		1		1			25
系统科学研究所	4	5	5		1					15
学院机关	5		4	6	1	3	3			22
合计	32	52	52	6	5	5	4			156
业务关系在学院的校双肩挑人员	6									6
长江学者特聘教授	2									2
长江学者讲座教授	1									1

【党建和思想政治工作】

截至年底，学院拥有党员857人，其中教职工党员114名（含在读博士后7名）、研究生党员540名（含博士生党员）、本科生党员203名；党支部33个，其中教职工党支部7

个，学生党支部26个；2012年度新发展党员131名，其中教工党员1名，研究生党员48名，本科生党员82名；教职工党员比例69%，研究生党员比例56%，本科生党员比例14%，如表98所示。

表98 学院党员情况统计表

类　别	教职工	研究生	本科生	小计
党支部个数	7	16	10	33
在册党员人数	114	540	203	857
全年发展党员人数	1	48	82	131
党员比例	69%	56%	14%	34%

1. 教职工党建和思想政治工作

学院党委与院领导班子团结一致，学习实践科学发展观，坚持“围绕中心抓党建，抓好党建促发展”，紧紧围绕师德建设、教风建设、学风建设等环节，贯彻创先争优活动精神，切实有效地开展党建工作，加强基层组织建设，全面推进党建和思想政治工作，坚持引导师生员工，特别是广大党员立足本职创先进，推进学院各项事业科学发展。

2. 本科生党建和思想政治工作

学院深入贯彻落实十八大精神，以科学发展观为指导，以学生健康成长成才为中心，不断加强学风建设、推动创先争优，在学生思想政治教育工作方面取得了良好效果。

本年度，全院本科生共有534人次荣获各项奖学金，63人被评为北京交通大学三好学生，41人被评为北京交通大学优秀学生干部；第六届“詹天佑”班运输0901班被评为北京市先进班集体，4个班级被评为校级先进班集体，6个班级被评为校级优良学风班；交通运输学院团委获得“2011年度北京市五四红旗团委”，5个团支部获甲级支部称号，12个团支部获乙级支部称号，2人获校“五四奖章”，2人获校“英才奖”，1人获校“十佳团支部书记”，174名同学获校优秀团员、团干部荣誉称号。

2012年，学院共有本科毕业生318人，一次就业率达98.74%，其中深造率（含出国深造）为49%，为历年最好水平。2012届毕业生中交通运输大类毕业生29.2%签约交通运输行业，其中签约各铁路局的比例为21.3%，高于全校平均水平。

本科生各类专业科技竞赛获奖65项，其中国家级奖项6项、北京市级奖项8项、校级奖项51项，2009级中5名学生科技专长保研成功。志愿服务方面，学院大钟寺义务讲解已逾16年，在宋庆龄故居、校史博物馆的讲解工作也已经开展了6年，在大钟寺古钟博物馆、校史馆的志愿服务项目荣获“北京市海淀区优秀志愿服务项目”，同时还被学校推荐申报北京市“身边的雷锋团队”荣誉称号，已经过教工委审核作为两个“标兵团队”之一上报首都精神文明办。文体活动方面，获得“一二九合唱比赛”第一名、“交大论坛”辩论赛第一名、2012年新生运动会团体总分第一名、连续2年荣获体育文化节团体总分第一、连续5年获得健美操大赛一等奖。

学院本科生科研获奖情况、各类奖学金统计情况、家庭经济困难学生资助情况分别如表99、表100、表101所示。

表 99　近三年学院学生科研活动情况统计表

序号	项　　目	2010 年	2011 年	2012 年
1	大学生创新性实验计划课题申报数	93 项	87 项	49 项
2	参与各类专业科技竞赛获奖总数	35 项	84 项	65 项
	国家级	10 项	11 项	6 项
	北京市级	11 项	18 项	8 项
	校级	14 项	55 项	51 项
3	公开发表学术论文	47 篇	15 篇	10 篇
4	本科生参与科研人数	368 人	390 人	318 人
5	我院教师指导学生科研人数	55 人	60 人	63 人

表 100　本科生 2011—2012 年度各类奖学金统计表

奖学金	思源	国家	励志	新华都	宝钢	西门子	汉能	公交	茅以升	钱仲侯	智瑾	詹天佑	高富浪	理学创新	学习进步	纪惠慧贤	学习	社会工作	奋进	体育	文艺	社会实践
人次	1	13	42	2	1	2	2	3	1	2	5	2	2	2	10	2	246	116	21	22	24	13

表 101　2012 年学院家庭经济困难学生资助情况汇总表

项目	名　　称	奖励人次	总金额/元
奖	国家励志奖学金	42	210 000
	共计	42	210 000
助	名称	受助人次	总金额/元
	国家助学金	274	694 000
	北京交通大学专项助学金	40	42 000
	中海油助学金	2	6 000
	新长城助学金	3	6 000
	钱仲侯助学金	7	21 000
	北京公交助学金	3	9 000
	汉能李嘉宁助学金	6	16 000
	茅台助学金	12	36 000
	学子阳光助学金	3	12 000
	江西校友会助学金	1	3 000
	林易助学金	1	1 500
	共计	352	846 500
勤	名称	参加人次	发放金额/元
	学院内勤工岗位	196	392 000
	共计	196	392 000

3. 研究生党建和思想政治工作

学院在研究生德育工作中，以培养研究生思想品德、敬业精神、创新能力、团队精神、身心素质为重点，在促进研究生全面发展和健康成长方面做了一系列的工作。

2012 年根据中组部关于在大学生中发展党员的要求，学院有计划做好培养考察工作，端正积极分子入党动机，严格发展标准，注重培养质量，共发展新党员 60 人，党课培训 60 余人。

为了营造良好的学术研究氛围，增强研究生的严谨学风，学院要求研究生以班为单位开展加强学风建设研讨活动，进一步落实《北京交通大学交通运输学院研究生学术道德规范管理条例》，以加强研究生的学术道德教育，推进优良学风建设，为学校培养更多诚实勤奋、热爱科学、求真务实、锐意创新、学风严谨、乐于奉献的高层次高素质人才做出贡献。

按照研究生院的要求，学院制定了研究生奖学金评定制度和相关规定，进一步规范评优评先工作，对 2011 级 54 名专业硕士进行了公正、公平、公开的奖学金评定工作；同时进一步修订 2012《交通运输学院研究生社会工作评定细则》，评选出三好研究生 69 名，优秀研究生干部 51 名，社会实践先进个人 4 名，智瑾奖学金 9 名，西门子奖学金 1 名，优良学风班 2 个等各类奖项共计 136 个。

组织本学院“知行”学术文化节，此活动作为品牌项目为学院的研究生活动开创了全新的模式，实现了研究生德智体美系列活动的联动组合，它纳入了与研究生密切相关的一系列活动：学术沙龙、论文大赛、高水平论文写作经验介绍、亮剑职场高手支招、研究生党员学“大家”、“团结杯”师生乒乓球赛以及音乐广场等共 7 大类内容，在整体上为研究生提供了一个高起点、大范围、多领域的交流平台，在激发学术热情、营造科研氛围的同时，活跃了研究生群体的业余文体生活，在提高研究生综合素质方面有显著效果。

【教学工作】

2012 年学院招生、在校、毕业学生人数如表 102 所示。

表 102　2012 年学院招生、在校、毕业学生人数

类别 / 年份	博士			硕士			工程硕士			本科		
	招生	在校	毕业	招生	在校	毕业	招生	在校	毕业	招生	在校	毕业
2012 年	58	323	42	305	604	231	158	540	41	313	1 436	323

1. 本科教学

全面执行学校 2012 年本科教学工作任务及学院的本科教学工作任务，围绕“探索行业高校产学联合培养人才的模式和机制”、“探索有特色高水平大学国际化人才培养模式”以及卓越工程师培养计划等教育体制改革项目，重点推进以下几项工作，取得了一系列成果。

“本科教学工程”建设取得新进展。全面修订了 2012 年本科培养方案和课程教学大纲，制订了国际班、轨道交通复合型班、卓越工程师计划等特色人才班的培养方案；完成了 3 门视频公开课的拍摄和制作工作，2 门课程申报国家级精品资源课程，5 门课程申请校级优质课程认证；3 本教材入选国家“十二五”规划教材，5 本教材获得出版基金，2 个系列的卓越工程师教育特色教材申报立项；4 项成果获得 2012 年度北京交通大学优秀教学成果一等奖，3 项成果获得二等奖，4 项成果推荐参加北京市教育教学成果奖的评选；完成了“交通运输专业综合改革”、“北京地铁国家级工程实践中心建设”等国家级项目的立项，交通运输实验中心获 2012 年北京交通大学优秀实验室。

深入探索产学联合人才培养模式，打造卓越工程人才。有 17 名学生录取为 3 +1 +2 培养模式，7 名学生录取为 3＋1 培养模式，会同企业完成了学生的企业培养计划，开办了北京地铁公司订单式培养“3＋1”班，聘请中铁快运有限公司 9 名高级主管为我院学生开设 32 学时的“现代物流管理理论与实务”系列讲座；根据卓越工程师培养计划中实践能力培养的要求，学院克服重重困难，坚持让学生到企业开展各层次实习，2012 年学院共计完成 1 243 人次的各类实习，济南铁路局、呼和浩特铁路局成为学院新的实习基地，2009 级铁路运输专业方向近百名学生于 2012 年暑假在两个实习基地开展了为期三周的现场实习。

丰富多样化人才培养模式，培育拔尖创新型人才，制定了新的《轨道交通复合型人才试点班建设方案》，第四届试点班共招收了来自电信、机电、电气、计算机、土建、理学院等 6 个学院的 20 名跨专业学生，攻读“交通运输规划与管理”学术型硕士学位；大学生创新实验计划项目共立项 49 项，其中，国家级项目 3 项、北京市级项目 3 项；举办北京交通大学第十届“金士宣”杯创新能力竞赛，承办第二届北京市大学生交通科技大赛，在第七届全国大学生交通科技大赛中，获得全国二等奖 1 项，三等奖 1 项；参加全国第五届大学生网络商务创新应用大赛，其中获得国家级一等奖 2 项，国家级二等奖 2 项，省部级一等奖 2 项，省部级二等奖 1 项；学院学生参加北京交通大学 2013 年度“挑战杯”课外学术科技作品大赛，共计报名 45 项。

着力推进国际化人才培养，提高本科教育国际化水平。2012 年度共为国际班开设全英文及双语课程 12 门，成功申请到国际交流项目的学生共 12 人；开办首届交通运输国际暑期学校，历时 59 天，邀请了来自英国、德国、荷兰、西班牙、美国、新西兰、日本等国家和地区的十位交通运输领域的知名教授及学者为学院本科生开设十余门专业课程；学校首批“高端外国专家项目”引进专家荷兰代尔夫特理工大学 Hansen 教授 2012 年度三次来学校工作，在教学、科研和学生培养等方面积极开展工作，有力地推动了学院铁路运输专业方向本科教育国际化水平；推进泰国皇家理工大学（RMUTT）开办“铁路运输专业”工作，已提交全部课程英文大纲，初步确定招生计划和教学计划。

2. 研究生教学

2012 年学院共招收博士研究生 58 人，招收学术型硕士研究生 230 人，招收全日制专业学位硕士研究生 75 人。

7 月，学院首次组织面向 2013 年硕士研究招生的暑期学校，来自 25 所 985 及 211 高校的 108 名学生参加暑期学校，其中外校 68 人、本校 40 人。

根据学校创新能力认定的总体安排，学院开展了创新能力认定工作。来自 28 所 985 及 211 高校的 445 名应届毕业生（含暑期学校 108 人）报名参加交通运输学院“创新能力认定”，其中外校 189 人、本校 256 人。经学院考核，对 96 名外校应届本科毕业生、139 名本校应届本科毕业生发放了“创新能力认定证书”。

学院按照研究生院关于优秀拔尖人才的申报与选拔的总体要求，推荐高自友教授申报北京交通大学研究生教育专项资金资助项目——拔尖人才培育工程资助项目，获得学校资助。

学院 8 名硕士生获得校级优秀论文称号；共有 13 名博士生、18 名硕士生被推荐为 2012 年国家奖学金获得者。

学院先后有 10 名研究生由国家留学基金委、学校派遣，到美国、日本、英国、瑞士、德国、西班牙、比利时等国，进行访学或参加学术交流活动。

【科研工作】

学院的科研工作取得历史性突破。新增科研项目427项，合同经费10 159万元，实到经费7 907万元。其中“973”项目12项，合同经费914万元；“863”项目4项，合同金额326万元；国家科技支撑计划10项，合同金额1 485万元；国家自然科学基金项目20项，合同金额1 205万元，其中重点的470万元、重大的260万元、优秀青年基金100万元；铁道部项目27项，合同经费941万元；其他省部级项目43项，合同金额1 248万元；横向项目253项，合同金额3 750万元。科研项目及经费情况见表103。

表103　科研项目及经费表

类　　别	项目数	合同经费/万元
“863”	4	326
国家科技支撑计划	10	1 485
国家自然科学基金	20	1 205
省部级	70	2 189
横向项目	253	3 750

发表期刊论文274篇，会议论文142篇，出版科技著作21部，发表检索论文105篇，其中SCI 33篇、SSCI 3篇、EI 69篇。发表科技论文及著作情况见表104。

表104　发表科技论文及著作表

分　　类	类别	数量（本/篇）
三大检索	SCI	33
	SSCI	3
	EI	69
论文	期刊论文	274
	会议论文	142
科技著作	著作	21

学院全年获专利9项，其中技术发明专利8项，实用新型专利1项，学院获得软件著作权50项。

2012年“交通流复杂动态特性的烟花机理研究”获得安徽省科学技术二等奖。

【学科与平台建设】

学院拥有交通运输工程、系统科学、控制科学与工程、安全科学与工程4个一级学科博士点；交通运输规划与管理、系统工程、系统分析与集成、运输与物流、城市交通工程、智能交通工程、安全技术及工程、交通安全工程8个二级学科博士点；交通运输规划与管理、系统工程、系统分析与集成、安全技术及工程、环境工程、运输与物流、城市交通工程、智能交通工程、电子商务、交通安全工程10个二级学科硕士点；交通运输工程、物流工程2个全日制专业硕士专业；交通运输工程、控制科学与工程、物流工程、安全工程4个工程硕士硕士点；另外，设有交通运输、交通工程、电子商务、物流工程4个本科专业。

【对外交流与合作】

2012 年，学院外事工作取得了一定的成绩，增强了国际交流，扩大了国际影响力。闫学东教授主持的“突发事件下城市道路交通系统非常态演化机理及干预对策”成功申请国家自然科学基金委重大国际合作研究项目；荷兰代尔夫特理工大学 Hansen 教授成为国家外国专家局首批批准的高端外国专家项目专家；成功举办 2012 年智能交通系统国际研讨会和中美交通尾气国际会议；继续稳步开展“111 计划”引智基地建设工作，围绕我国轨道交通安全、高效运营的重大需求，瞄准国际学科发展前沿，依托轨道交通控制与安全国家重点实验室、国家工程中心、城市交通复杂系统理论与技术教育部重点实验室等平台汇聚本学科领域内国际一流人才，构建轨道交通安全与控制合作研究平台；在美国华盛顿成功举办北京交通大学 TRB 校友会，学校长江学者美国德克萨斯南方大学工学院院长于雷教授、学校兼职教授美国马里兰州蒙哥马利郡运输部的梁康之先生、学校顾问教授美国马里兰大学土木工程系系主任 Ali Haghani 等 50 名杰出校友参加了该活动；2012 年学院共有 10 名研究生、12 名本科生赴海外进行交流学习，派出汪晓霞、乐逸祥、毕军、马敏书、孙会君、陈绍宽等多名教师前往海外知名高校进行一年合作研究。

机械与电子控制工程学院

【综述】

机械与电子控制工程学院由机械工程系、检测与控制工程系、动力与能源工程系、轨道车辆工程系、材料科学与工程研究中心、工程训练中心、机械工程实验中心及院机关8个机构组成。院机关包括院长办公室、本科生教学科、研究生培养科、行政综合科、国际班管理办公室和团委。在2012年度学校单位考核中，学院第六次荣获“思源杯”。

【队伍建设】

学院现有各类教职工181人（含师资博士后王耀东、宁项辉；外籍教师马克），其中专职教师129人、双跨院士2人、长江学者特聘教授1人、教育部新世纪优秀人才1人、博士生导师42名、硕士生导师99名，具有博士学位的教师比例为79.1%。具体分布如表105所示。

表105　教职工在学院系、中心、机关分布表

单位＼职称	教授	副教授	讲师	助教	高工	工程师	助工	工人	见习生	其他	合计
机械工程系	8	20	9		1						38
检测与控制工程系	4	11	8		1						24
动力与能源工程系	5	9	10								24
轨道车辆工程系	3	6	6		1	1					17
材料科学与工程研究中心	9	6	3								18
工程训练中心		3	1			4		13			21
机械工程实验中心					8	5					13
学院机关	5	2	5	6	2	2	3		1		26
合计	34	57	42	6	13	12	3	13	1		181

注：检测与控制工程系8名讲师中，含师资博士后王耀东，4名教授中含曾广商；机械系9名讲师中，含师资博士后宁项辉，8名教授中含王太勇；动力与能源工程系9名副教授含外籍教师马克；材料科学与工程研究中心10名教授中含翁宇庆、白秉哲。

学院继续为翁宇庆院士团队引进人才，3月从上海宝钢研究院调入谭谆礼研究员（高聘）来校工作；7月聘任外籍教师马克（副教授三级岗）来院工作，与其签订劳动合同3.5年。其他调入人员：3月李璐琳由学校招聘，担任国际班行政秘书；6月谯丽由学院招聘，任本科生教学科秘书；7月本校本科生吕晓辰留校（保研保留学籍2年），担任辅导员；田龙梅本校硕士留校，任研究生培养科秘书；10月本校博士后杨广雪出站留校任教。

李德才教授入选2011年度长江学者特聘教授；郭盛副教授入选2012年度教育部新世纪

优秀人才支持计划。

4 月，聘请北京建筑工程学院副院长杨建伟教授为学校兼职教授；7 月，聘请 Stony Brook University（纽约州立大学石溪分校）常务副系主任葛巧德教授为学校客座教授。

11 月，学校选派蒋增强为挂职副院长，分管学院指定的专项工作。

【党建和思想政治工作】

学院有 43 个党支部，其中教工 8 个、本科生 12 个、研究生 23 个；党员 654 人，其中教工党员（含博士后）122 人、研究生党员 316 人、本科生党员 216 人；新发展党员 139 人，转正 102 人。学院党员情况见表 106。

表 106 学院党员情况统计表

类别	教职工	研究生	本科生	小计
党支部数量	8	23	12	43
在册党员人数	122	316	216	654
全年发展党员人数	1	38	100	139
党员比例	67%	50%	14%	/

1. 教职工党建和思想政治工作

根据学校《关于开展纪念中国共产党成立 91 周年系列活动的通知》精神，学院党委结合工作实际，开展了一系列活动：组织“共产党员献爱心”捐款活动，全院党员和群众累计捐款 12 448 元；组织“我身边的先锋”评选活动，房海蓉、洪建平、张乐乐、孔繁征、方哲、胡祥萍、谢君 7 名党员获评校级优秀党员，李国岫获评校级优秀党务工作者；王烜获得北京市高校十佳辅导员称号。院机关党支部获校级先进基层党组织、学校党的建设和思想政治工作先进单位、“充分发挥导师作用，有效提升育人功能，积极推动教师与研究生党支部结对子”获校级优秀基层党建工作创新项目一等奖、“搭建学术交流和职业探讨平台，探索学习型研究生党支部建设的新途径”获校级党建和思想政治工作优秀成果二等奖。学院党委被评为“北京高校 2010—2012 年度创先争优先进基层党组织”和“北京市创先争优先进基层党组织”。

为进一步加强凝聚力建设，学院继续加大投入力度。为全体教职工办理健身卡；为年龄逢五逢十的教职工购买生日蛋糕，为女教工庆祝三八节；持续建设和完善教职工之家。3 月，张欣教授荣获北京市“三八”红旗奖章；5 月，在学校教职工第 29 届田径运动会中，荣获教工男子团体总分第三名、女子团体总分第二名、男女团体总分第三名，在校广播体操比赛中，荣获一等奖，以总分第一名荣获校精神文明一等奖；5 月 26 日，在首都教育系统教职工运动会中，张若达获高校甲组男子 A 组跳远冠军，葛东方获高校甲组女子 A 组沙包掷准第六名；张淘获 50 米仰泳银牌、自由泳第四名，赵强参加的乒乓球混合团体比赛项目获得团体第六的好成绩、荣获“最佳先锋奖”，曹宇男参加的广播体操队在开幕式上的精彩表演，荣获“最佳表现奖”。6 月，蔡永林、孙卫青家庭，姚燕安、郝艳玲家庭被评为校级“十家幸福家庭”，10 月，蔡永林、孙卫青家庭荣获“北京市百家幸福家庭”荣誉称号；6 月，组织全院教职工春游，108 人参加；8 月，组织赴云南、黄山两路的暑期社会实践活动；10 月，组织退休教工庆祝九九重阳节；12 月，在校工会组织的“星光擂台”教职工歌唱比赛年度总决赛中，唐宇老师荣获一等奖，田龙梅老师荣获三等奖，白秉哲教授荣获优胜奖；

12 月，在北京交通大学“迎新杯”教职工乒乓球、羽毛球比赛中男子团体均取得好成绩；12 月，鄂明成、赵强两位老师被评为校教职工“交大健康之星”；荣获 2012 年度学校人口和计划生育工作先进集体，葛东方老师被评为人口计生先进个人。

2. 本科生党建和思想政治工作

在学生党员培养工作中学院坚持“引领为先、学习为尚、服务为本”的工作理念，以及“切身参与，谨慎指导，率先垂范，实时沟通”的工作方法。以党建基标检查为契机，规范党建工作，组织修订了《机电学院党委工作文件汇编》、《机电学院党务知识手册》、《机电学院学生入党须知》等文件。本科生党支部由原来的 8 个拆分成 12 个，构成更加合理。全年共发展本科生党员 98 名，预备党员转正 91 名。在纪念建党 91 周年之际，举行了学生党员入党宣誓仪式，增强了学生党员责任意识；积极学习贯彻十八大精神，通过专题报告、形势与政策教育课、党课等形式，引导和带动学生深入学习十八大文件。引导学生党支部开展“红色 1 +1”、“红色 1 +3”活动，本科生第二、第六党支部被北京市委教育工委评为北京高校红色“1 +1”活动三等奖，获评学校红色“1 +3”活动优秀组织单位，在团支部和班级建设中注重发挥“党建带团建”、“团建带班建”的优良传统，发挥党支部战斗堡垒作用。

坚持“育人为本、德育为先”的教育理念，以学生需求为根本，积极探索思想政治教育的有效途径。以学风建设为导向，形成六位一体建设思路，全面促进学生成人成才。学院杜永平书记亲自为 2012 级新生作学风建设专题报告，通过深度辅导，了解学习困难学生的学习状况，学工组定期召开专项会议和各年级班主任会议，分年级分类别开展学风建设活动。围绕学风建设开展了主干课程（微积分、大学物理、机械制图、线性代数、概率论、理论力学）系列讲座、新生计算机入门系列讲座、新生图书馆使用讲座、新老生交流会、学风主题升旗仪式、对口班学习经验交流会、百科知识竞赛、心理知识竞赛、“集体自习日”等活动，引导学生在活动中提升学习兴趣，开拓学习思维，端正学习态度，提高学习效果。

本年度学院获北京市先进班集体 1 个，校先进班集体 5 个，校级优良学风班 9 个，院级优良学风班 15 个，社会实践优秀团体 2 个，校甲级团支部 6 个，在学校 2012 级分散军训中获得 4 个单项奖。获评北京市三好学生 3 人，校三好学生标兵 1 人，校三好学生和优秀团员 156 人。549 名学生荣获各类奖学金，详见表 107。

表 107　本科生 2011—2012 年度各类奖学金统计表

奖学金	思源	国家	励志	智瑾	汉能李嘉宁	西门子	新联铁	富士施乐
人次	1	14	52	5	3	3	10	3
奖学金	新华都	纪惠	学习	奋进	社会工作	体育	文艺	社会实践
人次	2	3	274	23	113	24	22	12

学生资助工作不断完善。246 名本科生获得国家助学贷款，贷款总额 1 476 000 元。获国家助学金、学校专项助学金以及其他专项助学金 507 人次，受助金额 1 323 000 元，受助贫困生覆盖面为 100%。学院开辟勤工助学岗位 35 个，参加勤工助学学生 130 余人，贫困生勤工助学率为 71.8%，在学校勤工助学先进个人表彰大会上，学院 2 名同学获勤工助学

标兵，4 名同学获勤工助学先进个人，6 名同学获勤工助学先进个人提名奖。学院家庭经济困难学生资助情况见表 108。

表 108　学院家庭经济困难学生资助情况

项目	名　　称	获奖人次	总金额/元
奖	国家励志奖学金	52	260 000
	奋进奖学金	23	11 500
	共计	75	271 500
助	名称	受助人次	总金额/元
	国家助学金	411	1 233 000
	北京交通大学专项助学金	52	78 000
	其他专项助学金	44	12 000
	共计	507	1 323 000
勤	名称	参加人次	发放金额/元
	学院勤工岗位	132	279 592
贷	名称	贷款人数	贷款金额/元
	国家贷款	246	1 476 000
补	名称	受助人数	总金额/元
	大一新生补助	125	25 000
	临时伙食补贴	467	9 400
	热水、电话费补助	355	65 675
	贫困生就业补助	4	3 200
	共计	951	103 275

志愿活动蓬勃开展，组织 6 次校园文明长征行活动；在志愿服务基地累计服务 36 次，参与学生 253 人次，服务对象 900 余人次；参与共青团北京市第十三次代表大会等重要会议的志愿服务 3 次，参与服务学生 115 人次；拓展新的服务基地 3 处。组织 3 支暑期社会实践团，其中“赴俄罗斯未来工程师”实践团获学校暑期社会实践二等奖。

加强就业指导、拓展就业信息渠道，确保毕业生就业率基本稳定。邀请各学位点负责人为考研学生作专场咨询，召开毕业生就业动员大会，除了深入巩固原有的大铁路市场外，积极发展沈飞集团等重点单位。2012 届本科生就业率 97. 88%，签约率 83. 55%，深造率 42. 44%。在提高本科生和研究生就业率及就业质量方面成绩突出，被学校授予“就业工作先进单位”称号。

3. 研究生党建和思想政治工作

以学习十八大、弘扬北京精神为契机，推进社会主义核心价值体系教育进网络、进头脑、进生活。开展了“学雷锋精神、创文明宿舍”研究生宿舍安全活动月；挖掘并树立了以崔红超、陈根重为代表的一批“自强之星”、“身边雷锋”先进典型；运用博客、微博、人人网等网上互动平台，开展思想引导。全年发展研究生党员 38 名，预备党员转正 17 名。

加强科学道德和学风建设宣讲教育活动，构建全方位研究生学术交流机制。全年举办 3

场“院士校园行”活动，举办“与大师面对面”名师讲坛29次，学术沙龙26期，职业生涯规划沙龙7期，2 200多人次参与。研究生投稿学校“慧光杯”学术文化节论文60篇。组织7支研究生暑期社会实践队，分别赴广西南宁和玉林、山东青岛和潍坊、江苏常州、湖北武汉等地开展了社会实践活动，在学校评比表彰中，获一等奖1项，二等奖2项，三等奖3项。研究生就业率再次达100%，签约率达92.07%，研究生面向轨道交通、航空航天、汽车能源、电力电子、重型机械等重点领域就业取得新突破。

研究生各类获奖情况见表109。

表109　2011—2012学年各类奖学金统计表

奖学金	北京市荣誉称号	身边雷锋	校级优干	校级三好	先进集体	道德先进	智瑾	京东方	新联铁	康明斯	五四奖章	自强之星	社会实践
人次	12	1	35	51	3	1	4	4	10	4	1	1	10

【教学工作】

2012年学院招生、在校生和毕业学生人数见表110。

表110　2012年招生、在校生、毕业生人数

博士			硕士			工程硕士			本科		
招生	在校	毕业	招生	在校	毕业	招生	在校	毕业	招生	在校	毕业
39	204	23	214	428	198	27	147	41	420	1 561	397

1. 本科教学

加强教学内涵建设。完成了2012级中文版培养计划修订和教学大纲编写，3门课程教学大纲获评校优秀。加强青年教师教学基本功培训和名师培育工作，1人获评北京市教学名师，1人获评校级教学名师；新增优秀主讲教师3人、优秀实验教师2人、8人获得优秀主讲教师重新认定；在第九届校青年教师教学基本功竞赛中2人获二等奖，1人获三等奖，1人获最佳教案奖。全面开展主干课程研究型教学和优质课程建设，获批校优质课程9门、优秀训练载体6项、优秀学生作品5项、优秀实验项目2项，开设通识核心课2门、新生研讨课5门。认真组织规划教材建设，出版教材14部，获评国家级“十二五”规划教材1部。结合新聘岗位聘任建立了专业建设和重点课程建设负责人制度。

加强校内外实践平台建设。8月校机械工程实验中心获批为“十二五”国家级实验教学示范中心。确定了机械工程实验中心第一期建设方案和设备修购计划。积极拓展校外实践基地建设：由学校领导带队举行南车青岛四方机车车辆股份有限公司国家级工程实践教育中心揭牌和企业教师聘任仪式；聘请企业指导教师30名；北京现代汽车有限公司实习基地评为校级示范基地。

积极推进国际化人才培养。顺利完成国际班2012级招生选拔工作；完善国际班学生选拔和退出机制；拓展国际班交流渠道，2010级有23人赴国外合作高校学习，出国率达50%；聘请13名国外高水平教授来校授课，聘请了1名兼职和1名全职外籍教师。

拓展学生创新实践渠道，促进创新能力培养。修改完善学院学生创新实践管理办法和激励措施。广泛开展大学生创新创业训练计划项目，2011 年项目结题验收 43 项，获评国家级 9 项、北京市级 7 项；入选第五届全国大学生创新年会参加交流和成果展示 2 项；学生公开发表科技论文 5 篇；获评学校 2011 年“大学生创新性计划项目”优秀组织奖。组织学生参加的“机械创新设计大赛”获得全国一等奖 2 项、二等奖 1 项、三等奖 2 项，北京市一等奖 2 项、二等奖 4 项，三等奖 6 项和优秀组织奖；承办“大学生工程训练综合能力竞赛”校内赛，选拔 4 组参加北京市竞赛，获二等奖 4 项，并获优秀组织奖；承办“北京交通大学机器人方案设计大赛”，选拔优秀项目和队员备战 2013 年“亚太大学生机器人大赛国内选拔赛”；参加“Honda 中国节能竞技大赛”，获决赛第五。本年度学院累计参与科技竞赛学生 426 人，大三年级学生参与率为 74.6%，约 95% 的保研学生曾参与科技竞赛，其中 60% 以上在全国、省市级科技竞赛中获奖。

本科教学获评校级优秀教学成果奖特等奖 1 项、一等奖 6 项、二等奖 9 项；本科教学获北京市教学成果一等奖 1 项、二等奖 1 项。教学科连续 2 年获评学校优秀教学科。1 位老师获校优秀教育管理工作者综合奖，2 位老师获校优秀教育管理工作者单项奖。

2. 研究生教学

制定并实施了《机电学院研究生国家奖学金评审实施细则（试行）》、《机电学院“拔尖创新人才选拔（硕博连读）试点班”实施方案》、《机电学院关于 2013 年硕士研究生优秀生源预选拔招生宣传工作实施方案》、《机电学院学术型硕士研究生中期考核办法》等规章制度。

在首次国家奖学金评选中，学院 12 位硕士生、8 位博士生获得国家奖学金。

论文质量明显提高。载运工具运用工程专业张田田获北京市优秀博士学位论文。机械制造及其自动化专业樊文刚获第二届“上银优秀机械博士论文佳作奖”。

加强“优秀博士生创新研究基金”项目管理。在 2013 年度学校“优秀博士生创新基金”项目评审过程中，共获得资助项目 11 项，有 7 名同学获得 I 级基金，3 名同学获得Ⅱ级基金，2 名同学获得Ⅲ级基金。对 2011 年、2012 年部分优秀博士生科技创新基金项目进行结题检查，从评审结果可以看出，博士生总体上能较好地完成研究工作，并达到预期成果。

研究生教学获评校级优秀教学成果奖一等奖 1 项、二等奖 4 项。

【科研工作】

新增科研项目 297 项，其中“973”项目 2 项、“863”项目 1 项、国家自然科学基金面上项目 7 项、青年基金 2 项、省部级项目 116 项；科研合同总经费 12 121.18 万元，实到总经费 8 780.23 万元；其中纵向项目经费 6 262.20 万元，实到纵向项目经费 5 743.27 万元；新增 SCI 检索论文 24 篇、EI 检索论文 74 篇、获得授权发明专利 83 项。新增国家奖 2 项：李德才教授主持、张志力副教授参加的“复杂工况下磁性液体密封关键技术与应用”项目荣获国务院颁发的国家技术发明奖二等奖；张欣教授参加的“重型高速发动机关键技术及产业化”项目荣获国务院颁发的国家科技进步奖二等奖。李德才教授的发明专利“磁性液体密封装置中密封组件的装配方法”荣获第十四届中国专利奖优秀奖；李强教授荣获第十一届茅以升铁道科技奖；刘伟教授参加的“高速列车用不锈钢车厢板工艺技术与产品开发及应用”项目荣获冶金科学技术奖一等奖；李世波教授荣获 2012 年度詹天佑铁道科学技术奖。科研项目及经费见表 111。

表 111　科研项目及经费表

项目	类　别		数量	合同经费/万元
纵向	国家级	“973” 计划	1	44.3
		“863” 计划	9	1 800.18
		国家自然科学基金	9	608
		科技部、科技支撑及其他	7	640
		国家重点实验室	2	9.8
	省部级	教育部	3	41
		铁道部	11	506
		北京市	6	304.61
		其他部市		111.92
		国际合作	3	16
		红果园	25	1 643.39
		其他	6	242
	校级	人才基金	2	6
		基本科研业务费	27	289
	小计		116	6 262.2
横向项目			180	5 858.98
合计			296	12 121.18

发表著作、检索论文及专利情况见表 112。

表 112　发表著作、检索论文及专利情况统计表

分　类	类　别	数量（本/篇/项）
三大检索论文	ISTP 检索论文	36
	SCI 检索	24
	EI 检索	74
	合计	134
专利	实用新型专利	5
	发明专利	83
	合计	88

【学科与平台建设】

1 月至 4 月，组织机械工程（一级博士学位授权）、动力工程及工程热物理（一级硕士学位授权）、材料科学与工程（一级硕士学位授权）的学科材料，参加国家第三轮一级学科整体水平的评估；2 月至 3 月，完成了“211 工程”三期重点学科建设项目“现代车辆动力与结构基础理论及关键技术”的验收工作，顺利通过；6 月，根据《机电学院学科建设责任教授聘任、职责与考核办法》，制订了《机电学院学科建设责任教授聘任实施方案》，完成了 7 个学科的学科建设责任教授的聘任工作；6 月至 11 月，完成了设置学科建设责任教授

的机械工程、动力工程及工程热物理、材料科学与工程等一级学科，机械制造及其自动化、机械电子工程、机械设计及理论、车辆工程等二级学科，载运工具运用工程国家重点学科的学科发展规划的制定工作。

【对外交流与合作】

2012 年在学院主页上添加了“国际合作”专题网页。接待美国、比利时、澳大利亚、朝鲜、蒙古等国家外宾来访 82 人次；境外来校讲学 19 人次，其中，聘任顾问教授 2 名，客座教授 3 名。教师、干部出访 42 人次。完成了机械工程及自动化专业国际班英文网站的建设，聘任外籍教师 14 人，其中，聘任德国 Marc I. Henn 副教授为全职外籍教师。本年度来华留学生本科生 5 人、研究生 14 人、研修生 1 人；在校学生出国（境）交流共 29 人次。与德国亚琛工业大学联合主办了中德暑期学校。完成与澳大利亚卧龙岗大学机械电子工程专业本科合作办学项目的申报工作。

加大公派出国力度。硕士生同磊、贾鹏程、贺君敬、卢小鹏和赵贤辉获得国家留学基金委公派研究生项目资助出国攻读学位，分别被派往昆士兰科技大学、罗格斯。新泽西州立大学—新伯朗士威分校、皇家理工学院、亥姆霍兹吉斯达赫研究中心和内布拉斯加大学林肯分校；谭泽涛、秦方、智少丹和王天杨获得国家留学基金委公派研究生项目资助出国联合培养，分别被派往美国的堪萨斯大学、特拉华大学、佐治亚理工学院和德国亚琛工业大学。

电气工程学院

【综述】

电气工程学院由电气传动与控制系、电力工程系、电机与电器研究所、电力电子研究所、新能源研究所、牵引供电研究所、国家工科基础课程电工电子教学基地（电工部分）、电气综合实验中心、院机关9个机构组成。本科专业电气工程及其自动化顺利通过了本科专业认证。2012年新增科技项目95项、合同总金额3 721.63万元。学院再次被评为“就业工作先进学院”。学院获得学校2012年“特色奖”。

【队伍建设】

学院现有教职工132人，专职教师92人、双跨院士1人，博士生导师18人、硕士生导师57人，具有博士学位的教师58%，引进人才8人。教职工在学院系、所、中心、机关分布见表113。

表113　教职工在学院系、所、中心、机关分布表

单位＼职称	教授	副教授	讲师	助教	高工	工程师	助工	工人	见习生	合计
电气传动与控制系	2	5	11							18
电工电子基地	1	7	1		1					10
电机与电器研究所	3	6	4							13
电力电子研究所	3	5	5		1					14
电力工程系	5	5	4							14
实验中心	1	2				7	1			11
新能源所	5	7	7		2	2	1			24
牵引供电所	2	3	2							7
院办			5			2				15
学科博士后			5							5

【党建和思想政治工作】

学院共有35个党支部，其中6个教师党支部、29个学生党支部，党员情况见表114。

表114　学院党员情况统计表

类　别	教职工	研究生	本科生	小计
党支部个数	6	19	10	35
在册党员人数	79	290	107	476
全年发展党员人数	1	30	107	138
党员比例	63%	50%	8%	24%

1. 教职工党建和思想政治工作

组织学院迎接学校第十次党代会，全院认真讨论了党代会报告，并提出修改意见。党委书记范瑜担任学校第十次党代会总监票人。

按照学校党委开展《北京普通高等学校党建和思想政治工作基本标准》自查自评工作实施方案的要求，学院党委组织全院党支部和党员认真学习党的十七大提出的“推动发展，服务群众，凝聚人心，促进和谐”的精神，以贯彻学校第十次党代会精神、迎接党的十八大为契机，以进一步提升和谐学院建设质量、促进学院科学发展为目标，对学院近五年来的党建和思想政治工作进行自查自评。学院党委进行了精心组织，起草了学院党委自查报告，并参加了一系列汇报材料的准备工作。通过自查和上级检查，全面促进了学院的党建工作。

各党支部严格按照上级要求，完成了党支部自评和教工、学生党支部的互评，充分调动各支部党员及群众对各支部进行了工作考核测评，并由上一级党组织对各个支部进行了考评。通过本次工作考核测评，实现了学院全部教工学生党支部考评等次全部为“好”。同时，各党支部党员对支部书记及群众对各党支部的工作整体上全部表示满意。

继续开展创先争优活动，精心组织实施。在创先争优第三阶段活动中，学院党委非常重视凝练学院文化，营造纯粹、健康、向上、包容的氛围，实现建设“和谐学院”的目标。确保了学院“创先争优”活动有计划、按步骤、高质量地推进，顺利完成了本年度创先争优活动的各项任务。

本年度评选并推荐校级优秀共产党员 5 名、先进基层党支部 1 个；评选出院级教师优秀共产党员 5 名。

2. 本科生党建和思想政治工作

围绕学校学院中心工作，积极宣传贯彻党的十八大精神，贯彻落实学校第十届党代会要求，以深度辅导为切入点，满足学生日益增长的个性化需求，推动工作精细化水平，抓好学风建设和党建两项重点工作，扎实做好学生思想教育和日常管理工作。

坚持以学生为本，注重生命教育，推进公民道德教育，把好入学教育关，重视新媒体的运用，力求在思想政治教育中体现特色、突出重点、确保实效；解放思想，与时俱进，积极应对大学生思想的变化，探索党建工作的新路子，积极开展红色“1 + 1”和红色“1 + 3”活动；通过学业规划、朋辈引导、科技创新、实践学院倡导的“乐学”理念，营造踏实、勤勉、快乐的学习氛围；结合电气专业学科特点，对学生科协进行重新定位，针对不同年级学生开展不同的科技活动和竞赛，加深学生对专业知识的学习和理解，2012 年学院本科生参与科技竞赛获国家级奖项 16 人、市级奖项 16 人、校级奖项 287 人；把心理健康教育作为思想政治教育的延伸和促进大学生成长成才的重要手段，多渠道多角度保证心理健康教育的开展；高度重视困难学生资助工作，不但在经济上加大了对困难学生资助力度，还特别关注贫困生的精神帮扶，培养贫困生自立自强的精神；充分发挥宿舍作为第二课堂的作用，通过创新宿舍管理模式、宣传宿舍文化等途径，着重加强学生宿舍的建设与管理；重视社会实践和志愿服务，通过打造精品社会实践活动项目、加强社会实践与专业学习的结合、推进志愿服务管理制度建设、加强志愿服务精神的宣传等途径来提高学生的综合素质和竞争力，学院 4 支本科生社会实践队伍的实践成果均获奖，其中 3 支实践团获校级二等奖、1 支实践团获校级三等奖；以“深化就业指导，拓宽就业领域，提升毕业生的核心竞争力”为工作方针，以“稳定就业率，开拓就业市场”为工作目标，有针对性地对学生进行就业指导，稳定有序地推进就业工作的开展。2012 届毕业生共计 299 人，上研率 34. 5%，就业率 97. 66%，学院获得 2012 届毕业生就业工作先进单位。本科生各类获奖及家庭困难学生资助情况如表 115、表 116、表 117、表 118 所示。

表 115　本科生 2011—2012 年度各类奖学金统计表

奖学金	思源	国家	励志	西门子	智瑾	学习	社会工作	奋进	学习进步	体育	文艺	社会实践
人次	1	12	41	2	5	224	86	19	10	24	17	10
奖学金	九阳	新华都	纪惠/惠贤	汉能李嘉宁	京仪春树	富士施乐	九阳进步	九阳文明宿舍	天易先进班级			
人次	5	2	2	2	5	2	50	36	2			

表 116　本科生 2011—2012 年度各类集体奖项统计表

奖项	北京市先进班集体	校先进班集体	校优良学风班	北京市先锋杯团支部	校甲级团支部
数量	1	4	6	1	4

表 117　本科生 2011—2012 年度各类个人荣誉统计表

奖项	北京市三好学生	全国大学生物理实验竞赛北京市一等奖	“三菱电机自动化杯”大学生自动化大赛暨自动化系统应用竞赛全国一等奖	全国大学生节能减排社会实践与科技竞赛三等奖
数量	3	3	2	5

表 118　学院家庭经济困难学生资助情况

项目	名　称	奖励人次	总金额
奖	国家励志奖学金	41	205 000
	共计	41	205 000
助	名称	受助人次	总金额
	国家助学金	191	632 000
	北京交通大学专项助学金	98	134 000
	茅台助学金	19	57 000
	中海油助学金	2	6 000
	新长城助学金	8	15 880
	汉能李嘉宁助学金	6	16 000
	ABB 助学金	30	60 000
	九阳助学金	20	80 000
	天易助学金	20	40 000
	学子阳光助学金	1	4 000
	共计	375	947 880 元

续表

项目	名　　称	奖励人次	总金额
勤	名称	参加人次	发放金额
	学院内勤工岗位	200	319 034
贷	名称	贷款人数	贷款金额
	国家贷款	24	144 000
补	名称	受助人数	总金额
	大一新生补助	44	24 000
	共计	44	24 000

3. 研究生党建和思想政治工作

2012年，学院毕业研究生共232人，其中博士16人、硕士216人。初次就业率100%、签约率95.69%。研究生就业率100%、签约率全校第一，有17名同学到西部和基层就业，获得了学校“奋飞奖”。学院被评为学校就业先进单位，姜久春院长在学校就业总结表彰大会上作了题为《招生、培养与就业协同联动，有效提升研究生综合就业竞争力》的交流发言，学院研究生工作获得了学校年度特色奖。

本年度学院评优评先参评研究生共294名，有67人、132人次获得各种奖项和荣誉称号，获奖学生占全体参评学生的44.9%，共有3个班集体获得校级优秀班集体，2个实践团获得社会实践优秀团队三等奖，共有6人获得社会实践优秀个人荣誉称号。研究生获得各类奖学金情况见表119。

表119　研究生2011—2012年度各类奖学金统计表

奖学金	北京市三好	校级三好	校级优干	智瑾奖学金	西门子奖学金	台达	电力节能	光宝	京仪椿树奖学金	唐一新能源奖学金	天易奖学金	天易助学金	九阳助学金	社会实践优秀个人
人次	1	44	32	1	1	10	6	15	6	13	24	15	10	6

加强研究生党支部制度化和规范化建设，严格按照《北京交通大学学生党支部工作细则》和《北京交通大学发展学生党员工作细则》的规定和要求开展工作，特别是在发展党员时严格把关，全面考察积极分子，杜绝突击发展。研究生党员的发展，坚持“成熟一个、发展一个”的原则，不追求数量，坚决杜绝盲目发展、突击发展。学院全年共发展研究生党员79名，平均每学期每支部发展1～2名。加强对支部书记和支委的培训，做好对党员的教育，组织党员学习党的理论知识、国家政策方针、国际国内时事。加强对党员骨干的培训。组织形式多样、符合研究生特点的支部活动。

组织硕士1104党支部与关工委党支部联合开展党支部建设“1+1”活动，以“十八大学习交流”为主题，增强了对党的理论学习及政策认识，进而增强认同感及使命感。全面贯彻党的十八大精神和学校第十次党代会精神，紧紧围绕“学习十八大精神、抓学风、促就业 创建学习型基层党组织”主题，结合研究生党建工作实际，加强研究生学风建设，促进研究生就业，抓好研究生学习型基层党支部建设，更好地发挥党支部的战斗堡垒作用。学院积极在各研究生党支部中以支部活动的形式对学风建设进行讨论，结合支部活动，开展就业沙龙，促进研究生学习型基层党支部建设。1 名研究生获得学校优秀共产党员称号。

学院遵循研究生思想政治教育规律，围绕研究生主业，促进研究生全面健康成长与成才。以研究生综合素质教育计划和学期教育计划为主线，融合学术与思想政治教育。在各类学术活动中，引导研究生树立正确的世界观、人生观、价值观，帮助研究生养成自尊、自爱、自律、自强的优良品格和良好的心理品质，促进研究生学术科研能力和思想道德素质、心理素质同步提高。举办学院第六届研究生学术节，邀请了宁滨校长为国家外专局外国专家项目专家、澳大利亚新南威尔士大学澳洲能源所主任 Vassilios G Agelidis 教授和北京交通大学特聘研究员 Tony Yip（叶豪东）博士颁发了证书和聘书，并邀请了 Vassilios G Agelidis 教授为学术节作首场讲座。举办“与大师面对面”名师讲坛 19 次，研究生学术沙龙 4 次，研究生就业沙龙 1 次。

通过与研究生进行深入的沟通和交流，及时发现并切实解决他们的实际问题。对于在学习和科研中遇到困难的同学，及时与其导师沟通，制订针对性的帮扶计划；对家庭经济困难的同学，鼓励其申报研究生“三助”岗位或校内兼职岗位，并在国家助学贷款和助学金的评选适当倾斜；对就业困难同学进行个体帮扶，有针对性地向用人单位推荐。

关注研究生心理健康。了解研究生心理状态，及时发现问题、提前解决问题。同时，做好每年的研究生心理普查工作，从整体上把握研究生心理状态、跟进普查结果异常学生。在各班级设立心理委员及自我管理小组，加强信息报送，开展有针对性的心理健康活动。

共组建了 4 支社会实践队，共有 28 名研究生参加了社会实践。2 个实践团获得社会实践优秀团队三等奖，1 名带队教师获得校级优秀指导教师称号，6 名队员获得社会实践优秀个人荣誉称号。

【教学工作】

1. 本科教学

2012 年学院有本科生 1 319 人，毕业 308 人、招生 331 人。学院的电气工程与自动化专业和电气信息工程专业，2012 年按电气信息类大类招生 8 个班，共 275 人；按电气信息类（轨道牵引电气化卓越工程师班）招生 2 个班、共 56 人。学院现有国家级精品课程 1 门，北京市级精品课程 3 门，校级精品课程 6 门。《电气工程概论》入选学校第一批“十二五”普通高等教育本科国家级规划教材。学院有学校优秀主讲教师 28 名。黄辉老师被评为校级名师和课堂教学教风标兵。学院在 2012 年度，结合“十二五”规划和专业认证，完善管理模式和加强规范化管理，注重教风、学风建设和拔尖创新人才培养，采取积极的举措努力提高本科生培养质量，稳步推进学院本科教学工作。

获得校级教学成果一等奖 6 项，二等奖 8 项。学院举行青年教师教学基本功比赛，学院青年教师全部参加。在学校第九届青年教师教学基本功比赛中王昕老师获得一等奖，张秀敏老师获得三等奖和最佳教案奖。通过教学基本功比赛，提高了青年教师教学基本技能水平。

2012 培养计划修订完毕，增设了“轨道牵引电气化”专业方向培养计划和试点班培养计划。完成全部课程教学大纲和课程简介的编写工作，英文版编写工作已经全面推开。自 2011 级同学实行拔尖人才的选拔、培养办法，实行全面导师制，主干课程小班授课。经过两次选拔，选出32名同学进入试点班，他们将执行灵活的个性化培养方案。

3+1+2产学联合培养取得进展，2009级同学有16名同学选入3+1+2联合培养项目，分布在11家企业。学院与企业协商确定了校企导师和学生毕业设计的题目。学院积极拓展本科生培养基地，积极与企业交流合作，加大学生企业实习实训经费投入，使更多学生走进科研生产第一线，了解企业需求，2009级310名同学集中派送到7家基地实习。

电工电子基地（国家及试验示范中心电工部分）完成了国家验收。电气综合实验中心获得学校资金支持，将进行全面的硬件更新。学院组织了若干次企业宣讲会、教师座谈会并结合专业特点到兄弟院校调研，力争建成高水平的实验室。

9月，电气工程及其自动化专业通过了专业认证，认证期为6年。中国科协派出了5名教育专家入校考察。考察期间，专家组为学院提出了宝贵的意见。专业认证结束后，学院做了总结。并着手纠正考察中发现的问题，促进本科专业建设。

学院与英国巴斯大学、英国卡迪夫大学、美国奥克兰大学等国外高校洽谈了“2+2”和“3+1+2”等人才培养项目。选出12名本科生出国学习。继续聘请国外专家来校为本科生授课，使学生及时了解国际前沿理论和先进技术。继续推进专业主干课程双语教学，每门主干课程开出2个双语课堂。

学院积极推进大学生创新性实验计划项目的深入开展，加强学科竞赛体系建设。大学生创新计划项目共立项50项，其中国家级6项，北京市级5项。组织了第五届全国大学生节能减排社会实践与科技竞赛，其中有2项作品、13名同学获得国家二等奖，4项作品、23名同学获得国家三等奖。组织了学校节能减排竞赛，78项作品、354人次参赛，其中40项作品、197人次获奖。主办校“电气杯”科技创新大赛，其中51项作品、183人次获奖。学院第一次参加“三菱电机自动化杯”大学生自动化大赛暨自动化系统应用竞赛，1项作品、3名同学获得全国一等奖。学生参加省部级以上竞赛，全年有22名学生在6项赛事上获奖。

2. 研究生教学

2012年招生、在校、毕业学生人数见表120。

表120　2012年招生、在校、毕业学生人数

类别/年份	博士			学术型硕士			专业学位硕士			工程硕士		
	招生	在校	毕业	招生	在校	毕业	招生	在校	毕业	招生	在校	毕业
2012年	29	96	17	141	297	150	66	116	68	92	234	54

加强研究生招生的宣传力度，开展主动式招生宣传，着重提高生源质量。2012年研究生报考人数首次突破1 000人，报名率为567.2%，2012年考研上国家线比例为241%。2013年报考人数为1 212人，报名率631.3%，生源数量充足。研究生报考率名列学校前茅。

电气工程学科培养方案修订被列入学校研究生院培养模式示范工程，学院组织教授、博士生导师对国内外13所著名高校相关专业研究生培养方案及培养模式进行了有针对性调研，本着提高研究生培养质量、进一步突出学科的最新进展、真正体现学科专业的内涵和发展趋势等指导思想，多次组织学科负责人对学院硕士、博士的研究生培养方案进行全面修订，以培养学科领域不同应用层面的人才为出发点，构建了贯通学术型硕士、专业型硕士、硕博连读、博士培养的模块化、一体化培养方案架构。培养方案的课程体系，以学科知识点及其知识模块为基础，使学术型硕士和专业型硕士课程方案既有相关性又分别具有特色、硕士和硕博连读的课程方案既有接续性又递进和提升，硕博连读和博士的课程组合既满足直博、硕博连读的知识需求，又适应博士起点学生的知识结构。

学院通过随堂听课、召开学生座谈会等方式，对学院研究生课堂教学的情况进行跟踪，加强研究生教学过程的监控和管理，2012 年学院共开设了 43 门课程，总计完成了 1 328 学时的教学任务。

为了提高研究生学位论文的质量，鼓励研究生对本领域科学技术开拓创新精神，学院制定了研究生优秀论文评选条例，以及与之配套的奖励及学生奖助金评定办法。2012 年学院共 150 名学术型硕士，68 名专业型硕士和 54 名在职工程硕士，17 名博士毕业生。有 37 篇硕士学位论文被评为院级优秀论文，8 篇被评为校级优秀硕士论文，1 篇被评为校级优秀博士论文。

深化研究生培养基地建设，继续推进产学研联合培养，本年度新增国网经研院、北京电力公司电科院等行业内有影响的研究生培养基地 3 个。

2012 年全日制专业学位硕士研究生 57 人到企业实践，其中 26 人到学院研究生培养基地实习；30 人到与导师有科研合作的单位实习。通过实习提升了学生的实践能力、知识应用能力、社会能力、综合素养和综合竞争力，也为学院与企业的沟通搭建了桥梁，促进了学院整体科研实力的提升。

学院重视研究生学术视野和创新能力的培养，2012 年度聘请了澳大利亚新南威尔士大学澳洲能源所主任、国际知名的智能电网、电力电子方面的专家 Vassilios G Agelidis 教授为高端专家，聘请世界知名公司英国 ALSTOM 和新加坡 VESTAS 研发负责人叶豪东博士为我校研究员，2012 学年两位专家及日本东京大学曾根吾教授分别为研究生开设系列课程讲座。通过广泛邀请国外著名专家、学者讲座，使研究生及时了解学科领域的最新发展动态。

2011 年、2012 年连续开展“1 +4”硕博连读研究生培养试点工作，单独编班，由博士生导师任班主任，通过硕博连读试点班，设立拔尖创新人才培养特区。为培养高水平拔尖人才创造有利条件。

随着企业对高素质人才需求的增加和学院对工程硕士培养的重视，学院招生人数呈现逐年增加的趋势，截至 2012 年，学院共有 9 个班共计 344 名在职研究生。

学院设立研究生创新基金，鼓励学生发表高水平论文，参加相关专业高水平的国际会议。全年研究生共发表论文 150 篇，其中硕士生 53 篇、博士生 97 篇。2012 年 5 名博士生获得学校博士研究生创新基金 I、2 名博士生获得学校博士研究生创新基金个 II 的资助。

【科研工作】

2012 学院全年累计新增科研项目数 128 项，合同经费达到 6 179. 34 万元。其中，纵向项目 50 项，包括国家自然科学基金“面上”项目 2 项，国家自然科学基金“青年基金”1 项，科技部“863”项目 9 项，科技部“科技支撑”1 项，铁道部科技司项目 2 项，北京市科委项目 3 项，国际合作项目 1 项，博士点基金 1 项。

2012 年 SCI 检索论文 13 篇、EI 检索总数 78 篇。获得授权的专利 25 项，其中授权的发明专利 22 项。科研项目及经费、发表论文及专利情况见表 121 ～表 124。

表 121　学院科研项目及经费表

项目	类别		数量	合同经费（万元）
纵向项目	国家自然科学基金	面上	2	156
		青年	1	24
	省部级	科技部	10	914.4
		铁道部	2	260
		北京市	4	413.18
	国际合作		1	35
	其他		30	700.1
	小计		50	2 502.68
横向项目	小计		78	3 676.66
合　计			128	6 179.34

表 122　学院发表论文情况统计表

分　类	类　别	数量（本/篇）
论文统计	SCI 检索	13
	EI 检索	78
	合计	91

表 123　2012 年电气学院 SCI 检索论文统计表

序号	论　文　题　目	刊　名	ISSN
1	Effect of deep trapping states on space charge suppression in polyethylene/ZnO nanocomposite	APPLIED PHYSICS LETTERS	0003－6951
2	The performance of a soluble lead-acid flow battery and its comparison to a static lead-acid battery	ENERGY CONVERSION AND MANAGEMENT	0196－8904
3	The stability of a chaotic PWM boost converter	INTERNATIONAL JOURNAL OF CIRCUIT THEORY AND APPLICATIONS	0098－9886
4	Study on the glow discharge in the atmospheric pressure	CURRENT APPLIED PHYSICS	1567－1739
5	Theory of modified thermally stimulated current and direct determination of trap level distribution	JOURNAL OF ELECTROSTATICS	0304－3886
6	Physical Interpretation of Impedance Formulas for Conductors Enclosed in a Cylindrical Tunnel	IEEE TRANSACTIONS ON POWER DELIVERY	0885－8977
7	An Efficient Algorithm for Transient Calculation of the Electric Networks Including Magnetizing Branches	MATHEMATICAL PROBLEMS IN ENGINEERING	1024－123X
8	Improved Deadbeat Current Controller with a Repetitive-Control-Based Observer for PWM Rectifiers	JOURNAL OF POWER ELECTRONICS	1598－2092
9	MEASUREMENTS OF RADIATION VIBRATIONS OF TURBOMACHINE BLADES USING AN OPTICAL-FIBER DISPLACEMENT-SENSING SYSTEM	JOURNAL OF RUSSIAN LASER RESEARCH	1071－2836

续表

序号	论 文 题 目	刊 名	ISSN
10	ACCURATE MEASUREMENT METHOD OF THE THICKNESS OF A QUARTZ PENDULOUS REED BY COMBINING POLARIZED REFLECTANCE AND VISION IMAGE	JOURNAL OF RUSSIAN LASER RESEARCH	1071－2836
11	Single event upset mitigation techniques for FPGAs utilized in nuclear power plant digital instrumentation and control	NUCLEAR ENGINEERING AND DESIGN	0029－5493
12	Influence analysis of structural parameters on electromagnetic properties of HTS linear induction motor	PHYSICA C-SUPERCONDUCTIVITY AND ITS APPLICATIONS	0921－4534
13	Comparison between measured and numerically calculated AC losses in second-generation high temperature superconductor pancake coils	PHYSICA C-SUPERCONDUCTIVITY AND ITS APPLICATIONS	0921－4534

表 124　2012 年电气工程学院授权专利统计表

序号	专利号	专 利 名 称
1	2009 1 0093349. 3	节能型轨道交通用高温超导直线电机驱动装置
2	2008 1 0118084. 3	用于高压脉冲电源的多电极旋转火花隙开关
3	2009 1 0235808. 7	直流电那能表检验装置、能量误差检验方法和潜动校验方法
4	2008 1 0222282. 4	L 型降压变换器的拓扑结构
5	2008 1 0222283. 9	T 型降压变换器的拓扑结构
6	2011 2 0226305. 6	一种兆瓦级永磁同步风力发电机的转子结构
7	2009 1 0078089. 2	一种 MVB 接口 IP 软核
8	2010 1 0133853. 4	电气化铁道同相牵引供电系统
9	2010 1 0590940. 2	分离冷却型轨道交通用高温超导直线电机驱动装置
10	2010 1 0163163. 3	制备多晶的直流还原系统中的多路斩波器电源系统
11	2008 1 0224476. 8	改进 L 型降压变换器的拓扑结构
12	2008 1 0222284. 3	T 型升压变换器的拓扑结构
13	2008 1 0247558. 4	多电平 T 型变换器拓扑结构的简化方法
14	2009 1 0243694. 0	变压器带载调压过程中差动保护的调整方法
15	2009 1 0091850. 6	采用多分裂变压器的高压电源电路
16	2011 2 0408834. 8	教室节能灯控系统
17	2009 1 0243344. 4	引入变压器分接开关信息的差动保护方法
18	2010 1 0295433. 6	一种电气化铁路车辆位置传感器
19	2010 1 0232123. X	脉动直流供电交流调速电力机车
20	2010 1 0033632. X	散热系统
21	2010 1 0144108. X	光伏发电系统最大功率点跟踪控制装置
22	2010 1 0189303. 4	架空输电线路故障定位方法
23	2010 1 0193754. 5	高电压侧测量系统供电电源
24	2012 2 0077310. X	宿舍灯具节能装置
25	2010 1 0234866. 0	储能型级联多电平光伏并网发电控制系统

【学科与平台建设】

拥有部级重点学科2个：电力系统及其自动化（铁道部重点学科）、电力电子与电力传动；（北京市重点学科）。有部级工程研究中心1个：电力牵引教育部工程研究中心。申请建设的国家级科研平台有：风光储与微网控制工程技术研究中心；电力牵引教育部工程研究中心。在第三轮学科评估中排名22名。

【对外交流与合作】

学院全年组团出国访问5团次（澳洲、美国、英国）；与国外签订正式合作交流协议4份（分别与英国巴斯大学、英国卡迪夫、美国奥克兰大学、美国伊利诺伊大学芝加哥分校签订了2+2项目及研究生交流合作协议）；国外专家、学者来访40多人次，涉及6个国家，开展科研项目合作10余次，讲座讲学10余次；引进国外高端外国专家2名，其中1名为全职。两名国际知名教授开设了研究生全英文课程32学时，并和各系所开展了科研交流10余次，预计交流产生的国际高水平文章收益为10篇/年。此外，新能源所还计划每年选派青年教师2～4名赴澳进行深度的合作交流。教师出国进修、学习7人次。学院派出学生共12人次，其中交流项目8人、国际学术会议4人。招收留学生共11人；参加国际学术会议10余人次；和33个企事业单位联合培养研究生58人（11级学生），和13个企事业单位联合培养本科生16人（09级学生）。

理　学　院

【综述】

2012年理学院主要结合学校、学院“十二五”规划的总体要求，以不断提高人才培养质量为中心，开展学科、师资队伍、制度等建设、国际化等工作，解放思想，深化改革，实现学院各项工作快速发展。

【队伍建设】

学院下设5个系所、研究院（见表125）。学院有教职工216人，事业编制198人、院士5人（其中双聘院士4人）、讲座教授1人，专职教师171人（其中院士1人、教授49人（含千人计划Kawk）、副教授83人、讲师33人、师资博士后5人）校聘非事业编制12人（含退休返聘2人）、劳保2人、院聘2人。具有高级技术职称的教师占教师总数的29%；具有博士学位的教师133人，占教师总数的77.78%，比上一年提高了1.54%（见表126）。在站博士后6人。

表125　2012年理学院下设机构情况

序号	下设机构	负责人	备　注
1	数学系	常彦勋	
2	物理系	冯其波（兼）	
3	化学系	刘博	
4	生物工程与生命科学研究院	陈志南（院长）	洪涛（名誉院长）何金生（常务副院长）
5	光电子技术研究所	王永生（所长）	何大伟（常务副所长）

表126　理学院2012年12月底教职工人员结构统计表

职称/单位	院士	双聘院士	教授	退休返聘教授	海外讲座教授	副教授	讲师	工程师	工程师中级	助工/助馆	工勤	管理系列	师资博士后	退休返聘	非事业编		合计
															校聘	院聘	
数学系		1	20			33	15						3		1		73
物理系		1	10	1		26	11	2	8				1				60
光电所	1		11	1		5	0		3				1				22
化学系			3			8	4		1		1				1		18
生物院		2	4		1	11	3		1						2	1	25
院机关			1					1				7			6	1	16
劳保							2										2
合计	1	4	50	2	1	83	33	3	12		1	4	5		10	1	216

引进人才共计14人，具体情况如下：副教授1人（化学系：杨春和），讲师3人（物理系：张兴华、陈发敏；数学系：李萍），实验员2人（物理系：王亚平；化学系：段晓霞），师资博士后4人（数学系：吕兴、林艾静、朱湘禅；光电所：吴鸿鹏），机关4人（教学科：常卓；团委：刘东睿、阚帅、胡佳骥）。退休2人（章小丽、赵中龄），调离人员3人（徐俐、简阳天、朱善斌）。

引进高层次人才1人：韩国 Jin Hon Kawk 院士成为学校第一位“外专千人计划”获得者。

公派出国5人次（吴迪、富明、刘小君、郑神州、潘升勇）。

【党建和思想政治工作】

共有党支部30个，其中教师党支部6个，研究生党支部16个，本科生党支部8个；共有党员491人，其中正式党员361人，预备党员130人；其中教师党员103人，占教师比例为49.52%，研究生党员187人，比例为38.09%，本科生党员183人，比例为11.52%，其他党员18人。学院党委2012年共发展党员136人，其中研究生39人，本科生97人；转入党员65人，预备党员转正89人；取消预备党员资格1人。

1. 教职工党建和思想政治工作

学院党委贯彻落实科学发展观，发挥其在学院决策制度中的作用，把握学院发展方向，推进学院改革和发展，做好“十二五”规划落实。认真贯彻“三重一大”制度，落实党风廉政建设责任制；要求中心组每月至少一次理论学习，建设学习型党组织；加强对后备干部的培养，推荐2名青年教师挂职锻炼。

学院不断加强基层党支部建设。落实《北京交通大学党支部工作考核测评办法》，指导教职工党支部围绕教育教学工作开展支部活动，开展党支部考核定级，效果良好。加强对入党积极分子的培训教育工作，严格执行党员发展标准，把好“入口关”，进一步完善学院党委预审发展对象面试程序。

深入开展创先争优活动。组织“共产党员献爱心”捐款活动，共有198名党员捐款9 800元。顺利通过北京高校党建《基本标准》专家组的专项检查，并得到专家组好评。积极组织学院师生参加学校十次党代会，13名代表全程参与，积极讨论、建言献策、履行职责。我院党委书记解郁当选为新一届校党委委员。广泛宣传，营造氛围，以良好精神面貌迎接党的十八大召开；通过名家讲坛、观看视频、论文征文等活动，组织师生党员学习宣传贯彻党的十八大精神。

加强教职工思想政治工作和统战工作。开展“交大精神”大讨论，做好“身边雷锋—最美北京人”的评选宣传活动，推荐数学系冯国臣老师为“身边雷锋”、生研院党支部为“身边雷锋”团队。组织新年联欢等活动，凝聚教师，建设小家。理学院学生工作组荣获“三育人”先进集体。

12月22日理学院召开第三次教职工代表大会第四次会议，教代会代表共40人，与会39人。会上听取了冯其波院长关于2012年学院工作报告、学院财务工作报告；提出了《理学院教职工考核办法》修订意见说明；讨论了《理学院教职工考核办法》修订意见。

2. 本科生党建和思想政治工作

截至8月30日，理学院共有2012届本科毕业生358人，其中，出国53人，升学167人，深造率为61.45%，再创新高。签约率为85.2%，就业率为100%。共有10人西部就业，1 人西部支教，9 人任北京地区村官。

采取系列措施加强学风建设。以学科竞赛为途径调动学生学习兴趣，举办数学基础课学习论坛共计九讲，发放近 1 600 份学风调查问卷了解学生思想动向和学习情况，年级辅导员利用一对一谈话、走访课堂宿舍展开深入辅导，主题升旗仪式，“优秀学长见面会”，优良学风班答辩等。

坚持本科生发展党员高标准、严程序，牢把党员入口关。制定《理学院预备党员、积极分子学时管理制度》，要求预备党员和积极分子每学年不少于 20 小时的理论学习。实行积极分子档案化管理机制，设立积极分子档案袋专柜。开展“发挥先锋作用，永葆先进本色”学生党员领航工程系列活动、“祖国·青年”红色短剧表演大赛、“知行录”系列论坛、红色“1+1”、红色“1+3”实践活动等，发挥党支部的战斗堡垒作用和学生党员的先锋模范作用。

举办第九届“知行并茂，明理崇德”理科文化月。校院际杯篮球赛男篮、女篮双双夺冠，并获得校体育舞蹈大赛冠军、太极拳 6 人表演赛冠军、阳光体能“五项全能”达人赛冠军等。

暑期社会实践活动中，共组织 11 支社会实践团，其中 5 支学院立项团队、6 支自主立项团队。实践团深入社会，关注民生，围绕北京精神、志愿服务、大学生就业创业、社会保障、贫困县现状、老年群体等多个主题开展调研和服务，内容丰富覆盖面广。经评审，实践团队获得校二等奖 1 个、三等奖 2 个，校社会实践优秀个人 30 名。

获评北京市先进班集体 1 个（思源 1001 班），校级先进班集体 9 个，校级优良学风班 9 个。光科 0903 班冀东被评为宝钢优秀学生特等奖；思源 0901 班姬贺获评思源奖学金；思源 1001 班李婷获评“自强之星”。

本科生 2011—2012 年度各类奖学金统计见表 127。

表 127　本科生 2011—2012 年度各类奖学金统计表

奖学金	思源	国家	励志	新华都	汉能李嘉宁	智瑾	理学院创新奖	波易达	“纪惠/慧贤腾飞计划”	学习	社会工作	学习进步奖学金	奋进	体育	文艺	社会实践	三好学生	优秀学生干部
人次	1	15	45	2	3	5	37	3	3	281	104	12	23	24	24	12	89	38

3. 研究生党建和思想政治工作

拥有 4 个博士点、16 个硕士点，在校硕士研究生 341 人、博士研究生 150 人。2012 届参与就业研究生 194 人，包括硕士研究生 174 人，博士研究生 20 人，初次就业率为 96.91%，其中 12 人读博士。

研究生思想政治教育工作，坚持育人为本、德育为先，以党日活动和日常管理为载体，帮助研究生树立正确三观，不断营造热爱学习、潜心科研、求真务实的良好学风。以党的十八大和学校十次党代会为契机，在研究生中广泛开展爱国主义、集体主义、理想信念等主题教育，增强研究生的社会责任感和历史使命感。加强党支部建设，做好党支部书记培训。加强队伍建设，先后聘用 6 名研究生兼职辅导员。开展心理普查两次，帮助 6 名特殊情况研究生解决实际问题。

注重研究生综合素质培养，成功组织学生参与学校第二十二届“慧光杯”研究生学术文化节。4 月，举办主题为“如何做好科研与创新”的研究生学术沙龙。组织“与大师面对面”名师讲坛活动 21 次，邀请院士 2 人次。研究生暑期社会实践团 14 人以“阳光照亮生活”为主题，于 7 月中下旬赴江西新余，获学校一等奖，被评为北京市重点社会实践团队，3 人获社会实践优秀个人。研究生文体活动成绩突出，获校运动会女子乙组第二名，“知行杯”女篮亚军、男篮季军，足球赛季军，“学院杯”羽毛球赛团体亚军。2012 年共设“三助”岗位 260 个，420 多人次参加。

全年共评选校级优良学风班 2 个，共计 94 人次获得各种奖励，其中宝钢奖学金 1 人，京东方奖学金 8 人，智瑾奖学金 2 人，“NLTC 绿色照明”奖学金 13 人。另有，北京市优秀毕业生 9 人，学校优秀毕业生 19 人，优秀毕业生干部 9 人。

【教学工作】

1. 本科教学

共有在校本科生 1 576 人，信息与计算科学、光信息科学与技术、材料化学 3 个本科专业和理科试验班。

现有国家级精品课程“大学物理”、“大学物理实验”；北京市精品课程“大学物理与实验”；国家级教学名师王玉凤教授。

吴柳教授主编的《大学物理学（上、下)》获得“十二五”规划教材推荐，刘迎东老师主编的《微积分（上、下)》和盛新志老师主编的《激光原理》获批为北京市精品教材。

学院总结凝练教学改革成果，共推荐申报教学成果奖 21 项，经学校评审，15 项获校级优秀教学成果，其中特等奖 1 项，一等奖 5 项，二等奖 9 项。王玉凤教授牵头的《构建从“要我学”到“我要学”的工科物理全新教学模式》获得北京市教学成果一等奖，于永光教授牵头的《构建理学数学平台、夯实大学数学基础、提高人才培养质量》获得北京市教学成果二等奖。

蔡天芳、付俐两位老师被评为“北京交通大学教学名师”。唐莹老师被评为北京交通大学“课堂教学教风标兵”。“概率论与数理统计（A）(B)”、“微积分（B)”、“激光原理”三门课程认证为 2012 年北京交通大学优质课程立项建设名单。

学院组织校、市、国家三级学科竞赛：数学建模、数学竞赛、物理竞赛、物理实验（承办市级物理实验)，竞赛获奖情况见表 128。

表 128　学生各类学科竞赛获奖表

竞赛时间	竞赛名称	所获奖项	获奖数目
2 月	美国大学生数学建模竞赛	全球一等奖	1 项（3 人）
		全球二等奖	12 项（36 人）
3 月	全国第三届大学生数学竞赛决赛	全国二等奖（非数学组）	1 项
8 月 18 日	第三届中国大学生物理学术竞赛	二等奖	1 项（5 人）
9 月 7 日	全国大学生数学建模竞赛	全国二等奖	1 项
		北京市一等奖	3 项
		北京市二等奖	8 项

续表

竞赛时间	竞赛名称	所获奖项	获奖数目
10 月 27 日	全国第四届大学生数学竞赛暨北京市第二十三届大学生数学竞赛	非数学一等奖	3 项
		非数学二等奖	3 项
		非数学三等奖	10 项
		丙组二等奖	1 项
11 月 18 日	北京市第五届大学生物理实验竞赛	一等奖	3 项
		二等奖	3 项
		三等奖	1 项
12 月 9 日	第二十九届全国部分地区大学生物理竞赛	一等奖	1 项
		二等奖	14 项
		三等奖	22 项
12 月 22 日	第二届全国大学生物理实验竞赛	二等奖	2 项
		三等奖	1 项

大力推进大学生创新人才培养。2011 年大学生创新性实验计划项目进行了结题验收工作，国家级 7 项、北京市级 6 项、校级 28 项，经过最终评定，共有 38 组创新项目顺利结题。结题项目共完成作品 15 件，已申请专利 2 项，发表和已接受论文 16 篇，其中发表 SCI、EI 论文 4 篇，获得学校“挑战杯”二、三等奖各 1 项，北京市大学生科技创新与创业大赛一等奖 1 项，北京市大学物理实验竞赛一等奖 1 项，学科竞赛二等奖 1 项。冀东同学在参与 2011 ～ 2012 年度大创项目期间发表了 SCI A2 论文 4 篇，并获得了宝钢特等奖。2012 年理学院大学生创新创业训练计划通过中期审核立项 58 项（含创新天地 20 项），其中：国家级 17 项（含创新天地 4 项）、市级 5 项（含创新天地 2 项）、校级 36 项（含创新天地 14 项）。

实现本科教育与硕士研究生培养自然合理对接，继续实施本科生导师制工作，成效显著。学院首次邀请北京玻璃研究院、太原铁路局等单位参与产学联合人才培养工作。学院学生首次参加产学联合人才培养的报名和面试，有 2 名 09 级学生获批（信科王鹏，华为技术有限公司；光科张晴，乌鲁木齐铁路局），并落实了学生的双导师及企业实习、毕业设计安排等工作。

在理学院国际化人才培养方面做了大量工作。2012 年，承担了全校国际班的公共基础双语教学，包括微积分、几何与代数、概率论与数理统计、大学化学、大学物理等。学院组织公共基础双语课任课教师进行双语教学交流，新双语课教师进行试讲，有经验的双语教学任课老师逐一指导。

2. 研究生教学

共有在校硕士生 340 人、博士生 148 人，19 个硕士学位授权点、11 个博士学位授权点。研究生公开发表论文数 160 余篇，其中 SCI 检索 99 篇，EI 文章 40 篇，国家专利 7 项，其他文章 20 余篇。

刘玉婷博士学位论文获 2012 年全国优秀博士学位论文，指导教师为马志明院士。此外，在学校 2012 届优秀毕业论文评选中，学院 3 位博士生入选 2012 年校级优秀博士学位论文，6 位硕士生入选 2012 年校级优秀硕士学位论文。

王兵团老师编写的《数值分析简明教程》教材获我校2012年度教材出版基金资助教材；2012年度研究生培养模式示范工程首先启动研究生培养方案制订及精品教材建设项目，冯其波教授主持的《光学工程学科研究生创新能力培养模式研究》项目获得批准立项；根据个人申报、各学院推荐、专家评审，商朋见教授获得“拔尖人才培育工程”资助项目；吴重庆教授等申报的《以科研为载体，实现高层次创新人才培养》获教学成果奖校级一等奖。

学院有4名硕士生获得出国攻读博士学位资格，2名硕士生获得国外联合培养资格，1名硕士生申请法国留学项目。

新增5家研究生联合培养基地（钢铁研究总院结构材料研究所、景德镇同惠电子有限公司、山东德源生物环保工程有限公司、辽宁爱尔创生物材料有限公司、无锡海普斯新材料科技有限公司），目前学院已有23家研究生联合培养基地。

【科研工作】

新增签订项目共计157项，合同总金额为3 472.52万元。其中，横向项目为88项，合同总金额为902.02万元；北京市自然基金“面上”4项，合同金额34万元；博士点基金两项，合同金额为8万元；国家自然基金项目25项，总合同金额为1 322万元；国家重点实验室项目2项，总金额为12.5万元；教育部项目4项，共计100万元；李政勇老师获得教育部全国优秀博士学位论文作者专项资助，共计44万元；科技部973、科技支撑项目2项，共计234万元；留学回国人员以及其他部市项目7项目149万元；校基金22项，总计217万元；2011年理学院新增项目为151项，合同金额为3 208.044万元，比上一年度增长1.08%。

获批专利共25项，其中实用新型2项，发明23项。

新增SCI论文共计150篇，其中一区3篇、二区16篇、三区75篇、四区56篇，比上一年度减少1.96%。EI论文53篇，比上一年度增加6%。期刊论文153篇，会议论文25篇，专著8部。光电子所张福俊获得“中国百篇最具影响国际学术论文”。

光电子所徐叙瑢院士获得博士点基金的优先发展项目。博导基金2项，物理系王智以及光电子所何志群。新世纪优秀人才项目2项，物理系李政勇以及光电子所彭洪尚。博士点新教师基金2项，物理系丁优和数学系梁生。

【学科与平台建设】

学院系统科学一级学科被北京市教委增补为一级学科北京市重点学科。现有2个一级学科北京市重点学科光学工程、系统科学（共建），1个北京市重点交叉学科信息运筹学。6个博士学位授权一级学科点（4个为理学院牵头建设）、9个硕士学位授权一级学科点，2个专业硕士学位授权学科点。今年我院光学工程博士后流动站申报成功。目前，我院共有数学和光学工程2个一级学科博士后科研流动站。

学校批准成立北京交通大学“基础与交叉科学研究院”，研究队伍由理学院、电子信息学院、计算机学院、交通运输学院、经管学院的从事基础与交叉科学研究的优势力量构成。

现有二级系所5个、校院共管研究院1个。拥有国家级物理实验教学示范中心、发光与光信息技术教育部重点实验室，以及4个科研实验室和4个本科生专业实验室，仪器设备价值5 000余万人民币，50万以上仪器设备11台，实验室总面积接近6 000平方米。

【对外交流与合作】

2012 年学院外事工作取得新的突破。11 月，学校与加拿大滑铁卢大学联合举办的中外合作办学项目：纳米材料与技术专业本科教育项目通过教育部审批，将于 2013 年正式开始招生。这是学校第一个获批的中外合作办学项目。

与英国伯明翰大学签署本科生联合培养协议 1 份，培养模式包括“2 +2”、“3 +1”以及本科毕业生直接申请攻读硕士学位，并于当年派出 4 名学生。

获得各类外专项目 5 项：国家首批“外专千人计划”入选专家 1 人（韩国科学院院士 Jin HoKawk）；教育部“引进海外高层次文教专家重点支持计划”项目 1 项（新加坡 Sun Jie 教授）；学校特色项目“理学平台下的人才培养国际化师资队伍建设”项目 1 项；学校重点外专引智项目 2 项。全年共邀请 40 位国外专家来学院进行学术报告。

出国教师共有 18 人次，其中公派出国 11 人，短期出国 7 人次。2012 年学院派代表团访问了英法 6 所大学，包括英国伯明翰大学、南安普顿大学等 5 所英国大学和法国的里尔中央理工学校，通过访问增进了与世界名校间的了解，完善并加强了原有的合作基础，同时拓展了合作领域。

接收 2 名美国德克萨斯农工大学的留学生来我院进行 2 个月的交流。2012 年学院共派出 18 名本科生参加各类国际交流项目（包括“2 +2”联合培养项目等）；共有 6 名研究生获得公派出国留学资格，其中联合培养 2 人，全部攻读博士学位。其中赴滑铁卢大学参加“2 +2”联合培养项目的董樵远同学，于 2012 年毕业的同时获得滑铁卢大学的科学校友金奖。该校理学院每年仅一名最优秀的毕业生才能获得该殊荣。

10 月 11—14 日，中国人民解放军总医院和北京交通大学（理学院）联合主办第三届国际肿瘤表观遗传学会议。肿瘤表观遗传学研究领域的先驱、美国约翰霍普金斯大学的 James G. Herman 教授，我校中国工程院院士洪涛教授，Nature Genetics 杂志执行主编 Emily Niemitz 博士，解放军总医院郭明洲教授，学校理学院院长冯其波教授，生物工程与生命科学研究院常务副院长何金生教授及来自美国、比利时、荷兰、日本、韩国等国家和我国香港地区的 40 余名国际知名专家和国内代表 400 余人参加了大会。

人文社会科学学院（马克思主义学院）

【综述】

2012 年是人文社会科学学院（马克思主义学院）各项工作稳步发展的一年。在学校党委的领导下，经过学院全体教职员工的共同努力，学院工作在原有基础上取得了新的成绩。

11 月 12 日，学校党委决定成立人文社会科学学院（马克思主义学院）党委和法学院党委。11 月 13 日，人文社会科学学院（马克思主义学院）举行成立大会。12 月 6 日法学院举行成立大会。

【队伍建设】

学院有教职工 86 名，其中专职教师 74 名。高级职称共 46 人，其中教授 14 人，副教授 37 人，博士生导师 8 名，硕士生导师 50 名（含兼职）；具有博士学位的教师比例为 45%。学院教工分为思想政治教育理论课、文化素质教育课和法律专业课等 3 支教学队伍。2012 年底人文社会科学学院（马克思主义学院）和法学院分开后，人文社会科学学院（马克思主义学院）共有教职工 53 人。2012 年补充博士共 2 名。

【党建和思想政治工作】

学院有党支部 16 个，其中教工支部 3 个，学生党支部 13 个；在册党员 213 名，其中教工党员 63 名，占教工比例为 73. 8%；学生党员 104 名，其中研究生党员 72 名，占研究生比例为 43. 6%；本科生党员 32 名，占本科生比例为 8%。

1. 教职工党建和思想政治工作

学院党委根据学校部署，平稳、有序地完成了学院各党支部的换届工作；学院领导班子坚持了每月一次的政治理论学习制度；2012 年学院共派出 12 名教师参加教育部和北京市组织的骨干教师培训，有效提升了学院教师队伍的思想政治素质和业务水平。

学院的党建和思想教育活动有序开展。学院党委以十八大的胜利召开为契机，开展了一系列的活动。为迎接即将到来的十八大，学院党委组织各个党支部自由安排时间参观北京展览馆关于“科学发展，成就辉煌”图片展。十八大召开时，学院党委组织各个党支部观看十八大开幕式，并要求各个支部上报收看情况。十八大召开后，学院党委举办全院教师十八大精神学习报告会。为深入学习宣传贯彻党的十八大精神，引导全校党员干部和师生员工深刻领会党的十八大历史意义、精神实质和战略部署，北京交通大学党的十八大精神宣讲团成立。我院韩振峰、陈树文、杨蔚、李效东、杨德才等老师被确定为宣讲团成员。学校召开创先争优总结表彰大会，学院的林建成老师被评为“优秀共产党员标兵”，杨蔚副院长被评为“优秀党务工作者”，陈力铭老师被评为“优秀共产党员”，李泽惠同学被评为“优秀共产党员”。文化教育中心教工党支部被评为“先进基层党组织”。韩振峰院长的“以马克思主义学科建设为引领，推进思想政治理论课再上新水平”项目获得了北京交通大学 2010—2011 年党的建设和思想政治工作优秀成果三等奖。

2. 学生党建和思想政治工作

学院以纪念建党九十周年庆祝活动为契机，深入推进学生党员的创先争优活动。学院学生工作组按照学生工作处《关于开展学生党支部红色“1+3”活动的通知》，大力开展了工作，学院2008级、2009级两个本科生党支部57名党员共结对子7个，开展活动32次，参与学生党员327人次。其中2009级本科生党支部联手法律系教工党支部成功开展了“成才之路，与你同行”的学习经验交流座谈会，法学1003班团支部和法学1101班团支部在学校举办的创甲级团支部活动中积极争取校十佳支书及争校十佳团日活动。学院还成功举办了“沟通换位互理解，管理服务双育人”的食堂共建活动及“关爱老教工，用爱传温暖”帮扶空巢老教工活动，有效提升了学院党员学生的思想政治素质和业务能力。学院还成功举办了第六期学生党员“先锋”培训工程，

在促进毕业生就业工作方面，学院坚持以“坚持思想教育为先，坚持一把手负责制，坚持细致开展工作，坚持关注重点群体”为基本思路做好毕业生就业工作。除1名少数民族地区学生在等待事业单位岗位调剂外，其余全部2012届毕业生均已实现就业，实现了学院2012届本科毕业生就业工作的预期目标。2012年学院本科毕业生中有2人参军，1人赴京郊担任村官，7人赴市级以下基层单位工作。学院2012届研究生中有9名同学担任了村官和社区助理，在学校2012年度就业工作总结表彰会上，学院在引导学生面向基层就业方面成绩突出受到表彰。

重点加强了对体育特长生和藏族学生这两个特殊群体的教育工作。针对体育特长生，学院学生工作组根据已经建立的人文学院和体育部之间的“体育特长生管理联动机制”，继续深入开展不断发掘，定期召开人文学院和体育部相关领导和老师的联席会议，对于体育特长生管理、教学中的问题进行沟通，协商解决办法，并不定期开展联合宿舍检查和课堂秩序检查。2012年12月份在全院本科生体育生范围内开展《法学院‘秀出精彩你我家’体育生宿舍风采大赛》，评选出最具有创意的宿舍并进行表彰，为体育生宿舍文化建设增添了浓重一笔。针对藏族学生，学院学生工作组从尊重民族习惯和帮助藏族学生解决实际困难入手，通过增进交流、宣传教育的手段，在帮助藏族开展专业学习的基础上增进与藏族同学的相互信任，让藏族同学更好地融入学院，形成良好的学院归属感和荣誉感。

在2012年度评优评先工作中，学院有1个班级被评为“北京市先进班集体”，1个班级被评为“校级先进班集体”、2个班级被评为“校级优良学风班”，2个班级被评为“院级优良学风班”；19人获得“国家奖学金”等专项奖，17人获得“校三好学生”荣誉称号，11人获得“校优秀学生干部”荣誉称号，148人次获得各类单项奖学金，为学院全体同学树立了学习的榜样。学院研究生还取得了研究生英语文化之夜二等奖、红色“1+1”北京市优秀奖等好成绩。

【教学工作】

学院在教学和人才培养方面，加快改革步伐，注重教学内容、手段和质量的提高，荣获2012年北京交通大学优秀教学成果一等奖2项、二等奖5项。

学院承担着面向全校本科生、硕士生和博士生思想政治理论公共课教学任务。思想政治理论课教师坚守主阵地，高唱主旋律，积极推进教学内容、方法和模式的改革，扎实推进马克思主义中国化最新成果“进教材、进课堂、进头脑”，加强实践环节，通过开展小品表演、读书活动、主题演讲、热点研讨一系列活动，有效调动了大学生学习政治理论课的

热情。

学院还承担着面向全校本科生的文化素质课教学任务。在教师缺乏的情况下，人文学院克服重重困难，向全校开设了近 30 门文史哲艺课程，并组织了多场名家讲座、“经典阅读”读书会等活动。学院选择《国学概论》《大学语文》《中国历史文化概论》《世界文明史》《中外电影赏析》等 5 门课程重点建设为网络课程；组织全校学生参加人文知识竞赛活动，并获得北京市大学生人文知识竞赛二等奖、三等奖各一项。组织全校千余名学生参加北京市语言文字工作委员会主办的免费普通话水平测试。通过推进文化素质类课程改革，有效提升了文化素质课程的教学效果。

学院还承担着法学专业和面向全校工程硕士的知识产权法等课程的教学任务。学院已与北京市消费者协会、北京市西城区司法局、丰台区司法局、海淀区北下关街道等单位建立合作关系。学生定期参与公安、司法、消协、社区等部门的相关工作。北京市法制宣传教育领导小组办公室、北京市教育委员会、共青团北京市委员会、北京市司法局还联合授予我院为“北京市大学生法制宣传教育志愿服务支队”荣誉称号，这些实习基地为学生提高专业水平和综合素质提供了良好的训练环境。2012 年，学院组织了北京交通大学模拟法庭竞赛，选拔学生参加北京市教委主办的北京市大学生模拟法庭竞赛，并获得竞赛二等奖。

学院还承担着我校体育特长生的教学任务。2012 年，学院结合体育特长生的特点，继续实行分班教学和优秀在役运动员送课上门学习，首次毕业四名运动员。

学院利用律师服务、联合办学等方式，进一步加大了为地方经济建设、法制建设和社会建设服务的力度。在为学校提供法律服务方面，2012 年共参与讨论对违纪学生的处分事宜 20 人次，接受法律咨询 53 人次，代理案件 4 件，审查起草法律文件 87 份。

【科研工作】

本年度，学院教师共发表学术论文 174 篇，比上年增加 70 余篇，其中，A 类论文 26 篇，CSSCI 论文 41 篇，比去年增加 20 篇。主编、参编专著等 21 部。

学院教师新增科研项目 17 项，合同经费达到 142 余万元，其中纵向课题 14 项，合同经费 137 万，基本科研业务费 5 万元。

为提升整体科研氛围，学院还组织了“人文社会科学专家系列讲座”，先后约请国内部分知名专家等来学院作学术报告或学术交流，共举办学术讲座 6 次；与学校相关部门合作，组织了“当代中国书画名家系列讲座”6 讲，先后约请了国内著名专家学者结合自身创业实践对大学生进行讲座辅导，提升了大学生的思想政治素质和专业素质，受到广大师生的一致好评。

学院教师还组织开展了学习研究十八大报告精神等系列活动，先后在《人民日报》《光明日报》《中国教育报》等报刊发表相关学习研究文章 20 余篇，多名教师参加全校十八大精神宣讲团，在校内外宣讲 30 余场次，在校内师生及校外听众中引起较大反响。

2012 年年初，学院韩振峰教授参与了党的十八大报告初期“科学发展观”和“社会主义核心价值体系”两个重点课题组的调研和起草工作，中宣部给我校党委来函，对韩振峰教授参与十八大报告相关课题调研给予充分肯定和表扬。

【学科与平台建设】

在 2011 年申报成功马克思主义理论一级学科博士点的基础上，2012 年积极组织申报马克思主义理论博士后流动站，并荣获批准，实现了学院博士后流动站的突破，使学校成为继清华大学之后全国理工科高校中具有马克思主义理论博士一级学科、博士后流动站的少数几家高校之一。

在教育部学位与研究生教育发展中心组织的 2012 年全国学科评估中，学院马克思主义理论学科博士一级学科、法学硕士一级学科参加了评估，其中马克思主义理论学科在全国同类学科中获得前 30% 的好成绩，有效提升了学院在全国同类学科中的知名度和影响力。

【对外交流与合作】

为加强与国外、境外大学的交流与合作，在学校领导和相关部门的大力支持下，学院思想政治理论课部分教师于 2012 年 10 月上旬赴美国部分高校考察调研，参观考察了美国高校对大学生开展思想政治教育的方法和途径，对提升我校思想政治理论课教师的教育教学水平将起到积极的推进作用。考察学习期间，学院还和与美国北卡州立大学就教师短期学术培训、学生短期考察培训等问题达成了初步意向。

除此之外，学院还先后派出吴琼、郑翔、高晓莹等 3 名教师赴美国、加拿大、俄罗斯等国进行访学进修。学院法学专业 3 名本科生朱乾乾、黄凯、夏祉龙被选派到台湾真理大学财经法律学系学习半年，2 名研究生孙赫、资雯迪赴美国留学一年。

语言与传播学院

【综述】

学院下设英语系、传播学系、欧亚语系、大学英语教学部、研究生英语教学部、外语媒体教学中心、翻译专业硕士（MTI）教育中心7个教学科研单位；新成立了语言研究中心，外国文学研究中心，翻译研究中心，传播学研究中心四个院级科研机构。

【队伍建设】

学院有教职工141名，事业编制139人、非事业编制2人。其中专职教师124名，硕士生导师21名，博士生导师2名，具有博士学位教师的比例为22.8%。2012年共补充教师10人，其中博士6名、硕士4名，在职攻读博士学位教师4名。

表129　教职工在学院系、所、中心、机关分布表

单位＼职称	教授	副教授	讲师	助教	高政师	高工	工程师	馆员	助理研究员	助工	工人	非事业编制	合计
大学英语教学部	1	11	50	1								1	64
研究生外语教学部		7	4										11
欧亚语系		5	4	8									17
英语系	3	9	9										21
传播学系	2	2	6										10
学院机关	3	1	3			1	1	1	1	1		1	13
外语媒体中心			1				1				3		5
合计	9	35	76	9		1	2	1	1	1	3		141

【党建和思想政治工作】

截至2012年年底，学院有党支部10个，其中教工支部4个，学生支部6个，共有党员166名，其中教工党员72名，党员比例为51.1%；研究生党员49名，党员比例为55.7%；本科生党员45名，党员比例为10.2%；2012年度发展新党员31名。

表130　学院党员情况统计表

类别	教职工	研究生	本科生	小计
党支部个数	4	3	3	10
在册党员人数	72	49	45	166
全年发展党员人数	1	6	24	31
党员比例	51.1%	55.7%	10.2%	

1. 教职工党建和思想政治工作

学院党委积极开展学习贯彻党的十八大精神活动，使十八大精神深入人心。开展“知校史，明责任，谋发展”庆“七一”主题党日活动，组织教师参观校史馆、“七一”党的生日寄语及校史知识竞赛；组织党员赴北京展览馆参观“科学发展观，成就辉煌”图片展的主题党日活动；以“我谈交大精神”为主题开展了随笔征集活动，共收来稿61篇；完成了《北京普通高等学校党建和思想政治工作基本标准》检查工作，按照以评促建的工作目标，推动了基层党建工作的规范化、制度化和科学化建设；对学院“三重一大”制度的执行情况进行了认真自查，修订了《语言与传播学院关于领导班子落实“三重一大”制度的实施办法》；在全院党支部和全体党员中开展“提高办学质量促发展、服务人民群众树形象”创先争优活动；对照《北京交通大学党支部工作考核测评办法》，对学院10个党支部进行测评，通过自评、互评、支部党员和群众评议、上级党组织考评、评定A级支部2个，B级支部9个。

2. 本科生党建和思想政治教育工作

2012届毕业生共计98人，本科生就业率为98.96%，其中出国、读研占44.79%，2人担任北京村官；在2011—2012年度评优评先工作中，学院共有142名同学获得各类奖学金；北京市先进班集体1个，先锋杯团支部1个，暑期社会实践两支队伍评为校级优秀社会实践团队；开展党支部委员培训，制作《语言学院本科生党务工作实用手册》，完成第61期、62期党课培训；本年度共推选入党积极分子共72名，70名同学申请入党；举办“喜迎十八大，我眼看世界”系列活动；举办“誓言，让理想之光恒熠”图片展；开展以“学习十八大精神”为主题的系列活动，包括经典诵读、知识竞赛、走访基层、社区宣讲等十种类型的宣传教育活动；10级党支部依托家属区，开展文化沙龙，小课桌等红色1+3活动荣获全校三等奖；围绕学风建设，坚持打造学习服务平台，9月定期举办“授之以渔，快乐分享”新老生经验交流会，开展“身边的榜样”沙龙；依托“语言学习服务指导中心”与研究生共同举办学术沙龙，发挥知行图书室作用，为同学优化整合专业图书资源；新语传情新生入学教育品牌设计，从细微之处全方位营造“家”文化；举办“语传四年”主题图片展，举办“我的微成功”班级活动，举办校园心理文化活动周“七日心情，爱的寄托”主题活动。

学院在校本科生447人，家庭经济困难学生64人，占学生总人数的14%。2012年学院共有11名学生获得了国家励志奖学金，58名学生获得了国家助学金，资助面达到91%，家庭经济困难学生100%顺利上岗。2012年校勤工助学先进个人经验交流暨表彰大会中，1名同学获勤工助学先进工作者，4名同学获勤工助学先进个人提名奖，依托校“学生学业指导中心”组织各年级家庭经济困难学生参加英语、数学和计算机等基本知识技能培训，多途径、全方位营造学习氛围，促进家庭经济困难学生学习素质提升。

3. 研究生党建和思想政治工作

2012届毕业研究生26人，就业率100%，签约率为80.77%，就业质量稳步提高。2012年学院研究生获得各类奖学金18人次，其中国家奖学金2人，智瑾奖学金1人，校友奖学金1人，北京市三好学生1人。

学院研究生工作组积极落实《北京交通大学进一步加强和改进研究生思想政治教育的实施办法》，坚持“以学生为本”，以“提升研究生专业竞争力和综合素质”为目标，从解决研究生实际问题入手，围绕学术研究、求职就业、时事热点三个方面开展“行思”系列沙龙活动，已成功举办了5次活动。开展以“学习十八大精神”为主题的系列活动，开展“爱心帮困”为主题党日活动，组织主题征文、座谈交流等教育活动；制定了《语言学院研究生党员发展细则》，逐步确立了学院研究生思想政治工作的特色——工作内容精致化、搭建平台实效化、服务手段人性化。2012 年暑期，学院派出 3 个社会实践团，分别赴内蒙古赤峰、呼和浩特市、山东省威海市开展暑期社会实践活动。

【教学工作】

2012 年学院招生、在校、毕业学生人数见表 131。

表 131　2012 年招生、在校、毕业学生人数

类别 / 年份	硕士			本科		
	招生	在校	毕业	招生	在校	毕业
2012 年	29	61	27	121	447	96

1. 本科教学

学院下设英语、传播学和西班牙语 3 个本科专业，在校本科生 447 人。其中英语专业 214 人，传播专业 182 人，西班牙语专业 51 人。2012 年校级优秀主讲教师 28 人，占学院教师总数的20% 。2012 年有 10 部教材入选国家第一批“十二五”普通高等教育本科国家级规划教材；4 项教学改革成果获学校 2012 年优秀教学成果奖，其中特等奖一项，一等奖一项，二等奖两项；由学院组织学生参加的各项外语比赛共获奖 4 项，其中全国大学生英语竞赛（NECCS）获特等奖，获“外研社 · 亚马逊杯”辩论赛华北赛区一等奖和最佳组织奖，北京市大学生英语演讲赛三等奖，“外研社杯”全国英语演讲大赛三等奖；与北京天智通达信息技术有限公司合作建立“天智通达移动数字媒体产学研基地”。

学院注重本科专业建设，2012 年重新修订了三个本科专业的培养方案。英语专业根据社会对英语人才的需要，充分利用学校相近的学科优势，体现理工科院校的特色，培养英语语言基本功扎实，知识结构合理、应用能力强，并有一定的专业知识和较强实践能力的复合型人才。传播学专业兼顾视觉传播和商业传播的共同发展，强调语言交流能力和传播理论知识、业务实践相交融，坚持产、学、研相结合，着重培养具有坚实的传播技能和深厚文化修养的人才。西班牙语专业以重视西班牙语知识技能培养和英语技能训练为特色，培养具有西班牙语听、说、读、写、译扎实的基本技能和功底，能流利使用英语的应用型、复合型西班牙语人才。

为提高学生的英语口语水平，在全校 2012 级学生中的选拔了 77 名学生组建了 3 个口语特长班进行单独授课。

2. 研究生教学

学院共有硕士学位授权点 3 个，新闻传播学硕士点 2012 年开始招生，首届招收 7 人。在校研究生共 88 人，研究生公开发表论文 50 余篇；深入贯彻落实研究生综合素质教育计划，开展了“与大师面对面”名师讲坛活动 8 次；举办了学院“慧研杯”学术文化节，涵盖了学术论坛、模拟联合国、学术论文征集等活动；为营造学院良好的学术氛围，共举办 3 次科学道德与学术规范宣讲教育活动；与北京二七轨道交通装备有限责任公司、铁道科学研究院信息所签署了建立翻译硕士联合培养基地的协议书。

按照学校研究生院统一安排，学院研究生招生和培养调整为按照一级学科分设不同研究方向的模式，完成了招生目录、招生科目和参考书目的调整，完成了培养方案的改革，细化了同一学科中不同方向的招生、培养具体要求；为提高新时期研究生的培养质量，学院组织督导组对研究生课程质量进行了检查，并对研究生毕业论文进行了抽查；制定了相关文件，进一步规范研究生招生、培养、学位的各项工作。

【科研工作】

学院新增科研项目 26 项，合同经费 153 万，比去年增长 42.3%；新增 26 项科研项目中，国家社科基金 1 项，教育部规划项目 4 项，北京市哲社办项目 2 项，北京市教育规划办项目 1 项，基本科研业务费 12 项，人才基金 3 项，横向项目 3 项。

2012 年新增发表论文 36 篇，其中《光明日报》论文 3 篇，人大报刊复印资料全文引用 1 篇，CSSCI 期刊论文 26 篇；新增出版专著、译著 5 部，教材及教学辅导书 12 部，其中国家级“十二五”规划教材 3 部，省部级“十一五”规划教材 3 部。

【学科与平台建设】

学院外国语言文学专业首次参加了教育部第三轮学科评估，评估结果好于预期。在本轮学科评估中，全国共有 92 所高校的外国语言文学学科参与评估，学院外国语言文学学科与哈尔滨工业大学、北京理工大学、北京科技大学等获得并列第十一名的良好成绩。本次参评的高校中有 30 所具有外国语言文学一级学科博士授予权，另有多所高校具有二级学科博士授予权，而我校外国语言文学学科仅有一级学科硕士学位授予权。

学院承办了四期《教育部高等学校大学英语青年骨干教师高级研修班》，共有约 550 余名来自全国各地 100 多所高校的大学英语骨干教师参加了培训。

学院司显柱教授、皇甫晓涛教授通过北京交通大学应用经济学学科博士生导师遴选。

【对外交流与合作】

2012 年学院派出 5 名教师出国做访问学者；18 名教师暑期赴美国桥水州立大学进行了为期 35 天的英语教学培训；接待了桥水州立大学 11 人组成的师生暑期访学代表团；2012 年度学院先后共聘请了来自美国、西班牙等国家的 8 名长期和短期外籍教师；与美国、西班牙、阿根廷等国家和地区的 5 所大学建立了良好的学术交流与合作关系。2012 年学院共有 10 名本科生分别前往美国桥水州立大学、美国乔治梅森大学、印度理工大学、台湾义守大学进行交流或攻读学位；接收了 3 名本科留学生，1 名留学生顺利毕业。

软件学院

【综述】

软件学院设有软件工程专业包含软件工程技术与数字媒体技术2个专业方向。学院下设软件工程系、软件工程研究中心和院机关。院机关包括行政办公室、国际交流中心、教学科、研究生科、团委、就业办公室、实验中心、工程硕士培训中心。新增合同经费318万，获得国家自然资金项目基金项目1项，学院顺利完成软件工程研究中心实验室的改造，获学校教学特色成果特等奖1项，学院被评选为“就业工作先进学院”。

【队伍建设】

2012年学院教职工共45人，其中院聘23人、博士生导师1人。学院加强师资队伍建设和教师教学能力培训，资助红果园D类人选1人，1名教师赴美国为期1年出国进修，4名教师赴印度进行为期4周、4名教师赴美国分别进行为期4周的教学观摩交流，1名教师参加出国人员英语培训。学校优秀主讲教师占学院教师总数53.8%。

【党建和思想政治工作】

截至2012年底，学院党员共计205人，其中教工党员22人，学生党员183人：研究生党员107人，本科生76人。学院下设12个党支部，其中教师党支部1个，学生党支部11个。教师党员占教师比例48.8%、本科生党员占本科生比例11.9%、研究生党员占研究生比例41.2%。评选并推荐校级宣传思想工作先进个人1人，校级优秀党员4名，优秀党务工作人1名，先进基层党支部1个。

1. 教职工党建和思想政治工作

将创先争优活动和学院中心工作紧密结合起来，扎实推进学院制度改革，规范建立“党风廉政建设及风险防范”、“实践锻炼与理论学习相结合，提高党员党性修养”2项长效机制；定期召开座谈会、院级领导班子意见征求并与职工党员进行交流；通过多种途径收集广大教职工的切身诉求及建议。

积极开展廉政建设培训及风险防范责任书签订仪式。组织教工党员、积极分子赴贵州遵义息烽集中营进行主题教育活动；在我院全体党员范围内开展“北京市普通高等学校建设和思想政治工作基本标准”的自查、自评、互查、互评等活动。此系列活动有利于进一步监督和推进学院党建和思想政治工作，为建设国际化一流学院奠定了扎实的思想基础。

2. 本科生党建和思想政治工作

2012届本科软件工程毕业生159人，连续7年实现就业率100%，深造率62.26%。共评出“首都先锋杯优秀团支部”、北京市先进班集体、校级先进班集体各一个。荣获国家奖学金、国家励志奖学金、智瑾等各项专项奖学金累计34人；北京市三好学生2名、校三好学生32名，校优秀学生干部18名。红色“1+3”活动评为一等奖，我院被评为优秀组织单位。学院积极开展“青年服务国家·青春奉献中华”暑期社会实践活动，分别获校二、三等奖；其中“培养IT精英、打造创新人才——2012年暑期软件学院赴美国加州社社会实践团”调研报告荣获首都大学生暑期社会实践优秀成果称号。

将社会主义核心价值体系教育融入学生思想教育全过程，突出精致化的日常思想教育。进一步完善“奖、助、勤、补、贷”为主的资助体系，积极组织和宣传“爱心包裹”募捐活动，共募集捐款8 584元。坚持心理普查，规范、完善心理咨询与辅导服务体系，积极开展心理健康文化活动月；通过各类活动，增进同学间相互了解，营造温馨氛围。

着力提高本科生就业能力，为就业困难生提供重点的指导与帮助。开展具有专业方向性的就业指导系列活动，分别与安邦人寿保险股份有限公司、卓望信息技术（北京）有限公司、北京信长城技术研究院建立校企合作实习基地。2012年本科毕业生人数159人，本科生毕业平均薪酬8.4万元。

3. 研究生党建和思想政治工作

在校研究生共计260人。43人荣获得各类奖学金奖励及评优评先荣誉称号，其中智瑾奖学金1人，汤森路透奖学金3人。就业率连续七年实现100%。

研究生思想政治工作，坚持育人为本、德育为先的原则，以主题教育为主体，以日常管理为载体，结合学院党委工作计划，各支部坚定落实党员骨干年度培训、有序制定党支工作以及年度党员发展计划。

积极推进研究生综合素养教育工作，开展研究生创新论坛、实训项目、毕业生交流座谈会等各类活动，重在培养研究生创新精神、团队合作意识以及实操能力。组建暑期社会实践团赴北京一线的软件企业考察专业及相关产业的发展情况。

学院高度重视就业指导工作，为提高研究生就业率和就业质量，多次举办就业指导和培训课，广泛拓宽就业渠道，并邀请业内知识精英为研究生做职业规划讲座，努力提升研究生的就业能力。2012年硕士毕业人数为119人，平均毕业薪酬11.6万元。

【教学工作】

1. 本科教学

截至2012年底，学院本科生共计708人。开设软件工程专业，包含软件工程技术与数字媒体技术两个方向。“国际化软件人才培养模式的探索与实践”和“软件工程专业实践课程与教学资源建设”项目成功申报北京市教改项目立项。《数据库系统》入选“教育部－IBM专业综合改革项目”建设课程，2名教师获评IBM奖教金。成功获批卓越工程师特色系列的6本教材立项申请；荣获2012年北京交通大学优秀教学成果特等奖1项、一等奖2项、二等奖6项；与东软集团共建的东软集团软件工程校外人才培养基地获评“北京交通大学校外人才培养示范基地”。

获评优秀研究性教学训练载体2项、优秀学生作品2项、北京交通大学优秀教学大纲2门；重新认定校级优秀主讲3名、新增2名，学院累积优秀主讲达8名。修订完成2012级本科人才培养方案。1名教学管理人员获评2012年北京交通大学优秀教学管理者。

4名优秀本科生获学校推荐参加“3+1+2”产学联合人才培养试点资格；总计26名学生获校内外推免保送攻读硕士学位和直接攻读博士学位研究生资格；获第三届中国大学生服务外包创新创业大赛中企业命题组二等奖1项；获2012年北京市大学生动漫设计竞赛一等奖（数字艺术类）1项；获微软“创新杯”全球学生科技大赛国家优胜奖1项。

2. 研究生教学

2012年新增软件工程专业博士研究生和学术型硕士研究生招生专业。坚持将国际化培养方式作为提高研究生培养质量的关键工作入手，深入推进课程改革；尝试分层培养，针对学生素质差别，提出分层次培养的思路。

鼓励优秀研究生重视理论学习与实际操作相互结合，并为基础相对较弱的学生提供额外课程培训，加大基础专业课的授课学时。

学院研究生科完成的《软件工程专业学位研究生培养模式的探索与实践》教学成果荣获2012年北京交通大学教学成果二等奖；2011级六名学生荣获硕士研究生国家奖学金。

【科研工作】

学院新增科研项目6项，比2011年增长50%；新增合同经费318万，比2011年增长675.6%；发表三大检索论文5篇。2012年12月8－10日，由北京交通大学软件学院主办的2012年信息技术与软件工程国际学术（ITSE2012）在北京召开，会议收到论文1 321篇，录收论文313篇。会议所有录用文章将在Springer-Verlag旗下的Lecture Notes in Electrical Engineering（LNEE，ISSN：1876－1100）出版，并被EI－Compendex检索。

【学科与平台建设】

2012年软件学院制定了学术型软件工程硕士、博士培养方案、教学大纲、课程简介，并首次招收了9名学术型硕士研究生和2名博士研究生。

【对外交流与合作】

2012年学院国际交流中心共接收研究生新生110人，本科生新生30人。同比增长3%；新招收留学生包括来自法国、美国、印尼、泰国、塞内加尔、埃塞俄比亚、韩国、加蓬、蒙古、阿尔及利亚、巴基斯坦、尼日尔等。学院积极建立国际合作项目，着重加大项目宣传力度。通过出访国外大学、参加国内外教育展会、接待来访大学、与其他院系合作等方式积极拓展国际合作渠道，建立合作关系。本年度新增国际合作协议及备忘录2项、成功承办两次国际会议，受到广泛好评。

本年度，学院参加国际交流中心开展项目出国学生合计67人次，留学国家包括瑞典、丹麦、美国、加拿大、比利时、日本、英国等，其中出国留学深造攻读硕士学位和博士学位22人，联合培养项目18人、交换生项目3人、出国就业实习4人、暑期短期游学20人。较2011年出国总人数增加4人，同比增长6.34%。

建筑与艺术学院

【综述】

2012 年，建筑与艺术系独立建系 5 周年，5 月经学校党委研究决定建筑与艺术系改设为建筑与艺术学院。本年度学院以科学发展观为指导，全面落实学院“十二五”发展规划，积极推进教学改革，全面提升科研水平，顺利完成教职工首聘期考核以及新聘期聘任工作，各项工作稳步推进。

【队伍建设】

截至 2012 年底，全院教职工 61 人，其中教师 50 人，教授 7 人，副教授 19 人，硕士生导师 33 人，占教师总数的 66%，其中建筑学、建筑与土木工程导师 19 人，设计学、工业设计工程导师 11 人，城乡规划学导师 3 人；具有博士学位教师 30 人，占教师总数的 60%。2012 年新入职教职工 5 人，其中博士后 1 人，博士 2 人。1 人晋级 3 级教授，1 人晋升教授，2 人晋升副教授，进一步改善了教师结构，副高以上比例提高到 51%。鼓励教师出国进修访学，2012 年派往国外访学 3 人，另有 2 人获 2013 年公派出国访学资格。选拔 1 名青年教师骨干挂职学院副院长，聘请海外兼职教授 3 人。

在总结首聘期聘任、考核工作的基础上，进一步完善岗位设置与聘任、考核与分配等制度和办法，形成调动教师积极性的政策体系和运行机制。进一步加强管理队伍和辅导员队伍建设，探讨教师兼任行政工作的合理机制和政策，形成专兼结合的管理队伍和辅导员队伍。

表 132　教职工在系、所、中心、机关分布表

单位＼职称	教授	副教授	讲师	助教	高工	工程师	助工	工人	其他	合计
建筑设计教研室	2	5	8							15
建筑历史教研室		2	1							3
建筑技术教研室		2	1							3
设计基础教研室	2	1	5							8
室内设计教研室		4	2							6
城市规划与景观教研室	1	3	4							8
平面设计教研室	2	2	1	2						7
资料室								1		1
院机关			2		1	3			3	9
实验室									1	1
合计	7	19	24	2	1	3		1	4	61

【党建和思想政治工作】

学院党员情况如表 133 所示。

表 133　学院党员情况统计表

类　别	教职工	研究生	本科生	小计
党支部个数	3	2	4	9
在册党员人数	26	41	65	132
全年发展党员人数		5	30	35
党员比例	19.70%	31.06%	49.24%	

2012 年，党建工作结合学院实际，以“基层组织建设年”和“基标检查”为契机，加强学习型党组织建设，进一步完善党委相关制度，推进落实三重一大、党政联席会议、领导班子工作制度；制订以 5 个专题为重点的年度学习计划，严格按计划开展党员学习教育。学院党委获得学校创先争优先进基层党组织称号，一个项目获优秀基层党建工作创新项目 3 等奖，2 名党员获校级优秀共产党员称号。

健全党支部考核评议体系。完善北京交通大学建筑与艺术学院党支部工作考核测评办法、学生党支部考核实施办法、学生党员考核实施办法、教工党支部工作考核办法，并结合创先争优、党支部工作考核测评分类定级等活动，开展对党支部、党员的考核评议以及党员对党委工作的评议工作。

健全制度，规范程序，做好党员发展工作。对党支部书记开展党员发展、党务工作专项培训，保证党支部在发展党员过程中更好地开展工作，提高党员发展质量；以发展党员为抓手，在全体师生员工中开展思想政治工作。全年共发展党员 35 名，目前全院党员人数为 122 人，本科生党员比例 12.08%，研究生党员比例 41.80%，教职工党员比例为 43.33%。

1. 教职工党建和思想政治工作

2012 年学院以“凝聚人心、保稳定、促发展”为重点开展教职工思想政治工作，积极宣传党和国家的大政方针和学校各项政策，在两会、党的十八届全国代表大会、学校第十次党代会以及国庆纪念、建党纪念等重要时间点，及时召开教职工大会，传达相关精神，坚持正确舆论导向；成立学院安全稳定领导小组，制订相应的办法和应急预案，切实做好维稳各项工作，确保学院安全稳定。

以工会为纽带，推进院务公开。发挥工会、教代会作用，维护教职工利益，监督学院行政工作。在学院网站设立了书记院长信箱，畅通教职工诉求渠道，听取工作意见，接受教职工监督，岗位评聘考核办法出台等重要事项通过教代会沟通，进一步规范和完善管理制度。通过教职工小家建设营造和谐工作学习环境，组织和定期开展各项有益的文体活动活动，提高师生体育健康水平，提倡团结、包容的集体意识，营造和谐的工作与学习风气。

认真学习和贯彻《中共中央关于加强新形势下党外代表人士队伍建设的意见》有关精神，重视统战工作，全年加入民盟 1 人，考察 1 人，推荐培养人 2 名。

2. 本科生党建和思想政治工作

以社会主义核心价值体系为教育内容，充分利用首都红色文化的丰富资源，通过听、观、颂、行多种教育形式的拓展，继承传统和改进创新相结合，构建大学生思想政治教育红色文化地带。全年组织了 500 余人次参加 10 余场主题教育报告会，400 余人次观看了“科技发展 成就辉煌”和“复兴之路”大型展览，举办“颂歌献给党”配乐诗朗诵比赛，拍摄《微笑不犹豫》《流动的希望》《最美 · 北京》等多部微电影，体现雷锋精神、北京精神，展现青年风貌。以践行“北京精神”，弘扬校园文化为主题，举办“创意北京·团聚青春”首届北京交通大学创意文化节。开展“青春·印迹”文化创意作品展、“印象·北京”北京精神图像作品大赛、“艺韵·谜彩”形象设计大赛、“梦想·化蝶”建筑与艺术系五周年庆典晚会等一系列创意文化活动。一二九文艺汇演获得学校二等奖。依托学生党员红色“1 + 1”和红色“1 +3”实践平台，使思想政治教育内化于心，外化于行。其中本科生 2011 级党支部开展的“携手传递爱心，共建天坛文化”系列共建活动，从专业学习的角度了解了天坛公园的建筑构造和艺术价值，更通过支教、调研的过程传播了古老的中国文化，收到良好效果，最终被推荐参评北京市红色“1 +1”活动。本科生 2009 级党支部参加北京交通大学红色“1 +3”示范党支部答辩展示会，获三等奖。“构建党员全程教育与培养体系，促进学习型党支部建设”获校党建和思想政治工作创新项目三等奖。2010 级本科生辅导员侯磊老师获校级优秀共产党员荣誉称号。

在 2011 级学生集中军训期间成绩突出，荣获宣传第一、内务第四等四个奖项，并以优异成绩被评为“宣传工作先进单位”称号。媒体 1001 获首都先锋杯基层优秀团支部荣誉称号。刘南甫同学获得 2012 年共青团表彰最高荣誉——五四奖章，成功竞选校学生会主席。

在校团委开展的以纪念建团 90 周年“青年服务国家·青春奉献中华”暑期社会实践中，学院组织 6 支团队分赴内蒙古赤峰、广东、湖南张家界和凤凰、北京市内等多地开展社会实践，引导和帮助学生在实践中“受教育、长才干、作贡献”，成绩优异。其中，“改革开放纵观祖国发展·五载春秋领略城乡巨变”赴内蒙古赤峰社会实践团荣获校暑期社会实践二等奖，张丝桐等 14 名同学荣获 2012 年暑期社会实践先进个人。

认真落实就业工作“一把手”工程，始终坚持“就业工作与人才培养相结合、就业工作与社会需求相结合”的工作原则，全面推动毕业生就业。学院 2012 届本科毕业生 87 人全部就业，就业率为 100% 。

2011—2012 学年，学院共有 172 人次获各类单项奖学金，40 人次获专项奖学金，建筑 0901 班刘南甫同学获得思源奖学金。2012 年学院共有 65 人次获得省部级、国家级各类学科竞赛奖项。

表 134　2011—2012 学年各类专项奖学金统计表

名称	思源	国家	国家励志	智瑾			汉能李嘉宁	新华都	纪惠/惠贤	国富纵横		天萌建筑	合计
				一等	二等	三等				一等	二等		
金额	10 000	8 000	5 000	10 000	7 000	3 000	7 000	3 000	2 000	2 000	1 000	5 000	
人次	1	5	13	3	2	1	1	1	1	2	6	4	40
合计	10 000	40 000	65 000	47 000			7 000	3 000	2 000	10 000		20 000	204 000

表 135　2011—2012 学年各类单项奖学金统计表

名称	学习			工作			奋进	学习进步	体育	文艺			社会实践	合计
	一等	二等	三等	一等	二等	三等			二类	一类一等	一类二等	二类		
金额	3 000	1 500	800	1 500	1 000	500	500	500	200	500	300	200	200	
人次	10	29	55	6	9	26	8	4	8	1	5	4	7	172
合计	117 500	31 000	4 000	2 000	1 600	2 800	1 400	160 300						

表 136　2012 年建筑与艺术学院家庭经济困难学生资助情况统计表

项目	名　　称	奖励人次	总金额
奖	国家励志奖学金	13	65 000
	共计	13	65 000
助	名称	受助人次	总金额
	国家助学金	78	226 000
	中海油助学金	2	6 000
	新长城助学金	2	3 680
	新长城自强助学金	4	12 000
	汉能李嘉宁助学金	3	8 000
	共计	89	255 680
勤	名称	参加人次	发放金额
	学院内勤工助学岗位	31	19 840
贷	名称	贷款人数	贷款金额
	校园地国家贷款	6	36 000
	生源地国家贷款	7	42 000
补	名称	受助人数	总金额
	大一新生补助	13	4 000
	伙食补助	100	20 000
	合计	113	24 000

3. 研究生党建和思想政治工作

以“基层组织建设年”为契机，大力加强研究生党建工作。定期组织党支部书记会，加强对党支部干部的业务培训，提高研究生党支部的工作能力。加强研究生党员学习，推动学习型党支部建设，开展研究式学习、开放式学习、体验式学习，形成了重视和崇尚学习的浓厚氛围，进一步增强基层党组织的创造力、凝聚力和战斗力。按照《北京普通高等学校党建和思想政治工作基本标准》，规范研究生党建工作。组织研究生参加党课学习，丰富研究生对党的理论知识的学习和理解，提高学生的理想和觉悟，本学期共有 8 名同学参加了党课的学习。

支持研究生参与各类比赛，成绩喜人。全年共获得 Autodesk Revit 杯全国大学生可持续建筑设计竞赛佳作奖、全国大学生英语竞赛 A 类三等奖、第三届中国高校美术作品学年展博硕组入选奖、《中国设计师作品年鉴 2011》年度铜奖；中国建筑艺术“青年设计师奖”环境概念设计奖入围奖、中国建筑艺术“青年设计师奖”室内概念设计奖铜奖等竞赛奖励。参加由美国能源部发起并主办的、以全球高校为参赛单位的国际太阳能十项全能竞赛（Solar Decathlon，SD），并最终以优异成绩进入总决赛。

与研究生培养部门相配合，推动高年级专业硕士企业实践工程，提升研究生的就业能力，目前我院已经与 19 家企业签订了合作意向，为学生的实习和工作做好保障。加大对研究生暑期社会实践工作的各方面投入，扩大研究生参与社会实践的覆盖面，共有 19 人参与暑期社会实践，占研究生总数的 40%。

【教学工作】

1. 本科教学

2012 年建筑与艺术学院在校本科生 552 人，其中建筑学专业 237 人，艺术设计专业 201 人，数字媒体艺术专业 114 人。当年毕业学生 90 人（含建筑学留学生 2 名），其中建筑学专业 44 人，艺术设计专业 46 人。

积极推进设计类专业课程体系的质量建设和专业评估工作。对艺术设计、数字媒体艺术专业进行了明确定位，艺术设计按照视觉传达艺术设计和环境艺术设计两个方向分别制定培养计划和课程体系。结合本校特色修订了建筑学专业课程体系，完成了建筑学专业评估委员会对建筑学专业评估的中期督导工作。成功申报城乡规划本科专业，完善建筑学专业学科群建设。全院 14 门主干课程参加优秀研究型教学载体评选工作，其中《建筑设计基础 II》、《三维动画研究性教学训练载体》2 门获得了优秀，多项学生作业获得优秀研究性教学学生作品。重视教材建设，组织《二十一世纪高等学校数字媒体艺术专业规划系列教材》编辑。

通过在高等教育出版社的立体教学网站上线《数字化技术与建筑》（Autodesk Revit）、《计算机绘图训练》（Rhino Grasshopper）和《三维动画制作》（Maya）三门网络公开课程，运用信息化教学手段多方面提高学生数字化辅助设计的实践能力。

全面培育校外实习基地，积极参与产学联合培养人才试点项目。本年度新建中关村石景山游戏园、中国中建集团建筑设计院等 8 个校外人才培养和实习基地，孵化培育校外人才培养示范基地。邀请合作企业来学校参加 2012 年产学联合培养人才试点工作，3 名同学签约“4 +1 +2”，1 名同学签约“3 +1”。

首次获得多项校级教学成果奖。《面向数字时代文化创意产业设计人才培养实践教学平台建设》获得 2012 年北京交通大学优秀教学成果特等奖，《跨学科跨专业的建筑设计基础课程群教学模式研究成果》获得 2012 年北京交通大学优秀教学成果一等奖，《设计专业学科群共用实验平台建设》获得 2012 年北京交通大学优秀教学成果二等奖。

2. 研究生教学

经过学科点的调整，学院现有建筑学、城乡规划学、设计学 3 个一级学科硕士点，建筑与土木工程和工业设计工程 2 个专业学位硕士点，其中城乡规划学专业第一年招收硕士研究生。截至年底，学院全日制在校硕士研究生合计 98 人，其中建筑学专业 35 人，城乡规划学专业 5 人，设计学专业 32 人，建筑与土木工程专业 21 人，工业设计工程专业 5 人。同时，学院还招收建筑与土木工程和工业设计工程专业在职攻读学位硕士研究生。2012 年我院新增硕士生指导教师 5 人，截至年底，学院共有硕士研究生指导教师 33 人，其中建筑学专业 19 人，城乡规划学专业 3 人，设计学专业 11 人。

为提高学院研究生生源质量，积极响应学校研究生院“搭平台、走出去、引进来”的招生宣传原则，学院成立了专门领导小组，并选派专业教师到目标院校进行招生政策的宣传。

本年度研究生的培养工作主要围绕修订研究生培养方案、开展研究生课堂教学秩序和教学质量检查工作展开。首先，针对第一年招生的城乡规划学专业，学院组织相关老师开展调研，编制了该专业的硕士研究生培养方案，建立了完备合理的课程体系。其次，学院组织各个学科专业的教师对建筑学、设计学专业的研究生培养方案进行了修订，新修订的培养方案紧跟学科发展方向，在丰富研究生课程设置的同时，强调研究生在培养阶段的学科钻研和深化。最后，在学校研究生院的工作安排下，学院研究生科开展了对研究生课堂教学秩序和教学质量的检查工作，对研究生教学起到了约束和监督作用。

在本年度的学位授予工作中，学院共授予硕士学位 48 人，其中获工学学位 24 人（建筑设计及其理论专业），获文学学位 23 人（设计学专业），获工程硕士专业学位 1 人（建筑与土木工程专业）。

【科研工作】

2012 年新增科研项目 42 项，其中纵向 16 项，横向 26 项，经费 783.65 万元，同比增长 22%，其中纵向 285 万元，横向 498.65 万元，截止 2012 年底，已完成十二五科研经费任务 80%。

教师积极参加国内外学术活动，校内举办学术论坛，促进学术交流。与经管学院联合主办了“低碳交通低碳物流与绿色建筑国际学术会议”，承办了中国城市规划学会、中国投资协会主办的“第二届轨道交通综合开发国际研讨会”。2012 年出版专著及教材 7 部，发表论文 88 篇，增幅 10%，其中期刊论文 41 篇，会议论文 37 篇，其他论文 10 篇。与台湾知名教授合作在我院成立《世界园林》学术刊物编辑中心，创刊号已经于年内出版。

2012 年新增郭海老师主持的国家自然科学基金“青年基金”项目和薛林平老师主持的北京市自然基金“面上”项目。

【学科与平台建设】

2012 年学院以学科评估为契机，加强学科建设，完成 3 个一级学科的评估工作，推进十二五学科建设规划的完成，形成了 3 个一级学科，5 个本科专业的学科建设格局。

科学实施 420 万元的教育部修购计划项目。对校内实验教学平台进行了全面建设，建成了数字化设计实验中心，制订了具有专业特色的数字时代多设计专业共用实验教学平台的建设方案，实现资源的多效高效共用，引进专职实验人员进行运行管理。

【对外交流与合作】

加强与校友之间的联系，强化校企之间合作，拓宽教育基金筹资渠道。积极走访校友，建立校友文化，2012 年 9 月成立学院院友会，院友会成立之初即募集资金 17 万元，建立了首个专属建筑学专业的“广州天盟建筑专项奖学金”，并设立“建筑与艺术学院校友基金”，为学院的捐赠文化开启了良好的开端。全年共为学校教育基金会筹资 87.7 万元。

加强对外交流，与美国辛辛那提大学、澳大利亚南澳大学、瑞士伯尔尼科技应用大学等高校建立合作办学关系并签署相关协议，与德国柏林工大建筑学院建立合作研究关系并签署相关协议。与田纳西大学、北卡夏洛特大学等高校达成合作意向。邀请海外教授来我校讲座 10 多场，全年有 10 名学生出国参加各个国家的交流项目。

远程与继续教育学院

【综述】

2012 年远程与继续教育学院充分利用学校的教育资源，发挥学院各类学历教育互通的优势，在保证教学质量的前提下，开展多层次、多形式的办学模式，圆满完成了学历教育、非学历教育、对外合作办学等各项工作。学院下设 12 个部门：学院办公室、招生办公室、财务部、教务部、教学服务中心、考务部、网络技术部、研究发展部、学生管理工作部、培训中心、留学服务中心及学苑宾馆。

【队伍建设】

截至年底，学院现有教职工 104 人（事业编制教职工 42 人，非事业编制教职工 62 人），教职工分布情况见表 137。

表 137　事业编制教职工基本情况

部门	教授	副教授（高工）	讲师（工程师）	助教（助工）	技术员（工人）	合计
学院办公室	2	4	2	1	2	11
财务部			1			1
教务部		1	3	1		5
教服中心		1	2			3
考务部		1	2			3
招生部		1	3			4
研发部		2				2
网络技术部		1	2			3
学生工作部			1			1
培训中心			3	1		4
留学服务中心			2			3
交流中心		1	1		1	3
合计	2	12	22	3	3	42

【党建和思想政治工作】

学院有党员 37 人，其中教工党员 36 人，学生党员 1 人。学院共有教工党支部 3 个。

学院党委认真组织学习十八大会议精神，贯彻落实《中国共产党普通高等学校基层组织工作条例》，紧紧围绕学校和学院的重点工作和发展目标，统一思想，提高认识，以十八大精神武装头脑、指导实践，推动各项事业的发展。围绕中心工作，充分发挥党委的政治核心、战斗堡垒作用和党员的先锋模范作用。不断加强和改进教职工思想政治教育及师德建设，通过深入细致的思想政治工作，调动广大教职工的积极性，增强凝聚力。

【科研工作】

2012 年，学院继续加大教学研究的支持力度，本年度的科研重点是加强网络课程的资源建设与开发。全年新增科研项目 57 个，即支持建设和开发《交通规划》、《交通安全工程》、等 57 门网络课程，教改项目经费为 285 万元，与去年相比增加了 3 倍多。

学院顺利完成了校级优秀教学成果的申报工作，其中一项获得校级优秀成果一等奖，一项获二等奖。

【资源与平台建设】

2012 年，学院继续加强教学支撑环境建设、资源建设以及技术支持工作，各方面都取得了卓有成效的进展。

1. 教学支撑环境的建设和维护

重点做好远程教学平台的功能完善和性能调优工作。本年度，针对学院各部门在具体使用平台过程中出现的一些问题，学院各个主要部门进行密切沟通，协调相关方面及时完善，同时，重点加强了系统的优化工作，对系统平台采取了软件负载均衡措施，另外，加强了对教学平台运行状况的监控措施，开发完成了学院收发文件管理信息系统。

开发了远程学院薪资发放查询系统；依托身份证读卡器技术，开发远程学院招生报名系统，从源头上把关，可以在很大程度上保证学生核心信息录入的准确性，降低流程下游各相关环节的劳动强度，促进相关工作的规范化；开发了远程教学平台运行状态记录和监控系统；开发了学生支持服务的记录及监控系统，促进了相关流程的规范化，服务状态可核查和审计，可有效促进相关服务水平的提高。

基于互联网的实时交互系统的直播、录制、维护以及功能完善。2012 年学院各相关部门利用这套系统，进行网上直播课堂 600 学时，网上论文答辩 3 200 人次，网上教学工作会议 12 次。

加强了远程教学基础设施的建设力度，建设高水平的、具备多路视频自动跟踪功能的多媒体虚拟演播教室，2012 年度北京交通大学的视频公开课及部分精品共享课均在此拍摄，有效地保障了相关工作的高质量。

2. 远程教学及管理平台的日常维护

及时对现有的远程教学及管理平台进行巡查和维护。实时查询服务器运行状态，及时排除软、硬件故障，确保学院网上教学工作正常运行。

对教学短信系统的支持与维护，目前短信系统在学院的教学及管理工作中已普遍使用，经统计，本年度各相关部门发送教学短信累计为 40 余万条。

3. 资源建设工作

精品资源共享课的建设工作。从 2012 年开始，教育部启动网络教育精品资源共享课的建设工作，从历年获得的 9 门网络教育国家级精品课程中遴选出 3 门课程进行重点建设，用于申报 2012 年度的精品共享课。

轨道交通专业，本年度共有 18 门课程完成最后的制作，发布到网上，形成了完整的教学能力。

土木工程、电气工程与自动化、交通运输、机械设计制造及其自动化等四个交大特色专业，出版了 35 门远程教育类专用教材。

完成《高速铁路纵横》、《铁路史话》、《交通博览》 等三门交通运输类视频公开课的前期拍摄（现场三机位实时切换）、后期编辑及格式转换工作。

启动了《企业物流管理》、《多媒体技术》、《大学英语》等三门课程电子书的开发建设工作。努力从教材内容、结构方式、资源表现形式、应用模式等多角度进行探索，研究适合新时代技术发展趋势和远程教育规律的媒体应用新模式。

【对外交流与合作】

2月21日，科廷大学国际部主任及商学院院长来访，双方就学生入学标准进行了初步会谈。

3月6日，荷兰撒克逊大学来访，双方就会计专业的课程调整进行了会谈。

4月18日，英国约克圣约翰大学来访，双方就学生留学该校进行了广泛会谈。

4月28日，远程与继续教育学院成立十周年纪念大会召开，铁路系统、交通系统及兄弟单位代表出席了大会。

4月，北京交通大学继续教育教学指导委员会成立，张星臣副校长代表学校为教学指导委员会的成员颁发了聘书。铁道部、交通运输部、北京铁路局及学校24位专家接受了聘书。

6月，乌干达国防部长基永加（Chrispus Kiyonga）一行在乌干达驻华大使查尔斯·马迪波·瓦基杜索（Charles Madibo Wagidoso）和北方工业公司副总裁郑毅先生的陪同下访问我校，并看望在我校参加培训的乌干达学员。

6月21日至7月5日，远程与继续教育学院与北京大学网络教育学院、中国传媒大学远程与继续教育学院、对外经贸大学远程教育学院、北京邮电大学网络教育学院共同开展了职工培训方面的合作与交流。

7月10日，SQA国际部主任访问我校，双方就HND学生学习情况、师资情况、教学实践等问题进行了广泛交流。

9月26日，马来西亚教育集团来访，双方就招收国际学生入读HND项目就行了交谈。

12月1日，北京城建亚泰建设集团青年后备干部培训班开班。

12月19日，瓦尔帕莱索大学来访，双方就如何培养高质量学生进行了交流。

海滨学院

【综述】

海滨学院设有电子信息与控制工程系、机械与电气工程系、计算机科学系、土木工程系、交通运输系、化学工程系、经济管理系、外语系、艺术系和基础教学部等10个教学单位。2012年，学院教学质量不断提高，各项事业快速发展，成功取得学士学位授予权，首届683名毕业生圆满完成学业顺利毕业，在校生规模突破10 000人，二期工程建设进展顺利，教职工的工作生活条件进一步改善。在武汉大学中国科学评价研究中心发布的2012年全国独立学院排行榜中，学院名列全国第五、河北省第一。

【队伍建设】

学院大力实施“人才强校”战略，采取多项有力措施，缓解师资压力，加强队伍建设。

通过交大支持、重点引进、公开招聘、现场双选等多种形式，积极引进各类高层次人才，引进专业负责人1名、责任教授2名、兼全职教师65名、专职教职工60余名，有效地满足了教学、教辅、行政各单位的用人需求。积极开展第五届新入职教职工岗前培训，帮助新入职教职工尽快转变角色、适应工作。

成功举办了第二届青年教师教学基本功大赛，参赛教师表现出色、进步明显。成功举办了首届干部培训班，中层干部的综合素质和管理水平得到全面提升。

进一步完善了教职工考核评价体系和教师工作量计量办法，发布实施了新的考核及评优办法。进一步完善了专业技术职务评聘制度，科学制定了专业技术职务评聘工作暂行办法。

不断完善教职工劳资薪酬体系，落实了教职工业绩工资、用餐补贴、水电补贴、学历工资等薪资指标，努力实现平均薪酬高于地方和同类院校平均工资水平，切实改善了教职工待遇。

积极为教职工办实事办好事。6栋新教职工公寓已全部建成，其中3栋366套房间已分配完成，保证了新入职教职工每人独立一间套，教职工的居住难题得到顺利解决。教职工餐厅已正式营业，每月用餐补贴落实到位，教职工就餐质量和就餐环境得到明显改善。增加班车次数，有效缓解兼职教师的通行压力。组织全体教职工进行免费体检，举办了第二届冬枣采摘活动、第二届教职工乒乓球比赛等多种形式的文体活动。

【党建和思想政治工作】

学院党委正式获批成立，13个教工党支部、7个学生党支部和1个学生党总支也相继成立，同时落实了各基层党组织负责人。学院党建工作的制度化和规范化水平得到明显提升。共发展学生党员87名。

在招生方面，除港澳台地区外，学院面向全国31个省市自治区招生。新生报到人数3 028人，再创新高。目前在校生人数10 066人，实现了突破万人大关的目标。

在就业方面，通过召开就业动员大会、举办就业指导讲座等形式，加强对毕业生的就业教育，引导毕业生树立正确的就业观念，通过举行校园双选会和专场招聘会、组织学生参加校外大型招聘会等方式，为毕业生顺利就业搭建平台、创造条件。学院首届毕业生初次就业率达到85%以上，在同类院校中名列前茅。一部分毕业生顺利签约国有企业和高新技术企业，成功进入铁路、电信等行业。共有41名同学成功考取硕士研究生，其中有12名同学被北京交通大学录取。

学院党委高度重视思想政治工作，积极组织全体师生党员开展了学习宣传贯彻党的十八大精神的一系列活动。

学风建设工作全面展开，通过召开主题班会、举办学风建设论坛等形式，调动学生的学习兴趣，培养学生养成良好的学习习惯。进一步加强考风考纪教育，营造公平公正、诚实守信的考试氛围。

大学生活动中心正式落成并投入使用，为学生开展各项活动提供了新的平台。通过邀请国内知名专家学者来院讲学，举办科技、学术、文艺、体育等校园文化活动，加强学生社团建设，丰富学生的课余生活、提高学生的综合素质。

学院成立了各系学生工作办公室，落实了专职辅导员工作岗位调整，壮大了专职辅导员队伍。扎实开展专职辅导员入住公寓、深入课堂、引领第二课堂、融入生活等各项管理工作，并取得了显著效果。

【评建工作】

学院坚持“以评促建、以评促改、以评促管、评建结合、重在建设”的工作方针，高度重视、积极准备、举全院之力扎实推进各项评建工作，并取得阶段性成果。

经过全院上下近一年的精心准备和共同努力，学院以优异成绩通过了河北省学士学位授予单位及学士学位授权专业评估，获得学士学位单位授予权以及自动化、土木工程、计算机科学与技术、工商管理、物流管理、英语等6个专业的学士学位授权。

按照创办“高水平、有特色的独立学院”的办学目标，学院向河北省教育厅上报了《关于独立学院五年过渡期工作进展情况的报告》，并全力做好独立学院五年过渡期评估验收的各项准备工作。

【教学工作】

学院大力实施“质量立校”战略，进一步规范教学秩序，强化教学工作过程管理，使教学运行处于良好状态，教学质量得到稳步提升。

新增材料成型与控制工程、测控技术与仪器、工程管理3个专业，专业总数达到21个。特色专业建设正式启动，对现有专业进行重新分析和论证，遴选和培育专业特色，形成学院优势特色专业。

教学督导工作机制不断完善，实现教学督导和日常检查常态化。以教书育人讲堂为代表的教学经验交流活动定期开展。学生教学信息员工作正式启动。

开创性地开展首届毕业生毕业设计（论文）工作，做到全程监控、严格把关、确保质量。

实验室建设步伐加快，新增涵盖土木、计科、英语、经管、化学、艺术、电控等专业实验室17个。强化实践教学，与北京交通大学、天津工业大学、天津铁道职业技术学院紧密合作，建立了校外实习实训基地。

积极指导和组织学生参加校内外各类学科竞赛。学生在全国软件专业人才与创业大赛、全国大学生智能汽车竞赛、中国机器人大赛等各类学科竞赛中取得了优异成绩。

【基础设施建设】

学院二期工程建设进展顺利、步伐加快。地方政府为学院剩余245.7亩土地办理了土地产权证，彻底落实了1 000亩土地产权。二期工程主要建筑如期完工并投入使用，保障了2012级新生顺利入学开课。体育馆、会堂、培训中心等6栋建筑全面开工建设，预计全部工程将于2013年全面竣工，学院建筑面积将达到36.6万平方米。

【对外交流合作】

在国际交流方面，学院积极引进国际合作项目，年内选送8名优秀学生赴美国特洛伊大学、英国谢菲尔德哈雷姆大学学习。2008级参加1+2+1中美人才培养计划的4名同学以优异成绩顺利毕业。学院取得外专局聘任外教资质，年内新引进外教1名。

在国内培训方面，黄骅海滨培训学校正式注册成立，取得办学许可证及相关证件，使培训工作步入正轨。目前已开设职业技能培训和二学历培训等项目近20项。

在校企合作方面，学院与北京汽车制造厂有限公司等大型工业企业成功签署校企合作框架协议，开展深度合作、联合培养人才。首届北汽班进展顺利。

2012

学校大事记

2012 年学校大事记

1 月

• 1 月 4 日，学校轨道交通控制与安全国家重点实验室举行了首届 PI 聘任仪式，聘任计算机学院沈鸿教授、赵耀教授、交通运输学院闫学东教授为首届 PI 研究员。

• 1 月 9 日，学校召开 2011 年度学校领导班子和领导干部考核述职述廉大会。校党委书记曹国永代表学校领导班子述职并作个人述职述廉报告，学校领导班子其他成员依次作了个人述职述廉报告。参会代表对学校领导班子和班子成员现场进行了年度考核民主测评。

• 1 月 17 日，在第八届“挑战杯”中国大学生创业计划竞赛决赛上，经管学院胡嫣然、王天伦、汪岳瑜、林碧文、刘信成和李晓晶同学的项目“基于联合模式——绿 E 回收有限公司”获得全国银奖；学校选送的“高速公路智能节能照明系统”和“北京 DS（德胜）太阳能电池科技有限公司商业计划书”项目获得全国铜奖。

2 月

• 2 月 11 日，学校学生艺术团交响乐团演奏的《柴可夫斯基第四交响曲第四乐章》荣获全国第三届大学生艺术展演活动器乐组一等奖。

• 2 月 13 日至 14 日，校长宁滨作为教育部科学技术委员会委员、能源与土木建筑水利学部常务副主任应邀出席了 2011 年度教育部科学技术委员会年会，并在会上作了题为《在服务高铁与城轨交通发展中推进协同创新的探索与实践》的发言。

• 2 月 14 日，学校学科建设专题会议部署了第三轮学科评估工作。新一轮评估工作在五方面进行了改革。校领导宁滨、陈峰、张星臣、孙守光出席会议。会议由陈峰副校长主持。

• 2 月 14 日，在国家科学技术奖励大会上，学校 2 项成果获国家科学技术奖，高自友教授主持完成的“基于行为的城市交通流时空分布规律与数值计算”项目获得国家自然科学奖二等奖，韩冰教授参加完成的“水下无封底混凝土套箱建造技术”项目获得国家技术发明奖二等奖。

• 2 月 15 日，宁滨校长主持召开学校 2012 年工作会议，认真学习贯彻中央经济工作会议、第 20 次全国高校党建工作会议、2012 年全国教育工作会议、教育系统党风廉政建设工作会议、全国铁路工作会议等会议精神，部署全年学校重点工作。校党委书记曹国永在讲话中简要回顾了 2011 年学校工作，深入分析了当前面临的新形势，部署了 2012 年学校重点工作，就学校中长远发展问题发表了意见，并就做好今年各项工作提出明确要求。校长宁滨就做好年度重点工作提出要求。全体校领导，中层以上干部，三级及以上教授，各学院系、所、中心主任，民主党派代表，无党派人士代表，离退休教职工代表，教职工代表，研究生代表，本科生代表参加了会议。

• 2 月 20 日，中国科教评价网发布了《2012 年中国大学及学科专业评价报告》，学校海滨学院以 92.931 8 分名列第五。

• 2 月 27 日，根据教育部科技发展中心公布的 2011 年高校有效发明专利、授权发明专利、计算机软件著作权登记（1992—2010 年）统计数据，学校各项排名位居前列，实现了 PCT 国际专利申请成功、美国专利授权和集成电路布图设计登记三项零的突破。

3 月

• 3 月 2 日，北京高校学雷锋活动启动仪式在学校举行，市委常委、教育工委书记赵凤桐，市委教育工委常务副书记刘建，市委宣传部副部长张淼，首都文明办副主任卜秀均等领导出席。60 所在京高校的学生工作部部长和各高校学生代表共计 200 余人参加了启动仪式。仪式上正式发布了北京高校学雷锋活动宣传语和宣传画及 Logo，大学生代表宣读了首都大学生学雷锋倡议书。市委教育工委书记赵凤桐做了重要讲话，市委教育工委副书记唐立军对北京高校学雷锋行动计划作出部署。市委教育工委常务副书记刘建为全国道德模范、阜外医院门诊部主任周宪梁等 4 名“北京高校学雷锋行动特邀辅导员”颁发聘书，学校党委书记曹国永等领导为清华大学紫荆志愿服务总队、北京交通大学新长城自强社等 8 个“首都大学生学雷锋团队”代表授旗。

• 3 月 11 日，北京交通大学北京社会建设研究院成立。学校举行了“北京交通大学北京社会建设研究院”签字仪式暨“加强社会诚信建设 推进和谐社会发展”论坛。教育部副部长李卫红，北京市委常委、市人大常委会副主任梁伟为研究院揭牌。校党委书记曹国永和北京市委社会工委书记宋贵伦在协议书上签字。研究院致力于分析社会诚信建设的重点难点问题，为北京社会建设提供决策建议和理论支持，并以此推进学校学科建设、人才培养和科学研究。9 位来自政府部门、社会组织、高等院校、企业领导和专家学者在论坛上从不同的视角就如何加强社会诚信、推动社会和谐发展做了精彩演讲。

• 3 月 14 日，中共北京交通大学第九届委员会召开第十九次全体会议。校党委书记曹国永主持会议并汇报了“两委”工作报告的起草、代表产生、“两委”委员候选人预备人选酝酿推荐、大会主要安排、代表任期制和提案制的落实等情况。党委副书记颜吾佴汇报了纪委工作报告及征求意见主要情况，并对代表资格审查报告、党费收缴、使用和管理情况、大会议程和日程安排、大会主席团、秘书长建议名单等草案进行了汇报与说明。党委副书记高福廷汇报了党委工作报告起草及征求意见主要情况。经过认真审议，会议通过“两委”报告、相关草案与建议名单，并同意向上级党组织提交。九届党委委员出席会议，校纪委委员和党办负责同志列席会议。

• 3 月 15 日，学校学生活动服务中心综合素质教育平台启用仪式隆重举行，校党委书记曹国永，校长宁滨共同为学生活动服务中心学生事务一站式服务大厅揭幕，校党委副书记高艳，副校长张星臣、校长助理郑广天出席活动。参与学生活动服务中心建设管理的学校相关部门负责人及各学院党委副书记、团委书记，校院两级学生会、研究生会、社团学生代表共计 300 余人参加了启用仪式。

• 3 月 15 日，学校举行“雷锋在我身边”学生党支部红色“1 + 3”活动暨“空巢老教工帮扶计划”启动仪式。校党委副书记高艳、校关工委主任李士群及学生工作部、组织部、离退工作处等单位相关负责人出席仪式，学校 78 个本科学生党支部全部参与了“1 + 3”活动，共与 50 个教师党支部、78 个班团组织或宿舍、35 个校内部门或单位、16 名空巢老人实现了对接。

• 3 月 15 日，学校举行 2012 届毕业生春季大型双选会。本次招聘会共吸引用人单位

135 家，提供就业岗位 2 500 余个。校党委书记曹国永、党委副书记高艳到现场看望了用人单位和求职学生。

• 3 月 20 日，学校召开 2012 年人才人事工作专题会议。陈峰副校长出席会议，人事处、实验设备处、各学院（系）主要负责人参加会议。在听取各学院（系）的讨论发言后，陈峰副校长作总结讲话，就做好下一阶段的工作提出要求。人事处处长许安国介绍了学校 2012 年人才人事重点工作，重点讲解了即将出台的《新一轮岗位设置与聘任实施指导性意见》、《关于加强实验技术队伍建设的若干意见》、《关于加强专职科研队伍建设的实施意见》等文件的制定思路和要点，并向各院（系）传达了“十二五”队伍建设关键任务指标的分解情况。

• 3 月 20 日，“微笑、微爱、微成功”——北京交通大学第九届心理文化活动月开幕式举行。开幕式上开通了主题微博平台——红果园心理之声，校党委书记曹国永和校长宁滨发来了祝贺短信，校党委副书记高艳启动了主题微博平台并作了讲话。来自中国农业大学心理咨询中心的施钢主任和武警总医院心理门诊的史宇老师就微博中老师和同学们共同关注的问题进行了现场交流和互动。教务处、研究生工作部、学生工作部、资助中心、校团委等单位相关负责人和各学院主管学生工作党委副书记及负责心理工作的老师参加开幕式。

• 3 月 21 日，铁道部部长盛光祖会见校党委书记曹国永、校长宁滨一行。学校领导就近一年来学校事业发展的基本情况，以及学校在人才培养、科学研究、社会服务等方面，特别是服务铁路科学发展和高速铁路安全高效运营所开展的工作向盛光祖部长做了全面汇报。盛光祖部长感谢北京交通大学长期以来为铁路改革发展所作的贡献，特别是对高速铁路发展给予的支持；希望学校进一步发挥学科优势和特色，加强高速铁路运营安全与管理等领域的创新平台建设和人才培养，在高速铁路新技术的引进吸收消化再创新、原始创新、管理及技术骨干培养方面发挥积极作用，继续为铁路科学发展、和谐发展、可持续发展提供人才支持、技术支持和平台支持。

• 3 月 23 日，在学校中层干部会议上，校党委书记曹国永受教育部委托宣布副校长任免决定。经教育部党组和北京市委批准，刘军、余祖俊同志任北京交通大学副校长，北京交通大学党委委员、常委。因工作调动，免去李学伟、王永生同志的北京交通大学副校长职务以及党委委员、常委职务。

• 3 月 23 日，学校召开 2012 年安全稳定工作会议。校党委书记曹国永从 6 个方面对学校 2012 年安全稳定工作做了部署。校党委副书记高艳主持会议并总结了学校 2011 年安全稳定工作。大会还邀请北京市国家安全局有关负责同志做了形势报告，曹国永书记、宁滨校长与校内各二级单位签订了 2012 年学校安全稳定工作任务书。全体校领导和中层干部参加了会议。

4 月

• 4 月 5—7 日，中国共产党北京交通大学第十次代表大会召开。会议审议通过第九届党委和纪委工作报告，选举产生学校新一届党委和纪委，明确了今后五年的主要任务，确定到本世纪中叶，把北京交通大学初步建设成为特色鲜明世界一流大学的奋斗目标以及“三步走”战略。大会实施党代表任期制和提案制，收到代表提案 51 件，经审查立案 17 件。

• 4 月 8—28 日，根据教育部党组的安排，以朱玉泉同志为组长的教育部巡视组进驻学校，进行为期三周的巡视工作。巡视工作以听取汇报、个别谈话、列席相关会议、召开座谈会、调阅资料、实地考察、接受来信来访、设置意见箱等多种方式了解情况听取意见。巡视的主要内容包括坚持党的教育方针，贯彻执行党的路线方针政策和部党组的决议、决定的情况，特别是贯彻落实邓小平理论、“三个代表”重要思想以及科学发展观的情况；推进学校改革发展稳定重大问题的情况；贯彻落实《中国共产党普通高等学校基层组织工作条例》，执行民主集中制，坚持和完善党委领导下的校长负责制的情况；选拔任用干部的情况；执行党风廉政建设责任制和自身廉政勤政的情况；开展作风建设的情况。

• 4 月 12 日，校长宁滨主持召开学校 2012 年党风廉政建设工作会议。校党委书记曹国永发表讲话，就学习贯彻落实学校第十次党代会精神、以更加有力的措施抓好反腐倡廉工作提出了五点意见。校党委副书记、纪委书记颜吾佴作工作报告，传达了十七届中纪委七次全会、全国教育系统党风廉政建设工作会议、北京市教育系统党风廉政建设工作会议的主要精神，部署了年度反腐倡廉六个方面的主要工作。教育部巡视组副组长杨树林和成员金峰应邀参加会议。会上举行了新一届领导干部党风廉政建设责任书签订仪式，宣布了新一届党风监督员名单，曹国永为党风监督员颁发聘书。全体校领导，校党委委员、纪委委员，全体中层干部，二级党组织纪检委员，各系所中心主任、教职工党支部书记，党风监督员，民主党派负责人和无党派人士代表共 200 余人参加会议。

• 4 月 12 日，学校举行院（系）领导班子“十二五”期间主要目标责任书签署仪式。校党委书记曹国永、校长宁滨先后作重要讲话。宁滨代表学校分别与 12 个院系签订了《北京交通大学院（系）领导班子“十二五”期间主要目标责任书》。经济管理学院党委书记张明玉、理学院院长冯其波在交流发言中就贯彻落实学校“十二五”规划的工作思路与体会做了阐述。副校长余祖俊主持仪式，全体校领导、中层干部、各系所中心主任参加会议。

• 4 月 12 日，学校举行中国共产党北京交通大学代表大会，差额选举学校出席北京市第十一次党代会代表，于桂兰、曹国永当选。

• 4 月 13 日，在北京市科学技术奖励大会暨 2012 年北京市科技工作会议上，学校共 4 项主持项目分别获得 2010 年度、2011 年度北京市科学技术奖：宁滨教授等主持完成的“基于通信的城轨列车运行控制系统关键技术及其应用”项目、贾力教授等主持完成的“蓄热式燃烧冷凝型天然气锅炉技术”项目、毛保华教授等主持完成的“轨道交通节能方法与关键技术”项目分别获得 2010 年度北京科学技术奖一、二、三等奖，林伯梁教授等主持完成的“国家铁路网列车直达与车流中转组合优化关键技术”项目获得 2011 年度北京科学技术奖三等奖。另有 6 项参加完成项目获得奖励，其中一等奖 2 项，二等奖 2 项，三等奖 2 项。

• 4 月 19 日，学校举行 2012 年校务报告会，宁滨校长在报告中全面深入地传达了学校第十次党代会精神，并就学校“十二五”规划的实施和 2012 年重点工作做了部署。报告会由校党委副书记颜吾佴主持，校领导陈峰、刘军、余祖俊及学校青年教师、教授代表、行政及教辅人员代表近 400 人参加了报告会。

• 4 月 20 日，学校与北京铁路局签署战略合作协议。校党委书记曹国永致辞，校长宁滨与北京铁路局局长何玉华签署战略合作协议。北京铁路局党委书记崔佩哲、党委副书记江涛、学校副校长陈峰、余祖俊出席仪式。

• 4 月 24 日，市委教育工委副书记唐立军、宣教处处长王达品一行来校视察首都大学生思想政治教育研究中心。校党委副书记、研究中心副主任颜吾佴以及研究中心相关负责人出席会议。

• 4 月 24—25 日，河北省学位办专家组一行 9 人莅临学校海滨学院进行学士学位授权评估。在专家组全面审核、认真研究的基础上，海滨学院以全票的优异成绩通过学士学位授予单位及学士学位授权专业评估。增列自动化、土木工程、计算机科学与技术、工商管理、物流管理、英语等 6 个专业为学士学位授权专业。

• 4 月 25 日，学校应用经济学和系统科学两个一级学科被北京市教委增补为一级学科北京市重点学科。至此，学校一级学科北京市重点学科由 3 个增加至 5 个，现有一级学科北京市重点学科 5 个，二级学科北京市重点学科 6 个，交叉学科北京市重点学科 2 个。

• 4 月 25 日，教育部高校哲学社会科学第二批名栏建设签约仪式在北京交通大学举行。入选为第二批名栏建设工程的学校“物流研究”栏目签署了《教育部高校哲学社会科学名栏建设协议书》。

• 4 月 26 日，为了全面落实教育部《关于全面提高高等教育质量的若干意见》，推进“本科教学工程”实施，建立协同创新育人机制，提升人才培养质量，学校召开 2012 年本科教学工作会议。校长宁滨作了题为《抢抓机遇、提升内涵、协同创新，全面提高人才培养质量》的报告。全体在校校领导出席会议，副校长张星臣主持会议。

• 4 月 26 日，教育部部长袁贵仁、铁道部部长盛光祖、北京市市长郭金龙代表教育部、铁道部、北京市三方签署共建北京交通大学协议，确定两部一市对北京交通大学加大支持力度，推动学校轨道交通创新基地建设。根据共建协议，教育部将在经费投入、政策扶持、学科建设、人才培养、科学研究、师资队伍建设等方面加大对学校的支持力度；铁道部将支持学校现代轨道交通创新基地建设，鼓励并支持学校依托基地开展人员培训、科技创新等；北京市将继续在学校服务地方的创新平台和基地建设、学科专业建设、重大科研项目攻关与成果转化等方面给予重点支持，并积极推进学校现代轨道交通创新基地暨新校区的建设，在基础建设等方面给予支持。

• 4 月 27 日，学校举行“三育人”工作交流暨贯彻《高等学校教师职业道德规范》工作会议。校党委书记曹国永、副书记高福廷、副校长陈峰出席会议并讲话。曹国永强调全校各级党组织和领导干部以及全校教职员工要充分认识“三育人”工作的重要性，认真贯彻落实师德规范，确保师德建设和“三育人”工作深入持久健康发展。高福廷回顾了学校近年来“三育人”工作的主要成绩。陈峰就学校如何贯彻《规范》工作精神，加强师德建设进行了部署。会上，心理素质中心、经管学院、计算机学院、后勤集团等部分获得 2010 年、2011 年“三育人”先进集体、先进个人的代表从不同角度结合工作体会畅谈工作做法和感受。校工会常务副主席殷快主持会议。学校各单位党政工主要负责人、师生代表 300 人参加会议。

• 4 月 28 日，北京军区、北京交通大学开展依托培养工作十周年庆祝大会举行。北京军区政治部副主任李忠义少将、北京卫戍区政治部主任马誉炜少将、教育部体卫艺司副司长刘培俊、北京市教委副主任郑萼出席，北京军区、北京卫戍区、驻京国防生签约高校、北京军区签约高校、毕业国防生代表、干部研究生、国防生和部分在校大学生共约 1 200 人参加了庆祝活动。2002 年以来，学校招收选拔培养国防生 902 名，向部队输送 7 批 548 名毕业国防生，为北京军区培养干部研究生 208 人。培养对象在校期间有 112 人次在各类国家级比赛中获奖，116 人次受到省部级以上表彰，毕业生有 27 人次队荣立二、三等功，成为部队骨干力量。

• 4 月 28 日，中国铁建股份有限公司与包括北京交通大学在内的六所高校签署战略合作协议。教育部党组成员、部长助理林蕙青，国务院监事会主席李克，国资委发展规划局副局长刘玉岐，中国铁建股份有限公司领导和签约高校领导出席了会议。宁滨校长代表学校与中国铁建董事长、党委书记孟凤朝签署校企战略合作协议，陈峰副校长代表学校与中铁十六局集团有限公司总经理赵瑞亮签署合作协议。

• 4 月 29—30 日，在 2012 年北京市大学生羽毛球锦标赛上，学校羽毛球代表队获得 6 金 4 银 4 铜的好成绩。

5 月

• 5 月 2—12 日，校长宁滨率团访问了南非开普敦大学、斯坦陵布什大学和沙特国王科技大学三所高校，拜会了我国驻沙特大使及沙特高等教育部副部长，实地考察了中铁国际南非分公司、中国铁建麦加轻轨项目公司和中土公司等近年来“走出去”的国有企业，并与校友代表进行了座谈。

• 5 月 3 日，学校召开 2012 年宣传思想工作会议。校党委书记曹国永传达了校党委常委会专题研究宣传思想工作的有关精神，对宣传思想工作取得的成绩给予充分肯定，并对 2012 年宣传思想工作提出要求。校党委副书记高福廷作了题为《健全机制 凝聚合力 不断开创学校宣传思想工作新局面》的工作报告，对 2012 年工作进行了全面部署。会议表彰了 2011 年度宣传思想工作先进集体 10 名和先进个人 25 名（教职工 14 名、学生记者 11 名）。

• 5 月 3 日，学校举行“基层组织建设年”暨《北京普通高等学校党建和思想政治工作基本标准》检查工作动员培训会，校党委副书记颜吾佴就深化创先争优开展基层组织建设年活动和《北京普通高等学校党建和思想政治工作基本标准》检查两项工作进行了动员，明确了工作内容、工作程序和工作目标。

• 5 月 4 日，财政部经济建设司、人事教育司，铁道部财务司部分领导一行来校学校调研指导工作。校领导曹国永、陈峰、关忠良、余祖俊陪同调研。调研组对学校的改革和发展，特别是国家重点实验室和国家工程研究中心建设取得的显著成绩给予了充分肯定，对学校人才培养、科学研究和服务国家、区域重大需求提出了宝贵建议。

• 5 月 4 日，学校举行“青春之歌——永远跟党走”文艺晚会暨五四颁奖典礼等系列活动，纪念中国共产主义青年团成立 90 周年、“五・四”运动 93 周年。

• 5 月 8 日，学校保密委员会 2012 年第一次全体会议召开，校保密委员会主任、党委书记曹国永就下一阶段在全校加强保密工作，进行全员教育培训等专项工作做了部署。

• 5 月 8 日，学校召开离退休同志学校工作通报会。校党委书记曹国永出席会议并通报了学校第十次党代会有关情况及年度重点工作，副校长陈峰主持会议并通报了学校党委关于进一步做好新形势下学校离退休工作的意见。校长助理郑广天、部分离退休老同志及二级党组织和有关职能部门负责人参加会议。

• 5 月 15 日，学校举行“研究生创新能力提升计划”启动会，就“计划”实施方案涉及的生源质量、研究生培养模式、研究生教材、拔尖人才培育、研究生创新工程以及研究生教育改革等 6 部分专项内容进行研讨与交流。副校长余祖俊出席会议。

• 5 月 17 日，北京市教委为学校“北京市属高校教师发展基地”授牌，副校长陈峰出席授牌仪式。

• 5 月 18—19 日，学校举行教职工第 29 届、学生第 49 届田径运动会，全校师生员工共有 19 846 人次参加了各项比赛，4 528 人参加了入场式，2 220 人次参加了团体操表演。

• 5 月 19 日，学校邀请由中国北车集团王勇智总工程师担任组长的专家组一行对学校轨道交通安全科学与技术优势学科创新平台试点建设期进行检查评审。专家组成员一致认为该优势学科创新平台建设成效显著，全面完成了试点建设期的建设任务，实现了预定目标，总体评价为优秀。

• 5 月 19 日，学校举行 77 级校友毕业 30 周年庆祝大会，312 名 77 级校友重聚学校。老校长张树京、王金华，77 级数学教师杨健美等 30 余名老教师代表应邀出席。77 级铁道电信系毕业生、校长宁滨致辞，77 级数理系毕业生、校党委副书记颜吾佴，77 级电子工程系毕业生、校党委副书记高福廷，副校长陈峰出席庆祝活动。

• 5 月 20 日，学校生社团联合会成立。校社团联合会现有艺术文化、公益服务、科学实践等六大类 80 多个社团，联合会将通过引导、服务、管理的方式，加强对学生社团支持力度，引导并丰富广大学生的精神文明生活，对于丰富学生课余生活、提高学生综合素质、促进学生成长成才、繁荣校园文化建设具有重要意义。

• 5 月 20 日，由学校电信学院戴胜华、李正交老师指导，自动化 0901 班张曦、赵秉贤和通信 0909 班刘予昊组成的参赛队，在全国“电脑鼠走迷宫”总决赛获得一等奖。

• 5 月 20 日，在北京市大学生电子设计竞赛中，学校 66 名学生组成的 33 支参赛队中，有 3 个队获得北京市一等奖，24 个队获得北京市二等奖，1 个队获得北京市三等奖，4 个队获得成功参赛奖。

• 5 月 21 日，国家汉办与美国德克萨斯南方大学合作建设孔子学院协议签署《关于合作建设孔子学院的协议》，根据签约内容，由北京交通大学和德克萨斯南方大学共建的休斯顿第一家孔子学院将在一年之内正式宣告成立。这是学校在海外共建的第 2 所孔子学院。孔子学院签约仪式后，学校校长宁滨与美国德克萨斯南方大学校长罗德里共同签署了两校合作协议，就孔子学院创办、人才培养、学校联合科研等工作展开了对话与交流。

• 5 月 23 日，城市交通信息智能感知与服务北京市工程技术研究中心成立，中心面向新形势下我国城市智能交通信息服务领域的重大需求，立足北京、面向全国，产学研用一体化推进，为我国研发安全、畅通、高效的城市交通智能化管理与服务技术和系统以及相关产业的发展提供支撑。

• 5 月 26—27 日，在第七届全国大学生交通科技大赛上，学校参赛作品中由陈军华老师和张星臣教授指导的《基于客流分析的轨道交通运行方案实时编制与评估系统》获得全国二等奖、由关伟教授指导的《基于蓝牙的公交系统信息发布的研究与实现》获得全国三等奖。

• 5 月 27 日，学校召开学生代表大会。会议听取了北京交通大学第二十届学生会委员会工作报告；修改并完善了学生会章程；听取了第二十届学生会委员会提案工作报告；选举产生了新一届学生会委员会。

• 5 月 29 日，北京交通大学国际咨询委员会委员聘任仪式暨陈思齐治校理念报告会举行。校党委书记曹国永亲切会见陈思齐博士，校长宁滨为陈思齐博士颁发聘书。陈思齐博士做了题为“陈思齐治校理念与实践”的报告。

6 月

• 6 月 1 日，建筑面积 4 250 平方米的学校幼儿园新园揭牌。新园有 12 个标准教室、音体室，并配有食堂、卫生保健室。幼儿园还安装了净化速热开水器，孩子们的饮用水将达到国家净化水标准，每个教室内还安装了空气净化器。

• 6 月 1 日，北京市教委认定的首个北京实验室“新能源汽车北京实验室”在学校揭牌。学校作为实验室参加单位，主要承担电池成组技术、电动汽车充电站与电网关系的研究工作。实验室主要围绕国家七大战略新兴产业之一的新能源汽车开展整车、零部件以及基础设施的基础性科学问题和关键技术研究开展工作。

• 6 月 5 日，学校博士后合作导师聘任仪式举行。校长宁滨出席聘任仪式，并为高建民、范迪军、任敬喜、陈宏伟四位专家颁发了聘书。

• 6 月 14 日，教育部直属高校工作司和赴北京交通大学巡视组组长一行 4 人来校，反馈巡视工作意见。教育部直属高校工作司副司长贾德永主持会议，巡视组组长、华中科技大学原党委书记朱玉泉宣读《教育部赴北京交通大学巡视组关于巡视工作的反馈意见》。贾德永在讲话中对学校工作给予充分肯定，对学校领导班子给予充分肯定；希望学校推进反馈意见和建议的落实工作。曹国永表示，学校将认真制定整改措施，把巡视工作反馈意见中提出的各项要求落到实处。宁滨在讲话中表示，学校将按照巡视工作意见认真整改，抢抓机遇，加快发展。学校领导班子成员、校党委委员、校纪委委员出席会议。

• 6 月 16 日，北京交通大学校友会金融分会成立大会举行。副校长关忠良出席并向校友会金融分会授旗。

• 6 月 20 日，学校举行 2012 届毕业典礼，校领导为 3 556 名 2012 届本科毕业生和 456 名高职毕业生一一颁发毕业证书。校党委副书记高艳宣读了《北京交通大学关于 2012 届本科毕业生、高职毕业生的表彰决定》，全体校领导和嘉宾为受表彰学生代表颁发了荣誉证书。

• 6 月 20 日，中共中央政治局常委、中央书记处书记、国家副主席习近平在清华大学主持召开高校党建工作座谈会。教育部党组书记、部长袁贵仁作工作汇报。学校党委书记曹国永和清华大学、北京大学、中国人民大学、首都医科大学等 5 所高校党委书记在座谈会上围绕高校党建工作分别发言。曹国永作了题为《多措并举，精选优培，努力打造一支高素质辅导员队伍》的发言。习近平在听取会议发言后就加强和改进高校党建工作作了重要讲话，并对北京交通大学相关工作予以充分肯定。

• 6 月 21 日，海滨学院举行 2012 届毕业典礼，6 个专业 683 名 2008 级学生如期毕业。北京交通大学党委副书记、海滨学院院长高福廷向圆满完成学业的 2012 届毕业生表示热烈祝贺和深情祝福。河北省学位办副主任赵清云在毕业典礼上宣布了省学位办对海滨学院申请增列学士学位授予单位及学士学位授权专业的批复。

• 6 月 26 日，徐寿波院士《技术经济学》第五版首发式暨北京交通大学中国技术经济研究中心成立大会召开。教育部社会科学司司长杨光、全国哲学社会科学规划办公室副主任姜培茂等领导出席会议。校党委书记曹国永和徐寿波院士共同为北京交通大学中国技术经济研究中心揭牌，曹国永就进一步推动学校哲学社会科学发展发表讲话。徐寿波院士介绍了《技术经济学》第五版的写作历程并介绍了中国技术经济研究中心的发展设想。会议由副校长孙守光主持。

7 月

• 7 月 4 日，北京市武器装备科研生产单位保密资格审查认证专家组一行，对学校军工保密资格进行了现场审查。专家组通过听取保密工作汇报、审查工作档案资料、组织保密知识考试、询问谈话和现场查看等方式，对学校保密工作进行了全面检查。学校顺利通过了二级保密资格现场审查。

• 7 月 7 日，学校举行 2012 年研究生毕业典礼暨学位授予仪式。全校 240 名博士研究生和 3 435 名硕士研究生从简水生院士、徐寿波院士、校党委书记曹国永、校长宁滨等学校领导手中接过学位证书。宁滨寄语研究生毕业生要“负责任、肯担当、能创新，成为中国故事的叙述者，成为中国梦的践行者”，校党委副书记高艳宣读了学校关于 2012 届毕业研究生的表彰决定。副校长余祖俊宣读了 2012 年校学位评定委员会授予博士和硕士学位的决议，以及优秀博士、硕士学位论文获奖者名单。宁滨为优秀博士学位论文获得者颁奖并授予学位。

• 7 月 10—11 日，校党委书记曹国永主持召开党建工作研讨会，深入学习贯彻习近平同志在高校党建工作座谈会上的重要讲话精神，并就如何扎实推进学校党建工作进行深入研讨。校党委副书记颜吾佴、高福廷、高艳分别做主题发言，副校长陈峰出席会议。各二级党组织、党群部门及其他相关部门主要负责同志参加了研讨会，其中近 30 位同志做了研讨发言。

• 7 月 11 日，由北京大学黄琳院士等 5 位专家组成的北京市教委专家组对学校牵头申报的“城市轨道交通北京实验室”进行了现场考察与论证。专家组一致同意通过了“城市轨道交通北京实验室”的立项申请。

• 7 月 13 日，学校举办 2012 年物流、信息化与服务科学国际学术年会（简称 LISS’2012）。与会学者围绕着综合物流工程理论体系构建，低碳物流，物流信息化，服务的智能化，普适医疗，医疗健康的信息化，老年医疗服务，低碳建筑，移动电子商务，工业安全，云计算，运筹学及信息技术（物联网，RFID）进展及其在工业的应用等热点问题进行广泛深入的研讨。会议共收到论文 361 篇，录用 163 篇，论文将被 ISTP 与 EI 检索。中国工程院院士、北京交大徐寿波教授、英国雷丁大学 Kecheng Liu 教授和比利时鲁汶大学的 Jan Vanthienen 教授做特邀报告，来自全球 12 个国家和地区的 200 多名学者及学生参会。

• 7 月 16 日，市教委发布《关于做好第八届北京市高等学校教学名师奖评选工作的通知》，学校刘志明、于桂兰两位教授获第八届北京市高等学校教学名师奖。

• 7 月 20 日，学校牵头建设的城市轨道交通北京实验室正式授牌，实验室是在整合学校轨道交通控制与安全国家重点实验室、轨道交通运行控制系统国家工程中心等平台的基础上，依托北京交通大学交通信息工程及控制国家级重点学科，联合北京工业大学、北京轨道交通建设管理有限公司、北京地铁运营公司、北京交控科技有限公司共同组建。

• 7 月 20—21 日，学校轨道工程北京市重点实验室主办召开第二届铁道工程关键技术国际学术会议。中国铁道学会副理事长杨建兴、北京市科学技术委员会重点实验室主管领导杨仁全处长出席会议、施仲衡院士出席会议并发言。北京市重大项目建设指挥部办公室总工程师杨广武、美国伊利诺伊大学香槟分校铁路运输和工程中心（RailTEC）主任、国家大学铁路中心（NURail Center）主任 Christopher Barkan 教授等 15 名国内外著名专家、学者为大会做了特邀学术报告。来自国内铁道工程领域的主要大学、研究机构、设计施工企业及国外十余所大学和研究机构的 180 余名专家、学者和研究生参加了会议，近 50 名代表做了专题发言，来自国内外作者的 176 篇论文被会议论文集录用发表。大会就高速、重载铁路和城市轨道工程领域的关键技术问题开展了热烈的讨论，议题涉及线路规划、轨道结构、路基工程、地质勘察、工程测量、桥梁隧道相关技术等方面。大会代表评选出 5 名青年学者的论文为优秀论文并给予了奖励。

8 月

• 8 月 5 日，在第 30 届奥林匹克运动会羽毛球女子双打决赛中，学校 2008 级法学专业学生、国家羽毛球队运动员田卿与赵芸蕾搭档，获得羽毛球女双项目冠军。

• 8 月 9 日，校党委书记曹国永与西藏自治区教育厅厅长宋和平在拉萨签署战略合作框架协议，双方将在科学研究、平台建设和人才培养等方面建立长期稳定的合作关系。

• 8 月 18—23 日，由学校理学院 2011 级学生滑翔、杨野、李永康、电信学院 2010 级学生李羚俊和电信学院 2011 年级学生徐子轩组成的北京交大代表队，在第三届中国大学生物理学术竞赛中荣获二等奖。

• 8 月 23 日，在学校举办的“轨道交通安全协同创新中心”建设高层论坛上，由北京交通大学、西南交通大学、中南大学三所中国高水平轨道交通行业特色高校与行业院所和骨干企业共同筹建的“轨道交通安全协同创新中心”成立。教育部副部长杜占元、铁道部科技司副司长曾会欣在论坛上讲话。北京交大党委书记曹国永、西南交大党委书记顾利亚、中南大学副校长田红旗共同为“轨道交通安全协同创新中心”揭牌。

• 8 月 30 日，学校举行 2012 级新生开学典礼。全体校领导、两院院士、国务院学科评议组成员、国家教学名师代表以及各学院、相关部处领导在主席台就座。2012 级新生（研究生共 3 381 人、本科生共 3 482 人、高职学生 522 人、留学生 339 人）、新生辅导员、部分班主任和学生家长参加了开学典礼。

• 8 月 31 日，学校以“全面提高教育质量”为主题举行暑期工作会议。校党委书记曹国永主持会议，校长宁滨作了题为《认真学习深入思考 破解质量难题 把握机遇 狠抓落实 谋求科学发展》的主报告，党委副书记高艳和副校长张星臣、孙守光、余祖俊分别作了题为《提高大学生思想政治教育质量 促进人才培养一体化建设》、《创新人才培养模式 强化教学内涵建设 不断提高本科教育质量》、《提高认识 协同创新 进一步提升学校科技工作水平》和《分析形势 统一思想 深化改革 进一步提高学校研究生教育质量》的分报告。会议分 12 个小组，围绕会议主题展开了全面而深入的讨论。电信学院、经管学院、土建学院、机电学院和理学院以及学生处、教务处、科技处、研究生院和人事处的负责同志作了大会交流发言。

9 月

• 9 月 7 日，学校举行庆祝 2012 年教师节暨表彰大会。校党委书记曹国永代表学校党政领导班子向全校教职工、老教师、老同志、受到表彰的先进集体和先进个人表示热烈的祝贺和节日的问候。会上，学校表彰了在教学、科研、管理和服务等岗位上取得优异成绩的集体和先进个人。宁滨校长、徐寿波院士、洪涛院士、老领导张永甡、谈振辉以及其他校领导出席大会并为获奖教师代表颁奖。

• 9 月 9 日，北京交通大学山东校友会成立。副校长陈峰向山东校友会庄重授旗。并向山东校友们介绍了母校近年来的成绩与发展，重点介绍了“两部一市”共建学校、新校区建设和发展的设想规划情况。会议经集体表决通过了《北京交通大学山东校友会章程》和山东校友会第一届理事会名单。

• 9 月 15 日，学校土建学院 2010 级“The Lord of the Towers”团队在首届北京市大学生建筑结构设计竞赛上获得了 A 组方向一等奖。

• 9 月 18 日，在第九届全国大学生运动会上，学校男子排球、女子排球、跆拳道、桥牌项目获得 2 金 3 银 1 铜的优异成绩。

• 9 月 20 日，学校举行创先争优总结表彰大会，总结学校开展创先争优活动取得的成绩和经验，表彰在创先争优活动中涌现出的先进集体和优秀个人。校党委书记曹国永对学校创先争优活动的成效给予充分肯定，就建立健全创先争优长效机制，推进创先争优常态化长效化提出了指导性意见。校党委副书记、纪委书记颜吾佴全面总结了学校创先争优活动的主要做法、成效以及形成的宝贵经验。校党委副书记高福廷主持会议。全体在校校领导、中层干部、党支部书记，受表彰的先进集体和先进个人代表、教师党员代表、离退休党员代表、学生党员代表、民主党派和无党派人士代表参加大会。

• 9 月 20 日，学校召开 2012 年下半年安全稳定工作扩大会议。校领导曹国永、陈峰、吴强、郑广天出席会议。校党委副书记高艳主持会议。会上传达了中央、教育部和北京市的重要会议精神，分析了学校当前的维稳工作态势，并部署了下一阶段稳定工作。

• 9 月 21 日，上海、西安、西南、北京四所交通大学纪检监察、工会工作研讨会在学校召开。会上，校党委副书记颜吾佴、高福廷分别就学校纪检监察、工会教代会工作进行了交流发言。

• 9 月 22 日，78 级、88 级、98 级三届共计 1 300 余名校友重返母校，举行毕业三十、二十、十周年值年纪念活动。学校举行三届校友毕业值年庆祝大会，校党委书记曹国永，副书记颜吾佴、高艳，副校长陈峰、关忠良、刘军、余祖俊分别出席庆祝活动。值年返校大会还举行了校友联络员聘任仪式和值年返校交接仪式。

• 9 月 23 日，北京交通大学董事会 2012 年年会举行。校领导曹国永、陈峰和来自 24 家董事单位、行业代表等出席本次年会。曹国永希望各董事单位和行业单位进一步深化合作，促进校企共同发展。

• 9 月 28 日，中德“综合交通运输体系建设”高层研讨会在学校举行。会议分四个阶段重点研讨了基于国家层面的综合交通运输体系建设实践、政企分开条件下铁路运营组织管理模式、城市对外交通与城市交通系统的衔接设计与运行组织、中德合作的潜在领域和合作机制等。

• 9 月 28 日，学校举行青年教师思想政治工作座谈会。校党委副书记高福廷分析了当前学校青年教师思想政治工作的现状并提出希望要求。与会人员还重点围绕青年教师政治理论学习、师德建设、实践锻炼、职业发展、解决实际问题以及完善工作体制机制等方面提出了许多好的意见建议。

• 8 月 28 日，学校机电学院贾力教授指导的博士生张田田的学位论文《微通道内气体流动换热的理论与实验研究》入选北京市优秀博士学位论文。

• 8 月 29 日，学校新增马克思主义理论、光学工程两个一级学科博士后流动站。至此，学校已有 15 个一级学科设立了博士后流动站，分布在工、理、经济、法学等学科门类。

10 月

• 10 月 9—10 日，以武汉大学党委副书记、纪委书记蒋昌忠，青海省教改办副主任赵江为组长的教育部第五检查组一行 8 人来校，对学校 3 个国家教育体制改革试点项目、学院综合改革试点项目和“三重一大”决策制度执行情况进行了专项检查。在检查组听取工作汇报环节，校长宁滨介绍了学校总体情况特别是学校改革发展取得的主要成绩。校党委副书记颜吾佴，党委常委、副校长余祖俊作了相关工作情况汇报。检查组充分肯定了学校改革试点工作开展情况和“三重一大”决策制度执行情况，同时对进一步加强和推进有关工作提出了很好的建议。

• 10 月 12—13 日，学校举办 2012 低碳交通、低碳物流与绿色建筑国际学术会议。本次会议主题为“绿色低碳发展中的技术、管理与政策的融合”。中国工程院院士徐寿波教授、美国乔治梅森大学 Kenneth J. Button 教授、清华大学建筑学院秦佑国教授等多位专家围绕低碳交通、低碳物流、绿色建筑做了主题报告，专家、学者们针对绿色、低碳发展中的技术、管理与政策的融合这一主题展开了广泛的交流。来自美国、英国、日本、加拿大、瑞士等国家和我国香港、澳门地区的专家以及来自内地众多著名高校的专家、学者参会并作了学术报告。会议共收到论文 252 篇，录用 132 篇，会议论文集将由德国 Springer 出版，优秀论文将被 SSCI、EI 和 CPCI－S（原 ISTP）检索。

• 10 月 13 日，学校举行纪念北京交通大学《长征组歌》排演十周年专场演出。

• 10 月 15 日，“北京交通大学－英特尔公司国家级工程实践教育中心”揭牌仪式举行。副校长张星臣与英特尔亚太研发有限公司总经理何京翔共同为中心揭牌。铁道部信息化办公室副主任唐日红、铁道部人事司处长李智等领导出席仪式。

• 10 月 16 日，北京普通高等学校党建和思想政治工作基本标准第四检查组莅临学校检查工作。检查组由北京市委教育工委副书记唐立军带队，通过听取汇报、审阅材料、召开座谈会、实地走访等方式检查了相关工作，对学校五年来党建和思想政治工作取得的成绩和特色经验给予充分肯定，并对今后工作提出希望和建设性意见。全体校领导、党群部门负责人、相关部处负责人和二级党组织负责人参加相关活动。

• 10 月 17 日，北京高校辅导员工作座谈会在学校举行。会上，市委常委、教育工委书记赵凤桐对学校辅导员队伍建设工作所取得的成绩和经验给予充分肯定，认为学校党委对辅导员队伍建设高度重视，措施有力，促进辅导员队伍建设工作取得了实效。校党委书记曹国永表示将按照北京市委教育工委的部署和要求，继续把辅导员队伍建设引向深入。

• 10 月 17 日，在北京市 2012 年冬季征兵工作动员部署大会上，学校荣获北京市 2011 年度高校征兵工作先进单位。

• 10 月 17 日，中国北车研究院北京交大电传动技术分院揭牌仪式暨首届管理委员会会议召开。

• 10 月 20 日，北京交通大学新疆校友会成立，乌鲁木齐铁路局党委书记管亚林、乌鲁木齐市委副书记母秉杰及近 200 名在新疆的校友出席成立大会。大会审议通过了《北京交通大学新疆校友会章程》、《北京交通大学新疆校友会第一届理事会组成人员名单》，王纪杰校友当选第一届理事会会长。

• 10 月 26 日，学校与加拿大滑铁卢大学合作举办纳米材料与技术专业本科教育项目正式获得教育部批准，双方拟于 2013 年开始招生，纳入国家普通高等学校招生计划，每年计划招生 60 人。

• 10 月 26 日，新竹交通大学校长吴妍华、研发长张翼、高等教育开放资源研究中心主任李威仪以及交大校友曾任中国微软总裁及思科集团总裁的杜家滨一行访问学校。校党委书记曹国永、校长宁滨分别会见了来宾。

• 10 月 26 日，满铁资料研究分会 2012 年年会在学校举行，副校长关忠良出席会议。学校图书馆作为满铁资料研究分会的挂靠单位，五年来在学术研究和数字化平台建设等方面都取得了长足进展。

11 月

• 11 月 3—5 日，在第十二届全国混凝土结构教学研讨会暨第二届全国青年教师混凝土结构教学竞赛上，学校土建学院建工系青年教师孙静获得大赛一等奖。

• 11 月 4—12 日，在第十二届世界大学生羽毛球锦标赛上，中国队获得了混合团体亚军和男子单打冠军。中国代表团共 14 人，其中北京交大 6 人。

• 11 月 8 日，国家发改委副主任徐宪平一行莅临学校视察指导工作。校党委书记曹国永代表学校向徐宪平一行表示热烈欢迎，并对国家发改委长期以来对学校各项工作的关心与支持表示感谢。校长宁滨详细介绍了学校在历史传承、人才培养、科学研究、社会服务等方面取得的成绩，尤其是在服务国家交通事业发展方面的情况。徐宪平希望北京交通大学继续依托自身在交通、信息和管理等方面的学科优势，紧紧抓住国家工业化、信息化、城镇化深入发展和战略性新兴产业迅速崛起带来的重大机遇，在建设特色鲜明世界一流大学的进程中，服务国家经济社会发展，为我国综合交通，特别是轨道交通事业的发展做出新的更大贡献。

• 11 月 9 日，由民政部民间组织管理局副局长廖鸿带队的社会组织评估专家组分别对学校教育基金会的内部治理、工作绩效、财务管理等方面进行了全面的检查和评估。专家们认为，学校教育基金会制度健全、管理规范、团队专业，具有较强的募资能力，正在向专业化、精细化迈进，各方面在高校中处于领先水平，是高校教育基金会的典范。

• 11 月 12 日，武汉大学党委副书记、纪委书记蒋昌忠和教育部规划司叶加宁代表教育部检查组，对学校教育体制改革试点项目及“三重一大”决策制度执行情况的检查进行了反馈。蒋昌忠充分肯定了学校在推进教育体制改革试点项目及“三重一大”决策制度执行工作中的显著成效和特色做法，并就需要进一步加强和改进的工作提出了指导性意见和建议。

• 11 月 12 日，由北京市科学技术委员会评选的 2012 年度“科技北京”百名领军人才培养工程揭晓，学校姜久春教授成功入选。

• 11 月 14—19 日，校长宁滨率学校代表团赴美国访问，先后走访了美国南加州大学、加州大学洛杉矶分校、加州理工学院等，参观美国 Metrolink 城际铁路运营公司，接受了当地最大华人电台 KAZN 的专访。

• 11 月 16 日，在 2012 年度宝钢教育奖评审工作会上，学校计算机学院教授阮秋琦、理学院本科生冀东分获 2012 年宝钢优秀教师、优秀学生特等奖，机电学院教授房海蓉、电气学院教授张晓冬在此次评审会上获得“宝钢优秀教师奖”，任慧超、黄章帅、金华、王明、李晶、王纪刚、蒋忠元、曲村等 8 名本科生、研究生分获“宝钢优秀学生奖”。

• 11 月 19 日，副校长张星臣为“北京交通大学—南车青岛四方机车车辆股份有限公司国家大学生校外实践教育基地暨国家级工程实践教育中心”揭牌。此实践教育基地是国家级工程实践教育中心之一，也是国家大学生校外实践教育基地之一。

• 11 月 19—26 日，校党委书记、校务委员会主任曹国永应新竹交通大学、宜兰大学等邀请，率学校代表团赴台湾高雄应用科技大学、成功大学、新竹交通大学、宜兰大学等高校访问，并顺访了新竹交通大学校友会、世界领袖教育基金会和工业研究院等机构。

• 11 月 20 日，北京交通大学爱国主义教育基地揭牌仪式举行。副校长余祖俊与圆明园管理处主任曹宇明共同为“北京交通大学爱国主义教育基地”揭牌，并签署共建爱国主义教育基地协议。

• 11 月 21 日，学校举行 2013 届毕业生秋季大型双选会。涵盖铁路、城市轨道交通、航空航天、电子信息等行业的 143 家企业参加了招聘会，提供就业岗位 3 500 余个，学校及周边兄弟高校约 6 000 余毕业生参会。

• 11 月 21 日，学校荣朝和教授主编的《西方运输经济学（第二版）》等 18 种 26 册教材入选第一批“十二五”普通高等教育本科国家级规划教材。

• 11 月 21 日，在中国高校科技期刊研究会技术类期刊专业委员会成立大会上，学校《都市快轨交通》杂志社当选中国高校技术类期刊副主任委员单位。

• 11 月 22 日，学校与蒙古国交通运输部联合举办中蒙双边综合交通规划论坛。学校邵春福、荣朝和、毛保华三位教授分别以“世界高水平国家综合交通发展经验”、“综合交通与经济、社会的关系”以及“综合交通运输体系规划编制方法及其思考”为题作了主题报告，通过详尽的资料和丰富的图片展示了世界发达国家以及中国在综合交通发展中的成功经验与思考。

• 11 月 28 日，副校长刘军代表学校与德铁国际有限公司签署了“北京交通大学——德铁国际有限公司战略合作协议”。双方今后将进一步加强在咨询及培训领域、人才培养与技术研究等方面展开合作。

• 11 月 29 日，学生公寓管理中心在 22 号楼女生宿舍楼和交大嘉园 A 座男生宿舍楼各设立了一间“爱心宿舍”，为出现伤病等特殊情况的学生提供了方便、舒适的休息和康复环境。

• 11 月 30 日，学校召开 2012 年校友与基金工作研讨会，副校长陈峰出席会议。研讨会总结了学校过去一年来在校友与基金工作方面的情况，并围绕“校友会和基金会在校院发展中的重要作用”、“校院两级募捐活动的联动和配合机制”、“如何调动和鼓励教授、辅导员参与校、院校友活动及筹募活动”等议题对下一步工作进行了专题研讨。

• 11 月 30 日，国家知识产权局公布了第十四届中国专利奖获奖专利名单，学校机电学院李德才教授课题组研究的“磁性液体密封装置中密闭组件的装配方法”发明专利荣获优秀奖。

12 月

• 12 月 2 日，北京交大“北京人文交通、科技交通、绿色交通研究基地”获批为首批北京市社会科学与自然科学协同创新研究基地，基地以两界协同创新为基本出发点，关注首都社会经济发展中急需两界合力解决的重大理论与现实问题，注重研究成果的转化应用，服务首都科学发展。基地建设周期为三年。

• 12 月 2 日，在首都高校第四届体育舞蹈大赛上，学校获得交谊舞队列舞一等奖、标准舞队列舞一等奖，并获得多个单项第一，最终以 417 分夺得团体总分第一名。

• 12 月 6 日，学校举行法学院成立大会。国家保密局副局长梁建生和校党委书记曹国永共同为法学院揭牌，曹国永为法学院党委书记毕颖授旗。校长宁滨、中国政法大学党委书记石亚军作了讲话。国家保密局总工程师杜虹，最高人民检察院政治部干部教育培训部部长王卫东，最高人民法院民四庭副庭长王彦君，副校长孙守光等出席会议。大会由副校长陈峰主持。

• 12 月 8 日，第九届全国研究生数学建模竞赛，学校 25 支代表队全部顺利完成，获得全国一等奖 1 项、二等奖 3 项、三等奖 1 项。

• 12 月 9 日，学校北京校友会成立一周年暨学生辅导员校友联谊会成立大会在科学会堂隆重举行。原全国政协委员、新华社原党组副书记、副社长、学校原党委书记、现北京校友会会长徐锡安，教育部思政司副司长王光彦等领导出席大会并讲话，中央纪委委员、铁道部纪委书记、学校 77 级辅导员校友安立敏和改革开放以来在学校担任过辅导员的近 200 名校友以及目前在校辅导员出席大会。校领导曹国永、宁滨、颜吾佴、陈峰等出席大会。大会由校党委副书记高艳主持。70 年代、80 年代、90 年代的辅导员校友代表进行了交流发言，全国高校优秀辅导员、土建学院党委副书记孙慧环作为在校辅导员代表发言，大会举行了校友辅导员聘任仪式。颜吾佴、陈峰向 25 名获聘校友颁发了聘书。北京校友会副会长兼秘书长韩满怀宣布北京校友会辅导员校友联谊会成立，北京市海淀区委常委、区委办主任李彦来当选辅导员校友联谊会会长。

• 12 月 9 日，学校举行升旗仪式、学生学习十八大精神专题报告会、火炬接力赛、主题合唱比赛等系列活动，深入学习贯彻党的十八大精神、纪念“一二・九”运动 77 周年。党委书记曹国永、校长宁滨、党委副书记颜吾佴、高艳等出席了相关纪念活动。

• 12 月 10 日，学校机电学院党委副书记、辅导员王烜以第一名的总成绩荣获“2011—2012 年度北京高校十佳辅导员”称号。机电学院王烜、电信学院鲍炯、计算机学院杨玲、经管学院李义明、运输学院陈磊、土建学院徐春玲、电气学院韩瑜、理学院张丹、人文学院陈博、建艺学院陈劲松、学工部刘颖和研工部秦莹等 12 名同志荣获“2011—2012 年度北京高校优秀辅导员”称号。

• 12 月 10 日，学校举行 2012 年新老兵欢送欢迎大会，校党委副书记高艳、北京市西城区武装部部长陈华良大校在会上讲话。7 名重返校园的大学生退伍老兵、46 名即将奔赴军营的大学生入伍新兵和同学代表参加了大会。

• 12 月 11—15 日，副校长陈峰率校友企业家代表团一行 12 人赴台湾，拜访了台湾商业总会、中华陆商交流协会、世界领袖教育基金会和台湾大成律师事务所，实地考察了新竹交大科技园区和台北捷运行控中心等，访问了新竹交通大学和宜兰大学，见证了北京交通大学台湾校友会的成立。

• 12 月 12 日，北京交通大学与北京电力科学研究院研究生工作站签约仪式举行。副校长关忠良与北京电力公司副总工程师董凤宇共同为北京交通大学和北京电力科学研究院研究生工作站揭牌，学校研究生院副院长荊涛和北京电力科学研究院党委书记李伟代表双方签署了建立研究生工作站的协议。

• 12 月 17 日，学校计算机学院赵耀教授负责的“数字媒体信息处理”教育部创新团队获得教育部正式批复立项。至此，学校已拥有 5 个教育部创新团队。

• 12 月 19 日，学校完成校园 13 条主要道路命名工作，将东西走向道路分别命名为：知行大道、银杏大道、梧桐大道、天佑大道；南北走向道路分别命名为：鲲鹏路、积秀路、传习路、思源路、京院路、明湖路、红果园路、芳华路、科苑路。

• 12 月 20 日，学校举行第六届教职工代表大会第五次全体会议。校长宁滨在大会上作了工作报告。校党委副书记、教代会主席高福廷主持会议，188 位教代会代表、列席代表出席。校长宁滨作了题为《把握机遇，迎接挑战，开创学校发展新局面》的工作报告，总结了 2012 年学校工作，提出了 2013 年工作目标。代表们分团讨论、审议了校长报告及其他相关问题，围绕学校发展、学科建设、教职工切身利益等问题提出了意见和建议。本次教代会收到代表提案 35 件，经教代会民主管理委员会审查立案，交由相关职能部门提出处理意见。

• 12 月 21 日，《北京交通大学文化建设规划（2012—2020 年）》出台实施。

• 12 月 21 日，校长宁滨会见了来访的斯洛文尼亚普林摩斯科大学校长朱爱根 · 马鲁斯科一行，并代表学校与该校签署了两校合作备忘录。双方希望进一步加强合作关系，扩大合作领域，在学生培养和教师互访等方面有所突破，并在联合科研上取得更大的成功。

• 12 月 21 日，学校海外项目经理试点班举行启动仪式。试点班实施本硕一体化贯通培养，首届选拔了 17 名优秀本科生免试攻读工程硕士学位，由经管学院、土建学院和语言学院为其开设工程管理、国际商法、工程英语、小语种等相关课程和实践。

• 12 月 24 日，学校举行 2013 届毕业生就业工作会。会上对学校 2012 届毕业生就业工作先进集体进行了表彰，校党委书记曹国永为荣获综合奖的电气学院、土建学院颁发奖杯。校长宁滨在会上指出，全校上下要按照党的十八大要求，在提高人才培养质量的前提下，进一步加强创新创业教育，实现高质量就业。校党委副书记高艳对下一阶段就业工作做了具体部署。

• 12 月 24 日，文化部民族民间文艺发展中心数字文化研究基地在北京交大成立。校党委书记曹国永和文化部民族民间文艺发展中心主任李松共同为数字文化研究基地揭牌，校党委副书记高福廷代表学校致辞，副校长孙守光与文化部民族民间文艺发展中心副主任张刚签署合作协议。校党委副书记高福廷任数字文化研究基地首席专家，苗振江教授任基地负责人。

• 12 月 26 日，学校成立基础与交叉科学研究院，暂挂在理学院进行建设。马志明院士任院长，冯其波任常务副院长，沈岩院士任学术委员会主席。研究院的队伍由理学院、电信学院、计算机学院、运输学院、经管学院从事基础与交叉科学研究的优势力量构成。研究院暂下设随机结构与数据科学研究中心、组合与优化研究中心、生命信息与交叉科学研究中心三个研究中心。

• 12 月 26 日，《北京交通大学学报》（社科版）创刊 10 周年建设研讨会举行。教育部社科司副司长徐维凡、国务院新闻办舆情研究中心主任、校党委书记曹国永、副书记颜吾佴、学报顾问徐寿波院士等出席。研讨会由副校长孙守光主持。颜吾佴对学报 10 年发展做了全面总结。到会的专家、领导对学校《学报》（社科版）的工作给予了充分肯定，对《学报》（社科版）今后的发展提出了有益建议。

• 12 月 27 日，学校电气学院与大唐山东清洁能源开发有限公司签署产学研合作协议。双方将充分利用电气学院的技术、研发资源和先进成熟的技术成果，利用大唐山东清洁能源开发有限公司的生产条件，采用“1 + N”的签署形式，促进科研成果尽快转化为生产力，不断提升双方的技术和管理水平，通过相互促进、共同发展，努力实现双赢。

• 12 月 27 日，学校召开 2012 年实验室工作会。副校长孙守光致辞，实验室设备处处长张家栋作了实验室工作报告，人事处副处长宋瑞宣读了《2012 年北京交通大学优秀实验室、优秀实验人员获奖名单》。学校相关部处领导、各学院领导出席大会。受表彰的先进集体和先进个人，全体专职实验技术人员参加大会。与会领导为先进集体、先进个人代表颁发证书。

• 12月28日，学校4G移动通信与轨道交通工程应用实验网开通仪式举行。本实验网由学校计算机学院高速铁路网络管理教育部工程研究中心与电信运营商中电华通通信有限公司共同建设，采用了华为公司提供的4G基站设备，可覆盖全校一至五公里的范围。实验网的建成与开通，为学校4G移动通信在轨道交通方面的工程应用领域开展高水平的科研和教学活动提供了具有国际先进水平的实验环境。

• 12月28日，北京市哲学社会科学规划办公室主任王祥武等一行专家组对学校首都大学生思想政治教育研究基地一期建设项目进行了评估验收。校党委副书记、基地主任颜吾佴出席验收会。评审专家对学校、学院给予基地的重视以及基地自身的建设发展等给予了高度评价，一致认为基地有清晰的研究方向、建设目标和思路，具备了良好的研究基础和综合实力，理论成果非常显著，同时对基地今后的发展提出了宝贵建议。

• 12月28日，教育部战略研究培育基地——北京交通大学行业特色研究型大学发展战略研究中心2012年工作年会举行。校长宁滨出席会议并指出，按照高等教育规律，结合国家发展需求，把学校建设成为特色鲜明世界一流大学是基地应当完成的重要研究任务，要积极发挥交通运输、经济管理等学科的优势与特色，加强战略研究，提高学校优势特色学科对相关行业和区域发展的贡献率。

• 12月29日，由北京交通大学主办、中国产业安全研究中心协办的“第四届中国产业安全论坛”举行，本届论坛以“聚焦国家产业安全，助力经济协同发展”为主题。学校校长宁滨、副校长余祖俊、洛杉矶加州大学助理校长孙仁、中国产业安全研究中心主任李孟刚出席论坛。会议发布了8份“2011—2012年度中国产业安全报告”，直面保险、轻工、能源和新能源等产业发展的热点和难点及外资对我国产业的控制问题，揭示了这些产业2011—2012经济运行态势，具体分析了产业安全目标和影响因素，并运用行业内的多年数据建构了产业安全评价和预警体系。

• 12月30日，学校召开2012年学院工作交流大会。全体校领导及学校全体中层干部、部分教师代表和学生代表200余人参加了会议。交流大会由陈峰副校长主持。12个学院负责人分别汇报了本单位本年度完成的主要工作和取得的突出成绩，交流了工作经验，提出了下一年的工作设想。所有与会人员对各学院的工作进行了评价。